PORTRAITS CONTEMPORAINS

PAR

C.-A. SAINTE-BEUVE

de l'Académie française.

« Nous sommes mobiles, et nous jugeons
des êtres mobiles..... »

SÉNAC DE MEILHAN.

Nouvelle édition revue et corrigée.

I

CHATEAUBRIAND, BÉRANGER,
SÉNANCOUR, LAMENNAIS, LAMARTINE,
VICTOR HUGO, BALLANCHE, A. DE VIGNY,
ALFRED DE MUSSET, BALZAC, VILLEMAIN,
MESDAMES DESBORDES-VALMORE,
A. TASTU, ETC., ETC.

PARIS

DIDIER, LIBRAIRE-ÉDITEUR,

35, QUAI DES AUGUSTINS.

PORTRAITS

CONTEMPORAINS

TOME I

Les Portraits de M. Sainte-Beuve

SE DIVISENT AINSI :

1° PORTRAITS LITTÉRAIRES, suivis de PORTRAITS DE FEMMES, 3 vol.

*Le tome I*ᵉʳ *contient :* Boileau, Pierre Corneille, La Fontaine, Racine, Jean-Baptiste Rousseau, Le Brun, Mathurin Regnier, André Chénier, George Farcy, Diderot, l'Abbé Prévost, M. Andrieux, M. Jouffroy, M. Ampère, Bayle, La Bruyère, Millevoye, Charles Nodier.

Le tome II : Molière, Delille, Bernardin de Saint-Pierre, le général La Fayette, Fontanes, Joubert, Léonard, Aloïsius Bertrand, le comte de Ségur, Joseph de Maistre, Gabriel Naudé.

Le tome III : Mesdames de Sévigné, de Souza, de Duras, de Staël, Roland, Guizot, de La Fayette, *M. de La Rochefoucauld*, Mesdames de Longueville, Des Houlières, de Krudner, de Charrière, de Rémusat.

2° PORTRAITS CONTEMPORAINS et divers, 3 vol.

*Le tome I*ᵉʳ *:* Chateaubriand, Béranger, Sénancour, Lamennais, Lamartine, Victor Hugo, Ballanche, A. de Vigny, Madame Desbordes-Valmore, Madame A. Tastu, A. de Musset, Balzac, Villemain, etc.

Le tome II : Xavier de Maistre, Eugène Sue, Scribe, Lebrun, comte Molé, Mérimée, Topffer, de Barante, Thiers, Fauriel, Vinet, Nisard, Jasmin, J -J. Ampère, Brizeux, etc.

Le tome III : Daunou, Désaugiers, Parny, Casimir Delavigne, Leopardi, Louise Labé, Victorin Fabre, Fléchier, Mignet, Théophile Gautier, Pascal, etc.— Homère, Apollonius de Rhodes, Méléagre, etc.

3° DERNIERS PORTRAITS LITTÉRAIRES, 1 vol.

Théocrite, François Iᵉʳ poëte, le chevalier de Méré, Mademoiselle Aïssé, Benjamin Constant, M. de Rémusat, Madame de Krudner, l'abbé de Rancé, Madame de Staal-Delaunay, etc.

Paris. — Imprimé chez Bonaventure et Ducessois, 55, quai des Augustins.

PORTRAITS
CONTEMPORAINS

PAR

C.-A. SAINTE-BEUVE

de l'Académie française.

« Nous sommes mobiles, et nous jugeons des êtres mobiles..... »

SÉNAC DE MEILHAN.

Nouvelle édition revue et corrigée.

I

CHATEAUBRIAND, BÉRANGER,
SÉNANCOUR, LAMENNAIS, LAMARTINE,
VICTOR HUGO, BALLANCHE, A. DE VIGNY,
ALFRED DE MUSSET, BALZAC, VILLEMAIN ;
MESDAMES DESBORDES-VALMORE,
A. TASTU, ETC., ETC.

PARIS

DIDIER, LIBRAIRE-ÉDITEUR

35, QUAI DES AUGUSTINS.

L'auteur et l'éditeur se réservent le droit de traduction.

1855

Je continue de mettre ordre de mon mieux à ce que j'appelle mes *affaires littéraires*. Après avoir recueilli, il y a deux ans, les portraits que j'avais faits des morts, je rassemble aujourd'hui ceux des écrivains vivants. La division peut ne pas sembler très-rigoureuse. Tel écrivain mort d'hier est aussi vivant que tel qui ne mourra que demain. Pendant qu'on imprime ces volumes, il se peut que plus d'un sujet se dérobe à ma classification et acquière le droit de passer d'une série à l'autre. Peu importe; la classification ne serait-elle qu'un prétexte, l'essentiel est que j'y trouve un fil pour rassembler ces divers morceaux, déjà si nombreux, en m'appliquant à les perfectionner.

Ces nouveaux volumes ont d'ailleurs leur caractère assez à part en effet; les noms les plus célèbres du jour s'y pressent; j'ai eu affaire à la plupart d'entre eux, d'assez près et plus d'une fois. La forme de la critique se ressent des difficultés dont j'ai eu à triompher : je débute le plus souvent par la louange, par la pleine louange, tellement que la critique proprement dite semble parfois bien près de disparaître. Ç'a été sincérité de ma part en même temps que curiosité d'étude et ouverture commode, je l'avoue ; ç'a été à la fois, s'il m'est permis de le dire, un penchant et une méthode.

On n'obtient rien des poëtes que par l'extrême louange : Homère, le plus grand de tous, le savait bien, lui qui, au livre VIII de l'*Odyssée,* fait dire par Ulysse au chantre Démodocus, pour lui demander un chant : « *Démodocus, je te mets sans contredit au-dessus de tous les mortels ensemble,* car c'est la Muse elle-même qui t'a enseigné, la Muse, fille de Jupiter, ou plutôt Apollon... » Ce compliment de début est de rigueur auprès des poëtes, depuis Homère et Démodocus jusqu'à... jusqu'à tous ceux de nos jours.

Je ne me suis pas dit cela de prime abord ; j'ai commencé par admirer pleinement, naïvement, ceux que j'aimais surtout à contempler et à pénétrer, et qui se déployaient d'eux-mêmes sous mon regard ; ma curiosité se mêlait d'émotion à mesure que j'entrais plus avant dans chaque talent digne d'être étudié et connu. Je me disais comme Pline le Jeune, lorsqu'il décrit et développe les mérites de tant d'illustres amis : « *At hoc pravum malignumque est non admirari hominem admiratione dignissimum, quia videre, alloqui, audire, complecti, nec laudare tantum, verum etiam amare contingit.* » Je me disais cela en commençant, et les circonstances extérieures se prêtaient elles-mêmes à cette vue et y inclinaient en quelque sorte la critique, afin que celle-ci pût remplir tout son rôle à ce moment.

Il se tentait dans l'art, dans la poésie, dans les diverses branches de la pensée, quelque chose de nouveau à quoi le public n'était pas encore accoutumé; il a fallu bien des efforts pour qu'il y fût définitivement conquis. On peut par là marquer les deux temps de ma manière critique, si j'ose bien en parler ainsi : dans le premier, j'interprète, j'explique, je *professe* les poëtes devant le public, et suis tout occupé à les faire valoir. Je deviens leur avocat, leur secrétaire, ou encore leur héraut d'armes, comme je me suis vanté de l'être souvent. Dans le second temps, ce point gagné, je me retourne vers eux, je me fais en partie public, et je les juge.

Je les juge avec bien des ambages et des circonlocutions sans doute. Nos successeurs diront sans efforts, et en deux mots, ce que nous nous sommes donné beaucoup de peine pour envelopper ou délayer. Pourtant il n'est pas si malaisé d'entendre ce qu'il n'a été permis que d'indiquer; et même dans cette manière, que je nomme ma première, et qui a un faux air de panégyrique, la louange (prenez-y garde) n'est souvent que superficielle, la critique se retrouverait dessous, une critique *à fleur d'eau :* enfoncez tant soit peu, et déjà vous y touchez.

Même en énumérant les qualités des talents amis, il y a un mot qu'il ne faudrait jamais perdre de vue, le *circum præcordia ludit*, qu'un satirique accorde à l'aimable Horace : se jouer autour du cœur de ceux même qu'on caresse, et montrer qu'on sait les endroits où l'on ne veut pas appuyer.

En réimprimant ces portraits, je leur laisse exactement le caractère qu'ils eurent dans le temps de leur publication première, sans m'interdire toutefois les petites notes qui complètent ou restreignent. J'ai dû mettre çà et là des correctifs, je n'ai pas eu à faire de rétractations. Moyennant ce système de petites notes qui courent sous le texte, je rends à celui-ci son vrai sens; la note est plus familière et donne la facilité de baisser d'un ton. J'ai cru qu'il était permis de parler à l'entre-sol un peu plus librement qu'au premier.

Il m'eût été facile, sur bien des points, de rendre ces portraits plus piquants; j'ai dû le plus souvent me l'interdire. Entre tant d'écueils à travers lesquels je naviguais, si j'ai touché par accident sur quelques-uns, qu'il me suffise de me rendre ce témoignage que je ne crois pas avoir cédé à la crainte de déplaire quand j'ai été indulgent, ni à aucun sentiment hostile quand j'ai été plus sévère. J'ai pu craindre quelquefois d'affliger; j'ai pu, d'autres fois, prendre occasion de ressaisir ma liberté et de marquer mon dissentiment. Ai-je réussi, autant que j'y ai visé, à ne faire tout cela que dans la limite des obligations imposées et des convenances permises? — Tels qu'ils sont, on trouvera incontestablement dans ces portraits de bonnes indications de vérités, et une grande masse de faits et de notions apportés en tribut à l'histoire littéraire contemporaine.

En achevant de revoir et de relire des pages où j'ai autrefois déposé tant d'espérances, où j'ai placé tant de vœux sur des noms brillants qui n'en ont réalisé qu'une partie, je me surprends à redire, et je ne puis m'empêcher de citer, pour moralité finale, ces beaux vers de Virgile, si empreints de gravité et de justesse sévère, et applicables à la décadence de toutes les aristocraties, à celle de tous les talents qu'un travail et une vigilance perpétuelle n'entretiennent pas :

> Vidi lecta diu et multo spectata labore
> Degenerare tamen, ni vis humana quotannis
> Maxima quæque manu legeret. Sic omnia fatis
> In pejus ruere, ac retro sublapsa referri.

15 août 1845.

CHATEAUBRIAND.

1834.

(Mémoires) (1).

Nous sommes dans un temps où tout se hâte, se divulgue, et où la parole n'attend pas. L'événement d'hier est déjà de la chronique, de la poésie ou de l'histoire ; l'œuvre de demain s'anticipe impatiemment, et la curiosité la dévore. On a goûté, le matin, ce qui fait l'objet d'un souvenir, et avant le soir on le raconte, on le chante.

Et pourquoi ne le raconterait-on pas ? pourquoi ne pas mettre en circulation jour par jour, pour ainsi dire, ce qui a instruit ou ému, ce qui a appris quelque chose sur l'état de la société ou sur la nature particulière d'un génie ? Nous subissons les inconvénients du temps où nous vivons, ayons-en du moins les avantages. Qu'il en soit du monde moral comme il en est aujourd'hui de l'univers et du ciel physique. Les physiciens, les astronomes, les navigateurs observent et notent à chaque instant les variations de l'atmosphère, la latitude, les étoiles. Ces observations multipliées s'enchaînent, et leur ensemble aide à découvrir ou à vérifier des lois. Faisons quelque chose d'analogue dans le monde de l'esprit et de la société. Bien des détails pré-

---

(1) On a essayé dans les pages qui suivent de rendre l'effet que produisirent les premières lectures des *Mémoires*, dans le salon de madame Récamier. Ce n'est en rien un jugement, c'est une impression, un reflet fidèle.

cieux qui échapperaient, si on ne les saisissait au passage, et qui ne se retrouveraient plus, sont ainsi fixés, et pourront fournir d'imprévues conclusions à nos neveux, ou du moins, en vieillissant, en se colorant par le seul effet de la distance, ils leur deviendront poétiques et chers. Et quant à ce qui est beau, grand et décidément immortel, pourquoi hésiterait-on à le constater, à le saluer aussitôt qu'on le rencontre? et dans cet âge de rapidité, d'ennui, d'efforts avortés et d'espérances non encore mûres, pourquoi s'envierait-on une jouissance actuelle et une conquête certaine? Faut-il attendre qu'on soit loin de l'édifice, et séparé par la poussière et la foule, pour l'admirer?

Le mois passé (et de spirituelles indiscrétions l'ont déjà ébruité par mille endroits), quelques auditeurs heureux ont goûté une de ces vives jouissances d'imagination et de cœur qui suffisent à embellir et à marquer, comme d'une fête singulière, toute une année de la vie. Nous en étions, et, après d'autres sur qui nous n'aurons que cet avantage(1), nous essayerons d'en dire quelque mot. C'était, comme on le sait, dans un salon réservé, à l'ombre d'une de ces hautes renommées de beauté auxquelles nul n'est insensible, puissance indéfinissable que le temps lui-même consacre et dont il fait une muse. La bonté ingénieuse surtout, si une fois elle a été unie à la beauté souveraine, et n'a composé avec elle qu'un même parfum, est une grâce qui devient enchanteresse à son tour et qui ne périt pas. Dans ce salon, qu'il faudrait peindre, où tout dispose à ce qu'on y attend, dont la porte reste entr'ouverte sur le monde qui y pénètre encore, dont les fenêtres donnent sur le jardin clos et sur les espaliers en fleur d'une abbaye, on a donc lu les Mémoires du vivant le plus illustre, lui présent, Mémoires qui ne paraîtront au jour que lui disparu. Silence et bruit lointain, gloire en plein régnante et perspective d'un mausolée, confins du siècle orageux et d'une retraite

---

(1) M. Janin venait d'écrire quelque article sur ces lectures, mais sans y avoir assisté.

ensevelie, le lieu de la scène était bien trouvé. Dans ce salon étroit, et qui était assez peu et assez noblement rempli pour qu'on se sentît fier d'être au cercle des préférés, il était impossible, durant les intervalles de la lecture, ou même en l'écoutant, de ne pas s'égarer aux souvenirs. Ce grand tableau qui occupe et éclaire toute la paroi du fond, c'est Corinne au cap Misène; ainsi le souvenir d'une amitié glorieuse remplit, illumine toute une vie. En face, cette branche toujours verte de fraxinelle ou de chêne qui, au milieu des vases grecs et des brillantes délicatesses, sur le marbre de la cheminée, tenait lieu de l'heure qui fuit, n'était-ce pas comme une palme de Béatrix rapportée par l'auteur d'Orphée, comme un symbole de ce je ne sais quoi d'immortel qui trompe les ans? De côté, sur ces tablettes odorantes, voilà les livres choisis, les maîtres essentiels du goût et de l'âme, et quelques exemplaires somptueux où se retrouvent encore tous les noms de l'amitié, les trois ou quatre grands noms de cet âge. Oh! que les admirables confidences étaient les bien-venues dans ce cadre orné et simple où elles s'essayaient! Comme l'arrangement léger de cet art, dont il faut mêler le secret à toute idéale jouissance, n'ôtait rien à l'effet sincère et complétait l'harmonie des sentiments! Le grand poëte ne lisait pas lui-même; il eût craint peut-être en certains moments les éclats de son cœur et l'émotion de sa voix. Mais si l'on perdait quelque accent de mystère à ne pas l'entendre, on le voyait davantage; on suivait sur ses vastes traits les reflets de la lecture comme l'ombre voyageuse des nuages aux cimes d'une forêt. Celui qui fut tour à tour René, Chactas, Aben-Hamet, Eudore, l'Homère du jeune siècle, il était là, écoutant les erreurs de son Odyssée. Les plis de ce front de vieux nocher, la gravité de la tête du lion, l'amplitude des tempes triomphales ou rêveuses, ressortaient mieux dans l'immobilité. Tantôt sa main passait et se posait sur les paupières, comme pour plus de ressemblance avec ces grands aveugles qu'il a peints, et dont la face exprime le repos dans le génie; il dérobait quelque pleur involontaire. Tantôt son œil se rouvrait avec la flamme du jeune aigle, et ce regard humide et enivré jouait dans le soleil, dont quelque rayon, à travers le bleu des franges, le poursuivait obstinément. Et cette noble tête se détachant ainsi derrière le lecteur dans la bordure du tableau de Corinne, tableau un peu trop rapproché de nous, je me disais : « Enfant, de tels fonds ont surmonté longtemps et dominé nos rêves. Staël ! Chateaubriand ! les voilà devant nous, l'une aussi présente, l'autre aussi dévoilé qu'ils peuvent l'être, unis tous les deux sous l'amitié vigilante d'un même cœur. Entrons bien dans cette pensée. Respirons, respirons sans mélange la poésie de ces pages où l'intimité s'exhale à travers l'éclat. Embrassons, étreignons en nous ces rares moments, pour qu'après qu'ils auront fui, ils augmentent encore de perspective, pour qu'ils dilatent d'une lumière magnifique et sacrée le souvenir. Cour de Ferrare, jardins des Médicis, forêt de pins de Ravenne où fut Byron, tous lieux où se sont groupés des génies, des affections et des gloires, tous Édens mortels que la jeune postérité exagère toujours un peu et qu'elle adore, faut-il tant vous envier? et n'enviera-t-on pas un jour ceci? »

C'est vers 1800 que M. de Chateaubriand entra du premier pas dans la gloire. Rien de lui n'était connu jusque-là ; l'*Essai sur les Révolutions*, publié en Angleterre, n'avait nullement pénétré en France ; quelques articles du *Mercure* et les promesses de M. de Fontanes présageaient depuis plusieurs mois aux personnes attentives un talent nouveau, quand le *Génie du Christianisme* remplit l'horizon de ses subites clartés (1). Cet incomparable succès, au début, conféra à M. de Chateaubriand un caractère public, comme écrivain; sa triple influence, religieuse, poétique et monarchique, commença dès lors. Toute sa destinée ultérieure dut se dérouler sous cette majestueuse inauguration et à partir de cette colonne milliaire que surmontait une croix.

---

(1) Les dates précises sont : *Atala*, 1801; *Génie du Christianisme*, 1802.

La religion, la poésie, la monarchie, durant ces trente années, dominèrent, chacune plus ou moins, selon les circonstances, dans cette vie qui marcha comme un long poëme. Mais il y eut bien des inégalités nécessaires et des interruptions qui furent peu comprises des esprits prosaïques et soi-disant positifs. Cette dévotion éloquente, cette invocation au christianisme du sein d'une carrière d'honneurs, de combats politiques ou de plaisirs, cette rêverie sauvage, cette mélancolie éternelle de René se reproduisant au sortir des guirlandes et des pompes, ces cris fréquents de liberté, de jeunesse et d'avenir, dans la même bouche que la magnificence chevaleresque et le rituel antique des rois, c'en était plus qu'il ne fallait pour déconcerter d'honnêtes intelligences qui chercheraient difficilement en elles la solution d'un de ces problèmes, et qui prouveraient volontiers, d'après leur propre exemple, que l'esprit est matière, puisqu'il n'y tient jamais qu'une seule chose à la fois. Depuis quelques années pourtant, l'unité de cette belle vie de M. de Chateaubriand s'était suffisamment dessinée ; sauf quelques brusques détails, la ligne entière du monument était appréciée et applaudie. Littérairement, il n'y avait qu'une voix pour saluer le fondateur, parmi nous, de la poésie d'imagination, le seul dont la parole ne pâlissait pas dans l'éclair d'Austerlitz. Après le XVIIIe siècle, qui est en général sec, analytique, incolore ; après Jean-Jacques, qui fait une glorieuse exception, mais qui manque souvent d'un certain velouté et d'épanouissement ; après Bernardin de Saint-Pierre, qui a bien de la mollesse, mais de la monotonie dans la couleur, M. de Chateaubriand est venu, remontant à la phrase sévère, à la forme cadencée du pur Louis XIV, et y versant les richesses d'un monde nouveau, les études du monde antique. Il y a du Sophocle et du Bossuet dans son innovation, en même temps que le génie vierge du Meschacebé : Chactas a lu Job et a visité le grand Roi. On a comparé heureusement ce style aux blanches colonnes de Palmyre ; ce sont en effet des fûts de style grec, mais avec les lianes des grands déserts pour chapiteaux.

Et puis, comme dans le Louis XIV, un fonds de droit sens mêlé même au faste, de la mesure et de la proportion dans la grandeur. En osant la métaphore comme jamais on ne l'avait fait en français avant lui, M. de Chateaubriand ne s'y livre pas avec profusion, avec étourdissement; il est sobre dans son audace; sa parole, une fois l'image lancée, vient se retremper droit à la pensée principale, et il ne s'amuse pas aux ciselures ni aux moindres ornements. Le fond de son dessin est d'ordinaire vaste et distinct, les bois, la mer retentissante, la simplicité lumineuse des horizons; et c'est par là qu'on le retrouve surtout homérique et sophocléen.

M. de Chateaubriand apparaît donc littérairement comme un de ces écrivains qui maintiennent une langue en osant la remuer et la rajeunir. Toute l'école moderne émane plus ou moins directement de lui. Dans son application à la politique, et dans l'*Itinéraire* de son voyage en Orient, il a si bien su proportionner son style à la nature des sujets, que c'est aujourd'hui l'opinion universelle qu'il y a chez lui une seconde manière, une seconde portion de son œuvre qui est irréprochable. Mais comme ce mérite d'être *irréprochable* tient surtout en ce cas-là à un moindre déploiement poétique, je persiste à le préférer dans sa complète et, si l'on veut, inégale manière.

Politiquement, le rôle de M. de Chateaubriand n'est pas moins, à peu près unanimement, apprécié aujourd'hui. Sauf quelques mots, quelques écarts dus à la tourmente des temps et aux engagements de parti, on le voit constamment viser à une conciliation entre la liberté moderne et la légitimité royale. La liberté de la parole et de la presse est, en quelque sorte, l'axe fixe autour duquel sa noble course politique a erré. Et puis, d'époque en époque, on rencontre dans la vie publique de M. de Chateaubriand de ces actes d'honneur désintéressé et de généreuse indignation qui font du bien au cœur parmi tant d'égoïsmes prudents et d'habiles indifférences. Cette faculté électrique qui, lors de l'assassinat du duc d'Enghien, le porta instantanément à briser avec le gouvernement coupable, ne l'a pas abandonné encore; elle est chez lui restée irrésistible et entière comme son génie. Elle ne l'a pas trompé particulièrement dans sa relation de guerre et de dégoût contre un état de choses venu le dernier et déjà le plus attiédissant. Nous n'entendons pas ici précisément parler des deux brochures politiques de M. de Chateaubriand : nous en serions fort mauvais juge, incapable que nous nous trouvons, par suite d'habitudes anciennes et de convictions démocratiques, d'entrer dans la fiction des races consacrées et des dynasties de droit. Nous serions même fort tenté de croire que l'illustre écrivain n'a lancé ces manifestes que par engagement de position, par sentiment de point d'honneur, et comme on irait galamment sur le pré pour une cause à laquelle on se dévoue plutôt qu'on n'y croit. Mais ce que nous aimons sans réserve dans l'attitude actuelle de M. de Chateaubriand, ce qui nous le montre bien d'accord avec lui-même, avec son tempérament de loyauté et de liberté, c'est son irrémédiable dégoût de tout régime peureux, ou du moins étayé sur la peur, sans noblesse, qui suit sa cupidité sous l'astuce, et qui parfois devient même cynique dans ses actes ou dans ses aveux. Cette faculté d'indignation honnête, ce sens d'énergie palpitante et involontaire que rien n'attiédit, et qui se fait jour, après des intervalles, à travers le factice des diverses positions, est une marque distinctive de certaines âmes valeureuses, et constitue une forte portion de leur moralité. On aime à retrouver ce ressort chez des hommes également haut placés, chez M. de La Mennais comme chez M. de Chateaubriand. Dans le jeune parti républicain, M. Carrel est l'organe d'un sentiment non moins vivace et incorruptible.

Religieusement, il ne tombe plus à l'esprit de personne de chicaner M. de Chateaubriand sur quelques désaccords qui pouvaient faire le triomphe et la jubilation de l'abbé Morellet, de Ginguené, de Marie-Joseph Chénier. Ces honorables représentants ou héritiers du xviiie siècle ne soupçonnaient pas la grande révolution morale qui allait s'opérer dans les esprits des générations naissantes. M. de Chateaubriand en a donné l'éclatant signal. Le premier, il s'est retourné contre le xviii⁰ siècle et lui a montré le bouclier inattendu, éblouissant de lumière, et dont quelques parties étaient de vrai diamant. Si tout, dans ce brillant assaut, n'était pas également solide, si les preuves qui s'adressaient surtout à des cœurs encore saignants et à des imaginations ébranlées par l'orage ne suffisent plus désormais, l'esprit de cette inspiration se continue encore; c'est à l'œuvre et au nom de M. de Chateaubriand que se rattache le premier anneau de cette renaissance. Et pour ce qui est des contradictions, des luttes, des alternatives entre cet esprit chrétien, une fois ressaisi, et le monde avec ses passions, ses doutes et ses combats, qui de nous ne les a éprouvées en son cœur? qui de nous, au lieu de prétendre accuser et prendre en défaut la sincérité de celui qui fit *René*, n'admirera, ne respectera en lui ce mélange de velléités, d'efforts vers ce qu'on a besoin de croire, et de rentraînements vers ce qui est difficile à quitter? M. de Chateaubriand, qui a eu l'initiative en tant de choses, l'a eue aussi par ses orages intérieurs et par les vicissitudes de doute et de croyance qui sont aujourd'hui le secret de tant de jeunes destinées. « Quand les semences de la religion, dit-il en un endroit de ses Mémoires, germèrent la première fois dans mon âme, je m'épanouissais comme une terre vierge qui, délivrée de ses ronces, porte sa première moisson. Survint une bise aride et glacée, et la terre se dessécha. Le Ciel en eut pitié, il lui rendit ses tièdes rosées; puis la bise souffla de nouveau. Cette alternative de doute et de foi a fait longtemps de ma vie un mélange de désespoir et d'ineffables délices. » Voilà en ces deux mots l'histoire religieuse d'une âme qui est le type complet de beaucoup d'âmes venues depuis. Quand M. de Chateaubriand ne confesserait pas cette lutte dans ses Mémoires, on en retrouverait l'empreinte continuelle dans sa vie, et elle y répand une teinte de mélancolie et de mystère qui en achève la poétique beauté.

Mais quoique la destinée de M. de Chateaubriand, depuis l'année où elle apparaît avec le siècle sur l'horizon, se manifeste, s'explique et resplendisse d'elle-même suffisamment, il y a bien des endroits inégaux, des transitions qui manquent, des effets dont les causes se doivent rechercher. Il y a surtout, avant cette gloire publique, avant ce rôle d'apologiste religieux, de publiciste bourbonien, de poëte qui a chanté sa tristesse et qui s'est revêtu devant tous de sa rêverie, il y a, avant cela, trente longues années d'études, de travaux, de secrètes douleurs, de voyages et de misères; trente années essentielles et formatrices, dont les trente suivantes ne sont que le développement ostensible et la conséquence, j'oserai dire, facile. Or, comment ignorer cette première et féconde moitié d'une belle vie? On veut tout savoir sur le point de départ des grandes âmes avant-courrières. M. de Chateaubriand avait déjà parlé dans des notes, dans des préfaces, çà et là, de cette époque antérieure; mais les détails épars ne se liaient pas et laissaient champ aux incertitudes. Un livre, par lui publié à Londres en 1797, l'*Essai sur les Révolutions*, était la source la plus abondante et la plus native où l'on pût étudier cette jeunesse confuse. En lisant l'*Essai*, on y voit quelles connaissances nombreuses, indigestes, avait su amasser le jeune émigré; quelle curiosité érudite et historique le poussait à la fois sur tous les sujets qu'il a repris dans la suite; quelle préoccupation littéraire était la sienne; quel souci de style, et d'exprimer avec saillie, avec éclat, tout ce qui en sens divers était éloquemment exprimable; quel respect empressé pour tout ce qui avait nom d'homme de lettres, pour Flins, par exemple, qu'il cite entre Simonide et Sanchoniaton. On y voit une haute indifférence politique, un bien ferme coup-d'œil sur des ruines fumantes, une appréciation chaleureuse, mais souvent équitable, des philosophes ou des personnages révolutionnaires; il m'arrive à chaque page, en lisant l'*Essai*, d'être de l'avis du jeune homme contre l'auteur des notes, que je trouve trop sévère et trop prompt à se condamner. Le scepticisme de l'*Essai* n'a rien de frivole; c'est un désenchantement amer, une douleur de ne pas croire; c'est le souffle de cette bise sombre dont tout à l'heure il a été parlé. Le deuxième volume renferme un chapitre *aux Infortunés*, dans lequel, à travers les conseils et les règles de conduite que l'auteur essaye de déduire, on lit toute l'histoire de sa vie d'émigration et de sa noble pauvreté : « Je m'imagine, s'écrie-t-il, que les malheureux qui lisent ce chapitre le parcourent avec cette avidité inquiète que j'ai souvent portée moi-même dans la lecture des moralistes, à l'article des misères humaines, croyant y trouver quelque soulagement. Je m'imagine encore que, trompés comme moi, ils me disent : Vous ne nous apprenez rien; vous ne nous donnez aucun moyen d'adoucir nos peines; au contraire, vous prouvez trop qu'il n'en existe point. — O mes compagnons d'infortune! votre reproche est juste; je voudrais pouvoir sécher vos larmes, mais il vous faut implorer le secours d'une main plus puissante que celle des hommes. Cependant ne vous laissez point abattre; on trouve encore quelques douceurs parmi beaucoup de calamités. Essayerai-je de montrer le parti qu'on peut tirer de la condition la plus misérable? peut-être en recueillerez-vous plus de profit que de toute l'enflure d'un discours stoïque. » Et suivent alors les conseils appropriés : fuir les jardins publics, le fracas, le grand jour; le plus souvent même ne sortir que de nuit; voir de loin le réverbère à la porte d'un hôtel, et se dire : Là, on ignore que je souffre; mais ramenant ses regards sur quelque petit rayon tremblant dans une pauvre maison écartée du faubourg, se dire : Là, j'ai des frères. Voilà ce qu'on trouve, après tant d'autres pages révélatrices, dans l'*Essai*. Mais jusqu'ici cette œuvre de jeunesse était restée en dehors du grand monument poétique, religieux et politique de M. de Chateaubriand, et n'était pas comprise, pour ainsi dire, dans la même enceinte. Les notes que l'auteur y avait jointes, écrites en 1826, et dans un esprit de justification religieuse et monarchique, servaient à séparer l'*Essai* de ce qui a suivi plutôt qu'à l'y rattacher. C'est aux Mémoires qu'il appartenait de tout reprendre dans une unité plus vaste, et de représenter avec accord l'entière ordonnance de cette destinée.

L'idée de M. de Chateaubriand, écrivant ses Mémoires, a été de se peindre sans descendre jusqu'à la confession, mais en se dépouillant d'une sorte de *convenu* inévitable qu'imposent les grands rôles joués sur la scène du monde; c'est une des raisons qui le portent à n'en vouloir la publication qu'après lui. Dans les pages datées de 1811, comme dans celles de 1833, l'auteur de la grande tentative chrétienne et monarchique se sent toujours, mais il ne se pose pas en travers. Rien n'abjure les opinions du passé, mais rien ne s'y asservit, rien ne les flatte. Le poëte, comme René, a ressaisi solitude et puissance; il est rentré dans sa libre personnalité, dans mille contradictions heureuses. Sa nature originelle y reprend le dessus, y tient le dé, si j'ose dire. Toutes les réflexions saines, capables d'éloquence, toutes les nobles images à cueillir et les palmes en fleur dans chaque champ, toutes les belles rêveries à rêver, l'appellent d'un attrait invincible. L'art surtout, ce grand et insatiable butineur, y gagne. L'unité de la vie même de l'écrivain se retrouve dans cette diversité. Il y a telle page de 1833 qui ressemble plus à telle page de l'*Essai* que tout ce qui a été écrit dans l'intervalle : les rayons du couchant rejoignent l'aurore.

Ce serait, on le sent, aborder les Mémoires de M. de Chateaubriand par un bien étroit côté, que d'y chercher simplement un récit explicatif qui comblerait les lacunes biographiques et aiderait à compléter une psychologie individuelle. De ses Mémoires, M. de Chateaubriand a fait et a dû faire un poëme. Quiconque est poëte à ce degré reste poëte jusqu'à la fin; et quoiqu'il écrive en face de la réalité, il la transgresse toujours; il ne lui est pas donné de redescendre. Mais, chemin faisant, au milieu des peintures et des caractères, des récits enjoués ou des idéales rêveries, les indications abondent : on y sent passer les secrets voilés; on saisit surtout cette continuité essentielle du héros, qui s'étend du berceau jusqu'à la gloire, qui persiste de dessous la gloire jusqu'à la tombe. Et c'est là, je le dirai, ce qui m'a le plus profondément attaché au milieu de la beauté et de la grandeur vraiment épiques de l'ensemble.

Noble vie, magnanime destinée, à coup sûr, que celle qui se trouve tout naturellement et comme forcément amenée à produire l'épopée de son siècle, en se racontant elle-même, tant elle a été mêlée à tout, à la nature, aux catastrophes, aux hommes, tant son rôle extérieur a été grand, bien qu'elle ait gardé plus d'un mystère ! Oh ! quand je m'échappe quelquefois à parler du factice inévitable des rôles humains ; quand j'ai l'air de me plaire à la pure réalité, ce n'est pas que je me dissimule les misères et les petitesses de celle-ci, ce n'est pas que je méconnaisse le mérite et la force des entreprises. En présence surtout de l'œuvre et de la vie de M. de Chateaubriand, j'ai senti combien il sied à la faculté puissante, au génie, d'enfanter de longues espérances, de se proposer de grands buts, d'épouser d'immenses causes. A trente ans, d'ordinaire, le premier cours naturel de la jeunesse s'affaiblit. A s'en tenir au point de vue de la stricte réalité, on sait déjà les inconvénients de toute chose, le néant des amitiés, le revers des enthousiasmes, l'insuffisance des doctrines stoïques et altières. Si l'on demeure à ce point de vue stérile, il n'est aucune raison pour se remuer davantage, et l'on cesse toute action confiante et suivie à l'âge même où le génie déploie la sienne. Mais le génie, lui, invente ; il se suscite de magnifiques emplois. Pour remonter la vie à partir de ce point où le premier torrent de jeunesse ne pousse plus (1), il évoque, il embrasse dans son temps quel-

---

(1) C'est l'habitude de comparer la vie à un fleuve qu'on descend ; il serait plus juste dans beaucoup de cas, et sinon par rapport à l'horizon des années et au cours du temps, du moins par rapport à notre principe d'action et à notre mouvement dans les choses, de la comparer à un fleuve qu'on remonte. On y arrive à la marée montante et parfois dans l'orage, non sans dangers, mais avec impulsion. Plus

que vaste pensée religieuse, sociale, politique même, comme ces machines un peu artificielles à l'aide desquelles on remonte les grands fleuves. Il se crée une succession indéfinie d'espérances, d'efforts renaissants et de jeunesses. Qu'il atteigne ou non tel ou tel but en particulier, qu'importe?... Quand sa marche est loyale et fidèle à certaines règles, il n'a pas failli. Il enflamme derrière lui des émulations généreuses et des passions qui régénèrent ; il est pour beaucoup dans toutes les nobles pensées de ses contemporains et du jeune avenir.

Les Mémoires de M. de Chateaubriand, au point où ils en sont aujourd'hui, se composent de deux ensembles distincts. Le premier ensemble, dont la rédaction remonte à 1811 et s'achève en 1822, comprend les trente premières années de sa vie jusqu'en 1800. Le second ensemble, dont la rédaction est de 1833, comprend les deux voyages de M. de Chateaubriand à Prague, le voyage à Venise, les diverses relations avec la famille royale déchue, dans cette même année. L'illustre auteur s'occupe en ce moment, je pense, à compléter cette dernière partie de sa narration par l'histoire des deux ou trois années écoulées entre juillet 1830 et son premier départ pour Prague. Ces deux ensembles, dont l'un est entièrement terminé et dont l'autre va l'être, figurent, en quelque sorte, deux ailes égales à l'extrémité d'un même monument. Le corps intermédiaire du récit, les trente années de l'Empire et de la Restauration ne sont encore tracées que par endroits et ne présentent pas, à l'heure qu'il est, une ligne ininterrompue et définitive. Quelle qu'en soit l'importance, au reste, dans le plan de l'édifice, on peut provisoirement concevoir cet espace entre les deux ailes rempli par le *Génie du Christianisme*, les *Martyrs*, l'*Itinéraire*, la *Monarchie selon la Charte*, les *Quatre Stuarts*, les *Études*

---

tard, la barre franchie, le danger est moindre, mais l'impulsion aussi. Le commun des hommes continue de ramer péniblement chaque jour, assez pour ne pas descendre, mais sans plus avancer.

historiques, tous palais différents de date et de style, mariant heureusement leur diversité, et composant un Louvre ou plutôt un Fontainebleau merveilleux, comme l'a dit quelque part M. Magnin à propos des *Études historiques* en particulier. Par le seul fait que l'époque antérieure à la vie publique est terminée jusqu'en 1800, que l'époque postérieure à la retraite politique est tout près d'être terminée d'une façon non moins définitive, nous tenons donc dès à présent un monument sans exemple, et dont l'aspect, même dans cet état inachevé, simule quelque chose d'accompli. Mais bientôt, derrière ce *Génie du Christianisme*, ces *Martyrs*, cette *Monarchie selon la Charte*, tous ces palais, disons-nous, qui meublent l'intervalle, bientôt s'élèvera un autre monument de forme imprévue qui les enceindra; M. de Chateaubriand s'entend à la grande architecture.

En essayant ici d'introduire un peu le lecteur dans ce que nous avons récemment recueilli, dans cet Alhambra de nos souvenirs, notre embarras est extrême, nous l'avouons. Que faire de tant de richesses encore jalouses? Nous ne savons comment modérer notre mémoire. Nous aurons tort d'être trop inexact, et tort aussi d'être trop fidèle. Nous craignons, en mêlant trop du nôtre aux confidences du poëte, de les altérer; en les offrant vives, telles qu'elles se sont gravées en nous, de les trahir.

En 1811, à Aulnay, dans cette Vallée-aux-Loups où il a écrit l'*Itinéraire*, *Moïse*, *les Martyrs*, près de ces arbres de tous les climats, qui lui rappellent les Florides ou la Syrie, et si petits encore qu'il leur donne de l'ombre quand il se place entre eux et le soleil, M. de Chateaubriand, au comble de sa gloire, au plus haut de la montagne de la vie, profitant des derniers jours de calme avant les orages politiques qu'il pressent, se retourne un matin vers le passé et commence la première page de ses Mémoires (1). Il est né

---

(1) Si nous osons bien exprimer un vœu qui, nous le savons, est celui de plusieurs, c'est que ces pages des jeunes années, écrites en des

à Saint-Malo, d'une famille noble, des anciens Chateaubriand de Beaufort qui se rattachent aux premiers comtes, ensuite ducs de Bretagne. Il discute cette généalogie, il nous y intéresse : « Mais n'est-ce pas là, se dit-il, d'étranges détails, des prétentions malsonnantes dans un temps où l'on ne veut que personne soit le fils de son père ? Voilà bien des vanités à une époque de progrès, de révolution ! » Non pas ; dans M. de Chateaubriand, le chevaleresque est une qualité inaliénable ; le gentilhomme en lui n'a jamais failli, mais n'a jamais été obstacle à mieux. Béranger se vante d'être du peuple, M. de Chateaubriand revendique les anciens comtes de Bretagne ; mais tous les deux se rencontrent dans l'idée du siècle, dans la république future, et ils se tendent la main.

Cette idée de noblesse et d'antique naissance est surtout nécessaire pour expliquer le caractère et la physionomie du père de M. de Chateaubriand, de l'homme ardent, rigoureux, opiniâtre, magnanime et de génie à sa manière, dont toute la vie se passe à vouloir relever son nom et sa famille ; espèce de Jean-Antoine de Mirabeau dans son âpre baronnie. Il faut voir le portrait ineffaçable de ce père dur et révéré, au nez aquilin, à la lèvre pâle et mince, aux yeux enfoncés et *pers* ou *glauques* comme ceux des lions ou des anciens barbares. Son silence redouté, sa tristesse profonde et morne, ses brusques emportements, et le rond de sa prunelle qui se détache comme une balle enflammée dans la colère, puis sa mise imposante et bizarre, la grandeur de ses manières, sa politesse seigneuriale avec ses hôtes quand il les reçoit tête nue, par la bise ou par la pluie, du haut de son perron, comme tout cela est marqué ! quelle touche à la fois fidèle et pieuse en son exactitude austère ! Si le vieillard revivait, s'il se voyait ainsi retracé

---

jours si propices, restent ce qu'elles furent, ce qu'elles étaient la première fois que nous les entendîmes, et que l'illustre écrivain, dans son inquiétude du mieux, s'abstienne de retouches, et, comme on dit en peinture, de *repentirs*, qui ne sauraient que compliquer une première ligne heureuse.

et immortel, comme on sent qu'il se reconnaîtrait! comme il s'enorgueillirait de sa propre vue et de son aspect inexorable! comme il se saurait gré de sa race! comme il bénirait ce fils dont il a contristé la jeunesse, et verserait sur lui une de ces rares larmes que sa joue sèche avait si vite dévorées!

A côté de cette haute figure, vient la mère de M. de Chateaubriand, fille d'une ancienne élève de Saint-Cyr, et sachant elle-même par cœur tout *Cyrus*. Femme élégante de manières, cultivée d'esprit, soupirante et silencieuse, elle souffre aussi de la sévérité absolue du maître, et partage la tristesse refoulée des siens plutôt qu'elle ne la console. Ceux qui cherchent dans les parents des grands hommes la trace et la racine des vocations éclatantes, ceux qui demandent aux mères de Walter Scott, de Byron et de Lamartine le secret du génie de leurs fils, remarqueront ce caractère à la fois mélancolique et cultivé de madame de Chateaubriand; ils auraient à remarquer aussi que deux des sœurs du poëte, et l'une particulièrement, ont laissé des pages touchantes; qu'un de ses oncles paternels, prêtre, faisait des vers, et qu'un autre oncle paternel vivait à Paris, voué aux recherches d'érudition et d'histoire. Il y a toujours quelques ébauches naturelles préexistant aux apparitions sacrées.

François-Auguste de Chateaubriand naquit donc à Saint-Malo, rue des Juifs, dans une maison voisine de celle où devait naître quelques années plus tard M. de La Mennais; il était le dernier de dix enfants, dont six vécurent, quatre sœurs et un frère, l'aîné de tous. Il eut titre *le Chevalier;* son frère, le comte de Combourg (car le père de M. de Chateaubriand avait racheté l'ancienne terre de Combourg du maréchal de Duras), était destiné à être conseiller au parlement de Rennes; le chevalier devait entrer, suivant l'usage des cadets en Bretagne, dans la marine royale. En attendant, on le mit en nourrice au village de Plancoët; il s'attacha fort à sa bonne nourrice, *la Villeneuve*, qui seule le préférait; il s'attacha d'une amitié bien délicate, en grandissant, à la quatrième de ses sœurs, négligée comme lui, rêveuse et souffrante, et qu'il nous peint d'abord l'air malheureux, maigre, trop grande pour son âge, attitude timide, robe disproportionnée, avec un collier de fer garni de velours brun au cou, et une toque d'étoffe noire sur la tête. Voilà celle pourtant qui plus tard brillera si poétique et si belle, dont le front pâle se nuancera de toute sérieuse pensée, qu'il comparera muette et inclinée à un Génie funèbre, et qui sera pour lui la Muse, quand, dans une des promenades au grand mail, il lui parlera avec ravissement de la solitude, et qu'elle lui dira d'une voix de sœur qui admire : « Tu devrais peindre cela. »

La grand'mère maternelle du chevalier habitait à *l'Abbaye*, hameau voisin de Plancoët, avec une vieille sœur non mariée, mademoiselle de Boisteilleul. Il y avait dans la maison d'à côté trois vieilles filles nobles qui venaient chaque après-midi faire la partie de quadrille, averties de l'heure précise par un double coup de pincettes que mademoiselle de Boisteilleul frappait sur la plaque de la cheminée. Jamais intérieur en apparence insignifiant n'a pris plus de vie sous un pinceau et une expression plus pénétrante. Si, dans le portrait de son père, M. de Chateaubriand n'a rien à envier aux Van-Dyck, aux Velasquez et aux vieux maîtres espagnols ; si, dans le portrait de sa sœur enfant, il a égalé quelque jeune fille gauche et finement ingénue de Terburg, il n'est comparable en cet endroit qu'à la grâce exquise et familière de Wilkie. Mais quand il vient à se rappeler que cette société, la première qu'il ait remarquée, est aussi la première qui ait disparu à ses yeux ; quand il montre la mort dépeuplant par degrés cette maison heureuse, une chambre qui se ferme et puis une autre, et le quadrille de l'aïeule devenu impossible, faute des partners accoutumés, il touche alors à une corde de sensibilité intime dont ses Mémoires nous rendent plus d'un tendre soupir. Mais cela tourne bientôt à la gravité solitaire et à la mélancolique grandeur qui est le fond de cette nature de René : « Vingt fois depuis cette époque, dit-il, j'ai fait la même observation, vingt fois des sociétés se sont formées et dissoutes autour de moi. Cette impossibilité de durée et de longueur dans les liaisons humaines, cet oubli profond qui nous suit, cet invincible silence qui s'empare de notre tombe et s'étend de là sur notre maison, me ramènent sans cesse à la nécessité de l'isolement. Toute main est bonne pour nous donner le verre d'eau dont nous pouvons avoir besoin dans la fièvre de la mort. Ah! qu'elle ne nous soit pas trop chère! car comment abandonner sans désespoir la main que l'on a couverte de baisers, et que l'on voudrait tenir éternellement sur son cœur? »

A côté de la maison calme et bénie de l'aïeule, il y a Monchoix, le joyeux et turbulent manoir de l'oncle, plein de chasseurs, de fanfares et de festins. Combourg ne vient que plus tard. Le chevalier est encore à Saint-Malo, luttant contre les vagues, aux prises avec ses jeunes compagnons, battu ou battant tour à tour. Les impressions sérieuses de la religion agissent cependant; on le relève du vœu que sa nourrice avait fait pour lui, et le prêtre qui l'exhorte lui parle de ses ancêtres, et de Palestine et de pèlerinage. Aux fêtes saintes, aux stations, il est à la cathédrale avec les autres enfants de son âge. Le jour baisse, les petites bougies sont allumées tout contre les *Heures* où chacun suit l'office; on chante le *Tantum ergo :* « Je voyais, dit-il, les cieux ouverts, les anges offrant notre encens et nos vœux à l'Éternel; je courbais mon front; il n'était point encore chargé de ces ennuis qui pèsent si horriblement qu'on est tenté de ne plus relever la tête, lorsqu'on l'a inclinée au pied des autels. »

Nous avons entendu dire quelquefois à certaines gens, de bonne volonté d'ailleurs, à propos de cette tristesse de plusieurs grands poëtes, et de M. de Chateaubriand en particulier : « Qu'a-t-il? Pourquoi tant de tristesse et d'ennuis? Tout, dans la gloire du moins et dans le concert des louanges, ne lui sourit-il pas? Et lui-même, si par hasard nous le rencontrons sous les ormes de son boulevard, n'a-t-il pas fleur à la main et jeunesse légère, et, si nous le saluons, toute la grâce du sourire? Allez, ces grands soucis de poëte ne sont que feinte. » — Bonnes gens, qui ne concevez pas qu'on puisse agréablement vous sourire, et n'en pas moins sentir le néant et l'interminable ennui de toute chose! C'est la duchesse-mère d'Orléans qui a dit, je crois, de son fils le régent, qu'il était *né ennuyé*. Ce mal originel d'ennui puisé au ventre de la mère, qui tourne chez les uns en vice et en folies déréglées, tourne chez les autres en poésie et en génie ; mais la douleur se cache sous la beauté. Enfant (et je me sers à dessein d'expressions ravies), tout devient passion en attendant la passion même ; tout s'épuise, tout se dévore, avant d'être cueilli et touché. On est, comme le frère d'Amélie, égaré et possédé du démon de son cœur. Viennent les délices tant désirées ; elles n'ont qu'un jour, une heure à peine. Il y a des natures fatales qui portent plus aisément que d'autres, autour d'elles, le vertige et le désenchantement : Jupiter qui s'approche consume Sémélé. Puis voilà qu'on en est à la fuite des ans ; la jeunesse alors (et c'est toujours avec les expressions dérobées au poëte, avec la plume échappée au cygne, que j'écris de lui), la jeunesse rentre au cœur, et quittant l'écorce, les dehors déjà moins fleuris, elle s'enferme en un sein orageux qu'elle continue de troubler. On est tenté de s'écrier comme l'auteur des Mémoires, dans une mélancolie cuisante : « Allons-nous-en avant d'avoir vu fuir nos amis et ces années que le poëte trouvait seules dignes de la vie : *vita dignior ætas*. Ce qui enchante dans l'âge des liaisons devient dans l'âge délaissé un objet de souffrance et de regret. On ne souhaite plus le retour des mois riants à la terre ; on le craint plutôt. Les oiseaux, les fleurs, une belle soirée de la fin d'avril, une belle nuit lunaire commencée le soir avec le premier rossignol, achevée le matin avec la première hirondelle, ces choses qui donnent le besoin et le désir du bonheur, vous tuent! » Et cela n'empêche pas cependant, tant la nature de l'homme est mobile et associe les contraires, de sourire gaiement à quelque réveil de mai, de sortir par la petite porte de son parc avec une fleur encore humide de rosée, de sourire d'un air de fête au passant qu'on aimerait éviter peut-être, au jeune homme qui rougit et salue, et dont cette rencontre va enflammer la journée. Parce que chaque soir revient funèbre et sombre, chaque matinée de soleil ne nous rend-elle pas un peu de vrai printemps ?

Si j'osais adresser un seul reproche à quelques rares endroits de cette douleur presque innée que je comprends et que j'admire, ce ne serait pas de s'exagérer et de se surfaire, ce serait de se croire plus unique au monde, plus privilégiée en amertume qu'elle ne l'est en effet. Certes, nulle vie n'a été plus traversée, semée sur plus de mers, sillonnée de plus de sortes d'orages; et quand, après tant d'incomparables vicissitudes, on porte sa douleur sans fléchir, comme ces personnages de rois et d'empereurs qui, outre leur diadème de gloire au front, portent un globe dans la main, on en mesure mieux tout le poids. Mais ce poids, pour être d'ordinaire plus obscurément porté, n'en pèse pas moins aujourd'hui sur bien des cœurs. Le mal du solitaire René, en retranchant même ce qui a été de contagion et d'imitation, est assez endémique en ce siècle; la famille est nombreuse, je le crois, qui l'invoque tout bas comme l'aîné des siens. Quand René jette ses regards sur une foule, sur ce désert d'hommes comme il l'a appelé, il peut s'écrier sans crainte, ainsi que s'écriait l'infortuné dans l'*Essai* à la vue des petites lumières des faubourgs : *Là, j'ai des frères!* frères moins glorieux sans doute, plus infirmes, moins honorés des grands coups du sort. Mais n'est-ce pas en fait de douleur surtout qu'il est vrai de dire avec M. Ballanche : « Tout se passe au fond de notre cœur, et c'est notre cœur seul qui donne à tout l'existence et la réalité. »

Pendant qu'il joue au bord de la mer à Saint-Malo, le chevalier de Chateaubriand a pour ami d'enfance un compagnon espiègle, hardi et provocateur, qui exerce un grand empire sur lui, et à qui il attribue, comme à une étoile jumelle, une influence mystérieuse et superstitieuse sur sa destinée. C'est ce même Gesril qui, devenu plus tard officier de marine, périt à l'affaire de Quiberon. L'action était finie, et les Anglais continuaient de canonner. Gesril, à la nage, s'approche des vaisseaux, crie aux Anglais de cesser le feu, leur annonçant le malheur et la capitulation. On le voulut sauver en lui filant une corde : « Je suis prisonnier sur parole, » s'écrie-t-il du milieu des flots; et il revient à terre, où il est fusillé avec Sombreuil. — Gesril, vous êtes mort en héros, vous avez égalé Régulus et surpassé d'Assas; et qui connaît votre nom cependant? Vous étiez jusqu'ici comme ces héros tombés avant Agamemnon, et qui ont manqué de poëte sacré! Mais non; vous avez joué, enfant, avec le poëte, vous l'avez poussé aux combats de pierre avec les autres enfants de la plage, vous l'avez enhardi sur les pentes glissantes des rochers; il vous suivait comme une bannière, et votre charme héroïque l'enchaînait déjà. Gesril, vous voilà sauvé de l'oubli! Si le poëte est capricieux de nature, s'il lui plaît parfois d'immortaliser des chimères, des êtres rencontrés à peine, des jeunes filles dont il ne sait le nom et auxquelles il sourit comme la fée, le poëte aussi est reconnaissant; il prend dans la nuit l'ami qu'il préfère, et il lui dresse un trône. Voyez plus tard comme il couronnera Fontanes pour l'avoir deviné et aimé! Le poëte redore les renommées amies qui pâlissent; il ressuscite et crée le héros qu'on ignore. Toute gloire humaine est chanceuse, mais c'est la Muse encore qui trompe le moins.

Mis au collége à Dol, où il apprend Bezout, où il sait par cœur toutes ses tables de logarithmes depuis 1 jusqu'à 10,000, où il fait des vers latins si coulamment que l'abbé Egault, son préfet, le surnomme *l'Élégiaque,* le chevalier revient passer ses vacances non plus à Saint-Malo, mais à Combourg. On n'arrive à ce château mystérieux que peu à peu, par intervalles, moyennant des descriptions graduelles, ménagées, qui disposent à l'émotion. A ce collége de Dol, la troisième année de séjour fut marquée par la révolution d'âme et de sens qu'amena la puberté. Un *Horace* non châtié et le livre des *Confessions mal faites* tombèrent aux mains du jeune homme; il entrevoyait d'une part la volupté flatteuse avec ses secrets incompréhensibles, de l'autre la mysticité-délirante apprêtant des flammes et des chaînes. « Si j'ai peint plus tard avec vérité, dit-il, les entraînements de cœur mêlés aux syndérèses chrétiennes, je l'ai dû à cette double connaissance simultanée. » Le quatrième livre de *l'Énéide*, les volumes de Massillon où sont les sermons de *l'Enfant prodigue* et de *la Pécheresse*, ne le quittaient pas. Chacun reconnaîtra dans ces tableaux quelques traits de sa propre enfance. Mais quelle pudeur de pinceau! quelle chasteté de ton dans ce trouble et dans ces chaudes haleines! A côté du penchant voluptueux, voilà tout aussitôt l'idée de l'honneur qui s'éveille : « car, ainsi que le remarque le poëte, les passions ne viennent jamais seules; elles se donnent la main comme les Furies ou comme les Muses. » L'honneur donc (et nous citons toujours), l'honneur, cette exaltation de l'âme qui maintient le cœur incorruptible au milieu de la corruption, ce principe réparateur près du principe dévorant, allume en cette jeune âme un foyer qui ne va plus s'éteindre, et qui sera peut-être son principal autel. Il y a là, à ce sujet, la délicieuse histoire d'un nid de pies déniché malgré les défenses de l'abbé Egault; l'abbé furieux se venge en condamnant au fouet le coupable. On trouve également dans Rousseau l'histoire d'une condamnation injuste au fouet; mais Rousseau la subit, et de la main de mademoiselle Lambercier, avec des sentiments d'une énergie concentrée, violente, toutefois un peu souillée, si l'on s'en souvient. Ici la différence des natures se déclare. Le chevalier résiste, il se défend, il obtient capitulation; il reste intact, et son honneur, même d'enfant, peut marcher la tête haute, pur d'affront.

La première communion faite, le chevalier de Chateaubriand va de Dol achever ses études au collége de Rennes, où il hérite du lit du chevalier de Parny, où il devient condisciple de Moreau et de Limoëlan. De Rennes, il va ensuite à Brest, où il reste quelques mois au milieu des constructions navales comme Télémaque à Tyr, mais sans Mentor (1). Ses instincts de voyageur se déploient et s'irritent en présence de cette mer naufrageuse, son idole, dit-il, et son image. Il est admirable surtout, quand, remontant le torrent qui se jette dans le port, jusqu'à un certain coude, et ne voyant plus rien qu'une vallée étroite et stérile, il tombe en rêverie; et si le vent lui apporte alors le bruit du canon d'un vaisseau qui met à la voile, il tressaille et pleure. Mais par un de ces revirements inexplicables de la vie, au lieu de rester à Brest pour y attendre l'heure des longs voyages, il en part un matin subitement et arrive à Combourg.

Cette fois, nous sommes bien à Combourg pour y rêver à loisir. Le chevalier déclare qu'il renonce à la marine; on décide qu'il achèvera ses études à Dinan et qu'il embrassera l'état ecclésiastique; mais Dinan est à quatre lieues de Combourg, et il revient perpétuellement à ce gîte austère et chéri jusqu'à ce qu'on s'accoutume à l'y laisser à demeure. Sa plus jeune et mélancolique sœur, reçue chanoinesse, reste aussi à la campagne, en attendant de passer d'un chapitre dans un autre.

Ici commence toute une vie de René autre que celle que nous connaissons, avec le même fonds pourtant d'inquiétude et de rêve; un René plus réel et non moins idéal, aussi romanesque, aussi attachant sans catastrophe et sans le malheur d'Amélie. On sait tous les personnages du château, on sait jusqu'aux lieux où couchent les domestiques dans la grosse tour ou dans les souterrains. On voit çà et là, l'hiver, venir de rares hôtes à cheval avec le portemanteau en croupe; ce sont ceux que le père reçoit tête nue sur le perron. Ils content à souper leurs guerres de Hanovre; ils couchent dans le grand lit d'honneur de la Tour du Nord; et le lendemain matin, on les voit chevauchant par la neige sur la chaussée solitaire de l'étang. L'humeur

---

(1) « Peut-être n'avais-je déjà plus cette innocence qui nous fait un charme de tout ce qui est innocent : ma jeunesse n'était plus enveloppée dans sa fleur, et le temps commençait à la déclore. »

du père redouté devient plus taciturne et plus insociable avec l'âge ; il ne sort qu'une fois l'an, à Pâques, pour aller entendre la messe à l'église paroissiale de Combourg. Il redouble la solitude autour de lui dans sa solitude, il disperse sa famille et ses serviteurs aux quatre tourelles du château. Les soirs d'automne, dans le vaste salon, vêtu d'une robe de ratine blanche, la tête couverte d'un haut bonnet roide et blanc, il se promène à grands pas ; si la mère, le chevalier et sa sœur, qui sont assis immobiles, échangent quelques mots, il dit en passant, d'un ton sévère : « De quoi parliez-vous ? » et l'on n'entend plus rien bruire, jusqu'à ce que, le coup de dix heures arrêtant brusquement sa marche, il se retire dans son donjon. Alors il y a un court moment d'explosion de paroles et d'allégement. Madame de Chateaubriand elle-même y cède, et elle entame une de ces merveilleuses histoires de revenants et de chevaliers, comme celle du sire de Beaumanoir et de Jehan de Tinténiac, dont le poëte nous reproduit la légende dans une langue créée, inouïe.

Cette langue du moyen âge, qui se trouve condensée, refrappée en cet endroit avec un art et une autorité dont on ne peut se faire idée, laisse çà et là des traces énergiques dans tout le courant du récit de M. de Chateaubriand. L'effet est souvent heureux, de ces mots gaulois rajeunis(1), mêlés à de fraîches importations latines (2), et encadrés dans des lignes d'une pureté grecque, au tour grandiose, mais correct et défini. Le vocabulaire de M. de Chateaubriand dans ces Mémoires comprend toute la langue française imaginable, et ne la dépasse guère que parfois en quelque demi-douzaine de petits mots (3) que je voudrais retrancher.

---

(1) « Le couvent au bord du chemin *s'envieillissait* d'un quinconce d'ormes du temps de Jean V de Bretagne ; » — « un des premiers plaisirs que j'aie goûtés, était de lutter contre les orages, de me jouer *emmi* les vagues qui se retiraient; » — *à l'orée* d'une plaine ; des nuages qui projettent leur ombre *fuitive*, etc.

(2) *Le vaste du ciel*, *les blandices des sens*, etc.

(3) Les châteaux qui *entombaient* les aïeux, etc.

Cet art d'écrire qui ne dédaigne rien, avide de toute fleur et de toute couleur assortie, remonte jusqu'au sein de Du Cange pour glaner un épi d'or oublié, ou ajouter un antique bluet à sa couronne.

Retiré le soir dans son donjon à part, le jeune homme, plein des légendes et du Génie du lieu, commençait à son tour une poétique incantation ; il évoquait sa *Sylphide*. Qu'était cette Sylphide? c'était le composé de toutes les femmes qu'il avait entrevues ou rêvées, des héroïnes de l'histoire ou du roman, des châtelaines du temps de Galaor, et des Armides ; c'était l'idéal et l'allégorie de ses songes ; c'est quelquefois sans doute, le dirai-je? un fantôme responsable, un nuage officieux, comme il s'en forme, dans les tendres moments, aux pieds des déesses. Il la suivait, cette Sylphide, par les prairies, sous les chênes du grand mail, sur l'étang monotone où il restait bercé durant des heures ; il lui associait l'idée de la gloire. « Elle était pour lui la vertu lorsqu'elle accomplit les plus nobles sacrifices ; le génie, lorsqu'il enfante la pensée la plus rare. » Il y a à travers cela d'impétueux accents sur le désir de mourir, de passer inconnu sous la fraîcheur du matin. « L'idée de n'être plus, s'écrie-t-il, me saisissait le cœur à la façon d'une joie subite ; dans les erreurs qui ont égaré ma jeunesse, j'ai souvent souhaité de ne pas survivre à l'instant du bonheur. Il y avait dans le premier succès de l'amour un degré de félicité qui me faisait aspirer à la destruction. » On retrouve un sentiment tout semblable dans Atala pendant la tempête ; dans Velléda sur le rocher. Mais à quel propos ici ces désirs de mourir, ce cri égaré d'une félicité en apparence sans objet? Quand j'entendais lire ces obscurs et murmurants passages, il me semblait sentir un parfum profond comme d'un oranger voilé (1).

(1) Ce parfum *d'oranger voilé* se respire en maint endroit des Mémoires, mais nulle part plus mystérieusement qu'en un autre passage que je veux citer ; c'est de plus une de ces révélations sincères dont j'ai parlé, sur la lutte et la contradiction des passions cachées et de la foi ostensible dans le poëte. Se retrouvant à Venise en 1833, M. de

Triste, dégoûté de tout, voyant sa sœur peu heureuse, sa mère peu consolante, craignant son père au point que, si au retour de ses courses sauvages il l'apercevait assis sur le perron, il se fût laissé tuer plutôt que de rentrer au château, le chevalier essaya en effet de mourir ; il s'enfonça dans un bois avec son fusil chargé de trois balles ; l'apparition d'un garde l'interrompit. Il fit une maladie mortelle. Guéri, il était à Saint-Malo, près de passer aux Grandes-Indes, quand on le rappela pour un brevet de sous-lieutenant au régiment de Navarre. Il quitte son père pour la dernière fois.

Ces Mémoires sont de temps en temps entrecoupés par des prologues qui marquent les dates et les situations contrastantes où l'auteur les composa. En 1821, M. de Cha-

---

Chateaubriand, qui se promène au Lido, se rappelle son ancien départ de cette ville pour l'Orient, et une tempête essuyée au rivage d'Afrique, durant laquelle il jetait à la mer une bouteille scellée avec son nom, puis il s'écrie : « Mais ai-je tout dit dans l'*Itinéraire* sur ce voyage commencé au port de Desdémone et d'Othello? allais-je au tombeau du Christ dans les dispositions du repentir? Une seule pensée m'absorbait, je comptais avec impatience les moments. Du bord de mon navire, les regards attachés sur l'étoile du soir, je lui demandais des vents pour cingler plus vite, de la gloire pour me faire aimer. J'espérais en trouver à Sparte, à Sion, à Memphis, à Carthage, et l'apporter à l'Alhambra. Comme le cœur me battait en abordant les côtes d'Espagne ! aurait-on gardé mon souvenir ainsi que j'avais traversé mes épreuves ? Que de malheurs ont suivi ce mystère ! le soleil les éclaire encore ; la raison que je conserve me les rappelle. Si je cueille à la dérobée un instant de bonheur, il est troublé par la mémoire de ces jours de séduction, d'enchantement et de délire. » Un aveu moins prolongé, moins obscurément émouvant, mais précieux encore, se rapporte à la traversée du voyage en Amérique. Bien des parties de description, déjà placées dans le *Génie du Christianisme* ou dans l'*Essai sur les Révolutions*, sont remises là à leur vrai place et dans leur premier jour ; ainsi à propos du chant de Notre-Dame de Bon-Secours en mer qu'entonnent les matelots : « Quand je transportais cette description dans le *Génie du Christianisme*, mes pensées étaient analogues à la scène; mais quand j'assistais au brillant spectacle, le vieil homme était encore tout entier au fond du jeune homme. Etait-ce Dieu seul que je contemplais sur les flots... ? Non, je voyais une femme et les miracles de son sourire. »

teaubriand, ambassadeur à Berlin, continue le récit de cette vie de jeunesse. Plus tard, c'est ambassadeur à Londres, qu'il décrira les misères de son émigration. Le premier voyage à Paris, en compagnie de mademoiselle Rose, marchande de modes, qui méprise fort son vis-à-vis silencieux; l'entrevue avec le cousin Moreau, qui n'est pas le grand général, avec madame de Châtenay, cette femme de douce accortise; l'amour de garnison au profit de Lamartinière, la présentation à Versailles, la journée de la chasse et des carrosses, tous ces riens plus ou moins légers du monde extérieur sont emportés avec une verve de pur et facile esprit à laquelle le sérieux poëte ne s'était jamais nulle part aussi excellemment livré. On a pu remarquer parfois dans les pages graves de M. de Chateaubriand quelques mots aigus qui font mine de sortir du ton, et qu'un goût scrupuleux voudrait rabattre. Ces mots ne sont le plus souvent que de l'esprit, de la verve comique et mordante, mais qui ne se présente pas en ces endroits à l'état direct et simple. C'est une veine refoulée qui engorge légèrement, pour ainsi dire, un style de plus profonde couleur. Mais dans les pages dont nous parlons, cette veine heureuse circule et joue au naturel; elle fertilise dans le talent de M. de Chateaubriand des portions encore inconnues.

A Paris, le jeune officier fait connaissance avec des gens de lettres, et négocie, à force d'habileté et d'appui, l'insertion d'une idylle dans l'*Almanach des Muses*. Parmi ces figures de gens de lettres si vivement éclairées en quelques mots, on voit Parny, « poëte et créole, à qui il ne fallait que le ciel de l'Inde, une fontaine, un palmier, une femme, et dont la paresse n'était interrompue que par ses plaisirs qui se changeaient en gloire. » On y voit Delille de Sales, le philosophe de la nature, « qui faisait en Allemagne ses remontes d'idées. » On y trouve La Harpe, arrivant chez une sœur de M. de Chateaubriand, avec trois gros volumes de ses œuvres sous ses petits bras. Flins y obtient une part moins belle que dans l'*Essai*, mais très-satisfaisante encore. Flins a beau être mort de toute la mort d'une médiocrité spirituelle, une goutte d'ambre est tombée sur son nom et le conserve; il y a quelque chose de lui enchâssé dans la base de marbre de cette statue immortelle. Ginguené et Chamfort sont les moins indulgemment traités. En relisant l'*Essai*, j'ai désiré un milieu plus juste entre la louange première et la sentence trop rigoureuse qui durera.

On est en 89; la politique gronde. Il y a un épisode développé sur les états de Bretagne, sur la constitution et les troubles de cette province : les lignes majestueuses de l'histoire apparaissent. Mirabeau, avec qui l'auteur a dîné plusieurs fois, et qu'il a souvent entendu, est peint de génie à génie. La vie confuse, remuée, enthousiaste de ces années-là, s'anime devant nous. On suit les trois belles nièces de Grétry avec la foule dans les allées des Tuileries; on reconnaît la belle madame de Buffon à la porte d'un club, dans le phaéton du duc d'Orléans.

C'est en cette année pourtant que le jeune homme assez indifférent à la politique, dévoré de l'instinct des voyages, voulant visiter la scène naturelle de ce poëme des *Natchez* qu'il médite déjà, rêvant aussi la découverte du passage polaire, part pour l'Amérique, muni des conseils et des instructions de M. de Malesherbes dont son frère aîné est le petit-gendre. Il nous faudrait un autre jour tout entier, une reprise d'haleine nouvelle, pour pouvoir l'y suivre. On y verrait les types de Mina et de Céluta, les deux Floridiennes. Puis au retour, après le mariage, l'émigration; la guerre au siége de Thionville, les veilles nocturnes du camp qui ont servi à peindre celles d'Eudore dans *les Martyrs;* la blessure, le retour à Namur par les Ardennes où le poëte, qui a ébauché déjà Atala et René, est près de mourir d'épuisement; Jersey, Londres; la vie de misère et de noble fierté, l'*Essai sur les Révolutions*, l'histoire divine de Charlotte, et, à la nouvelle de la mort d'une mère pieuse, la pensée conçue, le vœu du *Génie du Christianisme*.

Quant à la seconde partie des *Mémoires*, nous aurions beaucoup à en dire, même en n'effleurant rien de toute la relation de Prague, de l'intérieur des princes déchus, ni de l'entrevue avec Madame de Berry. Mais la route, les grands chemins seulement, les rêves du poëte-ambassadeur, de Sterne-René, dans la vieille calèche autrefois construite à l'usage du prince de Talleyrand ; mais les paysages de Bohême, les conversations avec la lune où tous les souvenirs reviennent et se jouent, tantôt dans une moquerie légère, tantôt dans une ivresse voluptueuse qui ranime, comme sous des baisers, les plus chers fantômes ; mais Venise et la Zanzé de Pellico, et le Lido où l'enfant des mers salue avec amour ses vagues maternelles ; mais Ferrare, et la destinée du Tasse qu'il marie à la sienne, comme un poëme dans un poëme ; ce serait là matière à bien des réminiscences aussi, à bien des fuites sinueuses et des étincelles. Ne pouvant à loisir tout embrasser, nous finissons, pour donner une idée des grandes perspectives qui s'y ouvrent fréquemment, par une citation sur l'avenir du monde, que la bienveillance de l'auteur nous a permis de détacher. Après avoir piloté assez péniblement le lecteur en vue de nos côtes inégales, nous arrivons avec lui à la haute mer, et nous l'y laissons.

(Ici, dans la *Revue des Deux Mondes* du 15 avril 1834, suivait l'extrait indiqué, trop long, par malheur, pour être reproduit en ce lieu.)

CHATEAUBRIAND.

1844.

(Vie de Rancé.)

« Mon premier ouvrage a été fait à Londres en 1797, mon dernier à Paris en 1844 : entre ces deux dates, il n'y a pas moins de quarante-sept ans ; trois fois l'espace que Tacite appelle une longue partie de la vie humaine : *Quindecim annos, grande mortalis ævi spatium.* » Cette pensée s'élève inévitablement dans l'esprit du lecteur qui ouvre le volume, quand l'auteur ne l'aurait pas fait remarquer. Voilà près d'un demi-siècle, voilà quarante-quatre années du moins que M. de Chateaubriand a inauguré notre âge par *Atala*, par le *Génie du Christianisme*, et s'est placé du premier coup à la tête de la littérature de son temps : il n'a cessé d'y demeurer depuis ; les générations se sont succédé, et, se proclamant ses filles, sont venues se ranger sous sa gloire ; presque tout ce qui s'est tenté d'un peu grand dans le champ de l'imagination et de la poésie procède de lui, je veux dire de la veine littéraire qu'il a ouverte, de la source d'inspiration qu'il a remise en honneur ; ce qu'on a, dans l'intervalle, applaudi de plus harmonieux et de plus brillant est apparu comme pour tenir ses promesses et pour vérifier ses augures ; il a eu des héritiers, des continuateurs, à leur tour illustres, il n'a pas été surpassé ; et aujourd'hui, quand beaucoup sont las, quand les meilleurs se dissipent, se ralentissent ou se taisent, c'est encore lui qui vient apporter à la curiosité, à l'intérêt de tous, un volume impatiemment attendu, et qui n'a, si l'on peut dire, qu'à le vouloir pour être la fleur de mai, la primeur de la saison.

Il n'est pas jusqu'à cette vogue religieuse du moment qui ne semble jusqu'à un certain point devoir se rapporter à lui : sans doute, en ce qu'elle aurait de tout à fait sérieux et de profond, lui-même il n'en accepterait pas l'honneur, et il l'attribuerait à une cause plus haute; sans doute, en ce qu'elle offre d'excessif et de blessant, il aurait le droit d'en décliner la responsabilité, lui qui a surtout présenté la religion par ses aspects poétiques et aimables; mais enfin il est impossible de ne pas remarquer que la vogue religieuse, dont le *Génie du Christianisme* fut le signal, est encore, après toutes sortes de retours, la même qui va accueillir la *Vie de Rancé*.

M. de Chateaubriand ne paraît pas assez croire à cet à-propos, à cet intérêt actuel de ce qu'il écrit, à cette avide et affectueuse vénération de tous, et c'est le seul reproche que nous nous permettrons de lui adresser. Il dédie son livre à la mémoire de l'abbé Séguin, vieux prêtre, son directeur, mort l'année dernière à l'âge de quatre-vingt-quinze ans : « C'est pour obéir aux ordres du directeur de ma vie que j'ai écrit l'histoire de l'abbé de Rancé. L'abbé Séguin me parlait souvent de ce travail, et j'y avais une répugnance naturelle. J'étudiai néanmoins; je lus, et c'est le résultat de ces lectures qui compose aujourd'hui la vie de Rancé. » Cette humble origine de l'ouvrage sied à l'humilité du sujet; cette docilité de l'illustre auteur est touchante; mais le vieux confesseur avait raison; avec le coup-d'œil du simple, il lisait dans le cœur de René plus directement peut-être que René lui-même; il avait touché les fibres secrètes par où René était fait pour vibrer à l'unisson de Rancé.

Et nous-même, bien qu'il ne se soit pas confessé à nous, il nous semble que nous saisissions le rapport, et qu'à travers tant de contrastes nous puissions aussi dénoncer les humaines ressemblances. Qu'était-ce que Rancé dans le monde? Un esprit merveilleux, brillant, en train de toute science et de toute diversion, cherchant jusqu'au miel des poëtes, une parole éloquente et suave, un cœur généreux et magnifique, une âme ardente, impatiente, immodérée, épuisant la fatigue sans jamais trouver le repos, que rien ne pouvait combler, ressaisie d'une mélancolie infinie au sein des succès et des plaisirs, que revenait obséder par accès l'idée de la mort, l'image de l'éternité, et qui, à un certain moment, rejetant ce qui n'était plus qu'incomplet pour elle, l'immolant au pied de la Croix, entra, comme dit son biographe, dans la *haine passionnée de la vie*. Il en est de la vie comme de la personne la plus aimée; il n'y a pas tellement loin de la haine passionnée à l'amour; c'est précisément parce qu'on l'a trop aimée, trop rêvée idéale, cette vie passagère, trop embrassée dans de rares et uniques instants, qu'on se met ensuite, quand on a l'âme grande, à s'en dégoûter opiniâtrément et à s'en déprendre. Mais, chez Rancé, le sacrifice fut complet; le rayon d'en haut ne tomba point seulement, la foudre descendit et dévora l'holocauste; le front du pénitent, sous la cendre, reste à jamais marqué des stigmates sacrés. Dans l'ordre humain, ce qui fait pour nous la puissance singulière et le charme du frère d'Amélie, de l'Eudore de Velléda, c'est au contraire la composition et le mélange; lui aussi, il essaye d'entrer dans la haine passionnée de la vie, mais il s'y reprend au même instant; il la hait et il la ressaisit à la fois; il a les dégoûts du chrétien et les enchantements du poëte; il applique sa lèvre à l'éponge trempée d'absinthe, et il nous rend tout à côté les saveurs d'Hybla. Cette lutte du Calvaire et de la Grèce, que l'heureux Fénelon ne soupçonnait pas, qui, d'abord confuse, égara René jusque dans les savanes, qu'il nous a bientôt rendue si distincte et si vivante sous les traits d'Eudore et de Cymodocée, elle n'a pas cessé avec les ans, il la porte en lui éternelle; toujours, si austère que soit le sentier, si droite que semble la voie vers Jérusalem, il a des retours soudains vers *Argos;*

toujours, jusque dans le pèlerin du désert, on retrouve, aux accents les plus émus, l'ami de jeunesse d'Augustin et de Jérôme.

Malheur à qui a reçu dès le berceau ce don de la muse, cet art d'évocation et de poésie, l'incurable magie des mots harmonieux, cette magie elle aussi qui ensorcelle ! malheur à qui, avec les instincts infinis et le besoin de croire aux consolations éternelles, a senti trop amoureusement cet idéal d'humaine beauté, ce paganisme immortel qu'on appelle la Grèce !

Un voyageur qui visita la Trappe du temps de l'abbé de Rancé raconte qu'étant au réfectoire pendant qu'on lisait quelque chapitre du Lévitique, il entendit un endroit qui l'effraya : *Exterminabitur de populo anima ejus qui non fecerit Deo sacrificium in tempore suo,* « et je compris mieux que jamais, dit-il, quel malheur c'est que de manquer le temps du sacrifice. » — Celui à qui est dû le *Génie du Christianisme* ne manqua point ce moment ; il sut mettre, à l'heure marquée, son talent en offrande sur l'autel, l'éclair brilla, mais alors même tout se répandit en lumière et en encens.

Le revoilà après tant d'années qui, semblable au fond, le cœur insoumis par la vieillesse, nous donne la vie du plus rigide et du plus mortifié des pénitents ; il a quelque peine, il nous l'avoue, à s'y assujettir ; son récitatif est fréquemment interrompu par des retours qui ont le sens des versets de Job sur le néant des choses, ou celui des distiques de Mimnerme sur la fuite de la jeunesse. Nous allons tâcher de le suivre, et de suivre à la trace son saint et sublime héros. Nous profiterons, chez le biographe, de toutes les belles paroles. Le critique, quand il s'agit de M. de Chateaubriand, n'en est plus un ; il se borne à rassembler les fleurs du chemin et à en remplir sa corbeille ; c'était l'office, dans les fêtes antiques, de ce qu'on appelait le canéphore ; et même en cette histoire de cloître, si l'on nous passe l'image, c'est ainsi que nous ferons.

Armand-Jean Le Bouthillier de Rancé, né en 1626, neveu d'un surintendant des finances, neveu aussi de l'évêque d'Aire et de l'archevêque de Tours, cousin-germain du ministre d'État Chavigny, fut tonsuré encore enfant, chargé de bénéfices et destiné à l'héritage ecclésiastique de son oncle de Tours. On l'appliqua en attendant aux études tant sacrées que profanes, et on le livra au train du monde. Il donnait à l'âge de douze ans (1639) une édition d'*Anacréon* avec des scolies et commentaires grecs de sa façon, et une dédicace à son parrain le cardinal de Richelieu, toute grecque également. On a fort relevé le contraste de cette édition précoce avec la destinée future de l'enfant. Un jour un visiteur à la Trappe en toucha un mot au saint abbé : « Il me répondit qu'il avoit brûlé tout ce qui lui en restoit d'exemplaires, qu'il n'en avoit gardé qu'un dans sa bibliothèque et qu'il l'avoit donné à M. Pellisson, lorsque celui-ci vint à la Trappe après sa conversion, non pas comme un bon livre, mais comme un livre fort propre et bien relié; que dans les deux premières années de sa retraite, avant d'être religieux, il avoit voulu relire les poëtes, mais que cela ne faisoit que rappeler ses anciennes idées, et qu'il y a dans cette lecture un poison subtil caché sous des fleurs qui est très-dangereux, et qu'enfin il avoit fallu quitter tout cela. » Quand vint la lutte sérieuse, Rancé, on le voit, n'hésita point; le culte charmant résista peu en lui à cet endroit; aussi il n'était que scoliaste et non poëte, il étouffa plus aisément sa colombe, qui n'était que celle d'Anacréon.

A la suite de la dédicace à Richelieu se trouvent, dans l'*Anacréon* de Rancé, quelques petites pièces grecques anonymes à la louange de l'éditeur. Chardon de La Rochette, dans ses *Mélanges de Critique et de Philologie* (1), en cite une qui est piquante en effet, mise en regard de l'avenir : « Qu'est-ce que tu peux souhaiter, ô chantre Anacréon? Est-ce donc Bathylle que tu aimes? Est-ce que tu aimes Bacchus? Est-ce que tu aimes Cythérée, ou bien les danses

(1) Tome I, page 149.

des vierges? Mais voici ce jeune Armand, bien préférable à Bathylle, bien préférable à Bacchus, bien plus désirable que Cythérée, que Comus et que les vierges. Que si tu possèdes Armand, oh! alors tu possèdes toutes choses. »

Les études les plus contraires se disputaient l'inquiète curiosité du jeune Rancé; il s'adonna quelque temps à l'astrologie. La théologie pourtant n'était pas négligée; il y réussit, il fit merveille au doctorat, il prêchait éloquemment. Sinon en politique, du moins en dissipations contradictoires, il semblait serrer de près la trace de Retz, son aîné de douze ans, et il fut aussi à sa manière un des *roués* de cette première régence, ne bougeant, dit Saint-Simon, de l'hôtel de Montbazon, ami de tous les personnages de la Fronde, et faisant volontiers de très-grandes parties de chasse avec M. de Beaufort, le chef des *importants*. Un biographe élégant, l'abbé de Marsollier, nous l'a peint avec une sorte de complaisance : « Il étoit à la fleur de l'âge, n'ayant qu'environ vingt-cinq ans ; sa taille étoit au-dessus de la médiocre, bien prise et bien proportionnée; sa physionomie étoit heureuse et spirituelle ; il avoit le front élevé, le nez grand et bien tiré sans être aquilin ; ses yeux étoient pleins de feu, sa bouche et tout le reste du visage avoient tous les agréments qu'on peut souhaiter dans un homme. Il se formoit de tout cela un certain air de douceur et de grandeur qui prévenoit agréablement et qui le faisoit aimer et respecter tout ensemble (1). » Avec une complexion très-délicate, on comprenait à peine qu'il pût suffire à des exer-

(1) En regard de ce portrait du jeune homme il n'y a qu'à mettre tout aussitôt celui du vieillard, vu plus de quarante ans après, tel que nous l'a rendu Saint-Simon lorsqu'il employa cette ruse ingénieuse pour le faire peindre à son insu par Rigaud : « La ressemblance dans la dernière exactitude, dit-il, la douceur, la sérénité, la majesté de son visage, le feu noble, vif, perçant, de ses yeux, si difficile à rendre, la finesse et tout l'esprit et le grand qu'exprimoit sa physionomie, cette candeur, cette sagesse, paix intérieure d'un homme qui possède son âme, tout étoit rendu, jusqu'aux grâces qui n'avoient point quitté ce visage exténué par la pénitence, l'âge et les souffrances. » Tous les visiteurs du temps s'accordent à parler de cette *physionomie fine et*

cices aussi divers : il portait dès lors dans son activité aux choses disparates ce quelque chose d'excessif et d'infatigable qu'il a depuis poussé dans un seul sillon ; on aurait dit qu'il avait hâte d'exterminer le jeune homme en lui. Souvent, après avoir chassé le matin dans quelque belle terre, il venait en poste, de douze ou quinze lieues, prêcher en Sorbonne à l'heure dite, comme si de rien n'était : « Sa parole, dit M. de Chateaubriand, avait du *torrent*, comme plus tard celle de Bourdaloue ; mais il touchait davantage et parlait moins vite. » Sa violence de passion, en tout temps, se recouvrait d'une parfaite politesse.

Il connut de bonne heure Bossuet et s'était lié avec lui sur les bancs des écoles : « Il eut le bonheur, dit M. de Chateaubriand, de rencontrer aux études un de ces hommes auprès desquels il suffit de s'asseoir pour devenir illustre. » Le biographe s'est laissé aller à être modeste pour l'humble héros ; Bossuet, on le verra tout à l'heure, s'exprimera plus librement ; c'est lui qui revendiquerait pour lui-même le bonheur et l'honneur de s'être assis à côté de Rancé, de cet homme dont il ne parlait jamais sans être saisi d'une admiration sainte.

La vie tumultueuse de Rancé reçut à diverses reprises des avertissements qui le frappèrent et lui donnèrent à penser. Un jour, par exemple, qu'il était allé se promener avec son fusil sur un terrain alors inhabité, derrière l'église de Notre-Dame, se proposant de tirer quelque oiseau au passage, il fut atteint dans l'acier de sa gibecière d'une balle qu'on lui lâcha de l'autre côté de la rivière ; la boucle amortit le coup. Il ressentit vivement le danger, et son premier mouvement fut de s'écrier : « Que devenois-je, hélas ! si Dieu m'avoit appelé en ce moment ! » Ainsi à ces époques, plus heureuses par là que les nôtres, et jusqu'en ces âmes dissipées, même au fort du libertinage, on croyait ; quelle que fût la surface et le soulèvement des orages, le

---

délicate, de cet *air noble* de M. de la Trappe, qui tranchaient sur la rudesse de sa vie.

fond était de la foi : on revenait à temps, et les grandes âmes allaient haut. Aujourd'hui presque partout, même quand l'apparence est de croyance honorable et philosophiquement avouable, le fond est de doute, et les grandes âmes elles-mêmes n'ont guère de retour ; elles ne croient pas en avoir besoin, et elles se dissipent. En un mot, il y avait de la foi jusque sous le libertinage de ces temps-là, et il se glisse du scepticisme jusque dans nos croyances philosophiques d'aujourd'hui, et pourquoi ne pas ajouter : jusque dans nos professions chrétiennes ? je parle des plus sincères.

Avant le moment de sa conversion, Rancé fut député du second ordre à l'Assemblée générale du clergé qui se tint dans les années 1655-1657 ; il y eut un rôle assez actif et même d'opposition à la cour, au moins en ce qui concernait les intérêts du cardinal de Retz, son ami, qu'on voulait déposséder. Il se mêla moins aux autres contestations du jour, et resta étranger aux démêlés jansénistes, bien qu'il fût du nombre des docteurs qui refusèrent de souscrire la censure d'Arnauld en Sorbonne. Il se conduisait en ces affaires, même ecclésiastiques, à la manière d'un galant homme du monde qui se fait honneur d'être fidèle à ses amis dans la disgrâce. C'est sur ces entrefaites que la mort de madame de Montbazon (1657) vint lui porter un coup dont on a tant parlé, que l'imagination publique s'est plu à commenter, à charger d'une légende romanesque, comme pour l'histoire d'Abélard et d'Héloïse, et sur lequel lui-même il est demeuré plus muet que la tombe. On raconta donc qu'étant à la campagne lorsque arriva cette mort imprévue de la plus belle personne de la cour, et qui le préférait à tous les autres, il revint sans en être informé, et que, montant tout droit dans l'appartement dont il savait les secrets accès, il trouva l'idole non-seulement morte, mais encore décapitée ; car les chirurgiens avaient, dit-on, détaché cette belle tête pour la faire entrer dans le cercueil trop court. L'imagination émue des conteurs ne s'arrêta pas en si beau chemin, et il ne coûta rien d'ajouter que cette tête si chère, emportée par lui, devint plus tard l'objet de ses méditations à la Trappe, le signe transformé et présent à toute heure de son culte pénitent.

Le fait est (comme Saint-Simon bien informé le raconte, et je ne vois pas de raison d'en douter) que madame de Montbazon mourut de la rougeole en fort peu de jours, que M. de Rancé était auprès d'elle, ne la quitta point, lui fit recevoir les sacrements et fut présent à sa mort. Peu après il partit pour sa belle terre de Veretz en Touraine, et se mit à penser de plus en plus sérieusement à la perte irréparable : « La retraite, dit M. de Chateaubriand (d'après Dom Gervaise), ne fit qu'augmenter sa douleur : une noire mélancolie prit la place de sa gaieté; les nuits lui étaient insupportables; il passait les jours à courir dans les bois, le long des rivières, sur les bords des étangs, appelant par son nom celle qui ne pouvait lui répondre.

« Lorsqu'il venait à considérer que cette créature qui brilla à la cour avec plus d'éclat qu'aucune femme de son siècle, n'était plus, que ses enchantements avaient disparu, que c'en était fait pour jamais de cette personne qui l'avait choisi entre tant d'autres, il s'étonnait que son âme ne se séparât pas de son corps.

« Comme il avait étudié les sciences occultes, il essaya les moyens en usage pour faire revenir les morts. L'amour reproduisait à sa mémoire ornée le sacrifice de Simèthe cherchant à rappeler un infidèle par un des noms d'un passereau consacré à Vénus; il invoquait la Nuit et la Lune.... »

Je ne sais s'il fit, en effet, toutes ces choses que le génie, cet autre enchanteur, peut à son gré remuer et évoquer. Les pieux biographes de Rancé sont extrêmement sobres de détails à cet endroit; tout au plus s'ils se hasardent à dire à mots couverts que tantôt une cause ou une autre, tantôt *la mort de quelques personnes de considération du nombre de ses meilleurs amis*, le frappaient et le rappelaient à Dieu; mais ils se plaisent à raconter au

long, d'après lui, la simple aventure suivante, comme un des moyens dont Dieu se servait pour l'attirer doucement :
« Il m'arriva un jour (c'est Rancé qui parle) de joindre un berger qui conduisoit son troupeau dans la campagne, et par un temps qui l'avoit obligé de se retirer à l'abri d'un grand arbre pour se mettre à couvert de la pluie et de l'orage. Lui remarquant un air qui me parut extraordinaire et un visage qui me faisoit voir que la paix et la sérénité de son cœur étoient grandes (il avoit soixante ans), je lui demandai s'il prenoit plaisir à l'occupation dans laquelle il passoit ses jours ; il me répondit qu'il y trouvoit un repos profond, que ce lui étoit une si sensible consolation de conduire ces animaux simples et innocents, que les journées ne lui sembloient que des moments ; qu'il trouvoit tant de douceur dans sa condition qu'il la préféroit à toutes les choses du monde, que les rois n'étoient ni si heureux ni si contents que lui, que rien ne manquoit à son bonheur, et qu'il ne voudroit pas quitter la terre pour aller au ciel s'il ne croyoit y trouver des campagnes et des troupeaux à conduire.

« J'admirai, continue Rancé, la simplicité de cet homme, et le mettant en parallèle auprès des grands dont l'ambition est insatiable, et qui ne trouveroient pas de quoi se satisfaire quand ils jouiroient de toutes les fortunes, plaisirs et richesses d'ici-bas, je compris que ce n'étoit point la possession des biens de ce monde qui faisoit notre bonheur, mais l'innocence des mœurs, la simplicité et la modération des désirs, la privation des choses dont on se peut passer, la soumission à la volonté de Dieu, l'amour et l'estime de l'état dans lequel il a plu à Dieu de nous mettre. » Ce sont là (suivant l'heureuse expression de Dom Le Nain) de ces *premiers coups de pinceau* auxquels le grand Ouvrier se réservait d'en ajouter d'autres encore plus hardis pour conduire Rancé à la perfection. Je ne crois pas que je m'abuse, il me semble que la pensée divine, si elle se ménage l'entrée dans les cœurs mortels, doit le faire souvent par ces voies si paisibles et si unies, et qu'après les grands coups portés, il lui suffit, pour gagner à elle, de ces simples et divins enchantements.

Rancé était une âme forte, une grande âme; il comprit du premier jour qu'il avait perdu ce qu'il ne recouvrerait jamais, que recommencer sur les brisées d'hier une vie moindre, c'était indigne même d'une noble ambition humaine. Pendant qu'il se disait ces choses assez haut, une voix intérieure lui parlait plus bas, et cette voix avait un nom pour lui. Heureux ceux d'alors pour qui cette voix conservait le nom efficace et distinct, s'appelant simplement la grâce de Jésus-Christ !

Il avait trente et un ans (1657); jusqu'au jour où il prit l'habit religieux et entra au noviciat (juin 1663), six années s'écoulèrent, durant lesquelles son dessein grandit, se fortifia, et atteignit à la maturité. Retiré presque tout le temps dans sa terre de Veretz, il travaillait à rompre ses divers liens, à vendre son patrimoine au profit des pauvres, à se soustraire aux ambitions ecclésiastiques de son oncle, l'archevêque de Tours, à se décharger en bonnes mains de ses bénéfices, ne gardant pour lui que la pauvre abbaye de la Trappe; en un mot, il mit six années à s'acheminer vers le cloître. Il s'y sentait bien de la répugnance dans les premiers temps; il gardait de ses préjugés de mondain et d'homme de qualité contre le froc. Les hommes les plus respectables qu'il consultait ne l'y engageaient pas. Un jour qu'il se promenait avec son ami l'évêque de Comminges (Gilbert de Choiseul), dans le diocèse de ce dernier et à un endroit fort solitaire, d'où l'on découvrait d'assez près les hautes montagnes des Pyrénées, l'évêque, remarquant l'attention avec laquelle Rancé considérait ces lieux sauvages, y soupçonna du mystère : « Apparemment, monsieur, lui dit-il, vous cherchez quelque lieu propre à vous faire un ermitage. » Rancé se prit à rougir et n'en disconvint pas. — « Si cela est, repartit l'évêque, vous ne pouvez mieux faire que de vous adresser à moi; je connois ces montagnes, j'y ai passé souvent en faisant mes visites : j'y sais des endroits si affreux et si éloignés de tout commerce, que, quelque difficile que vous puissiez être, vous aurez lieu d'en être content. » Rancé, avec sa vivacité naturelle, prenant cette parole à la lettre, pressait déjà M. de Comminges de les lui montrer : « Je m'en garderai bien, lui répondit le prélat en souriant, ces endroits sont si *tentants*, que, si vous y étiez une fois, il n'y auroit plus moyen de vous en arracher. »

C'était en vain que cet évêque aimable et d'autres amis conseillaient à Rancé, jusque dans son repentir, « cette juste médiocrité qui fut toujours le caractère de la véritable vertu. » Cette médiocrité était précisément ce qu'il y avait de plus contraire à son humeur et de plus insupportable à ses pensées. Dans les premiers moments de sa retraite à Veretz, vers 1658, il avait bien pu borner ses vues à mener une vie innocente, confinée en une solitude exacte et entretenue de pieuses lectures; mais il n'avait pas tardé, disait-il, à comprendre qu'un état si doux et si paisible ne convenait pas à un homme dont la jeunesse s'était passée dans de tels égarements. Le scrupule d'expiation en vue de l'éternité, le vœu ardent de la pénitence le saisit. La raison modérée a beau dire et vouloir mitiger, il y a dans les grands cœurs repentants quelque chose qui crie plus haut, une conscience qui veut se punir et ne pas être consolée à si peu de frais. Autrement, qu'y gagnerait-on? Ces âmes-là, une fois prises, n'ont que faire d'un doux et faux bonheur, au sein duquel elles se sentiraient éternellement désolées.

Un des grands oracles d'alors, et que consulta avec le plus de fruit l'abbé de Rancé, fut l'évêque d'Aleth, Nicolas Pavillon; comme ce digne prélat devint plus tard une des autorités et des colonnes extérieures de Port-Royal, on chercha à en tirer parti contre Rancé et à insinuer qu'il y avait du venin janséniste dans sa conversion. Nous ne croyons en général à ce venin qu'après y avoir regardé de très-près; mais, dans le cas présent, il n'y a pas lieu même au doute : M. d'Aleth, à l'époque où Rancé le consulta, n'avait pas encore pris parti dans les querelles du temps; il conseilla à Rancé la soumission pure et simple, celui-ci n'eut pas de peine à obéir (1). Au vrai, la conversion qui nous occupe ne saurait être attribuée à aucune personne humaine, pas plus à M. d'Aleth qu'à M. de Comminges, pas même à l'esprit de ces exemples réitérés qu'offrait Port-Royal depuis plus de vingt ans. Je me plais à le dire ici comme je ne manquerai pas de le répéter ailleurs, si le coup de la Grâce pure, de ce qu'on appelle de ce nom, est quelque part évident, c'est dans la pénitence présente; sur ce front de Rancé la foudre d'en haut a parlé seule et par ses propres marques. Ainsi la réforme de la Trappe elle-même, bien qu'entamée en 1662 seulement, ne se modela sur aucune autre du siècle; elle fut œuvre originale et ne se rattache par l'imitation qu'aux premiers temps de l'ordre; de là sans doute la rudesse et quelques excès.

Dans la voie où il vient de faire les premiers pas, il ne paraît point que Rancé se soit retourné une seule fois en arrière. Décidé à devenir abbé régulier de commendataire qu'il était, bouchant ses oreilles aux clameurs et même aux conseils, il entre comme novice au monastère de Perseigne, de l'étroite observance de Cîteaux, le 13 juin 1663, et l'année suivante, le 13 juillet, il est béni abbé dans l'église de Saint-Martin à Séez. Le 14, il se rend à la Trappe, et le voilà franchissant d'un bond le seuil dans cette haute carrière où il n'a plus désormais qu'à courir et à guider. Il est âgé de trente-huit ans et demi, et Dieu lui accordera trente-six années de vie encore, l'espace des plus longs

---

(1) C'est par inadvertance qu'à la page 86 de la *Vie de Rancé* il est parlé en termes formels de la chute de l'évêque d'Aleth, comme coïncidant avec la fin du saint abbé. Le digne évêque était mort en 1677, universellement vénéré malgré quelques obstinations de conduite. Tout ce qu'on dit du voyage de Hollande et de Rome ne doit se rapporter qu'à M. *du Vaucel*, son ex-théologal.—Boileau rendait hommage aux vertus proverbiales de Pavillon, lorsqu'il faisait dire dans son *Lutrin* au vieux Sidrac :

Ces vertus, dans *Aleth*, peuvent être en usage;
Mais, dans Paris, plaidons : voilà notre partage.

desseins. La pauvre abbaye avait tout à réparer. Déjà, dans un séjour qu'il y avait fait en 1662, il avait dû purger les lieux de la présence des anciens religieux, au nombre de six, qui n'en avaient plus que le nom et qui y vivaient en toutes sortes de désordres; menacé par eux et au risque d'être poignardé ou jeté dans les étangs, il avait tenu bon, refusant même l'assistance que lui offrait M. de Saint-Louis, un colonel de cavalerie du voisinage, digne militaire dont Saint-Simon nous a transmis les traits. Les mauvais moines en vinrent à consentir à la retraite moyennant pension, et on introduisit en leur place six religieux de Perseigne. Il n'avait pas moins fallu pourvoir au matériel, relever les bâtiments qui tombaient en ruines, en chasser le bétail et les oiseaux de nuit, refaire les clôtures. Enfin, grâce à ces premiers efforts, l'abbaye de Notre-Dame de la Maison-Dieu de la Trappe se retrouvait une maison de prière et de silence, dans ce vallon fait exprès, que cernent la forêt et les collines, et au milieu de ses neuf étangs.

Ce n'était là qu'un commencement, et le grand expiateur, comme M. de Chateaubriand l'appelle, s'essayait à peine, lorsqu'il fut encore retardé dans son ardeur et obligé par obéissance de se rendre à Paris à une assemblée de son ordre, puis député à Rome pour y soutenir les intérêts communs. Il s'agissait d'une affaire très-compliquée, d'un procès qui durait depuis déjà longtemps. Une partie de l'ordre de Cîteaux s'était réformée, et prétendait assez naturellement échapper à la juridiction du général qui n'admettait pas cette réforme; mais il y avait là aussi une question de régularité et de discipline; Rome était saisie de l'affaire et paraissait, selon son usage, plus favorable à la chose établie qu'à l'innovation, même quand cette innovation pouvait n'être dite qu'un retour. Rancé partit donc pour Rome (1664) avec un collègue qu'on lui donna, l'abbé du Val-Richer; il vit le pape, il sollicita les cardinaux; il sut dans cette vie si nouvelle conserver et aguerrir son austérité des dernières années, tout en retrouvant ses grâces polies et quelques-unes de ses adresses d'autrefois. A un certain moment, comme il jugea l'affaire perdue, il se crut inutile, et, laissant le reste de la conclusion à son confrère, il s'échappa dans l'impatience de retrouver sa chère solitude. Arrivé à Lyon, il y fut atteint par des lettres de Rome et de Paris qui le blâmaient également de sa précipitation. A Rome, on avait appelé cette fuite une *furie française*. Rancé, fidèle au principe d'obéissance, repartit sans murmurer de Lyon pour Rome, y reprit la négociation sans espoir, y subit jusqu'au bout toutes les lenteurs, et ne revint qu'après le procès perdu, ayant bien mérité, encore une fois, son désert. Il y remit le pied le 10 mai 1666, et ne s'appliqua plus qu'à embrasser pour lui et pour les siens la vraie pratique de cette pénitence sur laquelle on disputait ailleurs. — Le biographe de Rancé n'a pu s'empêcher de rappeler, à propos de ce voyage de Rome et de ce procès perdu, un autre voyage et une autre condamnation qui ont eu bien du retentissement de nos jours ; mais les moments, les situations, les intentions, diffèrent autant des deux parts que la conduite qui a suivi. Je ne voudrais rien dire qui eût l'air d'amoindrir M. de La Mennais ; l'éloquent et agréable auteur des *Affaires de Rome* sait trop bien la vie de Rancé pour ne pas s'en dire beaucoup plus à lui-même.

L'histoire de la Trappe, dans les années suivantes, serait celle des progrès insensibles, silencieux et cachés ; le bruit qui en arrive au dehors en fait la moindre partie et souvent la moins digne d'être sue. L'austérité du fond commençait à devenir un attrait irrésistible pour quelques-uns ; ils y accouraient des monastères voisins comme à une ruche d'un miel plus céleste. Rancé pouvait se dire un ravisseur d'âmes, et il avait quelquefois à les disputer aux autres couvents qui les voulaient retenir. Ce sont là les grands événements, les conflits qui faisaient diversion à cette première simplicité du labeur. Vers 1672, la Trappe était arrivée à sa haute perfection, à sa pleine renommée monastique, et un monument original de plus s'ajoutait dans l'ombre à l'admirable splendeur qui éclaire ce moment de Louis XIV.

S'il était permis, sans rien profaner, de saisir l'ensemble et de tout mettre en compte dans le tableau, nous dirions que cette heure de 1672 fut sans doute la plus complète d'un règne si merveilleux. Jamais maturité plus brillante et plus féconde n'offrit plus d'œuvres diverses et de personnages considérables en présence. Le groupe des poëtes n'avait rien perdu : Boileau célébrait le passage du Rhin ; Racine, au milieu de sa course, reprenait haleine par *Bajazet*. La Fontaine entremêlait à des fables nouvelles quelques contes assez bienséants. C'était l'année des *Femmes savantes*, avant la dernière heure de Molière (1). M. de Pomponne entrait aux affaires, et allait prêter à ce noble bon sens du monarque l'élégance de plume d'un Arnauld. Bossuet, orateur glorieux par ses premières oraisons funèbres, docteur déclaré par l'*Exposition de la Foi*, se vouait à l'éducation du Dauphin. Port-Royal, en ces années sincères de la *paix de l'Église*, refleurissait et fructifiait de nouveau, avec l'abondance d'un dernier automne. Enfin, dans les obscurs sentiers du Perche, il s'opérait je ne sais quoi d'angélique et qui sentait son premier printemps : « On s'aperçut, dit M. de Chateaubriand, qu'il venait des parfums d'une terre inconnue ; on s'y tournait pour les respirer ; l'île de Cuba se décèle par l'odeur des vanilliers sur la côte des Florides. »

De son temps toutefois, Rancé eut aussi ses détracteurs, et il fut contredit par plus d'un adversaire. Je ne parle pas des libelles qui coururent, mais il eut à soutenir des discussions sérieuses et dans lesquelles il ne parut pas toujours avoir raison. J'ai noté jusqu'à trois discussions de ce genre dans lesquelles il eut plus ou moins affaire à des hommes de Port-Royal : la première avec M. Le Roi, abbé de Haute-Fontaine, au sujet d'une pratique monastique

---

(1) Oserai-je rappeler encore que c'est en 1672 que Lulli prit en main *Opéra*, et s'y associa Quinault ?

que M. Le Roi trouvait excessive et que Rancé favorisait; la seconde au sujet des études monastiques que Rancé voulait trop restreindre, et dans laquelle Nicole prit naturellement parti pour Mabillon; la troisième enfin avec l'humble M. de Tillemont au sujet de diverses circonstances et paroles qui semblaient également empreintes de quelque dureté. Ce n'est pas ici le lieu d'exposer à fond et de démêler ces affaires auxquelles il faudrait apporter un grand détail pour les rendre intéressantes. Qu'il suffise de dire que le respect des dignes adversaires eux-mêmes pour l'abbé de Rancé n'en subit aucune atteinte; que Nicole, approuvé en cela par Arnauld, s'écriait qu'*il se ferait plutôt couper le bras droit que d'écrire contre M. de la Trappe*, et que Bossuet, souvent pris pour arbitre en ces querelles révérentes, ne parlait des écrits de Rancé, de ceux-là même en apparence excessifs, que comme d'ouvrages où « toute la sainteté, toute la vigueur et toute la sévérité de l'ancienne discipline monastique est ramassée. »

Ce fut Bossuet qui le contraignit à publier le livre *de la Sainteté et des Devoirs de la Vie monastique;* lisant ce livre en manuscrit au retour de l'assemblée de 1682 : « J'avoue, écrivait-il à Rancé, qu'en sortant des relâchements honteux et des ordures des casuistes, il me falloit consoler par ces idées célestes de la vie des solitaires et des cénobites. » Le style de Rancé, quand il ne s'agit pas d'une simple discussion dans laquelle il a hâte de couper court et d'en finir, ce qui lui arrive souvent, mais quand ce style s'applique comme ici à des traités de doctrine et d'édification, a de l'étendue et de la beauté : « Je ne vois rien, a dit un contemporain, de plus égal, de plus naturel, ni de plus fleuri. Les pensées en sont remplies, les figures ménagées, les mots propres et choisis, les expressions nettes et les périodes harmonieuses. » Les traductions qu'il donne des Pères et qui sont presque continuelles dans son texte ont surtout suavité et largeur; enfin il suffit de gravir, on recueille une abondance de miel au creux du rocher.

A mesure qu'on avançait dans le siècle, l'abbaye de la

Trappe gagnait en autorité aux yeux du monde; elle héritait de l'affluence et du concours qui ne se partageait plus entre d'autres saints lieux désormais suspects et sans accès. Rancé devenait l'oracle unique du désert; les convertis et les vertueux du dehors allaient à lui. La princesse Palatine le consultait et suivait ses directions; le roi d'Angleterre, pour se consoler de la perte d'un trône, revenait l'entretenir de Dieu chaque année; la duchesse de Guise (fille de Gaston d'Orléans) faisait des stations à la Trappe deux et trois fois l'an et se logeait dans les dehors; le maréchal de Bellefonds se tenait toujours à portée et avait une maison dans le voisinage. On sait les retraites fréquentes et les *huitaines* de Saint-Simon, qui nous a donné sur cet intérieur austère des jours tout particuliers, d'une clarté vive, et qui nous y font pénétrer. Il ne parle jamais du pénitent rigoureux qu'avec tendresse.

Sentant les années de plus en plus pesantes, Rancé désira se démettre de sa charge d'abbé et voir de ses yeux son successeur; Louis XIV s'y prêta. On nomma Dom Zozime, qu'il avait désigné, et qui mourut après quelques mois (1696). Son second choix fut malheureux. Dom Gervaise faillit tout perdre; Saint-Simon nous a raconté les détails longtemps secrets et vraiment étranges qui amenèrent le nouvel abbé à une démission forcée; il fut lui-même trop employé à la cour dans cette affaire pour qu'on puisse douter des circonstances qu'il affirme et qu'il n'a aucun intérêt, ce semble, à surcharger (1). Enfin, Rancé eut la satisfaction de voir l'abbaye remise en bonnes mains sous la conduite de Dom Jacques de La Cour (1698), et il ne pensa plus qu'à mourir. Il expira aux bras de son évêque (M. de Séez), le 27 octobre 1700. On fit courir dans le temps divers bruits contradictoires, et quelques personnes

---

(1) M. de Chateaubriand, de son côté, ne s'est pas assez méfié des récits intéressés de ce Dom Gervaise, qui a cherché à se justifier en attaquant les autres, dans son *Jugement critique des Vies de feu l'abbé de Rancé*. Gervaise, en parlant si haut, ne s'attendait pas au coup de revers que lui gardait Saint-Simon.

prétendaient qu'il avait redoublé de frayeur aux approches suprêmes : « S'il a eu, comme on vous l'a dit (écrivait Bossuet à la sœur Cornuau), de grandes frayeurs des redoutables jugements de Dieu, et qu'elles l'aient suivi jusqu'à la mort, tenez, ma fille, pour certain que la constance a surnagé, ou plutôt qu'elle a fait le fond de cet état. »

Peu de temps après cette mort, le même Bossuet, qu'on ne se lasse pas de citer et dont on n'a cesse de se couvrir en telle matière, posait ainsi les règles à suivre et traçait sa marche à l'historien d'alors, tel qu'il le concevait (1) : « Je dirai mon sentiment sur la Trappe avec beaucoup de franchise, comme un homme qui n'ai d'autre vue que celle que Dieu soit glorifié dans la plus sainte maison qui soit dans l'Église, et dans la vie du plus parfait directeur des âmes dans la vie monastique qu'on ait connu depuis saint Bernard. Si l'histoire du saint personnage n'est écrite de main habile et par une tête qui soit au-dessus de toutes vues humaines, autant que le ciel est au-dessus de la terre, tout ira mal. En des endroits, on voudra faire un peu de cour aux bénédictins, en d'autres aux jésuites, en d'autres aux religieux en général. Si celui qui entreprendra un si grand ouvrage ne se sent pas assez fort pour ne point avoir besoin de conseil, le mélange sera à craindre, et par ce mélange une espèce de dégradation dans l'ouvrage.... La simplicité en doit être le seul ornement. J'aimerois mieux un simple narré, tel que pouvoit faire Dom Le Nain (2), que l'éloquence affectée. » On avait proposé à Bossuet même de se charger de cette vie ; lui seul, aux conditions qu'il pose, était de force à l'exécuter, mais il ne le put à cause de sa plénitude d'occupations. Sa pensée principale était que chaque parti chercherait à *tirer le saint abbé à soi*, et qu'il fallait au contraire l'imiter, en se tenant, comme il avait fait, dans l'éloignement de tous les partis.

(1) Lettre à M. de Saint-André, curé de Vareddes, 28 janvier 1701.
(2) Cette histoire de l'abbé de Rancé, par Dom Le Nain (le frère de M. de Tillemont), a paru, mais elle a été altérée.

Aujourd'hui les temps sont changés ; les hautes indications de Bossuet subsistent sans doute, mais il y a autre chose encore. Le danger n'est guère aujourd'hui, malgré la *renaissance* religieuse si exacte dont nous sommes témoins, qu'on tire Rancé à soi du côté des bénédictins, du bord des jansénistes ou de celui des molinistes. Rendons aussi cette justice à notre âge : on est assez disposé à y accepter, tel qu'il s'offre, cet abbé sublime, ce moine digne de Syrie ou du premier Clairvaux, ardent, impétueux, impatient, d'action et de fait plus que de discussion et de doctrine, bien que de grand esprit à la fois, vrai moine de *race*, comme dirait de Maistre, indompté de tout autre que de Dieu. On serait même trop disposé à le prendre peut-être en ce sens unique et à faire un Rancé tout d'une pièce, ce que n'est aucun homme, pas même lui. Pour faire un vrai Rancé, il y a un coin de monde à introduire, un ressort moral à toucher, une fibre secrète à atteindre que l'orthodoxie des contemporains ne cherchait pas et n'admettait pas. L'illustre biographe qui vient d'aborder l'homme sous le saint l'a bien senti, il a jeté tout d'abord un coup-d'œil de connaissance sur cette haine passionnée de la vie, sur cet amour amer de la mort ; le côté fixe et glorieux de l'éternité y a un peu faibli. En introduisant ainsi les reflets d'alentour, en entr'ouvrant chez Rancé la porte aux souvenirs, l'illustre biographe a moins encore obéi à un dessein suivi qu'à un retour irrésistible. Lui aussi, en touchant ce seuil du cloître, il a été repris des fantômes. Génie inconsolablement mélancolique, imagination inépuisée, il a évoqué cette existence mortifiée avec un cœur relaps à la jeunesse. L'austérité extrême du sujet l'a rejeté d'autant plus vers les images voltigeantes. René, il y a plus de quarante ans, invoquait l'aquilon et les orages qui le devaient enlever comme la feuille du dernier automne ; et ici, toujours le même, voilà qu'il s'est mis à regretter l'aubépine des printemps : « Heureux celui dont la vie est *tombée en fleurs !* » En vain, au début du livre, par manière de prélude, il se disait en une de ces paroles, telles que seul il les sut trouver : « La vieillesse est une voyageuse de nuit : la terre lui est cachée ; elle ne découvre plus que le ciel. » A deux pas de là, il oubliait cette vieillesse que les dieux de la Grèce ne connaissaient pas, ou il ne s'en souvenait que pour s'écrier : « O Rome ! te voilà donc encore ! est-ce ta dernière apparition ? Malheur à l'âge pour qui la nature a perdu ses félicités ! des pays enchantés où rien ne vous attend sont arides. Quelles aimables ombres verrais-je dans les temps à venir ? Fi des nuages qui volent sur une tête blanchie ! » Ce saint qui ne retourne jamais la tête, qui la cache sous le froc et sous la cendre, qui s'abîme, qui s'humilie et s'accuse, mais à qui il n'échappe jamais une confidence ni un aveu, il le contemple, il l'admire par moments, il ne peut se décider à l'aimer : « Tel fut Rancé, dit-il en finissant ; cette vie ne satisfait pas, il y manque le printemps…. » Et encore, parlant de la correspondance de Rancé et de ses lettres de piété, dont la monotonie est frappante, il a écrit ces pages qu'on nous pardonnera de tirer du milieu du livre, pour les offrir ici, à demi profanes, dans leur vérité durable et dans tout leur charme attristé. On n'ira pas bien avant sans avoir retrouvé la touche immortelle, incomparable.

« Rancé a écrit prodigieusement de lettres. Si on les imprimait jamais avec ses œuvres, on verrait qu'une seule idée a dominé sa vie ; malheureusement on n'aurait pas les lettres qu'il écrivait avant sa conversion et qu'au moment de sa vêture il ordonna de brûler. Ce serait seulement une étude remarquable par la différence des correspondants auxquels il s'adressa, mais toujours avec une idée fixe. Les réponses à ces lettres, les lettres qu'on lui écrivit à lui-même seraient plus variées et toucheraient à tous les points de la vie. Il s'est formé une solitude dans les lettres de Rancé comme celle dans laquelle il enferma son cœur.

« Les recueils épistolaires, quand ils sont longs, offrent les vicissitudes des âges : il n'y a peut-être rien de plus attachant que les longues correspondances de Voltaire, qui voit passer autour de lui un siècle presque entier.

« Lisez la première lettre, adressée en 1715 à la marquise de

Mimeure, et le dernier billet écrit le 26 mai 1778, quatre jours avant la mort de l'auteur, au comte de Lally-Tolendal ; réfléchissez sur tout ce qui a passé dans cette période de soixante-trois années. Voyez défiler la procession des morts : Chaulieu, Cideville, Thieriot, Algarotti, Genonville, Helvétius ; parmi les femmes, la princesse de Bareith, la maréchale de Villars, la marquise de Pompadour, la comtesse de Fontaine, la marquise du Châtelet, madame Denis, et ces créatures de plaisir qui traversent en riant la vie, les Lecouvreur, les Lubert, les Gaussin, les Sallé, les Camargo, Terpsichores *aux pas mesurés par les Grâces*, dit le poëte, et dont les cendres légères sont aujourd'hui effleurées par les danses aériennes de Taglioni.

« Quand vous suivez cette correspondance, vous tournez la page, et le nom écrit d'un côté ne l'est plus de l'autre ; un nouveau Genonville, une nouvelle du Châtelet paraissent et vont, à vingt lettres de là, s'abîmer sans retour ; et les amitiés succèdent aux amitiés, les amours aux amours.

« L'illustre vieillard, s'enfonçant dans ses années, cesse d'être en rapport, excepté par la gloire, avec les générations qui s'élèvent ; il leur parle encore du désert de Ferney, mais il n'a plus que sa voix au milieu d'elles. Qu'il y a loin des vers au fils unique de Louis XIV :

> Noble sang du plus grand des rois,
> Son amour et notre espérance, etc.,

aux stances à madame du Deffand :

> Eh quoi ! vous êtes étonnée
> Qu'au bout de quatre-vingts hivers
> Ma muse, faible et surannée,
> Puisse encor fredonner des vers !
>
> . . . .
>
> Quelquefois un peu de verdure
> Rit sous les glaçons de nos champs ;
> Elle console la nature,
> Mais elle sèche en peu de temps.

« Le roi de Prusse, l'impératrice de Russie, toutes les grandeurs, toutes les célébrités de la terre reçoivent à genoux, comme un brevet d'immortalité, quelques mots de l'écrivain qui vit mourir Louis XIV, tomber Louis XV et régner Louis XVI, et qui, placé entre le grand roi et le roi martyr, est à lui seul toute l'histoire de France de son temps.

« Mais peut-être qu'une correspondance particulière entre deux personnes qui se sont aimées offre encore quelque chose de plus triste ; car ce ne sont plus les *hommes*, c'est l'*homme* que l'on voit.

« D'abord les lettres sont longues, vives, multipliées ; le jour n'y suffit pas : on écrit au coucher du soleil, on trace quelques mots au clair de la lune, chargeant sa lumière chaste, silencieuse, discrète, de couvrir de sa pudeur mille désirs. On s'est quitté à l'aube ; à l'aube, on épie la première clarté pour écrire ce que l'on croit avoir oublié de dire dans des heures de délices. Mille serments couvrent le papier, où se reflètent les roses de l'aurore ; mille baisers sont déposés sur les mots qui semblent naître du premier regard du soleil : pas une idée, une image, une rêverie, un accident, une inquiétude qui n'ait sa lettre.

« Voici qu'un matin quelque chose de presque insensible se glisse sur la beauté de cette passion, comme une première ride sur le front d'une femme adorée. Le souffle et le parfum de l'amour expirent dans ces pages de la jeunesse, comme une brise le soir s'alanguit sur des fleurs : on s'en aperçoit et l'on ne veut pas se l'avouer. Les lettres s'abrègent, diminuent en nombre, se remplissent de nouvelles, de descriptions, de choses étrangères ; quelques-unes ont retardé, mais on est moins inquiet. Sûr d'aimer et d'être aimé, on est devenu raisonnable ; on ne gronde plus, on se soumet à l'absence. Les serments vont toujours leur train ; ce sont toujours les mêmes mots, mais ils sont morts ; l'âme y manque : *je vous aime* n'est plus là qu'une expression d'habitude, un protocole obligé, le *j'ai l'honneur d'être* de toute lettre d'amour. Peu à peu le style se glace ou s'irrite ; le jour de poste n'est plus impatiemment attendu, il est redouté ; écrire devient une fatigue. On rougit en pensée des folies que l'on a confiées au papier ; on voudrait pouvoir retirer ses lettres et les jeter au feu. Qu'est-il survenu ? Est-ce un nouvel attachement qui commence ou un vieil attachement qui finit ? n'importe : c'est l'amour qui meurt avant l'objet aimé. On est obligé de reconnaître que les sentiments de l'homme sont exposés à l'effet d'un travail caché ; fièvre du temps qui produit la lassitude, dissipe l'illusion, mine nos passions, fane nos amours et change nos cœurs, comme elle change nos cheveux et nos années. Cependant il est une exception à cette infirmité des choses humaines ; il arrive quelquefois que dans une âme forte un amour dure assez pour se transformer en amitié passionnée, pour devenir un devoir, pour prendre les qualités de la vertu ; alors il perd sa défaillance de nature, et vit de ses principes immortels. »

Que dites-vous maintenant ? Se plaindra-t-on encore de la digression et de l'oubli du lieu ? Il n'y avait à la Trappe, dans le cabinet de l'abbé, que quelques estampes de dévotion sur des murailles blanches : cette page-ci est décidément trop belle, je la détache et je l'emporte avec moi.

15 mai 1844.

(Parmi les jugements proprement dits, qui ont paru au sujet de la *Vie de Rancé*, nous indiquerons les très-beaux et très-respectueux articles de M. Vinet, dans *le Semeur* (22, 29 mai et 28 août 1844), et de plus quelques pages de la *Revue Suisse* publiée à Lausanne (numéro de juin 1844, pages 380-383); ces pages ont de la portée).

BÉRANGER.

1832.

Dans ces esquisses, où nous tâchons de nous prendre à des œuvres d'hier et à des auteurs vivants ; où la biographie de l'homme empiète, aussi loin qu'elle le peut, sur le jugement littéraire ; où ce jugement toutefois s'entremêle et supplée au besoin à une biographie nécessairement inachevée ; dans cette espèce de genre intermédiaire, qui, en allant au delà du livre, touche aussitôt à des sensibilités mystérieuses, inégales, non encore sondées, et s'arrête de toutes parts à mille difficultés de morale et de convenance, nous reconnaissons aussi vivement que personne, et avec bien du regret, combien notre travail se produit incomplet et fautif, lors même que notre pensée en possède par devers elle les plus exacts éléments. Le premier devoir, en effet, la première vérité à observer en ces sortes d'études, c'est la mesure et la nuance de ton, la discrétion de détails, le sentiment toujours attentif et un peu mitigé, qui règnent dans le commerce du critique avec les contemporains qu'il honore et qu'il admire. Avant d'être de grands hommes qu'il veut faire connaître, ils sont pour lui des hommes qu'il aime, avec lesquels il vit, et dont les moindres considérations personnelles, les moindres susceptibilités sincères lui sont plus sacrées que la curiosité de tous.

La postérité, elle, a moins d'embarras et se crée moins de soucis. Son accent est haut, son œil scrutateur, son indiscrétion inexorable et presque insolente. Le grand homme a rendu l'âme à peine, qu'elle arriva là, au chevet du mort, comme les gens de loi. Elle dépouille, elle verbalise, elle inventorie; on vide les tiroirs; les liasses des correspondances sortent de la poussière, les indications abondent, les témoignages ne font faute. Quelquefois un testament olographe, c'est-à-dire les mémoires du grand homme, écrits par lui-même, viennent couper court aux nombreuses versions qui déjà circulent. Tout cela veut dire qu'après la mort des grands hommes, des grands écrivains particulièrement, l'on sait et l'on débite sur leur compte une infinité de détails authentiques ou officieux, qu'eux vivants, on garde pour soi ou que même on ignore. Rien donc ne saurait valoir ni devancer pour l'instruction de la postérité les lumières de ce dépouillement posthume, et telle n'a jamais été notre prétention, relativement aux contemporains dont nous anticipons l'histoire. Mais comme nous croyons aussi que, dans l'inventaire posthume, si les contemporains les plus immédiats et les mieux informés ne s'en mêlent promptement pour y mettre ordre, il s'introduit bien du faux qui s'enregistre et finit par s'accréditer, il nous semble qu'il y a lieu à l'avance, et sous les regards mêmes de l'objet, dans l'observation secrète et l'atmosphère intelligente de sa vie, d'exprimer la pensée générale qui l'anime, de saisir la loi de sa course et de la tracer dès l'origine, ne fût-ce que par une ligne non colorée, avec ses inflexions fidèles toutefois et les accidents précis de son développement. Un jugement, même implicite, même privé des motifs particuliers qu'il suppose, mais porté en plein sur un point de caractère par un proche témoin circonspect et véridique, peut démentir décidément et ruiner bien des anecdotes futures, que de gauches récits voudraient autoriser. Quand je me dis combien de manières il y a de mal observer un homme qu'on croit bien connaître, de mal regarder, de mal entendre un fait qui se passe presque sous les yeux;

quand je songe combien d'arrivants béats et de Brossettes apprentis j'ai vus rôder, le calepin en poche, autour de nos quatre ou cinq poëtes ; combien d'inconstantes paroles jetées au vent pour combler l'ennui des heures et varier de fades causeries, se sont probablement gravées à titre de résultats sententieux et mémorables ; combien de lettres familières, arrachées par l'importunité à la politesse, pourront se produire un jour pour les irrécusables épanchements d'un cœur qui se confie ; quand, allant plus loin, je viens à me demander ce que seraient, par rapport à la vérité, des mémoires sur eux-mêmes élaborés par certains génies qui ne s'en remettraient pas de ce soin aux autres, oh ! j'avoue qu'alors il me prend quelque pitié de ce que la postérité, équitable, je le crois, mais aussi avidement curieuse, court risque d'accepter pour vrai et de recueillir pêle-mêle dans l'héritage des grands hommes. Cette idée-là, légèrement vaniteuse, mais pas du tout chimérique, me rend courage pour ces essais, et me réconcilie avec les avantages incomplets, actuellement réalisables, que le critique et biographe attentif peut tirer de sa position près des vivants modèles. Ce sont des matériaux scrupuleux dont il fait choix, et qui serviront plus tard à en contrôler d'autres, aux mains de l'historien définitif. J'ai toujours gardé à M. de Valincour la même rancune que lui témoigne l'honnête Louis Racine, pour n'avoir pas laissé quelques pages de renseignements biographiques et littéraires sur ses illustres amis, les poëtes. En échappant de reste pour ma faible part au reproche qu'on a le droit d'adresser à M. de Valincour, je sais qu'il en est un autre tout contraire à éviter. Il serait naïf et d'un empressement un peu puéril de se constituer l'historiographe viager de tout ce qui a un renom, de se faire le desservant de toutes les gloires. Un sentiment plus grave, plus recueilli, a inspiré ces courts et rares essais consacrés à des génies contemporains. Nous n'avons pas indifféremment passé de l'un à l'autre. Un prêtre illustre qui est plus à nos yeux qu'un écrivain, et dont le saint caractère grandit en ce moment dans l'humilité du silence (1); un philosophe méconnu (2), qui avait doté notre siècle de naturelles et majestueuses peintures; puis des poëtes admirés du monde et surtout préférés de nous, comme celui que nous abordons en ce moment, ce sont là nos seuls choix jusqu'ici, et désormais nous n'en prévoyons guère d'autres. Soit que des plumes ingénieuses et sagaces nous aient déjà dérobé heureusement ce qui nous eût attiré peut-être, soit que cette prédilection vive que nous apportons dans l'étude des modèles et qu'on a pu blâmer, mais à laquelle nous tenons, ne s'étende pas à l'infini; soit qu'enfin l'espèce de détails que l'indulgence ou la convenance prescrit de taire, les faiblesses qui enchaînent, les vanités qui rapetissent, ces sentiments mêlés et attristants, nous semblent, dans plusieurs des cas que nous excluons, à la fois trop essentiels et trop impossibles à dévoiler; par tous ces motifs, nous serons plus que jamais sobre de choix à l'avenir. Jusqu'à présent, du moins, dans le groupe d'élite que nous nous étions composé, et qu'aujourd'hui notre Béranger couronne, il faut le déclarer avec orgueil à l'honneur des premiers esprits de cette époque, nous n'avons rien eu à celer : le goût seul a mesuré nos réticences. Si quelquefois nous avons dû omettre certaines particularités qui eussent mieux fait saillir la figure, ç'a été uniquement parce que la personne voilée du prêtre, ou la modestie du philosophe, ou la simplicité élevée de l'homme ne le permettait pas, ou encore parce que le sage, comme cette fois, nous a dit : « Vous savez ma vie dans ses détails : je ne rougis et n'ai à rougir d'aucun; je ne me suis donné que bien peu de démentis, ce qui est rare en notre temps. Mais, pour Dieu! mes dernières années ont été bien assez tumultueuses et envahies; laissez-moi çà et là quelque coin intact de souvenir, où je puisse me retrouver seul ou à peu près seul avec mes pensées d'autrefois! »

(1) Il s'agissait de M. de La Mennais. Quelques-unes de nos louanges, on le voit, étaient en même temps des insinuations et des désirs.
(2) M. de Sénancour.

N'ayez nul souci de nous, ô Sage! ne vous repentez pas d'avoir trop parlé! Ces coins obscurs dont vous vous réservez l'enceinte, ces bosquets mystérieux dans le champ du souvenir, où vous nous avez introduit une fois et d'où vous ne sortez vous-même chaque soir que les yeux humides de pleurs, nous vous les laisserons, ô Poëte! ils sont inviolables pour tous : nul n'y viendra relancer votre rêverie, pas plus qu'en ces autres bosquets qui en sont l'image, bosquets tout voisins de votre Passy, et où vous vous enfoncez au milieu du jour, à l'abri même des amis, fuyant, selon la saison, ou cherchant le soleil, cherchant surtout l'entretien de la conscience et l'habitude de la Muse!

Pierre-Jean de Béranger, comme sa chanson du *Tailleur et de la Fée* nous l'apprend, est né à Paris, en l'an 1780 (19 août), chez un tailleur, son *pauvre et vieux grand-père* du côté maternel. Les père et mère de Béranger comptèrent peu dans sa vie, à ce qu'il semble, du moins comme aide et comme source d'éducation. Son père, né à Flamicour, village près de Péronne, homme vif, mobile, probablement spirituel, d'une imagination entreprenante et peu régulière, assez de l'ancien régime par l'humeur et les défauts, aspira constamment, dans le cours d'une vie pleine d'aventures, à une condition plus relevée que celle dont il était sorti. Il n'eût pas tenu à lui par moments, et à ses lueurs de vanité, que le jeune Béranger ne vît dans le *de* qui précédait son nom un reste de lustre et la trace d'une distinction ancienne, au lieu de nous chanter comme plus tard : *Je suis vilain et très-vilain.* La mère de Béranger, qui fut surtout douce et jolie, paraît n'avoir eu dans l'organisation et les destinées de ce fils unique que la part la moins active, contre l'ordinaire de la loi si fréquemment vérifiée, qui veut que les fils de génie tiennent étroitement de leur mère : témoin Hugo et Lamartine. C'est donc plutôt à ses grands parents paternels et maternels que Béranger se rattache directement, peut-être pour la ressemblance morale originelle (cela s'est vu maintes fois), à coup sûr pour l'impulsion et les principes qu'il en reçut. Il resta à Paris, rue Montorgueil, chez son grand-père le tailleur, jusqu'à l'âge de neuf ans, très-aimé, très-gâté, se promenant, jouant, n'étudiant pas. Présent au 14 juillet, il en a célébré le palpitant souvenir en 1829, sous les barreaux de la Force, après quarante années. La révolution continuant, il quitta Paris pour Péronne, où il fut confié à une tante paternelle, qui tenait là une espèce d'auberge. Cette respectable femme, encore existante et aujourd'hui octogénaire, est pour quelque chose dans une gloire qu'elle a préparée et dont elle apprécie la grandeur. C'est chez elle et sous ses yeux que l'enfant, jusque-là ignorant, lut le *Télémaque* et des volumes de Racine et de Voltaire qu'elle avait dans sa bibliothèque. Elle y joignait d'excellents avertissements de morale, à l'appui desquels la dévotion n'était pas oubliée : le jeune Béranger fit sa première communion à onze ans et demi. Nous devons avouer pourtant que dès cette époque, le génie libre et malin de l'enfant se trahissait par des saillies involontaires. Ainsi à l'âge de douze ans, ayant été atteint d'un coup de tonnerre, au seuil même de la maison, comme on l'avait couché sur un lit sans mouvement et sans apparence de vie, mais non sans connaissance, il endura longtemps les doléances et les soins éperdus des assistants, ne pouvant prendre la parole pour les rassurer : mais le premier mot qui lui échappa fut à sa tante : « Eh bien ! à quoi sert donc ton eau bénite ? » car il l'avait vue jeter, suivant la coutume, force eau bénite au commencement de l'orage.

Vers le même temps, le jeune Béranger versait des larmes au chant de *la Marseillaise,* ou en entendant le canon des remparts célébrer la reprise de Toulon. A quatorze ans, il entra en apprentissage dans l'imprimerie de M. Laisné, et ce travail le formait aux règles de l'orthographe et de la langue. Mais sa véritable école, celle qui d'abord l'avait développé et à laquelle il devait le plus, était l'*École primaire* fondée à Péronne par M. Ballune de Bellanglis, député à la Législative. Dans son enthousiasme pour Jean-Jacques, ce représentant imagina un institut d'enfants d'après les maximes du citoyen-philosophe : plusieurs villes de France en créaient alors de semblables. Un établissement à part fut destiné aux jeunes filles. Celui des jeunes garçons offrait l'image d'un club et d'un camp : on portait le costume militaire ; à chaque événement public, on nommait des députations, on prononçait des discours, on votait des adresses; on écrivait au citoyen Robespierre ou au citoyen Tallien. Le jeune Béranger était l'orateur, le rédacteur habituel et le plus influent. Ces exercices, en éveillant son goût de style, en étendant ses notions d'histoire et de géographie, avaient en outre l'avantage d'appliquer de bonne heure ses facultés à la chose publique, de fiancer, en quelque sorte, son jeune cœur à la patrie. Mais, dans cette éducation à la romaine, on n'apprenait pas le latin ; ce qui fit que Béranger ne le sut pas.

A dix-sept ans, muni de ce premier fonds de connaissances et des bonnes instructions morales de sa tante, Béranger revint à Paris, auprès de son père, qui s'y trouvait pour le moment dans une position de fortune très-améliorée (1). Entièrement émancipé désormais, grâce à la confiance ou à l'insouciance paternelle, ayant sous la main toutes les ressources de dépenses à l'âge des passions et dans une époque licencieuse, il se rend ce témoignage de n'en avoir jamais abusé. Vers dix-huit ans, pour la première fois, l'idée de vers, odes, chansons et comédies, se glissa dans sa tête : il est à croire que cela lui vint à l'occasion des pièces de théâtre auxquelles il assistait. La comédie fut son premier rêve. Il en avait même ébauché une, intitulée *les Hermaphrodites*, dans laquelle il raillait les hommes fats et efféminés, les femmes ambitieuses et intrigantes. Mais, ayant lu avec soin Molière, il renonça, par respect pour ce grand maître, à un genre d'une si acca-

(1) Le père de Béranger avait des opinions royalistes très-prononcées; c'est le même qu'on trouverait compromis, sous le nom de Béranger-Mersix, dans la conspiration dite de l'an V (affaire de Brotier, La Villeurnoy, etc., etc.). Béranger, jeune, fut ainsi témoin de bien des intrigues du parti royaliste, et, quand il vit plus tard rentrer les Bourbons, il put dire : « Je les connais. »

blante difficulté. Molière et La Fontaine faisaient sa perpétuelle étude; il savourait leurs moindres détails d'observation, de vers, de style, et arrivait par eux à se deviner, à se sentir. Ainsi, en renonçant au théâtre, dès vingt ans il se dit : « Tu es un homme de style, toi, et non dramatique. » On verra pourtant qu'il garda jusqu'au bout et introduisit dans sa chanson quelque chose de la forme du drame. Le théâtre mis de côté, la satire, qui lui traversa l'esprit un moment, repoussée comme âcre et odieuse, il prit une grande et solennelle détermination : c'était de composer un poëme épique, un *Clovis*. Il devait en préparer à loisir les matériaux, approfondir les caractères des personnages de Clotilde, de saint Remy, mûrir les combinaisons principales : quant à l'exécution proprement dite, il l'ajournait jusqu'à trente ans. Cependant des malheurs privés, déjà survenus, contrastaient amèrement avec les grandioses perspectives du jeune homme. Après dix-huit mois environ de pleine prospérité, Béranger avait connu le dénûment et la misère. Il y eut là pour lui quelques années de rude épreuve. Il songea un moment à la vie active, aux voyages, à l'expatriation sur la terre d'Égypte, qui n'était pas abandonnée encore : un membre de la grande expédition, qui en était revenu deux ans auparavant (1), le détourna de cette idée. La jeunesse pourtant, cette puissance d'illusion et de tendresse dont elle est douée, cette gaieté naturelle qui en formait alors le plus bel apanage et dont notre poëte avait reçu du ciel une si heureuse mesure, toutes ces ressources intérieures triomphèrent, et la période nécessiteuse qu'il traversait brilla bientôt à ses yeux de mille grâces. Ce fut le temps où il se mêla de plus près à toutes les classes et à toutes les conditions de la vie, où il apprit à se sentir vraiment du peuple, à s'y confirmer et à contracter avec lui alliance éternelle; ce fut le temps où, dépouillant sans retour le factice et le convenu de la société, il imposa à ses besoins des limites étroites qu'ils

(1) M. Parseval-Grandmaison.

n'ont plus franchies, trouvant moyen d'y laisser place pour les naïves jouissances. C'était le temps enfin du *Grenier*, des amis joyeux, de la *reprise* au revers du *vieil habit;* l'aurore du règne de Lisette, de cette Lisette infidèle et tendre comme Manon, et dont il est dit dans un fragment de lettre qu'on me pardonnera de citer : « Si vous m'aviez
« donné à deviner quel vers vous avait choquée dans *le*
« *Grenier (J'ai su depuis qui payait sa toilette*), je vous
« l'aurais dit. Ah! ma chère amie, que nous entendons l'a-
« mour différemment! à vingt ans, j'étais à cet égard
« comme je suis aujourd'hui. Vous avez donc une bien
« mauvaise idée de cette pauvre Lisette? elle était cepen-
« dant si bonne fille, si folle, si jolie! je dois même dire
« si tendre! Eh quoi! parce qu'elle avait une espèce de
« mari qui prenait soin de sa garde-robe, vous vous fâchez
« contre elle; vous n'en auriez pas eu le courage, si vous
« l'aviez vue alors. Elle se mettait avec tant de goût, et tout
« lui allait si bien! D'ailleurs elle n'eût pas mieux de-
« mandé que de tenir de moi ce qu'elle était obligée d'ache-
« ter d'un autre. Mais comment faire? moi, j'étais si pau-
« vre! la plus petite partie de plaisir me forçait à vivre de
« panade pendant huit jours, que je faisais moi-même,
« tout en entassant rime sur rime, et plein de l'espoir
« d'une gloire future. Rien qu'en vous parlant de cette
« riante époque de ma vie, où sans appui, sans pain as-
« suré, sans instruction, je me rêvais un avenir, sans né-
« gliger les plaisirs du présent, mes yeux se mouillent de
« larmes involontaires. Oh! que la jeunesse est une belle
« chose, puisqu'elle peut répandre du charme jusque sur
« la vieillesse, cet âge si déshérité et si pauvre! Employez
« bien ce qui vous en reste, ma chère amie. Aimez et lais-
« sez-vous aimer. J'ai bien connu ce bonheur : c'est le plus
« grand de la vie, etc. »

Avec l'amour, ce qui préoccupait le plus Béranger à cet âge, c'était la gloire littéraire. Le patriotisme de son adolescence ne l'abandonna jamais; mais ses sentiments ne se tournaient qu'avec réserve vers l'homme de génie qui touchait déjà à l'empire. Au lieu de se précipiter à sa suite dans les camps, Béranger sut se faire oublier de lui dans sa vie infime. Il ne fut jamais conscrit ni jaloux de l'être, et il lui suffit de son obscurité, de son existence naturellement peu saisissable, et aussi de son air facile et non embarrassé, de ce *dos bon et rond* dont parle Diderot, dans les circonstances qui l'eussent pu trahir, pour gagner l'amnistie du mariage de Marie-Louise. C'est un rapprochement curieux à faire, parmi tant d'autres, entre Paul-Louis Courier et lui, que ce peu de goût pour les jeux désastreux du conquérant. *Le Roi d'Yvetot* exprima, dès 1813, cette pensée d'opposition pacifique. Horace, en présence de guerres insensées, ne sentit pas autrement.

L'influence des ouvrages de M. de Chateaubriand sur le jeune Béranger fut prompte et vive. Ils lui indiquaient, par leur sentier quelquefois laborieux, un retour au simple, à l'antique, aux beautés de la Bible et d'Homère. Aussi, quand le poëte, dans sa chanson adressée à l'auteur du *Génie du Christianisme*, s'écrie :

> Ta voix résonne, et soudain ma jeunesse
> Brille à tes chants d'une noble rougeur !
> J'offre aujourd'hui, pour prix de mon ivresse,
> Un peu d'eau pure au pauvre voyageur,

il ne fait que rendre témoignage sincère d'une impression éprouvée par lui à cet âge de rêves épiques, lorsque, attendant l'heure d'aborder son *Clovis*, l'auteur futur des *Clefs du Paradis* et du *Concordat de* 1817 traitait en dithyrambe *le Déluge, le Jugement dernier, le Rétablissement du Culte*. Nous avons sous les yeux une quarantaine de vers alexandrins intitulés *Méditation*, datés de 1802, et empreints d'une haute gravité religieuse ; Béranger les avait composés par contraste avec la manière factice de Delille dans son poëme de *la Pitié*. Ce goût du simple et du réel le conduisit à un genre d'idylle qu'il mit à exécution, et dans lequel il visait à reproduire les mœurs pastorales, modernes et chrétiennes, en les reportant vers le xviᵉ siècle, et sans intervention de fausse mythologie. J'ai lu en grande partie un poëme idyllique de lui, en quatre chants, intitulé *le Pèlerinage*, et conçu dans cette pensée. Je n'affirmerai pas que le poëte ait réussi à faire un tout suffisamment intéressant et neuf; mais l'intention générale et parfois le bonheur des détails sont manifestes. *La Courtisane*, idylle d'environ cent trente vers, exprime avec sentiment, naïveté et élégance, les remords et les larmes d'une villageoise pervertie, qui revient un moment visiter les campagnes natales et qui voit de loin fumer le toit de la chaumière maternelle. On pourrait donner toute cette *Courtisane* sans en changer un vers; et elle ne ferait pas honte à ses cadettes de haute renommée. Un académicien-poëte, à qui Béranger, encore inconnu, parlait un jour de ses idylles et du soin qu'il y prenait de nommer chaque objet par son nom sans le secours de la Fable, lui objectait : « Mais la *mer*, par exemple, la *mer*, comment direz-vous? — Je dirai tout simplement la mer. — Eh quoi! reprit l'académicien qui n'en revenait pas, Neptune, Thétis, Amphitrite, Nérée, de gaieté de cœur vous vous retranchez tout cela? — Effectivement, » ajouta Béranger.

Vers la fin de 1803, Béranger ayant fait un paquet de ses meilleurs vers, idylles, méditations, dithyrambes, etc., etc., les adressa, en les accompagnant d'une lettre fort digne, à un personnage éminent d'alors. Le succès de sa missive dépassa son espérance. Lucien Bonaparte (car c'était lui) accueillit en ami des lettres le jeune poëte, écouta ses projets, lui recommanda la correction, lui déconseilla *Clovis* comme barbare; il eût préféré *César*. Il lui indiqua pour sujet à traiter *la Mort de Néron*, et Béranger exécuta cette tâche avec plus d'application que de réussite. Lucien ne borna pas sa protection à des conseils, il fit don au jeune homme de sa pension de l'Institut. Proscrit quelques mois après et ayant dû quitter la France, il envoya de Rome sa procuration pour le payement de cette pension que Béranger toucha jusqu'en 1812. Il est piquant que celui qui ne veut pas être de l'Académie, ait commencé par avoir part à des émoluments d'Académie (1). Recommandé à Landon, éditeur du *Musée*, notre poëte fut occupé un ou deux ans (1805-1806) à la rédaction du texte de cet ouvrage. En 1809, grâce à l'appui de M. Arnault, il entra dans les bureaux de l'Université, en qualité de commis-expéditionnaire (2). Durant les

(1) Béranger ne revit Lucien qu'une fois en 1815, précisément au moment où celui-ci sortait pour faire quelque lecture (d'une ode, je crois) à l'Institut. Lucien lui reprocha amicalement d'avoir négligé ses débuts sérieux pour la chanson; les chansons de Béranger à cette époque (à part *le Roi d'Yvetot*) n'étaient pas ce qu'elles devinrent. Le dernier recueil de 1833 est dédié à Lucien.

(2) Le hasard m'a procuré la lettre honorable et modeste par laquelle Béranger sollicita en cette occasion M. de Fontanes; la voici : c'est une pièce intéressante de plus à ajouter à toutes celles qui témoignent de ces luttes secrètes du talent et de la fortune :

« Monsieur,

« Mon nom vous est inconnu. La circonstance qui aurait pu lui donner une place dans votre mémoire est trop éloignée pour que vous puissiez vous le rappeler. Je crains même de retracer inutilement à votre souvenir cette circonstance qui seule me donne l'espoir de vous inspirer quelque intérêt.

« Il y a quatre ans que M. Lucien Bonaparte, mon protecteur, vous lut, Monsieur, deux poëmes, l'un du *Rétablissement du Culte*, et l'autre du *Déluge;* selon ce qu'il m'a dit, ces ouvrages, quoique chargés de fautes, obtinrent votre éloge. Apparemment que quelques-uns de ces traits que parfois le hasard fait rencontrer à la médiocrité, vous portèrent à l'indulgence envers une muse novice. J'ai su, Monsieur, que votre suffrage ainsi que celui de M. Arnault, qui depuis m'honore de son amitié, contribua dans le temps à me faire obtenir la protection de M. Lucien. La pension qu'il m'a accordée, des bienfaits particuliers, et les lettres aimables et flatteuses qu'il daigne m'adresser, me donnent la certitude qu'il n'a pas cessé de s'intéresser à moi. Malheureusement j'ai des charges qu'il n'est pas obligé de connaître, et l'état de gêne dans lequel je vis me fait hasarder de vous faire la demande, Monsieur, de quelque emploi dans l'Université; non dans le corps enseignant, je n'ai reçu aucune éducation, et c'est contre toute raison que je cultive les muses; mais dans l'administration de ce vaste établissement à la tête duquel vous êtes si dignement placé.

« Dans ce moment sans doute, Monsieur, un grand nombre de personnes de mérite s'adressent à vous pour le même objet; aussi n'est-ce pas une injustice que je sollicite; mais, lorsque vous aurez pourvu ceux qui ont des droits réels à votre bienveillance, j'espère, Monsieur, que vous voudrez bien songer à moi dont le plus grand regret, si mon

douze années qu'il passa à cet emploi, ses appointements flottèrent de mille à deux mille francs. Ce qu'il y a de particulier, c'est que, content de si peu, il ne consentit jamais à avancer, malgré la facilité qu'il en eut et l'offre réitérée qu'on lui en fit. Gardant toutes ses pensées et son travail intellectuel, il ne donnait que son temps et sa main, comme Jean-Jacques quand il copiait de la musique. Béranger ne perdit cette modique place qu'en 1821. Dès 1815, lors de la publication de son premier recueil, on l'avait prévenu, avec une sorte d'indulgence, qu'il prît garde de recommencer, parce qu'on serait, à regret, contraint de sacrifier une autre fois *Bacchantes*, *Gaudrioles*, *Frétillons* et *ces Demoiselles*, au décorum universitaire : on croyait jusque-là devoir quelque ménagement à l'auteur du *Roi d'Yvetot*. En 1821, quand Béranger récidiva, il se le tint pour dit, et, du jour de la publication du second recueil, il ne remit pas les pieds à son bureau : on accepta cette absence comme une démission.

Dès qu'il s'était vu casé à l'Université, de 1809 à 1814, Béranger avait pu continuer avec lenteur ses essais silencieux. Il paraît, toutefois, qu'il songea encore au théâtre, mais ce n'était plus par goût comme d'abord. La chanson d'ailleurs le gagnait peu à peu, et empiétait chaque jour à petit bruit sur ses plus vastes desseins. Il avait de tout

espoir était trompé, serait d'avoir perdu l'occasion de connaître particulièrement l'un de nos poëtes les plus distingués.

« Je suis, Monsieur, avec le plus profond respect, votre très-humble et très-obéissant serviteur,

« P.-J. DE BÉRANGER,
« Rue du Port-Mahon, n. 12.

« *P. S.* M. Arnault doit avoir la bonté de vous confirmer les détails que j'ai l'honneur de vous donner. »

On saisit bien, ce me semble, dans cette lettre digne, mesurée, touchante, le point de départ littéraire de Béranger, et comment il a dû suppléer à tout. Fontanes répondit à cet appel du jeune homme ; mais nous voudrions savoir ce que dirait aujourd'hui quelqu'un de nos célèbres poëtes en s'entendant appeler tout simplement un *poëte distingué*.

temps fait la chanson par amusement, avec une facilité, dit-il, qu'il n'a plus retrouvée depuis, en d'autres termes, selon moi, avec une négligence qu'il ne s'est plus permise. Mainte fois regardant passer dans la rue Desaugiers qu'il connaissait de vue sans être connu de lui, il avait murmuré tout bas : « Va, j'en ferais aussi bien que toi, des « chansons, si je voulais, n'était mes poëmes. » Lorsqu'il eut fait pourtant *les Gueux*, *les Infidélités de Lisette*, ces petits chefs-d'œuvre de rhythme et de verve, qui datent des dernières années de l'Empire, les poëmes durent perdre de leur sel pour lui et les refrains redoubler de piquant et d'attrait. Reçu au Caveau en 1813, condamné à sa part d'écot en couplets, il ne put s'empêcher d'y porter sa curiosité et son imagination de style, sa science de versification, la richesse de son vocabulaire. Mais longtemps il n'osa confier au refrain que sa gaieté et ses sens. C'était comme un esquif trop frêle, une bulle trop volatile, pour qu'il osât y risquer ses autres sentiments plus précieux. Il ne différait des autres chansonniers, ses confrères, que par la perfection de la forme, l'invention colorée des détails et le jet de la veine. Bon convive avec eux, les suivant sur leur terrain en vrai enfant de la rue Montorgueil, hardiment camarade et vainqueur de l'excellent Desaugiers qui ne s'en inquiétait guère (1), il atteignait déjà au sublime des sens dans *la Bacchante*, au sublime de l'ivresse rabelaisienne dans *la Grande Orgie*, à la folie scintillante de la guinguette dans *les Gueux*. Mais le poëte tenait à part toutes ses arrière-pensées de patriotisme, de sensibilité et de religion, tant de germes tendrement couvés, qu'il refoulait bien avant. *Le Jour des Morts*, la plus grave erreur, et l'une des plus anciennes, de sa première manière, était une concession de faux respect humain à cette gaieté de rigueur qui cir-

---

(1) Sur les rapports de Béranger et de Desaugiers, il faut voir, pour plus d'exactitude, l'article *Desaugiers*, inséré dans la *Revue des Deux Mondes* du 1ᵉʳ juillet 1845 (et tome III de cette collection des *Portraits contemporains*). C'est le seul correctif que nous nous permettions d'apporter au présent article.

cule à la ronde, une désobéissance dérisoire et presque sacrilége à la voix de son cœur et de son génie. Béranger devait être le chantre consécrateur des vaincus et des morts : mais il fallut Waterloo pour qu'il osât. En janvier 1814, je le surprends qui fredonne encore à sa jeune maîtresse : *Autant de pris sur l'ennemi;* l'année suivante, en juillet 1815, la voix tout émue, et d'un ton qu'il s'efforce en vain d'égayer, il soupire : *Rassurez-vous, ma mie.* Sans s'abuser un seul instant sur les Bourbons qu'il avait eu de bonne heure occasion de connaître d'après des circonstances fort particulières (1); sans *donner* jamais *en plein* dans la Charte, comme Courier, Béranger attendit les excès de 1815 et 1816 pour se prononcer hautement contre la dynastie restaurée, et en cela il fit preuve de plus de sens que ceux qui lui ont reproché sa chanson du *Bon Français*, de mai 1814. Il avait refusé d'être censeur durant les Cent-Jours.

Dans les prisons, où l'on trompe souvent l'ennui des heures obscures par des chants en chœur, les prisonniers, interrompant d'ordinaire le coryphée qui leur entonne une gaie chanson, lui demandent autre chose; ils veulent *du triste*, une *romance*, comme ils disent. Béranger avait remarqué bien des fois cette disposition mélancolique des hommes assemblés, et en avait conçu l'idée de la chanson doucement sérieuse à l'usage du pauvre, de l'affligé, du peuple. Il fut long avant de céder à son propre désir. Il se sondait scrupuleusement, il hésitait et se trouvait timide; ses succès dans la chanson, telle qu'il l'avait abordée, l'effrayaient pour sa tentative nouvelle. Il avait bien glissé çà et là au bout de quelque couplet un filet de tendresse grave, comme dans *Si j'étais petit oiseau;* mais le coup décisif fut *le Dieu des Bonnes Gens.* Un jour qu'il dînait chez M. Étienne, en nombreuse et spirituelle compagnie, on le pressa au dessert de chanter, selon l'usage; il com-

---

(1) Ceci se rattache à des détails de la jeunesse de Béranger, qui n'ont pas dû trouver place ici; et que nous avons touchés dans la note, p. 66.

mença cette fois d'une voix un peu tremblante, mais l'applaudissement fut immense, et le poëte sentit à cet instant-là, en tressaillant, qu'il pouvait rester simple chansonnier et devenir tout à fait lui-même.

Du moment en effet qu'il y avait jour pour Béranger de faire entrer sa pensée entière en chanson, que lui fallait-il de mieux? Quel bonheur, quelle nouveauté qu'un tel genre! C'était l'accomplissement de son rêve : le monde, la vie alentour et sous sa main dans leur infinie diversité; pas d'étiquette apprise, pas de poétique, et tout le dictionnaire. D'un autre côté, Béranger comprit que plus l'espace s'élargissait devant lui, moins il avait à se relâcher des sévérités du rhythme. La chanson de Panard, de Collé, Gouffé, Desaugiers, et du Caveau, venait habituellement par le refrain; un refrain semblait heureux, chantant : vite des couplets là-dessus. Ils arrivaient à la file, bon gré, mal gré, plus ou moins valides : le refrain couvrait tout. Ici au contraire, pour Béranger, la pensée, le sentiment inspirateur préexistait : le refrain n'en devait être que l'étincelle, mais étincelle à point nommé en quelque sorte, d'un intervalle et d'un jet déterminés à l'avance. Il faut que, toutes les deux ou trois secondes, la pensée revienne faire acte de présence à un coin marqué, jaillir à travers un nœud étroit et fixe, rebondir sur une espèce de raquette inflexible et sonore : elle est à cent lieues, au bout du monde, dans le ciel; n'importe, il faut qu'elle revienne et qu'elle touche à point. C'est un inconvénient, une gêne sans doute, un coup de sonnette ou de cordon bien souvent, qui rattire à court l'essor, le saccade et le brusque. Mais Béranger vit à merveille que, dans une langue aussi peu rhythmique que la nôtre, le refrain était l'indispensable véhicule du chant, le frère de la rime, la rime de l'*air* comme l'autre l'est du *vers*, le seul anneau qui permît d'enchaîner quelque temps la poésie aux lèvres des hommes. Il vit de plus que pour être entendu du peuple, auquel de toute nécessité beaucoup de détails échappent, il fallait un cadre vivant, une image à la pensée dominante, un petit drame en un mot : de là tant de vives conceptions si artistement réalisées, de compositions exquises, non moins parlantes que les jolies fables de La Fontaine; tant de tableaux si fins de nuances, et si compris de tous par leur ensemble. Car Béranger, ce qui semblerait inutile à rappeler ici, se chante dans les campagnes, au cabaret, à la guinguette, partout, quoi qu'en aient prétendu d'ingénieux contradicteurs, qui auraient voulu faire de *M. de Béranger* un bel-esprit de salon et d'étude comme eux-mêmes. Qu'ils réservent cette chicane à *l'ancien Canonnier à cheval*, homme de style également, mais de style gaulois et archaïque, je le leur abandonne en partie. Quant à Béranger, il est bien l'homme de sa réputation, le chansonnier populaire de ces quinze années; oui, messieurs, populaire à la lettre, bien autrement que Desaugiers, qu'on lui a opposé sans justice, et qui réussit peut-être mieux auprès des gastronomes; populaire exactement dans le même sens qu'Émile Debraux et autres que ni vous ni moi ne connaissons.

Cela est tellement vrai que, seul des poëtes contemporains, il aurait pu, à la rigueur, se passer de l'impression, du moins pour une bonne moitié de son œuvre. Quand on imprima son premier recueil, le public chantant n'y apprit rien qu'il ne sût à l'avance : c'eût été de même pour les suivants; quelques copies distribuées de la main à la main auraient suffi; la tradition vivante, l'harmonieuse clameur l'aurait soutenu et sauvé de toutes parts, comme on le rapporte des anciens poëtes. Je veux dire qu'il aurait traversé de la sorte trois générations, de cinq ans chacune; longévité la plus homérique en notre âge. Cette prise heureuse sur la mémoire des hommes (la source d'inspiration d'ailleurs y poussant) est due au refrain pour les paroles, au cadre pour l'idée.

Un jour, au printemps de 1827, autant qu'il m'en souvient, Victor Hugo aperçut dans le jardin du Luxembourg M. de Chateaubriand, alors retiré des affaires. L'illustre promeneur était debout, arrêté et comme absorbé devant des enfants qui jouaient à tracer des figures sur le sable d'une allée. Victor Hugo respecta cette contemplation silencieuse et se contenta d'interpréter de loin tous les rapprochements qui devaient naître, dans cette âme orageuse de René, entre la vanité des grandeurs parcourues et ces jeux d'enfants sur la poussière. En rentrant, il me raconta ce qu'il venait de voir et ajouta : « Si j'étais « Béranger, je ferais de cela une chanson. » Par ce seul mot, Victor Hugo définissait merveilleusement, sans y songer, le petit drame, le cadre indispensable que Béranger anime : qu'on se rappelle *Louis XI* et *l'Orage*.

Ce cadre voulu, cette forme essentielle et sensible, cette réalisation instantanée de sa chanson, cet éclair qui ne jaillit que quand l'idée, l'image et le refrain se rencontrent en un, Béranger l'obtient rarement du premier coup. Il a déjà son sujet abstrait, sa matière aveugle et enveloppée ; il tourne, il cherche, il attend : les ailes d'or ne sont pas venues. C'est après une incubation plus ou moins longue, qu'au moment souvent où il n'y vise guère, la nuit surtout, dans quelque court réveil, un mot, inaperçu jusque-là, prend flamme et détermine la vie. Alors, suivant sa locution expressive, il *tient son affaire* et se rendort. Cette parcelle ignée en effet, cet esprit pur qui, à peine éclos, se loge dans une bulle hermétique de cristal que la reine Mab a soufflée, c'est toute sa chanson, c'en est le miroir en raccourci, la brillante *monade*, s'il est permis de parler ce langage philosophique dans l'explication d'un acte de l'âme, qui certes ne le cède à aucun en profondeur. Le poëte mettra ensuite autant de temps qu'il voudra à la confection extérieure, à la rime, à la lime, peu importe ; il y mettrait deux mois ou deux ans, que ce serait aussi vif que le premier jour : car, encore une fois, comme il le dit, il *tient son affaire*.

Béranger a publié jusqu'ici quatre recueils : le premier à la fin de 1815, le second à la fin de 1821, le troisième en 1825, le quatrième en 1828. Le premier, qui était plus égrillard et plus gai que politique, et le troisième, qui parut sous le ministère spirituellement machiavélique de M. de Villèle, n'encoururent pas de procès. Le recueil de 1821, incriminé par M. de Marchangy et défendu par M. Dupin aîné, valut à Béranger trois mois de prison; celui de 1828 (sous le ministère Martignac), incriminé par M. de Champanhet et défendu par M. Barthe, le fit condamner à neuf mois. Outre ces deux principales affaires, Béranger en eut encore deux autres dans l'intervalle : l'une en mars 1822, à propos de la publication des pièces du premier procès, il fut acquitté ; et plus tard une légère chicane pour contrefaçon, qui n'eut pas de suite. Le cinquième et dernier recueil de Béranger doit paraître dans le courant de janvier prochain.

En tête de ce volume, Béranger portera sur lui-même, sur l'ensemble de son œuvre, sur la nature de son rôle et de son influence durant ces quinze années, un jugement qu'il nous serait téméraire de devancer ici pour notre compte. A partir du *Dieu des Bonnes Gens*, toutes ses facultés, toutes ses passions tendres ou généreuses, se versèrent dans ce genre unique, qui ne lui avait semblé d'abord qu'une diversion et presque une dérogation à son talent. Ces *Petits-Poucets de la littérature*, comme il les appelle, portèrent aussitôt par mille chemins les messages retentissants de sa grande âme. *La Sainte Alliance des Peuples*, composée dès 1818, est en quelque sorte un magnifique pavillon dressé au centre et au sommet de cette chaîne de collines, dont *le Dieu des Bonnes Gens* décore le ciel. Hymne humain, pacifique, inaltérable, il nous montre combien dès lors, dans la fumée de l'engagement *libéral*, l'horizon de Béranger était le même, aussi vaste et aussi à découvert que son regard l'embrasse aujourd'hui. Et autour, au-dessous de cette dominante pensée, combien d'autres d'une émotion plus circonscrite, mais non moins pénétrante! la plainte du pays; la douleur morne, l'espoir opiniâtre de la vieille armée; l'espoir plus léger, l'impatience et les moqueries de la jeunesse; la tristesse dans le plaisir; de l'esprit tour à tour piquant, coloré, attendri, comme il ne s'en trouve que là depuis Voltaire ; de suaves et gracieuses enveloppes d'une pureté d'art antique, et qui par moments rappellent, ainsi qu'on l'a remarqué avec goût, Simonide, Asclépiade et les érotiques de l'Anthologie. *Les Bohémiens* et *les Souvenirs du Peuple*, publiés en 1828, ont manifesté chez Béranger un progrès encore imprévu de grandeur et de pathétique dans la simplicité, et aussi de poésie impartiale, généralisée, s'inspirant de mœurs franches, se prenant aux instincts natifs du prolétaire, et d'une portée non plus politique, mais sociale. *Le Juif errant*, *les Contrebandiers* continueront, on le verra, ce genre de ballade philosophique qui touche aux limites extrêmes de la chanson; presque toujours Béranger a pris soin de rattacher ces excursions, assez vagabondes en apparence, à une prophétique pensée d'avenir. On a essayé dans les vers suivants, qui lui sont adressés, de faire saillir cette loi progressive de son génie, et de montrer en même temps combien toutes choses sur la scène du monde étaient disposées pour sa venue. Ce n'est jamais dans la période impétueuse, au début ni au milieu des commotions publiques, que chante le poëte dont l'époque saluera la voix; c'est plutôt au déclin, aux environs des dernières crises, quand la force sociale s'arrête de lassitude, fait trêve à son tumulte et s'entend gémir. L'air est vibrant au loin et embrasé, mille feux s'y croisent : ce qui flotte alors et pèse sur tous, décharge son étincelle sur un seul; les derniers coups de l'orage allument une âme !

L'être complet dans la nature immense,
Le germe heureux, fils de l'onde ou des airs,
Tout fruit parfait béni dans sa semence,
Le gland du chêne, ou la perle des mers,
Petit ou grand, est cher à l'univers.
Pour qu'il surgisse et que son jour commence,
La terre exprès tourne les éléments ;

Le temps n'est rien ; lenteurs, avortements,
Par où la vie à lui seul se prépare,
Ne coûtent pas à la nature avare.
L'Esprit caché dont elle suit les lois,
Tout en marquant mille buts à la fois,
Veut sur un point faire briller l'ouvrage.
Souvent, souvent, au décours d'un orage,
Le vœu qui rit à l'éternel dessein,
C'est qu'emportant l'étamine volage
Zéphire ému mène à bien son larcin ;
C'est qu'un nid d'or éclose au vert feuillage,
Ou que la perle accordée à la plage,
Sombre Océan, jaillisse de ton sein !
En s'enfuyant, la tempête qui gronde,
Purifiée, attiédie et féconde,
Dépose un feu, crée un être en ce monde,
S'émaille en fleurs ou voltige en essaim !

Même ordre encor dans l'histoire vivante :
Cher Béranger, ne dis pas que j'invente.

La République, aux débuts immortels,
L'éclair au front, la main sur les autels,
Avait, d'un geste, embrasé la fournaise !
Pour chant de guerre, elle eut *la Marseillaise*,
Vrai talisman ! mais ses fils dévoués
A la chanter s'étaient vite enroués.
Vainqueur à temps de l'Europe enhardie,
Le Consulat réparait l'incendie.
De foudre alors et de fer couronné,
L'Empire, lui, toujours avait tonné :
Sans air joyeux, sans chanson applaudie,
Sous ce dur maître, on avait moissonné.
A rangs égaux, en lignes sourcilleuses,
Dès le matin des luttes fabuleuses,
Aux flancs des monts vaguement éclairés,
Les noirs soldats s'ébranlaient par degrés ;
Dès qu'un rayon aux collines prochaines
Montrait l'aurore, ils saluaient César ;
Puis, tout le jour, à son jeu de hasard,
Silencieux, ils épuisaient leurs veines ;

Tant qu'à la fin, dans l'excès des combats,
Noble immolée, ô France, tu tombas!
Or, des douleurs de la France épuisée,
De sa chère aigle aux mains des rois brisée,
Des morts d'hier, des mânes d'autrefois,
Il s'élevait une profonde voix,
Ame, soupir, émotion guerrière,
Regret aussi de nos antiques droits,
Le tout confus comme un gros de poussière
Que la déroute envoie en tourbillons,
Comme du sang fumant dans les sillons!
C'étaient des ris, des sifflets, juste outrage
Aux faux dévots, rentrés pour convertir,
Aux libertins, prêchant le Roi-martyr;
C'était la plainte, au milieu du naufrage,
Des gais amours si longtemps caressés....
L'immense voix, au déclin de l'orage,
En rassemblait tous les sons dispersés.
Deuil tour à tour, et malice, et colère,
Elle planait, puissante et populaire.
Mais, sous ces bruits qui la venaient former,
On ne savait en masse où l'entamer;
Nuée errante, elle hésitait encore :
Nul point brillant ; pas de foyer sonore!

Et jusque-là, jusqu'à ce grand moment,
Avant le soir d'héroïque disgrâce,
Du drame entier, dès le commencement,
Témoin caché dont je poursuis la trace,
D'un coup de foudre à douze ans désigné,
Que faisais-tu, Chantre prédestiné?
En quel réduit fleurissait ta jeunesse?
Quels bras aimés t'en sauvaient la rigueur?
Quels traits malins, t'aiguisant leur finesse,
Gardaient sa flamme à ton glorieux cœur?
Vaste en projets qui ne devaient pas naître,
Sans le savoir, ménageant tes retards,
Tu te crus fait pour la flûte champêtre,
Et ta houlette eut de naïfs écarts.
De Marengo pendait alors l'épée;
Un Charlemagne aspirait au parvis :

Cela, je crois, te rappela Clovis,
Et tu rêvas de classique épopée,
Toi, fils de l'hymne et de la Ménippée !
Ainsi, sans guide et vers des buts lointains,
Chemin faisant, accosté de Lisette,
Entre Clovis et les amours mutins,
Par complaisance égayant ta musette,
Génie heureux, facile aux contre-temps,
Tu te cherchais encore après trente ans ;
Tu te cherchais,... quand la France foulée
Te laissa voir deux fois dans la mêlée
Ce sein de feu que Thersite conquit !
Tout était mûr ; les astres s'entendirent ;
Des cieux brûlants quelques pleurs descendirent,
Lente rosée,... et ta chanson naquit !

Elle naquit, abeille au fin corsage,
A l'aiguillon toujours gardien du miel ;
Des bruits épars composant un message,
Orgueil du pauvre et vengeance du sage :
Sots et méchants le trouvèrent cruel.
Près du drapeau que dans l'ombre on replie,
Au fond du verre où l'infortune oublie,
Autour du punch et des jeunes gaîtés,
Même au cou nu des folâtres beautés,
Oh ! oui, partout où l'aile bigarrée
De ta chanson diligente et sacrée
Se pose et luit, oh ! notre France est là....
France d'alors, chantant sous le tonnerre
Plus d'un refrain qui depuis s'envola,
Vive et rétive, assez peu doctrinaire,
Encore en sang des caresses des rois ;
Oui, cette France est toute dans ta voix.
Durant quinze ans, unis d'un même zèle,
Seul, vers la fin, pour sauver l'étincelle,
A chaque avril, aux champs, sous les barreaux,
Tu lui tressais les noms de ses héros,
Mêlant aux fleurs le chardon qui harcèle !
Si son oubli délaissait un vengeur (1),

---

(1) Manuel.

Tu la couvrais d'une honnête rougeur :
Puis un couplet indulgent la déride....
Pourtant, tout bas, j'ose en glisser l'aveu,
Deux ou trois fois, sœur de la cantharide (1),
L'abeille ardente outre-passa le jeu.
Pardon, pardon pour sa courte folie ;
Tant de tendresse ennoblit son retour !
La volupté par la mélancolie
Chez toi ramène à l'éternel amour.
Dans l'action que ton génie épouse,
Si, du champ-clos sentinelle jalouse,
Prompt au clairon, et, pour trêve aux assauts,
Ne t'égarant qu'aux plus voisins berceaux,
Tu hantais peu les ombres des vallées,
L'esprit lointain des cimes non foulées,
Silence ! oracle ! encens perpétuel !
Du moins plus haut que les luttes humaines,
Fixant tes yeux sur les places sereines,
L'âme invisible errait souvent au ciel !.

Aujourd'hui donc qu'à la France étonnée
Par tant d'efforts la palme enfin gagnée
Ne laisse voir qu'un triste et maigre fruit ;
Quand le combat recommence à grand bruit ;
Toi, sans dégoût, à ton passé fidèle,
Sans repentir (car la cause était belle,
Elle était sainte, et dut nous enflammer),
Toi, désormais, tu sais où te calmer.
Au seuil nouveau déposant ta piqûre
Et n'abjurant nulle ancienne amitié,
Du mal présent que tu prends en pitié
Tu vois le terme, et ton espoir s'épure.
Guéri des uns, tu comptes plus sur tous.
L'Humanité chemine au rendez-vous ;
Elle n'a plus de chaîne qui la noue ;
Tu vas devant, la regardant venir.
Si chaque jour entend crier la roue,

---

(1) C'est bien moins de la chanson même intitulée *la Cantharide*, chaude et pure émeraude où l'idée est figurée à l'antique, qu'on entend ici parler, que de quelques chansons de la première manière.

Une harmonie embrasse l'avenir.
Ainsi les ans, Poëte, te consolent,
Et tes chansons encore une fois volent,
Derniers essaims ; non plus du lourd frelon
Purgeant leur ruche à force d'aiguillon,
Non plus épris du sein pâmé des roses,
Des vins chantants dont tu savais les doses,
Des trois couleurs du siècle adolescent :
L'esprit d'un siècle a ses métempsycoses,
Cher Béranger, ta sagesse y consent.
Mais les chansons cette fois réunies,
Vierges essaims, paisibles colonies,
Loin des lambeaux dans la lutte expirant,
Cherchent l'air libre et l'espace plus grand,
L'orme sacré de la Cité future,
Des horizons que le dieu d'Épicure
Eût ignorés et que t'ouvrit le tien.
Telles déjà, selon l'oracle ancien,
Au fond d'un bois, les divines abeilles,
Gage choisi de clémentes merveilles,
Symbole heureux des jours renouvelés,
Naissaient aux flancs des taureaux immolés,
Montaient dans l'air,... et la grappe enchantée
Réjouissait le regard d'Aristée (1).

La vie de Béranger, durant quinze ans, se lit tout entière dans ses chansons. Le fait intérieur et domestique que j'y remarque le plus, c'est son amitié avec Manuel. Il l'avait connu en 1815, et, dès lors, tous les deux s'unirent étroitement. Béranger appréciait surtout chez le *vétéran d'Arcole* l'intelligence ferme et lucide, les sentiments chauds et droits sans rien de factice, la vie naturelle; l'homme du peuple au complet, dans une organisation perfectionnée. *Bras, tête et cœur, tout était peuple en lui,* a-t-il dit de son ami. Si quelque chose m'assure que Manuel, s'il avait vécu, serait resté *peuple*, et eût résisté à la

---

(1) On pourrait mettre à cette pièce de vers pour épigraphe :

Ingentes animos angusto in pectore versant.

contagion semi-aristocratique qui a infecté tant de nos tribuns parvenus, c'est que Béranger l'a jugé ainsi.

Depuis que Béranger a vu qu'il pouvait devenir poëte à sa guise, en demeurant chansonnier, il s'est noblement obstiné à n'être que cela : un goût fin, un tact chatouilleux, une probité haute, l'ont constamment dirigé dans ses nombreux et invincibles refus. Que ce soit une place dans les bureaux de M. Laffitte, un fauteuil à l'Académie, une invitation à ce qu'on appelle encore aujourd'hui la Cour, dont il s'excuse, le même sentiment de convenance et de dignité l'inspire. Il comprend son rôle de chantre populaire; il s'y tient jusqu'au bout; il a certes le droit d'y placer son orgueil, puisqu'il ne s'en fit jamais un marche-pied vers le but des ambitions mesquines. Plein d'excellents conseils en tous genres, que viennent réclamer des clients bien divers, consolateur aimable, grâce à cette *gaieté*, nous dit-il, *qui n'offense pas la tristesse*, trouvant de crédit ce qu'il en faut pour les bonnes actions non bruyantes, il est peut-être, avec M. Laffitte, et par d'autres moyens, l'homme de France qui a rendu dans sa vie le plus de services efficaces. Pour tout dire, Béranger ne s'est dérobé au dedans à aucune des charges de sa publique renommée.

Sa conversation est prompte, discursive, abondante, également nourrie sur tous les sujets, initiée aux mœurs des métiers différents, suppléant au manque de voyages par la pratique assidue de la grande ville; on y reçoit mille traits qui pénètrent avant et se retiennent. On y sent réunis et mélangés le contemporain des conquêtes, le républicain de l'avenir, et le successeur du Parisien Villon. Sa littérature, très-étendue, très-fine, très-élaborée, surprend ceux mêmes qui n'ignorent pas de quelles études secrètes l'artiste consommé a dû partir. Rien de plus mûri, de plus délicat, que la variété de ses jugements littéraires, tous individuels et de sa propre façon : c'est un rusé ignorant à la manière de Montaigne. Il ne sait pas le latin assurément; mais, à l'entendre parfois discourir du théâtre et remonter de Molière, Racine ou Shakspeare aux *tragiques de l'antiquité*, je suis tenté de croire qu'il sait le grec, qu'il *a été Grec*, comme il le dit dans *le Voyage imaginaire*, tant cet ordre de beauté et de noble harmonie lui est familier. Il pousse même la rancune contre ce pauvre latin qu'il n'entend pas, et que parlait son ancêtre Horace, jusqu'à reprocher avec assez d'irrévérence à notre langue, à notre poésie, d'avoir été élevée et d'avoir grandi dans le latin ; témoin Malherbe et Boileau qui l'ont coup sur coup disciplinée en ce sens. Il ajoute méchamment que cet honnête latin a tout perdu; que, sans les lisières de ce mentor, il nous resterait bien d'autres allures, plus libres et cadencées : Courier, en son style d'Amyot, ne marquerait pas mieux ses préférences. On ne s'étonnera point, d'après cela, si les questions agitées, il y a peu d'années, dans la poésie et dans l'art, tout en paraissant fort étrangères au genre et aux préoccupations politiques de Béranger, ne l'ont laissé au fond ni dédaigneux ni indifférent. Spectateur préparé, juge équitable, il a même consenti à se croire partie intéressée dans les débats. La guerre déclarée par l'école nouvelle à la classification des genres lui a paru devoir affranchir le sien de l'infériorité classique, d'où il ne l'avait tiré qu'à la faveur d'un privilége tout personnel. Sa chanson, en effet, à laquelle un mot de Benjamin Constant avait conféré le diplôme d'*Ode*, était sans doute accueillie avec complaisance et distinction par la littérature de l'Empire ; mais elle n'était pas avec elle sur le pied d'égalité entière et native. On lui faisait honneur, mais par entraînement tour à tour ou condescendance. Enfant gâté du dessert, on lui passait ses crudités, ses goguettes de langage, mille familiarités sans conséquence, à titre de chanson ; dès qu'on l'admirait, c'était d'un visage tout d'un coup sérieux, à titre d'ode. On l'eût reçue de grand cœur, je crois, dans la compagnie des quarante; mais on se fût armé pour cette grave exception, devant le public, du précédent de M. Laujon. Bref, la chanson de Béranger se sentait un peu la protégée des genres académiques ; depuis la réforme littéraire, elle est devenue légitimement l'égale, la concitoyenne de toute poésie. Par ces raisons diverses qu'il sait lui-même fort agréablement déduire, Béranger est donc allé jusqu'à se croire redevable de quelque chose à la jeune école poétique. Quoi qu'il en soit, et voici le seul point où j'insiste, il a de bonne heure témoigné à ce qui s'annonçait d'heureux et de grand dans les groupes nouveaux, une bienveillance sincère, intelligente, qui, de la part de tout écrivain célèbre, à l'égard des générations qui s'élèvent, n'est pas, j'ose le dire, la moindre marque d'une âme saine et d'un cœur justement satisfait.

Décembre 1832.

BÉRANGER.

1833.

(Chansons nouvelles et dernières (1).)

Il est dans l'histoire de l'humanité un premier âge où les poëtes ont exercé une fonction publique, sacrée, un sacerdoce populaire. La poésie alors, orale, vivante, forme naturelle et souveraine, support et enveloppe de tout, de la science, de l'histoire, de la morale, du culte, tenait au fond même de l'existence d'une race, et enserrait, comme en un tissu merveilleux, mœurs, exploits, souvenirs, les dieux et les héros d'une nation. C'était le règne du chant; *le chant qui vole à l'oreille saisie*, en s'échappant de la bouche des hommes divins qu'avait doués la Muse, courait sur les masses assemblées, et tendait en mille sens une chaîne ailée, invisible, qui suspendait les âmes. Chaque génération savait et redisait par le chant la tradition du passé, l'augmentant, la variant sans cesse, ignorant l'auteur ou les auteurs de ces poëmes, et les attribuant à des personnages fabuleux. En Grèce, en Arabie, dans l'Inde, ainsi se perpétuèrent et grossirent, durant des siècles, des trésors de récits et de chants qui sont le plus complet réservoir comme la plus pure essence de la vie de

---

(1) A côté de la lente et impartiale appréciation qui précède, nous laissons subsister cet autre morceau dans sa vivacité de circonstance.

ces peuples aux époques primitives. Avec l'écriture, avec l'observation et l'analyse naissantes, commença un autre âge pour la société. La religion, désertant peu à peu son immense et vague domaine, se replia dans les cérémonies du culte ; la science fit effort, se détacha et subsista d'une vie propre ; la philosophie fonda ses écoles ; l'histoire établit des registres plus ou moins scrupuleux. Par suite de ce démembrement et de ce développement sur tous les points, le poëte cessa d'être un organe indispensable et permanent, un précepteur social, un guide ; son individualité dut se creuser une place à part et se restreindre à un emploi plus spécial du talent ; il aborda, la plupart du temps, des genres curieux et délicats, qui réussirent auprès des lettrés, des oisifs ou des princes. Au théâtre pourtant, il y eut encore pour lui une chance ouverte de popularité et d'action vaste, immédiate, dont plus d'un génie s'empara ; mais cette ressource même du théâtre paraîtra bien bornée pour le poëte, si on la compare à l'influence première.

Il est vrai que chez nous, nations modernes, nations d'Occident, les choses se passèrent, à l'origine, d'une façon moins simple et moins grandiose que dans l'antiquité ou dans l'Orient. L'empire du chant, de la poésie naïve et primitive, n'eut jamais l'étendue et l'importance que jadis il obtint là-bas ; la vieille société antérieure y mettait obstacle ; la théologie, la grammaire, l'histoire, toute grossière qu'elle était, intervinrent au berceau, et entravèrent mainte fois les couplets de poésie par où s'essayaient les modernes instincts populaires. Dans notre France surtout, de ce côté-ci de la Loire, au sein des provinces centrales et passablement prosaïques de Picardie, Berry et Champagne, il n'y eut guère, à aucune époque, de poésie populaire proprement dite, de poésie vivante et chantée ; seulement la malice des fabliaux circula ; la moquerie, la jovialité de certains mystères, répondirent au bon sens railleur et matois des populations. Une disposition invincible à narguer et à chansonner les gens de loi, les gens d'Église, les puissants, le beau sexe et les maris, devint un des traits persistants du caractère national. Rabelais, Molière, La Fontaine, Beaumarchais, puisèrent abondamment dans cette humeur indigène. Au-dessous d'eux, elle eut assez de quoi s'entretenir et s'égayer sur l'orgue de Barbarie, la vielle et l'épinette, aux parades de la foire Saint-Laurent, loin, bien loin du concert adouci et pompeux de la littérature plus noble, qui charmait l'écho des terrasses royales ou les salons des Mécènes.

Toutes les fois que cette littérature noble n'avait pas dédaigné l'autre source réelle et naturelle du fonds national, et qu'elle s'y était franchement trempée, elle y avait acquis une vie et comme une allégresse singulière, et s'était sauvée de l'affadissement. Les quatre grands noms que nous venons de citer sont une preuve de ce que le génie cultivé gagnait à cette alliance. Mais, jusqu'à nos jours, l'esprit national, en ce qu'il a de plus vif et de plus essentiellement poétique, n'avait pas fait irruption encore dans la littérature que j'appellerai d'étude et d'art, ou, si l'on veut, cette littérature, sur le point essentiel et le plus saillant, n'était pas descendue à lui; elle n'avait pas atteint juste à l'endroit le plus sonore; la disposition chantante, l'humeur chansonnière n'avait jamais été grandement ni délicatement mise en jeu ; on l'avait laissée fredonner au hasard, courir par les goguettes ou sous le balcon du Mazarin, et s'abandonner, satirique ou bachique, à une irrégularité et à une bassesse qui, littérairement, semblaient sans conséquence. Collé et Panard, tout au plus, avaient un peu relevé la chanson quant au rhythme, mais en la laissant, du reste, dans une sphère d'idées bien inférieure. Jean Passerat, l'un des auteurs de la satire Ménippée, était encore le seul, avant Béranger, qui eût imprimé au couplet, au quatrain politique, une véritable perfection littéraire.

Béranger est venu, et il a résolu la question pour les esprits cultivés d'une part, et pour le peuple de l'autre. Écrivain exquis et consommé, il s'est mêlé aux instincts, aux ironies, à la malice et aux émotions de tous, et, s'emparant de cette faculté chantante qui avait longtemps détonné, il en a tiré un parti plein d'à-propos, de finesse et de grandeur. En demeurant le plus individuel des poëtes, aussi bien que le plus accompli des artistes, le chansonnier a su devenir le plus populaire, le seul même qui réellement l'ait été en France, depuis des siècles, en ce sens que, durant quinze années, ses œuvres, partout retentissantes, auraient pu, à la lettre, vivre et se transmettre sans l'*impression*. L'état moral où il a trouvé la population française prêtait beaucoup, il est vrai, à cette inoculation soudaine d'une poésie qu'aiguiserait le chant. Ce n'était plus une aveugle exaspération suivie de lassitude et de repentir, comme sous la Ligue; ce n'était plus l'étourderie émoustillée de la Fronde. De graves événements avaient illustré, mûri, moralisé ce peuple sur lequel Gargantua s'était permis autrefois de si inconcevables licences; 89 et Napoléon avaient enseigné, inculqué à tout jamais au tiers-état la dignité de l'homme, l'énergie civilisatrice, et lui avaient fait un besoin des plus mâles et inviolables sentiments. Mais en même temps, par un fonds d'ancienne humeur franche, ce bon peuple avait gardé ses facultés légères et pénétrantes, sa grâce amoureuse, son rire prompt et subtil, et ses retours épicuriens jusqu'au sein des publiques douleurs. *Jean de Paris*, en un mot, pour prendre le type le plus reconnaissable entre tant de figures picardes, beauceronnes ou champenoises, entre les autres Jean de Chartres, Reims ou Noyon, *Jean de Paris*, que Béranger a chansonné dans son dernier volume, est resté vrai après 89 comme devant, après Waterloo comme après les trois jours, du temps de Charlet comme du temps de Rabelais. Le grand art de Béranger, son coup de maître et à la fois de citoyen, a été de rallier tant de fines, d'éternelles observations, héritage de Molière et de La Fontaine, autour des sentiments actuels les plus enflammés, d'appeler les qualités permanentes de la nation au foyer des émotions nouvelles, de lier les unes et les autres en faisceau indissoluble, de grouper *les Gueux*, même *Frétillon*, ou *Madame Grégoire*, sous les plis du glorieux *Drapeau, la Sainte Alliance des Peuples* formant la chaîne aux collines d'alentour, et *le Dieu des Bonnes Gens* bénissant le tout.

Ce qui caractérise Béranger entre ceux de nos poëtes contemporains les plus justement célèbres, c'est d'avoir tous les traits purs du génie poétique français, de reproduire en plein ce génie dans tous les sens, d'y atteindre naturellement par tous les bouts : bon sens, esprit, âme, il réunit en lui ces qualités éminentes dans une mesure complète, auparavant inconnue, mais qui ne pouvait se rencontrer que chez nous. A lire nos autres poëtes vivants, on sent toujours, même chez les plus instinctifs, quelque chose qui transporte ailleurs, qui nous jette en d'autres contrées, en d'autres souvenirs, qui rappelle que Pétrarque et le Tasse ont gémi, que Goëthe et Byron sont venus. Chez Béranger, rien de tel; et toutefois il est autant contemporain du siècle, autant avancé dans l'avenir, qu'aucun. Il n'a guère fait dans sa vie, je crois, de plus long voyage que celui de la rue Montorgueil à Péronne ou peut-être à Dieppe, et en vérité il n'a pas eu besoin d'en voir davantage. La Fontaine n'en a pas plus fait; Boileau était allé, au plus loin, jusqu'à Namur, et Racine jusqu'à Uzès. Béranger tient au terroir; la nature qu'il peint à la dérobée et qu'il aime, ce sont nos cantons fleuris, notre joli paysage entrecoupé, des vignes, des bois, de petites maisons blanches, Passy, même Surène. Son amour inconstant et un peu sensuel dans sa tendresse, en est resté à la bonne vieille mode de nos aïeux, à la mode de *ma Mie* et du *bon roi Henri*, avant la nouvelle Héloïse et Werther. Je reconnais, dans sa Lisette, la petite-fille de Manon, ou de cette Claudine que courtisa La Fontaine (1). Quant

---

(1) *Lisette*, au reste, existait sous ce nom-là depuis bien du temps; elle figure chez Chaulieu à la fin des Stances sur Fontenay. Dans le *Mercure de France* de juin 1780, sous le titre de *Lisette ou les Amours des Bonnes Gens*, par M. D..., avocat au parlement de Rennes, on lit

au dieu de Béranger, c'est un dieu indulgent, facile, laissant beaucoup dire, souriant aux treilles de l'abbaye de *Thélème* (1), n'excommuniant pas l'abbé Mathurin Regnier, pardonnant à l'auteur de *Joconde*, même avant son cilice; c'est un dieu comme Franklin est venu s'en faire un en France, comme Voltaire le rêvait en ses meilleurs moments, lorsque, d'une âme émue, il écrivait : *Si vous voulez que j'aime encore*.... Théologie, sensibilité, peinture extérieure, on voit donc que chez Béranger tout est vraiment marqué au coin gaulois; qu'on ajoute à cela un bon sens aussi net, aussi sûr, mais plus délié que dans Boi-

---

une pièce légère qui, sauf la prolixité et le peu de rhythme, est toute voisine de la chanson de Béranger par le tour et les idées :

> Sur la toilette
> De ma Lisette,
> Vous trouverez
> Simples fleurettes ;
> Point n'y verrez
> De fard, d'aigrettes.
> Léger jupon, etc.

Nos bons aïeux, les trouvères, ont fait maintes chansons qui, sauf le vieux langage, pourraient être de Béranger par le ton et aussi par la forme. J'en veux indiquer une qui me semble exactement dans ce cas (Man. de la Biblioth. du roi, n° 2719, La Vallière) :

> L'autre jour en un jardin
> M'en aloie esbanoiant,
> Un poi de fors un vergier
> Trouvai Rousète séant
> Si plésant
> C'onques de biauté si grant, etc.

Cette *Rousète*, qui signifie un peu moins que *Lisette* ou même que *Frétillon*, est dans son genre un petit chef-d'œuvre, de ceux pourtant que je n'oserais transcrire. Elle pourrait entrer dans le recueil *à part* de Béranger, tout à la suite du *Grand Marcheur*.

(1) Dans la continuation du *Roman de la Rose*, par Jean de Meun, le sermon du grand prêtre *Genius* à l'armée qui assiège la Rose me semble un peu conforme à l'évangile du chantre de *Mon Ame* et du *Dieu des bonnes gens*. Tout ce discours, plein de verve *genialis*, serait digne à la fois de Lucrèce et de Rabelais; le *Genius* de Jean de Meun est le premier fondateur et grand-prieur de l'abbaye de Thélème.

leau, et l'on sentira quel poëte de pure race nous possédons, dans un temps où nos plus beaux génies ont inévitablement, ce semble, quelque teinte germanique ou espagnole, quelque réminiscence byronienne ou dantesque.

Pour achever le contraste, tandis que les génies poétiques de ce temps trahissent, presque tous, en leurs vers une allure plus ou moins aristocratique, soit par culte de l'art, soit par prédilection du passé féodal, soit par mystérieuse chasteté d'idéal dans les sentiments du cœur, Béranger est le seul poëte qui, indépendamment même du choix des sujets, ait gardé la rondeur bourgeoise, l'accent familier, la tournure d'idées ouverte et plébéienne; par où encore il semble descendre en droite ligne de cette forte lignée à tempérament républicain, qu'on suit, sans hésiter, dans les trois derniers siècles, et de laquelle étaient Étienne de La Boëtie, les auteurs de *la Ménippée*, Gassendi, Guy Patin, Alceste un peu je le crois, et beaucoup d'autres.

Le dernier volume que Béranger vient de publier comme adieux achève de nous dessiner le poëte. C'est une magnifique et inespérée terminaison d'une œuvre qui paraissait close. La circonstance la plus apparente dans la carrière du chansonnier, l'occasion politique, qui avait décidé du cours de sa verve, venait de manquer brusquement, après quinze ans d'escarmouches et de combats : il semblait qu'il fût désarmé par le triomphe. Le côté individuel de son talent, les sentiments capricieux ou tendres qu'il avait si heureusement entrelacés mainte fois, comme des myrtes autour de l'épée, lui restaient sans doute; il pouvait s'y récréer à l'aise : mais s'en tenir là, après la vaste action publique qu'il avait exercée, c'était déchoir. Quant à continuer contre toutes sortes de survenants nouveaux la même guerre exactement qu'il avait faite à leurs devanciers, j'avoue que, quelque tentante à certains égards qu'eût été l'entreprise, il y avait des difficultés presque insurmontables, et que les chances de poésie et de succès populaire avaient un peu changé. La restauration, en effet, provoquait haine, risée par contraste, indignation guerrière, accord passionné en vue d'un prochain espoir. La déception, dont de nobles vœux ont été récemment l'objet, provoque avant tout une épaisse amertume, un dégoût abattu qui ne laisse guère de place à l'alerte moquerie, un sentiment pensif et sérieux, qui se relèvera peut-être dans la patience, mais qui n'a pas pour la chanson l'entrain de la colère. Outre ces difficultés générales, qu'on pourrait indiquer plus au long, il y en avait de particulières à Béranger; pour mille raisons, ce qu'il avait fait la première fois n'était pas à recommencer de plus belle. On attendait pourtant de toutes parts, on réclamait de lui quelque accent de réveil. Qu'a-t-il donc imaginé, le poëte? par où s'est-il racheté? par quelle combinaison toute neuve de sujets et de chants a-t-il trouvé moyen de satisfaire aux convenances morales de l'âge, des rapports privés, à l'attente du pays et à sa propre gloire?

D'abord, bien que la couleur politique, à proprement parler, ne soit pas celle qui domine dans le volume, Béranger, en quatre ou cinq places mémorables, a fermement marqué sa pensée, sa sympathie et ses pressentiments prophétiques dans le duel qui se continue; par son éloge de Manuel, par son *Conseil aux Belges*, par *la Restauration de la Chanson*, et surtout par sa *Prédiction de Nostradamus*, il a fait acte de présence dans les rangs de la pure démocratie; il a d'avance (bien qu'à une date inconnue) signé de son nom imposant les registres de la constitution future. Sans entamer une guerre de personnes aussi active et aussi acérée qu'autrefois, il a atteint les hommes sous les choses; aux environs d'*un trône noirci* qu'on *rebadigeonne*, parmi les affamés de ces miettes de *l'Ogre*, dont il nous faut *payer la carte*, plusieurs ont dû se sentir peu agréablement chatouillés. Ces quatre ou cinq pièces politiques, jointes à tant de délicieuses chansons personnelles, d'une inspiration et d'une fantaisie intime, telles que *Mon Tombeau; Passez, jeunes Filles; le Bonheur; Laideur et Beauté; la Fille du Peuple*, et ce sémillant

Colibri, qui est le lutin familier du maître et la personnification éthérée de sa muse comme est *la Cigale* pour Anacréon; toutes ces pièces ensemble auraient suffi à composer un charmant recueil final, digne assurément de ses aînés, et la dernière couronne eût brillé verdoyante encore, pour bien des saisons, au front du citoyen et du poëte. Mais, si le volume n'avait contenu que ces deux ordres de pièces, les plus neuves et originales beautés qui illustrent celui-ci y auraient manqué.

Béranger avait déjà tenté précédemment d'élever la chanson jusqu'à un genre de grande ballade historique ou philosophique dont on n'avait pas idée en France auparavant. *Les Souvenirs du Peuple* et *les Bohémiens* avaient fait entrevoir tout ce qui pourrait sortir de ce magnifique développement poussé à son terme. Il était seulement à craindre qu'un progrès si tardif, qui transportait et concentrait sur des sujets vastes, presque désintéressés, et dans une atmosphère plus calme, les facultés du poëte, n'allât pas assez loin en richesse abondante et en fertilité majestueuse. Béranger, dans ce dernier volume, en donnant le rôle principal aux chansons et ballades de cette espèce, a su triompher de toutes les difficultés nouvelles qu'il se créait. La variété, la couleur et l'émotion y circulent comme dans ses autres produits des saisons antérieures et des régions plus embrasées. Quelques-unes de ces pièces, telles que *le Juif errant*, sont purement poétiques, artistiques; l'inspiration de cette admirable ballade, en effet, c'est la perpétuité de la course maudite, la folle rage du tourbillon : la moralité n'y vient que d'une façon détournée et secondaire; on n'a pas le temps de l'entendre. Ailleurs, comme dans *Jeanne la Rousse*, la poésie, éludant le côté sévère et périlleux du sujet, c'est-à-dire le braconnier, tourne au sentiment, à la complainte gracieuse et touchante. Mais dans *les Contrebandiers*, le poëte n'élude rien; il accepte la question sociale dans son énormité, il la tranche avec audace; *l'air pur du sommet des monts* l'a enivré, et sa voix, que redit et renfle l'écho des hautes cimes, ne nous est jamais venue si sonore. *Les Contrebandiers* ne sont pas seulement, comme *les Bohémiens*, un délirant caprice de vie aventurière, de liberté sans frein et de migration sans but ; *les Contrebandiers* ne sont pas les enfants perdus et incorrigibles des races dispersées; ce sont, comme Béranger le conçoit, les sentinelles avancées, les éclaireurs hasardeux d'une civilisation qui s'approche :

> Nos gouvernants, pris de vertige,
> Des biens du ciel triplant le taux,
> Font mourir le fruit sur sa tige,
> Du travail brisent les marteaux.
> Pour qu'au loin il abreuve
> Le sol et l'habitant,
> Le bon Dieu crée un fleuve ;
> Ils en font un étang.

Et plus loin :

> A la frontière où l'oiseau vole,
> Rien ne lui dit : Suis d'autres lois.
> L'été vient tarir la rigole
> Qui sert de limite à deux rois.
> Prix du sang qu'ils répandent,
> Là, leurs droits sont perçus.
> Ces bornes qu'ils défendent,
> Nous sautons par-dessus.

Toute cette fantaisie rapide d'une allégresse indisciplinée, cette flamme voltigeante de poésie, qui, dans *les Bohémiens*, s'évapore en quelque sorte à travers l'air et n'aboutit pas, vient donc, dans *les Contrebandiers*, se rejoindre à un fond de pensées lointaines, mais réalisables, auxquelles elle jette un merveilleux éclair. C'est à ce même fond social, humain, d'une civilisation plus équitable et vraiment universelle, opposée aux misères de la nôtre, que sont puisées les inspirations si amèrement belles du *Pauvre Jacques* et du *Vieux Vagabond*. On ferait preuve d'un esprit bien superficiel en n'y voyant que des accidents particuliers auxquels se serait pris le poëte. Béranger a dramatisé, sous ces figures populaires, toute une économie politique impuissante, tout un système d'impôts écrasants ; il a touché en plein la question d'égalité réelle, du droit de chacun à travailler, à posséder, à vivre, la question, en un mot, du prolétaire. *Les Quatre Ages* abordent le même sujet sous forme directe, sur un ton de lyrisme grave et didactique : c'est l'hymne auguste du philosophe, ce sont les *vers dorés* de la science nouvelle.

Nous voilà, en apparence, bien loin de la chanson, et réellement nous avons atteint et passé les dernières limites ; le champ est parcouru dans tous les sens, toutes les collines à l'horizon sont gravies. Une fois à cette hauteur, on peut tirer l'échelle ; il n'y a plus un coin de chanson vacante où mettre le pied. Et, en effet, il est à remarquer que, tandis que d'autres éminents poëtes de nos jours, MM. de Lamartine et Hugo, par exemple, ont engendré de si nombreux imitateurs, Béranger n'en a eu, à vrai dire, aucun, quoiqu'il soit le plus populaire. Il a clos, après lui, le genre qu'il avait ouvert le premier. En sa spirituelle préface, le chansonnier semble regretter qu'aucun de nos jeunes talents ne se soit essayé dans une voie qu'il croit fertile encore ; ce conseil et ce regret, j'ose le dire, tombent à faux. Sans doute on chante, on chantera longtemps et toujours en France. L'esprit gaulois, nous l'avons remarqué déjà, est imprescriptible, et il se perpétue par une veine facile, même sous les nouvelles qualités sérieuses qu'il a acquises. Aussi comptons-nous bien que quelque grand poëte succédera assez tôt pour ne pas laisser s'interrompre la postérité directe et si française de Rabelais, Regnier, Molière, La Fontaine et Béranger. Mais sous la forme particulière dont Béranger a fait usage, la mise en œuvre de cet esprit national nous semble pour longtemps interdite. Un tel à-propos et un tel bonheur, exploités par un génie qui a su si complétement s'en rendre compte, sont un coup unique dans une littérature (1).

(1) On n'a pas abordé, dans cet article ni dans le précédent, la ques-

J'ai peu à dire de la préface dont tout le monde aura admiré le ton simple, l'aisance délicate, et cette clarté vive et continue qui caractérise la prose de Voltaire. Mais il est deux autres prosateurs que cette préface de Béranger m'a fortement rappelés par la multitude de traits fins, de pensées sous forme d'images sensibles, et de comparaisons brèves dont elle est comme tissue. J'ai noté un petit paragraphe, à la page 32, qui, à l'archaïsme près, est écrit tout à fait dans le procédé de métaphores courantes de Montaigne. Quand Béranger dit que « le pouvoir est une cloche qui empêche ceux qui la mettent en branle d'entendre aucun son, » et ailleurs « qu'il est des instants, pour une nation, où la meilleure musique est celle du tambour qui bat la charge, » et encore lorsqu'il compare les prétendus faiseurs de la révolution de Juillet à ces « greffiers

tion du style, à proprement parler, chez Béranger. Ce style est en général clair, pur, vif, aiguisé de traits justes et imprévus, ennobli d'images. On y relèverait pourtant quelques défauts. On y sent à de certains moments que l'espace manque; il y a trop de densité, en quelque sorte. Le couplet trop tendu crie à force de pensée, comme une malle trop pleine. Quelquefois le poëte est resté trop fidèle à d'anciens mots du vocabulaire poétique : *alarmes, courroux* : ainsi, dans la chanson de *La Fayette : Il a des rois allumé le courroux*. Quelquefois il est obscur à force de malice, ou par gêne de la rime : ainsi, par exemple, *point d'Albanèse*, et tout ce couplet, dans la chanson de *Margot*. Quelquefois il y a de la manière et du raffinement mythologique :

> Sur ma prison vienne au moins Philomèle,
> *Jadis un roi causa tous ses malheurs.*

Quelquefois on sent la concision pénible et un peu trop marquée, comme dans le refrain de *la Cantharide* :

> Rends à l'Amour tous les feux que tes ailes
> Ont *à ce dieu* dérobés dans les airs.

Et dans le refrain d'*Octavie* :

> Viens sous l'ombrage, où, *libre avec ivresse*,
> *La Volupté seule* a versé des pleurs.

Toutes nos critiques rentreraient dans quelqu'une de celles-là. — Quant à ce que nous disions de l'absence de disciple, Hégésippe Moreau a pourtant montré à certains égards qu'il en était un, et des plus dignes.

de mairie qui se croiraient les pères des enfants dont ils n'ont que dressé l'acte de naissance; » cela me paraît étonnamment rentrer dans le goût des locutions familières à Franklin. Ainsi, pour exprimer que trop souvent la pauvreté ôte à l'homme le sentiment de fierté et de dignité personnelle, Franklin disait : « Il est difficile à un sac vide de se tenir debout; » ainsi, dans *le Bonhomme Richard :* « Un laboureur sur ses pieds est plus haut qu'un gentilhomme à genoux. » Comme Franklin, dont jeune il apprenait le métier à Péronne, dont plus vieux il renouvelle l'ermitage à Passy, Béranger a l'imagination du bon sens (1). — Un art ingénieux et délicat règne insensiblement dans la distribution du recueil, dans l'ordonnance et le mélange des matières, dans ces petits couplets personnels jetés comme des sonnets entre des pièces d'un autre ton, et surtout dans ce soin scrupuleux de faire revenir tous les noms des amis et anciens bienfaiteurs comme les noms des héros au dernier chant d'un poëme. Il y a là une noble recherche d'égards, et aussi une douce science de composer, d'assortir son œuvre et sa vie comme un bouquet odorant, non moins suave qu'impérissable.

4 mars 1833.

(1) Il n'est pas jusqu'à ce coup de tonnerre avec lequel Béranger eut quelque chose à démêler, enfant, qui ne le rapproche du sage également aux prises avec la foudre, de ce Franklin dont il a le cou volontiers penché, le front tout chauve et les longs cheveux, de celui qui, dans sa gloire, se rappelait sans rougir avoir traîné la brouette, en veste, dans les rues de Philadelphie. — Et Franklin mettait même un peu de coquetterie à rappeler ce souvenir.

M. DE SÉNANCOUR.
1832.

Nous vivons dans un temps où la publicité met un tel empressement à s'emparer de toutes choses, où la curiosité est si indiscrète, la raillerie si vigilante, et l'éloge si turbulent, qu'il semble à peu près impossible que rien de grand ou de remarquable passe désormais dans l'oubli. Chaque matin, une infinité de filets sont jetés en tous sens à travers les issues du courant, et remplacent ceux de la veille, qu'on retire humides et chargés. C'est, à une certaine heure de réveil, un bruit confus, un mouvement universel de ces filets qu'on retire à l'envi, et de ces filets qui tombent. Pas un instant d'intervalle, pas une ligne d'interstice, pas une maille brisée dans ce réseau : tout s'y prend, tout y reste, le gros, le médiocre, et jusqu'au plus menu; tout est saisi à la fois ou tour à tour, et comparaît à la surface. On peut trouver à redire au pêle-mêle, désirer plus de discernement dans cette pêche miraculeuse de chaque matin, demander trêve pour les plus jeunes, qui ont besoin d'attendre et de grandir, pour les plus mûrs, dont cette impatience puérile interrompt souvent la lenteur fécondante; mais enfin il semble qu'au prix de quelques inconvénients on obtient au moins cet avantage de ne rien laisser échapper qui mérite le regard. Cela est assez vrai et le sera de plus en plus, j'espère; pourtant, jusqu'ici, il y aurait lieu de soutenir, sans trop d'injustice, que cette fièvre de publicité, cette divulgation étourdissante, a eu surtout pour effet de fatiguer le talent, en l'exposant à l'aveugle curée des admirateurs, en le sollicitant à créer hors de saison, et qu'elle a multiplié, en les hâtant, l'essaim des médiocrités éphémères, tandis qu'on n'y a pas gagné toujours de découvrir et d'admirer sous leur aspect favorable certains génies méconnus.

Le mal, au reste, n'est pas bien grand pour ces sortes de génies, s'ils savent de bonne heure, abjurant l'apparence, se placer au point de vue du vrai, et il conviendrait de les féliciter, plutôt que de les plaindre, de cette obscurité prolongée où ils demeurent. Il existe une sorte de douceur sévère et très-profitable pour l'âme à être méconnu : *ama nesciri;* c'est le contraire du *digito monstrari, et dicier Hic est;* c'est quelque chose d'aussi réel et de plus profond, de moins poétique, de moins oratoire et de plus sage, un sentiment continu, une mesure intérieure et silencieusement présente du poids des circonstances, de la difficulté des choses, de l'aide infidèle des hommes, et de notre propre énergie au sein de tant d'infirmité, une appréciation déterminée, durable, réduite à elle-même, dégagée des échos imaginaires et des lueurs de l'ivresse, et qui nous inculque dans sa monotonie de rares et mémorables pensées. Si on ignore ainsi l'épanouissement varié auquel se livrent les natures heureuses ; si, sous ce vent aride, les couleurs sèchent plus vite dans les jeux de la séve, et bien avant que les combinaisons riantes soient épuisées ; si, par cette oppression qui nous arrête d'abord et nous refoule, quelque portion de nous-même se stérilise dans sa fleur, et si les plus riches ramures de l'arbre ne doivent rien donner ; — quand l'arbre est fort, quand les racines plongent au loin, quand la séve continue de se nourrir et monte ardemment ; — qu'importe ? — les pertes seront compensées par de solides avantages, le tronc s'épaissira, l'aubier sera plus dur, les rameaux plus fixes se noueront. Ainsi pour les génies vigoureux atteints du froid oubli dès leur virilité. J'aime qu'ils ne s'irritent pas de cet oubli, qu'ils ne se détériorent pas et qu'ils tournent à bien. Qu'ont-ils à faire? Ils s'asseyent, ils s'affermissent, ils se tassent en quelque sorte; leur vie se réfugie au centre; ils donnent moins parce qu'ils n'y sont pas excités, mais ils ne donnent rien contre leur désir, ni contre leur secrète loi. Ils s'élèvent et se constituent définitivement à partir d'eux seuls, sur leur propre base, sans déviation au dehors, par un développement restreint, laborieux, mais nécessaire. Tout dévoués au réel, à l'effectif, au vrai, ils ne sont pas privés pour cela d'une manière de beauté et de bonheur; beauté nue, rigide, sentencieuse, expressive sans mobilité, assez pareille au front vénérable qui réunit les traits sereins du calme et les traits profonds des souffrances; bonheur rudement gagné, composé d'élévation et d'abstinence, inviolable à l'opinion, inaccessible aux penchants, porté longtemps comme un fardeau, pratiqué assidûment comme un devoir, et tenant presque en entier dans l'origine à cette âpre et douloureuse circoncision du cœur, dont on reste blessé pour la vie.

L'homme dont nous avons à parler est un grand exemple. Ce contemporain, dont le nom n'étonnera que ceux qui n'ont lu aucun de ses trois ouvrages caractéristiques, et qu'un instinct heureux de fureteur ou quelque indication bienveillante n'a pas mis sur la voie des *Rêveries*, d'*Oberman* et des *Libres Méditations*; l'éloquent et haut moraliste qui débuta en 1799 par un livre d'athéisme mélancolique, que Rousseau aurait pu écrire comme talent, que Boulanger et Condorcet auraient ratifié comme penseurs; qui bientôt, sous le titre d'*Oberman*, individualisa davantage ses doutes, son aversion sauvage de la société, sa contemplation fixe, opiniâtre, passionnément sinistre de la nature, et prodigua, dans les espaces lucides de ses rêves, mille paysages naturels et domestiques, d'où s'exhale une inexprimable émotion, et que cerne alentour une philosophie glacée; qui, après cet effort, longtemps silencieux et comme stérilisé, mûrissant à l'ombre, perdant en éclat, n'aspirant plus qu'à cette chaleur modérée qui émane sans rayons de la vérité lointaine et de l'immuable justice, s'est élevé, dans les *Libres Méditations*, à une sorte de théosophie morale, toute purgée de cette âcreté chagrine qu'il avait sucée avec son siècle contre le christianisme, et toute pleine, au contraire, de confiance, de prière et de douce conciliation; fruit bon, fruit aimable d'un automne qui n'en promettait pas de si savoureux; cet homme éminent que le chevalier de Bouflers a loué, à qui Nodier empruntait des épigraphes vers 1804; que M. Jay estime, que les anciens rédacteurs du *Constitutionnel* et du *Mercure* ont connu; que plusieurs littérateurs de cinquante ans regardent comme aussi ingénieux que modeste; dont les femmes ont lu le livre *de l'Amour*, un peu sur la foi du titre, et que les jeunes gens de notre âge se rappellent peut-être avoir vu figurer dans quelque réquisitoire sous la restauration; — M. de Sénancour a eu, à tous égards, une de ces destinées fatigantes, malencontreuses, entravées, qui, pour être venues ingratement et s'être heurtées en chemin, se tiennent pourtant debout à force de vertu, et se construisent à elles-mêmes leur inflexible harmonie, leur convenance majestueuse. Si l'on cherche la raison de cet oubli bizarre, de cette inadvertance ironique de la renommée, on la trouvera en partie dans le caractère des débuts de M. de Sénancour, dans cette pensée trop continue à celle du xviiie siècle, quand tout poussait à une brusque réaction, dans ce style trop franc, trop réel, d'un pittoresque simple et prématuré, à une époque encore académique de descriptions et de périphrases; de sorte que, pour le fond comme pour la forme, la mode et lui ne se rencontrèrent jamais; — on la trouvera dans la censure impériale qui étouffa dès lors sa parole indépendante et suspecte d'idéologie, dans l'absence de public jeune, viril, enthousiaste; ce public était occupé sur les champs de bataille, et, en fait de jeunesse, il n'y avait que les valétudinaires réformés, ou les fils de famille à quatre remplaçants, qui vécussent de régime littéraire. Marie-Joseph Chénier, de la postérité du dix-huitième siècle comme M. de Sénancour, l'a ignoré complétement, puisqu'il ne l'a pas mentionné dans son *Tableau de la Littérature depuis* 89, où figurent tant de noms. L'Empire écroulé, l'auteur d'*Oberman* ne fit rien pour se remettre en évidence et attirer l'attention des autres sur des ouvrages déjà loin de lui. Il persévéra dans ses habitudes solitaires, dans les travaux parfois fastidieux imposés à son honorable pauvreté. Il s'ensevelit sous la religion du silence, à l'exemple des gymnosophistes et de Pythagore ; il médita dans le mystère, et s'attacha par principes à demeurer inconnu, comme avait fait l'excellent Saint-Martin. « Les prétentions des moralistes, comme « celles des théosophes, dit-il en tête des *Libres Médita-* « *tions*, ont quelque chose de silencieux ; c'est une réserve « conforme peut-être à la dignité du sujet. » Désabusé des succès bruyants, réfugié en une région inaltérable dont l'atmosphère tranquillise, il s'est convaincu que cette gloire qu'il n'avait pas eue ne le satisferait pas s'il la possédait, et s'il n'avait travaillé qu'en vue de l'obtenir : « Car, re- « marque-t-il, la gloire obtenue passe en quelque sorte « derrière nous, et n'a plus d'éclat ; nous en aimions sur- « tout ce qu'elle offrait dans l'avenir, ce que nous ne pou- « vions connaître que sous un point de vue favorable aux « illusions. » Il n'est pas étonnant qu'avec cette manière de penser, le nom de M. de Sénancour soit resté à l'écart dans cette cohue journalière de candidatures à la gloire, et que, n'ayant pas revendiqué son indemnité d'écrivain, personne n'ait songé à la lui faire compter. Il eut pourtant, du milieu de l'oubli qu'il cultive, le pouvoir d'exciter çà et là quelques admirations vives, secrètes, isolées, dont plusieurs sont venues vibrer jusqu'à lui, mais dont le plus grand nombre, sans doute, ne se sont jamais révélées à leur auteur. Nodier, avons-nous dit, le connut et le comprit dès l'origine ; Ballanche, qui, parti d'une philosophie tout opposée, a tant de conformités morales avec lui, l'apprécie dignement. Il y a quelques années, une petite société philosophique, dont MM. Victor Cousin, J.-J. Ampère, A. Stapfer, Frank Carré, Sautelet, Bastide, faisaient partie, et qui, durant le silence public de l'éloquent proıesseur, se nourrissait de sérieuses discussions familières, en vit naître de très-passionnées au sujet d'*Oberman*, qui était tombé entre les mains de l'un des jeunes métaphysiciens : M. Cousin se montrait fort sévère contre. *Oberman*, en effet, quand on le lit à un certain âge et dans une certaine disposition d'âme, doit provoquer un enthousiasme du genre de celui que Young, Ossian et Werther inspirèrent en leur temps. Beaucoup d'hommes du Nord (car Oberman a un sentiment admirable de la nature, de celle du Nord en particulier) ont répondu avec transport à la lecture du livre de M. de Sénancour; Oberman vit dans les Alpes, et la nature alpestre, comme l'a dit M. Ampère, est en relief ce qu'est la nature de Norwége en développement. L'auteur de cet article a rencontré pour la première fois les deux volumes d'*Oberman* à une époque où il achevait lui-même d'écrire un ouvrage de rêverie individuelle qui rentre dans l'inspiration générale de son aîné; il ne saurait rendre quelle étonnante impression il en reçut, et combien furent senties son émotion, sa reconnaissance envers le devancier obscur qui avait si à fond sondé le scepticisme funèbre de la sensibilité et de l'entendement. La réflexion et une plus fréquente lecture l'ont tout à fait confirmé dans cette admiration première ; il voudrait la faire partager. Pour mieux s'expliquer M. de Sénancour, dont une sorte de circonspection respectueuse l'a tenu jusqu'à présent éloigné, et qu'il n'a jamais eu l'honneur d'entrevoir, il a cherché et trouvé des renseignements précis auprès d'un ami commun, M. de Boisjolin, qui a voué au philosophe vénérable un culte d'affection et d'intelligence.

Étienne Pivert de Sénancour, né à Paris, en novembre 1770, d'un père contrôleur des rentes (1), semble avoir

---

(1) C'est par erreur qu'il a été dit dans les précédentes éditions que

eu une enfance maladive, casanière, ennuyée. « Une pru-
« dence étroite et pusillanime dans ceux de qui le sort m'a
« fait dépendre a perdu mes premières années, et je crois
« bien qu'elle m'a nui pour toujours. » Et ailleurs : « Vous
« le savez, j'ai le malheur de ne pouvoir être jeune. Les
« longs ennuis de mes premiers ans ont apparemment dé-
« truit la séduction. Les dehors fleuris ne m'en imposent
« pas, et mes yeux, demi fermés, ne sont jamais éblouis;
« trop fixes, ils ne sont point surpris. » Il étudia avec une
ardeur précoce : à sept ans il savait la géographie et les
voyages d'une manière qui surprit beaucoup le bon et savant Mentelle. L'enfant s'inquiétait déjà de *la jeunesse des
îles heureuses*, des *îles faciles de la Pacifique*, d'Otaïti, de
Tinian. On le mit d'abord en pension chez un curé, à une
lieue d'Ermenonville; les souvenirs de Rousseau l'environ-
nèrent. En 1785, il entra au collége de la Marche, où il demeura quatre ans à faire ses humanités, jusqu'en juillet 89, studieux écolier, incapable d'un bon vers latin,
mais remportant d'autres prix, et surtout dévorant Malebranche, Helvétius et les livres philosophiques du siècle ;
ses croyances religieuses étaient, dès cet âge, anéanties. Il
y avait eu longtemps désaccord en lui entre cette pensée
hâtive et une puberté arriérée. Tendrement aimé de sa
mère, près de laquelle il dut trouver un asile contre l'exigence d'un père absolu, il a rappelé souvent avec la vivacité
des premiers prestiges les promenades faites en sa compagnie (aux vacances probablement) dans la forêt de Fontainebleau. Il s'y exaltait aux délices de la vie sauvage, et
entretenait cette mère indulgente du projet d'aller s'établir
seul dans une île ignorée. Aux heures propices de liberté,
il s'essayait dès lors à ce roman de son cœur. « Plusieurs
« fois j'étais dans les bois avant que le soleil parût ; je gra-
« vissais les sommets encore dans l'ombre, je me mouillais

---

le père de M. de Sénancour était conseiller au parlement; il était de
la compagnie des contrôleurs généraux, lesquels avaient titre de conseillers du roi.

« dans la bruyère pleine de rosée ; et, quand le soleil pa-
« raissait, je regrettais la clarté incertaine qui précède
« l'aurore ; j'aimais les fondrières, les vallons obscurs, les
« bois épais ; j'aimais les collines couvertes de bruyère ;
« j'aimais beaucoup les grès renversés, les rocs ruineux ;
« j'aimais bien plus ces sables vastes et mobiles dont nul
« pas d'homme ne marquait l'aride surface sillonnée çà et là
« par la trace inquiète de la biche ou du lièvre en fuite. »
Si l'on a le droit de conclure d'Oberman à M. de Sénancour, genre de conjecture que je crois fort légitime pour les livres de cette sorte, en ne s'attachant qu'au fond du personnage et à certains détails caractéristiques, il paraît que, dans une de ses courses à travers la forêt, le jeune rêveur fut conduit, à la suite d'un chien, vers une carrière abandonnée, où un ouvrier, qui avait pendant plus de trente ans taillé des pavés près de là, n'ayant ni bien ni famille, s'était retiré, pour y vivre d'eau, de pain et de liberté, loin de l'aumône et des hôpitaux. Cette rencontre, si elle est réelle, comme on a tout lieu de le penser, dut faire une impression très-forte sur l'âme résolue de l'élève de Jean-Jacques, et l'enfoncer plus que jamais dans ses projets. On en retrouve le souvenir à beaucoup d'endroits des écrits de M. de Sénancour. Il revient longuement là-dessus en tête des *Libres Méditations*, et suppose que le manuscrit de ce dernier ouvrage a été trouvé dans l'espèce de grotte où vécut cet ouvrier, nommé Lallemant, et qu'il a été écrit par un autre solitaire plus lettré, son successeur. Il est probable qu'à une certaine époque de sa vie, le véritable Oberman a essayé réellement de devenir ce solitaire. Immédiatement après le collége, en juillet 89, le père de M. de Sénancour, sans prétendre engager l'avenir de son fils, exigeait impérieusement qu'il passât deux années au séminaire de Saint-Sulpice. L'instant était mal choisi ; les convictions du philosophe de dix-neuf ans se révoltèrent. En cette crise décisive, il prit, d'accord avec sa mère, un parti extrême, et quitta Paris le 14 août 89, roulant un dessein qu'il n'a jamais confié, et que des obstacles rompi-

rent. Dans ce même temps environ, partait aussi vers des plages immenses, et possédé d'immenses pensées, poussé également au songe de la vie solitaire, un autre élève de Jean-Jacques, celui qui sera le grand René. Oberman et René! entre vous quelle conformité secrète à l'origine, quelle distance inouïe au terme! Que le résultat de la vie vous a été contradictoire à tous deux! Combien les orages vous ont réussi diversement dans vos moissons! et pourquoi, pauvres grands hommes, ces lots, hélas! presque toujours inconciliables, de la gloire et de la sagesse? Notre fugitif s'arrêta vers le lac de Genève, et passa plusieurs mois à Charrières, près Saint-Maurice. On lit tout cela confusément sous le voile un peu ténébreux qu'y jette Oberman. Ce qui n'est ni obscur ni incertain, c'est l'effet que lui causa cette nature des Alpes et les peintures expressives qu'il en a tracées depuis (1). M. de Sénancour n'écrivait guère encore à cette époque; il se plaisait plutôt à *peindre* le paysage dans le sens littéral du mot : en arrivant à un instrument plus général d'expression, il a négligé ce premier talent. Il ne faudrait pas se laisser plus loin guider par Oberman pour les faits matériels qui suivent dans la vie de notre philosophe; mais les faits matériels connus peuvent au contraire diriger le lecteur dans l'intelligence d'Oberman. Une maladie nerveuse singulière, bizarre, qui se déclara en lui après l'usage du petit vin blanc de Saint-Maurice, et le projet de sa mère de le venir rejoindre, décidèrent M. de Sénancour à demeurer en Suisse; seulement il quitta le Valais pour le canton de Fribourg, et s'y mit en

---

(1) Les lettres de William Coxe sur la Suisse avaient paru en France dès 1781, traduites et enrichies d'observations et de descriptions nouvelles par M. Ramond. Celui-ci, comme peintre de la nature alpestre, a sa place entre Jean-Jacques et Oberman. Il est à croire que le jeune Sénancour s'était nourri de cette lecture. M. Ramond, trop peu connu comme littérateur, appartenait à ce même mouvement d'innovation d'où est sorti M. de Sénancour. Je remarque qu'il emprunte l'épigraphe des *Lettres sur la Suisse* au chevalier de Méhégan, dont l'imagination tout irlandaise avait déjà beaucoup de la tournure *romantique* au XVIIIe siècle.

pension à la campagne, dans une famille patricienne du pays. Une demoiselle de la maison, qui s'y trouvait peu heureuse, connut le jeune étranger, s'attacha à lui; des confidences et quelque intimité s'ensuivirent. Un mariage qu'on avait arrangé pour cette personne et qu'elle refusa donna matière aux conjectures de la famille, qui pria son hôte de s'expliquer à ce sujet. Austère, scrupuleux en morale, dépourvu d'une jeunesse entraînante, dévoré d'une sensibilité vague qu'il désespérait de fixer sur un choix enchanté, désireux avant tout de s'asseoir dans une existence indépendante et rurale, M. de Sénancour se laissa dire, et se crut délicatement engagé : on peut saisir quelques traits de ces circonstances personnelles sous l'histoire de Fonsalbe, au tome second d'*Oberman*. Il se maria donc en septembre 90, à l'âge de vingt ans; et, dès ce jour, les devoirs nouveaux, qu'il acceptait par des motifs louables, ne cessèrent d'une manière ou d'une autre, quoique toujours noblement, de peser sur sa condition. D'opulents héritages, auxquels il était naturellement appelé, lui manquèrent. La révolution française, le trouvant absent, le suspecta comme émigré ; la révolution suisse le priva, du côté de sa femme, des ressources qui mainte fois lui auraient été précieuses. Il s'exposa, à diverses reprises, en passant les frontières pour venir visiter sa mère, restée à Paris. Il la perdit, ainsi que son père, vers 1796. Deux enfants nés de son mariage, sa femme atteinte d'une lente et mortelle maladie, les difficultés politiques et sociales d'alors, l'assujettirent, autant qu'il semble, à diverses nécessités qui contrariaient ses penchants. Nous n'insisterons pas davantage sur cette longue trace d'ennuis, de gênes, de désappointements monotones qui composent l'intérieur mystérieux de cette grave destinée; nous n'en voulons plus montrer que les fruits.

Les *Rêveries sur la nature primitive de l'Homme* parurent en 1799 (1). L'auteur les avait composées deux ans

(1) Un ami de M. de Sénancour, à qui le manuscrit avait été commu-

auparavant, tout en se promenant chaque jour dans le parc d'un château où il passait quelques mois. Il ne les donne que comme des fragments d'un grand ouvrage qu'il médite et auquel il doit avoir renoncé depuis. Chose étrange! la révolution française, en grondant autour de lui, n'avait apporté aucune perturbation notable, aucun exemple de circonstance, à travers la suite de ses pensées. Le bruit grandiose des sapins et des torrents, le bruit de ses propres sensations et de sa sève bouillonnante avaient couvert pour lui cette éruption de volcan dont il ne paraît pas s'être directement ressenti ni éclairé dans la déduction de ses rêves. Il continue donc, sans faire la moindre allusion à l'expérience flagrante, de poursuivre le *Discours sur l'Inégalité des Conditions* et l'*Émile*, de vouloir ramener l'homme au centre primitif des affections simples et naturelles. Ce qui domine dans les *Rêveries*, c'est le dogme absorbant de la nécessité, c'est le précepte uniforme de la moindre action. Le jeune sage avait débuté par le stoïcisme, il le déclare; il avait voulu nier fièrement les maux, combattre absolument les choses ; il s'y est brisé. Sa science consiste désormais à discerner ce qui est proche et permanent, ce qui est facile et inévitable, à s'y ranger, à s'y retrancher comme à un centre vrai, juste, essentiel, et à l'indiquer au monde. Plein d'aversion pour une société factice où tout, suivant lui, s'est exagéré et corrompu ; en perpétuelle défiance contre cette force active qui projette l'homme inconsidérément dans les sciences, l'industrie et les arts ; ne croyant plus, d'autre part, à la libre et hautaine suprématie de la volonté, il tend à faire rétrograder le sage vers la simple sensation de l'être, vers l'instinct végétatif, au gré des climats, au couchant des saisons ; pour une plus égale oscillation de l'âme, les données qu'il exige sont un climat fixe, des saisons régulières ; il choisit de la sorte, il

---

niqué, avait eu l'idée de les publier par livraisons ; et il en parut en germinal an vi (1798) un *premier cahier* contenant les deux premières Rêveries. Cet essai de publication par livraisons n'eut pas de suite.

compose, un milieu automnal, éthéré, élyséen, selon la molle convenance d'un cœur désabusé, ou selon la mâle âpreté d'une âme plus fière, l'île fortunée de Jean-Jacques ou une haute vallée des Alpes; il y pose le sage, il l'y assimile aux lieux, il lui dit d'aller, de cheminer à pas lents, prenant garde aux agitations trop confuses, et se maintenant par effort de philosophie à la sensation aveugle et toujours semblable. « Je ne m'asseoirai point auprès du fracas
« des cataractes ou sur un tertre qui domine une plaine
« illimitée ; mais je choisirai, dans un site bien cir-
« conscrit, la pierre mouillée par une onde qui roule seule
« dans le silence du vallon, ou bien un tronc vieilli, cou-
« ché dans la profondeur des forêts, sous le frémissement
« du feuillage et le murmure des hêtres que le vent fatigue
« pour les briser un jour comme lui. Je marcherai douce-
« ment, allant et revenant le long d'un sentier obscur et
« abandonné; je n'y veux voir que l'herbe qui pare sa so-
« litude, la ronce qui se traîne sur ses bords, et la caverne
« où se réfugièrent les proscrits, dont sa trace ancienne
« est le dernier monument. Souvent au sein des monta-
« gnes, quand les vents engouffrés dans leurs gorges
« pressaient les vagues de leurs lacs solitaires, je recevais
« du perpétuel roulement des ondes expirantes le sentiment
« profond de l'instabilité des choses et de l'éternel renou-
« vellement du monde. Ainsi livrés à tout ce qui s'agite et
« se succède autour de nous, affectés par l'oiseau qui passe;
« la pierre qui tombe, le vent qui mugit, le nuage qui
« s'avance, modifiés accidentellement dans cette sphère
« toujours mobile, nous sommes ce que nous font le calme,
« l'ombre, le bruit d'un insecte, l'odeur émanée d'une
« herbe, tout cet univers animé qui végète ou se minéralise
« sous nos pieds ; nous changeons selon ses formes instan-
« tanées, nous sommes mus de son mouvement, nous vi-
« vons de sa vie. » Cette abdication de la volonté au sein de la nature, cette lenteur habituelle d'une sensation primordiale et continue, il la trouve si nécessaire au calme du sage en ces temps de vertige, qu'il va jusqu'à dire quelque

part que, plutôt que de s'en passer, on la devrait demander aux spiritueux, si la philosophie ne la donnait pas. Son type regretté, auquel il rapporte constamment la société présente, c'est un certain état antérieur de l'homme, état patriarcal, nomade, participant de la vie des laboureurs et des pasteurs, sans professions déterminées, sans classement de travaux, sans héritages exclusifs, où chaque individu possédait en lui les éléments communs des premiers arts, la généralité des premières notions, la jouissance assidue des pâturages et des montagnes. A partir de là, tout lui paraît déviation et chute, désastre et abîme. Il a devant les yeux, comme un fantôme, les funérailles de Palmyre et le linceul de Persépolis. Il voit, par les progrès de l'industrie et l'usage immodéré du feu, le globe lui-même altéré dans son essence chimique et se hâtant vers une morte stérilité. Le genre humain en masse est perdu sans retour; il se rue en délire selon une pente de plus en plus croulante; il n'y a plus de possible que des protestations isolées, des fuites individuelles au vrai : « Hommes forts, « hâtez-vous, le sort vous a servis en vous faisant vivre « tandis qu'il en est temps encore dans plusieurs contrées; « hâtez-vous, les jours se préparent rapidement où cette « nature robuste n'existera plus, où tout sol sera façonné, « où tout homme sera énervé par l'industrie humaine. » L'athéisme, le *naturisme* de ce Spinosa moins géométrique que l'autre, et poétiquement rêveur, nous rappelle toutefois le raisonneur enthousiaste dans sa sobriété chauve et nue, de même que cela nous rappelle, par l'effet des peintures, par l'inexprimable mélancolie qui les couvre et l'effroi désolé qui y circule, Lucrèce, Boulanger, Pascal et l'*Alastor* du moderne Shelley. — Shelley! Godwin! Génie ardent, erroné, intercepté si jeune avant le retour et englouti par le gouffre! Vieillard austère qui, après un chef-d'œuvre de ta jeunesse, t'es arrêté on ne sait pourquoi, qui t'es heurté à faux depuis ce temps sur d'ingrats labeurs, et qui, sans rien perdre assurément de ta valeur intrinsèque, n'as plus su aboutir d'une manière récréante, fructueuse et féconde ! hommes illustres et frappés ! Sénancour a plus d'un trait fraternel qui l'unit à vous, génie dévié avec l'un, génie entravé avec l'autre, exemple pareil d'un inexplicable naufrage, d'un achoppement boiteux de la destinée (1).

Au moment où se publiaient obscurément les *Rêveries*, paraissaient aussi les premiers essais d'un talent plus

---

(1) On lit dans son traité *de l'Amour* cette page bien digne de réflexion : « En vous rappelant sans cesse que les vrais biens sont très-
« supérieurs à tout l'amusement offert par l'opulence même, sachez
« pourtant compter pour quelque chose cet argent qui tant de fois aussi
« procure ce que ne peut rejeter un homme sage. Pour dédaigner les ri-
« chesses, attendez que vous ayez connu les journées du malheur, que de
« longues privations aient diminué vos forces, et que vous ayez vu, dans
« la pauvreté, le génie même devenir stérile, à cause de la perpétuelle
« résistance des choses, ou de la faible droiture des hommes. Il vous
« sera permis de dire alors que rien d'incompatible avec le plus scrupu-
« leux sentiment de notre dignité ne trouverait une excuse dans l'or reçu
« en échange ; mais vous saurez aussi que des richesses légalement ac-
« quises seraient d'un grand prix, et vous laisserez la prétention de mé-
« priser les biens à ceux qui, ne pouvant s'en détacher, s'irritent contre
« une sorte d'ennemi toujours victorieux. » L'antique bon sens d'Hésiode avait déjà parlé en son temps de la *honte* mauvaise et ruineuse de l'homme pauvre : « car une honte qui n'est pas bonne tient l'homme nécessiteux, la honte qui tantôt sert et tantôt nuit si fort aux hommes. » En regard de ces tristes peintures, il faut mettre une page de l'heureux Goëthe dans *Wilhelm Meister :* « Trois fois heureux ceux que leur
« naissance place aussitôt sur les hauteurs de l'humanité, qui n'ont ja-
« mais habité, jamais traversé, comme simples voyageurs, l'humble
« vallée où tant d'honnêtes gens agitent misérablement leur existence !
« Dès leur naissance, ils montent dans le vaisseau pour faire la traversée
« commune, et profitent des vents favorables, tandis que les autres ré-
« duits à se porter eux-mêmes nagent péniblement, profitent peu de la
« faveur des vents et périssent, après avoir bientôt épuisé leurs forces,
« dans l'horreur du naufrage. Que la démarche de l'homme est libre et
« légère quand il est né riche ! Qui peut mieux connaître ce que les cho-
« ses humaines valent et ne valent point, que celui qui, dès ses pre-
« mières années, en a connu la jouissance ? et qui peut diriger plutôt
« son esprit vers le vrai, l'utile et le nécessaire, que celui qui doit déjà
« se corriger d'une foule d'erreurs dans un âge où les forces encore
« complètes lui permettent de recommencer une vie nouvelle ? » — C'est ce renouvellement qui a lieu plusieurs fois dans l'existence des grands individus, dont a manqué M. de Sénancour.

jeune de dix ans que M. de Sénancour, d'un talent analogue au sien en inspirations, sujet à des vicissitudes non moindres, méconnu, oublié par le même public, et qui a finalement tourné, pour le succès comme pour la direction, d'une manière bien diverse. Charles Nodier a débuté par des romans passionnés et déchirants, lambeaux arrachés d'un cœur tout vulnérable; mais, à la différence d'Oberman, l'auteur du *Peintre de Saltzbourg* ne s'est pas replié obstinément dans la vie intérieure. Ce surcroît d'activité que son contemporain plus mûr s'est interdit avec une économie sévère, il l'a subi, il l'a exagéré, il l'a recherché et entretenu comme une ivresse bienfaisante. La distraction, l'apparence, le phénomène, les entraînements littéraires et politiques, le prestige épanoui des arts, l'érudition spéciale et même ingénieusement futile, une succession, un mélange diversifié de passions brûlantes, de manies exquises, de dilettantismes consommés, il a tout traversé, et s'est pris à chaque attrait sans s'arrêter à aucun. De cette souplesse, de cette facilité dans la vie, ont dû ressortir pour le talent une expansion croissante, une capricieuse dextérité, des replis sinueux sur une circonférence infinie, toutes les modulations murmurantes des roseaux, toutes les changeantes nuances du prisme, l'émail des prairies inclinées ou les reflets des ailes des coléoptères. Son plein automne aujourd'hui est riche à tous les yeux, séduisant à voir, et chacun l'aime. L'auteur d'*Oberman* s'est de bonne heure fermé et fixé; immobile devant l'ensemble des choses, les embrassant dans leur étendue sans jamais les entamer par leurs détails, incapable de s'ingénier, de s'orienter dans la cohue, réclamant avant tout, et pour user de ses moyens, qu'on l'isole et qu'on le pose, nature essentiellement méditative, il a surtout visé au juste et au vrai; renonçant au point de vue habituel, il a dépouillé l'astre, pour le mieux observer, de ses rayons et de sa splendeur; il s'est consacré avec une rigueur presque ascétique à la recherche du solide et du *permanent*. Chaque écrivain a son mot de prédilection, qui revient fréquemment dans le discours et qui trahit par mégarde, chez celui qui l'emploie, un vœu secret ou un faible. On a remarqué que madame de Staël prodiguait la *vie;* elle-même a remarqué que M. de Guibert, dans son discours de réception à l'Académie, répéta, je ne sais combien de fois, le mot de *gloire;* tel grand poëte épanche sans relâche l'*harmonie* et les *flots;* tel autre, à l'étroit dans cette civilisation étouffante, ne peut s'empêcher de remonter à une scène héroïque et au monde des *géants.* Un éloquent professeur de psychologie morale exprime volontiers par une plainte *mélancolique* l'insuffisance de cette contemplation familière. L'improvisation *brillante* du plus *ingénieux* de nos critiques se redisait, sans y songer, sa propre louange à elle-même. Je sais un journaliste courageux chez qui le mot de *colère* signait presque à chaque fois l'article; je sais un romancier anonyme chez qui le mot de *fiel* revient plus souvent qu'il ne faudrait. La devise de Nodier, que je n'ai pas vérifiée, pourrait être *Grâce, fantaisie, multiplicité;* celle de Sénancour est assurément *Permanence.* Cette expression résume sa nature. L'élévation dans la permanence, c'est la maxime favorite qui domine et abrite en quelque sorte sa vie. Il en résulte que dans sa manière, particulièrement dans celle de ses derniers ouvrages, il devient en plusieurs endroits obscur et d'une lecture difficile, parce qu'il évite de spécialiser sa pensée en la revêtant d'exemples vifs, de citations ostensibles, en l'illustrant de détails et de rapprochements historiques. On dirait que, dans son scrupule de véracité excessive, il s'abstient du récit, de l'anecdote, du nom propre, comme d'une partie variable et à demi mensongère. Son idée se traduit constamment sous la forme morale; c'est tout au plus si de loin en loin il la couronne de quelque grande image naturelle.

Oberman, qui parut en 1804, n'en était pas venu encore à cette simplification du moraliste. C'est à la fois un psychologiste ardent, un lamentable élégiaque des douleurs humaines et un peintre magnifique de la réalité. Il n'y a pas de roman ni de nœud dans ce livre; Oberman voyage dans le Valais, vient à Fontainebleau, retourne en Suisse, et, durant ces courses errantes et ces divers séjours, il écrit les sentiments et les réflexions de son âme à un ami. L'athéisme et le fatalisme dogmatique des *Rêveries* ont fait place à un doute universel non moins accablant, à une initiative de liberté qui met en nous-même la cause principale du bonheur ou du malheur, mais de telle sorte que nous ayons besoin encore d'être appuyés de tous points par les choses existantes. A la conception profonde et à la stricte pratique de l'ordre, à cette fermeté voluptueuse que préconise l'individu en harmonie avec le monde, on croirait par moments entendre un disciple d'Épictète et de Marc-Aurèle; mais néanmoins Épicure, l'Épicure de Lucrèce et de Gassendi, le *Grajus homo*, est le grand précédent qui règne. Dans son pèlerinage à la Dent du Midi, assis sur le plateau de granit, au-dessus de la région des sapins, au niveau des neiges éternelles, plongeant du milieu des glacières rayonnantes au sein de l'*éther indiscernable*, vers le ciel des fixes, vers l'*univers nocturne*, Oberman me figure exactement ce sage de Lucrèce, qui habite

      Edita doctrina sapientum templa serena ;

temple, en effet, tout serein et glacé, éblouissant de blancheur et semblable à un sommet neigeux que la lumière embrase sans jamais le fondre ni l'échauffer. S'il s'élançait, s'il disparaissait alors, ce serait presque en Dieu, comme Empédocle à l'Etna. Pas d'amour dans *Oberman*, ou du moins à peine un ressouvenir mourant d'une voix aimée, à peine une rencontre fortuite et inexpliquée près du Rhône; puis rien, — rien, hormis les torrents de vague volupté qui débordent comme les émanations végétales des déserts. Certes l'invocation de Lucrèce ne surpasse pas ce que je veux citer : « L'amour doit gouverner la terre que l'ambi-
« tion fatigue. L'amour est ce feu paisible et fécond, cette
« chaleur des cieux qui anime et renouvelle, qui fait naître
« et fleurir, qui donne les couleurs, la grâce, l'espérance

« et la vie…. Lorsqu'une agitation nouvelle étend les rap-
« ports de l'homme qui essaye la vie, il se livre avidement,
« il demande à toute la nature, il s'abandonne, il s'exalte
« lui-même, il place son existence dans l'amour, et dans
« tout il ne voit que l'amour seul. Tout autre sentiment se
« perd dans ce sentiment profond ; toute pensée y ramène,
« tout espoir y repose. Tout est douleur, vide, abandon, si
« l'amour s'éloigne ; s'il s'approche, tout est joie, espoir,
« félicité. Une voix lointaine, un son dans les airs, l'agita-
« tion des branches, le frémissement des eaux, tout l'an-
« nonce, tout l'exprime, tout imite ses accents et augmente
« les désirs. La grâce de la nature est dans le mouvement
« d'un bras ; l'harmonie du monde est dans l'expression
« d'un regard. C'est pour l'amour que la lumière du matin
« vient éveiller les êtres et colorer les cieux ; pour lui les
« feux de midi font fermenter la terre humide sous la
« mousse des forêts ; c'est à lui que le soir destine l'aimable
« mélancolie de ses lueurs mystérieuses. Cette fontaine est
« celle de Vaucluse, ces rochers ceux de Meillerie, cette ave-
« nue celle des Pamplemousses. Le silence protége les rêves
« de l'amour ; le mouvement des eaux pénètre de sa douce
« agitation ; la fureur des vagues inspire ses efforts orageux,
« et tout commandera ses plaisirs quand la nuit sera douce,
« quand la lune embellira la nuit, quand la volupté sera
« dans les ombres et la lumière, dans la solitude, dans les
« airs et les eaux et la nuit…. Heureux délire ! seul mo-
« ment resté à l'homme !… Heureux celui qui possède ce
« que l'homme doit chercher, et qui jouit de tout ce que
« l'homme doit sentir !… Celui qui est homme sait aimer
« l'amour, sans oublier que l'amour n'est qu'un accident
« de la vie ; et, quand il aura ses illusions, il en jouira, il
« les possédera, mais sans oublier que les vérités les plus
« sévères sont encore avant les illusions les plus heureuses.
« Celui qui est homme sait choisir ou attendre avec pru-
« dence, aimer avec continuité, se donner sans faiblesse
« comme sans réserve. L'activité d'une passion profonde
« est pour lui l'ardeur du bien, le feu du génie : il trouve

« dans l'amour l'énergie voluptueuse, la mâle jouissance
« du cœur juste, sensible et grand ; il atteint le bonheur,
« et sait s'en nourrir…. Je ne condamnerai point celui qui
« n'a pas aimé, mais celui qui ne peut pas aimer. Les cir-
« constances déterminent nos affections ; mais les senti-
« ments expansifs sont naturels à l'homme dont l'organisa-
« tion morale est parfaite. Celui qui est incapable d'aimer
« est nécessairement incapable d'un sentiment magna-
« nime, d'une affection sublime. Il peut être probe, bon,
« industrieux, prudent ; il peut avoir des qualités douces
« et même des vertus par réflexion ; mais il n'est pas
« homme ; il n'a ni âme ni génie. Je veux bien le connaî-
« tre ; il aura ma confiance et jusqu'à mon estime : mais il
« ne sera pas mon ami. Cœurs vraiment sensibles, qu'une
« destinée sinistre a comprimés dès le printemps, qui vous
« blâmera de n'avoir point aimé? Tout sentiment généreux
« vous était naturel ; tout le feu des passions était dans
« votre mâle intelligence ; l'amour lui était nécessaire, il
« devait l'alimenter ; il eût achevé de la former pour de
« grandes choses ; mais rien ne vous a été donné, et le
« silence de l'amour a commencé le néant où s'éteint votre
« vie. »

Le génie du paysage se révèle à chaque pas dans les récits d'*Oberman*. C'est un don fortifié d'étude, une peinture originale et grave, qui ne se rapporte à aucun maître, quelque chose d'intermédiaire entre les prés verdoyants de Ruysdaël et les blanchâtres escarpements de Salvator Rosa. Nous avons indiqué *la Dent du Midi :* qu'on lise, par comparaison, *Charrières*. Dans le nombre des pages admirables qu'il nous plaît de nommer de grandes élégies, nous noterons celles des *Deux Pères*, celles de *la Brouette*, de *la Bibliothèque*, du *Goûter de Fraises*, de *la Femme qui chante vers quatre heures*, etc., etc. Ces signalements de notre façon suffiraient pour les faire reconnaître : mais tout lecteur digne d'*Oberman* n'aura besoin de guide autre que lui-même, dès qu'il s'y sera plongé.

Dans la seconde partie de l'ouvrage, qui semble séparée

de la première par un intervalle de plusieurs années, Oberman, âgé de vingt-sept ans, traverse la crise antérieure à toute maturité, et double, pour ainsi dire, le cap périlleux de la vie. Les idées de suicide lui reviennent en ce moment et l'obsèdent sous un aspect plus froid mais non moins sinistre, non plus avec la frénésie d'un désespoir aigu, mais sous le déguisement de l'indifférence : il en triomphe pourtant ; il devient plus calme, plus capable de cette régulière stabilité qui n'est pas le bonheur au fond, mais qui le simule à la longue, même à nos propres yeux. L'amitié l'apprivoise ; le désir d'une estime honorable parmi les hommes le trouve accessible à ses justes douceurs. Son regard sur les choses est moins navrant ; il tolère la destinée et ressent désormais de la satisfaction à consigner par écrit les pensées qu'elle lui suggère. L'inquiétude gronde encore sans doute dans son cœur, mais elle diminue, mais elle s'endormira ; on comprend qu'Oberman doit vivre et que son front surgira à la sereine lumière.

L'auteur des *Libres Méditations* y touche en effet, et si, comme nous aimons à le croire, il a dit là son dernier mot, le progrès philosophique le plus avancé qui se pût déduire des *Rêveries* et d'*Oberman* est visiblement accompli. L'identité de l'œuvre subsiste sous cet achèvement harmonieux ; la chaîne a tenu jusqu'au bout sans se rompre ; mais elle s'est par degrés convertie en un métal plus pur, et, après avoir longtemps traîné à terre avec un bruit de rouille et de monotone pesanteur, elle brille enfin suspendue à la voûte indestructible. Dans les autres écrits de M. de Sénancour, soit ceux qui précèdent, soit ceux que j'omets (le livre essentiel et ingénieux *de l'Amour*, les réfutations de MM. de Chateaubriand et de Bonald, le *Résumé des traditions morales et religieuses chez tous les peuples*, etc.), presque toujours on rencontre à l'occasion une sorte d'aigreur sardonique contre le christianisme tel que les âges l'ont constitué et transmis ; car, pour son essence prétendue primitive et le caractère purement moral de son fondateur, M. de Sénancour serait disposé à lui rendre hommage. Mais jugeant que la raison et la foi sont chez l'homme inconciliables et sans rapport réel, lisant dans l'histoire que la tradition révélée anathématise le reste, il oppose d'ordinaire une aversion un peu rancuneuse à la foi et à la tradition. Que les sages de tous les temps et de tous les lieux, Bouddha, Zoroastre, Confucius, Pythagore, même Jésus, se soient rencontrés dans l'unité de quelques lois métaphysiques, dans l'enseignement de quelques hautes maximes, cela lui suffit pour déterminer son adhésion. Que les Parsis, les Hindous, les races d'Orient, se soient rencontrés dans certaines croyances, diversement produites, de chute et de réparation, de sacrifice et d'attente, de baptêmes, de confessions, de nativités singulières, cela lui suffit encore, mais cette fois pour rejeter ; de sorte que la conformité d'opinion de quelques sages lui paraît une preuve déterminante en morale, et que la convergence universelle des peuples vers certaines croyances ou pratiques lui paraît une objection victorieuse contre toute religion. Préoccupé du christianisme atrabilaire de Nicole, de Pascal et du XVIII° siècle, qui range le très-petit nombre d'élus sur un pont étroit et dévoue le reste du monde à l'abîme du feu, il commet lui-même quelque chose d'analogue, sans y prendre garde ; il sépare le très-petit nombre de sages et de vérités, qu'il enferme dans l'arche de sa théosophie, délaissant l'humanité entière sur un océan d'erreurs, de rites bizarres et de vertiges : c'est moins cruel qu'une damnation, mais presque aussi contristant. M. de Sénancour n'a donc pas abordé la doctrine vraiment catholique, depuis quinze ans surtout remise en lumière, à savoir que le christianisme n'est que la rectitude de toutes les croyances universelles, l'axe central qui fixe le sens de toutes les déviations. Mais disons-le, si notre reproche sincère tombe en plein sur plusieurs écrits du respectable philosophe, les *Libres Méditations*, quoique rentrant dans sa même vue générale, échappent tout à fait au blâme, grâce à l'esprit de condescendance infinie et de mansuétude évangélique qui les a pénétrées. C'est une sorte de vestibule hospitalier, un peu nu, fort vaste, où aboutissent les diverses entrées du temple, et dans lequel sont assis ou prosternés les antiques Orientaux, les anachorètes du Gange, Thamyris et Confucius, Pythagore et Salomon, Marc-Aurèle et Nathan le Sage, et même l'auteur voilé de l'*Imitation*; leur parole rare se distingue lentement sous l'orgue lointain des sanctuaires. Notre contemporain a raison de se donner après eux comme un nouvel interprète des maximes de la loi perpétuelle : les vérités, en passant par sa bouche, empruntent une autorité bien persuasive; on apprécie mieux la suavité de ce baume, connaissant les amertumes anciennes d'où il l'a su tirer; le solitaire des *Rêveries*, m'élevant avec lui vers Dieu, me transporte plus puissamment que Necker n'y réussirait tout d'abord. Il y a un chapitre *sur l'Immortalité* qui expose des conjectures dignes de Lessing dans la langue de Bernardin de Saint-Pierre. La forme littéraire et toute classique du développement, la lenteur égale de chaque paragraphe, se rapprochent beaucoup de la manière du moraliste Duguet dans le traité si bien écrit et si peu lu *de la Prière*. Les retours indirects de l'auteur sur lui-même sont attachants et pleins d'inductions à tirer pour le lecteur averti. Je recommande ce qu'il dit de sa mère au chapitre *des Fautes irréparables*, et, dans celui *de la Vanité des Succès*, ce qu'il dit des conquérants, allusion sans doute éloignée à Napoléon, que Sénancour, pour plus brève sentence, n'a peut-être jamais nommé (1). Je recommande

---

(1) J'ignorais, quand je disais cela, deux petites brochures publiées en 1814 par M. de Sénancour sous le titre de *Simples Observations soumises au Congrès de Vienne par un Habitant des Vosges*, et de *Lettre d'un Habitant des Vosges sur MM. Buonaparte, de Chateaubriand, Grégoire*, etc. Les vœux honorables et sages exposés dans ces opuscules demeurèrent stériles comme les *Vœux d'un Solitaire* par Bernardin de Saint-Pierre en 90, et l'*Essai sur les Institutions* de Ballanche en 1818, et en général comme tous les vœux des philosophes et sages en temps de révolution.

tout ce livre, qui est une belle fin consolante à méditer; aliment rassis qui apaise, breuvage indispensable après le philtre, rosée du soir après un jour ténébreux, délicieuse à sentir, en vérité, quand elle tombe sur un front brûlant qui fut atteint du mal d'Oberman.

Janvier 1832.

M. DE SÉNANCOUR.

1833.

(Oberman (1).)

Oberman fut publié pour la première fois au printemps de 1804, dans les derniers mois du Consulat ; il avait été composé en Suisse durant les années 1802 et 1803. Quand M. de Sénancour écrivait *Oberman*, il ne se considérait pas comme un homme de lettres ; ce n'était pas un ouvrage littéraire qu'il tâchait de produire dans le goût de ses contemporains. Sorti de Paris à dix-neuf ans, dès les premiers jours de la révolution ; retenu par les circonstances et la maladie en Suisse, au lieu des longs voyages qu'il méditait ; marié là et proscrit en France à titre d'émigré, M. de Sénancour n'était rentré que furtivement, à diverses reprises, pour visiter sa mère, et s'il s'était hasardé à séjourner à Paris, sans papiers, de 1799 à 1802, ç'avait été dans un isolement absolu : il avait profité toutefois de ce séjour pour publier, dès 1799, ses *Rêveries sur la Nature primitive de l'Homme*. Élève de Jean-Jacques pour l'impulsion première et le style, comme madame de Staël et M. de Chateaubriand, mais, comme eux, élève original et transformé, quoique demeuré plus fidèle, l'auteur des

---

(1) Ces pages, qui complètent ce que j'avais précédemment écrit sur les ouvrages de M. de Sénancour, ont servi de préface à la seconde édition d'*Oberman* (1833).

Rêveries, alors qu'il composait *Oberman*, ignorait que des collatéraux si brillants, et si marqués par la gloire, lui fussent déjà suscités ; il n'avait lu ni l'*Influence des Passions sur le Bonheur*, ni *René;* il suivait sa ligne intérieure ; il s'absorbait dans ses pensées d'amertume, de désappointement aride, de destinée manquée et brisée, de petitesse et de stupeur en présence de la nature infinie. *Oberman* creusait et exprimait tout cela ; l'auteur n'y retraçait aucunement sa biographie exacte, comme quelques-uns l'ont cru ; au contraire, il altérait à dessein les conditions extérieures, il transposait les scènes, il dépaysait autant que possible. Mais si *Oberman* ne répondait que vaguement à la biographie de l'auteur, il répondait en plein à sa psychologie, à sa disposition mélancolique et souffrante, à l'effort fatigué de ses facultés sans but, à son étreinte de l'impossible, à son *ennui*. Ce mot d'*ennui*, pris dans l'acception la plus générale et la plus philosophique, est le trait distinctif et le mal d'*Oberman*; ça été en partie le mal du siècle, et *Oberman* se trouve ainsi l'un des livres les plus vrais de ce siècle, l'un des plus sincères témoignages, dans lequel bien des âmes peuvent se reconnaître.

Il y avait deux ou trois apparitions essentielles vers ce temps de 1800. Et d'abord, dans l'ordre de l'action, il y avait le Premier Consul, celui qui disait un matin, en mettant la main sur sa poitrine : *Je sens en moi l'infini;* et qui, durant quinze années encore, entraînant le jeune siècle à sa suite, allait réaliser presque cet *infini* de sa pensée et de toutes les pensées, par ses conquêtes, par ses monuments, par son Empire. Vers ce même temps, et non plus dans l'ordre de l'action, mais dans celui du sentiment, de la méditation et du rêve, il y avait deux génies, alors naissants, et longuement depuis combattus et refoulés, admirateurs à la fois et adversaires de ce développement gigantesque qu'ils avaient sous les yeux ; sentant aussi en eux l'*infini*, mais par des aspects tout différents du premier, le sentant dans la poésie, dans l'histoire, dans les beautés des arts ou de la nature, dans le culte ressuscité du passé, dans les aspirations sympathiques vers l'avenir ; nobles et vagues puissances, lumineux précurseurs, représentants des idées, des enthousiasmes, des réminiscences illusoires ou des espérances prophétiques qui devaient triompher de l'Empire et régner durant les quinze années qui succédèrent ; il y avait Corinne et René.

Mais, vers ce temps, il y eut aussi, sans qu'on le sût, ni durant tout l'Empire, ni durant les quinze années suivantes, il y eut un autre type, non moins profond, non moins admirable et sacré, de la sensation de l'*infini* en nous, de l'*infini* envisagé et senti hors de l'action, hors de l'histoire, hors des religions du passé ou des vues progressives, de l'*infini* en lui-même face à face avec nous-même. Il y eut un type grave, obscur, appesanti, de l'infirmité humaine en présence des choses plus grandes et plus fortes, en présence de l'accablante nature ou de la société qui écrase. Il y eut *Oberman*, le type de ces sourds génies qui avortent, de ces sensibilités abondantes qui s'égarent dans le désert, de ces moissons grêlées qui ne se dorent pas, des facultés affamées à vide, et non discernées et non appliquées, de ce qui, en un mot, ne triomphe et ne surgit jamais ; le type de la majorité des tristes et souffrantes âmes en ce siècle, de tous les génies à faux et des existences retranchées.

Oh ! qu'on ne me dise pas qu'*Oberman* et *René* ne sont que deux formes inégalement belles d'une identité fondamentale ; que l'un n'est qu'un développement en deux volumes, tandis que l'autre est une expression plus illustre et plus concise ; qu'on ne me dise pas cela ! René est grand, et je l'admire ; mais René est autre qu'Oberman. René est beau, il est brillant jusque dans la brume et sous l'aquilon ; l'éclair d'un orage se joue à son front pâle et noblement foudroyé. C'est une individualité moderne chevaleresque, taillée presque à l'antique ; il y a du Sophocle dans cette statue de jeune homme. Laissez-le grandir et sortir de là, le Périclès rêveur ; il est volage, il est bruyant et glorieux, il est capable de mille entreprises enviables, il remplira le monde de son nom.

Oberman est sourd, immobile, étouffé, replié sur lui, foudroyé sans éclair, profond plutôt que beau; il ne se guérit pas, il ne finit pas; il se prolonge et se traîne vers ses dernières années, plus calme, plus résigné, mais sans péripétie ni revanche éclatante; cherchant quelque repos dans l'abstinence du sage, dans le silence, l'oubli et la haute sérénité des cieux. *Oberman* est bien le livre de la majorité souffrante des âmes; c'en est l'histoire désolante, le poëme mystérieux et inachevé. J'en appelle à vous tous, qui l'avez déterré solitairement, depuis ces trente années, dans la poussière où il gisait, qui l'avez conquis comme votre bien, qui l'avez souvent visité comme une source, à vous seuls connue, où vous vous abreuviez de vos propres douleurs, hommes sensibles et enthousiastes, ou méconnus et ulcérés! génies gauches, malencontreux, amers; poëtes sans nom; amants sans amour ou défigurés; toi, Rabbe, qu'une ode sublime, faite pour te consoler, irrita (1); toi, Sautelet, qui méditais depuis si longtemps de mourir; et ceux qui vivent encore, et dont je veux citer quelques-uns!

Car la destinée d'*Oberman*, comme livre, fut parfaitement conforme à la destinée d'*Oberman* comme homme. Point de gloire, point d'éclat, point d'injustice vive et criante, rien qu'une injustice muette, pesante et durable; puis, avec cela, une sorte d'effet lent, caché, maladif, qui allait s'adresser de loin en loin à quelques âmes rares et y produire des agitations singulières. Le livre, dans sa destinée matérielle, sembla lui-même atteint de cette espèce de malheur qu'il décrit. Ce ne fut pas pourtant, qu'on le

---

(1) C'est l'ode de Victor Hugo :

  Ami, j'ai compris ton sourire
  Semblable au ris du condamné...

Cette ode, d'abord adressée à R. (Rabbe), fut si mal accueillie que le poëte en changea la suscription et mit *A Ramon, duc de Benav*....

sache bien, une œuvre sans influence. Nodier l'invoquait dans sa préface des *Tristes*, et regrettait qu'*Oberman* se passât de Dieu. Ballanche, inconnu alors, et loin de cette renommée douce et sereine qui le couronne aujourd'hui, lisait *Oberman*, et y saisissait peut-être des affinités douloureuses. Latouche, qui a donné sa mesure comme homme d'esprit, mais qui ne l'a pas donnée pour d'autres facultés bien supérieures qu'il a et qui lui pèsent, a lu *Oberman* avec anxiété, en fils de la même famille, et il en a visité l'auteur dans ce modeste jardin de la Cérisaye, sous ce beau lilas dont le sage est surtout fier. Rabbe, je l'ai déjà dit, connaissait *Oberman*; il le sentait passionnément; il croyait y lire toute la biographie de M. de Sénancour, et il s'en était ouvert plusieurs fois avec lui : un livre qu'il avait terminé, assure-t-on, et auquel il tenait beaucoup, un roman dont le manuscrit fut dérobé ou perdu, n'était autre probablement que la psychologie de Rabbe lui-même, sa psychologie ardente et ulcérée, son *Oberman*. Tout récemment, dans les feuilles d'un roman non encore publié, qu'une bienveillance précieuse m'autorisait à parcourir, dans les feuilles de *Lélia*, nom idéal qui sera bientôt un type célèbre, il m'est arrivé de lire cette phrase qui m'a fait tressaillir de joie : « Sténio, Sténio, prends ta harpe « et chante-moi les vers de Faust, ou bien ouvre tes livres « et redis-moi les souffrances d'Oberman, les transports de « Saint-Preux. Voyons, poëte, si tu comprends encore la « douleur; voyons, jeune homme, si tu crois encore à « l'amour. » Eh quoi! me suis-je dit, *Oberman* a passé familièrement ici; il y a passé aussi familièrement que Saint-Preux; il a touché la main de *Lélia*.

Mais voici l'épisode le plus frappant sans doute de l'influence bizarre et secrète d'*Oberman*. Vers 1818, plusieurs jeunes gens s'étaient rencontrés après le collége et unis entre eux par une amitié vive, comme on en contracte d'ordinaire dans la première jeunesse. C'étaient Auguste Sautelet, Jules Bastide, J.-J. Ampère, Albert Stapfer; dans une correspondance curieuse et touchante que j'ai sous les

yeux, et qui, entre les mains de l'ami qui me la confie, pourra devenir un jour la matière d'un beau livre de souvenirs, je lis d'autres noms encore de cette jeune intimité; j'en lis un que j'efface, parce que l'oubli lui vaut mieux; j'en lis deux inséparables, qui me sont chers comme si je les avais connus, parce qu'un grand charme de pureté les enveloppe, *Edmond* et *Lydia*, amants et fiancés. Tous vivent aujourd'hui, excepté Sautelet, qui est mort de sa main : bien peu se souviennent encore de ces années, ou du moins s'y reportent avec regret et amour, excepté *Lydia*, qui est demeurée, me dit-on, fidèle aux pensées de cette époque, et les a gardées présentes et vives dans son cœur. La philosophie de M. Cousin, alors dans sa nouveauté, occupait ces jeunes esprits; les grands problèmes de la destinée humaine étaient leur passion; Ossian, Byron, le songe de Jean-Paul, les partageaient tumultueusement. Ils suivaient les cours à Paris durant l'hiver; puis l'été les dispersait aux champs, et ils s'écrivaient. La lecture d'*Oberman*, quand ce livre leur tomba par hasard dans les mains, fit sur eux l'impression qu'on peut croire; cette mélancolie austère et désabusée devint un moment comme la base de leur vie; la philosophie platonicienne eut tort; Jules Bastide fut celui peut-être qui se pénétra le plus profondément de cette âpre et stoïque nourriture. Ses lettres, pleines d'éloquence et de vertueuse tristesse, ont souvent des pages dignes d'*Oberman;* l'inspiration grandiose est la même, et il le cite à tout moment. Lorsque Ampère va en Suisse, Bastide, resté au Limodin en Brie, lui écrit en ces termes :
« Mon ami, tu es donc à Vevay. Tu as vu Clarens, Meil-
« lerie, Chillon. Tout cela doit te paraître un songe. *Tu as*
« *vu la lune monter sur le Velan!* » Et ailleurs : « Je dois
« aller faire un petit voyage à Fontainebleau. Ainsi nous
« aurons parcouru à nous deux tous les lieux visités par
« Oberman. Si alors tu étais encore en Suisse, j'aurais du
« plaisir à contempler la lune à travers les clairières de
« Valvin, pendant que tu la verrais sur les glaciers. Nous
« nous réunirons tous ensuite au Limodin, et nous nous

« raconterons nos voyages et nos plaisirs…. Pourquoi
« faut-il que nous soyons si éloignés ? que les jours sont
« longs ! que les nuits sont tristes ! Je ne devrais pourtant
« pas me plaindre. J'ai eu quelques instants de calme,
« quelques moments bien courts d'une joie pure. Il y avait eu
« de l'orage ; les feuilles étaient humides et l'air était doux.
« Un rayon de soleil vint à percer, et il m'arriva d'être
« content : je me sentis en possession de mon existence.
« Ce sentiment paisible, je n'irai point le chercher dans les
« Alpes ; ce n'est qu'ici que je puis le trouver : il y a quel-
« que chose de délicieux pour moi dans la vue du bois de
« Champ-Rose au loin, dans l'aspect de certains arbres,
« dans l'étendue de nos plaines. » Et encore, car, si je
m'écoutais, je ne pourrais me lasser de citer : « Que tes
« lettres m'ont causé de plaisir ! je les conserve toutes avec
« soin pour les joindre aux sublimes tableaux d'Oberman.
« Je me suis fait dans notre bois une place favorite, où je
« vais m'asseoir pour songer à mes amis : c'est là que je
« porte Werther, Ossian, et les lettres qui me viennent de
« toi. J'y ai encore lu ce matin la dernière que tu m'as
« écrite de Berne. Tu as bien compris la manière dont je
« voudrais vivre. Une existence agitée est un suicide, si
« elle fait perdre le souvenir du monde meilleur ; et, quand
« on a conscience de sa dignité, il me semble que c'est
« une profanation d'employer son énergie et de ne pas lui
« laisser toute la sublimité des possibles…. J'aime à vivre
« retiré, à faire les mêmes choses, à passer par les mêmes
« chemins. Il me semble qu'ainsi je me mêle moins à la
« terre, et que je conserve toute ma pureté. J'aime à écou-
« ter, dans le silence de la vie d'habitude, le mouvement
« sourd de l'existence intérieure. Ah ! jouissons du seul
« plaisir qui nous reste ; regardons couler nos jours ra-
« pides, savourons l'amère volupté de nous comprendre et
« de nous sentir tous entraîner pêle-mêle : du moins nous
« nous perdons ensemble ; nous n'allons pas seuls vers la
« fin terrible ! » Si le patriote réfugié (1) lit par hasard ces

(1) M. Bastide était alors en Angleterre.

pages, s'il s'étonne et s'il souffre de les retrouver, qu'il nous pardonne une divulgation indiscrète qui vient d'une sympathie cordiale et sincère! qu'il nous pardonne en mémoire du livre que tous les deux nous avons aimé!

Sautelet aussi vivait alors dans ces idées : inquiet, mélancolique et fervent, il hésitait entre l'action et la contemplation ; je lis dans une lettre de lui que j'ai sous les yeux : « On ne peut guère faire une vie double, agir et contem« pler ; je sens, comme je te le disais cet été, que l'homme « est placé sur la terre pour l'action, et je ne puis cepen« dant laisser l'autre. Tu ne sais pas la mauvaise pensée « qui me vient à l'instant! c'est que je voudrais me brûler « la cervelle pour terminer mes doutes. Si, dans une « année ou deux, la vie ne me paraît pas claire, j'y met« trai fin. J'exécuterai cette idée que j'ai eue de mon *Wer-* « *ther de la Vérité* (ouvrage qu'il méditait). Peut-être se« rait-ce une folie ; ce serait peut-être une grande action. « Je te laisse juger. »

Combien d'épisodes semblables à celui que nous venons d'esquisser, combien de poëmes obscurs, inconnus, mêlés d'une fatalité étrange, s'accomplissent à tout instant, autour de nous, dans de nobles existences! *Oberman* est le résumé de tous ces poëmes.

18 mai 1833.

(Depuis l'espèce de résurrection que nous avons tentée d'*Oberman*, les admirateurs n'ont pas manqué à ce morne et triste génie; il faut mettre en tête George Sand qui a honoré la troisième édition d'une préface. En Suisse, on a lu le livre en présence des lieux, et cette lecture est d'un grand effet. (Voir *le Semeur* du 10 juillet 1834.) — Un ami qui voyageait aux bords du Léman, m'écrivait en un style figuré, mais plein de sentiment : « N'est-ce pas que c'est d'Oberman que l'on rêve le plus le long du lac tout bleu et les yeux tournés vers le *Môle?* Cet homme eut l'oppression des montagnes sur le cœur ; il en eut la noble infirmité et le chaos dans les hasards de ses délirants systèmes ; il en eut les contours et la virginité dans le galbe sans soleil de son style blanc et terne. » Mais c'est en entrant dans le Valais seulement que l'on comprend bien certaines descriptions désolées d'Oberman et ces contrées d'un *amer abandon;* le pays et le livre s'expliquent l'un par l'autre, et je me suis dit tout d'abord à cette vue :

Et l'ombre des hauts monts l'a durement frappé!

Les expressions, les réminiscences d'Oberman s'appliquent à chaque pas. — Nous obéissons à une intention du vénérable auteur en rappelant formellement ici qu'il n'en est pas resté au système oppressé d'Oberman ; il s'est appliqué à s'en dégager sans relâche, à perfectionner, à mûrir ses *Libres Méditations*, et à y considérer la pensée religieuse indépendamment de tout dogme téméraire ; il ne vit depuis des années que dans ce haut espoir).

L'ABBÉ DE LA MENNAIS.

1832 (1).

« Vous êtes à l'âge où l'on se décide ; plus tard on subit « le joug de la destinée qu'on s'est faite, on gémit dans le « tombeau qu'on s'est creusé, sans pouvoir en soulever la « pierre. *Ce qui s'use le plus vite en nous, c'est la volonté.* « Sachez donc vouloir une fois, vouloir fortement ; fixez « votre vie flottante et ne la laissez plus emporter à tous « les souffles comme le brin d'herbe séchée. » Ce conseil donné quelque part à une âme malade par le prêtre illustre dont nous avons à nous occuper pourrait s'adresser à presque toutes les âmes en ce siècle où le spectacle le plus

---

(1) Sans doute ce portrait, écrit il y a quelques années, ne paraîtra déjà plus ressembler à l'illustre modèle, et pour nous-même nous avouerons qu'il ne nous satisfait que très-imparfaitement. Serait-ce changement inopiné dans le modèle ? n'était-ce pas plutôt illusion et précipitation dans le peintre ? Quoi qu'il en soit, M. de La Mennais, à nos yeux, n'est plus l'homme qui se distinguait entre tous ceux du siècle par un caractère singulier d'autorité et de foi ; il est beaucoup plus du siècle, beaucoup moins prêtre, et beaucoup plus *écrivain* et *poëte* que nous n'avions cru le voir. Mais si le trait principal que nous lui avions attribué s'est trouvé imaginaire, tant d'autres traits de vertu, d'ingénuité, de talent, nous paraissent et nous paraîtront toujours les mêmes dans cette respectable figure. Nous maintenons donc, ne serait-ce que comme point de comparaison, ce portrait qui a ressemblé un moment et dont bien des détails se vérifient encore. (Note de 1836).

rare est assurément l'énergie morale de la volonté. Le xviiie siècle, lui, en avait une, et bien puissante, au milieu de ses incohérences ; il la déploya dans des voies de révolte, il l'épuisa à des œuvres de destruction. Notre siècle, à nous, en débutant par la volonté gigantesque de l'homme dans lequel il s'identifia, semble avoir dépensé tout d'un coup sa faculté de vouloir, l'avoir usée dans ce premier excès de force matérielle, et depuis lors il ne l'a plus retrouvée. Son intelligence s'est élargie, sa science s'est accrue ; il a étudié, appris, compris beaucoup de choses et de beaucoup de façons ; mais il n'a plus osé ni pu ni *voulu* vouloir. Parmi les hommes qui se consacrent aux travaux de la pensée et dont les sciences morales et philosophiques sont le domaine, rien de plus difficile à rencontrer aujourd'hui qu'une volonté au sein d'une intelligence, une conviction, une *foi*. Ce sont des combinaisons infinies, des impartialités sans limites, de vagues et inconstants assemblages, c'est-à-dire, sauf la dispute du moment, une indifférence radicale. Ce sont, en les prenant au mieux, de vastes âmes déployées à tous les vents, mais sans une ancre quand elles s'arrêtent, sans boussole quand elles marchent. Cette excroissance démesurée de la faculté compréhensive constitue une véritable maladie de la volonté, et va jusqu'à la dépraver ou à l'abolir. Elle l'abolit dans le sein même de l'intelligence qui se glace en s'éclaircissant, qui s'efface, s'étale au delà des justes bornes, et n'a plus ainsi de centre lumineux, de puissance fixe et rayonnante. On veut comprendre sans croire, recevoir les idées ainsi que le ferait un miroir limpide, sans être déterminé pour cela, je ne dis pas à des actes, mais même à des conclusions. Les plus vifs, les plus passionnés tirent de cette succession mobile une sorte de plaisir passager, enivrant, qui réduit sur eux l'impression de chaque idée nouvelle au charme d'une sensation ; ils s'éprennent et se détachent tour à tour, ils épousent presque un système nouveau comme Aristippe une courtisane, sachant qu'ils s'en lasseront bientôt : c'est une manière d'épicuréisme sensuel et raffiné de l'intelligence. On ne s'y livre pas d'abord de propos délibéré ; on se dit qu'il faut tout connaître et qu'il sera toujours temps de choisir. Mais, l'âge venant, cette vertu du choix, cette énergie de volonté qui, se confondant intimement avec la sensibilité, compose l'amour, et avec l'intelligence n'est autre chose que la foi, dépérit, s'épuise, et un matin, après la trop longue suite d'essais et de libertinage de jeunesse, elle a disparu de l'esprit comme du cœur. On dirait que la quantité de volonté vive, fluide et non réalisée jusque-là, n'étant plus tenue en suspension par la chaleur naturelle à l'âge et la fermentation ignée de la vie, se précipite et s'infiltre plus bas en s'égarant. Déchue en effet des régions supérieures où une prévoyance féconde ne l'a pas su fixer, la volonté trop souvent, dans sa dispersion vers cet âge, se met misérablement au service de mille passions, de mille caprices de vanité ou de volupté, de mille habitudes vicieuses, inaperçues longtemps, et qui se démasquent soudainement dans notre être avec une autorité acquise. On voit alors, spectacle douloureux ! de vastes et hautes intelligences se souiller : l'amour des places, de l'or, de la table, des sens, les saisit ou se prolonge en elles. Le népotisme les envahit, l'intrigue les attire et les morcèle, la jalousie les ulcère ; leur vœu secret et leur but habituel ne se peuvent plus avouer désormais sans honte. Chez les plus nobles, c'est encore l'amour de leur renommée qui domine, et on les voit en cheveux gris s'acharner jusqu'au bout à cette guirlande puérile. Grands hommes à tant d'égards, ils ne sont plus des hommes dans le sens intime de l'antique sagesse ; ils ne nous offrent plus des intelligences servies par des organes, mais des intelligences qui mentent à des organes qui les trahissent. Qu'ils sont rares ceux qui, dans l'ordre de la pensée, se fixent à temps et adhèrent sans réserve à la vérité reconnue par eux perpétuelle, universelle et sainte ; qui, non contents de la reconnaître, s'y emploient tout entiers, y versent leurs facultés, leurs dons naturels ; riches leur or, pauvres leur denier, passionnés leurs passions ;

orgueilleux s'y prosternent, voluptueux s'y sèvrent, nonchalants s'y aiguillonnent, artistes s'y disciplinent et s'y oublient; qui deviennent ici-bas une volonté humble et forte, croyante et active, aussi libre qu'il est possible dans nos entraves, une volonté animant de son unité souveraine la doctrine, les affections et les mœurs; véritables hommes selon l'esprit; sublimes et encourageants modèles!

Je sais qu'en parlant à dessein de celui des hommes de notre temps qui offre peut-être le plus magnifique exemple de cette union consubstantielle et sacrée de la volonté avec l'intelligence sous le sceau de la foi, de celui dont l'esprit et la pratique, toute la pensée et toute la vie, se sont si docilement soumises, si ardemment employées aux conséquences efficaces de doctrines en apparence délaissées, et aussi compromises qu'elles pouvaient l'être; — je sais que nous avons à nous garder nous-même de cette étude inféconde, et de cette admiration curieuse sans résultat, dont nous venons de signaler la plaie. La meilleure façon de donner à connaître de telles activités morales, ce n'est pas en effet de les interpréter ni de les peindre, c'est surtout d'acquiescer à l'ensemble des vérités qu'elles restaurent, et de rendre témoignage au principe fondamental dont elles se déclarent les simples organes. Mais ces sortes d'adhésions, pour être valables et sincères, ne doivent se manifester que dans leur temps, et, jusqu'à cet invincible éclat intérieur, on n'y saurait mettre en paroles trop de mesure, je dirai même trop de pudeur. Il y a, nous l'avons éprouvé, dans beaucoup d'esprits jeunes et ouverts, une facilité périlleuse à adopter, à professer prématurément des doctrines qu'on conçoit, qu'on aime, mais dont certaines parties laissent encore du trouble. C'est une aberration intellectuelle qui mène également, et par une pente rapide, à l'indifférence, une autre forme plus spécieuse qu'elle revêt, une autre injure au caractère sérieux et trois fois saint de la Vérité.

L'abbé de La Mennais, avec cette éloquente énergie de

conviction qui ne s'est pas relâchée un seul instant depuis, apparut tout d'un coup au siècle en 1817, par son premier volume de l'*Essai sur l'Indifférence;* les deux ou trois écrits qu'il avait publiés auparavant l'avaient laissé à peu près inconnu. Une grande confusion, à cette époque, couvrait l'état réel des doctrines ; l'émotion tumultueuse des partis pouvait donner le change sur le fond même de la société. M. de La Mennais ne s'y méprit pas. Il pénétra plus avant, et, sous les haines politiques déchaînées, il vit indifférence religieuse dans la masse, indifférence dans le pouvoir, indifférence même dans toute cette portion considérable du clergé et du royalisme qui mettait le temporel en première ligne. Du milieu de cette immense langueur, de cette espèce d'atonie à nombreuses nuances, il séparait, en se l'exagérant, la *faction* philosophique issue du xviii° siècle, la *Révolution* antagoniste, selon lui, du Christianisme, et endoctrinant contre Dieu le peuple. En ceci, les suites l'ont bien prouvé, M. de La Mennais se trompait de plusieurs façons. Outre qu'il ne discernait pas alors le côté sensé, pur et légitime de l'opposition libérale, et lui faisait injure sur ce point, il lui faisait trop d'honneur sur un autre, en lui imputant une portée philosophique, une conception analogue à celle du dernier siècle ; chez elle encore, il aurait pu apercevoir justement, même à travers les quolibets anti-jésuitiques (malheureusement utiles) du plus populaire de ses journaux (1), une nuance un peu crue, parfois un peu sale, une variété épaisse et grossière de l'indifférence. Quoi qu'il en soit, cette indifférence du siècle se révéla comme fait capital à M. de La Mennais, et il résolut de la contrarier par toutes les faces, de secouer de terre sa lâcheté assoupie, de l'insulter dans l'arène, comme on fait au buffle stupide, de la toucher au flanc de la pointe de cette lance trempée au sang du Christ. C'était mieux présumer d'elle qu'elle ne méritait : le succès ne fut pas ce qu'il devait être. Il y eut pourtant une vive

---

(1) *Le Constitutionnel.*

sensation, comme on dit, mais stérile chez la plupart, et le nom de M. de La Mennais est resté pour eux un épouvantail ou une énigme. Le clergé, du sein duquel il sortait, se laissa aller unanimement d'abord; il eut l'air de comprendre; il salua, il exalta d'un long cri d'espérance son athlète et son vengeur. Tandis que pour cette tâche, en effet, M. de Bonald était trop purement métaphysicien, M. de Chateaubriand trop distrait et profane, M. de Maistre d'une lecture peu accessible et alors presque inconnu, voilà que s'élevait un théologien ardent, unissant la hauteur des vues au caractère pratique, écrivain, raisonneur et prêtre, empruntant à Port-Royal, aux gallicans et à Jean-Jacques les formes claires, droites et françaises de leur logique et de leur style, les emplissant par endroits d'une invective de missionnaire, catholique d'ailleurs en doctrine comme Du Perron et Bellarmin. Le surnom de *Bossuet nouveau* circula donc en un instant sur les lèvres du clergé. Au dehors, ce fut surtout de l'étonnement; on n'admettait pas qu'un prêtre parlât sur ce ton aux puissances et qu'il se posât plus haut qu'elles avec cette audace d'aveu. Les uns le prenaient pour un converti effervescent qui voulait faire du bruit; les plus ingénieux et les plus subtils interprétaient son livre comme un retour fougueux après une jeunesse orageuse. Tel fut le premier effet. Mais lorsque, deux ans après, parut le tome second de l'*Indifférence*, et que l'auteur développa sa théorie de la certitude, puis les applications successives de cette théorie au paganisme, au mosaïsme et à l'Église, l'attention publique, détournée ailleurs, ne revint aucunement; sur ce terrain il n'y eut plus guère que le clergé, les théologiens gallicans et les personnes faites aux controverses philosophiques, qui le suivirent. Encore la masse scolastique du clergé et la coterie intrigante, ce qui tenait à la Sorbonne défunte ou à l'antichambre, se mit à s'effrayer, et, par intérêt ou routine, mitigea singulièrement ses précédents éloges, s'acheminant peu à peu à les rétracter. M. de La Mennais, abandonné à mesure qu'il avançait, dut conquérir en apôtre, un à un, et dans les rangs jeunes et obscurs, ses véritables disciples. Il en rencontrait plus aisément peut-être, et de mieux préparés, hors de France, chez les autres nations catholiques, où les mêmes petites embûches n'existaient pas. Quant aux philosophes qui s'inquiétaient des théories nouvelles, M. de La Mennais ne réussit qu'avec peine à conduire leur orgueil cartésien au delà de son second volume; ils se prêtèrent difficilement à rien entendre davantage : cette infaillible certitude, appuyée au témoignage universel, leur semblait une énormité trop inouïe. D'ailleurs le christianisme antérieur qui s'en déduisait, renversait tous leurs préjugés sur le dogme catholique, dont, en effet, la plus large idée à nous, fils du siècle, nous était venue la veille par les conférences de Saint-Sulpice (1). Ils envisagèrent donc M. de La Mennais comme un novateur audacieux en religion, un hérétique sans le savoir; et, au point de vue philosophique, comme ruinant toute certitude individuelle sous prétexte de fonder celle du genre humain. Mais, au moins, ces personnes l'avaient étudié et l'appréciaient à beaucoup d'égards. Dans le reste du public distingué, faut-il le dire? on n'ignorait pas que l'auteur de l'*Indifférence* était un prêtre de talent, ultramontain. La plupart, et des plus spirituels (j'en ai entendu), se demandaient : « Croit-il réellement? Est-ce tactique ou conviction? » et dans leur bouche facile, habituée aux feintes, ce doute n'exprimait pas une trop violente injure. On était fait à le voir de l'opposition; mais on le confondait avec l'extrême droite dévote, avec les légitimistes absolus, desquels, au contraire, son principe fondamental le séparait. Son beau livre des *Rapports de la Religion avec l'Ordre civil et politique*, celui des *Progrès de la Révolution*, ses *Lettres à l'Archevêque de Paris*, ne détrompaient qu'imparfaitement, parce qu'il n'y avait que les personnes déjà au fait de l'homme qui les lussent avec réflexion et avidité. Aussi, quand *l'Avenir* parut

---

(1) C'est-à-dire par M. Frayssinous.

après Juillet, beaucoup d'honnêtes gens s'étonnèrent, comme d'une volte-face, de ce qui n'était que la conséquence naturelle d'une doctrine déjà manifeste, une évolution conforme aux circonstances nouvelles qu'avait dès longtemps prévues l'œil du génie.

M. de La Mennais n'est pas et n'a jamais été homme du jour; on peut même dire qu'il n'est pas homme de ce siècle, en mesurant le siècle au compas rétréci de nos habiles, qui en ont fait quelque chose qui contient, tantôt six mois, tantôt cinq ans, au plus quinze. Il vit, il a toujours vécu à la fois en deçà et au delà, enjambant dans l'intervalle ces taupinières. C'est un des esprits les plus avancés en même temps et les plus antiques, antique en certaines places, le dirai-je? jusqu'à sembler suranné avec charme, progressif jusqu'à devenir alors téméraire, si l'humilité ne le rappelait. Par sa naissance, par son éducation et sa première vie dans une province la plus fidèle de toutes à la tradition et à l'ordre ancien, par le genre de ses relations ecclésiastiques et royalistes dans le monde lorsqu'il s'y lança, par la nature de son scepticisme lorsqu'il fut atteint de ce mal, par la forme soumise et régulière de son retour à la foi, par tout ce qui constitue enfin les mœurs, l'habitude pratique, l'union de la personne et de la pensée, l'allure intérieure ou apparente, la qualité saine du langage et l'accent même de la voix (1), M. de La Mennais, à aucune époque, n'a trempé dans le siècle récent, ne s'y est fondu en aucun point; il a demeuré jusqu'en ses écarts sur des portions plus éloignées du centre et moins entamées; dans toute sa période de formation et de jeunesse pieuse ou rebelle, il a fait le grand tour, pour ainsi dire, de notre Babylone éphémère, et si plus tard il est entré dans l'enceinte, ç'a été avec un cri d'assaut, muni d'armes sacrées, se hâtant aux régions d'avenir et perçant ce qui s'offrait à l'encontre au fil

---

(1) L'accent de M. de La Mennais est resté purement breton en certains endroits très-prononcés : il ne dit pas *secrète*, mais *segrète*, par exemple.

de son inflexible esprit. Et qu'on ne dise pas qu'il doit mal connaître notre foyer actuel de civilisation, pour l'avoir traversé sur une ligne si droite, dans une irruption si rapide ! Il l'avait conclu à l'avance, il l'avait déterminé du dehors, pour les points essentiels, avec cette géométrie transcendante d'une doctrine sainte aux mains du génie ; il en avait induit les diversités d'erreurs et de vices avec les propres données de son cœur, moyennant cette double corruption qui se remue ici-bas en tout esprit et en toute chair, orgueil et volupté. Il n'eut donc qu'à vérifier d'un coup-d'œil la cité du jour, et s'il perdit, en y marchant, quelques préjugés de détail, si très-souvent il eut à rabattre en ce sens qu'il lui avait attribué d'abord plus qu'elle n'avait, sa direction prescrite n'en fut pas déviée ; il ne fit plutôt que s'affermir. Et certes, il la connaît mieux cette cité de transition qu'il a laissée en arrière, et qu'il ne voit aujourd'hui que comme un amas de tentes mal dressées, il la connaît mieux que nos myopes turbulents qui, logés dans quelque pli, s'y cramponnent et s'y agitent ; qui, du sein des coteries intestines de leurs petits hôtels, s'imaginent qu'ils administrent ou qu'ils observent, savent le nom de chaque rue, l'étiquette de chaque coin, font chaque soir aux lumières une multitude de bruits contradictoires, et avec l'infinie quantité de leurs infiniment petits mouvements n'arriveront jamais à introduire la moindre résultante appréciable dans la loi des destinées sociales et humaines (1).

C'est en Bretagne, à Saint-Malo, au mois de juin 1782, que naquit, d'une famille d'armateurs et de négociants, Félicité Robert de La Mennais : cette famille Robert venait d'être anoblie (sous Louis XVI, je crois) pour avoir nourri à grands frais la population dans une disette. Sa première enfance jusqu'à huit ans fut extrêmement vive et pétulante. Il mettait en émoi tous ses camarades du même âge par ses malices, ses saillies et ses jeux. Ses maîtres à l'école

---

(1) « Oui, de petits mérites qui se promènent dans de grandes vanités, » me disait-il un jour en causant de ces hommes.

ne savaient comment le maintenir tranquille sur son banc, et on ne trouva un jour d'autre moyen que de lui attacher avec une corde à la ceinture un poids de tourne-broche. Vers huit ou neuf ans, cette perpétuelle activité se tourna en entier du côté de l'étude, de la lecture et de la piété. Il commença de s'appliquer au latin, mais bientôt les événements de la révolution le privèrent de maîtres; il était à peine capable de sixième; son frère, un peu plus avancé que lui, le guida pendant quelques mois, et le mit presque tout de suite aux *Annales* de Tite-Live. Après quoi le jeune Félicité ou *Féli*, comme on disait par abréviation (1), livré à lui-même et altéré de savoir, lut, travailla sans relâche, et se forma seul. C'était à la campagne pendant les étés, chez un oncle qui avait une belle bibliothèque : l'enfant s'y introduisait, enlevait les livres et les dévorait; il ne se couchait qu'avec son volume. Pièces de théâtre, romans, histoire, voyages, philosophie et sciences, tout y passait, tout l'intéressait; mais il goûtait les *Essais de Morale* de Nicole plus que le reste : à dix ans, il avait lu Jean-Jacques, mais sans trop en rien conclure contre la religion. On voit d'où lui viennent les habitudes solides et anciennes de son style. Il s'essayait dès lors à de petites compositions, sur le *Bonheur de la Vie champêtre* par exemple. Vers douze ans, il apprit le grec et parvint à le savoir assez bien sans autre secours que les livres; car il ne rentra plus jamais dans aucune école. Sa dévotion, malgré tant de lectures mélangées, continuait d'être pure, et avait des accès de vivacité; il allait souvent en secret adorer le Saint Sacrement dans des chapelles d'alentour. Mais, ayant été placé chez un curé du pays vers l'âge ordinaire de la première communion, les développements qu'il entendit éveillèrent sa contradiction sur quelques points; l'amour-propre se mit en jeu; les arguments philosophiques qu'il avait lus lui revenaient en mémoire. Déjà plus jeune, il s'était amusé souvent, par pur instinct de contro-

---

(1) Ses disciples entre eux l'appellent encore maintenant M. Féli.

verse, à présenter des objections qu'il tirait de Rousseau ou même du Dictionnaire philosophique, et il voulait quelquefois qu'on lui répondît par écrit. Ceci devint plus sérieux alors. Sa première communion en fut retardée, et il ne la fit qu'après son entier retour à la foi, c'est-à-dire à vingt-deux ans environ. Pourtant, en 1796 ou 97, il envoyait au concours de je ne sais quelle académie de province un discours dans lequel il combattait avec beaucoup de chaleur la moderne philosophie, et qu'il terminait par un tableau animé de la Terreur. L'âge des emportements et des passions survint ; il le passa, à ce qu'il paraît, dans un état, non pas d'irréligion (ceci est essentiel à remarquer), mais de conviction rationnelle sans pratique. Le christianisme était devenu pour le bouillant jeune homme une opinion très-probable qu'il défendait dans le monde, qu'il produisait en conversation, mais qui ne gouvernait plus son cœur ni sa vie. Ce retour imparfait n'eut lieu toutefois qu'après un premier chaos et au sortir des doutes tumultueux qui avaient pour un temps prévalu. Quant à ce qui touche le genre d'émotions auquel dut échapper difficilement une âme si ardente, et ceux qui la connaissent peuvent ajouter, si tendre, je dirai seulement que, sous le voile épais de pudeur et de silence qui recouvre aux yeux même de ses plus proches ces années ensevelies, on entreverrait de loin, en le voulant bien, de grandes douleurs, comme quelque chose d'unique et de profond, puis un malheur décisif, qui du même coup brisa cette âme et la rejeta dans la vive pratique chrétienne d'où elle n'est plus sortie. Toutes conjectures d'un ordre inférieur doivent tomber comme grossières et dénuées de fondement (1). Pour ceux qui cherchent dans les moindres détails des traits de

---

(1) Il serait même possible que notre soupçon sur une passion unique et profonde qu'il aurait ressentie fût excessif et au delà du vrai. On s'expliquerait peut-être encore mieux par cette absence d'emploi en son temps la jeunesse perpétuellement recrudescente de son âme, ses naïves et fougueuses échappées dans les choses, n'ayant pas été attendri ni réduit dans l'âge par l'humaine passion.

caractère, ajoutons que M. de La Mennais, quand il était dans le monde, avait une passion extrême pour faire des armes, et qu'il donnait souvent à l'escrime des journées entières : ce sera un symbole de polémique future, si l'on veut. On dit même qu'un duel qu'il fut près d'avoir eut une grande influence sur sa conversion. De plus, il nageait avec excès et jusqu'à l'épuisement, ainsi que Byron ; il aimait les violentes courses à cheval dans le goût d'Alfieri, de même qu'aux champs il grimpait à l'arbre comme un écureuil. Plus enfant, m'a-t-on dit, à Saint-Malo, dans sa petite chambre haute (contraste charmant de goûts qui le peint d'avance), il avait aimé à faire de la dentelle. Dans le temps qu'il demeurait à Saint-Malo chez sa sœur, il lisait beaucoup toutes sortes de livres, des romans en quantité, et puis on en causait comme en un bureau d'esprit avec passion ; il y mêlait une gaieté très-active. Entre son retour complet à la religion et la tonsure, entre la tonsure et son entrée définitive dans les ordres, plusieurs années se passèrent pour M. de La Mennais ; il ne fut tonsuré en effet qu'en 1811, et ordonné prêtre qu'en 1817. Dès 1807, nous voyons paraître de lui une traduction exquise du *Guide spirituel*, petit livre ascétique du bienheureux Louis de Blois. La préface, aussi parfaite de style que tout ce que l'auteur a écrit plus tard, respire un parfum de grâce céleste, une ravissante fraîcheur de spiritualité. Les *Réflexions sur l'État de l'Église*, qui furent imprimées un an après, en 1808, mais que la police de Bonaparte (1) arrêta aussitôt, appartiennent au contraire à la lutte hardie de l'apôtre avec le siècle, et en sont comme le premier défi. M. de La Mennais s'y élève déjà contre l'indifférence glacée qui ne prend plus même à la religion assez d'intérêt pour la combattre : « Au-

---

(1) Plus jeune, M. de La Mennais avait, m'assure-t-on, écrit un éloge fort enthousiaste de Bonaparte : cet enthousiasme, que partagèrent au début bien des membres du clergé et des auteurs de la réaction religieuse, n'aurait rien qui pût surprendre et serait même un trait de plus bien d'accord avec la physionomie entière de cette âme empressée.

« jourd'hui, dit-il, il en est des vérités les plus importantes
« comme de ces bruits de ville, dont on ne daigne même
« pas s'informer. » C'est au matérialisme philosophique
qu'il rapporte particulièrement ces effets, et il en poursuit
la source chez *M. de Voltaire*, chez *M. de Condillac* et
jusque chez *M. Locke*. Le style s'y montre en beaucoup
d'endroits ce qu'il sera plus tard; mais les idées théoriques, trop peu dégagées, ne le soutiennent pas encore;
il y a excès de crudité dans les formes. L'auteur, dès ce
temps, n'espère rien que d'un nouveau clergé : il propose
des synodes provinciaux, des conférences fréquentes, de
libres communautés entre les prêtres de chaque paroisse,
en un mot l'association sous diverses formes et tous les
moyens de renaissance. La réforme pratique que le prêtre
Bourdoise opéra dans les mœurs de son ordre, après les
désastres de la Ligue, excite son émulation; il se croirait
heureux, après des désastres pareils, d'en provoquer une
du même genre et d'en inspirer le besoin : « O Bourdoise,
« s'écrie-t-il, où êtes-vous ? » La *Tradition de l'Église sur
l'Institution des Évêques*, publiée en 1814, aux premiers
jours de la restauration, avait été composée, à partir de
1811, au petit séminaire de Saint-Malo, où M. de La Mennais était entré en prenant la tonsure. Il y enseignait les
mathématiques, et c'est à ses heures de loisir, sur les
cahiers de son frère, fondateur et supérieur du séminaire,
qu'il rédigea cet ouvrage de théologie. Il n'en fut donc pas
le seul, l'essentiel auteur, et on peut expliquer ainsi, s'il
en est besoin, l'espèce de contradiction, d'ailleurs fort
légère, qu'on s'est plu à faire remarquer entre certaines
opinions énoncées par lui dans la suite, et un ou deux
passages du discours préliminaire de ce livre. Dès cette
époque, ses principes étaient fermement assis sur les
questions vitales de liberté : il écrivait à un ami au sujet
d'un des premiers mensonges de la restauration : « Je
« viens de lire le projet de loi *napoléonienne* sur la li-
« berté de la presse. Cela passe tout ce qu'on a jamais
« vu. Buonaparte opprimait la pensée par des mesures

« de police arbitraire ; mais une sorte de pudeur l'em-
« pêcha toujours de transformer en ordre légal le sys-
« tème de tyrannie qu'il avait adopté. Voyons ce qui en
« résulte pour moi. Premièrement Girard (*l'imprimeur*)
« sera obligé de déclarer qu'il se propose d'imprimer un
« livre sur l'institution des évêques, lequel formera tant
« de feuilles d'impression. 2° L'impression finie, et avant
« de commencer la vente, il faudra qu'il remette un
« exemplaire au directeur de la librairie. 3° Le premier
« venu, Tabaraud par exemple, peut former plainte devant
« un tribunal, et déférer le livre comme un *libelle diffa-*
« *matoire*, auquel cas l'édition sera saisie en attendant
« jugement. Il n'est pas même bien clair que la saisie ne
« puisse pas avoir lieu, malgré le privilége de nos soixante-
« six feuilles, sous le prétexte que je remue des questions
« qui peuvent troubler la *tranquillité publique*. Ce serait
« bien pis, si je n'avais qu'un petit pamphlet de quatre
« cent quatre-vingts pages in-8° : il n'y aurait pas moyen
« de se tirer d'affaire. Heureux celui qui vit de ses revenus,
« qui n'éprouve d'autre besoin que celui de digérer et de
« dormir, et savoure toute vérité dans le pâté de Reims
« que nul n'oserait censurer en sa présence ! J'ai bien peur
« que l'heureuse révolution ne se borne à l'échange d'un
« despotisme fort contre un despotisme faible. Si mes
« craintes se réalisent, mon parti est pris, et je quitte la
« France en secouant la poussière de mes pieds. » Le lendemain, il écrivait encore au même : « Je regrette bien de
« ne pouvoir savoir, avant de partir, ce que tu penses du
« projet, qui me paraît renfermer la plus vexatoire, la
« plus sotte, la plus impolitique et la plus odieuse de toutes
« les lois. N'as-tu pas admiré dans le discours de M. de
« Montesquiou comme quoi les Français ont trop d'esprit
« pour avoir besoin de dire ce qu'ils pensent ? Quelle ineptie
« et quelle impudence ! »

En 1815, pendant les Cent-Jours, M. de La Mennais se
réfugia en Angleterre. Jusqu'à l'âge de vingt-sept ans, il
n'avait jamais voyagé, sauf quelques semaines qu'il passa

à Paris vers l'âge de quinze ans : il y avait fait de plus longs séjours dans les dernières années. Parti pour l'Angleterre au dépourvu, il y manqua de ressources, et, sans l'aide de l'abbé Carron, également réfugié, avec lequel il lia connaissance, il n'aurait pu réussir à entrer comme maître d'études dans une institution où il se présenta.

C'en est assez, je pense, pour bien marquer le point de départ et la continuité toute logique de la carrière chrétienne de M. de La Mennais, pour expliquer en lui certaines préoccupations qui choquent et le peu de ménagement de quelques sorties. Il n'a jamais vécu en effet de cette vie qui fut la nôtre, de cette atmosphère habituelle de philosophie et de révolution où plongea le siècle. Jamais la lecture de Diderot ne le mit en larmes, et ne se lia dans sa jeune tête avec des rêves de vertu ; jamais les préceptes de d'Alembert sur la bienfaisance ne remplacèrent pour son cœur avide de charité l'Épître divine de saint Paul ; Brissot, Roland, les Girondins, ne lui parlèrent à aucune époque comme des frères aînés et des martyrs. Ses passions profanes eurent sans doute elles-mêmes un caractère d'autrefois ; il les combattit, il les balança longtemps, il les cicatrisa enfin par des croyances. Prêtre après des années d'épreuves et d'acheminement, son fameux *Essai sur l'Indifférence*, qui fit l'effet au monde d'une brusque explosion, ne fut pour lui qu'un épanchement nourri, retardé et nécessaire. L'auteur s'y place sans concessions, et aussi haut que possible, au point de vue unique de l'autorité et de la foi ; c'était en effet par où il fallait ouvrir la restauration catholique. Au milieu d'imperfections nombreuses, et dont M. de La Mennais est le premier à convenir aujourd'hui, telles que des jugements trop acerbes, d'impraticables conseils de subordination spirituelle de l'État à l'Église, et une érudition incomplète, quoique bien vaste, et arriérée ou sans critique en quelques parties, ce grand ouvrage constitue la base monumentale, le corps résistant d'où s'élèveront et s'élèvent

déjà les travaux plus avancés de la science chrétienne. Tout ce qui est de l'ordre purement théologique et moral y présente une texture de vérité absolue, une immuable consistance qui ne vieillira pas. Cette fameuse théorie de la certitude contre laquelle on s'est tant récrié, et que nous n'avons pas la prétention d'approfondir ici, n'a rien de choquant que pour l'orgueil, si on la considère sincèrement, et qu'on la sépare de quelques hardiesses tranchantes qui n'y sont pas essentielles. M. de La Mennais ne nie pas la raison de l'individu et la certitude relative des sensations, du sentiment et des connaissances qui s'y rapportent. Il ne dit pas le moins du monde, comme le suppose l'auteur d'ailleurs si impartial et si sagace d'une Histoire de la philosophie française contemporaine : « Voilà
« des personnes dignes de foi, croyez-les; cependant
« n'oubliez pas que ni vous ni ces personnes n'avez la
« faculté de savoir certainement quoi que ce soit. » Mais il dit : « En vous isolant comme Descartes l'a voulu faire,
« en vous dépouillant, par une supposition chimérique, de
« toutes vos connaissances acquises pour les reconstruire
« ensuite plus certainement à l'aide d'un reploiement
« solitaire sur vous-même, vous vous abusez; vous vous
« privez de légitimes et naturels secours; vous rompez
« avec la société dont vous êtes membre, avec la tradition
« dont vous êtes nourri; vous voulez éluder l'acte de foi
« qui se retrouve invinciblement à l'origine de la plus
« simple pensée, vous demandez à votre raison sa propre
« raison qu'elle ne sait pas; vous lui demandez de se
« démontrer elle-même à elle-même, tandis qu'il ne s'a-
« girait que d'y croire préalablement, de la laisser jouer
« en liberté, de l'appliquer avec toutes ses ressources et
« son expansion native aux vérités qui la sollicitent, et
« dans lesquelles, bon gré mal gré, elle s'inquiète, pour
« s'y appuyer, du témoignage des autres, de telle sorte
« qu'il n'y a de véritable repos pour elle et de certitude
« suprême que lorsque sa propre opinion s'est unie au
« sentiment universel. » Or, ce sentiment universel, en

dehors duquel il n'y a de tout à fait logique que le pyrrhonisme, et de sensé que l'empirisme, existe-t-il, et que dit-il? Est-il saisissable et manifeste? commença-t-il avec le commencement? s'est-il perpétué dans les âges, et savons-nous où l'interroger aujourd'hui? Ce sont des questions immenses dans lesquelles M. de La Mennais procède par voie d'information historique et de témoignage. Les temps antérieurs à Moïse et les formes nombreuses de la gentilité, la révélation spéciale du législateur hébreu, la révélation sans limite de Jésus et l'Église romaine qui en est la permanente dépositaire, se déroulent tour à tour devant lui, et composent les pièces principales de ce merveilleux enseignement : tout le programme de la future science catholique est là. M. de La Mennais n'a fait qu'en ébaucher vigoureusement les grandes masses ; et, comme ce n'est pas une perfection apparente qu'il cherche, il y a des côtés de ce beau livre qu'il n'achèvera jamais. D'autres le feront; l'Orient pour cela, l'époque pélasgique et le haut paganisme sont à mieux connaître. Mais ce qu'il y a d'incomplet dans l'exposition de l'auteur, ce qu'il y aura toujours d'inconnu dans la science historique future, n'est pas un motif, on le sent, pour que l'adhésion individuelle demeure indéfiniment suspendue. Car ce n'est pas avec une raison lucide seulement qu'il convient de se livrer à cette investigation, trop variable selon les lumières; c'est avec des qualités religieuses de l'esprit et du cœur, qui soutiennent dans le chemin, le devinent aux places douteuses, et en dispensent là où il ne conduit plus. Dieu aidant, il n'est pas indispensable d'avoir marché jusqu'au bout pour être arrivé, et même on ne mériterait pas d'arriver du tout si, après un certain terme, on avait besoin de marcher toujours.

Le style de l'*Essai sur l'Indifférence*, qui s'est épuré, affermi encore, s'il se peut, dans les deux écrits subséquents de l'auteur (*la Religion considérée dans ses Rapports*, etc., et les *Progrès de la Révolution*), possède au plus haut degré la beauté propre, je dirai presque la vertu inhérente au sujet; grave et nerveux, régulier et véhément, sans fausse parure ni grâce mondaine, style sérieux, convaincu, pressant, s'oubliant lui-même, qui n'obéit qu'à la pensée, y mesure paroles et couleurs, ne retentit que de l'enchaînement de son objet, ne reluit que d'une chaleur intérieure et sans cesse active. Il y a nombre de chapitres qui nous semblent l'idéal de la beauté théologique telle qu'elle resplendit en plusieurs pages de *la Cité de Dieu* ou de l'*Histoire universelle*, mais ici plus frugale en goût que chez saint Augustin, plus enhardie en doctrine que chez Bossuet, et aussi, il faut le dire, moins souverainement assise que chez l'un, moins prodigieusement ingénieuse que chez l'autre. Quant à ceux qui répètent que le style de M. de La Mennais manque d'onction, ils n'ont pas prononcé avec lui ces belles, ces humbles prières dont il interrompt par instants et confirme sa recherche ardente; ils n'ont pas tenu compte de cette intime connaissance morale qui, sous l'austérité du précepte ou du blâme, décèle encore la tendresse secrète d'un cœur.

En étudiant la politique de M. de La Mennais, M. Ballanche a remarqué qu'elle donne la clef de celle de Fénelon, et qu'elle explique, qu'elle justifie par un développement logique évident, cet ultramontanisme vaguement défini, à la fois si libéral à la cour de France et si difficilement agréé à celle de Rome. C'est un rapport de plus de M. de La Mennais avec Fénelon. Tous les deux, hommes d'avenir, prêtres selon l'esprit, sentant à leur face le souffle nouveau du catholicisme, ils ont, conformément à l'ordre de leur venue et à la tournure particulière de leur génie, exprimé diversement les mêmes vœux, les mêmes remontrances touchant la conduite temporelle des peuples. Si M. de La Mennais explique et précise Fénelon, s'il est en ce moment l'aurore manifeste, bien que laborieuse, du jour dont Fénelon était comme l'aube blanchissante, Fénelon aussi, par ses signes précurseurs et la bienfaisance de son étoile catholique sous le despotisme de Louis XIV, garantit, absout, recommande à l'avance M. de La Mennais; et doit disposer les plus soupçonneux à le dignement comprendre. Sous la restauration comme sous Louis XIV, le dogme politique en vogue, la prétention formelle des gouvernants était la légitimité; c'est-à-dire l'inamissibilité du pouvoir en vertu de certains droits de naissance, et nonobstant toute manière d'user ou d'abuser. Cette doctrine servile, vraiment idolâtre et charnelle, avait pris corps à partir du protestantisme, anglicane avec Henri VIII et Jacques I*er*, gallicane avec Louis XIV, et elle avait engendré collatéralement le dogme de la souveraineté du peuple, qui n'est qu'une réponse utile à coups de force positive et de majorité numérique. Dans le moyen âge, il n'en allait pas ainsi : la puissance spirituelle régnait; les princes, fils de l'Église, tuteurs au temporel, administraient les peuples robustes, encore en enfance; s'ils faisaient sentir trop pesamment le sceptre, au cri que poussaient les peuples le Saint-Siége s'émouvait et portait sentence. Mais au moment où commença de se prononcer l'émancipation des peuples, le Saint-Siége devint inhabile, les princes et les sujets se montrèrent récalcitrants; ces derniers s'entendirent pour ne plus recourir à l'autre, sauf à vider bientôt leurs différends réciproques sans arbitre et dans un duel irréconciliable. Tout cela se fit par degrés, selon les temps et les pays; il y eut chez nous une ère transitoire qui eut sa splendeur sous Louis XIV, sa mourante lueur sous la restauration, et durant laquelle, tout en reconnaissant la puissance spirituelle, en lui rendant hommage en mille points, en se signant *ses fils aînés*, on se posa en face d'elle comme pouvoir indépendant, à jamais légitime de père en fils sur la terre. La plupart des théologiens prêtèrent leurs subtilités à ce système bâtard; quelques autres par ressouvenir du passé, deux ou trois par sentiment d'avenir, s'élevèrent pour le combattre : tels Fénelon et M. de La Mennais. Je m'attache à celui-ci. La difficulté pour lui était grande : il comprit assez vite, dans son essor progressif, qu'après une révolution comme la nôtre, l'émancipation des peuples était signifiée hautement, et que la paternité tutélaire des Boniface VIII et des Grégoire VII ne pouvait se rétablir, même en supposant acquise la docilité des rois. Il sentit que, dans l'âge futur régénéré, l'union de l'ordre de justice et de vérité avec l'ordre matériel n'aurait plus lieu que par un mode libre et nouveau, convenable à la virilité des peuples; il avait hâte d'ailleurs de voir tomber ces liens adultères qui, enchaînant un timide ou cupide clergé à un pouvoir enivré de lui-même, retardaient l'éducation spirituelle si arriérée et le ravivement du christianisme. Mais ayant en face de lui un pouvoir temporel qui se disait à tout propos très-chrétien, et un parti libéral, révolutionnaire, à qui il supposait au contraire des intentions très-antichrétiennes, il n'eut d'autre marche à suivre que d'opposer d'un côté aux champions de la souveraineté du peuple *quand même* la souveraineté de l'ordre d'esprit et de justice, et, d'un autre côté, de parler aux défenseurs soi-disant chrétiens de l'obéissance passive le langage catholique sur l'amissibilité des pouvoirs et la suprématie d'une seule loi. Mais, on le sent, la position restait toujours un peu fausse : s'il était victorieux séparément contre les légitimistes purs et les purs disciples du Contrat social, on avait droit de lui demander, à lui, où il plaçait le siége de cette loi suprême, et comme c'était à Rome, on pouvait lui demander encore par quel mode efficace il la faisait intervenir dans le temporel; car alors elle intervenait nécessairement, le roi de France étant le fils aîné de l'Église et la confusion des deux ordres s'accroissant de jour en jour par les efforts de sa piété égarée. M. de La Mennais ne prétendait certes pas que le temps des dépositions de rois dût revenir, et, s'il citait la bulle de Boniface VIII, c'était comme *memento* du dogme à des absolutistes qui se disaient chrétiens; toujours y avait-il en ceci quelque difficulté à embrasser, je ne dis pas la droiture, mais le fond et le but de sa tendance politique. La révolution de juillet, en brisant, du

moins en droit, le système insoluble de la restauration, a permis à M. de La Mennais de se produire enfin politiquement dans une pleine lumière : après sa mémorable série dans *l'Avenir* sur la réorganisation catholique et sociale, il n'est plus possible à un lecteur de sens et de bonne foi de garder l'ombre d'un doute aujourd'hui. Je trouve dans son livre des *Progrès de la Révolution* ces lignes écrites en 1829, et dont il est piquant de se souvenir : « Les
« ministres, depuis quatorze ans, n'ont eu à tâche que
« de fixer ce qui existait, quel qu'il fût, en résistant aux
« exigences des libéraux et des royalistes. Un *statu quo*
« universel a été toute leur politique. Ils semblent avoir
« ignoré que le monde aujourd'hui est travaillé de l'in-
« surmontable besoin d'un ordre nouveau qu'il s'efforce
« de réaliser sans le connaître ; qu'on n'arrête point le
« mouvement progressif de la société, qu'on le dirige tout
« au plus, et que dès lors il faut, sous peine de mort,
« que le gouvernement se décide entre les principes qui
« s'excluent. Les systèmes mitoyens n'ont d'autre effet que
« de tourner contre lui tout ce qui dans l'État est doué
« de quelque action.... Trouverait-on, quelle que soit
« d'ailleurs la nature de ses opinions, un homme, un seul
« homme qui veuille ce qui est; et ne veuille que ce qui
« est? Jamais au contraire on n'aspira avec une si vive
« ardeur à un nouvel ordre de choses : tout le monde
« l'appelle, c'est-à-dire appelle, sans se l'avouer et s'en
« rendre compte, une révolution.... Oui, elle viendra,
« parce qu'il faut que les peuples soient tout ensemble in-
« struits et châtiés; parce qu'elle est indispensable, selon
« les lois générales de la Providence, pour préparer une
« vraie régénération sociale. La France n'en sera pas
« l'unique théâtre; elle s'étendra partout où domine le
« libéralisme, soit comme doctrine, soit comme senti-
« ment, et sous cette dernière forme il est universel.
« Mais, après la crise dont nous approchons, on ne re-
« montera pas immédiatement à l'état chrétien. Le des-
« potisme et l'anarchie continueront longtemps encore de

« se disputer l'empire, et la société restera soumise à
« l'influence de ces deux forces également aveugles, égale-
« ment funestes, jusqu'à ce que d'une part elles aient
« achevé la destruction de tout ce que le temps, les pas-
« sions, l'erreur, ont altéré au point de n'être plus qu'un
« obstacle au renouvellement nécessaire ; et, de l'autre,
« que les vérités d'où dépend le salut du monde aient
« pénétré dans les esprits et disposé toutes choses pour la
« fin voulue de Dieu. »

Vers le même temps où l'esprit de M. de La Mennais acceptait si largement l'union du catholicisme avec l'État par la liberté, il tendait aussi à se déployer dans l'ordre de science et à le remettre en harmonie avec la foi. Pendant les intervalles de la controverse vigoureuse à laquelle on l'aurait cru tout employé, serein et libre, retiré de ce monde politique actif où *le Conservateur* l'avait vu un instant mêlé et d'où tant d'intrigues hideuses l'avaient fait fuir, entouré de quelques pieux disciples, sous les chênes druidiques de La Chênaie, seul débris d'une fortune en ruines, il composait les premières parties d'un grand ouvrage de philosophie religieuse qui n'est pas fini, mais qui promet d'embrasser par une méthode toute rationnelle l'ordre entier des connaissances humaines, à partir de la plus simple notion de l'être : le but dernier de l'auteur, dans cette conception encyclopédique, est de rejoindre d'aussi près que possible les vérités primordiales d'ailleurs imposées, et de prouver à l'orgueilleuse raison elle-même qu'en poussant avec ses seules ressources, elle n'a rien de mieux à faire que d'y aboutir. La logique la plus exacte, jointe à un fond d'orthodoxie rigoureuse, s'y fraye une place entre Saint-Martin et Baader. Nous avons été assez favorisé pour entendre, durant plusieurs jours de suite, les premiers développements de cette forte recherche : ce n'était pas à La Chênaie, mais plus récemment à Juilly, dans une de ces anciennes chambres d'oratoriens, où bien des hôtes s'étaient assis sans doute depuis Malebranche jusqu'à Fouché : je ne me souvenais que de Malebranche.

Pendant que lisait l'auteur, bien souvent distrait des paroles, n'écoutant que sa voix, occupé à son accent insolite et à sa face qui s'éclairait du dedans, j'ai subi sur l'intimité de son être des révélations d'âme à âme qui m'ont fait voir clair en une bien pure essence. Si quelques enchaînements du livre m'ont ainsi échappé, j'y ai gagné d'emporter avec moi le plus vif de l'homme (1).

Entre les disciples les plus chers de M. de La Mennais, il en est deux surtout dont la destinée se lie à la sienne, et qu'on ne peut s'empêcher de nommer à côté de lui. Tous les deux en effet complètent, couronnent leur illustre maître, et, par une sorte de dédoublement heureux, nous présentent chacun une de ses moitiés agrandie et plus en lumière. L'abbé Gerbet a la logique aussi certaine, mais moins armée d'armes étrangères, une lucidité posée et réfléchie, persuasive avec onction et rayonnante d'un doux amour : l'abbé Lacordaire exprime plutôt le côté oratoire militant avec de la nouveauté et du jeune éclat; il a l'hymne sonore toujours prêt à s'élancer de sa lèvre, et la parole étincelante comme le glaive du lévite.

L'imagination de l'abbé de La Mennais est restée ardente jusqu'à quarante ans : il eût aimé s'en laisser conduire dans le choix et la forme de ses écrits. Le genre du roman s'est offert à lui mainte fois avec un inconcevable attrait. Son vœu à l'origine, son faible secret ne fut autre,

---

(1) Un des traits les plus remarquables de l'esprit de M. de La Mennais, et ce qui en fait véritablement un aigle d'intelligence (quoique cet aigle eût besoin quelquefois de son saint Jean pour le ramener et le conduire), c'est la faculté qu'il a, à tout instant, d'entrer avec impétuosité, puissance, intérêt, et pour des heures entières, dans n'importe quel sujet élevé, métaphysique, mathématiques, musique, etc., etc. ; et là, sans parler des hommes ni des livres, mais ne s'adonnant qu'aux seules idées, d'en produire, d'en susciter de fortes, de justes, de charmantes, d'originales, capables d'édifier et d'étonner ceux mêmes qui ont fait de la question soulevée leur sujet d'étude le plus habituel ; — et tout cela d'ordinaire, en se promenant de long en large d'un pas rapide, et en marquant, pendant les longs monologues, une agitation sans pareille des membres (*trepidatio*).

assure-t-il, que celui des poëtes, une solitude profonde, un loisir semé de fantaisie comme l'ont imaginé Horace et Montaigne, ou encore le vague des passions indéfinies, ou l'entretien mélancolique des souvenirs. Il y eut un temps de sa vie où il chérissait la rêverie et la fuite du monde, au point de sauter par-dessus un mur à la campagne pour ne pas rencontrer un domestique de la maison qui venait par le sentier ordinaire. Mais l'action lui parut un devoir, il se l'imposa, et il attribue à l'effort violent qu'elle exige de lui l'espèce d'irritation, d'emportement involontaire, qu'on a remarqué en plusieurs endroits de ses ouvrages, et qu'il est le premier à reconnaître avec candeur. Pour plus de garantie contre le relâchement et par une sorte de sainte inquiétude, il s'est voué à un exercice infatigable dans la rude voie où la Grâce l'a glorifié ; c'est un trappiste de l'intelligence : l'application opiniâtre de la pensée catholique aux diverses portions du domaine scientifique et social, tel est le champ qu'il laboure chaque matin dès avant l'aurore. Ainsi les inclinations flatteuses et les langueurs si chères s'en sont allées dans un perpétuel sacrifice. Il reste pourtant des saisons et des heures où revient sur les cœurs mortels un souffle inexprimable du passé qui fait crier les cicatrices et menace de les rompre. Nulle ressource, même pour le fort, n'est de trop en de tels moments ; ce qu'il y a de plus haut, et ce qu'il y a de plus humble : composer la *Théodicée*, et lire son bréviaire. — M. de La Mennais n'a rien écrit en fait de pure imagination ou de poésie que de petits fragments, des espèces d'Hymnes ou de Proses, qui sommeillent dans ses papiers. L'un de ces morceaux est, je crois, sur la *Lune*. En voici un autre qu'il composa durant une insomnie la veille de la Toussaint : nous ne pouvons mieux finir.

LES MORTS.

Ils ont aussi passé sur cette terre, ils ont descendu le fleuve du Temps ; on entendit leurs voix sur ses bords, et puis l'on n'entendit plus rien. Où sont-ils? qui nous le dira? *Heureux les morts qui meurent dans le Seigneur!*

Pendant qu'ils passaient, mille ombres vaines se présentèrent à leurs regards : le monde que le Christ a maudit leur montra ses grandeurs, ses richesses, ses voluptés; ils les virent, et soudain ils ne virent plus que l'éternité. Où sont-ils? qui nous le dira? *Heureux, etc., etc.*

Semblable à un rayon d'en haut, une Croix dans le lointain apparaissait pour guider leur course, mais tous ne la regardaient pas! Où sont-ils? etc., etc.

Il y en avait qui disaient : Qu'est-ce que ces flots qui nous emportent? Y a-t-il quelque chose après ce voyage rapide? Nous ne le savons pas, nul ne le sait. Et, comme ils disaient cela, les rives s'évanouissaient. Où sont-ils? qui nous le dira? *Heureux, etc., etc.*

Il y en avait aussi qui semblaient, dans un recueillement profond, écouter une parole secrète, et puis, l'œil fixé sur le couchant, tout à coup ils chantaient une aurore invisible et un jour qui ne finit jamais. Où sont-ils? etc., etc.

Entraînés pêle-mêle, jeunes, vieux, tous disparaissaient, tels que le vaisseau que chasse la tempête ; on compterait plutôt les sables de la mer que le nombre de ceux qui se hâtaient de passer. Où sont-ils? etc., etc.

Ceux qui les virent ont raconté qu'une grande tristesse était dans leur cœur; l'angoisse soulevait leur poitrine, et comme fatigués du travail de vivre (1), levant les yeux au ciel, ils pleuraient. Où sont-ils? etc., etc.

Des lieux inconnus, où le fleuve se perd, deux voix s'élèvent incessamment.

L'une dit : *Du fond de l'abîme, j'ai crié vers vous, Seigneur; Seigneur, écoutez mes gémissements, prêtez l'oreille à ma prière. Si vous scrutez nos iniquités, qui soutiendra vos regards? Mais près de vous est la miséricorde et une rédemption immense!*

Et l'autre : *Nous vous louons, ô Dieu! nous vous bénis-*

---

(1) Les Anciens dans leur langue voisine des choses, disaient pour désigner les morts, οἱ καμόντες, *les fatigués.*

sons : *Saint, Saint, Saint, le Seigneur Dieu des armées! la terre et les cieux sont remplis de votre gloire!*

Et nous aussi, bientôt nous irons là d'où partent ces plaintes ou ces chants de triomphe. Où serons-nous? qui nous le dira? *Heureux les morts qui meurent dans le Seigneur!*

Février 1832.

L'ABBÉ DE LA MENNAIS.

1834.

(Paroles d'un Croyant (1).)

Un jour Nicole, fatigué des tracasseries et des luttes, invitait avec sa douceur ordinaire le grand Arnauld à

(1) Dans la réimpression de 1836 on lisait cette note que nous reproduisons : « Depuis que nous avons tracé le précédent portrait de M. de La Mennais, de sensibles changements se sont manifestés dans le caractère et la position de l'illustre écrivain. Nous avons tâché de le suivre en l'admirant hautement aussi loin qu'il nous a été possible. Le fait même de la publication des *Paroles d'un Croyant* ne nous semblait pas détruire le rôle de prêtre à la fois catholique et populaire qu'avait revêtu l'abbé de La Mennais. On peut voir, mêlée à l'éloge du livre, l'interprétation que nous en donnions et qui, sous cette forme même d'éloge, pouvait être en partie une humble insinuation adressée à l'auteur. C'est depuis cette publication, en acceptant purement et simplement les conséquences démocratiques de la popularité conquise, que l'illustre écrivain nous paraît plutôt avoir compromis à quelque degré l'unité et l'autorité de sa vie. Mais le nouveau silence dans lequel il est entré, et que nous respectons, peut devenir fécond en éclaircissements, en réparations lentes; et nous attendrons. En abordant avec jeunesse et avec culte les caractères les plus dignes d'être admirés, on se fait d'eux un idéal un peu prompt; on leur trace en lettres d'or dans son esprit un programme qu'ils ne consultent pas toujours et qu'ils oublient de suivre. Puis vient le mécompte; et on leur en veut alors un peu de ne pas vérifier notre prédiction, de ne pas couronner notre désir. La faute en est-elle entièrement à eux? Et d'ailleurs si les modèles ont quelquefois varié pendant que nous les suivions, nous-même, pendant cette poursuite, n'avons-nous pas sensiblement varié aussi? » (Note de 1836.)

déposer la plume; et celui-ci lui répondait vivement : « N'avons-nous pas l'éternité pour nous reposer? » C'est ce que répondrait aussi à un semblable conseil l'ardent et vertueux prêtre qui lance en ce moment un nouveau manifeste de ralliement et de foi, qui pousse, après un silence pénible, un nouveau cri de guerre et d'espérance. Il y a un an environ, abreuvé de tous les dégoûts, renonçant par convenance et soumission au journal dont il avait cru l'action salutaire, voyant se disperser et se détacher même entièrement de lui des disciples si regrettables, il se mit, un matin d'été à la campagne, à vouloir déposer quelque part, pour lui seul, sa secrète pensée, son jugement amer sur le présent, son vœu et son coup-d'œil d'apôtre touchant l'avenir. Il choisit pour cela une manière d'hymne et de poésie, comme étant la plus harmonieuse et la plus consolante; il écrivit dans une prose rhythmique, dans des versets semblables à ceux de la Bible, et sous des formes tantôt directes et tantôt de paraboles, les inspirations de sa prophétie. Ce fut l'affaire d'une semaine à travers les bois et le long des haies de La Chênaie. Un de ces chapitres ou plutôt une de ces *proses* composée, il rentrait l'écrire, et puis il sortait de nouveau, murmurant déjà la suivante. Il appela ce volume de prédilection : *Paroles d'un Croyant*, et, ayant ainsi achevé sa pensée devant Dieu, il se sentit un peu calmé (1). Son grand travail

(1) Ce calme n'était pourtant pas exempt de grandes tristesses et de découragements sinistres. Voici quelques phrases d'une lettre écrite à un ami vers cette époque, 15 mai 1833. Citer les lettres de M. de La Mennais, c'est quelquefois montrer à nu les contradictions rapides de son âme, mais c'est toujours les faire comprendre, et surtout les faire pardonner et aimer : « J'ai bien de la peine à me résigner à la pensée « de ne vous revoir que dans un an, dans deux peut-être; que sait-on? Je « suis comme la société, je chemine dans l'ombre, incertain de l'avenir, « et ne pouvant rien m'en promettre... Notre pauvre France, elle, « croupit dans un marais, et, au sein de ce marais, je vois se remuer, « comme ces énormes reptiles primitifs retrouvés par Cuvier, une race « menaçante qui foisonne et grandit chaque jour. Personne presque ne « comprend, personne ne veut réellement la liberté : tous aspirent à la

de philosophie le retrouva plus dispos et plus persévérant. Mais d'assez récentes tracasseries ecclésiastiques l'ayant ramené à Paris, il y vit de près cette tiédeur et ce relâchement publics qui enhardissent un pouvoir sans morale à tous les envahissements rusés ou grossiers; il y vit, sous cette couche corrompue d'une société en décadence, une masse jeune et populaire, impétueuse, frémissante, au sang chaud et vierge, mais mal éclairée, mal dirigée, obéissant à des intérêts aussi et à des passions qui, certes, courraient risque de bientôt corrompre la victoire, si un souffle religieux et un esprit fraternel n'y pénétraient d'avance à quelque degré. Il a jugé bon dès lors d'adresser à tous ce qu'il n'avait d'abord écrit que pour lui seul. Il se serait cru coupable de se contenir dans un plus long silence, de laisser passer ces jours mauvais et insolents sans leur jeter à la face son accent de conscience, son mot de vérité. Cette *persécution du silence* est la plus dure de toutes à porter, dit Pascal; notre brûlant apôtre ne l'a pu jusqu'au bout subir. Nous n'avons pas à nous inquiéter ici du retentissement que doit avoir cet éclat de M. de La Mennais dans l'ordre purement ecclésiastique. Nous regretterions que les *Paroles d'un Croyant* n'y fussent pas acceptées ou tolérées, comme une de ces paroles libres de prêtre, qui ont toujours eu le droit de s'élever en sens contradictoire dans les crises sociales et politiques aux diverses époques. Sans rien espérer actuellement de Rome et de ce qui y règne, nous sommes trop chrétien et catholique, sinon de foi, du moins d'affinité et de désir, pour ne pas déplorer tout ce qui augmenterait l'anarchie apparente dans ce grand corps déjà si compromis humainement. Mais en songeant à quelles intentions patriotiques et évangéliques a cédé M. de La Mennais, en considérant l'influence rapide que son livre va obtenir, influence à coup sûr moralisante en somme plutôt qu'irritante auprès des

---

« tyrannie, et le disent hautement, et en sont fiers. Ce spectacle jette
« parfois dans l'âme un profond dégoût et une amère tristesse..... »

violents, nous ne pouvons que nous réjouir de son imprudence généreuse, si imprudence il y a, et l'en féliciter. Il est des entraînements dévoués, des témérités oublieuses d'elles-mêmes, qui enlèvent les cœurs. Quelque chose de martial et de chevaleresque sied aussi au prêtre chrétien. La belle âme, l'âme virginale de Pellico a pu tout pardonner, tout excuser, et bénir encore; il s'en est revenu, après dix années de captivité féroce, comme un agneau tondu qui ne redemande pas sa laine. Je l'en admire et l'en révère. Mais il y a manière pourtant d'être chrétien, en l'étant un peu différemment, et en gardant dans sa veine un reste du sang des Machabées.

La vie polémique et doctrinale de M. de La Mennais se peut diviser déjà en deux parties tranchées durant lesquelles il a poursuivi le même but, mais par deux procédés contraires. Il a été frappé, avant tout, de l'état d'indifférence en matière de religion, de la tiédeur égoïste et de la corruption matérielle de la société; tout son effort a tendu à rendre la vie et le souffle à ce qu'il voyait comme un cadavre. Il s'est mis, dès le premier jour, à vouloir ressusciter moralement et *spiritualiser* de nouveau ce grand corps. Telle est la vraie unité de la vie et de l'œuvre de M. de La Mennais. Seulement il a employé à cet effet deux méthodes bien opposées. Frappé d'abord de l'indifférence religieuse et de l'inertie froide où croupissaient les premières couches de la société, il a désespéré de toute cette masse, si on n'y faisait descendre l'esprit et la purification par en haut, c'est-à-dire par les gouvernements, et, au delà des gouvernements, par le Saint-Siége. Il n'a jamais eu pour les gouvernements une estime bien décidée; il ne les a considérés à son premier point de vue que comme un canal possible de transmission, et, dans le cas où ils se refuseraient à transmettre la doctrine supérieure, il les a dénoncés comme un obstacle : on se rappelle les belles invectives du premier tome de l'*Indifférence*. Mais avec le temps, M. de La Mennais est venu à comprendre que non-seulement les gouvernements se refusaient à transmettre la doctrine antique à la fois et régénératrice, mais que le Saint-Siége se refusait à la verser présentement, et qu'il demeurait plus sourd que le rocher, quoique le peuple eût soif dans le désert. En observant plus attentivement, d'ailleurs, la masse confuse de cette société où il n'avait d'abord vu que froideur et mort, il a découvert sous les premières couches croupissantes un grand travail de fermentation et de courants, et il s'est dit que c'était de ce côté plutôt qu'il fallait agir pour renouveler. On voit que le but est resté le même : spiritualiser, guérir, moraliser chrétiennement une société passée du matérialisme à l'indifférence. Mais dans le second procédé auquel M. de La Mennais a recours depuis cinq ans environ, c'est à la société elle-même, c'est à ses éléments vierges et profonds, c'est au peuple en un mot qu'il s'adresse pour le régénérer par la parole et l'épurer. La méthode de liberté a remplacé chez lui ou du moins tempéré la méthode d'autorité. Cela sera sensible dans son développement philosophique comme cela l'est déjà dans sa prédication politique. Vis-à-vis du Saint-Siége, M. de La Mennais peut rester soumis, docile et pleinement adhérent en matière de foi ; mais il a cessé de l'invoquer directement pour l'œuvre temporelle ; on sent qu'il n'en espère plus une effusion prochaine de doctrine qui descende sur le siècle. En face des gouvernements, il est resté moins pénétré d'estime que jamais ; il a mesuré plus à nu leur égoïsme borné et leur absolue résistance à l'esprit. A cet aspect repoussant, les paroles de Samuel ont redoublé sur ses lèvres, mais les paroles d'un Samuel qui se sent pour le reste des hommes les entrailles de Jean le bienaimé.

Nous parcourrons rapidement l'ouvrage où le nouvel essor de cette âme ardente et violemment aimante se trahit tout entier :

« Prêtez l'oreille et dites-moi d'où vient ce bruit confus,
« vague, étrange, que l'on entend de tous côtés.

« Posez la main sur la terre, et dites-moi pourquoi elle
« a tressailli.

« Quelque chose que nous ne savons pas se remue dans
« le monde : il y a là un travail de Dieu.

« Est-ce que chacun n'est pas dans l'attente ? est-ce qu'il
« y a un cœur qui ne batte pas ?

« Fils de l'homme, monte sur les hauteurs et annonce
« ce que tu vois ! »

Et viennent alors les signes évidents, les bouleversements d'hier et ceux de demain qui se devinent, les peuples héroïques qui succombent, mais qui renaîtront ; l'agitation sourde, universelle, du vieux monde, et les apprêts sombres et irrécusables d'un dernier grand combat. Mais écoutons encore le poëte-apôtre :

« Tout ce qui arrive dans le monde a son signe qui le
« précède.

« Lorsque le soleil est près de se lever, l'horizon se co-
« lore de mille nuances, et l'Orient paraît tout en feu.

« Lorsque la tempête vient, on entend sur le rivage un sourd
« bruissement, et les flots s'agitent comme d'eux-mêmes.

« Les innombrables pensées diverses, qui se croisent et
« se mêlent à l'horizon du monde spirituel, sont le signe
« qui annonce le lever du soleil des intelligences.

« Le murmure confus et le mouvement intérieur des
« peuples en émoi sont le signe précurseur de la tempête
« qui passera bientôt sur les nations tremblantes.

« Tenez-vous prêts, car les temps approchent.

« En ce jour-là, il y aura de grandes terreurs et des cris
« tels qu'on n'en a point entendu depuis les jours du déluge.

« Les rois hurleront sur leurs trônes ; ils chercheront à
« retenir avec les deux mains leurs couronnes emportées
« par les vents, et ils seront balayés avec elles.

« Les riches et les puissants sortiront nus de leurs pa-
« lais, de peur d'être ensevelis sous les ruines.

« On les verra, errant sur les chemins, demander aux
« passants quelques haillons pour couvrir leur nudité, un
« peu de pain noir pour apaiser leur faim, et je ne sais
« s'ils l'obtiendront.

« Et il y aura des hommes qui seront saisis de la soif

« du sang et qui adoreront la mort, et qui voudront la faire
« adorer.

« Et la mort étendra sa main de squelette comme pour
« les bénir, et cette bénédiction descendra sur leur cœur,
« et il cessera de battre.

« Et les savants se troubleront dans leur science, elle
« leur apparaîtra comme un petit point noir quand se lè-
« vera le soleil des intelligences.

« Et à mesure qu'il montera, sa chaleur fondra les nuages
« amoncelés par la tempête ; et ils ne seront plus qu'une
« légère vapeur qu'un vent doux chassera vers le couchant.

« Jamais le ciel n'aura été aussi serein, ni la terre aussi
« verte et aussi féconde.

« Et au lieu du faible crépuscule que nous appelons jour,
« une lumière vive et pure rayonnera d'en haut, comme
« un reflet de la face de Dieu.

« Et les hommes se regarderont à cette lumière, et ils
« diront : Nous ne connaissions ni nous ni les autres,
« nous ne savions pas ce que c'est que l'homme : à pré-
« sent nous le savons.

« Et chacun s'aimera dans son frère, et se tiendra heu-
« reux de le servir ; et il n'y aura ni petits ni grands, à
« cause de l'amour qui égale tout, et toutes les familles ne
« seront qu'une famille, et toutes les nations qu'une nation.

« Ceci est le sens des lettres mystérieuses que les Juifs
« aveugles attachèrent à la croix du Christ. »

Le sentiment populaire respire dans chacune de ces
pages. La liberté n'y revient pas comme un mot sonore et
creux ; il y a une intelligence précise des misères du pauvre et des iniquités qu'il subit. Quelques droites paroles
mettent au défi tous les sophismes des législateurs :

« Les oiseaux du ciel et les insectes mêmes s'assem-
« blent pour faire en commun ce qu'aucun d'eux ne pour-
« rait faire seul. Pouvez-vous vous assembler pour traiter
« ensemble de vos intérêts, pour défendre vos droits,
« pour obtenir quelque soulagement à vos maux? et si
« vous ne le pouvez pas, comment êtes-vous libres?

« Pouvez-vous aller d'un lieu à un autre si on ne vous
« le permet, user des fruits de la terre et des productions
« de votre travail, tremper votre doigt dans l'eau de la
« mer et en laisser tomber une goutte dans le pauvre vase
« de terre où cuisent vos aliments, sans vous exposer à
« payer l'amende et à être traînés en prison? et si vous
« ne le pouvez pas, comment êtes-vous libres? »

Ce sont en tout endroit des conseils d'union et d'association qui offrent le sens juste du *Bonhomme Richard* dans un ton élevé de pathétique et de poésie. Le dernier verset cité rappelle le *Pauvre Jacques*, de Béranger. Mais l'esprit chrétien, qui court dans ces pages comme un vent fécond et violent, enlève la pensée jusqu'à des extrémités sublimes et ne connaît pas d'horizon :

« Au printemps, lorsque tout se ranime, il sort de
« l'herbe un bruit qui s'élève comme un long murmure.

« Ce bruit, formé de tant de bruits qu'on ne les pour-
« rait compter, est la voix d'un nombre innombrable de
« pauvres petites créatures imperceptibles.

« Seule, aucune d'elles ne serait entendue : toutes en-
« semble elles se font entendre.

« Vous êtes aussi cachés sous l'herbe, pourquoi n'en
« sort-il aucune voix?

« Quand on veut passer une rivière rapide, on se forme
« en une longue file sur deux rangs, et rapprochés de la
« sorte, ceux qui n'auraient pu, isolés des autres, résister
« à la force des eaux, la surmontent sans peine.

« Faites ainsi, et vous romprez le cours de l'iniquité
« qui vous emporte lorsque vous êtes seuls, et vous jette
« brisés sur la rive.

« Que vos résolutions soient lentes, mais fermes. Ne vous
« laissez aller ni à un premier, ni à un second mouvement.

« Mais si l'on a commis contre vous quelque injustice,
« commencez par bannir tout sentiment de haine de votre
« cœur, et puis, levant les mains et les yeux en haut,
« dites à votre Père qui est dans les cieux :

« O Père! vous êtes le protecteur de l'innocent et de

« l'opprimé, car c'est votre amour qui a créé le monde,
« et c'est votre justice qui le gouverne.

« Vous voulez qu'elle règne sur la terre, et le méchant
« y oppose sa volonté mauvaise.

« C'est pourquoi nous avons résolu de combattre le
« méchant.

« O Père! donnez le conseil à notre esprit et la force à
« nos bras.

« Quand vous aurez ainsi prié du fond de votre âme,
« combattez et ne craignez rien.

« Si d'abord la victoire paraît s'éloigner de vous, ce
« n'est qu'une épreuve, elle reviendra ; car votre sang
« sera comme le sang d'Abel égorgé par Caïn, et votre
« mort comme celle des martyrs. »

Au chapitre VIII, je recommande la parabole de l'homme qui trouve moyen d'augmenter successivement le travail du peuple tout en diminuant progressivement les salaires. Quand le saint-simonisme, dans sa brusque apparition, n'aurait eu d'autre effet que d'inspirer à des intelligences chrétiennes cette émulation d'inquiétude et de recherche à l'article des souffrances profondes, nées de l'excès industriel, il n'aurait point passé sans fruit pour le monde.

Les chapitres XII et XIII contiennent la parabole des *sept hommes couronnés*. J'y trouverais à reprendre une teinte un peu trop apocalyptique, un abus d'*enfer*, de *satan*, et un excès d'horreur que les sept hommes couronnés ne méritent pas seuls, et qui s'affaiblirait nécessairement si on la répartissait, comme ce serait justice de le faire, sur toute cette classe supérieure ou moyenne qui les approuve et les soutient. Je sais que les propositions que l'auteur prête aux sept hommes, et qui peuvent paraître le plus exagérées : *abolissons la science, tuons la concorde, le bourreau est le premier ministre d'un bon prince*, etc., sont textuellement extraites d'un livre italien assez récemment imprimé à Modène. Mais le Machiavel de Modène ne devait pas être pris si à la lettre, la vérité ici passe la vraisemblance; et comme goût d'abord, et un peu comme justice, j'aurais voulu qu'il fût tenu compte des autres coupables dans la société, des coupables par assentiment et par égoïsme inerte, des coupables aussi par passions haineuses et brutalité, comme en offrent sans doute les rangs populaires (1).

A la suite de ces chapitres sombres, il en vient un qui les corrige, tout enchanteur de mansuétude et d'amour des hommes; on croirait lire des pages retrouvées de l'*Imitation*. C'est cette alternative d'ardeur et de douceur, de violence et de tendresse, qui fait le fond du caractère de l'abbé de La Mennais, et qui compose une des variétés les plus attachantes du caractère chrétien lui-même. Il croit au bien, et il croit au mal; il s'indigne ingénument, et il aime avec transport; il maudissait tout à l'heure les ennemis des hommes, et voilà qu'il tombe en pleurs entre vos bras (2).

A propos des suggestions inspirées par l'*enfer* aux oppresseurs du monde, le poëte-prophète signale surtout la grande déception de l'*obéissance passive*. Dans ces pages, écrites il y a plus d'un an, on retrouve à chaque ligne l'événement sanglant d'hier. Satan dit aux princes :

« Voici ce qu'il faut faire. Prenez dans chaque famille
« les jeunes gens les plus robustes et donnez-leur des
« armes, et exercez-les à les manier, et ils combattront

(1) Luther, en son temps, pris pour arbitre par les paysans révoltés contre leurs seigneurs, a tâché de faire la part plus égale dans ses doubles reproches : mais il est tombé dans l'autre excès et a été dur pour le peuple.

(2) Le passage le plus significatif peut-être en ce sens, et au chapitre précédemment cité, où on lisait : « Si l'on a commis contre vous une « injustice, commencez par bannir tout sentiment de haine de votre « cœur, et puis, levant les mains et les yeux en haut, dites à votre « Père qui est dans les cieux : O Père, etc., etc.....

« Quand vous aurez ainsi prié du fond de votre âme, combattez, et « ne craignez rien. » — Ainsi, combattre en pardonnant, combattre à toute outrance et sans haine, c'est bien là, prise sur le fait, la contradiction heureuse, et, en quelque sorte, chrétienne, de M. de La Mennais. Saint Ambroise ne marque-t-il pas, dans son traité *des Devoirs*, qu'il ne haïssait point une certaine colère? Saint Paul n'a-t-il pas dit aux Éphésiens : « Si vous vous mettez en colère, gardez-vous de pécher : *iras-*

« pour vous contre leurs pères et leurs frères ; car je leur
« persuaderai que c'est une action glorieuse.

« Je leur ferai deux idoles, qui s'appelleront Honneur et
« Fidélité, et une loi qui s'appellera Obéissance passive.

« Et ils adoreront ces idoles, et ils se soumettront à
« cette loi aveuglément, parce que je séduirai leur esprit,
« et vous n'aurez plus rien à craindre.

« Et les oppresseurs des nations firent ce que Satan leur
« avait dit, et Satan aussi accomplit ce qu'il avait promis
« aux oppresseurs des nations.

« Et l'on vit les enfants du peuple lever le bras contre le
« peuple, égorger leurs frères, enchaîner leurs pères, et
« oublier jusqu'aux entrailles qui les avaient portés.

« Quand on leur disait : Au nom de tout ce qui est sacré,
« pensez à l'injustice, à l'atrocité de ce qu'on vous or-
« donne ; ils répondaient : Nous ne pensons point, nous
« obéissons.

« Et quand on leur disait : N'y a-t-il plus en vous aucun
« amour pour vos pères, vos mères, vos frères et vos sœurs ?
« ils répondaient : Nous n'aimons point, nous obéissons.

« Et quand on leur montrait les autels du Dieu qui a
« créé l'homme et du Christ qui l'a sauvé, ils s'écriaient :
« Ce sont là les dieux de la patrie, nos dieux à nous sont
« les dieux de ses maîtres, la Fidélité et l'Honneur.

---

cimini et nolite peccare, » admettant la possibilité d'une certaine colère sans péché ? Il est vrai qu'il ajoute à l'instant : « Que le soleil ne se couche pas sur votre colère. » Mais on peut dire des colères de M. de La Mennais, et de ses haines qui s'adressent à des idées surtout, que, s'il voyait en personne la plupart de ceux qu'il croit abhorrer, le soleil ne se coucherait jamais sur sa colère : de même aussi que leur grande irritation à eux, en le voyant dans sa fièvre naïve de cœur, s'évanouirait en étonnement, tournerait en estime presque tendre.

— « Ce que j'aime surtout de lui, me disait un grand et affectueux
« poëte son ami, c'est qu'il est né martyr. » Oui, malgré toute sa vigueur d'intelligence, *martyr* bien plus que *docteur ;* oui, malgré toutes ses lumières de chaque moment, dévoué encore plus qu'éclairé ! Cette vocation de martyr le rend même continuellement empressé à apostropher du plus loin les persécuteurs, et à se chercher, comme Polyeucte, des bourreaux.

« Je vous le dis en vérité, depuis la séduction de la pre-
« mière femme par le serpent, il n'y a point eu de séduc-
« tion plus effrayante que celle-là.

« Mais elle touche à sa fin. Lorsque l'esprit mauvais fas-
« cine des âmes droites, ce n'est que pour un temps. Elles
« passent comme à travers un rêve affreux, et au réveil
« elles bénissent Dieu qui les a délivrées de ce tourment. »

Et suit alors l'hymne de départ du jeune soldat de l'avenir, du soldat qui s'en ira combattre une dernière fois pour la justice, pour la cause du genre humain, pour l'affranchissement de ses frères : « Que tes armes soient bé-
« nies, jeune soldat ! » Il y a dans ce chant et dans celui de l'*Exilé* qui vient après, un retentissement profond des *Pèlerins Polonais*, par le poëte Mickiewicz (1) ; mais ce qui, chez Mickiewicz, était demeuré restreint à une acception trop nationale et trop exclusive, se trouve généralisé selon un esprit plus évangélique par M. de La Mennais, et rapporté à la vraie patrie, à la patrie universelle.

Littérairement, par cette œuvre, M. de La Mennais conquiert, à bon droit, le titre de poëte. Le ton général, le mouvement est rhythmique à la fois et inspiré. L'imprévu se rencontre plutôt dans l'allure de la pensée que dans le détail de l'expression. Celle-ci est toujours correcte, propre, énergique, quelquefois un peu crue ; il y manque un certain éclat nouveau, et, si j'ose ainsi parler, une sorte de *flagrance*. *Ardet plus quam lucet* ; cela brûle plutôt que cela ne luit. En comparant le style des *Paroles d'un Croyant* avec celui de la *Vision d'Hébal*, on comprendra mieux la double nuance que je distingue. A la rigueur, et à ne s'en tenir qu'au détail de l'expression et à l'ensemble du vocabulaire employé, quelqu'un de Port-Royal aurait pu écrire en cette manière et peindre avec ces images. Il y a même, si l'on peut dire, quelque *lieu-commun*, presque de la déclamation dans le dehors. Mais la jeunesse, la

(1) C'est de ce livre des *Pèlerins*, si remarquablement traduit par M. de Montalembert, qu'est empruntée la forme rhythmique des *Paroles d'un Croyant*.

nouveauté vive triomphe à tout moment par la pensée même ; la franchise du sentiment crée la beauté : ainsi, dans le chapitre de l'*Exilé* : « J'ai vu des jeunes hommes, « poitrine contre poitrine, s'étreindre comme s'ils avaient « voulu de deux vies ne faire qu'une vie, mais pas un ne « m'a serré la main : l'Exilé partout est seul. » Le chapitre de *la mère* et de *la fille* n'offre pas une seule couleur nouvelle ; mais *Celui qui donne aux fleurs leur aimable peinture*, et qui inspira la simplicité de Ruth et de Noëmi, a envoyé son sourire sur ces pages.

Socialement, la signification de semblables œuvres est grande, et tant pis pour qui la méconnaît ! Nous donnions, il y a quinze jours (1), un mémorable fragment de M. de Chateaubriand sur l'*Avenir du monde*, où tous les mêmes importants problèmes sont soulevés, et où la solution s'entrevoit assez clairement dans un sens très-analogue. M. Lamartine a publié, il y a deux ans à peu près, une brochure sur la *Politique rationnelle*, dans laquelle des perspectives approchantes sont assignées à l'âge futur de l'humanité, et, bien qu'il semble y apporter, pour le détail, une moins impatiente ardeur, ce n'est que dans le plus ou moins de hâte, et non dans le but, que ce noble esprit diffère d'avec M. de La Mennais. Béranger est, dès longtemps, l'homme de cette cause et des populaires promesses. Ainsi, symptôme remarquable ! tous les vrais cœurs de poëtes, tous les esprits rapides et de haut vol, de quelque côté de l'horizon qu'ils arrivent, se rencontrent dans une prophétique pensée, et signalent aux yeux l'approche inévitable des rivages. Ne sont-ce pas là aussi des augures ? — Mais nos grands hommes d'État régnants vivent en esprits forts ; ils tiennent et dévorent le présent ; à d'autres, à d'autres qu'eux les augures et l'avenir !

(1) Dans la *Revue des Deux Mondes*.

Mai 1834.

M. DE LA MENNAIS.

1836.

(Affaires de Rome.)

« .... Je regarde donc et je désire qu'on regarde ce court
« écrit comme destiné à clore la série de ceux que j'ai pu-
« bliés depuis vingt-cinq ans. J'ai désormais des devoirs
« plus simples et plus clairs ; le reste de ma vie sera, je
« l'espère, consacré à les remplir, selon la mesure de
« mes forces.... Qu'on ne s'y trompe pas, le monde a
« changé : il est las des querelles dogmatiques. » Telle est
la déclaration formelle que M. de La Mennais exprime aux
dernières pages de ce livre ; les termes seuls dans lesquels
elle est conçue montrent assez que, si le nouvel écrit est
destiné à clore la série de ceux que l'auteur a publiés, à
partir des *Réflexions sur l'État de l'Église*, datant de 1808,
il n'y ressemble ni par les principes ni par le ton, et que,
sinon pour le sujet et la matière, du moins dans les pensées et les conclusions, il se rattache déjà à cette série
d'écrits futurs que nous promet l'illustre auteur. Singulière énergie, révolution individuelle à jamais étonnante,
que celle qui raye d'un trait de plume et renvoie comme à
néant tout le passé d'une telle vie, et qui fait qu'à plus de
cinquante-trois ans, on en recommence une nouvelle, à
beaucoup d'égards une contraire, avec toute la ferveur de
la jeunesse, avec tout le dégagé et tout l'absolu d'une première entreprise !

En examinant ce livre, nous sommes dans une position particulière, c'est-à-dire que nous avons lu autrefois tous les livres de M. de La Mennais et que nous nous en souvenons. Cette remarque est nécessaire pour expliquer et motiver, au premier coup-d'œil, certaines parties de notre jugement auprès des personnes nombreuses qui ne connaissent M. de La Mennais que par ses plus récents écrits et qui même commenceront à le connaître par celui-ci tout d'abord. L'illustre auteur, dans sa marche infatigable, peut se comparer à une comète ardente qui a successivement apparu à l'horizon de plusieurs mondes d'esprits, salué d'eux avec transport à cause de son éclat, à mesure qu'il se découvrait pour la première fois dans leur ciel. L'ayant suivi dans ses phases précédentes, avec étonnement de bonne heure, avec admiration bien longtemps, et en y joignant sympathie plus tard, selon qu'il nous semblait se plus rapprocher, pour les illuminer, de certaines idées de notre sphère, nous avons été en ces moments jusqu'à dire qu'il y avait dans son entier développement une courbe aussi vaste que réelle et régulière. Mais l'astre voyageur continuant d'aller, et notre zénith à nous-même étant brusquement dépassé, nous avons cessé de croire à une évolution continue, réglée par un secret compas. Nous ne le perdons pourtant point de vue encore; mais, à travers cette vue, il est simple que le souvenir du passé tienne une grande place.

Jusqu'en juillet 1830, l'abbé de La Mennais avait eu un rôle qui offrait cela d'unique, de se tenir, entre tant de rôles mobiles, par une inflexibilité entière, et de se dessiner sans aucune variation. En y regardant de près pourtant, on y verrait bien quelque différence d'opinion aux diverses époques. Ainsi, dans les *Réflexions sur l'État de l'Église* de 1808, la puissance spirituelle n'est pas présentée encore comme la supérieure et la régente du pouvoir temporel : ce sont plutôt aux yeux de l'auteur deux alliés qui s'entr'aident. Il fait remarquer le rapport constant qui s'est établi entre le déclin et le retour des vrais principes politiques et des principes religieux pendant le cours de la révolution française ; le Concordat n'est pas maudit. Dans ce livre et dans celui de l'*Institution des Évêques* que M. de La Mennais composa de concert avec son frère, on verrait l'épiscopat aussi considéré et invoqué que plus tard il fut rabaissé et rudoyé par le défenseur de l'omnipotence romaine. Mais, à part ces modifications assez secondaires et d'ailleurs antérieures en date, la principale ligne de doctrine de l'abbé de La Mennais, surtout depuis son *Essai sur l'Indifférence*, n'avait pas fléchi. Son but était grand : c'était de ramener la société indifférente ou matérialiste au vrai spiritualisme, au vrai christianisme comme il l'entendait, c'est-à-dire au catholicisme romain. Il y a dans sa conduite d'alors et dans sa tendance d'aujourd'hui cette véritable, cette seule ressemblance, à savoir, qu'il ne s'est jamais borné et même qu'il n'a guère jamais aimé à envisager le christianisme, comme tant de grands saints l'ont fait, par le côté purement intérieur et individuel, par le point de vue du salut de l'âme et des âmes prises une à une, mais qu'il l'a embrassé toujours de préférence (et en exceptant, si l'on veut, son *Commentaire sur l'Imitation* et sa traduction de Louis de Blois) par le côté social, par son influence sur la masse et sur l'organisation de la société ; et c'est ainsi qu'il se portait avant tout pour la défense des grands papes et des institutions catholiques. « Jésus-Christ, disait-il en 1826 (1), ne changea ni la religion, ni les droits, ni les devoirs ; mais, en développant la loi primitive, en l'accomplissant, il éleva la société religieuse à l'état public, il la constitua extérieurement par l'institution d'une merveilleuse police, etc. » Toutefois les moyens que M. de La Mennais proposait et exaltait jusqu'à la veille de juillet 1830, étaient, il faut le dire, séparés du temps actuel et de sa manière de penser présente, par un abîme. Si l'on relit ses mé-

---

(1) *De la Religion considérée dans ses Rapports avec l'Ordre politique et civil.*

langes extraits du *Conservateur* et du *Mémorial catholique*, ses beaux pamphlets, *De la Religion considérée dans ses Rapports avec l'Ordre politique et civil* (1826), *Des Progrès de la Révolution* (1829), ses deux *Lettres à l'Archevêque de Paris* (mars et avril 1829), on l'y voit ne jamais séparer dans son anathème les doctrines libérales ou démocratiques d'avec les doctrines hérétiques et impies, subordonner le prince au pape, l'épiscopat à Rome, soutenir en tout et partout l'intervention et la prédominance légitime du pur catholicisme. Si M. Odilon Barrot défend un citoyen qui n'a pas voulu tapisser sa maison un jour de Fête-Dieu, l'abbé de La Mennais accuse l'avocat de prêcher une loi-athée. Si un écrivain, dans un livre intitulé *Manifestation de l'Esprit de Vérité*, s'arme de l'Évangile et du nom de Jésus-Christ contre les riches et les puissants, l'abbé de La Mennais le renvoie à Diderot et à Babeuf, et termine ainsi : « Les passions les plus exaltées
« se joignant à tant de causes de désordre, personne ne
« peut dire quels destins Dieu réserve à la société. Les
« doctrines religieuses, morales et politiques, les lois et
« les institutions qu'elles avaient consacrées, formaient
« comme un vaste édifice, demeure commune de la grande
« famille européenne. On a mis le feu à cet édifice. Les
« peuples s'entre-regardent à la lueur de l'incendie; et,
« agités d'un sentiment inconnu, attendent avec anxiété
« un avenir plus inconnu encore. » Il combat tour à tour et en toute occasion *le Globe*, les éclectiques, les doctrinaires; il réfute et malmène les gallicans, M. Frayssinous, l'archevêque de Paris lui-même à qui il cite De Maistre; il met en groupe tous ceux qu'il appelle les hommes *d'entredeux* et qu'il a depuis enjambés. S'il déclare en 1829 une révolution imminente, usant de termes presque prophétiques, ce n'est pas du tout qu'il accuse la tendance jésuitique de la cour et cette faveur impopulaire accordée au clergé; c'est au contraire parce que le ministère Martignac est venu et que M. Feutrier a fait contre les jésuites les ordonnances du 21 avril et du 16 juin; c'est parce que M. de

Vatimesnil poursuit ses persécutions contre l'Église. La Ligue, *cette époque trop peu connue*, est au long célébrée: Si l'on poussait aux conclusions rigoureuses de ce beau pamphlet de 1829, on irait droit à des ordonnances un peu différentes de celles de M. de Polignac, mais à des ordonnances. Voilà ce qui, avec une admirable force de logique, une grande chaleur d'imagination et une pratique continuelle et courageuse de liberté que s'arrogeait l'écrivain à titre de prêtre, voilà ce qui, pour toute mémoire qui n'est pas oblitérée, marque le rôle de M. de La Mennais jusqu'en juillet 1830.

Juillet éclate, et l'abîme est franchi. Le grand cœur de M. de La Mennais redouble de flammes, mais il semble que son esprit s'est éclairé dans l'orage. Prêtre austère, âme de génie, il a gardé sous ses cheveux gris tous ses trésors de foi et de jeunesse. Il a dépouillé d'un coup ses préjugés politiques, non inhérents à la vraie foi. Sincèrement il conçoit l'idée d'une régénération spirituelle et religieuse moyennant la liberté, et, las de crier aux puissants, il lui paraît que c'est avec une autre prédication qu'il faut désormais réveiller, spiritualiser et *christianiser* le monde. Il y avait donc en un sens, et malgré l'extrême contrariété des moyens, lien étroit, et, en quelque sorte, unité de but, entre la fondation de *l'Avenir* et la brochure des *Progrès de la Révolution*. Seulement l'auteur de *l'Avenir* répudiait dès l'abord un certain nombre d'erreurs violentes contre le régime de liberté, et, en tenant toujours au clergé un langage d'exhortation, en le provoquant encore à une sainte ligue, il abjurait net toute espérance d'ordre temporel théocratique, dont cette soudaine révolution l'avait désabusé. Ce rôle, ainsi transformé, devait rester quelque temps suspect aux anciens libéraux et démocrates qui disaient : Est-il sincère ? Mais à ceux qui connaissaient la personne de M. de La Mennais, et son ingénuité franche, et son ressort d'intelligence et de zèle, cette transformation paraissait simple et digne de lui. Il n'y avait pas là encore de *solution de continuité* à proprement parler ; la rupture n'était que dans l'ordre humain et secondaire : la foi faisait pont sur l'abîme. La ruine était aux pieds, le *labarum* au ciel brillait toujours. Que cette nuance, chez l'abbé de La Mennais, nous parut belle ! C'est alors que nous l'avons connu et aimé.

Pourtant ce rôle impliquait de nombreuses inconséquences qui tendaient à sortir, et qui rendaient la tenue prolongée de la position, scabreuse et à peu près impossible. Le pape, invoqué sans cesse, pouvait parler, et force était alors d'obéir ou de n'être plus du tout le même. Et puis, seulement en se taisant, Rome imposait à ces démocrates catholiques plus d'une discordance évidente : ainsi, pour prendre un point de détail, en fait d'insurrection, dans l'*Avenir*, on défendait les Polonais, on inculpait les Bolonais. Ce rôle donc, surtout eu égard à la tournure générale des affaires en Europe et au rétablissement de l'*ordre*, ne pouvait durer. Il fallait ou en sortir et tomber à la démocratie pure et à un christianisme librement interprété, ou bientôt être réduit à se taire en vertu de défense supérieure. Ce dernier résultat ne me paraissait pas, je l'avoue, aussi déplorable et aussi nécessairement infertile que l'a jugé l'illustre auteur. Il était beau après tout, et de grand exemple, tant qu'il l'avait pu, lui prêtre, d'avoir tenté un réveil, d'avoir jeté à poignées des semences. Que si Rome intervenait et lui commandait de cesser, il me semble (autant qu'on a droit de raisonner sur les desseins providentiels) qu'il n'était pas si déraisonnable à un *catholique* resté croyant à la liberté et en même temps soumis au Saint-Siége, de juger ainsi : « Il a été bon
« que M. de La Mennais et ses amis, durant deux années,
« jetassent ces germes dans le monde : il peut être bon que
« pour le moment ces germes en restent là, et, puisque
« Rome le décide, agissant en ce point aveuglément si l'on
« veut, et par des ressorts intermédiaires humains, mais
« d'après une direction divine cachée, il faut bien qu'il y
« ait utilité dans ce retard. Malgré la première apparence
« qui semble contraire, plusieurs raisons en effet, même
« humaines, peuvent faire entrevoir cette utilité. Il importe

« que ces germes, en se hâtant trop, ne se mêlent pas avec
« d'autres moins purs et qui font partout ivraie ; et d'ail-
« leurs le bon blé ne reste-t-il pas assoupi tout un hiver
« dans son sillon? » Je ne propose pas ce raisonnement
comme modèle aux philosophes et politiques, aux gens du
monde, aux littérateurs et artistes ; mais je le trouvais tout
naturel et facile dans l'esprit d'un catholique croyant comme
l'était l'abbé de La Mennais. En attendant, il y avait émotion, et pour moi complicité irrésistible, je l'avoue, à suivre
jusque dans ses infractions partielles ce Savonarole de nos
jours, ainsi que l'a appelé M. d'Eckstein, à écouter ses
menaces pleines de prières et ses invectives mêlées d'un
zèle tendre. Les *Paroles d'un Croyant*, non plus que le chapitre des *Maux de l'Église*, inséré à la fin du présent volume et assez anciennement composé, ne me semblent point,
dans leur violence, sortir de ce rôle de foi, de cette inspiration d'un prêtre, non pas absolument sage, mais généreux et presque héroïque, et toujours le crucifix en main.
M. Du Fossé, voulant peindre dans le grand Arnauld cette
colère de lion pour la vérité qui s'unissait en son cœur avec
la douceur de l'agneau, nous dit naïvement : « L'exemple
« seul de Moïse, que Dieu appelle *le plus doux de tous les*
« *hommes*, quoiqu'il eût tué un Égyptien pour défendre un
« de ses frères, brisé par une juste colère les Tables de la
« Loi, et fait passer au fil de l'épée vingt-trois mille hom-
« mes pour punir l'idolâtrie de son peuple, fait bien voir
« qu'on peut allier ensemble la douceur d'une charité sin-
« cère envers le prochain avec un zèle plein d'ardeur pour
« les intérêts de Dieu. » En ne prenant les vingt-trois
mille hommes et l'Égyptien *tués* qu'en manière de figure,
comme il convient dans ce qui est de l'ancienne loi, et en
rapportant à l'abbé de La Mennais cette phrase de Du Fossé
sur le grand Arnauld, je me rappelais bien que lui-même
avait condamné ce dernier, et qu'il avait écrit de lui en le
comparant à Tertullien : « Et Tertullien aussi avait des
« vertus ; il se perdit néanmoins parce qu'il manqua de la
« plus nécessaire de toutes, d'humilité. Je cite de préférence

« Tertullien parce qu'il y a de singuliers rapports entre lui « et l'oracle du jansénisme, M. Arnauld. Tous deux d'un « caractère ardent, présomptueux, opiniâtre, tous deux pleins « de génie, tous deux ayant rendu à la religion d'éminents « services, ils se laissèrent entraîner (qui le croirait dans « de si grands hommes?) à la fougue d'une imagination « qui outrait tout (1)... » Mais au pire, et malgré l'inconséquence reprochable, et malgré le danger de la pente rapide, ce rôle d'un Arnauld, d'un Savonarole, offrait encore de grandes parties continues et harmoniques avec cette nature invincible de prêtre : il y avait la foi.

Chose singulière et à jamais digne de méditation pour ceux qui en ont été témoins! tandis que M. de La Mennais luttait ainsi et se croyait sûr et ne doutait pas, il dériva sans s'en apercevoir d'abord, et ne se tint plus. Y eut-il pour lui un moment où le vase sacré se brisa dans ses mains, et où la divinité de ce qu'il avait cru s'évanouit avec fracas comme dans un orage? Y eut-il déclin et descente insensible jusqu'au bout, comme pour ces villages au penchant des montagnes, qui glissent peu à peu du rocher sans secousse, avec leur fonds de terrain tout entier, et se réveillent un matin dans la plaine? Lui seul pourrait nous le dire, si sa mémoire parlait. Ce qu'il faut reconnaître, c'est l'influence comme atmosphérique du siècle, qui, en deux ou trois années, a rongé et pénétré cette trempe si forte, et l'a *oxydée* si profondément. Dans cette volonté de fer, dans cette chaîne logique d'airain, dans cette vie constamment austère et intègre, il y a eu un moment où tout s'est brisé... oui, tout!... il y a eu une paille qui a fait défaut, et les mille anneaux du métal ont jonché la terre; et cela, pour que l'esprit du siècle à la longue eût raison, pour que sa provocation incessante et flatteuse ne restât pas vaine, pour que cette parole de M. Lerminier fût accomplie : « Il a le goût du schisme! qu'il en ait le courage! »

(1) *Réflexions sur l'État de l'Église.*

Il faut convenir qu'il y a des hommes par le monde qui ont le droit d'être fiers de ce qu'on appelle intelligence humaine et raison. Ce sont les écrivains qui, sous la restauration, formaient le monde philosophique, dit éclectique. Attaqués, apostrophés violemment alors par le prêtre éloquent qui, d'une logique inflexible et sans leur laisser d'autre issue, les refoulait, les réduisait à *Satan*, à l'*athéisme*, à l'*idiotisme*, que sais-je encore? et les traitait en un mot comme des alliés peu conséquents de la démocratie extrême et de l'incrédulité, les voilà outre-passés tout d'un bond, *enjambés* en quelque sorte, sans avoir été traversés par lui ; les voilà apostrophés peut-être des mêmes termes énergiques, mais en sens contraire, s'ils hésitent ou se replient. La trompette éclatante et digne de Jéricho, qui sonnait contre eux au couchant, la voilà qui résonne de plus belle à l'Orient sur le même ton et dans un camp tout différent du premier. Il y a là, convenons-en, de quoi fortifier des hommes, assez disposés déjà à bien augurer de leur raison, dans cette persuasion qu'elle ne les a pas trop égarés, et de quoi les faire sourire entre eux d'un sourire de satisfaction, ce semble, assez légitime.

Dans l'avertissement de la quatrième édition des *Réflexions sur l'État de l'Église*, l'abbé de La Mennais disait : « Qu'on remonte en arrière seulement de quatre à cinq « ans, on sera, nous le pensons, très-frappé d'un dévelop- « pement rapide. Les maximes qu'on rejetait avec horreur « ou avec dégoût s'établissent sans contradiction, et comme « les vérités les plus simples ; elles sont défendues par ceux « mêmes qui se montraient les plus ardents à les attaquer. « Ce qu'on appelait *bien*, on l'appelle *mal*, et réciproque- « ment. Ce qu'on représentait comme la mort des peuples, « on assure à présent que c'est leur santé, leur vie. » Les hommes dont nous parlons pourront donc sourire en relisant ce passage de M. de La Mennais ; mais lui-même aussi ne peut-il pas le leur redire en face à la plupart, le leur rétorquer à bout portant? C'est le cas de répéter avec M. de Maistre : Il n'y a rien de si difficile que *de n'être qu'un*.

Hâtons-nous de le dire : la supériorité que garde M. de La Mennais sur la plupart de ces hommes est grande encore : elle réside, non plus dans la foi, non plus dans l'ascendant de la position ; il est désormais en plaine comme nous tous ; mais (talent à part) il a l'ardeur du cœur, les trésors du dévouement, l'orgueil peut-être, mais un orgueil qui s'ignore lui-même et qui ne s'embarrasse jamais dans les ombrages de la vanité ni dans les réticences de l'égoïsme : il n'a jamais sacrifié une idée ni un sentiment à un intérêt. Il y a, en un mot, dans les débris du La Mennais chrétien, de quoi faire encore le plus vertueux, le plus fervent, le plus désintéressé des glorieux modernes, de même qu'il y a, dans les ruines de son autorité vraie, de quoi faire une popularité immense.

Le talent, ce don, cet instrument un peu particulier et qui ne suit pas nécessairement la loi de la vérité intérieure, a gagné chez M. de La Mennais en souplesse, en variété, en grâce et en coloris, sans perdre en force, à mesure que sa rigueur de foi a été davantage ébranlée. Nous en signalerons bientôt plus d'une trace, véritablement charmante, dans l'écrit dont nous avons à parler. Le météore est souvent plus riche et plus plaisant aux regards que l'astre.

Dès les premières lignes du livre, M. de La Mennais remarque que « le temps fuit de nos jours avec une telle rapidité, qu'en quelques années l'on voit s'accomplir ce qui jadis eût été l'œuvre d'un siècle ou même de plusieurs. » Cette idée sur la rapidité du temps et la multiplicité de ce qui s'y passe, qui est juste et même banale à un certain degré, devient propre à M. de La Mennais par la singulière préoccupation qu'elle a toujours formée dans son esprit. Dès ses premiers ouvrages, on le voit toujours en hâte au début et comme craignant d'arriver trop tard. J'ouvre les Mélanges de 1825 : « On ne lit plus..., on n'en a plus le temps.... Cette accélération de mouvement qui ne permet de rien enchaîner, de rien méditer, suffirait seule pour affaiblir, et, à la longue, pour détruire entièrement la raison humaine. » Et en tête du livre de *la Religion considérée dans ses rapports*, etc. (1826) : « On ne lit plus aujourd'hui les longs ouvrages ; ils fatiguent, ils ennuient ; l'esprit humain est las de lui-même, et le loisir manque aussi.... Dans le mouvement rapide qui emporte le monde, on n'écoute qu'en marchant.... » On peut observer en règle générale que, de même que les livres de M. de La Mennais commencent tous par une parole empressée sur la vitesse des choses et la hâte qu'il faut y mettre, ils finissent tous également par une espèce de prophétie absolue. Cette pensée ardente ne mesure pas le temps à la manière des autres hommes ; elle a son rhythme presque fébrile : l'horloge intérieure, qui dans cette tête n'obéit qu'à la mécanique rationnelle, n'est pas d'accord avec l'horloge extérieure du monde, qui, bien qu'elle aille vite, a pourtant ses frottements et ses retards. De là nombre de mécomptes, et beaucoup de rendez-vous solennels assignés en vain à la société et au genre humain dans chaque conclusion : la société, qui n'avait pas la même heure à son cadran, a fait défaut et n'est pas venue.

Le récit que M. de La Mennais donne de son voyage à Rome, se rapporte à l'année 1832 ; mais la rédaction en est bien postérieure et toute récente. Dès les premières pages, le désaccord du but d'alors avec le ton d'aujourd'hui nous a frappé. La vive et séduisante relation que fait l'auteur à partir de la descente du Rhône, sent plutôt le poëte amoureux de la nature et des monuments, je dirai presque le *touriste* de génie qui, après tant d'autres illustres voyageurs, sait rajeunir l'immortelle peinture, et non point le pèlerin véritablement inquiet, le persécuté soucieux, qui va consulter l'oracle des fidèles. Sur son passage à Avignon, par exemple, croirait-on qu'un pèlerin croyant eût dit : « Ce passé triste, mais non sans grandeur, remplit d'une émotion profonde l'âme de celui qui traverse ces silencieux débris, pour aller au loin chercher *d'autres débris, encore palpitants*, de la même puissance ? » Il y a là anachronisme, si l'on peut dire, entre le moment du voyage et le ton récent de la rédaction. J'ose affirmer que, si l'un des deux compagnons de voyage de l'illustre auteur abordait le même récit, il le ferait dans une impression toute différente. Au reste, ces pages de M. de La Mennais sont merveilleuses de jeunesse d'imagination, de transparence de couleur, et, par moments, de philosophique tristesse : « D'Antibes à Gênes, la route « côtoie presque toujours la mer, au sein de laquelle ses « bords charmants découpent leurs formes sinueuses et « variées, comme nos vies d'un instant dessinent leurs « fragiles contours dans la durée immense, éternelle. » Et plus loin, en Toscane, il nous montre çà et là, « à demi « caché sous des ronces et des herbes sèches, le sque- « lette de quelque village, semblable à un mort que ses « compagnons, dans leur fuite, n'auraient pu achever « d'ensevelir. » Mais, à peine avons-nous le pied dans les États romains, quelques prisonniers conduits par les *sbires* du pape, comme il dit, font contraste avec cette *simplicité naïve de foi* que l'auteur s'attribue encore par oubli, ou qui du moins ne devait pas tarder à s'évanouir. Cette contradiction, dans le courant du livre, est continuelle et frappante, je ne dis pas seulement pour un croyant, mais pour un lecteur exercé. A tout moment l'auteur se suppose le même, et il ne l'est pas. Il s'étonne que le cardinal Lambruschini, autrefois approbateur de ses actes et de ses doctrines, ne le soit plus, comme si *l'Avenir* et *le Conservateur* étaient la même chose. Il explique l'animosité des jésuites contre lui par un passage du livre des *Progrès de la Révolution* (1829), et il ajoute après avoir cité ce passage : « On conçoit donc pourquoi leur institut ne nous paraissait pas suffisamment approprié aux besoins d'une époque de lutte entre le pouvoir absolu des princes et la liberté des peuples, dont le triomphe à nos yeux *est assuré*, » et il oublie que, pour l'accord logique, il faudrait *était assuré*, ce qui serait inexact en fait, et même entièrement faux, puisqu'en 1829 ce n'était point par ce côté, mais par l'autre bout, qu'il remuait les questions sociales. Au milieu de ces oublis, de ces absences, où pourtant ne manquent jamais la bonne foi et la candeur, notez comme très-présent un portrait de feu le cardinal-duc de Rohan, qui est le plus joli, le plus vrai et le plus malin du monde.

On sent bien que je n'ai pas ici à défendre Rome contre M. de La Mennais, ni à chicaner M. de La Mennais sur sa rupture avec Rome. Ce que je ne puis m'empêcher de relever, c'est ce qui tient à la logique même, à la série d'idées et de doctrines du grand écrivain. Or, je trouve que, dans ses griefs contre Rome, il n'y a rien dont l'abbé de La Mennais l'ancien, celui d'autrefois, celui même de *l'Avenir*, pour nous en tenir là, n'eût eu de quoi se jouer si on lui en avait fait matière à objection. Car, que le pape lui témoignât plus ou moins de bon vouloir, plus ou moins de *gratitude* pour ses services passés, ou bien seulement *sévérité silencieuse* et *sèche indifférence*, c'était affaire de politesse et de manières, ce n'est pas de cela qu'il s'agissait avec lui fidèle et croyant. « Il n'existe, dit M. de La Mennais, pour chaque chose qu'un moment dans les affaires humaines, » et, selon lui, 1831 était ce moment. Or, la papauté, en manquant l'à-propos, et en proclamant alors certains principes politiques serviles, s'engageait dans une voie d'où elle ne pourrait plus revenir en aucun temps. Forcé donc d'opter entre la papauté, qui s'enchaînait à tout jamais à des principes faux, et l'indépendance absolue, il dut réfléchir beaucoup, dit-il, et aujourd'hui il se déclare émancipé. M. de La Mennais, en raisonnant ici comme le public, comme les philosophes et comme le sens commun, en se faisant lui-même juge du moment décisif pour l'humanité, est devenu semblable à presque tous, à part la supériorité du génie. Aussi, de tous côtés, les Volsques joyeux ont-ils reçu et choyé et poussé à leur tête Coriolan. Puisque l'auteur de *l'Indifférence* et le comte Joseph de Maistre sont morts, nous ne voyons pas qui le foudroiera.

Tout ce récit, au reste, du catholique détrompé, est fait

avec modération (1), et, comme il le dit plusieurs fois, avec candeur. « Chacun, ajoute-t-il, en tirera les conséquences qu'il croira devoir en tirer ; je n'ai ni la prétention ni le désir d'exercer aucune influence sur l'opinion d'autrui. » Mais quoi? de l'oubli encore? quoi? vous, apôtre par excellence, vous, l'homme de la certitude, prêtre fervent qui ne cessiez de nous exhorter, vous n'avez nul désir d'exercer influence sur autrui! Est-ce bien possible d'abdiquer brusquement de la sorte, et cela vous était-il permis? Rien n'est pire, sachez-le bien, que de provoquer à la *foi* les âmes et de les laisser là à l'improviste en délogeant. Rien ne les jette autant dans ce scepticisme qui vous est encore si en horreur, quoique vous n'ayez plus que du vague à y opposer. Combien j'ai su d'âmes espérantes que vous teniez et portiez avec vous dans votre besace de pèlerin, et qui, le sac jeté à terre, sont demeurées gisantes le long des fossés! L'opinion et le bruit flatteur, et de nouvelles âmes plus fraîches comme il s'en prend toujours au génie, font beaucoup oublier sans doute et consolent : mais je vous dénonce cet oubli, dût mon cri paraître une plainte!

À défaut de la *foi*, et après un désabusement aussi avoué sur des points importants crus vrais durant de longues années et prêchés avec certitude, ce qu'on a droit d'exiger du nouveau croyant pour son rôle futur de charité et d'éloquence, c'est, ce me semble, un léger doute parfois dans l'attaque ou dans la promesse : en un mot quelque chose de ce qu'on appelle expérience humaine, tempérant et guidant la fougue du génie. « Il y a, lui-même le confesse ex-
« cellemment, une certaine simplicité d'âme qui empêche
« de comprendre beaucoup de choses, et principalement

(1) Les croyants catholiques, je dois le dire, en ont jugé autrement; cette modération inaccoutumée dans les termes ne leur a paru qu'une arme de plus et qu'une rancune ironique mieux couverte, qui pourtant éclate dans l'implacable dilemme de la fin : « Il est au fond si implacable contre l'Église, disait quelqu'un, qu'il lui ôte même la chance du repentir! »

« celles dont se compose le monde réel. Sans s'attendre à le
« trouver parfait, ce qui ne serait pas seulement de la sim-
« plicité, mais de la folie, on se figure qu'entre lui et le
« type idéal qu'on s'en est formé d'après les maximes spé-
« culativement admises, il existe au moins quelque analo-
« gie. Rien de plus trompeur que cette pensée.... » Esprit
élevé et *candide*, mais ainsi prévenu par ce qu'il appelle
une longue erreur, il se doit, il doit à tous, en ses assertions d'aujourd'hui, de ne pas recommencer la même simplicité de cœur, la même crédulité aux hommes, la même
enfance. Dans les conclusions du présent livre sur le *vrai*
christianisme qui doit désormais régir le monde, je remarque avec peine la même intrépidité de prédiction que quand
l'auteur des *Réflexions sur l'État de l'Église* (1808) s'écriait
en terminant : « Non, ce n'est pas à l'Église à craindre....
« Les siècles s'évanouiront, le temps lui-même passera ;
« mais l'Église ne passera jamais. Immuablement fixées
« par le Très-Haut, ses destinées s'accompliront malgré les
« hommes, malgré les haines, les fureurs, les persécutions,
« ET LES PORTES DE L'ENFER NE PRÉVAUDRONT POINT CONTRE
« ELLE; » ou bien quand il écrivait, en 1826, à la fin de *la
Religion considérée*, etc. : « S'il est dans les desseins de
« Dieu que ce monde renaisse, alors voici ce qui arrivera.
« Après d'affreux désordres, des bouleversements prodi-
« gieux, des maux tels que la terre n'en a point connu en-
« core, les peuples, épuisés de souffrances, regarderont le
« Ciel. Ils lui demanderont de les sauver, etc., etc. Si, au
« contraire, ceci est la fin, et que le monde soit condamné,
« au lieu de rassembler ces débris, ces ossements des peu-
« ples, et de les ranimer, l'Église passera dessus et s'élè-
« vera au séjour qui lui est promis, en chantant l'hymne
« de l'Éternité ; » ou bien quand, à la fin des *Progrès de
la Révolution*, en 1829, il écrivait : « Vient le temps où il
« sera dit *à ceux qui sont dans les ténèbres : Voyez la lu-
« mière!* et ils se lèveront, et, le regard fixé sur cette divine
« splendeur, dans le repentir et dans l'étonnement, ils ado-
« reront, pleins de joie, Celui qui répare tout désordre,

« révèle toute vérité, éclaire toute intelligence : ORIENS EX
« ALTO. » Il peut paraître piquant, il est surtout triste d'embrasser dans un même tableau la suite de ces prophéties diverses et toujours aussi certaines.

Je trouve aux dernières pages du présent volume deux phrases sévères, l'une contre le protestantisme appelé *système bâtard*, etc., l'autre contre *ces tentatives non moins vaines qu'ardentes*, etc.; c'est du saint-simonisme qu'il s'agit. Il me semble qu'il y a injustice à venir accuser le protestantisme, au moment où soi-même on ne fait autre chose que protester contre Rome et rentrer dans l'interprétation individuelle. Il y a de plus, envers le saint-simonisme, qui, à un certain moment, s'est appelé le *nouveau christianisme*, une sorte d'ingratitude à lui reprocher sa tentative qu'on imite : car c'est bien à lui qu'appartient cette pensée, mise en œuvre depuis, que *le salaire n'est que l'esclavage prolongé*. Au reste, M. de La Mennais est tenu de nous donner, sur ce point du *vrai* christianisme qu'il professe aujourd'hui, des explications plus précises. Croit-il au mal? Croit-il à la réhabilitation de la matière, comme on dit? Son principe de liberté, qui est tout protestant, l'empêche d'être du christianisme organique, comme l'entend M. Buchez. Sa manière de *philosopher* le christianisme est-elle tout simplement, avec plus de ferveur et d'impulsion, un pur déisme avec morale évangélique, comme par exemple la religion de MM. Jouffroy et Damiron, et, si l'on veut aller au plus loin dans ce sens, est-elle un *socinianisme humanitaire?* En vérité, jusqu'à nouvel ordre, jusqu'à ce que M. de La Mennais ait articulé expressément l'ingrédient caractéristique de son véritable christianisme, je penche pour cette dernière supposition. En tout cas, on a droit de réclamer là-dessus d'autre parole que celle-ci (page 179) : « Des sentiments nouveaux, de nou« velles pensées annoncent une ère nouvelle. » Ces derniers temps ont un peu trop usé le vague du symbole.

On prendrait, d'après notre sèche discussion, une idée bien inexacte du dernier livre de M. de La Mennais, si l'on

ne s'attendait pas cependant à y trouver un vrai charme de récit, et, sauf le deuil de la foi perdue, auquel peu de lecteurs seront sensibles, bien des richesses d'une grande âme restée naïve. La gaieté elle-même n'en est pas absente : je n'en veux pour preuve que cette page légère où se jouent toutes les grâces d'ironie d'une plume laïque et mondaine. Les voyageurs, las d'attendre l'*Encyclique* qui ne devait les joindre qu'en route, quittèrent Rome en frétant un voiturin : « Cette manière de voyager, lorsque rien ne vous
« presse, dit l'auteur, est la plus agréable que puissent
« choisir ceux qui doivent rechercher une stricte économie.
« On séjourne, on voit mieux le pays que dans les voitures
« publiques. Notre bon Pasquale, toujours d'humeur égale,
« abrégeait nos longues heures de marche par sa conver-
« sation spirituellement naïve. Représentez-vous une large
« figure pleine et ronde, empreinte d'un singulier mélange
« de simplicité et de finesse malicieuse; voilà Pasquale. Il
« fallait l'entendre raconter comment, retenu au lit pendant
« quarante jours par une jambe cassée, il revint à Rome
« juste à temps pour ne pas trouver sa femme remariée :
« ce n'est pas que sa douleur eût été inconsolable, si le se-
« cond mariage avait rompu le premier; car, libre alors,
« peut-être serait-il devenu cardinal, peut-être pape, qui sait?
« on avait vu des choses plus extraordinaires. Pourquoi pas
« lui autant qu'un autre? Ne valait-il pas bien celui-ci,
« celui-là? Un peu de bonheur, un peu de faveur, on arrive
« à tout avec cela. Et quelle douce vie pour Pasquale! que
« de loisir, que de repos! que de *far niente!* Je supprime
« le reste : j'ai voulu seulement donner une idée du genre
« d'esprit qui caractérise le peuple romain, et de sa mor-
« dante verve. » — Le président de Brosses eût-il mieux conté? Jean-Jacques en belle humeur eût-il mieux dit?

Quoi qu'il en soit du charme et de la souplesse de l'expression dans ce remarquable écrit, c'est autrement qu'il me frappe, et plus profondément. Si je voulais donner à un jeune homme de vingt ans, enthousiaste, enorgueilli de doctrines absolues, la plus haute leçon de philosophie pratique (soit philosophie chrétienne, soit philosophie humaine), je le lui ferais lire, et, aussitôt le volume achevé, je lui mettrais entre les mains le livre de *la Religion considérée dans ses Rapports*, etc., etc.; par le même auteur. Ces Russes qui, dit-on, au sortir d'un bal, courent se plonger nus dans la neige, n'éprouvent certes pas une impression plus violemment contradictoire que n'en ressentirait ce jeune homme tout ému de sa première lecture, et venant se heurter contre des assertions si opposées, également logiques, également éloquentes, également sincères! Et alors, si tant est que les leçons servent et qu'on devance l'âge, je croirais avoir beaucoup fait pour ce jeune homme, soit que la foi et la soumission chrétienne dussent résulter pour lui de son étonnement, soit qu'un scepticisme sagement méfiant dût désormais se mêler à ses impressions les plus vives, et hâter la maturité de sa raison d'homme aux dépens des faux enthousiasmes du disciple. — Il est un chapitre bien essentiel à ajouter au livre connu de Huet : on pourrait l'intituler, *De la faiblesse de l'esprit humain*, AU MOMENT DU PLUS GRAND TALENT, *dans les grands hommes* (1).

15 novembre 1836.

(1) *Grand homme*, en cette prose un peu flottante encore du xviie siècle, c'est-à-dire *grand esprit, grand écrivain*.

LAMARTINE.

1832.

De tout temps et même dans les âges les plus troublés, les moins assujettis à une discipline et à une croyance, il y a eu des âmes tendres, pénétrées, ferventes, ravies d'infinis désirs et ramenées par un naturel essor aux régions absolues du Vrai, de la Beauté et de l'Amour. Ce monde spirituel des vérités et des essences, dont Platon a figuré l'idée sublime aux sages de notre occident, et dont le Christ a fait quelque chose de bon, de vivant et d'accessible à tous, ne s'est jamais depuis lors éclipsé sur notre terre : toujours, et jusque dans les tumultueux déchirements, dans la poussière des luttes humaines, quelques témoins fidèles en ont entendu l'harmonie, en ont glorifié la lumière et ont vécu en s'efforçant de le gagner. Le plus haut type, parmi ceux qui ont produit leur pensée sur ces matières divines, est assurément Dante, comme le plus édifiant parmi ceux qui ont agi d'après les divines prescriptions est saint Vincent de Paul. Pour ne parler ici que des premiers, de ceux qui ont écrit, des théologiens, théosophes, philosophes et poëtes (Dante était tout cela), on vit par malheur, dans les siècles qui suivirent, un démembrement successif, un isolement des facultés et fonctions que le grand homme avait réunies en lui : et ce démembrement ne fut autre que celui du catholicisme même. La théologie cessa de tout comprendre et de plonger dans le sol immense qui la nourrissait : elle se dessécha peu à peu, et ne poussa plus que des ronces. La philosophie, se séparant d'elle, s'irrita et devint un instrument ennemi, une hache de révolte contre l'arbre révéré. Les poëtes et artistes, s'inspirant moins à la source de toute vie et de toute création, déchurent du premier rang où ils siégeaient dans la personne de Dante, et la plupart finirent par retomber à ce sixième degré où Platon les avait relégués au bas de l'échelle des âmes, un peu au-dessus des ouvriers et des laboureurs. La théosophie, c'est-à-dire l'esprit intelligent et intime des religions, s'égara, tarit comme une eau hors de son calice, ou bien se réfugia dans quelques cœurs et s'y vaporisa en mystiques nuées. C'est là que les choses en étaient venues au dix-huitième siècle, principalement en France. Et pourtant les âmes tendres, élevées, croyant à l'exil de la vie et à la réalité de l'invisible, n'avaient pas disparu ; la religion, sous ses formes rétrécies, en abritait encore beaucoup ; la philosophie dominante en détournait quelques-unes sans les opprimer entièrement. Mais toutes manquaient d'organe général et harmonieux, d'interprète à leurs vœux et à leurs soupirs, de poëte selon le sens animé du mot. Racine, dans quelques portions de son œuvre, dans les chœurs de ses tragédies bibliques, dans le trop petit nombre de ses hymnes imités de saint Paul et d'ailleurs, avait laissé échapper d'adorables accents, empreints de signes profonds sous leur mélodieuse faiblesse. En essayant de les continuer, d'en faire entendre de semblables, non point parce qu'il sentait de même, mais parce qu'il visait à un genre littéraire, Jean-Baptiste égarait toute spiritualité dans les échos de ses rimes sonores : Racine fils, bien débile sans doute, était plus voisin de son noble père, plus vraiment touché d'un des pâles rayons. Mais où trouver l'âme sacrée qui chante? Fénelon n'avait pas de successeur pour la tendresse insinuante et fleurie, pas plus que Malebranche pour l'ordre majestueux et lucide. En même temps que l'esprit grave, mélancolique, de Vauvenargues, retardé par le scepticisme, s'éteint avant d'avoir pu s'appliquer à la philosophie religieuse où il aspire, des natures sensibles, délicates, fragiles et repentantes, comme mademoiselle Aïssé, l'abbé Prévost, Gresset, se font entrevoir et se trahissent par de vagues plaintes; mais une voix expressive manque à leurs émotions; leur monde intérieur ne se figure ni ne se module en aucun endroit. Plus tard, Diderot et Rousseau, puissances incohérentes, eurent en eux de grandes et belles parties d'inspiration; ils ouvrent des jours magnifiques sur la nature extérieure et sur l'âme; mais ils se plaisent aussi à déchaîner les ténèbres. C'est une pâture mêlée et qui n'est pas saine que la leur. La raison s'y gonfle, le cœur s'y dérange, et ils n'indiquent aucune guérison. Ils n'ont rien de soumis ni de constamment simple : la colère en eux contrarie l'amour. Cela est encore plus vrai de Voltaire, qui toutefois dans certains passages de *Zaïre*, surtout dans quelques-unes de ses poésies diverses, a effleuré des cordes touchantes, deviné de secrets soupirs, mais ne l'a fait qu'à la traverse et par caprices rapides. Il y a de la rage et trop d'insulte dans les cris étouffés de Gilbert. Un homme, un homme seul au dix-huitième siècle, nous semble recueillir en lui, amonceler dans son sein et n'exhaler qu'avec mystère tout ce qui tarissait ailleurs de pieux, de lucide et de doux, tout ce qui s'aigrissait au souffle du siècle dans de bien nobles âmes; humilité, sincérité parfaite, goût de silence et de solitude, inextinguibles élancements de prière et de désir, encens perpétuel, harpe voilée, lampe du sanctuaire, c'était là le secret de son être, à lui; cette nature mystique, ornée des dons les plus subtils, éveille l'idée des plus saints emblèmes. Au milieu d'une philosophie matérialiste envahissante et d'un christianisme de plus en plus appesanti, la quintessence religieuse s'était réfugiée en sa pensée comme en un vase symbolique, soustrait aux regards vulgaires. Ce personnage, alors in-

connu et bien oublié de nos jours, qui s'appelait lui-même à travers le désert bruyant de son époque le *Robinson de la spiritualité*, que M. de Maistre a nommé le plus aimable et le plus élégant des théosophes, créature de prédilection véritablement faite pour aimer, pour croire et pour prier, Saint-Martin s'écriait, en s'adressant de bien loin aux hommes de son temps, dans ce langage fluide et comme imprégné d'ambroisie, qui est le sien : « Non,
« homme, objet cher et sacré pour mon cœur, je ne crain-
« drai point de t'avoir abusé en te peignant ta destinée
« sous des couleurs si consolantes. Regarde-toi au mi-
« lieu de ces secrètes et intérieures insinuations qui sti-
« mulent si souvent ton âme, au milieu de toutes les
« pensées pures et lumineuses qui dardent si souvent
« sur ton esprit, au milieu de tous les faits et de tous les
« tableaux des êtres pensants, visibles et invisibles, au
« milieu de tous les merveilleux phénomènes de la na-
« ture physique, au milieu de tes propres œuvres et de tes
« propres productions; regarde-toi comme au milieu
« d'autant de *religions* ou au milieu d'autant d'objets
« qui tendent à se rallier à l'immuable vérité. Pense avec
« un religieux transport que toutes ces religions ne cher-
« chent qu'à ouvrir tes organes et tes facultés aux sources
« de l'admiration dont tu as besoin.... Marchons donc
« ensemble avec vénération dans ces temples nombreux
« que nous rencontrons à tous les pas, et ne cessons pas
« un instant de nous croire dans les avenues du Saint
« des Saints. » N'est-ce pas un prélude des *Harmonies* qu'on entend? Un bon nombre des psaumes ou cantiques, qui composent *l'Homme de Désir*, pourraient passer pour de larges et mouvants canevas, jetés par notre illustre contemporain, dans un de ces moments d'ineffable ébriété où il chante :

> Encore un hymne, ô ma lyre !
> Un hymne pour le Seigneur !
> Un hymne dans mon délire,
> Un hymne dans mon bonheur !

Aux soi-disant poëtes de son époque qui dépensaient leurs rimes sur des descriptions, des tragédies ou des épopées, toutes de convention et d'artifice, Saint-Martin fait honte de ce matérialisme de l'art :

> Mais voyez à quel point va votre inconséquence !
> Vous vous dites sans cesse inspirés par les cieux,
> Et vous ne frappez plus notre oreille, nos yeux,
> Que par le seul tableau des choses de la terre ;
> Quelques traits copiés de l'ordre élémentaire,
> Les erreurs des mortels, leurs fausses passions,
> Les récits du passé, quelques prédictions
> Que vous ne recevez que de votre mémoire,
> Et qu'il vous faut suspendre où s'arrête l'histoire ;
> Voilà tous vos moyens, voilà tous les trésors
> Dont vous fassent jouir vos plus ardents efforts !

Par malheur, Saint-Martin lui-même, ce réservoir immense d'onction et d'amour, n'avait qu'un instrument incomplet pour se répandre ; le peu de poésie qu'il a essayée, et dont nous venons de donner un échantillon, est à peine tolérable ; bien plus, il n'eut jamais l'intention d'être pleinement compris. Lié à des doctrines occultes, s'environnant d'obscurités volontaires, tourné en dedans et en haut, il n'est là, en quelque sorte, que pour perpétuer la tradition spiritualiste dans une vivacité sans mélange, pour protester devant Dieu par sa présence inaperçue, pour prier angéliquement derrière la montagne durant la victoire passagère des géants. J'ignore s'il a gagné aux voies trop détournées, où il s'est tenu, beaucoup d'âmes de mystère ; mais il n'a en rien touché le grand nombre des âmes accessibles d'ailleurs aux belles et bonnes paroles, et dignes de consolation. Il faut, en effet, pour arriver à elles, pour prétendre à les ravir et à être nommé d'elles leur bienfaiteur, joindre à un fonds aussi précieux, aussi excellent que celui de *l'Homme de Désir*, une expression peinte aux yeux sans énigme, la forme à la fois intelligente et enchanteresse, la beauté rayonnante, idéale, mais suffisamment humaine, l'image simple et parlante comme l'employaient Virgile et Fénelon, de ces images dont la nature est semée, et qui répondent à nos secrètes empreintes; il faut être un homme du milieu de ce monde, avoir peut-être moins purement vécu que le théosophe, sans que pourtant le sentiment du Saint se soit jamais affaibli au cœur; il faut enfin croire en soi et oser, ne pas être humble de l'humilité contrite des solitaires, et aimer un peu la gloire comme l'aimaient ces poëtes chrétiens qu'on couronnait au Capitole.

Rousseau, disions-nous, avait eu de grandes parties d'inspiration; il avait prêté un admirable langage à une foule de mouvements obscurs de l'âme et d'harmonies éparses dans la nature. La misanthropie et l'orgueil qui venaient à la traverse, les perpétuelles discussions qui entrecoupent ses rêveries, le recours aux hypothèses hasardées, et, pour parler juste, un génie politique et logique, qui ne se pouvait contraindre, firent de lui autre chose qu'un poëte qui charme, inonde et apaise. Et puis c'était de la prose; or, la prose, si belle, si grave, si rhythmique qu'on la fasse (et quelle prose que celle de Jean-Jacques!), n'est jamais un chant. A Rousseau, par une filiation plus ou moins soutenue, mais étroite et certaine à l'origine, se rattachent Bernardin de Saint-Pierre, madame de Staël et M. de Chateaubriand. Tous les trois se prirent de préférence au côté spiritualiste, rêveur, enthousiaste, de leur auteur, et le fécondèrent selon leur propre génie. Madame de Staël se lança dans une philosophie vague sans doute et qui, après quelque velléité de stoïcisme, devint bientôt abandonnée, sentimentale, mais resta toujours adoratrice et bienveillante. Bernardin de Saint-Pierre répandit sur tous ses écrits la teinte évangélique du Vicaire savoyard. M. de Chateaubriand, sorti d'une première incertitude, remonta jusqu'aux autels catholiques dont il fêta la dédicace nouvelle. Ces deux derniers, qui, sous l'appareil de la philanthropie ou de l'orthodoxie, couvraient des portions de tristesse chagrine et de préoccupation assez amère, dont il n'y a pas trace chez leur rivale expansive, avaient le mérite de sentir, de peindre, bien autrement qu'elle, cette nature solitaire qui, tant de fois, les avait consolés des hommes ; ils étaient vraiment religieux par là, tandis qu'Elle, elle était plutôt religieuse en vertu de ses sympathies humaines. Chez tous les trois, ce développement plein de grandeur auquel, dans l'espace de vingt-cinq années, on dut les *Études* et les *Harmonies de la Nature, Delphine* et *Corinne*, le *Génie du Christianisme* et *les Martyrs*, s'accomplissait au moyen d'une prose riche, épanouie, cadencée, souvent métaphysique chez madame de Staël, purement poétique dans les deux autres, et d'autant plus désespérante, en somme, qu'elle n'avait pour pendant et vis-à-vis que les jolis miracles de la versification delillienne. Mais Lamartine était né.

Ce n'est plus de Jean-Jacques qu'émane directement Lamartine ; c'est de Bernardin de Saint-Pierre, de M. de Chateaubriand et de lui-même. La lecture de Bernardin de Saint-Pierre produit une délicieuse impression dans la première jeunesse. Il a peu d'idées, des systèmes importuns, une modestie fausse, une prétention à l'ignorance, qui revient toujours et impatiente un peu ; mais il sent la nature, il l'adore, il l'embrasse sous ses aspects magiques, par masses confuses, au sein des clairs de lune où elle est baignée ; il a des mots d'un effet musical et qu'il place dans son style comme des harpes éoliennes, pour nous ravir en rêverie. Que de fois, enfant, le soir, le long des routes, je me suis surpris répétant avec des pleurs son invocation aux forêts et à leurs *résonnantes clairières!* Lamartine, vers 1808, devait beaucoup lire les *Études* de Bernardin ; il devait dès lors s'initier par lui au secret de ces voluptueuses couleurs dont plus tard il a peint dans *le Lac* son souvenir le plus chéri :

> Qu'il soit dans le zéphyr qui frémit et qui passe,
> Dans les bruits de tes bords par tes bords répétés,
> Dans l'astre au front d'argent qui blanchit ta surface
> De ses molles clartés !

Le génie pittoresque du prosateur a passé tout entier en cette muse : il s'y est éclipsé et s'est détruit lui-même en la nourrissant. Aussi, à part *Paul et Virginie*, que rien ne saurait atteindre, Lamartine dispense à peu près aujourd'hui de la lecture de Bernardin de Saint-Pierre ; quand on nommera les *Harmonies*, c'est uniquement de celles du poëte que la postérité entendra parler. Lamartine, vers le même temps, aima et lut sans doute beaucoup le *Génie du Christianisme*, *René* : si sa simplicité, ses instincts de goût sans labeur ne s'accommodaient qu'imparfaitement de quelques traits de ces ouvrages, son éducation religieuse, non moins que son anxiété intérieure, le disposait à en saisir les beautés sans nombre. Quand il s'écrie à la fin de *l'Isolement*, dans la première des premières *Méditations :*

> Et moi je suis semblable à la feuille flétrie....
> Emportez-moi comme elle, orageux aquilons !

il n'est que l'écho un peu affaibli de cette autre voix impétueuse : *Levez-vous, orages désirés, qui devez emporter René*, etc. Rousseau, je le sais, agit aussi très-puissamment sur Lamartine ; mais ce fut surtout à travers Bernardin de Saint-Pierre et M. de Chateaubriand qu'il le sentit. Il n'eut rien de Werther ; il ne connut guère Byron de bonne heure, et même il en savait peu de chose au delà du renom fantastique qui circulait, quand il lui adressa sa magnifique remontrance. Son génie préexistait à toute influence lointaine. André Chénier, dont la publication tardive (1819) a donné l'éveil à de bien nobles muses, particulièrement à celle de M. Alfred de Vigny, resta, jusqu'à ces derniers temps, inaperçu et, disons-le, méconnu de Lamartine, qui n'avait rien, il est vrai, à tirer de ce mode d'inspiration antique, et dont le style était déjà né de lui-même à la source de ses pensées. J'oserai affirmer, sans crainte de démenti, que, si les poésies fugitives de Ducis sont tombées aux mains de Lamartine, elles l'ont plus ému dans leur douce cordialité et plus animé à produire, que ne l'eussent fait les poésies d'André, quand elles auraient paru dix ans plus tôt. Il ne goûte, il ne vénère que depuis assez peu d'années Pétrarque, le grand élégiaque chrétien, et son plus illustre ancêtre. Saint-Martin, que j'ai nommé, n'aura jamais été probablement de sa bien étroite connaissance. Lamartine n'est pas un homme qui élabore et qui cherche ; il ramasse, il sème, il moissonne sur sa route ; il passe à côté, il néglige ou laisse tomber de ses mains ; sa ressource surabondante est en lui ; il ne veut que ce qui lui demeure facile et toujours présent. Simple et immense, paisiblement irrésistible, il lui a été donné d'unir la profusion des peintures naturelles, l'esprit d'élévation des spiritualistes fervents, et l'ensemble des vérités en dépôt au fond des moindres cœurs. C'est une sensibilité reposée, méditative, avec le goût des mouvements et des spectacles de la vie, le génie de la solitude avec l'amour des hommes, une ravissante volupté sous les dogmes de la morale universelle. Sa plus haute poésie traduit toujours le plus familier christianisme et s'interprète à son tour par lui. Son âme est comme l'idéal accompli de la généralité des âmes que l'ironie n'a pas desséchées, que la nouveauté n'enivre pas immodérément, que les agitations mondaines laissent encore délicates et libres. Et en même temps, sa forme, la moins circonscrite, la moins matérielle, la plus diffusible des formes dont jamais langage humain ait revêtu une pensée de poëte, est d'un symbole constant, partout lucide et immédiatement perceptible(1).

(1) Dans un article inséré au *Globe*, le 20 juin 1830, lors de la publication des *Harmonies*, on lit : «..... M. de Lamartine, par cela même qu'il range humblement sa poésie aux vérités de la tradition, qu'il voit et juge le monde et la vie suivant qu'on nous a appris dès l'enfance à les juger et à les voir, répond merveilleusement à la pensée de tous ceux qui ont gardé ces premières impressions, ou qui, les ayant rejetées plus tard, s'en souviennent encore avec un regret mêlé d'attendrissement. Il se trompe lorsqu'il dit dans sa préface que ses vers ne s'adressent qu'à un petit nombre. De toutes les poésies de nos jours, aucune n'est autant que la sienne selon le cœur des femmes, des jeunes filles, des hommes accessibles aux émotions pieuses et tendres. Sa mo-

Alphonse de Lamartine est né à Mâcon, en octobre 90, c'est-à-dire en pleine révolution. Son grand-père avait

rale est celle que nous savons : il nous répète avec un charme nouveau ce qu'on nous a dit mille fois, nous fait repasser avec de douces larmes ce que nous avons senti, et l'on est tout surpris en l'écoutant de s'entendre soi-même chanter ou gémir par la voix sublime d'un poëte. C'est une aimable beauté de cœur et de génie qui nous ravit et nous touche par toutes les images connues, par tous les sentiments éprouvés, par toutes les vérités lumineuses et éternelles. Cette manière de comprendre les diverses heures du jour, l'aube, le matin, le crépuscule, d'interpréter la couleur des nuages, le murmure des eaux, le bruissement des bois, nous était déjà obscurément familière avant que le poëte nous la rendît vivante par le souffle harmonieux de sa parole. Il dégage en nous, il ravive, il divinise ces empreintes chères à nos sens, et dont tant de fois s'est peinte notre prunelle, ces comparaisons presque innées, les premières qui se soient gravées dans le miroir de nos âmes. Nul effort, nulle réflexion pénible pour arriver où sa philosophie nous porte. Il nous prend où nous sommes, chemine quelque temps avec les plus simples, et ne s'élève que par les côtés où le cœur surtout peut s'élever. Ses idées sur l'Amour et la Beauté, sur la mort et l'autre vie, sont telles que chacun les pressent, les rêve et les aime. Sans doute, et nous nous plaisons à le dire, il est aujourd'hui sur ces points d'autres interprétations non moins hautes, d'autres solutions non moins poétiques, qui, plus détournées de la route commune, plus à part de toute tradition, dénotent, chez les poëtes qui y atteignent, une singulière vigueur de génie, une portée immense d'originalité individuelle. Mais c'est aussi une espèce d'originalité bien rare et désirable que celle qui s'accommode si aisément des idées reçues, des sentiments consacrés, des préjugés de jeunes filles et de vieillards; qui parle de la mort comme en pense l'humble femme qui prie, comme il en est parlé depuis un temps immémorial dans l'église ou dans la famille, et qui trouve en répétant ces doctrines de tous les jours une sublimité sans efforts, et pourtant inouïe jusqu'à présent, etc., etc....»
— J'ajouterai un trait encore qui reproduit et termine la même idée sous forme d'image sensible : « Comment M. de Lamartine est-il si populaire en même temps qu'il est si élevé ? » me demandait un jour un homme que ce problème intéresse à bon droit (*Ballanche*), parce que la popularité du succès n'a point jusqu'ici répondu pour lui à l'élévation de la pensée et du talent. — «C'est que M. de Lamartine, lui dis-je, part toujours d'un sentiment commun, moral, et d'une morale dont tous ont le germe au cœur, et presque l'expression sur les lèvres. D'autres s'élèvent aussi haut, mais ne le font pas dans la même ligne d'idées et de sentiments communs à tous! Il est comme un cygne s'enlevant du milieu de la foule qui l'a vu et aimé, pendant qu'il mar-

exercé autrefois une charge dans la maison d'Orléans, et s'était ensuite retiré en province. La révolution frappa sa famille comme toutes celles qui tenaient à l'ordre ancien par leur naissance et leurs opinions : les plus reculés souvenirs de Lamartine le reportent à la maison d'arrêt où on le menait visiter son père. Au sortir de la Terreur, et pour traverser les années encore difficiles qui suivirent, ses parents vécurent confinés dans cette terre obscure de Milly, que le poëte a si pieusement illustrée, comme M. de Chateaubriand a fait pour Combourg, comme Victor Hugo pour les Feuillantines. Il passa là, avec ses sœurs, une longue et innocente enfance, libre, rustique, errant à la manière du ménestrel de Beattie, formé pourtant à l'excellence morale et à cette perfection de cœur qui le caractérise, par les soins d'une admirable mère(1), dont il est, assure-t-on, toute l'image. Une personne grave et peu habituée aux compa-

chait et nageait à côté d'elle; elle le suit jusque dans le ciel où il plane, comme l'un des siens ayant seulement de plus le don du chant et des ailes; tandis que d'autres sont plutôt des cygnes sauvages, des aigles inabordables, qui prennent leur essor aussi sublime du haut des forêts désertes et des cimes infréquentées; la foule les voit de loin, mais sans trop comprendre d'où ils sont partis, et ne les suit pas avec le même intérêt sympathique, intelligent. »

(1) « Ma mère avait reçu de sa mère au lit de mort une belle Bible de « Royaumont, dans laquelle elle m'apprenait à lire quand j'étais petit « enfant. Elle était douée par la nature d'une âme aussi pieuse que ten- « dre, et de l'imagination la plus sensible et la plus colorée : toutes ses « pensées étaient sentiments, tous ses sentiments étaient images. Sa « belle et noble et suave figure réfléchissait dans sa physionomie rayon- « nante tout ce qui brûlait dans son cœur, tout ce qui se peignait dans « sa pensée, et le son argentin, affectueux, solennel et passionné de sa « voix ajoutait à tout ce qu'elle disait un accent de force, de charme et « d'amour qui retentit encore en ce moment dans mon oreille, hélas ! « après six ans de silence! etc. » (*Voyage en Orient.*) Et ailleurs : « Ma « mère m'avait fait chrétien, j'avais quelquefois cessé de l'être dans les « jours les moins bons et les moins purs de ma première jeunesse. Le « malheur et l'amour, l'amour complet qui purifie tout ce qu'il brûle, « m'avait également repoussé plus tard dans ce premier asile de mes « pensées. » Et encore : « Les versets, les lambeaux de psaumes que j'ai « si souvent entendu murmurer à voix basse à ma mère en se promenant « le soir dans l'allée du jardin de Milly, me reviennent en mémoire. »

raisons poétiques, qui avait en ce temps l'occasion de le voir avec ses sœurs sous l'aile de la mère, ne pouvait s'empêcher de comparer cette jeune famille aimable et d'un essor si naturel à une couvée de colombes. Quand tout n'était que bouleversement et tempête, comment ce doux nid était-il venu à éclore sur la colline pierreuse? Demandez à Celui qui voulut vêtir le lis du vallon et qui fait fleurir le désert! — Le jeune Lamartine ne laissa cette vie domestique que pour aller à Belley, au collége des Pères de la Foi; moins heureux qu'à Milly, il y trouva cependant du charme, des amis qu'il garda toujours, des guides indulgents et faciles, auxquels il disait en les quittant :

> Aimables sectateurs d'une aimable sagesse,
> Bientôt je ne vous verrai plus !

Sans parler de tout ce qu'il y avait de primitivement affable dans la belle âme de Lamartine, on doit peut-être à cette éducation paternelle de Belley de n'y avoir rien déposé de timide et de farouche, comme il est arrivé trop souvent chez d'autres natures sensibles de notre âge. Après le collége, vers 1809, Lamartine vécut à Lyon, et fit, je crois, dès ce temps, un premier voyage et séjour en Italie (1). Il fut ensuite à Paris, s'y laissa aller, bien qu'avec décence, à l'entraînement des amitiés et de la jeunesse, distrait de ses principes, obscurci dans ses croyances, jamais impie ni raisonneur systématique; versifiant beaucoup dès lors, jusque dans ses lettres familières, songeant à la gloire poétique, à celle du théâtre en particulier; d'ailleurs assez mécontent du sort et trouvant mal de quoi satisfaire à ses goûts innés de noble aisance et de grandeur. La fortune, en effet, qu'il obtint plus tard de son chef par héritage d'un oncle, n'était pas près de lui venir, et, comme tous les fils de famille, il sentait quelque gêne de sa dépendance. En

---

(1) Il visita en effet l'Italie en 1810 et 1811 : il dut y relire *Corinne*, et lui-même (dans ses *Destinées de la Poésie*) a confessé et proclamé cette influence de madame de Staël.

1813, sa santé s'étant altérée, il revit l'Italie; un certain nombre de vers des *Méditations* et beaucoup de souvenirs dont le poëte a fait usage par la suite datent de ce voyage: *le Premier Regret* des *Harmonies* s'y rapporte probablement. La chute de l'empire et la restauration apportèrent de notables changements dans la destinée de Lamartine. Il était né et avait grandi dans des sentiments opposés à la révolution : il n'avait jamais adopté l'empire et ne l'avait pas servi. En 1814, il entra dans une compagnie des gardes du corps. Son royalisme pourtant se conciliait déjà avec des idées libérales et constitutionnelles : il avait même composé une brochure politique dans ce sens, qui ne fut pas publiée, faute de libraire. Après les Cent-Jours, Lamartine ne reprit point de service : une passion partagée, dont il a éternisé le céleste objet sous le nom d'Elvire, semble l'avoir occupé tout entier à cette époque. Nous nous garderons de soulever le plus léger coin du voile étincelant et sacré dont brille de loin aux yeux cette mystérieuse figure. Nous nous bornerons à remarquer qu'Elvire n'a point fait avec son poëte le voyage d'Italie, et que le lac célébré n'est autre que celui du Bourget. Toutes les scènes qui ont pour cadre l'Italie, principalement dans les secondes *Méditations*, ne se rapportent donc pas originairement à l'idée d'Elvire, à laquelle je les crois antérieures (1); ou bien elles auront été combinées, transposées sur son souvenir par une fiction ordinaire aux poëtes. La mort d'Elvire, une maladie mortelle de l'amant(2), son retour à Dieu, le sacrifice qu'il fait, durant sa maladie, de poésies anciennes et

---

(1) Toutes ne sont pas antérieures. Je conjecture que l'élégie intitulée *Tristesse : Ramenez-moi, disais-je, etc.*, etc., peut remonter jusqu'à 1813. Mais *Ischia*, le *Chant d'Amour*, la première partie des *Préludes*, comme aussi la dédicace de *Childe-Harold*, eurent pour objet d'inspiration la personne si rare qui est devenue la compagne des destinées de M. de Lamartine.

(2) On lit vers le début du *Voyage en Orient* : « J'emmène avec moi « M. Amédée de Parseval; nous avons été liés dès notre plus tendre « jeunesse par une affection qu'aucune époque de notre vie n'a trouvée « en défaut.... Quand j'étais, il y a quinze ans, à Paris, seul, malade,

moins graves, quoique assurément avouables devant les hommes, tels sont les événements qui précèdent l'apparition des *Méditations poétiques*, laquelle eut lieu dans les premiers mois de 1820. Le succès soudain qu'elles obtinrent fut le plus éclatant du siècle depuis *le Génie du Christianisme;* il n'y eut qu'une voix pour s'écrier et applaudir. Le nom de l'auteur, qui ne se trouvait pas sur la première édition, devint instantanément glorieux : mille fables, mille conjectures empressées s'y mêlèrent. Docile aux désirs de sa famille, Lamartine profita de sa réussite pour mettre un pied dans la carrière diplomatique, et il fut attaché à la légation de Florence. La renommée, un héritage opulent, un mariage conforme à ses goûts et où il devait rencontrer un dévouement de chaque jour, tout lui arriva presque à la fois ; sa vie depuis ce temps est trop connue, trop positive, pour que nous y insistions. Dans le peu que nous avons essayé d'en dire, relativement aux années antérieures, on trouvera que nous avons été bien sobre et bien vague; mais nous croyons n'avoir rien présenté sous un faux jour. Lamartine est de tous les poëtes célèbres celui qui se prête le moins à une biographie exacte, à une chronologie minutieuse, aux petits faits et aux anecdotes choisies. Son existence large, simple, négligemment tracée, s'idéalise à distance et se compose en massifs lointains, à la façon des vastes paysages qu'il nous a prodigués. Dans sa vie comme dans ses tableaux, ce qui domine, c'est l'aspect verdoyant, la brise végétale; c'est la lumière aux flancs des monts, c'est le souffle aux ombrages des cimes. Il est permis, en parlant d'un tel homme, de s'attacher à l'esprit des temps plutôt qu'aux détails vulgaires qui, chez d'autres, pourraient être caractéristiques. Tout lyrique qu'il est, il a peu de retours, peu de ces regards profonds en arrière qui décèlent toujours une certaine lassitude et le vide du moment. Il décore çà et là quelques endroits de

« ruiné, désespéré, mourant, il passait les nuits à veiller auprès de
« ma lampe d'agonie. »

son passé ; il rallume de loin en loin, au soir, ses feux mourants sur quelque colline, puis les abandonne ; l'espérance et l'avenir l'appellent incessamment ; il se dit :

> Mais loin de moi ces temps ! que l'oubli les dévore !
> Ce qui n'est plus pour l'homme, a-t-il jamais été ?

A l'ami qui l'interroge avec une curieuse tendresse, il répond :

> Et tu veux aujourd'hui qu'ouvrant mon cœur au tien,
> Je renoue en ces vers notre intime entretien ;
> Tu demandes de moi les haltes de ma vie ?
> Le compte de mes jours ?... Ces jours, je les oublie ;
> Comme le voyageur quand il a dénoué
> Sa ceinture de cuir, etc., etc.

A une distance plus rapprochée des premières *Méditations*, il pouvait sembler du moins que l'image d'Elvire dominait sa vie, qu'elle en était l'accident essentiel, la romanesque et poétique inspiration, et qu'à mesure qu'il s'éloignerait d'elle, tout en lui pâlirait. Le public qui aime assez les belles choses, à condition qu'elles passeront vite, se l'était si fort imaginé ainsi, que, durant plusieurs années, à chaque nouvelle publication de Lamartine, c'était un murmure peu flatteur où l'étourderie entrait de concert avec l'envie et la bêtise : on avait l'air de vouloir dire que l'astre baissait. Mais en avançant encore davantage, en contemplant surtout ce dernier et incomparable développement des *Harmonies*, il a bien fallu se rendre à l'évidence. Le poëte chez Lamartine était né avant Elvire et lui a survécu ; le poëte chez Lamartine n'était subordonné à rien, à personne, pas même à l'amant. D'autres sont plus amants que poëtes : un amour particulier les inspire, les arrache de terre, les élève à la poésie ; cet amour mort en eux, il convient qu'ils s'ensevelissent aussi et qu'ils se taisent. Lamartine, lui, était poëte encore plus qu'amant : sa blessure d'amour une fois fermée, sa source vive de poésie a continué de jaillir par plus d'endroits de sa poitrine, et plus abondante. Il existait avant sa passion, il s'est retrouvé après, avec ses grandes facultés inoccupées, irrassasiables, qui s'élançaient vers la suprême poésie, c'est-à-dire vers l'Amour non déterminé, vers la Beauté *qui n'a ni séjour, ni symbole, ni nom* :

> Mon âme a l'œil de l'aigle, et mes fortes pensées,
> Au but de leurs désirs volant comme des traits,
> Chaque fois que mon sein respire, plus pressées
> Que les colombes des forêts,
> Montent, montent toujours, par d'autres remplacées,
> Et ne redescendent jamais !

On a dit que Lamartine s'adressait à l'âme encore plus qu'au cœur : cela est vrai, si par l'âme on entend, en quelque sorte, le cœur plus étendu et universalisé. Dans les femmes qu'il a aimées, même dans Elvire, Lamartine a aimé un constant idéal, un être angélique qu'il rêvait, l'immortelle Beauté en un mot, l'Harmonie, la Muse. Qu'importent donc quelques détails de sa vie ! Dans sa vocation invincible, cette vie n'était pas à la merci d'un heureux hasard : il ne pouvait manquer un jour ou l'autre de conquérir lui-même en plein et de faire retentir par le monde son divin organe. La nuée de colombes pressées, dont il parle, devait tôt ou tard échapper bruyamment de son sein.

Cependant l'absence habituelle où Lamartine vécut loin de Paris et souvent hors de France, durant les dernières années de la restauration, le silence prolongé qu'il garda après la publication de son chant d'Harold, firent tomber les clameurs des critiques qui se rejetèrent sur d'autres poëtes plus présents : sa renommée acheva rapidement de mûrir. Lorsqu'il revint au commencement de 1830 pour sa réception à l'Académie française et pour la publication de ses *Harmonies*, il fut agréablement étonné de voir le public gagné à son nom et familiarisé avec son œuvre. C'est à un souvenir de ce moment que se rapporte la pièce de vers suivante, dans laquelle on a tâché de rassembler quelques impressions déjà anciennes, et de reproduire, quoique bien faiblement, quelques mots échappés au poëte, en les entourant de traits qui peuvent le peindre. — A lui, au sein des mers brillantes où ils ne lui parviendront pas, nous les lui envoyons, ces vers, comme un vœu d'ami durant le voyage!

> Un jour, c'était au temps des oisives années,
> Aux dernières saisons, de poésie ornées
> Et d'art, avant l'orage où tout s'est dispersé,
> Et dont le vaste flot, quoique rapetissé,
> Avec les rois déchus, les trônes à la nage,
> A pour longtemps noyé plus d'un secret ombrage,
> Silencieux bosquets mal à propos rêvés,
> Terrasses et balcons, tous les lieux réservés,
> Tout ce Delta d'hier, ingénieux asile,
> Qu'on devait à quinze ans d'une onde plus facile!

> De retour à Paris après sept ans, je crois,
> De soleils de Toscane ou d'ombre sous tes bois,
> Comptant trop sur l'oubli, comme durant l'absence,
> Tu retrouvais la gloire avec reconnaissance.
> Ton merveilleux laurier sur chacun de tes pas
> Étendait un rameau que tu n'espérais pas;
> L'écho te renvoyait tes paroles aimées;
> Les moindres des chansons anciennement semées
> Sur ta route en festons pendaient comme au hasard ;
> Les oiseaux par milliers, nés depuis ton départ,
> Chantaient ton nom, un nom de tendresse et de flamme,
> Et la vierge, en passant, le chantait dans son âme.
> Non, jamais toit chéri, jaloux de te revoir,
> Jamais antique bois où tu reviens t'asseoir,
> Milly, ses sept tilleuls; Saint-Point, ses deux collines.
> N'ont envahi ton cœur de tant d'odeurs divines,
> Amassé pour ton front plus d'ombrage, et paré
> De plus de nids joyeux ton sentier préféré!

> Et dans ton sein coulait cette harmonie humaine,
> Sans laisser d'autre ivresse à ta lèvre sereine
> Qu'un sourire suave, à peine s'imprimant;

Ton œil étincelait sans éblouissement,
Et ta voix mâle, sobre et jamais débordée,
Dans sa vibration marquait mieux chaque idée !

Puis, comme l'homme aussi se trouve au fond de tout,
Tu ressentais parfois plénitude et dégoût.
— Un jour donc, un matin, plus las que de coutume,
De tes félicités repoussant l'amertume,
Un geste vers le seuil qu'ensemble nous passions : .
« Hélas ! t'écriais-tu, ces admirations,
« Ces tributs accablants qu'on décerne au génie,
« Ces fleurs qu'on fait pleuvoir quand la lutte est finie,
« Tous ces yeux rayonnants éclos d'un seul regard,
« Ces échos de sa voix, tout cela vient trop tard !
« Le Dieu qu'on inaugure en pompe au Capitole,
« Du Dieu jeune et vainqueur n'est souvent qu'une idole !
« L'âge que vont combler ces honneurs superflus,
« S'en repaît, — les sent mal, — ne les mérite plus !
« Oh ! qu'un peu de ces chants, un peu de ces couronnes,
« Avant les pâles jours, avant les lents automnes,
« M'eût été dû plutôt à l'âge efflorescent,
« Où jeune, inconnu, seul avec mon vœu puissant,
« Dans ce même Paris cherchant en vain ma place,
« Je n'y trouvais qu'écueils, fronts légers ou de glace,
« Et qu'en diversion à mes vastes désirs,
« Empruntant du hasard l'or qu'on jette aux plaisirs,
« Je m'agitais au port, navigateur sans monde,
« Mais aimant, espérant, âme ouverte et féconde !
« Oh ! que ces dons tardifs où se heurtent mes yeux
« Devaient m'échoir alors, et que je valais mieux ! »

Et le discours bientôt sur quelque autre pensée
Échappa, comme une onde au caprice laissée ;
Mais ce qu'ainsi ta bouche aux vents avait jeté,
Mon souvenir profond l'a depuis médité.

Il a raison, pensais-je, il dit vrai, le poëte !
La jeunesse emportée et d'humeur indiscrète
Est la meilleure encor ; sous son souffle jaloux
Elle aime à rassembler tout ce qui flotte en nous
De vif et d'immortel ; dans l'ombre ou la tempête

Elle attise, en marchant, son brasier sur sa tête ;
L'encens monte et jaillit ! Elle a foi dans son vœu ;
Elle ose la première à l'avenir en feu,
Quand, chassant le vieux Siècle, un nouveau s'initie,
Lire ce que l'éclair lance de prophétie.
Oui, la jeunesse est bonne ; elle est seule à sentir
Ce qui, passé trente ans, meurt, ou ne peut sortir,
Et devient comme une âme en prison dans la nôtre ;
La moitié de la vie est le tombeau de l'autre ;
Souvent tombeau blanchi, sépulcre décoré,
Qui reçoit le banquet pour l'hôte préparé.
C'est notre sort à tous ; tu l'as dit, ô grand homme !
Eh ! n'étais-tu pas mieux celui que chacun nomme,
Celui que nous cherchons, et qui remplis nos cœurs,
Quand par delà les monts d'où fondent les vainqueurs,
Dès les jours de Wagram, tu courais l'Italie,
De Pise à Nisita promenant ta folie,
Essayant la lumière et l'onde dans ta voix,
Et chantant l'oranger pour la première fois ?
Oui, même avant la corde ajoutée à ta lyre,
Avant le Crucifix, le Lac, avant Elvire,
Lorsqu'à regret rompant tes voyages chéris,
Retombé de Pœstum aux étés de Paris,
Passant avec Jussieu (1) tout un jour à Vincennes
A tailler en sifflets l'aubier des jeunes chênes ;
De Talma, les matins, pour Saül, accueilli ;
Puis retournant cacher tes hivers à Milly,
Tu condamnais le sort, — oui, dans ce temps-là même,
(Si tu ne l'avais dit, ce serait un blasphème),
Dans ce temps, plus d'amour enflait ce noble sein,
Plus de pleurs grossissaient la source sans bassin,
Plus de germes errants pleuvaient de ta colline,
Et tu ressemblais mieux à notre Lamartine !
C'est la loi : tout poëte à la gloire arrivé,
A mesure qu'au jour son astre s'est levé,
A pâli dans son cœur. Infirmes que nous sommes !
Avant que rien de nous parvienne aux autres hommes,
Avant que ces passants, ces voisins, nos entours,
Aient eu le temps d'aimer nos chants et nos amours,

(1) M. Laurent de Jussieu, l'un des plus anciens amis de M. de Lamartine.

Nous-mêmes déclinons ! comme au fond de l'espace
Tel soleil voyageur qui scintille et qui passe,
Quand son premier rayon à jusqu'à nous percé,
Et qu'on dit : *Le voilà*, s'est peut-être éclipsé !

Ainsi d'abord pensais-je ; armé de ton oracle,
Ainsi je rabaissais le grand homme en spectacle ;
Je niais son midi manifeste, éclatant,
Redemandant l'obscur, l'insaisissable instant.
Mais en y songeant mieux, revoyant sans fumée,
D'une vue au matin plus fraîche et ranimée,
Ce tableau d'un poëte harmonieux, assis
Au sommet de ses ans, sous des cieux éclaircis,
Calme, abondant toujours, le cœur plein, sans orage,
Chantant Dieu, l'univers, les tristesses du sage,
L'humanité lancée aux Océans nouveaux...,
— Alors je me suis dit : Non, ton oracle est faux ;
Non, tu n'as rien perdu ; non, jamais la louange,
Un grand nom, — l'avenir qui s'entr'ouvre et se range, —
Les générations qui murmurent : *C'est lui !*
Ne furent mieux de toi mérités qu'aujourd'hui.
Dans sa source et son jet, c'est le même génie ;
Mais de toutes les eaux la marche réunie,
D'un flot illimité qui noierait les déserts,
Égale, en s'y perdant, la majesté des mers.
Tes feux intérieurs sont calmés, tu reposes ;
Mais ton cœur reste ouvert au vif esprit des choses.
L'or et ses dons pesants, la Gloire qui fait roi,
T'ont laissé bon, sensible, et loin autour de toi
Répandant la douceur, l'aumône et l'indulgence.
Ton noble accueil enchante, orné de négligence.
Tu sais l'âge où tu vis et ses futurs accords ;
Ton œil plane ; ta voile, errant de bords en bords,
Glisse au cap de Circé, luit aux mers d'Artémise ;
Puis l'Orient t'appelle, et sa terre promise,
Et le Mont trois fois saint des divines rançons !
Et de là nous viendront tes dernières moissons,
Peinture, hymne, lumière immensément versée,
Comme un soleil couchant ou comme une Odyssée !...

Oh ! non, tout n'était pas dans l'éclat des cheveux,

Dans la grâce et l'essor d'un âge plus nerveux,
Dans la chaleur du sang qui s'enivre ou s'irrite !
Le Poëte y survit, si l'Âme le mérite ;
Le Génie au sommet n'entre pas au tombeau,
Et son soleil qui penche est encor le plus beau (1) !

Depuis les premières *Méditations* jusqu'aux *Harmonies*, Lamartine est allé se développant avec progrès, dérivant de plus en plus de l'élégie à l'hymne, au poëme pur, à la méditation véritable. Il y a bien de la grandeur dans son volume de 1820 ; il est merveilleusement composé sans le paraître ; le roman s'y glisse dans les intervalles de la religion ; l'Élégie éplorée y soupire près du Cantique déjà éblouissant. Le point central de ce double monde, à mi-chemin des Hauts-lieux et du Vallon, le miroir complet qui réfléchit le côté métaphysique et le côté amoureux, est *le Lac*, le Lac, perfection inespérée, assemblage profond et limpide, image une fois trouvée et reconnue par tous les cœurs. Rien ne saurait donc être plus achevé *en soi* que ce premier volume des *Méditations*. Mais, depuis lors, le poëte n'a cessé de s'étendre aux régions ultérieures dans des dimensions croissantes. Les secondes *Méditations* en offrent assez de preuves, *les Étoiles*, *les Préludes* par exemple. Et avec cela, elles ont l'inconvénient de toute transition, moins bien composées et un peu indécises dans leur ensemble. Le roman n'a pas disparu, la nacelle flotte toujours ; mais nous sommes à Ischia, mais ce n'est plus le nom d'Elvire que la brise murmure. Et pourtant Elvire elle-même revient : *le Crucifix* l'atteste en assez immortels accents. Pourquoi donc alors ce *Chant d'Amour* tout aussitôt

---

(1) Les vœux que nous adressions pour le poëte durant son voyage n'ont guère été favorablement entendus. Une fois déjà, tandis que dans une précédente épître (*Consolations*) nous l'appelions *heureux*, la perte affreuse de sa mère nous venait à l'instant démentir ; et, en cette seconde circonstance, ç'a été un de ces malheurs qu'on ne peut même nommer :

Dans l'Orient désert quel devint *son* ennui !

après *le Crucifix?* Poétiquement, cela ne peut pas être. Les secondes *Méditations* ne finissent pas, ne s'accomplissent pas comme les premières ; elles ouvrent un chant nouveau, indéfini, plus serein, plus paisible et lumineux; elles laissent entrevoir la consolation, l'apaisement dans l'âme du poëte; mais elles n'apaisent pas le lecteur. Par beaucoup de détails, par le style, par le souffle et l'ampleur des morceaux pris séparément, elles sont souvent supérieures aux premières *Méditations;* comme ensemble, comme volume définitif, j'aime mieux les premières. *La Mort de Socrate* et surtout *le Dernier Chant d'Harold* sont d'admirables méditations encore, avec un flot qui toujours monte et s'étend, mais avec l'inconvénient grave d'un cadre historique donné et de personnages d'ailleurs connus : or, Lamartine, le moins dramatique de tous les poëtes, ne sait et ne peut parler qu'en son nom. C'est donc aux *Harmonies* qu'il faut venir, pour le voir se déployer tout à l'aise, sans mélange ni entourage, dans l'effusion de sa grande manière. Là, l'élégie, la scène circonscrite, la particularité individuelle, n'existent presque plus ; je n'entends qu'une voix générale qui chante pour toutes les âmes encore empreintes, à quelque degré, de christianisme. Cette voix chante les beautés et les dangers de la nuit, l'ivresse virginale du matin, l'oraison mélancolique des soirs; elle devient la douce prière de l'enfant au réveil, l'invocation en chœur des orphelins, le gémissement plaintif des souvenirs en automne, quand les feuilles jonchent la terre, et qu'au penchant de la vie soi-même, on suit coup sur coup les convois des morts. Elle exhale enfin, elle exprime dans *Novissima Verba* ces quarts d'heure de navrante agonie, qui, comme une horrible tentation ou un avertissement salutaire, s'emparent souvent des plus nobles mortels au sommet de l'existence, et les inondent d'une sueur froide, rapetissés soudain et criant grâce, au sein des félicités et de la gloire !

Lamartine avait d'abord une nacelle ; il l'abritait, il la ramenait au rivage ; il en détachait l'anneau par oubli ; il s'y balançait tout le jour, au gré de la vague amoureuse, le long d'un golfe bordé de myrtes et d'amandiers. Bien des fois sans doute, bercé nonchalamment, il regardait le ciel, et sa pensée planait dans l'abîme d'azur; mais on avait là toujours à deux pas la terre, les fleurs, le bosquet du rivage, le phare allumé de l'amante. Puis la nacelle est devenue une barque plus hardie, plus confiante aux étoiles et aux larges eaux. Le rivage s'est éloigné et a blanchi à l'horizon; mais de la rade on y revenait encore, on y recueillait encore de tendres ou cruels vestiges; on y voyait à chaque approche comme plusieurs phares scintillants qui vous rappelaient : c'était trop s'éloigner ou trop souvent revenir. La barque a fait place au vaisseau. Ç'a été la haute mer cette fois, le départ majestueux et irrévocable. Plus de rivages qu'au hasard, çà et là, et en passant; les cieux, rien que les cieux et la plaine sans bornes d'un Océan Pacifique. Le bon Océan sommeille par intervalles; il y a de longs jours, des calmes monotones; on ne sait pas bien si l'on avance. Mais quelle splendeur, même alors, au poli de cette surface! quelle succession de tableaux à chaque heure des jours et des nuits! quelle variété miraculeuse au sein de la monotonie apparente! et à la moindre émotion, quel ébranlement redoublé de lames puissantes et douces, gigantesques, mais belles; et surtout, et toujours, l'infini dans tous les sens, *profundum*, *altitudo* (1) !

En même temps que la matière et le fond ont augmenté chez Lamartine, le style et le nombre ont suivi sans peine

---

(1) A cette admiration de plus en plus sentie, je ne veux opposer qu'une pensée qui m'est familière, et qui exprime bien moins une restriction de louanges qu'une tristesse, peut-être bizarre, d'affection : « Les grands hommes, les grands écrivains et poëtes, arrivés à un cer-
« tain point de leur carrière, sont comme ces fleuves démesurément
« larges à leur embouchure et trop ouvertement navigables. Tous les
« connaissent et ils connaissent tous. C'est une banalité que leur gloire.
« Oh! que je les aime bien mieux plus haut, plus proche de leur ori-
« gine, presque infréquentés, quand leur cours est si mystérieux, si
« voilé encore, que deux vieux saules penchés sur chaque rive peuvent
« se toucher du front et leur servir de berceau. »

et se sont tenus au niveau. Le rhythme a serré davantage la pensée ; des mouvements plus précis et plus vastes l'ont lancée à des buts certains ; elle s'est multipliée à travers des images non moins naturelles et souvent plus neuves. En faisant ici la part de ce qu'il y a de spontané et d'évolutif dans ce progrès du talent, nous croyons qu'il nous est permis de noter une influence heureuse du dehors. Si, en effet, Lamartine resta tout à fait étranger au travail de style et d'art qui préoccupait alors quelques poëtes, il ne restait nullement insensible aux prodigieux résultats qu'il en admirait chez son jeune et constant ami, Victor Hugo. Son génie facile saisit à l'instant même plusieurs secrets que sa négligence avait ignorés jusque-là. Quand le Cygne vit l'Aigle, comme lui dans les cieux, y dessiner mille cercles sacrés, inconnus à l'augure, il n'eut qu'à vouloir, et, sans rien imiter de l'Aigle, il se mit à l'étonner à son tour par les courbures redoublées de son essor.

Un des caractères les plus propres à la manière de Lamartine, c'est une facilité dans l'abondance, une sorte de fraîcheur dans l'extase, et avec tant de souffle l'absence d'échauffement. S'il était possible d'assigner aux vrais poëtes des heures naturelles d'inspiration et de chant, comme cela existe dans l'ordre de la création pour certains oiseaux harmonieux, nous dirions, sans trop de crainte de nous tromper, que Lamartine chante au matin, au réveil, à l'aurore (et réellement la plupart de ses pièces, celles même où il célèbre la nuit, sont écloses à ces premiers moments du jour ; il ébauche d'ordinaire en une matinée, il achève dans la matinée suivante). Il est presque évident, au contraire, qu'à part ce que la volonté impose à l'habitude, les heures instinctives où la voix éclate chez Victor Hugo doivent être celles du milieu du jour, du soleil embrasé, du couchant poudreux, ou encore de l'ombre fantastique et profonde. On devinerait également, ce me semble, que de Vigny ne réveille l'écho de son sanctuaire embaumé qu'après l'heure discrète de minuit, à la lueur de cette lampe bleuâtre qui éclaire Dolorida.

Lamartine a peu écrit en prose : pourtant son discours de réception à l'Académie française (1), sa brochure *de la Politique rationnelle*, un charmant morceau sur les Devoirs civils du Curé, un discours à l'Académie de Mâcon, indiquent assez son aisance parfaite en ce genre, et avec quelle simplicité de bon sens jointe à la grâce et à l'inséparable mélodie, sa pensée se déroule sous une forme à la fois plus libre et plus sévère. La brochure politique, ou plutôt philosophique, qu'il a publiée sur l'état présent de la société, indépendamment de ce vif désir du bien qui respire à chaque ligne, révèle en lui un coup d'œil bien ferme et bien serein au milieu des ruines récentes d'où tant de vaincus et de vainqueurs ne se sont pas relevés. Quoique attaché par des affections antiques aux dynasties à jamais disparues, quoique lié de foi et d'amour à ce Christianisme que la ferveur des peuples semble délaisser et qu'on dirait frappé d'un mortel égarement aux mains de ses Pontifes, M. de Lamartine, pas plus que M. de La Mennais, ne désespère de l'avenir ; derrière les symptômes contraires qui le dérobent, il se le peint également tout embelli de couleurs chrétiennes et catholiques ; mais, pas plus que le prêtre illustre, il ne distingue cet avenir, ce règne évangélique, comme il l'appelle, du règne de la vraie liberté et des nobles lumières. Heureux songe, si ce n'est qu'un songe! Consolante perspective, digne du poëte religieux qui veut allier l'enchaînement et l'essor, la soumission et la conquête, et qui conserve en son cœur le Dieu individuel, le Dieu fait-homme, le Dieu nommé et prié dès l'enfance, sans rejeter pour cela le Dieu universel et presque sourd qui régénère l'humanité en masse par les épreuves nécessaires! Assez d'hommes dans ce siècle, assez de cœurs et des plus grands, n'admettent désormais à leur usage que ce dernier aspect de Dieu, cet universalisme inexorable qui assimile la Providence à une loi fatale de la nature, à un

---

(1) Ce discours et l'impression qu'il fit au moment même, ont été appréciés avec quelque détail dans *le Globe* du 3 avril 1830.

vaste rouage, intelligent si l'on veut, mais devant lequel les individus s'anéantissent, à un char incompréhensible qui fauche et broie, dans un but lointain, des générations vivantes, sans qu'il en rejaillisse du moins sur chacun une destinée immortelle. Lamartine est plus heureux que ces hommes, qui pourtant sont eux-mêmes de ceux qui espèrent; il est plus complétement religieux qu'eux ; il croit aussi fermement aux fins générales de l'humanité, il croit en outre aux fins personnelles de chaque âme. Il n'immole aux vastes pressentiments qu'il nourrit, ni l'ordre continu de la tradition, ni la croyance morale des siècles, le rapport intime et permanent de la créature à Dieu, l'humilité, la grâce, la prière, ces antiques aliments dont le rationalisme veut enfin sevrer l'humanité adulte. Sa suprême raison, à lui, n'est autre que l'éternel *logos*, le Verbe de Jean, incarné une fois et habitant perpétuellement parmi les hommes. Il ne conçoit les transformations de l'humanité, même la plus adulte, que sur le terrain de l'héritage du Christ, dans le champ sans limites, acheté et nommé de son sang, toujours en vue de la Croix, au pied de l'indéfectible mystère. — Tel nous apparaissait Lamartine, lorsqu'hier sa voile s'enflait vers l'Orient; tel il nous reviendra bientôt, plus pénétré et plus affermi encore, après avoir touché le berceau sacré des grandes métamorphoses.

Octobre 1832.

LAMARTINE.

1836.

(Jocelyn.)

Bien des talents poétiques, des demi-talents, après les premiers succès et un éclat passager d'espérances, ne survivent pas à la jeunesse; ou même une première et seule production heureuse les épuise, comme ces beautés fragiles qu'un premier enfant détruit. Les vraies beautés ne sont pas ainsi, les vrais talents encore moins : ils se renouvellent, s'augmentent longtemps, se soutiennent et varient avec les âges. Pour ne prendre que les génies lyriques, c'est-à-dire ceux qui excellent à revêtir toutes les émotions de leur âme par l'image et par le nombre, leur faculté n'est jamais plus grande, plus au complet qu'après la jeunesse et durant le milieu de la vie. D'ordinaire ils ont débuté par chanter l'amour; tout autre intérêt, tout autre charme se perdait dans celui-là : mais, à mesure que ce ravissement intérieur a cessé, leur âme s'est élargie vers plus d'objets. L'œuvre ne s'est plus reproduite peut-être aussi saillante aux yeux du public qu'au début; mais la faculté qui se manifeste dans les œuvres successives a grandi. L'âme du vrai poëte lyrique, après qu'y a pâli l'amour, est comme un Bosphore où le feu grégeois n'illumine plus la nuit, et qui éclaire moins ses rivages, mais qui les réfléchit mieux. Tout poëte-amant dit plus ou moins à son amie :

> Aimons-nous, ô ma Bien-aimée,
> Et rions des soucis qui bercent les mortels[1] !

Quand la sublime illusion cesse, quand l'amour a revolé aux cieux, tout le monde d'alentour reparaît, dans une ombre d'abord, mais bientôt tout s'éclaire comme d'une aube croissante; l'humanité reprend sa place dans l'univers. Le sentiment unique, qui avait tout laissé désert en s'enfuyant, se retrouve successivement en beaucoup d'autres sentiments dont chacun est moindre, mais dont l'ensemble anime et reflète à un point de vue vrai la création. Que fera le poëte lyrique alors, sous l'empire de cette faculté immense, plus calme, mais qui déborde en s'amoncelant, plus désintéressée, plus froide en apparence, mais si prompte à s'ébranler au moindre souffle et à rouvrir ses profondeurs émues? Oh! que de sons inépuisables, renaissants, perpétuels, on entendrait, on noterait, près de lui, si on l'écoutait dans ses solitudes aux automnes ou aux printemps! Que de fleurs les brises commençantes vous apporteraient sous son ombre! que de feuilles demi-mortes, les premiers aquilons! Car tout lui parle; si l'unique et brillante pensée ne tient plus son cœur, il n'est non plus indifférent à rien. L'oiseau qui passe, la voile qui blanchit, la mouche heureuse qui scintille dans le soleil, se peignent plus distincts que jamais dans ce lac de l'âme, uni à la surface, et dont les grandes douleurs ont creusé et abîmé le fond. Le chant du pâtre, les voix de la famille assise un moment dans le sillon, tout ce qui a le son de la vie, répond en lui à des places secrètes, et le provoque à dire les joies ou les douleurs des mortels. Tant de flambeaux chéris, qui pour lui ont disparu de la terre, éclairent par derrière au loin, en mille endroits indéterminés, la scène; à chaque reflet passager, partout où il entend un bruit, un soupir, où il voit

---

(1) Les soucis ne *bercent* pas, ils *rongent*, et c'est en effet ce dernier mot que le poëte, s'il m'en souvient bien, avait mis d'abord On le lui aura fait effacer ensuite comme trop dur. Lamartine ne s'entend pas à corriger.

une beauté, une grâce, il dit : *C'est là.* Le grand poëte lyrique, à cet âge de calme et de mélancolique puissance, s'il se dérobe un instant aux obsessions des affaires et du monde pour remettre le pied dans ses solitudes, sent donc aussitôt et à chaque pas déborder en lui des chants involontaires ; il les livre comme la nature fait ses germes, il ne les compte plus. Et pourtant l'art est quelque chose ; la gloire a ses droits ; elle parle aussi à son heure, même aux plus négligentes de ces divines natures. Le besoin de recueillir dans une œuvre définitive tant de force féconde et tant de richesses nées du cœur, se fait sentir et devient le rêve qui, comme l'ombre, s'accroît avec les années. On se dit que le chant tout seul n'est peut-être pas un monument suffisant dans la mémoire des hommes, de ceux qui n'auront pas, jeunes eux-mêmes, entendu la jeune voix du poëte ; on se dit qu'une harpe éolienne n'éternise pas d'assez loin un tombeau. Heureux le poëte lyrique, le frère harmonieux des Coleridge et des Wordsworth, qui peut à temps, et mieux qu'eux, se ménager une œuvre d'ensemble, une œuvre (s'il est possible) qu'une lente perfection accomplisse ; où ne sera pas plus de génie assurément que dans ces feuilles sibyllines éparses, âme sacrée du poëte, mais une œuvre plus commode à comprendre et à saisir des générations survenantes ; — espèce d'urne portative que la Caravane humaine, en ses marches forcées, ne laisse pas derrière, et dans laquelle elle conserve à jamais une gloire !

Si les années en se déployant ne nuisent pas au cours d'inspiration du vrai poëte lyrique, les événements, les révolutions qui déconcertent et ruinent les talents de courte haleine, le servent aussi. Il a été utile à M. de Lamartine, comme au petit nombre de talents éminents qui s'étaient liés à la cause de la restauration, que celle-ci tombât. Les barrières du champ-clos n'existant plus, ces talents ont pu, sans infidélité, aller à leur tour dans tous les champs de l'avenir, qui déjà, de bien des côtés, s'ensemençaient sans eux ; ils ont pu arriver à temps, et là, en perspectives sociales, en espérances, en images sublimes, prélever, par droit de génie, toutes les dîmes glorieuses, qu'ils ajoutent chaque jour à leurs vieilles moissons. Les génies abondants et forts sont comme ces villes populeuses qui croissent vite et qui reculent tous les dix ans leur enceinte. Hors de l'enceinte première, au pied du rempart qu'ils semblaient s'être tracé, des essais de culture nouvelle et d'art plus libre s'étendent, d'industrieux faubourgs naissent au hasard et bientôt prennent consistance. Mais, à ce moment, le génie qui observe, noblement jaloux, se sent à l'étroit; sourcilleux vers l'avenir, il dirait presque au pouvoir suzerain duquel il a reçu trop tôt sa limite, comme certains amants héroïques dans les fers de leurs cruelles : *Ah! que vous me gênez!* Aussi, dès qu'une occasion s'offre, il brise sa muraille, il envahit, il possède, il hâte et décore tout ce développement nouveau, il cherche à tout enserrer dans une muraille nouvelle qui soit encore marquée à sa devise et à son nom. La révolution de Juillet a été une de ces occasions d'agrandissement légitime que n'ont pas laissé passer deux ou trois génies ou talents éminents; eux, du moins, ils ont secoué à leur manière leurs traités de 1815, et ils ont bien fait.

M. de Lamartine est un de ces génies. En politique, en pensées *sociales*, comme il dit, en religion, en poésie même à proprement parler, il a vu évidemment avec ardeur son horizon s'agrandir, et son œil a joué plus à l'aise, tout cadre factice étant tombé. Ses derniers écrits, discours ou chants, attestent cette *aspiration* nouvelle, quoique ses *Harmonies*, publiées avant juillet 1830, en puissent également offrir bien des témoignages, et quoique ce développement semble chez lui, comme tout ce qui émane de sa nature heureuse, une inspiration facile, immédiate, une expansion sans secousse, plutôt qu'un effort impatient et une conquête.

La grande épopée qu'il prépare, et dont nous possédons déjà mieux que des promesses, ne peut que gagner à ces mouvements d'un si noble esprit. Désormais, on le voit, ce n'est plus par le côté des perspectives, ni par aucune restriction de coup-d'œil, qu'elle aurait chance de manquer. Le mot même, si illimité, d'épopée *humanitaire*, a été prononcé dans sa préface récente par le poëte. C'est à lui, doué plus qu'aucun du don divin, de savoir et de vouloir enclore dans la forme durable ces grandes idées dégagées, de faire qu'elles vivent aux yeux, et qu'elles se terminent par des contours, et qu'elles se composent dans des ensembles, qu'avoue l'éternelle Beauté. Mais tenons-nous-en au gage le plus sûr, tenons-nous à ce que nous possédons.

On n'a à s'inquiéter en rien de la manière dont *Jocelyn* se rattache, comme épisode, au grand poëme annoncé. Le prologue et l'épilogue font une bordure qui découpe l'épisode dans le tout, et nous l'offre en tableau complet; c'est comme tel que nous le jugerons. — Jocelyn est un enfant des champs et du hameau; malgré ce nom breton de rare et fine race, je ne le crois pas né en Bretagne; il serait plutôt de Touraine, de quelqu'un de ces jolis hameaux voisins de la Loire, dans lesquels Goldsmith nous dit qu'il a fait danser bien des fois l'innocente jeunesse au son de sa flûte, et qui ont dû lui fournir plusieurs traits dont il a peint son délicieux Auburn. Jocelyn a seize ans au 1er mai 1786, et il se met depuis lors à se raconter à lui-même en chants naïfs ses pensées adolescentes. Il est allé à la danse du village, il y a vu Anne, Blanche, Lucie, toutes à la fois, toutes à l'envi si belles. Il rêve donc son rêve de seize ans, vaguement ému, le long de la charmille du jardin, en lisant *Paul et Virginie* (1). Jocelyn, c'est Paul lui-même, c'est Lamartine à cet âge, c'est notre adolescence à tous dans sa fleur d'alors développée, épanouie. Rien de bizarre, rien d'extraordinaire ni de farouche; rien chez Jocelyn de ce que d'admirables poëtes ont su rendre dans des types maladifs, bien qu'immortels. Ne cherchez à son front nul éclair d'Hamlet, de René ou de Prométhée, de la race vouée au vautour; il est de celle de Sem (2). Nous avons déjà eu plus d'une fois

---

(1) *Paul et Virginie* ne fut publié que deux ans plus tard, en 1788; mais le poëte n'est pas tenu à la chronologie du bibliographe.

(2) Toute qualité s'avoisine d'un défaut. Si Caïn a trop de bile, Abel

l'occasion de le remarquer, ce qui est particulier à Lamartine consiste dans un certain tour naturel de sentiments communs à tous. Il ne débute jamais par rien d'exceptionnel, soit en idée, soit en sentiment ; mais, dans ce qui lui est commun avec tous, il s'élève, il idéalise. Il arrive ainsi qu'on le suit aisément, si haut qu'il aille, et que le moindre cœur tendre monte sans fatigue avec lui.

Jocelyn est donc l'enfant pieux de toutes les familles heureuses, le frère de toutes les jeunes filles. Il a vu sa sœur souffrir et pâlir au retour du bal du hameau ; il a entendu, caché derrière le feuillage, les timides aveux de Julie au sein de sa mère. Mais Julie est pauvre ; Ernest, qu'elle aime, a des parents exigeants. Jocelyn a tout compris, et il se décide au sacrifice. S'il entre dans l'Église, s'il renonce pour Julie à sa part du modique héritage, elle pourra épouser Ernest. Il déclare donc sa vocation à sa famille, et, le cœur brisé, mais en triomphant de son trouble, mais heureux du bonheur d'Ernest et de Julie, il quitte le toit natal pour le petit séminaire.

Ce qui est vrai des sentiments de Lamartine ne l'est pas moins des aventures qu'ici il invente. Rien de bien cherché, rien de compliqué au premier abord. Dans les scènes qui vont suivre, on retrouvera des situations, la plupart connues, toujours faciles à combiner, et par ces moyens simples il obtiendra une attache croissante, il finira par atteindre au pathétique déchirant.

Là même où les situations deviendront extraordinaires,

---

n'en a peut-être pas tout à fait assez. C'est surtout en avançant dans la vie que le besoin se fait sentir d'un peu d'*astringent* dans le talent, de ce que Pline le Jeune appelle en plus d'un endroit *amaritudo* et qu'il associe volontiers à l'idée de *vis*. Or Lamartine manque tout à fait d'*amaritudo*, et sa vigueur, sa précision du moins, s'en ressentent. J'ai vu des hommes de l'autre race, et auxquels l'*amaritudo* avec toutes les vertus qu'elle engendre ne manquait pas, Carrel par exemple, outrés vraiment et comme irrités de cette douceur blonde et bleue de *Jocelyn*, et de cet optimisme indéfini. Quelques-uns, en très-petit nombre, sont d'un pareil sentiment sur Lamartine, et je l'ai voulu indiquer. Ce sont antipathies de tempéraments et de races.

elles seront de celles que l'imagination accepte aisément, parce qu'elle est disposée, depuis d'Urfé, depuis Théocrite et bien avant, à les inventer ainsi dans ses rêves. Cette invraisemblance se trouve de la sorte plus facile à accepter pour tout lecteur naïf, que ne le serait souvent une réalité plus serrée de près et plus motivée. Par cette continuité du naturel même dans l'invraisemblable, *Jocelyn* me semble parfois un roman de l'abbé Prévost, écrit par un poëte disciple de Fénelon.

Quelques livres heureux, qui commencent à s'user, ont eu le doux honneur d'une longue popularité dans la famille : *Télémaque*, *Robinson*, *Paul et Virginie*. Dans les derniers temps, Walter Scott a pris quelque part de cet héritage domestique si enviable. Ses romans, comme Lamartine l'a remarqué dans l'Épître adressée à l'illustre enchanteur, se lisent volontiers autour de la table du soir, sans que la pudeur ait à s'embarrasser. Pourquoi *Jocelyn* ne serait-il pas à son tour un de ces livres populaires dans la famille? Pourquoi, pénétrant rapidement dans la classe moyenne de la société nouvelle, n'aurait-il pas pour lot d'initier, les femmes surtout, au sentiment poétique qui doit tempérer des habitudes de plus en plus positives? Pourquoi n'aiderait-il pas, dans l'absence de croyance véritablement régnante, à maintenir ces sentiments de christianisme moral, sans prétention dogmatique, de christianisme qui n'a plus la prière du soir en commun, mais qui (en attendant ce que réserve l'avenir) peut se nourrir encore par de touchants exemples et des effusions affectueuses? Le christianisme de *Jocelyn*, qui n'a rien d'offensif pour l'orthodoxie sévère, n'a rien de répulsif non plus pour toute philosophie qui admet Dieu. Ce poëme doux et élevé ne conviendrait-il pas exactement à cette situation mixte où se trouve la famille par rapport à la religion et à la morale? N'aurait-il pas pour effet possible de lui offrir l'idéal permanent des sentiments de fils, de frère, d'amant, de prêtre évangélique, comme toute belle âme non tourmentée les conçoit encore? Une des moralités qui transpirent de ce noble ouvrage, n'est-ce pas une conciliation insinuante de l'idée chrétienne, c'est-à-dire de l'esprit de sacrifice, avec les idées de travail et de liberté? La portion de progrès, telle qu'elle s'offre par M. de Lamartine, n'a rien d'âcre ni de blessant; jamais de bile ni au bord ni au fond; on a beau presser, il est impossible qu'aucun sentiment équivoque sorte de là. Aussi, par beaucoup de raisons, quoique ces sortes de succès soient de ceux qu'on puisse le moins prédire et provoquer, je ne sais me dérober à l'idée que *Jocelyn* en mérite un semblable et y atteindra. Les endroits quelque peu vifs de passion et de tendre amorce sont dominés, traversés et comme assainis par des courants d'une chasteté purifiante; un sentiment d'ineffable beauté plane toujours et pacifie l'âme pudique qui lit. Les familles n'ont plus aujourd'hui de filles destinées au cloître, et elles n'ont guère de fils destinés à l'autel; le mot d'amour n'est donc pas en lui-même nécessairement alarmant, et il n'a effarouché d'ailleurs ni dans *Paul et Virginie* ni dans *Télémaque*. Les objections au genre de succès que nous appelons de tous nos vœux, et qui nous semble désirable pour l'honneur moral d'une nation chez qui la classe moyenne adopterait *Jocelyn*, autant que pour la fortune de *Jocelyn* lui-même; ces objections se tireraient plutôt, selon nous, des longueurs du livre et de certaines abondances descriptives; car on peut dire plus que jamais de Lamartine en ce poëme, comme il dit de certains arbres des Alpes au printemps :

> La séve débordant d'abondance et de force
> Coulait en gommes d'or aux fentes de l'écorce.

Mais, pour un livre déjà lu, dans lequel (comme je le suppose) on reprend, on relit sans cesse; dans lequel le frère, déjà étudiant, ou la sœur aînée choisit les morceaux à lire à haute voix, le soir, autour de la table à ouvrage, cette abondance, cette richesse extrême, qui laisse au choix tant de liberté heureuse, et qui rassemble en chaque endroit tant de genres de beautés, a bien aussi ses avantages. Des critiques ont remarqué qu'il n'est pas dans Homère une seule beauté mémorable que le divin vieillard ne répète, ne varie en trois ou quatre endroits, au risque souvent de l'affaiblir; je ne sais s'ils ont conclu de là pour ou contre l'existence d'un Homère. Chez Lamartine, chez celui que je voudrais saluer aujourd'hui comme l'Homère d'un genre domestique, d'une épopée de classe moyenne et de famille, de cette épopée dont le bon Voss a donné l'idée aux Allemands par *Louise*, que le grand Goëthe s'est appropriée avec perfection dans *Hermann et Dorothée*, et dont Beattie, Gray, Collins, Goldsmith, Baggesen, parmi nous l'auteur de *Marie*, sont des rapsodes soigneux et charmants, d'inégale haleine; — chez Lamartine, le plus abondant de tous, on pourrait noter quelque chose de l'habitude homérique dans la reprise fréquente des mêmes beautés, des mêmes images, et quelquefois presque des mêmes vers (1). Ce ne sont pas là des obstacles. Il y en aurait plutôt dans certaines incorrections grammaticales, dans quelques-unes de ces négligences de rime et de langue, que le poëte (a dit autrefois Nodier) semble jeter de son char à la foule en expiation de son génie, et qu'en prenant une plus pastorale image, je comparerais volontiers à ces nombreux épis que le moissonneur opulent, au fort de sa chaleur, laisse tomber de quelque gerbe mal liée, pour que l'indigence ait à glaner derrière lui et à se consoler encore. Mais il ne faut pas cela. Il ne faut pas qu'au milieu d'une émouvante lec-

---

(1) Dans *Jocelyn* (3ᵉ époque), ces vers :

<blockquote>
L'heure ainsi s'en allait l'une à l'autre semblable,
L'ombre tournait autour des troncs noueux d'érable,
</blockquote>

rappellent ces beaux vers de la pièce au marquis de La Maisonfort :

<blockquote>
Nonchalamment couché près du lit des fontaines,
Je suis l'ombre qui tourne autour du tronc des chênes.
</blockquote>

En un endroit de *Jocelyn*, il est dit :

<blockquote>
Ses cheveux que d'un an le fer n'a retranchés ;
</blockquote>

et dans un autre, en parlant de l'évêque :

<blockquote>
Sa barbe que d'un an le fer n'a retranchée.
</blockquote>

ture en cercle, un auditeur peu disposé, comme il s'en trouve, un jaloux consolé ait droit de faire entendre une remarque discordante, et de susciter une discussion sèche; il ne faut pas que l'oncle, venu là par hasard, l'oncle qui a fait autrefois de bonnes études sous l'Empire, mais qui depuis... a été dans la banque, puisse lancer sa protestation, au nom de la règle violée, à travers cette admiration affectueuse de l'aimable jeunesse; qu'il ait lieu de jeter, pour ainsi dire, sa poignée de poussière dans cet essaim d'abeilles égayées qui se doraient au plus beau rayon. Aussi, quand, à une seconde édition prochaine, le poëte aura corrigé une douzaine (je n'ai pas compté) d'incorrections, de concessions trop largement faites à la rime et à la mesure, au détriment de la règle ou de l'analogie (1), il aura fourni une chance de plus à ce succès croissant, pacifique, établi, tout de cœur et non de lutte, que nous voulons à *Jocelyn*.

Mais, au milieu de notre propre discussion mêlée à nos conjectures et à nos désirs sur la destinée du poëme, nous oublions Jocelyn en personne, qui est entré au petit séminaire, et qui a dû, il est vrai, y rester six longues années. Nous le retrouvons en 93. L'orage grondant vient battre les murs de la sainte maison dans laquelle il prolongeait sa vie de prière, et parfois de rêverie. Bientôt l'assaut commence; l'injure et tout à l'heure la mort sont aux portes. Sa mère, sa sœur, toute sa famille, sont en fuite déjà, et vont chercher quelque abri au delà des mers; lui-même, avec douze louis d'or qu'on lui fait secrètement remettre, il n'a que le temps de s'échapper.

(1) Ainsi, à des fins de vers, *débri, chamoi, à l'envie;* ainsi *eux-même;* et des singuliers là où le pluriel est impliqué forcément dans l'idée et n'est autre que l'idée :

Combien de chose éteinte en mon cœur il réveille!

Il est aussi, par rapport à l'oreille, un certain nombre de vers brusqués et, en quelque sorte, *provisoires*, que je signalerai à la retouche de l'auteur pour cette seconde édition : tome Ier, le 15e de la page 124; le 6e de la page 264; le 13e de la page 314, etc.

Comme petit détail exact, j'aimerais mieux que Jocelyn sortît du séminaire avant 93, avant la mort du roi, et dès 92, ce qui abrégerait d'autant l'année 94, trop longue dans le poëme (car par mégarde elle est double). Jocelyn s'échappe donc en changeant d'habit; il gagne le Dauphiné, Grenoble, et arrive aux Alpes. Un pâtre le recueille, et lui indique, comme plus sûre et tout à fait inviolable, une grotte, une vallée close, inconnue de tous, et dans laquelle on ne parvient que le long de rampes étroites et par un périlleux sentier. Après les horreurs des massacres, après les angoisses de la fuite, et celles même d'une route si escarpée, au moment où Jocelyn met le pied, par delà le précipice, dans la haute et douce vallée dont il s'empare, oh! en ce moment, comme il s'écrie vers le ciel, comme il foule délicieusement la mousse! comme il s'ébat tour à tour et s'agenouille! Il faut l'entendre, poëte, triompher dans sa solitude, et en des chants inextinguibles bénir la nature et Dieu. Jocelyn, seul, dans la Grotte des Aigles, rentre dans une situation qu'ont rêvée une fois tous les cœurs sensibles épris de la nature au printemps. Sa Grotte des Aigles, c'est son île Saint-Pierre plus inaccessible, une île de Robinson grandiose et poétique, une Otaïti déserte et aussi fortunée. Il me rappelle Chactas ou René dans les savanes, Oberman à Fontainebleau ou à Charrières. Ou plutôt il ignore tout cela; il ne songe qu'à se plonger dans l'ivresse sereine de ces hauts lieux, à remercier l'Auteur, à bénir sur la montagne pendant le bouleversement de la terre, sur la montagne où sa vallée est pendue au rocher comme un nid, et offerte au soleil comme une corbeille. Jocelyn recommence naïvement Éden, sans rien de creusé ni de sauvage : heureuse simplicité naissante! l'élévation libre et facile compense en lui la profondeur. Mais la nature ne suffit pas toujours; l'ennui va venir à l'homme solitaire, et la langueur. Jocelyn, sans être prêtre, était déjà près de l'autel; il ne pourrait désirer sans honte une Ève inconnue; il s'est enfui un jour, tout effrayé de lui-même, pour avoir trop complaisamment regardé, à travers les châtaigniers, l'adorable sourire satisfait d'un jeune pâtre et de sa compagne; mais il voudrait un cœur d'ami, un compagnon du moins de son exil et de cette félicité que ne troublent que par instants les orages et les crimes d'en bas. Ne vous étonnez pas de cette promptitude à la félicité : c'est ainsi qu'est faite naturellement la jeunesse.

Pourtant le compagnon désiré arrive : un jour que Jocelyn s'est hasardé hors de l'enceinte et par delà le périlleux sentier, il rencontre dans la montagne un proscrit, accompagné de son fils, que poursuivent deux soldats. Une lutte s'engage au bord du sentier; les soldats y glissent, et roulent, broyés, dans l'abîme; mais le proscrit blessé et mourant n'a que le temps de confier à Jocelyn Laurence. C'est le nom de l'enfant; Laurence, nom douteux, enfant charmant, virgilien, qui tient d'Euryale et de Camille, qui a quinze ans : *pene puella puer*! Jocelyn nous dit qu'en le regardant, son œil hésite entre l'enfant et l'ange.

Au premier printemps, Laurence est devenu plus beau, il étonne, il éblouit son ami; il éclaire la grotte d'alentour; c'est bien pour le jeune lévite, en effet, comme l'ange des proses d'*Alleluia : In albis sedens Angelus*. Le plus sublime moment de la situation, après l'hymne exhalé vers l'idéale et chaste beauté, vers la beauté sans sexe encore, est cette vaste éclosion du printemps qui éclate, en quelque sorte, un matin, dans la haute vallée : du sein de cette nature soudainement attiédie et ruisselante, s'élève le chant en chœur des deux enfants qui s'ignorent l'un l'autre et qui se regardent avec larmes. On trouverait dans les printemps de Finlande et de Russie, touchés par Bernardin de Saint-Pierre, dans ceux du nord de l'Amérique décrits par M. de Chateaubriand, des traits heureux de comparaison avec ce printemps de la vallée des Aigles (1). Si l'on a deviné que Laurence, l'angélique enfant, n'est qu'une femme, on

---

(1) Il ne faudrait pas oublier, dans la comparaison de ces printemps, de commencer par celui du second livre des *Géorgiques* : *Vere tument terræ*. — M'est-il permis d'ajouter, comme réserve, que les personnes habituées à la vie des montagnes trouvent quelques impossibilités dans

sera reporté aussi à des scènes du pèlerinage de *Paul et Virginie* dans la Montagne Noire. Toute cette partie du poëme de M. de Lamartine, depuis l'entrée de Laurence dans la vallée, est véritablement une grande idylle, à prendre le sens exact du mot. Le caractère propre de l'idylle consiste à représenter l'homme dans un état de calme champêtre, d'innocence et de simplicité, où il jouisse librement de tout le bonheur naturel. Celui qui, dans *les Préludes*, nous avait chanté d'une voix attendrie : *Je suis né parmi les pasteurs*, réalise et déploie en ce tableau son premier vœu. Tous les rêves bucoliques des Florian, des Gessner, des Haller, sont élevés ici à la hardiesse et à la grandeur, dans ce cadre majestueux des Alpes, et 94 au fond. Abel était heureux à la face de ses parents inconsolés, le lendemain de la chute du monde. Tandis que le sang d'André Chénier, de Marie-Antoinette et de madame Roland arrosait l'échafaud, l'hymne de ces deux enfants planait et montait au ciel dans le printemps d'avant Thermidor, et de dessus leur piédestal embaumé. Double triomphe, admirablement senti, perpétuellement vrai, de la jeunesse et de la nature, en face du désastre ardent de la société ! C'est bien là le poëte qui déjà s'était écrié, indiquant à l'âme blessée l'immortel dictame des forêts :

> Mais la nature est là, qui t'invite et qui t'aime ;
> Plonge-toi dans son sein qu'elle t'ouvre toujours !
> Quant tout change pour toi, la nature est la même,
> Et le même soleil se lève sur tes jours.

C'est bien de celui qui avait chanté par la bouche de Childe-Harold déclinant :

> Triomphe, disait-il, immortelle Nature ! etc., etc.

---

la nature alpestre, telle qu'elle est peinte en cette portion de *Jocelyn*? On peut voir une note du *Canton de Vaud* par M. Olivier (Lausanne), tome Ier, page 513. En général, ces personnes trouvent le paysage des hautes vallées autrement sévère, sobre et précis, que notre poëte ne l'a créé dans sa magnifique idylle luxuriante.

Mais la société reprend ses droits, le devoir parle, l'idylle n'a eu qu'un jour. Jocelyn apprend que son vieil évêque est dans les cachots de Grenoble, à la veille de l'échafaud, et qu'il réclame un de ses enfants. Jocelyn a découvert d'ailleurs que Laurence n'est qu'une jeune fille, que son père avait déguisée ainsi pour la commodité de la fuite, et que plus tard un confus sentiment de pudeur avait retenue. Il s'échappe donc une nuit, pendant le sommeil de Laurence, de la vallée périlleuse et troublée; il accourt à Grenoble, il se glisse dans le cachot, et là, aux pieds du saint évêque qu'il trouve implorant tour à tour, menaçant et ordonnant, s'agite en lui la lutte pathétique dans laquelle il ne se relève que prêtre et à jamais consacré (1). Jocelyn debout reçoit la confession de l'évêque, l'absout et le prépare ; mais lui-même, le devoir accompli, dans l'épuisement de son effort surnaturel, il retombe saisi d'une maladie qui le jette jusqu'aux portes de la mort. Quand ses idées lui reviennent distinctes, il se trouve dans un hospice, entouré de sœurs charitables; Thermidor est passé, l'on respire. Sa première pensée est qu'il est prêtre, et que Laurence vit. La sœur de l'évêque va elle-même chercher à la Grotte des Aigles la pauvre agenouillée, qui attend depuis la fatale nuit, et qui ne veut pas croire à une séparation éternelle. Bref, cette séparation consommée, Jocelyn, qui a passé deux ans de convalescence morale et d'épreuve

---

(1) Il a été fait par plusieurs critiques, et en particulier dans *le Semeur* du 23 mars 1836, des objections essentielles à la légitimité de cette conduite de l'évêque. Saint-Martin, en son temps, avait montré aussi, dans une remarquable critique de *Zaïre*, que Lusignan, Nérestan, avaient un christianisme plus formaliste que *vif*; car, selon lui, le christianisme *vif* n'aurait point interdit le mariage entre Zaïre et Orosmane, saint Paul ayant dit *que la femme fidèle justifierait le mari infidèle*. Toutes ces objections sont fondées ; mais l'émotion du lecteur non dogmatique n'y regarde pas de si près et n'entre guère dans cette sphère de considérations. Voltaire l'a très-bien remarqué dans son commentaire sur *Polyeucte* (acte II, scène VI). Ce n'est pas à dire pourtant qu'il ne vaudrait pas mieux, par un art accompli, tout prévoir, tout concilier.

dans une maison de retraite ecclésiastique, reçoit la cure de Valneige, petit village situé tout au haut des Alpes; et c'est de là que, vers 98, il écrit à sa sœur, revenue avec sa mère de l'exil, les détails que tout le monde a lus, de son pauvre presbytère, de ses laborieuses journées, de ses nuits troublées encore.

Cette poésie de curé de campagne est neuve en France, et M. de Lamartine méritait bien de l'y introduire et de l'y naturaliser. Elle existe depuis longtemps en Allemagne, en Angleterre surtout; on ferait une douce et piquante histoire de tous les pasteurs, recteurs, curés ou vicaires, qui ont été poëtes ou que les poëtes ont chantés. La Louise de Voss est fille du vénérable pasteur de Grunau, et son amant Valter est lui-même pasteur d'un village voisin. Goldsmith, dans son délicieux poëme du *Village abandonné*, a peint l'idéal de tous ces curés modestes, de ces vicaires bienfaisants, dont il a reproduit ensuite le portrait avec plus de réalité, mais non moins de charme, dans son *Vicaire de Wakefield*. Fielding, dans *Joseph Andrews*, a également son bon curé, et la Paméla de Richardson, à défaut du jeune lord, ne doit-elle pas épouser quelque vicaire? Mais, pour nous en tenir au curé, au vicaire de campagne, poétique ou poëte, c'est à celui du *Village abandonné* qu'il faut revenir comme type aimable :

> A man he was to all the country dear,
> And passing rich with forty pounds a year.

Delille, dans *l'Homme des Champs*, en imitant ce fin et doux tableau, nous l'a tout à fait défiguré par le vague et la banalité des traits :

> Voyez-vous ce modeste et pieux presbytère?
> Là vit l'homme de Dieu dont le saint ministère
> Du peuple réuni présente au ciel les vœux,
> Ouvre sur le hameau tous les trésors des cieux,
> Soulage le malheur, consacre l'hyménée, etc.;

et plus loin :

> Honorez ses travaux ! Que son logis antique,
> Par vous rendu décent et non pas magnifique, etc.

Et cela au lieu du frais taillis et du jardin *souriant* de l'aimable curé d'Auburn ! Qu'on mette aussi en regard l'intérieur de Jocelyn à Valneige :

> Le jardin, le verger, quelques arpents de prés,
> Les châtaignes, les noix, de petits coins de terre
> Que je bêche moi-même autour du presbytère ;
> . . . .
> Tout abonde ; le pain y cuit pour l'indigent,
> Et Marthe dans l'armoire a même un peu d'argent.

Dans son Épître au curé de Roquencourt, Ducis, plus voisin de la nature que Delille, avait dit :

> Ton presbytère étroit, sous ton humble clocher,
> A l'église attenant, suffit pour te cacher.
> Le jardin, qu'à grand'peine un quart d'arpent compose,
> Comme un autre a son lis, son œillet et sa rose.
> Un lilas, à sa porte, annonce le printemps ;
> Un cyprès nous y dit : « Tout passe avec le temps. »
> Le charmant rousselet, la bergamote encore,
> D'un duvet parfumé s'y couvre et se décore, etc., etc.

En Angleterre, avant ces derniers temps, avant les réformes qui menacent, la situation de curé de campagne, dans un joli pays, entouré d'une tendre famille, avec de grandes roses de mer au seuil du logis et à la fenêtre, était un rêve d'idylle tout trouvé. Thompson, fils d'un ministre, avait gardé sans doute pour ses fraîches peintures bien des réminiscences gracieuses d'enfance. Le tendre William Cowper était le sixième fils d'un Révérend, car les Révérends, d'ordinaire, avaient six ou dix enfants. Avec ces nombreuses familles, ou même sans cela, la réalité était parfois pour eux moins fleurie que le rêve du poëte. Penrose, s'il m'en souvient, s'est plaint de cette vie si pauvre, si condamnée à une fatigue que la dime toujours ne nourrissait pas. Hervey, le chantre méditatif, souffrait de la gêne. Mais celui qui a le mieux exprimé cette autre face du tableau, et qui a pris en main avec génie la cause du vrai et de la vie non convenue, dans la peinture des curés et des vicaires, c'est Crabbe. Après une jeunesse pleine de misère, étant entré lui-même dans cette humble condition de recteur de village ou de bourg, il en a retracé les alentours, les accidents de ridicule, de sujétion ou de souffrance, avec une vigueur sagace et mordante. Son premier poëme, *le Village,* qui accuse, en dépit des Tityres et des Corydons, les mœurs grossières et la pauvreté hideuse d'une population voisine des côtes, ne nous montre guère le prêtre du lieu que comme trop affairé pour présider au convoi du pauvre, et remettant la prière funèbre jusqu'au prochain dimanche. Il poursuit la même idée de peinture réelle avec plus de détail dans son *Registre de Paroisse;* c'est une réaction formelle et déclarée contre l'idéal des Thompson et des Goldsmith. Toutes ces félicités embellies de presbytère ou de chaumière, il ne les a trouvées nulle part : mais partout des vices, partout des douleurs : depuis le déluge, dit-il, *Auburn ni Éden n'existent plus.* Dans son poëme du *Bourg,* les deux portraits du ministre (*vicar*) et du vicaire ou second (*curate*) sont des morceaux achevés de précision, de grâce malicieuse, de relief personnel et domestique. La figure fade, douce, souriante toujours, inoffensive et circonspecte, du bon ministre, atteste dans le peintre un moraliste rival des Johnson et des Swift; jamais l'insignifiance d'un visage n'a pris autant de consistance aux yeux. Ce bon ministre, chez qui la peur est l'unique passion dirigeante, deviendrait, en des temps orageux, le pendant exact du curé Abondio des *Fiancés* de Manzoni. Quant au vicaire (*curate*), il est admirable et touchant de vérité naïve : sa science dans les classiques grecs; sa pauvreté, la maladie de sa femme; ses quatre filles si belles et pieuses, ses cinq fils qui s'affligent avec lui; ce mémoire de marchand, entre deux feuillets, qui le vient troubler au milieu du livre grec qu'il commentait dans l'oubli de ses maux; sa joie simple, triomphante, un matin qu'il a lu au réveil et qu'il annonce à sa famille qu'une société littéraire (il le tient de bonne source) se fonde enfin, pour publier les livres des auteurs pauvres; toutes ces petites scènes successives composent un ensemble fini qui ne peut être que de Wilkie ou de Crabbe.

M. de Chateaubriand, dans ses Mémoires, a raconté, de son ancienne et pauvre vie en Angleterre, une attendrissante aventure, qui a pour objet une divine Charlotte, fille d'un ministre de campagne, d'un Révérend très-fort aussi en grec, comme ils le sont tous : le presbytère anglais encadré de ses fleurs, et avec toute sa précieuse netteté, y reluit dans une belle page. A travers des vallées où paissent des vaches, *de jolis petits chemins sablés* nous y conduisent. La vie de nos curés de campagne en France n'a rien qui ait favorisé un genre pareil d'inspiration et de poésie. S'il avait pu naître quelque part, c'eût été en Bretagne, où les pauvres *clercs*, après quelques années de séminaire dans les Côtes-du-Nord, retombent d'ordinaire à quelque hameau voisin du lieu natal. M. Souvestre nous a récemment indiqué cette veine naïve de poésie semi-ecclésiastique dans ses études des *Bretons*. M. Brizeux nous a introduits parmi ce joyeux essaim d'écoliers qui bourdonnait et gazouillait autour des haies du presbytère chez son curé d'Arzano. Quelques pages enfin des *Paroles d'un Croyant*, quelques-unes des images touchantes et non politiques, pourraient se rapporter à cette poésie de curé de campagne en Bretagne. Mais la difficulté d'une double langue en ce pays, et aussi la sévérité des habitudes catholiques, dans lesquelles l'amour humain chez le prêtre n'a point d'expression permise, n'ont pas laissé naître et grandir jusqu'à l'état de littérature ces instincts poétiques étouffés des pauvres clercs. Jocelyn est notre premier curé de campagne qui ait chanté (1).

Jocelyn, remarquons-le bien, chante, tant qu'il n'est

---

(1) Voir pourtant sur Favre et Peyrot, deux curés du Midi qui ont écrit des poëmes en patois, la *Revue de Paris* du 26 novembre 1843.

pas tout à fait guéri encore; il chante, tant que l'image de Laurence le trouble et continue de partager son cœur. Ce qu'il nous raconte, ou plutôt ce qu'il raconte à sa sœur et ce qu'il se rappelle à lui-même, ce n'est pas vieux et apaisé qu'il y revient; depuis cette dernière maladie à laquelle il manque de succomber, peu après la mort de Laurence, le manuscrit cesse. Jocelyn guéri a vécu de longues années encore, et il s'est tu, ou du moins il n'a plus repassé ses douleurs. L'amitié du Botaniste a pu les ignorer jusqu'au moment où Marthe l'a aidé à retrouver ces papiers anciens qui n'étaient point destinés à survivre. La vraisemblance catholique du poëme est ainsi sauvée. Si, dans le Jocelyn que nous possédons, on aperçoit jusqu'à la fin quelque trait d'amour trop tendre, ce reste de faiblesse a dû être corrigé, durant les longues années suivantes, par cette vie toute pratique, de laquelle le Botaniste nous a dit :

> La douleur qu'elle roule était tombée au fond;
> Je ne soupçonnais pas même un lit si profond;
> Nul signe de fatigue ou d'une âme blessée
> Ne trahissait en lui la mort de la pensée;
> Son front, quoiqu'un peu grave, était toujours serein;
> On n'y pouvait rêver la trace d'un chagrin
> Qu'au pli que la douleur laisse dans le sourire,
> A la compassion plus tendre qu'il respire,
> Au timbre de sa voix ferme dans sa langueur... (1)

A la fin des lettres de Jocelyn à sa sœur, après tous ces détails journaliers de prière, de travail, de charité, le

---

(1) J'arrête là ma citation, n'adoptant pas l'expression *fêlure du cœur*, qui se trouve dans le vers suivant. Ce rapprochement du cœur à demi brisé et d'une porcelaine (si précieuse qu'on la fasse) est d'un ordre matériel inférieur, qui déroge, selon moi, à l'impression sentimentale; j'aimerais mieux un vers métaphysique un peu vague, qu'une image matérielle si particularisée. Ceci touche à quelques innovations contestables dans le procédé de M. de Lamartine. J'ai déjà traité ce point de style, en m'appuyant précisément de son autorité, dans l'article sur madame Desbordes-Valmore (voir ci-après); mais dans *Jocelyn*, à côté

curé de Valneige se représente, la nuit, veillant, agité encore, lisant tantôt *l'Imitation*, tantôt les poëtes :

> Dans mes veilles sans fin, je ressemble, ô ma sœur,
> A ce *Faust* enivré des philtres de l'école, etc., etc.

« Je ne voudrais pas ce *Faust*, me disait une belle âme « bien éclairée dans la pratique chrétienne : quand on « travaille et qu'on fait son devoir de curé le jour, on dort « la nuit. » — Oui ; mais ce Jocelyn du commencement n'est pas arrivé et fixé encore ; il n'a pas encore trouvé son calme, ni peut-être toute sa foi ; il n'a pas enseveli Laurence. Plus tard, quand Jocelyn a triomphé de cette maladie à laquelle se termine le manuscrit de ses confidences, quand il est tel que le Botaniste l'a connu, ses nuits sont calmes : toute fièvre de passion ou d'incertitude a cessé. Il ne reste plus de lui que le ministre de charité, l'homme des admirables paraboles qu'il débite à son troupeau ; et, s'il ne maudit pas le Juif, si on sent qu'il n'aurait d'anathème, ni contre le vicaire savoyard, ni contre un confrère vaudois de l'autre côté des Alpes, ce n'est pas doute ni tiédeur de foi, c'est qu'il est de ce christianisme assurément fort justiciable, de ce christianisme clément, comme Jésus, au bon Samaritain.

La mère de Jocelyn, affaiblie par la fatigue et la souffrance, a désiré revoir le village natal, dans lequel sa maison ancienne ne lui appartient plus ; elle a désiré y embrasser un moment, encore une fois, son fils, qui abandonne pour quelque temps Valneige. Jocelyn, lorsqu'il s'était informé de la santé de cette mère bien-aimée auprès de sa sœur lors de leur retour, avait dit avec cette beauté de cœur qui n'est qu'à lui :

du petit nombre de ces innovations contestables, combien d'autres faciles et heureuses ! je voudrais qu'il se tînt à ces dernières :

> Tantôt lisant, tantôt écorçant quelque tige,
> Suivant d'un œil distrait l'insecte qui voltige,
> L'eau qui coule au soleil en petits diamants,
> Ou *l'oreille clouée à des bourdonnements!*

Mais, dis-moi, rien n'a-t-il changé dans ses beaux traits ?
. . . .
Son œil a-t-il toujours ce tendre et chaud rayon,
Dont nos fronts ressentaient la tiède impression ?
Sur sa lèvre attendrie et pâle, a-t-elle encore
Ce sourire toujours mourant ou près d'éclore ?
Son front a-t-il gardé ce petit pli rêveur
Que nous baisions tous deux pour l'effacer, ma sœur,
Quand son âme, le soir, au jardin recueillie,
Nous regardait jouer avec mélancolie ?

Mais quand il la revoit si changée, quelle douleur est la sienne, mêlée de funèbre pressentiment! La mère de Jocelyn veut parcourir une dernière fois la maison natale dans l'absence du nouveau possesseur. C'est une scène analogue à celle d'Amélie et de René revoyant le manoir paternel ; plus loin, lorsque Jocelyn doit ensevelir Laurence à la Grotte des Aigles, il pourra rappeler Chactas ensevelissant Atala ; car ce n'est pas, je l'ai déjà dit, par le point de départ singulier des situations que ce poëme se distingue, mais par leur naturel, par leur développement, leur fraîcheur et leur jet de source à chaque pas, par l'inspiration et l'émanation qui s'élève du tout : là vraiment se déploie l'originalité, le génie. Si vous avez perdu une mère, si, nourri aux affections de famille, vous avez éprouvé quelqu'une de ces grandes et saintes douleurs qui devraient rendre bon pour toute la vie, lisez, relisez, pour retrouver vos émotions les meilleures, la visite à la maison natale, l'évanouissement de la mère de Jocelyn, la rentrée folâtre des enfants du nouveau possesseur, courant de haie en haie ; tandis qu'Elle, on l'emporte par l'autre porte sans connaissance ; et, après cette mort, les larmes du fils pieux, sa foi soulageante, ses retours vers les jours passés de tendres leçons et d'enfance heureuse,

Quand le bord de sa robe était mon horizon !

Lisez pour vous, lisez aux autres ; baignez-vous, baignez-les dans ces salutaires et abondantes douleurs !

Après un court voyage à Paris (vers 1800), où il retrouve, sans lui parler, Laurence en proie aux dissipations du monde, et après avoir aussi conçu une rapide et profonde idée de la renaissance du siècle, Jocelyn s'enfuit à la hâte vers ses montagnes et se replonge en cet air âpre et vivifiant dont il a besoin pour ne pas défaillir. C'est à cette partie de sa vie que se rapportent les admirables enseignements, si appropriés à l'esprit de son troupeau, la parabole du *Nil*, des *Deux Frères*, la leçon d'astronomie aux enfants du village, terminée par le dialogue *de l'Aigle et du Soleil*. On peut rapprocher moralement et littérairement ce genre familier au curé de Valneige de quelques belles paraboles des *Paroles d'un Croyant* et de celles de Krummacher, pasteur à Brême (1). L'histoire du *Tisserand* appartient au registre de paroisse d'un Crabbe attendri et compatissant. Mais rien ne se peut comparer pour l'abondance rurale et le sacré de l'inspiration au morceau des *Laboureurs*. Ces antiques et éternelles géorgiques (*ascræum carmen*), reprises par une voix chrétienne, ont une douceur nouvelle et plus pénétrante; *la sainte sueur humaine*, mêlée à la sueur fumante de la terre, est bénie; le respect, la religion du travail vous gagne, et, à l'heure de midi, quand la famille épuisée s'arrête et va boire un moment à la source, on s'écrie humainement avec le poëte :

> Oh! qu'ils boivent dans cette goutte
> L'oubli des pas qu'il faut marcher !
> Seigneur, que chacun sur sa route
> Trouve son eau dans le rocher !

(1) M. l'abbé Bautain en a traduit la première partie, et M. Marmier a publié la suite. Krummacher est pasteur à Brême, comme Hebel, cité plus bas, était prélat protestant à Carlsruhe, comme Tegner le poëte suédois, qui a fait, entre autres poésies ecclésiastiques, une espèce d'idylle sur *la Première Communion* et une pièce sur *la Consécration du Prêtre*, est fils de pasteur et lui-même évêque de Vexio en Suède. On me parle aussi de Thérémin, pasteur en Prusse, qui a fait des vers sur les cimetières et sur la mort. C'est, on le voit, une série toute pareille à celle des curés-poëtes d'Angleterre.

> Que ta grâce les désaltère !
> Tous ceux qui marchent sur la terre
> Ont soif à quelque heure du jour :
> Fais, à leur lèvre desséchée,
> Jaillir de ta source cachée
> La goutte de paix et d'amour !

et tout l'hymne qui suit.

Jocelyn nous offre beaucoup plus de particularités dans le détail, de curiosité pittoresque, domestique, locale, que les précédents poëmes de Lamartine, et marque en ce sens chez lui une nouvelle manière. Pourtant, ce qui continue de distinguer expressément le poëte, c'est encore la grandeur, l'élévation à laquelle il revient, vers laquelle il s'échappe toujours par quelque côté. Son paysage, si détaillé qu'il veuille le faire, ne représente jamais dans tous les sens de l'horizon ces autres paysages vraiment locaux et déterminés de Goldsmith, du Hollandais Pott, de Burns, de Hebel ; toujours quelque ouverture de ciel se fait sur un point, par où il monte à l'instant et plane ; et alors, à ces hauteurs, le vaste paysage ondoyant recommence. La nature prise *à vol d'oiseau* est surtout familière à Lamartine et à Jocelyn ; après qu'il a discerné quelque temps de son œil perçant et doux les détails qui sont à ses pieds, les bœufs qu'on attelle, les rejets de frêne qu'on leur effeuille, les rameaux ombrageux qu'on leur plante sur la tête, et les mouches que les enfants chassent à leurs flancs, le voilà, en un clin-d'œil, qui revole à l'autre bout de l'horizon, ou qui repart sur une nuée. C'est en cela que son paysage, jusque dans ses acquisitions nouvelles, diffère toujours de ces paysages plus exactement clos, et comme entre deux haies, de Grunau, d'Auburn, et de certaines peintures des rives de l'Yarrow en Écosse, du Skorf en Bretagne, dans lesquelles les perspectives du ciel elles-mêmes nous apparaissent plus encadrées. S'il y perd quelque chose en confection, en fini, il y gagne en aisance, en largeur d'ensemble, et le petit détail, même quand il s'y livre, n'a jamais chez lui le *prenez-y garde* de la miniature.

Wordsworth et Coleridge, deux grands poëtes pittoresques et méditatifs, n'y ont pas échappé : il y a chez eux de la miniature, qui s'associe pourtant avec une très-haute élévation. Ce serait une assez neuve et utile manière de caractériser Lamartine, et de renouveler l'étude tant de fois faite de sa poésie, que de le comparer d'un peu près avec ces deux grands lakistes, qu'il connaît fort légèrement sans doute, et desquels il se rapproche et diffère par de frappants endroits. Coleridge, dans sa jeunesse, a fait d'admirables *Poëmes méditatifs*, dans lesquels la nature anglaise domestique, si verte, si fleurie, si lustrée, décore à ravir, et avec une inépuisable richesse, des sentiments d'effusion religieuse, conjugale ou fraternelle; soit que le soir dans son verger, entre le jasmin et le myrte, proche du champ de fèves en fleur, il montre à sa douce Sara l'étoile du soir, et se perde un moment, au son de la harpe éolienne, en des élans métaphysiques et mystiques, qu'il humilie bientôt au pied de la foi; soit qu'il abandonne ensuite ce frais *cottage*, de nouveau décrit, mais trop délicieux, trop embaumé à son gré pendant que ses frères souffrent (vers l'année 93), et qu'il se replonge vaillamment dans le monde pour combattre le grand combat non sanglant de la science, de la liberté et de la vérité en Christ; soit qu'envoyant à son frère, le révérend George Coleridge, un volume de ses œuvres, il y touche ses excentricités, ses erreurs, et le félicite d'être rentré de bonne heure au nid natal ; soit qu'un matin, visité par de chers amis, dans un *cottage* encore, et s'étant foulé, je crois, le pied, sans pouvoir sortir avec eux, du fond de son bosquet de tilleul où il est retenu prisonnier, il fasse en idée l'excursion champêtre, accompagne de ses rêves aimables Charles surtout, l'ami préféré (1), et se félicite devant Dieu d'être ainsi privé d'un bien promis, puisque l'âme y gagne à s'élever et qu'elle contemple; soit enfin que, dans son verger toujours, une nuit d'avril, entre un ami et une

---

(1) Charles Lamb.

femme qu'il appelle *notre sœur*, il écoute le rossignol et le proclame le plus gai chanteur, et raconte comme quoi il sait, près d'un château inhabité, un bosquet sauvage tout peuplé de rossignols chantant à volée, en chœur, et entrevus dans le feuillage sous la lune, au milieu des vers luisants : Oh! quand son enfant sera d'âge, nous dit-il en finissant, son cher petit, bégayant encore, et qui sait déjà reconnaître l'étoile du soir, comme il le réjouira avec de tels sons! comme il l'habituera à associer l'idée de joie à l'image de la nuit! comme il veut lui donner en toutes choses, pour compagne de jeux, la nature! On voit, par ces traits imparfaits, quelles doivent être chez Coleridge la curiosité brillante, l'étincelle perpétuelle du détail, et en même temps l'élévation et la spiritualité des sentiments. Il y a en lui une irrésistible sympathie par tous les points avec la Vie universelle, et il cherche ensuite à réprimer cette expansion, à la ramener dans un ordre régulier de foi ; il y a en lui, si je l'ose dire, du boudhiste qui tâche d'être méthodiste. Cette lutte et ce contraste ont un grand charme ; et le petit nombre de *Poëmes méditatifs* dont je parle n'ont pas été assez distingués et loués comme des exemples excellents, selon moi, d'un genre si précieux de poésie. Dans le *Jocelyn* de Lamartine, l'admirable apostrophe :

> O mon chien ! Dieu seul sait la distance entre nous,
> Seul il sait quel degré de l'échelle de l'être
> Sépare ton instinct de l'âme de ton maître, etc., etc.,

rentre, à quelques égards, dans l'universalisme idéaliste de Coleridge. Mais là encore, comme partout, Lamartine n'a pas de détour, de retour compliqué, de subtilité métaphysique ou de restriction méthodiste. En parlant de son chien avec effusion, avec charité, il est toujours dans cette large voie humaine, au bout de laquelle, du plus loin, on aperçoit près de leurs maîtres les chiens d'Ulysse et de Tobie. M. Ampère, parlant d'après Cassien des solitaires de la Thébaïde et de leurs rapports souvent merveilleux avec les lions et les divers animaux, a suivi ingénieusement dans le christianisme jusqu'à saint François d'Assise cette tendresse particulière de quelques moines pour les bêtes de Dieu. Mais ce genre de sentiments exceptionnels dans le christianisme et dans l'humanité sent déjà la secte. Au contraire, les belles apostrophes de Lamartine à Fido, loin de paraître singulières à personne, ne feront que rendre la pensée de bien des cœurs.

Mais c'est avec Wordsworth que les rapports de Lamartine, en ressemblance et en différence, me paraissent plus nombreux et plus sensibles. Wordsworth pense avec Akenside, dont il prend le mot pour devise, « que le poëte est « sur terre pour revêtir par le langage et par le nombre « tout ce que l'âme aime et admire; » et Lamartine nous dit quelque part en son *Voyage d'Orient* : « Je ne veux voir « que ce que Dieu et l'homme ont fait beau ; la beauté pré- « sente, réelle, palpable, parlant à l'œil et à l'âme, et non « la beauté de lieu et d'époque. Aux savants la beauté his- « torique ou critique ; à nous, poëtes, la beauté évidente et « sensible, etc. » Mais ces deux poëtes, fidèles également à la beauté naturelle, d'une âme aussi largement ouverte à la réfléchir, se distinguent dans la manière dont ils s'élèvent et par laquelle ils arrivent à l'embrasser, à la dominer. Lamartine y va toujours par le plus droit chemin, d'un seul essor, en vue de tous. S'il est curieux de détail en un endroit, c'est comme par accident; il s'élance de là ensuite d'un plein vol, et ne cherche pas à lier le petit au grand par une subtilité symbolisante, heureuse peut-être, mais détournée. Ainsi, quand ses deux personnages, Jocelyn et Laurence, du sein de leur montagne, chantent le printemps, c'est tout ce qu'il y a de plus direct en naissance de sentiments, de plus trouvé d'abord, quoique bientôt aussi élevé que possible. Wordsworth, lui, ne procède pas de cette sorte. Pour arriver à des hauteurs égales, il se dérobe par des circuits nombreux, compliqués. Je prends presque au hasard, dans le dernier recueil qu'il a publié (*Yarrow revisited*) deux ou trois termes de comparaison. S'il monte au sommet d'un mont, et qu'il veuille en s'asseyant bénir Dieu au bout du pèlerinage, il fera, par exemple, le sonnet suivant auquel il donnera pour titre :

REPOSEZ-VOUS ET REMERCIEZ.

AU SOMMET DE GLENCROE.

> Ayant monté longtemps d'un pas lourd et pesant
> Les rampes, au sommet désiré du voyage,
> Près du chemin gravi, bordé de fin herbage,
> Oh! qui n'aime à tomber d'un cœur reconnaissant?
>
> Qui ne s'y coucherait, délassé, se berçant
> Aux propos entre amis, ou seul, au cri sauvage
> Du faucon, près de là perdu dans le nuage,
> — Nuage du matin, et qui bientôt descend?
>
> Mais, le corps étendu, n'oublions pas que l'âme,
> De même que l'oiseau monte sans agiter
> Son aile, ou qu'au torrent, sans fatiguer sa rame,
>
> Le poisson sait tout droit en flèche remonter,
> — L'âme (la foi l'aidant et les grâces propices)
> Peut monter son air pur, ces torrents, ses délices!

Lamartine, très-probablement, ayant fait le même pèlerinage, eût entonné son hymne d'actions de grâces, au sommet, sans s'arrêter à cette comparaison, fort belle d'ailleurs, mais cherchée, de l'oiseau et du poisson, avec l'âme qui monte, tandis que le corps est étendu immobile. S'il arrivait devant la hutte d'un *Highlander*, avec une femme, une dame, pour compagne de voyage, qui marquerait quelque répugnance à entrer dans cette hutte enfumée, il la lui décrirait avec détail, avec grâce, comme il fait pour Valneige, et se complairait bientôt magnifiquement à la bénédiction de Dieu sur les cœurs simples qui y sont cachés, mais sans trop s'arrêter et sans plus revenir à l'hésitation de sa compagne. Or, Wordsworth nous parle ainsi de *la cabane du Highlander* :

> Elle est bâtie en terre, et la sauvage fleur
> Orne un faîte croulant ; toiture mal fermée,

Il en sort, le matin, une lente fumée,
(Voyez) belle au soleil, blanche, et torse en vapeur !

Le clair ruisseau des monts coule auprès ; n'ayez peur
D'approcher comme lui : quand l'âme est bien formée,
On est humble ; on se sait, pauvre race, semée
Aux rocs, aux durs sentiers, partout où vit un cœur !

Sous ce toit affaissé de terre et de verdure,
Par ce chemin rampant jusqu'à la porte obscure,
Venez ; plus naturel, le pauvre a ses trésors :

Un cœur doux, patient, bénissant sur sa route,
Qui, s'il supportait moins, bénirait moins sans doute...
Ne restez plus ainsi, ne restez pas dehors !

Si Lamartine se souvient d'une scène, d'un paysage qu'il ne peut revoir, il le reproduit, il le décrit avec abondance et limpidité, avec tendresse : ainsi *Milly*, ainsi son *Lac*, ainsi les souvenirs de Jocelyn. Je prendrai encore dans le recueil de *Yarrow revisited* un endroit. C'est un souvenir qu'a le poëte d'un site de la Clyde, qu'il a visité autrefois, et que quelque circonstance, dans son second voyage, l'empêche de revoir. Wordsworth analyse son regret ; il est près de s'affliger d'abord, puis il se dit, comme Coleridge retenu dans son bosquet de tilleul, qu'il y a moyen d'éluder le regret, de le racheter par la mémoire, par la pensée. C'est un véritable sonnet psychologique, fait pour plaire à Reid, à Stewart, à M. Jouffroy. Nous essayerons de le rendre :

LE CHATEAU DE BOTHWELL.

Dans les tours de Bothwell, prisonnier autrefois,
Plus d'un brave oubliait (tant cette Clyde est belle !)
De pleurer son malheur et sa cause fidèle.
Moi-même, en d'autres temps, je vins là ; — je vous vois

Dans ma pensée encor, flots courants, sous vos bois !
Mais, quoique revenu près des bords que j'appelle,
Je ne puis rendre aux lieux de visite nouvelle.
— Regret ! — Passé léger, m'allez-vous être un poids ?...

Mieux vaut remercier une ancienne journée
Pour la joie au soleil librement couronnée,
Que d'aigrir son désir contre un présent jaloux.

Le Sommeil t'a donné son pouvoir sur les songes,
Mémoire ; tu les fais vivants et les prolonges :
Ce que tu sais aimer est-il donc loin de nous ?

Lamartine réfléchit volontiers les objets en sa poésie, comme une belle eau de lac, parfois ébranlée à la surface, réfléchit les hautes cimes du rivage ; Wordsworth est plus difficile à suivre à travers les divers miroirs par lesquels il nous donne à regarder sa pensée. Aussi l'un est populaire, relativement à l'autre qui a eu peine à se faire accepter, à se faire lire. Jocelyn, parlant aux enfants du village ou à ses paysans, trouve de faciles et saisissables paraboles ; le poëte de Rydal-Mount a plutôt le don des symboles : voilà en deux mots la différence. Dans son dernier recueil, Wordsworth, comme Lamartine, se montre accessible aux progrès futurs de l'humanité ; et, à son âge, et poëte comme il est de la poésie des bois, des lacs, de la poésie volontiers solitaire, son mérite d'acceptation est grand. Il a fait un majestueux sonnet à propos des *paquebots à vapeur, canaux et chemins de fer*, tous ces *Mouvements* et ces *Moyens*, comme il les appelle, qui, en tachant passagèrement les grâces aimables de la Nature, sont pourtant avoués d'elle, et reconnus sous leur fumée comme des enfants légitimes, gages de l'art et de la pensée de l'Homme ; et le Temps, le Temps saturnien, toujours jaloux, joyeux de leur triomphe croissant sur son frère l'Espace, accepte de leurs mains hardies le sceptre d'espérance qu'ils lui tendent, et leur sourit d'un grave et sublime sourire. On sent dans ce magnifique sonnet ce qu'il en coûte à la noble muse druidique des bois, à la muse des contemplations et des superstitions solitaires, pour saluer ainsi ce qui ravage déjà son empire et la doit en partie détrôner ; c'est presque une abdication auguste : je m'en attendris comme quand Moïse a sacré Josué et salué le nouvel élu du Tout-Puissant, comme quand Énée, par ordre du Destin, s'arrache à la Didon aimée, pour fonder la Ville inconnue. Il obéit, il se hâte, mais il pleure, *lacrymæ volvuntur inanes*. Ces pleurs, amère et vaine rosée, à la face du héros ou du poëte, répondent à merveille à ce qui vient d'être dit de l'austère sourire du Temps,

 .... And smiles on you with cheer sublime.

Lamartine en son nom, ou par la bouche de Jocelyn, a moins de peine à se résigner. Non-seulement il accepte, mais il célèbre, mais il se réjouit, mais il marche l'un des premiers, et l'étoile au front. La parabole de *la Caravane*, qui terminera heureusement cette comparaison avec Wordsworth, va nous offrir trente vers qui ne me semblent pouvoir être surpassés, pour l'image et pour l'idée, en aucune poésie :

 La Caravane humaine un jour était campée
 Dans des forêts bordant une rive escarpée,
 Et, ne pouvant pousser sa route plus avant,
 Les chênes l'abritaient du soleil et du vent ;
 Les tentes, aux rameaux enlaçant leurs cordages,
 Formaient autour des troncs des cités, des villages,
 Et les hommes épars sur des gazons épais
 Mangeaient leur pain à l'ombre et conversaient en paix,
 Tout à coup, comme atteints d'une rage insensée,
 Ces hommes se levant à la même pensée,
 Portent la hache aux troncs, font crouler à leurs piés
 Ces dômes où les nids s'étaient multipliés ;
 Et les brutes des bois sortant de leurs repaires,
 Et les oiseaux fuyant les cimes séculaires,
 Contemplaient la ruine avec un œil d'horreur,
 Ne comprenaient pas l'œuvre, et maudissaient du cœur
 Cette race stupide acharnée à sa perte,
 Qui détruit jusqu'au ciel l'ombre qui l'a couverte !

 Or, pendant qu'en leur nuit les brutes des forêts
 Avaient pitié de l'homme et séchaient de regrets,
 L'homme, continuant son ravage sublime,
 Avait jeté les troncs en arche sur l'abîme ;

> Sur l'arbre de ses bords gisant et renversé,
> Le fleuve était partout couvert et traversé (1) ;
> Et, poursuivant en paix son éternel voyage,
> La Caravane avait conquis l'autre rivage.
>
> C'est ainsi que le Temps, par Dieu même conduit,
> Passe, pour avancer, sur ce qu'il a détruit ;
> Esprit saint ! conduis-les, comme un autre Moïse,
> Par des chemins de paix à la terre promise !!!...

Lamartine ou Jocelyn, comme on le voudra, a un optimisme serein et supérieur, qui, dans la réalité de tous les jours, pourrait ne pas se vérifier aisément, mais qui reprend son courant général de vraisemblance à mesure que la sphère s'épure et que l'horizon s'élargit. Dans la région où Jocelyn habite, à la hauteur de Valneige, le mal cesse par degrés ; les miasmes des villes expirent et se dissipent dans cet air vif des sapins et des mélèzes. Il y a de la douleur toujours (car l'homme la traîne partout), mais moins de vices ; et, tandis qu'en bas, dans les foules, nos pas se heurtent, tournent souvent sur eux-mêmes, et finalement se découragent, de loin, d'en haut, aux yeux du pasteur et du poëte, s'aperçoit mieux peut-être la marche constante de l'humanité sous le Seigneur.

Il y aurait pour nous de quoi discourir sur *Jocelyn*-poëme longuement encore. Nous n'avons pas touché les détails du voyage à Paris, et plus tard ceux de la maladie, de la confession, de la mort et de l'ensevelissement de Laurence. Et dans les intervalles, que d'endroits engageants, que de sources murmurantes à chaque pas, au bord desquelles nous pourrions, comme à ce sommet de Glencroe, *tomber d'un cœur reconnaissant !* mais les propos entre amis doivent eux-mêmes prendre fin, si doux qu'ils soient. Un dernier trait seulement. Pour ceux qui aiment l'homme dans Lamartine (et le nombre en est grand), Jocelyn doit avoir une valeur biographique ou du moins psychologique bien

---

(1) COUVERT *et traversé* SUR *l'arbre*, c'est plus qu'il n'est permis en français.

précieuse. Le bon et tendre curé a existé sans doute, je le crois ; mais ce qui est sûr, c'est que le poëte a fait mainte fois confusion de son âme et de sa propre destinée avec lui. Jocelyn n'est bien souvent que Lamartine à peine dépaysé, ayant légèrement *romancé* et poétisé ses souvenirs, ayant reporté de quelques années en arrière son berceau, comme cela plaît tant à l'imagination et au cœur ; car l'enfance d'ordinaire est si belle, si fraîche en nous de souvenirs, qu'on s'arrangerait volontiers pour avoir vécu homme durant ce temps. J'ai comparé autrefois Lamartine enfant à l'Edwin de Beattie : mais qu'avons-nous besoin d'analogies et de conjectures ? nous avons Jocelyn aujourd'hui ; nous avons une révélation presque directe sur l'une des plus divines organisations de poëte qui aient été accordées au monde, sur une des plus nobles créatures.

Mars 1836.

(Des articles bien différents de caractère ont été écrits sur *Jocelyn*. Au point de vue chrétien, M. Vinet, dans *le Semeur* (23 mars 1836), l'abbé Gerbet dans *l'Université catholique* (août 1836), se sont montrés d'une sévérité inspirée et mitigée par l'admiration et la tendresse. Le poëte, dans un célèbre Épisode (*la Chute d'un Ange*) publié depuis, semble avoir pris soin de justifier quelques-unes de leurs craintes. Littérairement, un des plus grands inconvénients de ces rayons brusquement brisés est de réfléchir en arrière, et d'aller éclairer, dans les œuvres aimées, des imperfections jusque-là confuses. Notre critique, si confiante en *Jocelyn*, a donc pu être jugée à l'effet un peu imprévoyante, presque comme au lendemain des *Paroles d'un Croyant :* une vraie critique de *girondin*. Avec le poëte, pourtant, cela tire moins à conséquence : l'imagination aisément répare, surtout quand elle est plus riche que jamais. Le noble et cher talent, qui nous pardonnera cette remarque sincère, saura bien vite forcer de nouveau les habituels hommages.—Ainsi nous nous exprimions à la veille des *Recueillements poétiques*, qui ne répondirent pas à notre vœu, et qui amenèrent l'article suivant.)

LAMARTINE.

1839.

(Recueillements poétiques.)

C'est un singulier spectacle, et qu'il deviendra tout à l'heure un lieu-commun de relever, que celui des variations qu'offre ce temps-ci d'heure en heure dans les doctrines, dans les talents, dans les hommes. A mesure que chacun des grands esprits qu'on a vus débuter avec éclat s'avance dans la vie, il rompt ses unités, multiplie ses bigarrures et ses aventures : cela, chez quelques-uns, peut s'appeler progrès; car toute chose a deux noms. Peut-être ce temps-ci n'est-il pas plus privilégié qu'un autre en variations, mais nous y sommes plus sensibles parce que nous les saisissons de plus près et plus en détail dans nos contemporains. On se figure toujours en commençant qu'on va être tout différent de ce qui a précédé; c'est le plus beau motif d'aller en avant et l'inspiration de la jeunesse. A un certain point la poussée manque, le ressort casse ou se retourne contre nous : d'autres déjà nous suivent, qui, à leur manière, recommenceront.

L'histoire de M. de La Mennais est plus ou moins celle de chacun, de nos jours : ce qu'il résume avec fracas, et non sans grandeur, dans ses vicissitudes étonnantes, est assez bien le type auquel se rapportent nombre de destinées. Ce qui a choqué en lui, on se le permet plus ou moins en s'en applaudissant. Dans la sphère religieuse et philosophique, il lui est arrivé de tomber précisément, comme hier tel illustre qui le plaignait est lui-même tombé dans l'enceinte parlementaire : la seule différence est dans la hauteur des questions où chacun est tombé.

Dans l'ordre poétique, de même. Chute ou progrès, la variation est manifeste. Chez M. de Lamartine, on l'a dit déjà, il s'est passé depuis peu d'années une révolution intérieure, analogue à celle qui s'est opérée en l'abbé de La Mennais : il n'y a qu'à tenir compte de la différence des formes et des caractères. Les *Harmonies* pour l'un, le livre des *Progrès de la Révolution* pour l'autre, les avaient poussés à des limites qu'après Juillet ils ont aisément franchies. Chez l'un il y a eu revirement brusque et violent, chez l'autre le simple développement a suffi. Dans les *Harmonies*, il perce déjà beaucoup d'idées de transformation chrétienne, mais arrêtées à temps. La lettre à M. de Cazalès sur la *Politique rationnelle* était encore dans cette première mesure. Mais bientôt, à voir l'exemple de M. de La Mennais, à sentir chaque matin le souffle des temps, l'émulation, sans qu'il se rendît compte peut-être, l'a gagné. Parmi ceux de sa couleur première, il se pouvait vanter d'être le seul avec M. de La Mennais que la révolution de Juillet n'eût pas désarçonné. Oui ; mais, en ne les désarçonnant pas visiblement, cette révolution, au moment du saut, du relais imprévu, les a pris, pour ainsi dire, et les a portés du bond, sans qu'ils eussent le temps de s'en douter et sans qu'il y parût, sur un cheval nouveau, pareils à ces coureurs de l'antiquité (*desultores*), et ils ont couru comme fraîchement dans la carrière recommençante. La différence de direction, à partir d'alors, se prononça chez tous deux, bien moins soudaine chez M. de Lamartine. Le *Voyage en Orient* donna l'éveil ; par sa préface de *Jocelyn*, l'auteur attacha un sens voulu à beaucoup de parties du poëme qui seraient, sans cette indication, demeurées vagues, je le crois, et qui auraient passé sur le compte de la licence poétique. Lui et M. de La Mennais, enfin, sont devenus expressément humanitaires. Seulement M. de Lamartine, bien qu'il n'aille pas moins à pleines voiles dans cette idée, a gardé dans la forme, dans l'application en politique, dans l'extrême tolérance pour les personnes, tout ce qui faisait de lui dès l'abord un poëte d'harmonie, d'onction et de grâce ondoyante; il procède toujours par voie d'expansion et non d'éruption.

Ce changement, il est curieux de le remarquer, se trouve précisément l'inverse de celui qu'on a vu chez les poëtes anglais de l'école des *Lacs*, les mêmes avec qui notre poëte a plus d'une ressemblance pour le génie. Wordsworth, Southey, Coleridge, de démocrates et d'humanitaires illimités, sont devenus tories : de leur plan de *pantisocratie* et de leurs rêves dithyrambiques dont M. Chasles nous a souvent et à fond entretenus, ils ont vite passé aux doctrines pures et simples de conservation et de résistance. M. de Lamartine, au contraire, de l'ode *à M. de Bonald*, en est venu à sa pièce d'*Utopie* qui couronne ses *Recueillements*.

A tant de variations diverses, religieuses, philosophiques, politiques et poétiques, que nous notons, il en est une à ajouter encore, celle même que nous autres critiques, en les remarquant, nous subissons. Selon que nous les jugeons, en effet, ces variations, à l'âge des espérances indéfinies ou à celui déjà des méfiances croissantes, nous sommes tentés de les qualifier de noms différents. Ce que nous appelions progrès, il y a peu d'années encore, nous paraîtrait plutôt une déviation aujourd'hui, non pas peut-être qu'au dehors l'état de choses du talent ait beaucoup changé, mais parce que surtout nous le revoyons nous-mêmes avec moins de soleil.

Rien n'est plus triste, sans doute, que cette nécessité où l'on croit être de venir mettre successivement une barre rigoureuse à chacune de ses admirations les plus profondes, et de prononcer ce fatal : *Tu n'iras pas plus loin*, dans une louange chère au cœur et qu'on ne croyait pas pouvoir épuiser. Tout cela, d'ailleurs, est si variable, si peu certain de jugement et d'impression, qu'on a dû hésiter longtemps. A quel point, dans un talent, le développement légitime cesse-t-il, et dégénère-t-il en débordement et en ravage? Où la transformation doit-elle convenablement s'arrêter, et où la déviation véritable commence-t-elle? Quel est l'endroit, la mesure indécise où le lac tant aimé n'est plus lui-même, et s'affaisse et se noie indéfiniment, et n'offre plus que flaque immense de poésie? Les talents de poëtes sont, en avançant, aux prises avec des difficultés de tous genres : il faudrait rester fidèle à soi-même sans s'immobiliser, se renouveler sans se rompre. Goëthe se renouvelle, mais il se rompt l'âme à toute croyance. Manzoni reste fidèle, mais il se tait. Entre tous ces écueils et bien d'autres, M. de Lamartine du moins fait-il ce qu'il peut?

Avec tout le respect, avec toute l'admiration bien grande qui nous reste, nous dirons quelque chose de ce qui menacerait d'être chez lui un parti-pris et une méthode nouvelle. Ces belles paroles que Dante, au chant XIII de son *Paradis*, met dans la bouche de saint Thomas, ne sortiront pas de notre mémoire et nous feront assez rentrer en nous-même : «... Que ceci te serve d'avertissement et te soit comme une semelle de plomb aux pieds, pour que tu n'ailles que bien lentement, et comme un homme déjà lassé, vers le *oui* ou vers le *non* des choses que tu n'as pas entendues du premier coup!... Que les hommes ne jugent pas avec trop de confiance, comme celui qui compte sur les blés aux champs avant qu'ils soient mûrs; car j'ai vu le buisson, à demi mort et tout glacé pendant l'hiver, se couronner de roses au printemps; et j'ai vu le vaisseau qui avait traversé rapidement la mer durant tout le voyage, périr à la fin, juste à l'entrée du port... Celui-là peut s relever, celui-ci peut tomber. »

A regarder d'un coup-d'œil général le talent et l'œuvre de M. de Lamartine, il semble que le plus haut point de son développement lyrique se trouve dans ses *Harmonies*. Sans doute, aux cœurs surtout tendres et discrets, les *Mé-*

ditations, et les premières, restaient les plus chères toujours : on en aimait le délicieux et imprévu mystère, l'élévation inaccoutumée et facile, la plainte si nouvelle et si douce, le roman à demi voilé auquel on avait foi, et que chaque imagination sensible ne manquait pas de clore. Mais, du moment qu'on n'avait plus affaire au simple amant d'*Elvire*, et qu'on était décidément en face d'un poëte, force était d'aller au delà, de recommencer avec lui la vie et les chants : on eut peine à s'y résigner d'abord, et même, pour bien des cœurs épris de l'amant et qui bientôt se crurent dupés du poëte, l'idéal, dès ce moment, fut rompu. M. de Lamartine s'élevait pourtant dans le lyrique; sa voix s'étendait et se variait, son haleine devenait plus longue et accusait plus de puissance : le talent enfin, l'*art* (si l'on peut lui appliquer ce mot), gagnait en lui, et à la fois les sentiments divers abondaient sur ses lèvres avec assez de nouveauté et de magnificence pour racheter ce qu'ils avaient perdu de leur première unité. Depuis les *Harmonies*, on attendait une preuve poétique qui y répondît, quand *Jocelyn* vint annoncer comme une nouvelle manière : *Jocelyn* était un début dans l'ordre des compositions ; bien que la fable n'en fût pas bien difficile à inventer, elle était touchante, elle prêtait aux plus riches qualités du poëte, et l'induisait sans violence à des tons rajeunis. Malgré des incorrections de détail et des longueurs, l'essai était charmant; ce dut paraître un très-heureux commencement pour les poëmes à venir, comme *Hernani* avait pu paraître, dans ses hasards, un heureux prélude pour des drames futurs.

Mais la suite a-t-elle répondu? Cette suite, chez M. de Lamartine, ne se compose encore, il est vrai, que d'un seul poëme, mais qui a tout déjoué. Et comme, avant ce poëme et avant *Jocelyn*, les volumes du *Voyage en Orient* avaient été déjà, malgré d'admirables pages, une négligence trop prolongée et trop avouée, comme la préface de *Jocelyn* même contenait quelques assertions littéraires très-peu justifiables, qui avaient pu s'éclipser devant une charmante lecture, mais que la pratique d'aujourd'hui revient éclairer; comme, enfin, le volume en ce moment publié sous le nom de *Recueillements* affiche de plus en plus ces dissipations d'un beau génie, il est temps de le dire; au troisième chant du coq, on a droit de s'écrier, et d'avertir le poëte le plus aimé qu'il renie sa gloire.

Le volume actuel est précédé d'une *lettre-préface*, dans laquelle le poëte, écrivant familièrement à l'un de ses amis, lui explique sa manière de travailler durant les courtes heures des rares saisons qu'il accorde désormais à la poésie. Ces pages sont elles-mêmes une esquisse poétique et vivante de son intérieur de Saint-Point. Il vous initie à tout, et il n'y aurait qu'à le remercier pour tant de bonne grâce et d'aimable confidence, s'il ne partait de là pour jeter, en littérature et en poésie, certaines façons de voir qu'il est impossible d'accepter par rapport à l'art en général, et par rapport à son propre talent, car ce serait une ruine. On a vu dernièrement, on a surpris la façon de travail et d'étude d'André Chénier : on a assisté aux ébauches multipliées et attentives, dans l'atelier de la muse (1). Combien le cabinet que nous ouvre à deux battants M. de Lamartine, et dans lequel il nous force, pour ainsi dire, de pénétrer, est différent! «.... Ma vie de poëte, écrit-il, recommence pour quelques jours. Vous savez, mieux que personne, qu'elle n'a jamais été qu'un douzième tout au plus de ma vie réelle. Le bon public, qui ne crée pas, comme Jéhovah, l'homme à son image, mais qui le défigure à sa fantaisie, croit que j'ai passé trente années de ma vie à aligner des rimes et à contempler les étoiles; je n'y ai pas employé trente mois, et la poésie n'a été pour moi que ce qu'est la prière.... » Nous concevons ce qu'a d'impatientant pour le poëte, et pour tout écrivain célèbre, l'idée absolue qu'on se forme de lui, et sur laquelle, bon gré, mal gré, on veut le modeler après coup. Mais, selon cette idée que se fait le *bon* public,

---

(1) Voir l'article intitulé *Documents inédits sur André Chénier*, au tome Ier des *Portraits littéraires*.

on n'est pas défiguré toujours, on est idéalisé quelquefois : n'en faudrait-il pas prendre son parti alors, composer avec cet idéal, et ne le pas secouer avec ce sans-façon? Le devoir d'un écrivain et de tout homme public est en raison composée de ce qu'il est et de ce qu'il a donné à croire par ses écrits et par ses paroles. On a les bénéfices de sa gloire; il faut bien avoir pour elle quelque révérence en retour. « Vous savez comment je les écris, ajoute-t-il en parlant de ses pièces de vers, vous savez combien je les apprécie à leur peu de valeur; vous savez combien je suis incapable du pénible travail de la lime et de la critique sur moi-même. Blâmez-moi, mais ne m'accusez pas.... » Si ce n'étaient là que des modesties de préface, on ne les relèverait pas; mais il est à craindre que le poëte ne pense en vérité ce qu'il dit de la sorte. Lui est-il donc permis de se prendre d'autant plus à la légère, que le public l'a pris davantage au sérieux?

Mais c'est comme poëte uniquement qu'il se prend à la légère; dès que la politique est en jeu, le ton change; il semble que le trépied n'ait été qu'un marchepied : « Je sais bien qu'on me dit : Pourquoi partez-vous (de Saint-Point)? ne tient-il pas à vous de vous enfermer dans votre quiétude de poëte, et de laisser le monde politique travailler pour vous? Oui, je sais qu'on me dit cela; mais je ne réponds pas, j'ai pitié de ceux qui me le disent.... (*Suit un exposé de ses nobles doctrines sociales.*) Voilà, ajoute-t-il, la politique telle que nous l'entendons, vous, moi, tant d'autres, et presque toute cette jeunesse qui est née dans les tempêtes, qui grandit dans les luttes et qui semble avoir en elle l'instinct des grandes choses qui doivent graduellement et religieusement s'accomplir. Croyez-vous qu'à une pareille époque et en présence de tels problèmes, il y ait honneur et vertu à se mettre à part dans le petit troupeau des sceptiques, et à dire comme Montaigne : Que sais-je? ou comme l'égoïste : Que m'importe? »

Il y a peu de mois, lorsqu'il échappa à un spirituel chef de parti, dans la discussion de l'adresse, un mot présomptueux, qui alla atteindre M. de Lamartine sur le banc où il écoutait jusque-là en silence, le noble orateur se leva, et demanda avec émotion qu'on lui laissât du moins, à lui et à ceux qui demeuraient en dehors des querelles du quart d'heure, *la dignité de ce silence.* Sans avoir aucune autorité pareille, ne serait-il donc pas permis à ceux qui ne sont, qui ne veulent être que littérateurs et poëtes, qui croient ainsi servir le monde à leur manière et y remplir leur humble rôle, qui s'y attachent d'autant plus que la vue des intrigues présentes leur donne plus fort la nausée; à ceux qui écoutent avec bonheur la voix de M. de Lamartine s'élever un moment avec pureté du milieu des récriminations, et qui regrettent qu'elle n'y soit qu'une trêve, ne leur serait-il pas permis de lui demander qu'il leur laissât au moins *la dignité de leur silence* en politique? Quoi! il n'y a pas de milieu entre viser à la Chambre et se faire du troupeau des égoïstes? On ne pourrait remplir son rôle utile en s'enfermant, non pas dans sa *quiétude*, mais dans son *ministère* de poëte et d'écrivain, en gardant, pour toute tribune, sa chaire de philosophie, d'histoire ou même d'éloquence? La politique, dont M. de Lamartine renouvelle le programme dans sa préface, est belle et désirable; je me reprocherais de rien dire qui pût en décourager un seul esprit. Seulement, pour la rendre possible, il importe précisément de ne pas la croire si facile, si prochaine, si universellement agréée. Je cherche en vain cette foule d'adhérents et *presque toute cette jeunesse*, qui, loin de *grandir dans les luttes*, me semble bien plutôt aujourd'hui les déserter. M. de Lamartine finit éloquemment sa préface par un appel à Dieu, comme Scipion entraînait les Romains au Capitole; il suppose le divin Juge mettant au dernier jour dans la balance, d'une part les rimes du poëte, et de l'autre ses actions sociales; on devine ce qui l'emporte. Mais il est toujours très-périlleux de faire parler Dieu; on pourrait aussi bien, et sans plus de témérité, supposer qu'il vous demandera compte du talent spécial qu'il vous aura confié; s'il y a diversité de dons parmi les hommes, il peut y avoir diversité de ministères, et cela semble surtout plausible, quand le signe est aussi glorieux et aussi évident que dans le cas de M. de Lamartine.

On se méprendrait au reste sur notre pensée si l'on croyait que nous voulons en rien blâmer l'illustre poëte de sa participation aux choses politiques : nous ne faisons qu'être sur la défensive au nom de sa littérature et de sa poésie qu'il offense. L'intérêt politique même, mieux entendu, devrait, ce nous semble, lui interdire ce langage. Nous nous trompons fort, ou cette manière de traiter son talent, quand on est surtout grand par là, cette facilité de faire bon marché de sa renommée quand elle est si haute et si légitime, est peu propre à prévenir les hommes politiques spéciaux, parmi lesquels il aurait à prendre rang. S'il y avait en eux un préjugé défavorable contre les poëtes, ce ton à l'égard de soi-même et de son public ne le dissiperait pas et l'augmenterait plutôt. C'est après tout, pourraient-ils penser, le même tour d'esprit qu'on apporte dans des sujets divers ; l'élévation s'y retrouverait sans doute, mais la négligence aussi dans le détail et dans l'emploi. Un poëte, au contraire, qui, avec les hautes facultés et le renom de M. de Lamartine, arrivant à la politique (puisqu'il faut de la politique absolument), ne donnerait que des livres plus rares, mais venus à terme, et de plus en plus mûris par le goût, ne ferait qu'apporter à tout l'ensemble de sa conduite politique, dans l'opinion, un appui véritable et solide ; il finirait, en étant de plus en plus un poëte incontestable, bien économe et jaloux de sa gloire, par triompher plus aisément sur les autres terrains, et par forcer les dernières préventions de ses collègues les plus prosaïques, même dans les questions de budget et dans le pied-à-terre des chemins vicinaux.

Nous n'aurions pas attaché tant d'importance à la préface, si le recueil la démentait absolument. Plusieurs pièces pourtant sont d'une grande beauté ; car ce n'est pas le talent du poëte qui diminue en rien, veuillez le croire : il se poursuit, dans toute la largeur du souffle, dans l'entière puissance de la veine; mais c'est l'emploi et l'écart de ce talent qui appellent une sorte de répression. Dès qu'on n'est plus inspiré par un sentiment souverain, impétueux, unique, qui décide et apporte avec lui l'expression; dès qu'on flotte entre plusieurs sentiments, et qu'on peut choisir; qu'on en est à redire les choses profondes, à exhaler le superflu des émotions nouvelles, il faut que le travail, l'art, ou, pour exiger le moins possible, un certain soin quelconque aide à l'exécution, et y ajoute, y retranche à l'extérieur par le goût ce que l'âme, tout directement et du premier coup, n'a pas imprimé. Or, M. de Lamartine fait craindre à ses admirateurs d'avoir de moins en moins du loisir pour ce soin, même le plus rapide, qui n'est que la toilette du matin de la pensée; il s'en excuse, il s'y résigne plus vite que nous. Il s'ensuivrait formellement que la critique n'aurait plus rien désormais à faire avec lui; c'est une manière complète de la récuser, de la déjouer. On avait déjà remarqué qu'un autre grand poëte (1) l'enfermait, la pauvre critique, dans un cercle étroit, inflexible, et la sommait d'y demeurer ou d'y venir, avec menace autrement de la rejeter. M. de Lamartine, par un procédé tout inverse, à force de lui donner raison d'avance et de lui faire beau jeu, lui ôte également toute prise et l'annule. L'autre l'écrasait; lui, il se dérobe : cela ne saurait se passer ainsi.

Une des plus jolies pièces du volume, l'épître à M. Adolphe Dumas, reprenant les idées de la préface, les redouble agréablement, et tend à consacrer tout à fait cette théorie de négligence et de laisser-aller indéfini que trop d'autres pièces confirment sans en parler. M. Adolphe Dumas, homme d'imagination généreuse et d'essor aventureux, écrivit, à ce qu'il paraît, à M. de Lamartine une épître pour le consoler du peu de succès de son *Ange :* c'était lui signifier ce peu de succès, et j'imagine que le premier mouvement dut être une légère impatience contre le con-

(1) M. Victor Hugo.

solateur malencontreux. Oh! pourquoi M. de Lamartine n'a-t-il pas cédé à ce mouvement? Pourquoi pas un grain d'ironie dès l'abord? Cela eût relevé un peu l'éloge qui ne va pas moins, en vingt vers, qu'à comparer M. Adolphe Dumas à Horace, *ce Béranger romain!* Je ne connais pas l'épître, mais il me paraît impossible que M. Adolphe Dumas ressemble à Horace; il a de l'élévation, du mysticisme, du socialisme, des portions hautes et rudes de talent; comparez-le à Dante le théologien, si vous le voulez absolument, ou à l'Eschyle du *Prométhée* encore, ou, au pis, à Claudien..., mais à Horace! Le poëte le lui redit en vingt façons; il croyait lire *Tibur, à l'exergue de la bague* (du cachet), mais c'était *Eyrague;* la dureté du vers l'a puni de sa pensée (1).

Au milieu d'un paysage délicieusement décrit, dans l'oubli de toutes choses lointaines, et au sein amoureux de la nature, le poëte reçoit donc l'épître de M. Adolphe Dumas, et lui répond que toutes ces critiques l'affectent peu, qu'il en faut prendre son parti, boire, sans murmurer, le nectar ou l'absinthe, et ne pas trop compter sur les réparations du siècle et de l'avenir :

> Nous venger? l'avenir? lui, gros d'un univers?
> Lui, dans ses grandes mains peser nos petits vers?...

Et ici, en beaux et grands vers que chacun a pu lire, revient l'utopie immense, trop immense, mais enfin bornée (il était temps) par une vive peinture de vie heureuse dans

---

(1) Oui, M. Adolphe Dumas est Horace selon Lamartine, à peu près comme M. Méry est *fils de Virgile,* selon Victor Hugo :

> .... Méry, le poëte charmant
> Que Marseille la Grecque, heureuse et noble ville,
> Blonde fille d'Homère, a fait fils de Virgile!

Cela se lit dans cette gracieuse pièce, *les Oiseaux envolés* des *Voix intérieures.* Quoi! Virgile, le plus pieux, le plus chaste et le plus sensible des poëtes, le voilà père d'un spirituel et sémillant improvisateur! Encore si M. Hugo avait dit *fils de Stace.* — Quel dommage que le *sens du vrai* soit si souvent en défaut chez ces hommes en qui prédomine le talent!

une bastide du Midi. Quel regret pourtant le poëte me laisse au lieu du charme! De quelle façon il traite ses vers en nous les prodiguant! On voudrait qu'il crût, qu'il parût croire davantage à l'avenir de sa poésie : il compte si fort sur l'avenir en toutes choses! Je concevrais Lucrèce parlant de la sorte; l'épicurien Hesnault, qui a fait quelque épître sur ce sujet-là, peut marier son scepticisme poétique à tous ses autres scepticismes (1). Mais M. de Lamartine n'est pas si dépourvu encore de belles illusions qu'on ne puisse lui souhaiter celle-là de plus, d'autant qu'elle tournerait tout aussitôt à notre plaisir. Il accorde tant à l'humanité en général et à je ne sais quelle apothéose de l'espèce; dans le particulier, il a l'air de croire si aisément à l'esprit horatien de ses amis, qu'il pourrait croire par là-dessus à l'immortalité des beaux vers. Tout le monde y gagnerait (2).

Et puis, quel que soit l'avenir et le prix, est-ce qu'en art comme en morale il ne faut pas faire de son mieux? Ce n'est pas même une comparaison que j'établis là, c'est une

---

(1) Ce poëte Hesnault, camarade de collége de Molière, et qui avait du talent, du feu poétique, s'endormit dans la paresse, se berça dans l'épicuréisme, et, comme bien d'autres, manqua la gloire en n'y croyant pas. Selon lui, l'avenir a bien d'autres choses à faire que de s'occuper de nous, et, même quand il s'en occupe, ce n'est qu'une fausse apparence; car n'est-il pas certain, après tout, s'écrie-t-il,

> Qu'Homère et que Virgile, autrefois si fameux,
> Mourront un jour pour nous, comme ils sont morts pour eux?

Ainsi, cette prétendue immortalité, en la supposant obtenue, n'est qu'une suite de naufrages et de morts; ni ceux qui l'obtiennent, ni ceux qui la donnent, n'en perçoivent la durée persistante; ce n'est, en quelque sorte, qu'un bout-à-bout continuel, une rallonge précaire, qui tôt ou tard manque : autant vaut la rompre en commençant.

(2) Tout le monde n'y gagnait-il pas, lorsque, dans de beaux vers de son épître à Barthélemy, qu'il a depuis changés en les réimprimant, il s'écriait :

> Car je sais que le temps est fidèle au génie,
> Et mon cœur croit à l'avenir!

Tout n'était-il pas au mieux, lorsqu'aux années des divines amours,

identité que j'exprime; l'art, pour l'artiste, fait partie de sa conscience et de sa morale.

Les réflexions abondent, et je parlerai comme Job, dans l'amertume de mon cœur : cette négligence, cette prodigalité des beaux vers jetés sans aucun soin ni respect est-elle donc de la vraie humilité? et quelle est, je vous le demande, la vraie charité, ou celle qui jetterait du haut de son char une poignée de louis au nez du pauvre, ou celle qui s'approche de lui, passe et repasse deux fois, le considère et lui met dans le fond de la main un louis, un seul louis d'or, qu'elle y renferme avec étreinte, le laissant immobile et pénétré? — O pieux Virgile, ainsi tu faisais pour les vers!

Ne prenez pas Virgile au mot quand il vous parle, presque en rougissant, de son loisir sans honneur, *ignobilis oti;* ou c'est qu'en latin le mot n'a pas ce sens-là. Passe pour Malherbe (qui lui-même ne le disait que par coquetterie) de se comparer, poëte, au joueur de quilles. Pascal pensait qu'un bon poëte n'est pas plus nécessaire à l'État qu'un bon brodeur : il venait de lire un sonnet de Voiture. Mais qui donc plus que Virgile a été consolant au monde? et M. de Lamartine est de la race de Virgile; il lui appartenait, et il l'a prouvé, de compter parmi les grands, les immortels bienfaiteurs.

J'ai dit que ce volume n'était pas dépourvu de hautes

dans la plus mélodieuse élégie, il ravissait par des promesses bien d'accord avec de tels accents :

> Heureuse la beauté que le poëte adore !
> Heureux le nom qu'il a chanté !
> Toi qu'en secret son culte honore,
> Tu peux, tu peux mourir ! Dans la postérité
> Il lègue à ce qu'il aime une éternelle vie ;
> Et l'amante et l'amant, sur l'aile du génie,
> Montent d'un vol égal à l'immortalité!......

Et toute cette fin idéale et passionnée qui éclate par cette note suprême :

> Mais les siècles auront passé sur ta poussière,
> Elvire, et tu vivras toujours!

beautés. La nouvelle conclusion de *Jocelyn*, qui nous est donnée par manière de variante, a une ampleur et une sublimité merveilleuses : elle s'accorde dignement avec le souvenir de cet aimable poëme. On a eu raison de louer le Cantique sur la mort de madame de Broglie; j'y remarque pourtant des longueurs qui nuisent à l'effet, quelques mots discordants, et surtout un manque de décision dans le sentiment religieux avec lequel il eût fallu aborder cette admirable personne, d'une foi si précise, et dont l'âme présente doit, ce semble, moins que jamais souffrir rien d'évasif à ce sujet. Au nombre des mots que j'appelle discordants, on peut noter cette comparaison avec la poule qui *gratte*... : ceci tient à toute une innovation des plus contestables dans le talent de M. de Lamartine.

Jocelyn ne la laissait encore percer qu'à peine : *la Chute d'un Ange* y a donné pleine excroissance. Ici l'habitude semble prise. Le public ami du poëte en a souffert amèrement. Conçoit-on que, dans une pièce de vers inspirée par un tableau de la *Charité*, la femme soit décrite avec des traits et des mots qui semblent réservés aux alcôves de nos romans modernes ?

L'odeur de nos soupirs vous parfume les vents ;

et ce second vers de la page 284 que je ne transcrirai pas. Le mot est d'usage en Orient, dira-t-on ; peu importe ! En français il offense partout, il révolte presque devant la chaste image de la Charité. Dans sa première manière, dans son plus jeune abandon, M. de Lamartine eût-il jamais proféré cela ? Il avait de tout temps ses défauts, ses inadvertances ; il faisait rimer *ciel* et *soleil*, il disait *l'une après l'une* ; on ne lui demandait qu'à peine de s'en corriger ; la grammaire souffrait plus que l'esprit ; il y avait encore une certaine mesure et comme une harmonie dans ses négligences. Mais ici, c'est d'un autre ordre ; la faute crie ; il sort de ses tons ; grâce à ces mots étranges, même sans se flatter d'être de ceux dont parle La Bruyère et qui ont le cœur justement ouvert à la perfection d'un ouvrage, on court risque de remporter désormais un regret mortel des plus belles pages de Lamartine. Tel mot, en effet, suffit pour tout gâter, comme un mauvais son, ou plutôt comme une mauvaise odeur dans un concert. Un poëte qui a tant de choses, n'aurait-il donc pas le goût? N'aurait-il pas ce qui, dans les talents heureux, tient lieu d'ordinaire, en avançant, de la pudeur instinctive de la jeunesse? N'aurait-il pas ce *petit parfum* dont je félicitais Fontanes et qui a été jusqu'ici le sens français?

Le fâcheux de l'innovation n'est pas seulement aujourd'hui dans ces mots singuliers et ces crudités matérielles qui jurent pour le fond avec la région épurée du poëte spiritualiste; le ton général est de plus changé, et la dureté de l'accent devient habituelle. Dans la pièce à M. Guillemardet,

> . . . . . . Jeune ami dont la lèvre,
> Que le fiel a *touché*, *de sourire se sèvre*,

ce vers me choque encore moins par la faute grammaticale du premier hémistiche que par le rauque et le contourné du second. Un peu plus loin, l'expression est tout à fait convulsive :

> Et je sens dans mon front l'assaut de tes pensées
> Battre l'oreiller que je mords!

Dans la pièce sur la *Charité*, en parlant de la femme, celui qui fut le plus harmonieux des poëtes dit sans hésiter :

> Mais si tout regard d'homme à ton visage aspire,
> Ce n'est pas seulement parce que *ton sourire*
> *Embaume sur tes dents l'air qu'il fait palpiter....*

Évidemment, une révolution s'est opérée : M. de Lamartine veut prendre, en quelque sorte, dans son rhythme le trot de Victor Hugo; ce qui ne lui va pas. M. Hugo rachète ses duretés de détail par des beautés qui, jusqu'à un certain point, les supportent et s'en accommodent. Le vers de M. de Lamartine était comme un beau flot du golfe de Baïa : il le brise, il le saccade, il le fait trotter aujourd'hui comme le cheval bardé d'un baron du moyen-âge. Toute harmonie est troublée.

J'aurais beaucoup à ajouter, je pourrais poursuivre en détail dans les conceptions, comme dans le style et dans le rhythme, cette influence singulière, inattendue, ce triomphe presque complet des défauts de l'école dite matérielle sur le poëte qui en était le plus éloigné d'instinct et qui y parut longtemps le plus contraire de jugement; triomphe d'autant plus bizarre qu'elle-même paraissait déjà comme vaincue : mais est-ce bien à moi qu'il conviendrait d'y tant insister? M. Daunou, racontant les variations et les récriminations du critique La Harpe, lui souffle sagement à l'oreille ce mot de Cicéron plaidant pour Ligarius : *Nimis urgeo..., ad me revertar, iisdem in armis fui* (1) !

Restant dans le général, je dirai seulement : Quand on a une lyre, et une telle lyre, pourquoi donc à plaisir la briser, ou la défaire en la voulant étendre à l'infini? La lyre première de Lamartine avait je ne sais combien de cordes, une

(1) Il faut citer la page tout entière; les variations étant fréquentes et souvent nécessaires de nos jours, nous croyons utile de mettre sous les yeux la parfaite théorie morale posée par M. Daunou en cette matière : elle complète dignement ce que nous avons recueilli, en commençant, de la bouche de Dante : « Telle est, dit M. Daunou, la mobilité de l'esprit humain, qu'il peut également persister dans ses erreurs ou y renoncer, acquérir des lumières qu'il n'avait pas ou se livrer à des illusions nouvelles. L'homme qui se sent éclairé, ou par des méditations profondes, ou par des affections irrésistibles, n'a qu'un seul devoir à remplir, c'est d'exprimer fidèlement sa pensée et de rendre hommage à ce qu'il croit être la vérité, soit qu'il l'ait depuis longtemps connue, soit qu'elle vienne de lui apparaître. Il n'y a de répréhensible et de pleinement déraisonnable, dans la communication des idées, que le mensonge. Seulement on peut regretter que La Harpe ait combattu ses anciennes opinions avec encore plus d'emportement et d'aigreur qu'il n'en avait mis pendant quarante ans à les soutenir. La modération eût à la fois convenu au caractère de ses nouvelles croyances et à ce long empire qu'avaient exercé sur lui les doctrines qu'il abjurait. Il devait se dire, comme Cicéron : *Nimis urgeo*, etc. » (Discours préliminaire en tête du Cours de Littérature de La Harpe, 1826.)

seule, disaient les jaloux, mais plusieurs, je le crois, mais surtout des cordes assorties ; elle était bornée ; elle était vague, éolienne, mais elle n'était pas indéfinie ; tant mieux ! Qu'a-t-il fait? Ambitieux et négligent à la fois, il a voulu y ajouter des cordes en tous sens ; au lieu d'une lyre, c'est-à-dire d'un instrument chéri, à soi, qu'on serre sur son cœur, qui palpite avec vous, qu'on élève au-dessus des flots au sein du naufrage, qu'on emporte de l'incendie comme un trésor, il a fait une espèce de machine-monstre qui n'est plus à lui, un *corridor sans fin tendu de cordes disparates*, à travers lequel passant, courant nonchalamment, et avec la baguette, avec le bras, avec le coude autant qu'avec les doigts, il peut tirer tous les sons imaginables, puissants, bronzés, cuivrés, mais sans plus d'harmonie entre eux, sans mélodie surtout. O Lac des premiers jours, cadre heureux, écho plaintif et modéré, chose amoureuse et close, qu'es-tu devenu ?

Oh ! encore une fois, quand on l'a, qu'on garde chacun sa lyre !

Dans sa pièce à M. Guillemardet, M. de Lamartine va jusqu'à accuser la sienne, celle d'autrefois, à s'en excuser :

> Ma personnalité remplissait la nature....
> Pardonnez-nous, mon Dieu ! tout homme ainsi commence...

Puis, expliquant sa transformation et comment il est arrivé à *perdre sa voix dans le grand chœur*, il ajoute :

> Alors, par la vertu, la pitié m'a fait homme ;...
> *Passé, présent, futur, ont frémi sur ma fibre* ...

et dans cette longue et pénible incarnation de l'humanité en lui, qu'il nous développe, il croit qu'il ne parle plus de lui, tandis que le *je* y revient sans cesse et s'y articule à chaque vers. N'admirez-vous pas l'illusion? Le lyrique a beau faire ; il n'échappera pas à ses propres émotions ni à son âme ; c'est absolument comme dans la romance :

> En songeant qu'il faut qu'on l'oublie,
> On s'en souvient.

L'*humanitarisme* est devenu une préoccupation si chère au poëte, qu'il l'introduit partout, jusque dans le *Toast* porté au banquet des Gallois et des Bas-Bretons. Ce banquet est destiné précisément à fêter la vieille race, la tribu, la famille, la langue distincte, le contraire, en un mot, des dîners de l'ancienne *Revue encyclopédique* sous M. Julien. N'importe! voilà l'Humanité en personne, le *Cosmopolitisme* qui arrive dans les chants du poëte; c'est un tiers un peu immense et qui engloutit tout.

Un grain de Voltaire manque depuis longtemps à nos poëtes lyriques, quelque chose comme le sentiment du rire ou du sourire. A deux pas du *toast* humanitaire où l'on pourrait craindre que le sentiment individuel ne se noyât, on rencontre une pièce qui a pour titre : *A une jeune Fille qui me demandait de mes cheveux.* Ce singulier sujet, qui ne choquera peut-être que médiocrement, me suggère une réflexion qui doit s'appliquer bien moins à l'auteur qu'à tous les poëtes de ce temps-ci.

C'est que maintenant le poëte se livre en scène de la tête aux pieds : le contraire avait lieu du temps de Racine. Alors il n'y avait qu'un homme ou plutôt un demi-dieu, Louis XIV, *le Roi*, qui fût en scène de la tête aux pieds, et il y restait, il est vrai, depuis le lever jusqu'au coucher, dans toutes les situations les plus privées, depuis la chemise que lui présentaient ses gentilshommes, jusqu'à ses amours dans les bosquets que célébraient les peintres et que roucoulaient les chanteurs. La perruque était la seule pièce, dit-on, qui tînt bon contre le déshabillé; personne ne l'avait jamais vu sans. Racine, au contraire, c'est-à-dire le poëte d'alors, dérobait chastement tout ce qui était de sa personne et de son domestique, pour n'offrir ses sentiments même et ses larmes qu'à travers des créations idéales et sous des personnages enchantés. De nos jours, le Louis XIV est descendu partout; chaque Racine s'habille et se déshabille devant le public : et la perruque elle-même, dont ne se séparait jamais le roi, n'est plus restée au poëte, puisqu'on lui demande de ses cheveux.

La conclusion de tout ceci est triste; un grand trouble, en achevant ce volume et en repassant mes propres impressions, m'a saisi; on doute de soi; les notions du beau et du vrai se confondent; y a-t-il telle chose qu'un art, et n'est-ce pas chimère que d'y croire et de s'y dévouer? Qui sait? me disais-je, peut-être qu'après tout le grand poëte que voici n'a pas tort, et qu'en se donnant plus de peine, elle serait perdue. Sujets, style, composition et détail, il a raison peut-être de tout lâcher ainsi au courant de l'onde, satisfait de son flot puissant; car la génération qui nous jugera n'est pas la génération qui déjà finit: ceux qui auront le dernier mot sur nos œuvres auront appris à lire dans nos fautes; ils brouilleront un peu tout cela, et nos barbarismes même entreront avec le lait dans le plus tendre de leur langue.

Mais c'est trop douter: la conscience aussi, en pareil cas, dit non et se soulève; je reviens à la règle sûre, déjà posée: l'art, comme la morale, comme tous les genres de vérités, existe indépendamment du succès même.

Quant au génie poétique de M. de Lamartine, qui, malgré tant de déviations récentes, n'a jamais été plus puissant dans son jet et dans sa source, c'est à lui de voir si, par ce cri d'alarme, nous signalons un naufrage ou si nous le prévenons. Dans tous les cas, en acceptant ce pénible rôle de noter les arrêts, les chutes et les déclins avant terme, de tant d'esprits que nous admirons, nous voulons qu'on sache bien qu'aucun sentiment en nous ne peut s'en applaudir. Hélas! leur ruine (si ruine il y a) n'est-elle pas la nôtre, comme leur triomphe tant de fois prédit eût fait notre orgueil et notre joie? La sagacité du critique se trouvait liée à leurs destinées de poëtes fidèles et d'écrivains révérés; le meilleur de nos fonds était embarqué à bord de leurs renommées, et l'on se sent périr pour sa grande part dans leur naufrage.

Avril 1839.

VICTOR HUGO[1].

1831.

(Les Feuilles d'Automne.)

Il est pour la critique de vrais triomphes; c'est quand les poëtes qu'elle a de bonne heure compris et célébrés, pour lesquels, se jetant dans la cohue, elle n'a pas craint d'encourir d'abord risées et injures, grandissent, se surpassent eux-mêmes, et tiennent au delà des promesses magnifiques qu'elle, critique avant-courrière, osait jeter au public en leur nom. Car, loin de nous de penser que le devoir et l'office de la critique consistent uniquement à venir après les grands artistes, à suivre leurs traces lumineuses, à recueillir, à ranger, à inventorier leur héritage, à orner leur monument de tout ce qui peut le faire valoir et l'éclairer! Cette critique-là sans doute a droit à nos respects; elle est grave, savante, définitive; elle explique, elle pénètre, elle fixe et consacre des admirations confuses, des beautés en partie voilées, des conceptions difficiles à atteindre, et aussi la lettre des textes quand il y a lieu. Aristarque pour les poëmes homériques, Tieck pour Shakspeare, ont été, dans

---

[1] J'ai beaucoup écrit sur M. Victor Hugo; il m'a paru suffisant de choisir et de donner ici les deux articles dont l'un exprime l'extrême louange, et dont l'autre pose la restriction. Ce mouvement alternatif nous est familier, on l'a pu voir déjà; il fut chaque fois naturel et sincère; il marque les deux âges et comme les deux temps de notre critique.

l'antiquité et de nos jours, des modèles de cette sagacité érudite appliquée de longue main aux chefs-d'œuvre de la poésie : *vestigia semper adora!* Mais outre cette critique réfléchie et lente des Warton, des Ginguené, des Fauriel, qui s'assied dans une silencieuse bibliothèque, en présence de quelques bustes à demi obscurs, il en est une autre plus alerte, plus mêlée au bruit du jour et à la question vivante, plus armée en quelque sorte à la légère, et donnant le signal aux esprits contemporains. Celle-ci n'a pas la décision du temps pour se diriger dans ses choix ; c'est elle-même qui choisit, qui devine, qui improvise ; parmi les candidats en foule et le tumulte de la lice, elle doit nommer ses héros, ses poëtes ; elle doit s'attacher à eux de préférence, les entourer de son amour et de ses conseils, leur jeter hardiment les mots de gloire et de génie dont les assistants se scandalisent, faire honte à la médiocrité qui les coudoie, crier *place* autour d'eux comme le héraut d'armes, marcher devant leur char comme l'écuyer :

> Nous tiendrons, pour lutter dans l'arène lyrique,
> Toi la lance, moi les coursiers.

Quand la critique n'aiderait pas à ce triomphe du poëte contemporain, il s'accomplirait également, je n'en doute pas, mais avec plus de lenteur et dans de plus rudes traverses. Il est donc bon pour le génie, il est méritoire pour la critique, qu'elle ne tarde pas trop à le discerner entre ses rivaux, et à le prédire à tous, dès qu'elle l'a reconnu. Il ne manque jamais de critiques circonspects qui sont gens, en vérité, à proclamer hautement un génie visible depuis dix ans ; ils tirent gravement leur montre et vous annoncent que le jour va paraître, quand il est déjà onze heures du matin. Il faut leur en savoir gré, car on en pourrait trouver qui s'obstinent à nier le soleil, parce qu'ils ne l'ont pas prévu ; mais pourtant si le poëte, qui a besoin de la gloire, ou du moins d'être confirmé dans sa certitude de l'obtenir, s'en remettait à ces agiles intelligences dont l'approbation marche comme l'antique châtiment, *pede pœna claudo*, il y aurait lieu pour lui de défaillir, de se désespérer en chemin, de jeter bas le fardeau avant la première borne, comme ont fait Gilbert, Chatterton et Keats. Lors même que la critique, douée de l'enthousiasme vigilant, n'aurait d'autre effet que d'adoucir, de parer quelques-unes de ces cruelles blessures que porte au génie encore méconnu l'envie malicieuse ou la gauche pédanterie ; lorsqu'elle ne ferait qu'opposer son antidote au venin des Zoïles, ou détourner sur elle une portion de la lourde artillerie des respectables *reviewers*, c'en serait assez pour qu'elle n'eût pas perdu sa peine, et qu'elle eût hâté efficacement, selon son rôle auxiliaire, l'enfantement et la production de l'œuvre. Après cela, il y aurait du ridicule à cette bonne critique de se trop exagérer sa part dans le triomphe de ses plus chers poëtes ; elle doit se bien garder de prendre les airs de la nourrice des anciennes tragédies. Diderot nous parle d'un éditeur de Montaigne, si modeste et si vaniteux à la fois, le pauvre homme, qu'il ne pouvait s'empêcher de rougir quand on prononçait devant lui le nom de l'auteur des *Essais*. La critique ne doit pas ressembler à cet éditeur. Bien qu'il y ait eu peut-être quelque mérite à elle de donner le signal et de sonner la charge dans la mêlée, il ne convient pas qu'elle en parle comme ce bedeau si fier du beau sermon *qu'il avait sonné*. La critique en effet, cette espèce de critique surtout, ne crée rien, ne produit rien qui lui soit propre ; elle convie au festin, elle force d'entrer. Le jour où tout le monde contemple et goûte ce qu'elle a divulgué la première, elle n'existe plus, elle s'anéantit. Chargée de faire la leçon au public, elle est exactement dans le cas de ces bons précepteurs dont parle Fontenelle, *qui travaillent à se rendre inutiles*, ce que le prote hollandais ne comprenait pas.

Toutefois, pour être juste, il reste encore à la critique, après le triomphe incontesté, universel, du génie auquel elle s'est vouée de bonne heure, et dont elle voit s'échapper de ses mains le glorieux monopole, il lui reste une tâche estimable, un souci attentif et religieux ; c'est d'embrasser toutes les parties de ce poétique développement, d'en marquer la liaison avec les phases qui précèdent, de remettre dans un vrai jour l'ensemble de l'œuvre progressive, dont les admirateurs plus récents voient trop en saillie les derniers jets. Mais elle doit elle-même se défier d'une tendance excessive à retrouver tout l'homme dans ses productions du début, à le ramener sans cesse, des régions élargies où il plane, dans le cercle ancien où elle l'a connu d'abord, et qu'elle préfère en secret peut-être, comme un domaine plus privé; elle a à se défendre de ce sentiment d'une naturelle et amoureuse jalousie qui revendique un peu forcément pour les essais de l'artiste, antérieurs et moins appréciés, les honneurs nouveaux dans lesquels des admirateurs nombreux interviennent. Et, d'autre part, comme ces admirateurs plus tardifs, honteux tout bas de s'être fait tant prier, et n'en voulant pas convenir, acceptent le grand écrivain dans ses dernières œuvres au détriment des premières qu'ils ont peu lues et mal jugées, comme ils sont fort empressés de les féliciter d'avoir fait un pas vers eux, public, tandis que c'est le public qui, sans y songer, a fait deux ou trois grands pas vers lui, il est du ressort d'une critique équitable de contredire ces points de vue inconsidérés, et de ne pas laisser s'accréditer de faux jugements. Les grands poëtes contemporains, ainsi que les grands politiques et les grands capitaines, se laissent malaisément suivre, juger et admirer par les mêmes hommes dans toute l'étendue de leur carrière. Si un seul conquérant use plusieurs générations de braves, une vie de grand poëte use aussi, en quelque sorte, plusieurs générations d'admirateurs; il se fait presque toujours de lustre en lustre comme un renouvellement autour de sa gloire. Heureux qui, l'ayant découverte et pressentie avant la foule, y sait demeurer intérieur et fidèle, la voit croître, s'épanouir et mûrir, jouit de son ombrage avec tous, admire ses inépuisables fruits, comme aux saisons où bien peu les recueillaient, et compte avec un orgueil toujours aimant les automnes et les printemps dont elle se couronne!...

Le récent ouvrage de M. Victor Hugo, auquel toute notre digression préliminaire ne se rattache qu'autant qu'on le voudra bien et qu'on en saisira la convenance, *les Feuilles d'Automne* nous paraissent, comme à tout le monde, son plus beau, son plus complet, son plus touchant recueil lyrique. Nous avons entendu prononcer le mot de *nouvelle manière;* mais, selon nous, dans *les Feuilles d'Automne*, c'est le fond qui est nouveau chez le poëte plutôt que la manière. Celle-ci nous offre le développement prévu et l'application au monde moral de cette magnifique langue de poésie, qui, à partir de la première manière, quelquefois roide et abstraite, des *Odes politiques*, a été se nourrissant, se colorant sans cesse, et se teignant par degrés à travers les *Ballades* jusqu'à l'éclat éblouissant des *Orientales*. Il est arrivé seulement que, durant tout ce progrès merveilleux de son style, le poëte a plus particulièrement affecté des sujets de fantaisie ou des peintures extérieures, comme se prêtant davantage à la riche exubérance dont il lui plaisait de prodiguer les torrents, et qu'il a, sauf quelques mélanges d'épanchements intimes, laissé dormir cette portion si pure et si profonde dont sa jeune âme avait autrefois donné les plus rares prémices. Pour qui a lu avec soin les livres IV et V des *Odes*; les pièces intitulées *l'Ame*, *Épitaphe*, et tout ce charmant poëme qui commence au *Premier Soupir* et qui finit par *Actions de Grâces*, il est clair que le poëte, sur ces cordes de la lyre, s'était arrêté à son premier mode, mode suave et simple, bien plus parfait que celui des *Odes politiques* qui y correspond, mais disproportionné avec l'harmonie et l'abondance des compositions qui ont succédé. On entrevoyait à peine ce que deviendrait chez le poëte cette inspiration personnelle élevée à la suprême poésie, en lisant la pièce intitulée *Promenade*, qui est contemporaine des *Ballades*, et *la Pluie d'été*, qui est contemporaine des *Orientales;* le sentiment en effet, dans ces deux morceaux, est trop léger pour qu'on en juge, et il ne sert que de prétexte à la couleur. Il restait donc à M. Victor Hugo, ses excursions et voyages dans le pays des fées et dans le

monde physique une fois terminés, à reprendre son monde
intérieur, invisible, qui s'était creusé silencieusement en
lui durant ce temps, et à nous le traduire profond, palpitant, immense, de manière à faire pendant aux deux autres
ou plutôt à les réfléchir, à les absorber, à les fondre dans
son réservoir animé et dans l'infini de ses propres émotions. Or, c'est précisément cette œuvre de maturité féconde
qu'il nous a donnée aujourd'hui. Si l'on compare avec *les
Feuilles d'Automne* les anciennes élégies que j'ai précédemment appelées un charmant petit poëme, et qu'on pourrait aussi bien intituler *les Feuilles* ou *les Boutons de
Printemps*, on aperçoit d'abord la différence de dimension,
de coloris et de profondeur, qui, comme art du moins, est
tout à l'avantage de la maturité; il y a loin de l'horizon de
Gentilly à *Ce qu'on entend sur la Montagne*, et du *Nuage*
à *la Pente de la Rêverie*. Cette comparaison de la muse à
ces deux saisons, qu'un été si brûlant sépare, est pleine
d'enseignements sur la vie. A la verte confiance de la première jeunesse, à la croyance ardente, à la virginale prière
d'une âme stoïque et chrétienne, à la mystique idolâtrie
pour un seul être voilé, aux pleurs faciles, aux paroles
fermes, retenues et nettement dessinées dans leur contour
comme un profil d'énergique adolescent, ont succédé ici un
sentiment amèrement vrai du néant des choses, un inexprimable adieu à la jeunesse qui s'enfuit, aux grâces enchantées que rien ne répare; la paternité à la place de
l'amour; des grâces nouvelles, bruyantes, enfantines, qui
courent devant les yeux, mais qui aussi font monter les
soucis au front et pencher tristement l'âme paternelle; des
pleurs (si l'on peut encore pleurer), des pleurs dans la
voix plutôt qu'au bord des paupières, et désormais le cri
des entrailles au lieu des soupirs du cœur; plus de prière
pour soi ou à peine, car on n'oserait, et d'ailleurs on ne
croit que confusément; des vertiges, si l'on rêve; des abîmes, si l'on s'abandonne; l'horizon qui s'est rembruni à
mesure qu'on a gravi; une sorte d'affaissement, même
dans la résignation, qui semble donner gain de cause à la

fatalité; déjà les paroles pressées, nombreuses, qu'on dirait tomber de la bouche du vieillard assis qui raconte, et dans les tons, dans les rhythmes pourtant, mille variétés, mille fleurs, mille adresses concises et viriles à travers lesquelles les doigts se jouent comme par habitude, sans que la gravité de la plainte fondamentale en soit altérée. Cette plainte obstinée et monotone, qui se multiplie sous des formes si diverses, et tantôt lugubres, tantôt adorablement suppliantes, la voici :

> Que vous ai-je donc fait, ô mes jeunes années,
> Pour m'avoir fui si vite et vous être éloignées,
> Me croyant satisfait?
> Hélas ! pour revenir m'apparaître si belles,
> Quand vous ne pouvez plus me prendre sur vos ailes,
> Que vous ai-je donc fait?

Et plus loin :

> C'en est fait! son génie est plus mûr désormais ;
> Son aile atteint peut-être à de plus fiers sommets ;
> La fumée est plus rare au foyer qu'il allume ;
> Son astre haut monté soulève moins de brume ;
> Son coursier applaudi parcourt mieux le champ clos ;
> Mais il n'a plus en lui, pour l'épandre à grands flots,
> Sur des œuvres, de grâce et d'amour couronnées,
> Le frais enchantement de ses jeunes années.

Et ailleurs, toute la pièce ironique et contristée qui commence par ces mots : *Où donc est le bonheur? disais-je*, etc.

L'envahissement du scepticisme dans le cœur du poëte, depuis ces premières et chastes hymnes où il s'était ouvert à nous, cause une lente impression d'effroi, et fait qu'on rattache aux résultats de l'expérience humaine une moralité douloureuse. Vainement, en effet, le poëte s'écrie mainte fois *Seigneur! Seigneur!* comme pour se rassurer dans les ténèbres et se fortifier contre lui-même; vainement il montre de loin à son amie, dans le ciel sombre, la double étoile de *l'Ame immortelle* et de *l'Éternité de Dieu*; vainement il fait agenouiller sa petite fille aînée devant le Père des hommes, et lui joint ses petites mains pour prier, et lui pose sur sa lèvre d'enfant le psaume enflammé du prophète. Ni *la Prière pour Tous* si sublime, ni *l'Aumône* si chrétienne, ne peuvent couvrir l'amère réalité ; le poëte ne croit plus. Dieu éternel, l'humanité égarée et souffrante, rien entre deux ! L'échelle lumineuse qu'avait rêvée dans sa jeunesse le fils du patriarche, et que le Christ médiateur a réalisée par sa croix, n'existe plus pour le poëte ; je ne sais quel souffle funèbre l'a renversée. Il est donc à errer dans ce monde, à interroger tous les vents, toutes les étoiles, à se pencher du haut des cimes, à redemander le mot de la création au mugissement des grands fleuves ou des forêts échevelées ; il croit la nature meilleure pour cela que l'homme, et il trouve au monstrueux Océan une harmonie qui lui semble comme une lyre au prix de la voix des générations vivantes. L'Océan n'a-t-il donc, ô poëte, que des harmonies pacifiques, et l'humanité que des grincements ? Ce n'est plus croire à la rédemption que de parler ainsi ; c'est voir l'univers et l'humanité comme avant la venue, comme avant Job, comme en ces jours sans soleil où l'esprit était porté sur les eaux. Cela est beau, cela est grand, ô poëte ! mais cela est triste ; cela fait que votre esprit s'en revient, comme vous l'avez dit,

. . . . . . avec un cri terrible,
Ébloui, haletant, stupide, épouvanté !

Oui, cela vous fait pousser des cris d'aigle sauvage, au lieu des sereins cantiques auxquels vous préludiez autrefois avec l'aigle sacré de Patmos, avec l'aigle transfiguré de Dante en son Paradis. De là, dans les moments résignés et pour toute maxime de sagesse, ces fatales paroles :

Oublions, oublions ! Quand la jeunesse est morte,
Laissons-nous emporter par le vent qui l'emporte
    A l'horizon obscur.
Rien ne reste de nous : notre œuvre est un problème ;
L'homme, fantôme errant, passe sans laisser même
    Son ombre sur le mur.

L'autre vie, celle qui suit la tombe, est redevenue un crépuscule nébuleux, boréal, sans soleil ni lune, pareil aux limbes hébraïques ou à ce cercle de l'enfer où souffle une perpétuelle tempête; des faces mornes y passent et repassent dans le brouillard, et l'on sent à leur souffle ce frisson qui *hérisse le poil ;* les *ailes d'or* qui viennent ensuite et les âmes comparées aux hirondelles ne peuvent corriger ce premier effroi de la vision. J'ai besoin, pour me remettre, de m'étourdir avec le poëte au gai tumulte des enfants, à la folle joie de leur innocence, et de m'oublier au sourire charmant du dernier né.

Il y a donc, en ce livre de notre grand poëte, progrès d'art, progrès de génie lyrique, progrès d'émotions approfondies, amoncelées et remuantes; mais de progrès en croyance religieuse, en certitude philosophique, en résultats moraux, le dirai-je? il n'y en a pas. C'est là un mémorable exemple de l'énergie dissolvante du siècle et de son triomphe à la longue sur les convictions individuelles les plus hardies. On les croit indestructibles, on les laisse sommeiller en soi comme suffisamment assises, et un matin on se réveille, les cherchant en vain dans son âme : elles s'y sont affaissées comme une île volcanique sous l'Océan. On a déjà pu remarquer un envahissement analogue du scepticisme dans les *Harmonies* du plus chrétien, du plus catholique de nos poëtes, tandis qu'il n'y en avait pas trace dans les *Méditations*, ou du moins qu'il n'y était question du doute que pour le combattre. Mais l'organisation intime, l'âme de M. de Lamartine, est trop encline par essence au spiritualisme, au Verbe incréé, au dogme chrétien, pour que même les négligences de volonté amènent chez lui autre chose que des éclipses passagères. Dans M. Victor Hugo, au contraire, le tempérament naturel a un caractère précis à la fois et visionnaire, raisonneur et plastique, hébraïque et panthéiste, qui peut l'induire en des voies de plus en plus éloignées de celles du doux Pasteur. L'intuition libre, au lieu de le réconcilier insensiblement par l'amour, engendre familièrement en son sein des légions d'épouvantes. Il n'y avait donc qu'une volonté de tous les instants qui pût le diriger et le maintenir dans la première route chrétienne où sa muse de dix-neuf ans s'était lancée. Or le poëte, qui possède cependant une vertu de volonté si efficace et qui en donne chaque jour des preuves assez manifestes dans le cours de son infatigable carrière, semble en être venu, soit indifférence pratique, soit conscience de l'infirmité humaine en ces matières, à ne plus appliquer cette volonté à la recherche ou à la défense de certaines solutions religieuses, à ne plus faire assaut avec ce rocher toujours instable et retombant. Il laisse désormais flotter son âme, et reçoit, comme un bienfait pour la muse, tous les orages, toutes les ténèbres, et aussi tous les rayons, tous les parfums. Assis dans sa gloire au foyer domestique, croyant pour dernière et unique religion à la famille, à la paternité, il accepte les doutes et les angoisses inséparables d'un esprit ardent, comme on subit une loi de l'atmosphère; il reste *l'heureux et le sage* dans ce qui l'entoure, avec des anxiétés mortelles aux extrémités de son génie; c'est une plénitude entourée de vide. Quelle étrange vigueur d'âme cela suppose! On trouverait quelque chose de semblable dans la sagesse du Roi hébreu. Le poëte n'espère plus, ni ne se révolte plus; il a tout sondé, il a tout interrogé, depuis le cèdre jusqu'à l'hysope; il recommence encore bien souvent, mais par irrésistible instinct et pur besoin de se mouvoir. Quand il marche, voyez-le, le cou penché, voyageur sans but, rêveur effaré, courbant son vaste front sous la voûte du monde!

> Que faire et que penser? Nier, douter ou croire?
> Carrefour ténébreux! triple route! nuit noire!
> Le plus sage s'assied sous l'arbre du chemin,
> Disant tout bas : J'irai, Seigneur, où tu m'envoies;
> Il espère; et de loin, dans ces trois sombres voies,
> Il écoute, pensif, marcher le genre humain!

Et pourtant il s'était écrié autrefois, dans les *Actions de Grâces* rendues au Dieu qui avait frappé d'abord, puis réjoui sa jeunesse :

J'ai vu sans murmurer la fuite de ma joie ;
Seigneur, à l'abandon vous m'aviez condamné.
J'ai sans plainte au désert tenté la triple voie,
Et je n'ai pas maudit le jour où je suis né.

Voici la vérité qu'au monde je révèle :
Du ciel dans mon néant je me suis souvenu.
Louez Dieu ! La brebis vient quand l'agneau l'appelle :
J'appelais le Seigneur, le Seigneur est venu.

Nous avons essayé de caractériser, dans la majesté de sa haute et sombre philosophie, ce produit lyrique de la maturité du poëte ; mais nous n'avons qu'à peine indiqué le charme réel et saisissant de certains retours vers le passé, les délicieuses fraîcheurs à côté des ténèbres, les mélodies limpides et vermeilles qui entrecoupent l'éternel orage de la rêverie. Jamais jusqu'ici le style ni le rhythme de notre langue n'avaient exécuté avec autant d'aisance et de naturel ces prodiges auxquels M. Victor Hugo a su dès long-temps la contraindre ; jamais toutes les ressources et les couleurs de l'artiste n'avaient été à ce point assorties. Exquis pour les gens du métier, original et essentiel entre les autres productions de l'auteur, qu'il doit servir à expliquer, le recueil des *Feuilles d'Automne* est aussi en parfaite harmonie avec ce siècle de rénovation confuse. Cette tristesse du ciel et de l'horizon, cette piété du poëte réduite à la famille, est un attrait, une convenance, une vérité de plus, en nos jours de ruine, au milieu d'une société dissoute, qui se trouve provisoirement retombée à l'état élémentaire de famille, à défaut de patrie et de Dieu. Ce que le poëte fait planer là-dessus d'inquiet, d'interminable, d'éperdu en rêverie, ne sied pas moins à nos agitations insensées. Ce livre, avec les oppositions qu'il enferme, est un miroir sincère : c'est l'hymne d'une âme en plénitude qui a su se faire une sorte de bonheur à une époque déchirée et douloureuse, et qui le chante.

Juillet 1831.

VICTOR HUGO.

1835.

(Les Chants du Crépuscule.)

C'est toujours un bonheur quand les hommes qui ont le don de la Muse reviennent à la poésie pure, aux vers. Cette forme d'expression pour l'imagination et pour le sentiment, lorsqu'on la possède à un haut degré, est tellement supérieure, d'une supériorité absolue, à l'autre forme, à la prose; elle est si capable d'immortaliser avec simplicité ce qu'elle enferme, de fixer en quelque sorte l'élancement de l'âme dans une attitude éternelle, qu'à chaque retour d'un grand et vrai talent poétique vers cet idiome natal, il y a lieu à une attente empressée de toutes les âmes musicales et harmonieuses, à un joyeux éveil de la critique qui sent l'art, et peut-être, disons-le aussi, au petit dépit mal caché des gens d'esprit qui ne sont que cela.

M. Hugo, au milieu des diversions laborieuses et brillantes qu'il s'est données, dans les intervalles de ses romans qu'il ne multiplie pas assez au gré du public, et de ses drames que, selon nous, il ménage trop peu, n'a jamais perdu l'habitude du rhythme lyrique auquel il dut ses premiers triomphes. Il est attentif à ne pas laisser vainement ces plaintes, ces allégresses, ces terreurs, qui sortent tour à tour d'une âme profonde, ces échos fréquents par lesquels elle répond aux grands événements du dehors. Il recueille au fur et à mesure dans une corbeille préparée les fruits intérieurs des saisons diverses, les récoltes des années successives ; il ne les laisse pas mourir sur pied, ni se dessécher à la branche. Après *les Orientales*, œuvre de maturité radieuse et de soleil, nées, pour ainsi dire, dans l'août de sa jeunesse, sont venues *les Feuilles d'Automne*, comme une production plus lente, mûrie plus à l'ombre et plus savoureuse aussi : *les Chants du Crépuscule* offrent maintenant une autre nuance. C'est, comme l'indique le titre, une heure déjà assombrie, le déclin des espérances, le doute qui gagne, l'ombre allongée qui descend sur le chemin, et avec cela, à travers les aspects funèbres, des douceurs particulières comme il en est à cette heure charmante ; la nuit qui s'avance, mais *la nuit que la tristesse aime comme une sœur*. A ces impressions personnelles et intimes, le poëte a marié, par une analogie symbolique, l'état du siècle lui-même qui nage dans une espèce de crépuscule aussi, crépuscule qui n'est peut-être pas celui du soir comme pour l'individu, car l'humanité a plus d'une jeunesse. On voit d'abord combien le nouveau cadre peut devenir heureux, naturel, et conforme à la pente des ans et des choses. Pourtant un inconvénient est à craindre dans ces productions lyriques trop fréquentes, surtout quand on tient à les rattacher, ainsi que fait l'auteur, à des cadres distincts et composés : c'est qu'au lieu de réfléchir fidèlement dans les vers les nuances vraies qui se succèdent dans l'âme, on ne crée, on ne force un peu, on n'achève exprès des nuances qui ne sont qu'ébauchées encore ; c'est que, pour compléter sa corbeille de fruits, on n'ajoute aux naturels et aux plus beaux d'autres plus énormes d'apparence, mais artificiels, et nés à la hâte dans la serre échauffée de l'imagination. Je sais bien qu'après tout la manière dont les fruits naissent en poésie *ne fait rien à l'affaire ;* l'essentiel est ce qu'ils sont et ce qu'ils paraissent au goût ; mais le mal serait que le goût y découvrît quelque chose du procédé factice, artificiel, qu'un redoublement d'art eût peut-être recouvert, fondu, dissimulé. M. Hugo a-t-il entièrement évité l'inconvénient que nous signalons? N'y a-t-il pas dans la composition des *Chants du Crépuscule* quelques ombres grossies à dessein, quelques lueurs plus sensibles à l'œil que l'âme du poëte ne semble naturellement accoutumée à les voir? J'avoue qu'en relisant dans ce volume plusieurs des pièces politiques déjà imprimées, et en lisant pour la première fois certaines pièces politiques et sociales plus nouvelles, j'ai été singulièrement frappé, après le premier éblouissement, de tout ce qu'il y avait chez le poëte de propos délibéré, de thème voulu, de besoin d'assortir le siècle à sa donnée poétique particulière, ou, si l'on veut, d'assortir sa propre poésie à une tournure d'idées de plus en plus ordinaire au siècle. Beaucoup de poëtes lyriques, dans le genre de l'*ode*, n'ont pas fait autrement, je le sais. L'*ode*, à proprement parler, depuis Pindare et à commencer par lui, n'a guère été jamais qu'un thème de circonstance, accepté plutôt que choisi, et plus ou moins richement exécuté. M. Ampère, dans une de ses ingénieuses et judicieuses leçons du Collége de France, remarquait qu'en France, chez les quatre principaux lyriques des trois derniers siècles, chez Ronsard, Malherbe, Jean-Baptiste Rousseau et Le Brun, il y avait une faculté de chant, ou du moins une faculté de sonner avec éclat de la trompette pindarique, indépendamment même d'une certaine nature de sensibilité, d'une certaine conviction habituelle et antérieure de l'âme. Un des Valois se marie, Richelieu foudroie La Rochelle, le prince Eugène gagne une bataille, le vaisseau *le Vengeur* s'abîme avec gloire, et voilà tous nos poëtes qui ont chanté. Il y a quelque chose d'évidemment extérieur dans cette faculté grandiose de l'ode. C'est bien exactement une trompette qu'on prend ou qu'on laisse. M. Hugo, dans une très-belle pièce, et même la plus belle du volume, compare l'âme du poëte à une cloche en son beffroi; la cloche retentissante, et qui sonne pour chaque fête ou chaque deuil, a de la ressemblance encore avec cette faculté de l'ode; *tanquam æs tinniens;* je ne sais quoi de puissant et de magnifique, de creux et de sonore. Dans ses premières odes politiques,

M. Hugo, plus qu'aucun des lyriques précédents, avait fait preuve d'une conviction naïve fondue au talent, d'une inspiration spontanée et sincère. Puis, ces premières croyances monarchiques et chevaleresques s'étant dissipées, M. Hugo a continué sa série d'*odes* ou pièces politiques et sociales, avec une pensée plus mûre, vraiment progressive, honnête et indépendante, aidée d'une incomparable imagination. Mais, dans toutes ces pièces récentes, louables de pensée, grandioses de forme, sur le bal de l'Hôtel de Ville, sur le gala du budget; dans ces prières à Dieu sur les révolutions qui recommencent; dans ces conseils à la royauté d'être aumônière comme au temps de saint Louis; dans ce mélange, souvent entre-choqué, de réminiscences monarchiques, de phraséologie chrétienne et de vœux saint-simoniens, il n'est pas malaisé de découvrir, à travers l'éclatant vernis qui les colore, quelque chose d'artificiel, de voulu, d'acquis : toute cette portion des *Chants du Crépuscule* me fait l'effet d'une tenture magnifique dressée tout exprès pour une scène. Depuis que M. Hugo s'occupe de théâtre, on dirait que chez lui, même dans le lyrique, le théâtral a gagné.

C'est en ce qui tient davantage à la méditation, à l'élégie, que M. Hugo nous semble avoir, dans *les Chants du Crépuscule*, produit quelques-unes de ces choses de l'âme et de l'imagination qui sont *venues* plutôt que *voulues*. De ce nombre, la belle pièce XIII sur les suicides multipliés, plusieurs pièces d'amour qui sont de véritables élégies, XXI, XXIV, XXV, XXVII, surtout la vingt-neuvième, qui commence par ces vers :

> Puisque nos heures sont remplies
> De trouble et de calamités;
> Puisque les choses que tu lies
> Se détachent de tous côtés....

Cette dernière est, selon nous, d'une beauté de mélancolie, d'une profondeur rêveuse et d'une tendresse de cœur à laquelle n'avait pas atteint jusqu'ici le poëte. Pas un mot n'y choque, pas un son n'est en désaccord avec la note fondamentale. Tout y est funèbre sans désespoir, tout y est religieux sans faux emblème. D'ordinaire, le dessin de l'auteur, dans ses moindres pièces, est précis; il dira, par exemple, à sa maîtresse au bord de la mer : « Vois-tu ceci « (*grande description du golfe, du rivage*), c'est la terre ! « vois-tu ceci (*grande description des nuages, du couchant*), « c'est le ciel ! Eh bien ! ni le ciel ni la terre ensemble ne « valent l'amour (*grande description de l'amour*). » Mais ici rien de tel, aucun canevas de cette sorte, aucune amplification. Le souffle harmonieux y sort comme une plainte vague, abondante ; la plainte monte à chaque stance comme une marée sans étoile sur quelque grève de Bretagne :

> Quand la nuit n'est pas étoilée,
> Viens te bercer aux flots des mers ;
> Comme la mort elle est voilée,
> Comme la vie ils sont amers.

L'impression que cause cette pièce me semble tout à fait musicale; plus on la relit, plus on s'en pénètre. A la dixième fois, on la sent mieux encore, et les larmes involontaires qu'elle fait naître recommencent de couler.

La plus belle pièce du recueil, après celle-là, est incontestablement *la Cloche*, adressée à M. Louis Boulanger. Réalité et grandeur des images, vérité et sincérité d'inspiration, elle offre tous ces caractères, mais avec quelques taches de détail. Le poëte est en voyage : un soir, plus triste que de coutume, plus en proie aux pensées du doute et du mal, il monte au haut d'un de ces beffrois lugubres qu'il aime ; il y voit l'énorme cloche immobile, sommeillante, ou plutôt vibrante encore d'une vibration obscure, murmurante de je ne sais quelle confuse rumeur :

> Car même en sommeillant, sans souffle et sans clartés,
> Toujours le volcan fume et la cloche soupire ;
> Toujours de cet airain la prière transpire,
> Et l'on n'endort pas plus la cloche aux sons pieux
> Que l'eau sur l'Océan ou le vent dans les cieux !

En regardant de près cette cloche auguste et sévère, le poëte y voit, sur l'airain, mainte injure empreinte. Chaque passant, *avec son clou rouillé*, y a écrit un nom profane, un mot quelquefois impie, impur. La couronne qu'elle porte a été déchirée du couteau ; la rouille, autre ironie, s'y mêle et la souille. Et le poëte, en cet instant, assailli de pensées, se met à comparer cette cloche, ainsi défigurée, mais puissante encore et entière de timbre, à son âme, à l'âme du poëte, qui d'abord sans tache, et sortie du baptême natal aussi vierge que la cloche de Schiller, a été bientôt souillée, hélas ! *rayée* à son tour par d'injurieux passants, par les passions insultantes et railleuses :

> Mais qu'importe à la cloche et qu'importe à mon âme?
> Qu'à son heure, à son jour, l'Esprit saint les réclame ;
> Les touche l'une et l'autre, et leur dise : Chantez !
> Soudain par toute voie et de tous les côtés
> De leur sein ébranlé rempli d'ombres obscures,
> A travers leur surface, à travers leurs souillures,
> Et la cendre et la rouille, amas injurieux,
> Quelque chose de grand s'épandra dans les cieux.

Et c'est alors que les foules au loin écoutent et s'inclinent, que le sage pieux redouble de croyance, que la vierge et le jeune homme enthousiastes adorent dès ici-bas la réalisation de leurs rêves infinis. Oh ! non, tout cela n'est pas menteur ; c'est la voix de Dieu même qui parle par ces instruments magnifiques, où, pendant le saint moment, a disparu toute souillure. — Nous renvoyons bien vite le lecteur, excité par notre analyse, à ce grand morceau de poésie ; nous n'y voudrions retrancher ou corriger que deux endroits. Dans la peinture des passions qui s'essayent tour à tour à ternir notre âme, le poëte les montre

> Qui viennent bien souvent trouver l'homme au saint lieu,
> Et qui le font *tinter* pour d'autres que pour Dieu.

Il est fâcheux que, par son besoin immodéré de suivre l'analogie de l'image matérielle jusque dans ses moindres circonstances, M. Hugo fasse ainsi *tinter l'homme*. Il sied aux comparaisons et similitudes dans la poésie, à part les grands traits généraux, d'être libres chemin faisant et diverses. Les anciens dans leurs comparaisons excellaient à cette généreuse liberté des détails; et si les modernes, par suite de l'esprit croissant d'analyse, ont dû se ranger à plus de précision, il ne faudrait jamais que cela devînt d'une rigueur mécanique appliquée aux choses de la pensée. L'autre endroit que je voudrais corriger est celui où l'auteur montre la cloche et l'âme, chantant et sonnant à la voix du Seigneur, quelles que soient les souillures contractées; le passage finit par ce vers :

Chante, l'amour au cœur et le *blasphème* au front.

J'aimerais mieux :

Chante, l'amour au cœur et *la couronne* au front;

car, du moment que le chant part et s'élance, plus de blasphème! on l'oublie, il disparaît. Pourquoi donc le désigner en finissant, comme la chose qui subsiste *au front* et qui a l'air de défier Dieu?

Mais, à part ces taches légères et faciles à enlever, cette pièce en son ensemble est tout un poëme qui unit (alliance si rare dans un certain mode lyrique!) le solennel et le vrai, le magnifique et le senti. Elle donne la meilleure et la plus profonde réponse à cette question souvent débattue : si les grands poëtes qui nous émeuvent et rendent de tels sons au monde ont en partage ce qu'ils expriment; si les grands talents ont quelque chose d'indépendant de la conviction et de la pratique morale; si les œuvres ressemblent nécessairement à l'homme; si Bernardin de Saint-Pierre était effectivement tendre et évangélique; quelle était la moralité de Byron et de tant d'autres, etc., etc. Oui, à l'origine, au moment voisin de la fusion du métal, au sortir du baptême de la cloche, l'homme et l'œuvre se ressemblent, la pureté du son répond à celle de l'instrument. Puis la vanité vient et raye, égratigne avec son poinçon aigu la surface jusque-là vierge; puis l'impiété, l'impureté aux grossières images. Et cependant, quand l'instrument a été de bonne fonte, le timbre n'en est pas altéré; dès qu'il vibre, il rend le même son pieux, plein, enivrant, qui étonne et scandalise presque celui qui l'a pu observer de près à l'état immobile. André Chénier, qui, je le crois bien, songeait en ce moment au poëte Le Brun, son ami, dont il ne pouvait concilier le talent et le caractère, s'écriait :

> Ah! j'atteste les cieux que j'ai voulu le croire,
> J'ai voulu démentir et mes yeux et l'histoire :
> Mais non; il n'est pas vrai que des cœurs excellents
> Soient les seuls en effet où germent les talents.
> Un mortel peut toucher une lyre sublime
> Et n'avoir qu'un cœur faible, étroit, pusillanime,
> Inhabile aux vertus qu'il sait si bien chanter,
> Ne les imiter point et les faire imiter.

Ce qu'André Chénier avait exprimé sous une forme morale et philosophique, M. Hugo l'a revêtu d'une exacte et merveilleuse image. Il a figuré, dans un moule qui ne s'oubliera plus, ce don divin du talent, avec tout ce qu'il y entre à la fois de grandeur, de tristesse et de misère.

Non loin de cette haute et sombre poésie, on rencontre une toute petite pièce de huit vers sur *Anacréon*, que je ne puis laisser passer sans remarque. La voici :

> Anacréon, poëte aux ondes érotiques,
> Qui filtres du sommet des sagesses antiques,
> Et qu'on trouve à mi-côte alors qu'on y gravit,
> Clair, à l'ombre, épandu sur l'herbe qui revit,
> Tu me plais, doux poëte au flot calme et limpide!
> Quand le sentier, qui monte aux cimes, est rapide,
> Bien souvent, fatigués du soleil, nous aimons
> Boire au petit ruisseau tamisé par les monts.

Rien de plus joliment tourné que ces huit vers, rien de plus inintelligent d'Anacréon, malgré l'apparente louange. Si ce n'était qu'une épigramme par boutade, nous n'y insisterions pas ; mais bien des défauts et des caractères marquants de M. Hugo ont leur origine dans le sentiment qui a dicté ces huit vers. Il semble que M. Hugo qui, dans le présent volume, a rimé de charmants messages de *la Rose au Papillon*, devrait mieux juger le maître antique. Non, Anacréon n'est pas un petit ruisseau *tamisé par les monts ;* c'est bien un ruisseau sacré, *nunc ad aquæ lene caput sacræ!* Anacréon n'est pas à *mi-côte ;* il a, lui seul, toute sa colline (1). Mais c'est qu'il y a un genre de beautés que M. Hugo apprécie peu et qu'il heurte volontiers dans sa manière ; il se soucie médiocrement, j'imagine, de l'aimable simplicité des Grecs, de ce qu'eux-mêmes appelaient *aphéleia*, mot que le poëte Gray a traduit quelque part heureusement par *tenuem illum Græcorum spiritum* (2), qualité délicate et transparente qui décore chez eux depuis l'ode à *la Cigale* d'Anacréon jusqu'aux chastes douleurs de leur Antigone. M. Hugo, loin d'avoir en rien l'organisation grecque, est plutôt comme un Franc énergique et subtil, devenu vite habile et passé maître aux richesses latines de la décadence, un Goth revenu d'Espagne, qui s'est fait Romain, très-raffiné même en grammaire, savant au style du Bas-Empire et à toute l'ornementation byzantine (3).

(1) Callimaque dans son Hymne à Apollon, repoussant un trait de son ennemi le poëte Apollonius auquel il fait dire : « Je n'admire pas un poëte qui n'a pas autant de chants que la mer a de flots, » répond : « Vois le fleuve d'Assyrie, son cours est immense, mais il entraîne la terre mêlée à son onde et la fange. Non, les prêtresses légères ne portent pas à Cérès de l'eau de tout fleuve ; mais celle qui, pure et transparente, coule en petite veine de la source sacrée, celle-là lui est chère. »

(2) Horace avait dit déjà : *Spiritum graiæ tenuem camœnæ.* — C'est aussi le λεπτόν des Grecs.

(3) Voici une remarque qui rentre jusqu'à un certain point dans la mienne ; je l'emprunte à un critique suisse (ou français) que j'aime à citer : « Un écrivain de goût et modéré finirait admirablement plus d'un de ses paragraphes avec la phrase par laquelle Hugo commence les siens. Hugo, dans l'expression, rencontre le plus souvent ce qui est bien, ce qui est lumineux et éclatant, mais il part de là pour redoubler et pousser à l'exagéré, à l'éblouissant et à l'étonnant. Du Parthénon

Dans quelques *vers écrits sur la première page d'un Pétrarque*, M. Hugo a bien mieux apprécié l'auteur des sonnets et sa forme élégamment ciselée; mais, par suite du défaut signalé tout à l'heure, il s'est glissé, dans les vingt-deux vers consacrés à la louange du mélodieux amant de Laure, deux mots criards qui rompent toute l'harmonie du ton :

> Je prends ton livre saint qu'un feu céleste embrase,
> Où si souvent murmure à côté de l'extase
> La résignation au sourire *fatal*.

Ce mot *fatal* est une note fausse ; c'est tout le contraire de *fatal* qu'il faudrait dire. Cette *résignation* au sourire *fatal* n'est pas de la religion espérante et clémente de Pétrarque; elle appartiendrait plutôt à la religion dure de Frollo. A quelques lignes plus bas, on voit les nobles et pudiques élégies de Pétrarque opposées aux bruits du monde et aux sombres *orgies*, comme si, dans des vers sur Pétrarque, le mot d'*orgie* pouvait trouver place. Ces deux mots malencontreux sont deux taches à la bordure d'une robe blanche et gracieuse. Un poëte, qui aurait senti tout à l'heure Anacréon dans la pureté grecque, n'aurait pas ici commis pareille faute.

Presque toutes les fautes de détail, qu'on peut reprocher à M. Hugo, viennent du même principe violent qui méconnaît le prix d'une convenance heureuse et d'une harmonie ménagée. Nous avons noté à regret les images suivantes : Napoléon qui va *glanant tous les canons*, une charte de plâtre qu'on oppose à des *abus de granit*, des écueils aux *hanches* énormes, Rome qui n'est plus que l'*écaille* de Rome, etc. Le poëte, par manque de ce tact que j'appellerai grec ou attique, et qui n'est pas moins français, ne recule jamais devant le choquant de l'expression, quand il doit en résulter quelque similitude matérielle plus rigoureuse qu'il pousse à outrance. Dans la pièce XXXIII, sur une vue d'église le soir, il montre l'orgue silencieux :

lui-même, il ne ferait que la première assise de sa Babel. En fait d'ordres grecs il entend surtout le cyclopéen. »

> La main n'était plus là, qui, vivante et jetant
>   Le bruit par tous les pores,
> Tout à l'heure pressait le clavier palpitant
>   Plein de notes sonores,
>
> Et les faisait jaillir sous son doigt souverain
>   Qui se crispe et s'allonge,
> Et ruisseler le long des grands tubes d'airain
>   *Comme l'eau d'une éponge.*

Qu'on me démontre, tant qu'on le voudra, l'exactitude de la comparaison, et l'harmonie coulant le long des tuyaux, comme ferait l'eau d'une éponge dans un lavage général de l'orgue, l'impression que j'en éprouve est déplaisante, désobligeante; et, loin de l'augmenter, elle amoindrit tout l'effet des beaux vers précédents, effet déjà compromis par ce doigt qui *se crispe* et *s'allonge*. Ailleurs, dans la petite pièce XIV, *Oh! n'insultez jamais une femme qui tombe!* on lit :

> Quand le vent du malheur ébranlait leur vertu,
> Qui de nous n'a pas vu de ces femmes brisées
> S'y *cramponner* longtemps de leurs mains épuisées,
> Comme au bout d'une branche on voit étinceler
> Une goutte de pluie où le ciel vient briller, etc.

En lisant cela, l'esprit n'a pas eu le temps de se détacher de ce mot si rude, *cramponner*, qu'il lui faut déjà passer à ce qu'il y a de plus fluide et mobile, à la goutte d'eau qui tremble au bout de la branche. Cette critique de détail, quoique depuis longtemps on ait perdu l'habitude d'en faire, nous a paru indispensable en présence d'une production aussi importante de la maturité d'un poëte de génie. Ces sortes de fautes, qu'on peut passer à une rude et vigoureuse jeunesse, auraient dû disparaître avec les crudités inhérentes à cet âge. Il nous semble, si le souvenir ne nous abuse pas, que *les Feuilles d'Automne* en contenaient moins et annonçaient un travail d'élaboration que *les Chants du Crépuscule* ne réalisent qu'en partie; ou peut-être, ces fautes ne nous choquent-elles ici davantage que par le caractère plus élégiaque des morceaux qui les entourent et les font ressortir, et aussi par la susceptibilité d'un goût malheureusement plus difficile et plus rebuté avec l'âge. Nous n'en sommes pas moins sensible, qu'on veuille nous croire, à tout ce qui s'y trouve à profusion d'images riches, de traits inattendus et heureusement pittoresques, d'observations naturelles et domestiques de promeneur et de père, soit que le poëte nous indique du doigt dans la plaine *le sentier qui se noue au village*, la vallée toute fumante de vapeurs au soleil *comme un beau vase où brûlent des parfums*, soit qu'il se montre lui-même éveillé avec ses soins et ses doutes rongeurs, dès avant l'aube,

> Même avant les oiseaux, même avant les enfants!

Charmante observation prise à la vie de famille! car les enfants, comme on sait et comme l'a dit un autre poëte, ont

> Un gai sommeil qui sent l'aurore
> Et qui s'enfuit dans un rayon.

Les douze ou treize pièces amoureuses, élégiaques, qui forment le milieu du recueil dans sa partie la plus vraie et la plus sincère, sont suivies de deux ou trois autres, et surtout d'une dernière, intitulée *Date Lilia*, qui a pour but, en quelque sorte, de couronner le volume et de le protéger. Littérairement, ces pièces finales, prises en elles-mêmes, sont belles, harmonieuses, pleines de détails qui peuvent sembler touchants. En admirant dans le voile l'éclat du tissu, il nous a paru toutefois qu'il y a eu parti-pris de le broder de cette façon pour l'étendre ensuite sur le tout. Cette mythologie d'*anges* qui a succédé à celle des *nymphes*, les *fleurs de la terre* et les *parfums des cieux*, un excès même de charité aumônière et de petits orphelins évoqués, tout cela nous a paru, dans ces pièces, plus prodigué qu'un juste sentiment de poésie domestique n'eût songé à le faire. On dirait qu'en finissant l'auteur a voulu jeter une poignée de lis aux yeux. Nous regrettons que l'auteur ait cru ce soin nécessaire. L'unité de son volume en souffre ; son titre de *Chants du Crépuscule* n'allait pas jusqu'à réclamer cette dualité. Le même manque de tact littéraire (au milieu de tant d'éclat et de puissance !) qui plus haut, nous l'avons vu, lui a fait comparer l'harmonie de l'orgue à *l'eau d'une éponge*, et parler du sourire *fatal* de la résignation à propos de Pétrarque, lui a inspiré d'introduire dans la composition de son volume deux couleurs qui se heurtent, deux encens qui se repoussent. Il n'a pas vu que l'impression de tous serait qu'un objet respecté eût été mieux honoré et loué par une omission entière.

Au résumé, et malgré nos critiques, qui se réduisent presque toutes à une seule, à un certain manque d'harmonie parfaite et de délicate convenance, *les Chants du Crépuscule* non-seulement soutiennent à l'examen le renom lyrique de M. Hugo, mais doivent même l'accroître en quelque partie. Mainte pièce du recueil décèle chez lui des sources de tendresse élégiaque plus abondantes et plus vives qu'il n'en avait découvert jusqu'ici, quoique, même en cela, le grave et le sombre dominent. On suit avec un intérêt respectueux, sinon affectueux, ce front sévère, opiniâtre, assiégé de doutes, d'ambitions, de pensées nocturnes qui le battent de leurs ailes. On contemple *cet homme au flanc blessé*, comme il s'appelle quelque part, saignant, mais debout dans son armure, et toujours puissant dans sa marche et dans sa parole. On le voit, rôdeur à l'œil dévorant, *au sourcil visionnaire*, comme Wordsworth a dit de Dante (1), tour à tour le long des grèves de l'Océan, dans les nefs désertes des églises au tomber du jour, ou gravissant les degrés des lugubres beffrois. Ce beffroi altier, écrasant, où il a placé la cloche à laquelle il se compare,

---

(1) Wordsworth parle ailleurs (*Evening voluntaries*) de cette *douceur* (MEEKNESS) *qui est la pente chérie de tous les vraiment grands et les innocents*. Il est lui-même de cette dernière famille, qui, du reste, n'est pas la seule grande, et qui a, en face d'elle, l'autre famille illustre des poëtes *au sourcil visionnaire*. Nous sommes revenu sur ce contraste dans l'article de *Jocelyn*.

représente lui-même à merveille l'aspect principal et central de son œuvre : de toutes parts le vaste horizon, un riche paysage, des chaumières riantes, et aussi, plus l'on approche, d'informes masures et des toits bizarres entassés.

Novembre 1835.

M. BALLANCHE.

1834.

1814 fut une grande année, d'une influence décisive sur beaucoup d'activités et d'intelligences. Pour ceux dont le fléau de la Terreur avait ravagé la famille et contristé l'enfance; sur qui Fructidor avait passé comme un dernier nuage sombre; qui s'étaient émus aux récits de Sinnamari et avaient salué avec espérance le rétablissement du culte et des lois; pour ceux qui avaient épousé le Consulat, mais non pas l'Empire, et que cette dictature militaire comprimait comme un poids de plus en plus étouffant, pour ceux-là 1814 fut une joie bien légitime, une délivrance. Ce qu'il y avait d'inouï et de particulièrement merveilleux dans ces retours de royales destinées et dans ces péripéties qui, pour peu qu'on n'y opposât pas de prévention très-contraire, semblaient aisément une indication de la Providence, ce qu'il en sortait de dramatiques et irrésistibles effets ajoutait encore à l'explosion des sentiments et leur donnait un caractère d'enthousiasme. Tandis qu'une moitié de la France se méfiait déjà et se voilait dans ses blessures, l'autre moitié était saisie d'une véritable ivresse; et aujourd'hui, quand, après des années, on se raconte mutuellement ses impressions d'alors, il semble, à la contradiction des témoignages, qu'on n'ait vécu ni dans le même pays ni dans le même temps.

M. Ballanche est remarquable entre tous ceux qui saluèrent la Restauration comme une ère nouvelle. Il avait trente-huit ans en 1814, ayant vécu jusque-là dans l'étude, dans la rêverie, dans les affections et les souffrances individuelles, s'étant élevé naturellement à une moralité générale, douce, pieuse, plaintive, chrétienne, mais n'ayant pas approprié sa pensée à son siècle, n'ayant pas trouvé la loi, la formule de sa philosophie, n'ayant pas deviné l'énigme. Cette énigme, dont il était malade, depuis plus de dix ans, à son insu, s'éclaircit pour lui dans l'agitation universelle. Le sphinx redoutable de 1815, en proposant de nouveau la ténébreuse question, acheva de confirmer la réponse dans l'esprit du sage. 1814 ou 1815 fut véritablement pour M. Ballanche l'année décisive, la grande année climatérique de sa vie, le moment effectif de l'*initiation*, selon son langage; ce fut l'heure où, sortant de la limite des sentiments individuels et de la divagation aimable des rêveries, il embrassa la sphère du développement humain et tout un ordre de pensées sociales dont il devint l'hiérophante harmonieux et doux. Il y a une telle unité dans la carrière de M. Ballanche, l'évolution de ce beau et difficile génie est tellement spontanée dans sa lenteur, que c'est un charme infini de le suivre à travers les essais et les préparations, tandis qu'il s'ignorait encore lui-même. Son imagination, d'abord nourrie de religieuses et sentimentales lectures, et tempérant Pascal par Fénelon et par Virgile, se plaisait aux fables grecques, au monde de Pythagore, d'Orphée et d'Homère. Les initiations égyptiennes, auxquelles il n'attachait pas tout le sens que plus tard il y a vu, l'attiraient vaguement à leurs profondeurs. La noble figure d'Antigone lui souriait depuis longtemps comme une compagne d'enfance. La sensibilité du jeune homme se portait de préférence vers ce qui était triste et pur, expiatoire et clément. Quand l'idée philosophique vint à naître chez M. Ballanche, elle trouva donc toutes ces belles formes éparses, ces antiques images déjà préparées; quand le Dieu parut, il y avait des marbres et des statues pour un temple. Au souffle immense sorti des événements, ces marbres remuèrent comme au son d'une lyre; la philosophie de M. Ballanche se mit à se construire et à s'ordonner d'elle-même, comme les philosophies antiques, comme les murs des Thèbes sacrées. — Mais tout ceci mérite d'être repris avec détail.

Pierre-Simon Ballanche est né à Lyon en 1776. Son enfance et sa première jeunesse furent souffrantes, valétudinaires et casanières. Vers l'âge de dix-huit ans, il resta trois années entières sans sortir; il n'était pas seul pourtant, et avait toujours nombreuse compagnie de jeunes gens et de jeunes personnes. Il lisait, et surtout écrivait dès lors beaucoup. Vers l'âge de vingt ans, il écrivit ces pages *du Sentiment* qui furent publiées en 1801. Mais avant ce livre, et durant ses années les plus valétudinaires qui correspondent au temps du siége de Lyon, il s'était fort occupé de l'Épopée lyonnaise, grand poëme en prose, dont parle la *Préface générale*, et qui ne fut jamais imprimé. Grâce à cette poétique conception et à un sentiment d'espérance qu'il nourrissait, la durée du siége se passa pour lui assez heureusement; mais la terreur qui suivit n'en fut que plus accablante; il s'enfuit à la campagne avec sa mère, et y souffrit de toutes les privations. Il tenait de son père pour la constitution physique; mais, comme tant d'hommes célèbres, pour le dedans et la manière de sentir, il tenait étroitement de sa mère.

De retour à Lyon après le 9 thermidor, le jeune Ballanche eut à subir une convalescence très-longue, très-pénible, plus orageuse que ne l'avait été la maladie même. Une partie des os de la face et du crâne étaient altérés ou atteints de mort; il fallut appliquer le trépan. La force de caractère du malade était si grande que, tandis que l'instrument opérait sur sa tête, des dames qui causaient près de la cheminée à l'autre bout de la chambre ne s'en aperçurent pas. Vico, dit-on, éprouva dans son enfance une maladie du même genre. Malebranche aussi avait sa maladie de la moelle épinière. Toujours le dur marteau de Vulcain doit-il aider à l'enfantement de la pensée difficile, à la sortie de la Minerve immortelle?

Pauvres hommes, infirmes dans vos grandeurs ; grands parce que vous êtes infirmes, et infirmes parce que vous êtes grands! philosophes ou poëtes, penseurs ou chantres, ne vous mettez pas les uns au-dessus des autres, ne vous exceptez pas, ne vous vantez pas! Je lis dans un témoin oculaire qu'après la confection de cette machine arithmétique si bien montée et qui lui coûta tant d'application et d'efforts, Pascal eut lui-même la tête presque démontée pendant trois ans. Newton au milieu de l'âge ressentit, pendant des années, ce qu'il appelait son *embrouillement* de cerveau. A défaut des dérangements physiques, ce sont les douleurs morales qui arrivent comme une condition de la haute pensée, du sentiment profond et du génie. Pour peu qu'on chante, c'est parce qu'on a pleuré. Des fibres saignantes furent à l'origine les premières cordes de la lyre ; elles seront encore les dernières. C'est parce que la statue de Memnon était brisée, qu'elle rendait un son à l'aurore.

M. Ballanche a peint plus tard, au début de la *Vision d'Hébal*, son état psychologique en cette douloureuse convalescence : « Des souffrances vives et continuelles avaient rempli toute la première partie de sa vie. Des accidents nerveux d'un genre très-extraordinaire avaient produit en lui les phénomènes les plus singuliers du somnambulisme et de la catalepsie.... Plus d'une fois il eut de ces hallucinations qui restituent un instant la forme et l'existence à des personnes dont on pleure la mort, ou qui rendent présentes celles dont on regrette l'absence.... » C'est ainsi qu'ayant perdu sa mère en 1802, M. Ballanche la crut voir deux jours de suite, au matin, entrer dans sa chambre et lui demander comment il avait passé la nuit : tant était prédominante en son organisation la puissance intérieure, tant elle était indépendante du moment, du lieu, de la réalité actuelle! Le souvenir représentatif du temps où, si soigneuse de lui, sa mère entrait toujours la première dans sa chambre, suffisait pour créer invinciblement l'illusion.

Nous assistons à la formation lente et mystérieuse de cette nature singulière qui, s'affermissant à travers tant de crises, eut bien le droit de croire à la vertu des épreuves. Ce qui la caractérise particulièrement, c'est cette lenteur, cette spontanéité qui tirera presque tout d'elle-même, et aussi cette incubation sommeillante qui attend son heure. M. Ballanche, quoique né à Lyon, et malgré ses inclinations mystiques et ses dispositions magnétiques, resta étranger, et à l'école mystique qui avait dû laisser quelques traditions depuis Martinez Pasqualis, et à l'école magnétique que l'exaltation des esprits, pendant le siége, enrichissait d'observations extraordinaires. Sa nourriture habituelle était Pascal, Fénelon, Jean-Jacques, Bernardin, Virgile, Delille, tout ce que l'éducation classique indiquait alors ; à quoi s'ajoutaient les facilités précieuses de lectures diverses que la librairie de son père lui fournissait. Le livre du *Sentiment* atteste à chaque page cette indécision d'un talent qui s'essaye, ce naïf empressement de l'âme vers tout rayon qui la colore. Il lut des fragments de cet ouvrage, le soir même du 18 fructidor, au sein d'une société littéraire de très-jeunes gens, dont MM. Dugas-Montbel et Ampère faisaient partie. Camille Jordan, sitôt célèbre, et qu'atteignirent les événements de fructidor, bien que l'aîné de M. Ballanche, était dès lors son ami. Cette âme ardente, dévouée, religieuse, de Camille, avait deviné les trésors de l'autre âme sous l'enveloppe obscure (1).

Dans la *Vision d'Hébal*, de ce jeune Écossais que je crois être tout à fait à M. Ballanche ce qu'*Oberman*, *Adolphe* et *René* sont à leurs auteurs, il est dit : « Vers l'âge de vingt et un ans, sa santé se raffermit.... Il ne lui resta plus, pendant quelques années, qu'un ébranlement de nerfs et une sensibilité très-facile à émouvoir. Les notions qu'il s'é-

---

(1) Sur la liaison avec M. Ampère de laquelle je parle trop peu ici, il faut voir l'article que j'ai consacré à M. Ampère lui-même, au tome Ier des *Portraits littéraires* : on y trouvera des lettres intéressantes de M. Ballanche.

tait faites du temps et de l'espace subsistaient; ses méditations sur l'homme collectif avaient la même suite et la même intensité..... On le croyait distrait lorsqu'il était occupé à gravir les hauteurs de la pensée, à descendre dans les abîmes des origines, etc., etc. » Dans ce portrait idéal, tracé à distance et au point de vue des années condensées, il ne faudrait pas chercher un renseignement biographique précis. Il se passa entre l'affermissement de la santé du véritable Hébal et son éclosion philosophique quinze années d'études, de rêveries, d'affections, une longue phase individuelle, depuis le livre du *Sentiment* jusqu'au poëme d'*Antigone* qui est à la limite et qui confine aux secondes perspectives. Durant ces quinze années, si on y porte son attention, plusieurs des idées futures de M. Ballanche se retrouvent, il est vrai, dans ses rares écrits d'alors, mais éparses, isolées, en germe et à l'ombre, et, comme il l'a dit souvent, s'ignorant elles-mêmes.

Le livre sur le *Sentiment* est composé en entier, non pas de chapitres, mais d'une suite de digressions; l'auteur a voulu faire un *jardin anglais*; et il promène son lecteur à travers les rochers, les cascades, les groupes de statues sentimentales et autres pareils accidents. C'est une perpétuelle exclamation; cette âme expansive aime, admire, adore; si dès lors elle avait su chanter, elle aurait exprimé beaucoup des sentiments dont la poésie de M. de Lamartine fut plus tard l'organe. Ce rapport qui existe entre les sentiments de M. Ballanche à leur premier état de spontanéité et ceux qu'a consacrés la lyre des *Méditations* nous a singulièrement frappé; nous le retrouverons bientôt dans les *Fragments*. C'est la même matière religieuse, littéraire, le même fonds d'inspiration mélancolique; c'est quelque chose d'harmonieux, de lyrique, d'élégiaque. « Retournons donc, s'écrie le jeune auteur, retournons, il en est temps, aux idées religieuses; les littérateurs et les artistes ne peuvent rien sans elles. » Et ce sont çà et là, en accompagnement de cette croyance, des couleurs de mythologie grecque, des essais de peintures homériques, évandriennes, pastorales ; Antigone, Eurydice, tous ces noms favoris y ont des autels. *Neuilly*, nom symbolique, lui représente ses amis morts durant le siége, et il les invoque comme un seul être. Fénelon, Pascal, Racine, sainte Thérèse, Job et Virgile s'entremêlent sans cesse ; il est vrai que tout à côté l'auteur compare avec délectation Delille et Saint-Lambert, qu'il groupe ensemble Léonard, Florian et Berquin, comme ne formant à eux trois qu'un seul génie ; Goëthe, par son *Werther*, lui paraît pourtant supérieur. Il parle de l'*Éliza* de Sterne et de Raynal en amant transporté qui cherche une Béatrix et qui l'aura. La beauté des campagnes, les coteaux qui encadrent Lyon, Grigny où se passèrent les années cachées de la Terreur, lui sont aussi doux à la pensée que la terre de Milly à Lamartine. Mais rien de tout cela n'a la composition ni la forme, ni même l'originalité de détail, et M. Ballanche a pu retrancher le livre du *Sentiment* de son œuvre complète sans se montrer trop sévère. Toutefois, indépendamment des accents de vive sensibilité qui recommandent certaines pages, il convient de remarquer, comme un délinéament d'avenir, l'opinion que le jeune auteur exprimait au sujet des *chartres*, ainsi qu'on disait alors. En face de cette école des *constitutionnistes* dont Sieyès était le grand prêtre et qui pensait qu'une bonne constitution écrite pouvait s'appliquer immédiatement à un peuple quelconque, l'auteur du *Sentiment* réclamait pour le caractère profond, historique et presque divin, de toute institution sociale ayant racine dans une nation. M. Ballanche avait lu, dès cette époque, les *Considérations sur la Révolution française*, par de Maistre, et, tout en ignorant le nom de l'écrivain, il citait des passages de cet opuscule étonnant. Enfin, à travers le manque de direction du livre du *Sentiment*, et quoiqu'en somme l'espérance y domine, on y voit trace encore d'une pensée lugubre qui est commune à Jean-Jacques et à certains de ses disciples, à M. de Sénancour en particulier : c'est que la civilisation européenne et les cités dont elle s'honore, destinées à périr, feront place à des déserts, et que les voyageurs futurs s'y viendront asseoir avec mélancolie comme aux ruines de Palmyre et de Babylone. L'Épopée lyonnaise de M. Ballanche était fondée sur cette donnée de calamité et de tristesse. Dans les entretiens du *Vieillard* et du *Jeune Homme*, publiés en 1819, le vieillard qui, par un gracieux renversement d'idées (1), est pour l'avenir, tandis que le jeune homme est pour le passé, le vieillard tâchant de vaincre les pressentiments sinistres de ce désespoir de vingt ans, dit en un endroit : « Voilà donc ce que je vous entends répéter chaque jour et à chaque instant du jour. Eh bien! moi aussi, j'ai cru quelque temps que tout était fini pour notre vieille Europe. Oui, lorsqu'aux premiers orages de la révolution française, qui ont grondé sur vous à votre insu, car vous n'étiez qu'un enfant, je voyais tous les liens de la société se dissoudre, toutes les institutions nager dans le sang, ah! ce fut alors qu'il fut permis de croire à la fin de toutes choses. » Mais cette perspective funèbre ne dura pas longtemps pour M. Ballanche. Dans le récit qu'il a donné d'un voyage à la grande Chartreuse, fait en 1804 avec monsieur et madame de Chateaubriand, il est question, comme dans *le Vieillard et le Jeune Homme*, d'une conversation entre un jeune mélancolique qui repousse toute science, toute tentative humaine, et un prêtre tolérant qui maintient la science et la croit conciliable avec une religion élevée. « Comment, s'écrie en finissant le narrateur, comment un jeune homme paraît-il détrompé à ce point de toutes les choses de la vie?... Voyez, il ne sait accueillir aujourd'hui que l'ironie terrible de Pascal; demain peut-être il sera dompté par le puissant génie de Bossuet : heureux si, le jour suivant, il vient à prendre goût aux chants mélodieux de Fénelon, lorsqu'il charme notre exil par les plus douces paroles qui se soient trouvées jamais sur les lèvres d'un habitant de la terre! » L'ombre de Fénelon prit donc de bonne heure par la main M. Ballanche et le tira de la crainte, et le préserva de l'ob-

---

(1) Selon l'expression de M. Barchou, dans l'article qu'il a consacré à M. Ballanche (*Revue des Deux Mondes*, avril 1831).

stination dans des ruines ; il espéra ; et, plus tard, devenu prêtre à son tour, prêtre à demi voilé du plébéianisme grandissant, aimant à voir dans Fénelon *le véritable fondateur de l'ère actuelle,* le voilà qui marche et continuera, à travers tout, de marcher vers l'avenir, comme un de ces tranquilles vieillards de son maître, comme un Aristonoüs serein et patient, souriant de loin sous ses bandelettes à quelque ami qui s'avance, le long du sable fin des mers.

Le livre du *Sentiment,* publié en 1801, ne passa point sans être remarqué de quelques-uns ; les journaux de Paris s'en occupèrent. J'ai sous les yeux trois articles favorables et fort judicieux du *Journal de Paris* (de germinal an x) ; ils sont écrits au point de vue du christianisme pratique, et l'usage tout poétique et sentimental qu'on fait de la religion y est indiqué comme un danger ou du moins comme un affaiblissement d'une chose auguste et sévère. « Au reste, dit en finissant le critique anonyme, on nous annonce depuis longtemps, et je crois même qu'on publie déjà un ouvrage plus considérable ayant, dit-on, pour titre : *Des Beautés poétiques,* ou seulement *Des Beautés du Christianisme,* et dont ce livre-ci paraît être l'avant-coureur ; semblables à ces petits aérostats qu'on a coutume de faire partir avant les grands pour juger des courants de l'atmosphère. Puissent-ils tous les deux, et tous ceux qui seront remplis du même esprit, avoir assez de force ascendante pour élever tout ce qui s'y attachera vers une sphère plus heureuse ! » Le *Journal des Débats* montra moins d'indulgence (1) ; ce journal, dans son premier brillant, avec son état-major critique au complet, était alors en tête de la réaction classique, et contribuait à réduire à l'ordre le mouvement d'insurrection littéraire qui s'essayait à la suite des révolutions politiques. Grenville, Bonneville, Sénancour, Nodier (2), et d'autres restés inconnus

---

(1) Ce fut l'article de début de M. de Feletz ; on peut le trouver recueilli dans ses *Jugements historiques et littéraires* (1840).

(2) Nodier a de bonne heure connu les premiers essais de M. Ballanche, par la promptitude de cet instinct qui fait deviner de loin aux jeunes

dans cette génération intermédiaire, furent ajournés ou interceptés ; les meilleurs ne s'en relevèrent, après quinze ans, qu'à demi. Seuls, les génies hors de ligne de M. de Chateaubriand et de madame de Staël ne ressentirent nulle atteinte et ne subirent pas de déviation.

M. Ballanche, qui, de compagnie avec son père, s'occupait de réimpressions d'ouvrages classiques et religieux, d'une édition de la *Poésie sacrée des Hébreux* de Lowth, vint à Paris en 1801 ou 1802, quelques mois après la publication du *Sentiment*. Il alla voir tout aussitôt M. de Chateaubriand dont le *Génie du Christianisme* avait paru, et il lui proposa de donner une Bible française avec des discours. Les discours devaient être de M. de Chateaubriand, et dans le texte français, qui aurait été en gros celui de M. de Saci, M. Ballanche aurait infusé tous les passages des Écritures qui se trouvaient traduits par Bossuet et autres grands écrivains sacrés : « Car, ainsi qu'il l'a remarqué depuis dans les *Institutions sociales*, Bossuet, ce dernier Père de l'Église, a une merveilleuse facilité à s'approprier les textes sacrés et à les fondre tout à fait dans son discours qui n'en éprouve aucune espèce de trouble, tant il paraît dominé par la même inspiration. » Ce projet n'eut pas de suite, quoique M. de Chateaubriand ait commencé quelque chose des discours. Mais il se forma du moins à ce sujet, entre le grand poëte et M. Ballanche, une première liaison qui ne fit plus tard que se resserrer. M. Ballanche fit avec lui le voyage de la grande Chartreuse et des glaciers en 1804, et, au moment du départ pour Jérusalem, il l'alla rejoindre à Venise d'où il ramena en France madame de Chateaubriand. Pendant son premier séjour à Paris, M. Ballanche vit aussi M. de La Harpe, alors exilé à Corbeil par ordre du Consul, et lui proposa de

---

âmes les émanations fraternelles. Il s'écrie dans la préface des *Tristes* (1803) : « Lisez les belles pages de Gleïzès et de Ballanche, et ne dédaignez pas une ébauche de Michel-Ange parce que ce n'est qu'une *ébauche*, etc. » — Plus tard Nodier fit des articles sur *Antigone* (voir au tome Ier de ses *Mélanges de Littérature et de Critique*, page 267).

donner ses soins à une édition choisie et purifiée de Voltaire ; la mort de La Harpe, qui survint l'année suivante, coupa court à cette pensée. La Harpe avait été fort frappé que, dans le livre du *Sentiment*, l'auteur eût appelé l'Élysée du *Télémaque* un véritable paradis chrétien ; il lui enviait cette idée : « Moi qui ai fait un éloge de Fénelon, je n'ai pas songé à cela, s'écriait-il, et voilà qu'un jeune homme a mieux trouvé : *le Seigneur est avec ceux qui font le bien.* » La Harpe, devenu dévot, aimait à citer les Psaumes.

M. Ballanche avait accueilli le Consulat avec transport ; l'organisation officielle du culte lui donna une première impression de crainte ; il trouvait la religion plus belle dans la persécution que dans une reconnaissance pompeuse, et il eût préféré pour elle la liberté à cette forme de suprématie. Le charme toutefois fut grand, et son émotion sans égale, lors du double passage solennel de Pie VII à Lyon, avant et après le Couronnement. Une petite brochure, publiée sous le titre de *Lettres d'un jeune Lyonnais à un de ses amis* (1), témoigne de cette sensibilité attendrie, enivrée et presque en idolâtrie à l'aspect du Père des fidèles. Il n'est qu'à peine question dans ces lettres de *Sa Majesté l'Empereur*. Le meurtre du duc d'Enghien avait tout à fait séparé ce jeune cœur religieux d'un pouvoir impudemment despotique, et, à partir de ce jour, il n'éprouva plus que le sentiment graduel d'une oppression croissante. Mais déjà des affections privées, des espérances bientôt entrecoupées de douleurs, se joignaient à cette souffrance de gêne politique, pour détourner la pensée de M. Ballanche et retarder son essor. Plus d'une fois, en ces années, il se dirigea vers Montpellier à travers les Cévennes ; il vit dans l'un de ces trajets M. de Bonald, le gentilhomme de l'Aveyron, à Milhau ; mais ce n'était pas le philosophe profond dont il partageait volontiers la doctrine sur la parole, qu'il allait surtout visiter. Lui-même, dans un neuvième et

---

(1) De l'imprimerie de Ballanche père et fils, aux Halles de la Grenette, 1805.

dernier fragment daté de 1830, il nous a laissé entrevoir son pieux et triste secret : « Le 14 août 1825, dit-il, une belle et noble créature qui m'était jadis apparue et qui habitait loin des lieux où j'habitais moi-même, une belle et noble créature, jeune fille alors, jeune fille à qui j'avais demandé toutes les promesses d'un si riche avenir; en ce jour, cette femme est allée visiter, à mon insu, les régions de la vie réelle et immuable, après avoir refusé de parcourir avec moi celles de la vie des illusions et des changements. Hélas! je dis qu'elle avait refusé; mais il y a là un mystère de malheur que je ne saurai jamais sur cette terre. » Les huit autres fragments écrits en 1808 ne sont que des élégies en prose qui peignent avec discrétion et douceur les vicissitudes de ce noble attachement. C'est déjà la manière littéraire d'*Antigone*; aux divagations perpétuelles du livre du *Sentiment* a succédé une mesure grave, sobre, solennelle à la fois et charmante de mélodie, un écho retrouvé du mode virgilien. Si ces huit fragments étaient en vers ce qu'ils sont en prose, M. Ballanche aurait ravi à M. de Lamartine la création de l'élégie méditative. La philosophie, qui en est simplement religieuse et chrétienne, n'a rien de cette nouveauté un peu étrange et de cette phraséologie essentielle à une doctrine, et que la poésie ne réclame pas. Les plaintes du poëte sont celles de toute âme humaine contristée, depuis Job : « Nous serions bien moins étonnés de souffrir, si nous savions combien la douleur est plus adaptée à notre nature que le plaisir. L'homme à qui tout succède selon ses vœux oublie de vivre. La douleur seule compte dans la vie, et il n'y a de réel que les larmes. » Et ailleurs : « Montrez-moi celui qui a pu arriver à trente ans sans être détrompé. Montrez-le-moi, ce mortel privilégié : son imagination a tenu toutes ses promesses; l'amour l'a conduit par la main; heureux époux, père plus heureux encore, il n'a acheté par aucun tourment le charme des affections du cœur; il a connu les agréments de la société sans ignorer les plaisirs de la solitude; il n'a rencontré sur sa route que des hommes bons et généreux, et lui-même n'a jamais vu au fond de son âme que des pensées douces et calmes qu'il s'est plu à entretenir; il a joui de ses souvenirs comme il avait joui de ses espérances; il a trouvé dans le passé le gage de l'avenir : montrez-le-moi!... Vous riez en gémissant! Vous ne savez où trouver cette créature exceptée de la commune loi; c'est qu'en effet elle n'existe point, elle n'a jamais existé. Un déluge de maux couvre la terre; une arche flotte au-dessus des eaux, comme jadis celle qui portait la famille du Juste; mais cette arche-ci est demeurée vide, nul n'a été jugé digne d'y entrer! »

Un hasard heureux a mis entre nos mains une petite relation d'un pèlerinage au Mont-Cindre près Lyon, relation écrite par une jeune Languedocienne de seize ans. Cette personne distinguée, la même que celle qui mourut le 14 août 1825, fit ce pèlerinage, vers 1808, avec un guide jeune et prudent, qui était l'un des amis de son père et qu'elle désigne sous le nom de M. Pierre Simon. En s'élevant sur la montagne, la jeune personne à l'imagination sensible et pieuse remarque que les fleurs y sont la plupart d'un bleu pâle comme le ciel de cette contrée, qu'elles ne penchent point sur la terre comme celles de nos plaines : « Presque toutes celles que nous vîmes, ajoute-t-elle, étaient de petites cloches. N'est-ce point parce qu'étant privées d'eau sur les lieux élevés et exposées à l'ardeur du soleil, cette divine Providence, qui donne sa parure aux lis des champs, a voulu que leur calice pût retenir la rosée du matin, et que la fleur épanouie rendît à sa tige le bienfait qu'elle en avait reçu avant d'éclore? » Arrivés à l'ermitage même, les deux voyageurs virent les murs d'un petit corridor tout couverts de passages qui avaient rapport à la puissance ou à la bonté de Dieu. La jeune fille pria M. Pierre Simon d'écrire aussi quelque chose; il ne le voulait point; elle le pressa, il écrivit : « Cet ermitage rappelle assez bien les destinées humaines : resserré dans des bornes étroites, on y jouit d'une étendue immense. »

N'est-ce point peu après ce pèlerinage au Mont-Cindre,

que M. Ballanche, redescendu dans les obstacles de la vie, traça ce sixième fragment sur Orphée perdant Eurydice que tout à l'heure il guidait sans oser la voir, et cet autre fragment où il nous montre la rencontre pudique d'Hermann et de Dorothée près du ruisseau, et de si aimables présages n'aboutissant qu'à des larmes?

Un poëme qui n'a pas été connu autant qu'il méritait de l'être, et qui rentre assez par quelques tons dans la couleur des débuts de M. Ballanche, *la Parthénéide* de Baggesen, publiée en français vers ce même temps (1), n'a d'autre sujet et d'autre action qu'un pèlerinage à la *Iungfrau* entrepris par un jeune Suisse Norfrank, et par trois jeunes filles à lui confiées, trois charmantes sœurs auxquelles il sert de guide et dont il aime la dernière. Mais les divinités de l'Olympe grec, en intervenant, même avec un art relevé d'espièglerie, refroidissent ces riantes peintures, et Norfrank, bienvenu et sage en dépit des embûches de Mercure et de Cupidon, Norfrank dans l'heureux chalet nuptial, me touche moins que l'honnête Pierre Simon, devisant dans l'ermitage étroit sur l'étendue des destinées humaines, et taisant quelque timide espoir qu'aucune récompense terrestre ne doit couronner.

Le premier effort que fit M. Ballanche pour sortir du découragement profond où il était tombé, fut la conception d'*Antigone*. Il y songea dès 1811, et il est à croire que, dans sa pensée primitive, l'amour sans bonheur de la pieuse Antigone et du généreux Hémon devait consacrer sous une forme idéale et antique les sentiments dont il était plein : « L'amour et le malheur ont été une même chose pour eux : pour eux la mort et l'hymen devaient aussi être une même chose. » Mais peu à peu, et quoiqu'à le bien entendre ce fonds personnel soit encore ce qui anime le reste, la pensée du poëte se généralisa, s'agrandit, et, chemin faisant, recueillit des impressions successives. Sur les pas des chœurs de Sophocle, et inspiré par

(1) En 1810, traduit de l'allemand par M. Fauriel.

la muse de la douleur, le poëte s'attachait à peindre l'histoire même de l'homme, de cet être qui, aux termes de l'énigme, n'a qu'une voix et n'est debout qu'un instant, l'histoire de ses misères, de ses faiblesses, de ses félicités trompeuses, suivies d'amers retours. La moralité qu'il tirait de ces tableaux était toute de soumission, de devoir et de sacrifice, de clémence et d'espoir à travers les pleurs. Sous ces grands et magnifiques noms royaux, il figurait l'épopée domestique de la foule des hommes; la tentative d'épopée sociale devait venir plus tard dans l'*Orphée*. Quelques juges clairvoyants, éveillés à ces idées d'expiation, de solidarité, de sacrifice, distinguèrent dès l'abord dans *Antigone* plus de choses que n'en voyait l'auteur lui-même. Un de ses amis lui disait : « Vous ne savez pas ce que vous avez fait? un poëme martiniste. » M. de Maistre, à qui M. Ballanche avait envoyé son livre, lui écrivait une lettre qui ne lui parvint pas, mais c'était aussi en un sens plus que pathétique et poétique, en un sens théosophique, qu'il avait entendu *Antigone*. Quant au personnage même de l'héroïne, quelques circonstances précieuses et consolantes dans la vie du poëte avaient rehaussé encore et achevé de perfectionner les traits. Il avait vu pour la première fois à Lyon, en 1812, une noble exilée (1) à laquelle son ami Camille Jordan le présenta, et qui eut depuis une influence si sereine sur sa destinée apaisée. Il lui avait lu les chants commencés d'*Antigone*, et quelques impressions nouvelles, dues à un sourire compatissant, se retrouvèrent bientôt dans le portrait intime de la fille d'Œdipe : ainsi les paroles de la consécration d'Antigone par son père mourant sont une inspiration de ces premières rencontres : « Ame sublime d'Antigone, que t'importe le bonheur ou le malheur? N'auras-tu pas toujours la paix de la conscience, les louanges des hommes et l'amour des Dieux? » En 1813, M. Ballanche courut à Rome retrouver celle que plus tard il nomma du nom de Béatrix; il lut au sein de cette petite

---

(1) Madame Récamier.

société romaine la fin d'*Antigone*, la scène des funérailles. Quand le poëme parut l'année suivante, dans les pompes de la Restauration, un sentiment général y voulut reconnaître une princesse orpheline, la fille des rois. Ainsi vont se modifiant en perspectives diverses les œuvres du poëte. Lui-même il a changé sa pensée en la continuant, et, quand il croit l'avoir achevée, ceux qui le lisent la changent et l'achèvent encore.

Nous voici revenus au point que nous avons marqué comme décisif dans l'initiation sociale de M. Ballanche. La conduite de la Restauration, durant la première année, lui révéla tout un ordre historique dont il n'avait pas eu clairement conscience jusque-là. Il comprit ce que c'est que la vie d'une nation, l'âme de cet être collectif qui garde son unité à travers ses âges et sous ses continuels développements, la mission départie à chaque peuple en particulier sur la scène du monde ; que les institutions vraies sont filles du temps, qu'elles plongent dans les mœurs et les souvenirs comme un arbre en pleine terre ; que les constitutions rédigées d'après des théories plus ou moins savantes ne sont qu'une juxta-position provisoire qui peut aider le corps social à refaire sa vie, mais qui n'a pas vie en soi ; qu'ainsi la Charte n'était, à proprement parler, qu'une formule pour dégager l'*inconnue*, une méthode pour résoudre le grand problème des institutions nouvelles, un appareil fixe sous lequel les os brisés et les chairs divisées auraient le temps de se rejoindre et de se raffermir. Le 20 mars, rechute terrible, dernier et violent assaut des forces anti-sociales, ne parut à M. Ballanche que récapituler, à vrai dire, les faits antérieurs dans une unité dramatique, sans rien changer aux termes fondamentaux de la question. Pourtant, les passions exaspérées en divers sens ne l'entendaient pas ainsi, et la guérison sociale au moyen de la Charte en était très-compromise. C'est alors que M. Ballanche, désormais fixé à Paris, tout solitaire et pensif au milieu d'un monde d'élite, eut l'idée de se porter pour conciliateur, pour interprète pacifique des difficultés flagrantes, et l'*Essai sur les Institutions sociales* dut paraître avant l'ouverture des chambres de 1817, dans le but louable, bien que certainement illusoire, de les éclairer. Quelques obstacles retardèrent d'un an cette publication. L'*Essai* est donc à la fois un livre de théorie, et je dirai presque, une brochure de circonstance. Mais si l'on regrette fréquemment que cette application à des conjonctures trop spéciales préoccupe l'auteur, s'il se détourne à tout moment pour s'inquiéter des opinions trop particulières d'alors, s'il se retranche une foule de précieux développements, de peur que l'ouvrage ne soit hors de proportion avec le but, le caractère général l'emporte suffisamment, et la doctrine philosophique y obtient une belle part. Dans la pensée de M. Ballanche, l'*Essai*, en même temps qu'il répondait aux difficultés politiques du moment, devait servir comme de prolégomènes au poëme d'*Orphée* déjà conçu en 1816. Ainsi que dans les autres *Prolégomènes* qui sont en tête de la *Palingénésie*, et en général ainsi que dans tous les écrits de M. Ballanche qui n'ont pas revêtu la forme poétique, la composition n'est pas très-distinctement établie. Ce n'est pas à l'aide d'un lien logique évident, que l'on peut serrer de près l'auteur en ses chapitres et discours ; il procède d'habitude par des analogies cachées dont quelquefois le rapport échappe et qui ont l'air de digressions ; il avance par cercles et circuits. Il y a chez lui un grand effort de tout dire à la fois, un embarras de choisir et comme un bégaiement entre des pensées qui sont toutes pour lui coexistantes et contemporaines, ou plutôt qui ne sont qu'une seule et indivisible pensée. Cela tient à son mode de conception, d'intuition synthétique; c'est toujours plus ou moins comme pour Hébal : « Et il n'avait pu raconter tout ce qu'il avait vu, et il n'avait pu dire tout ce qu'il avait senti ; car la parole successive est impuissante pour une telle instantanéité. — Et même il n'était pas certain de l'exactitude de son langage ; il avait passé trop brusquement de la région de l'esprit à la région de la forme. »

Je lis dans l'excellente Histoire de la Philosophie en France au XIXe siècle, par M. Damiron, à côté d'une analyse parfaitement nette et logique des idées de M. Ballanche, l'expression d'un vif regret de ce que notre philosophe a presque toujours préféré l'exposition poétique à l'exposition scientifique, la figure à la démonstration, la couleur à l'évidence : « Car, ajoute M. Damiron, comme au fond sa pensée, nourrie d'histoire et de psychologie, exercée à de fortes études, n'en est plus à la simple foi, mais à la conception systématique, il faut, pour qu'il puisse l'accommoder aux formes de la poésie, qu'il la ramène par artifice à une inspiration qui n'est point naïve.... M. Ballanche n'a été conduit là, au moins à ce qu'il me semble, que par suite d'une erreur de goût qui l'a porté à convertir et à traduire en poésie une opinion créée par la réflexion et l'analyse. » Nous croyons qu'il ressort de la biographie psychologique de M. Ballanche, telle que nous avons essayé de la tracer, que ce n'est point par voie d'analyse ou de logique qu'il a composé l'ensemble de son système. L'œuvre en lui s'est édifiée autrement. Il n'a pas été d'abord philosophe et métaphysicien, et ensuite poëte ; sa conception et sa forme se tiennent de plus près et ont une bien réelle harmonie. Il ne lui a pas été loisible d'éviter ces figures sacrées qui, même avant que l'idée philosophique s'en mêlât, le poursuivaient dès l'enfance : Orphée et Eurydice furent la fable de toute sa vie. Il avait naturellement l'âme musicale et sensible jusqu'à la chimère, et cela était poussé au point que dans un temps il ne pouvait prononcer le simple nom de *Cymodocée* sans répandre des larmes. Les philosophies primitives de l'antiquité furent sans contredit intuitives, et se produisirent sous les voiles de la poésie, avec les accents de la muse ; refuserait-on entièrement aux époques de transformation où le sens antique se réveille, et où aboutissent tous les échos du passé, de reconstruire à leur manière quelque chose de ces mystérieux monuments ? Sans doute il y a bien de la combinaison savante et de l'obscurité alexandrine dans les poëmes de M. Ballanche; mais cet effort lui plaît, ce vêtement lui est naturel. Quand il le dépouille et qu'il s'avance sans personnages et sans symboles, est-il plus à l'aise? sa marche est-elle beaucoup plus svelte et dégagée? gagne-t-il évidemment en rigueur philosophique? Pour moi, le plus complet, le plus fidèle et satisfaisant résumé de sa doctrine est encore la *Vision d'Hébal* où le prisme poétique réfracte pourtant chaque idée. Dans tout autre résumé, même dans les pages si nettement lucides de M. Damiron, il manque l'atmosphère où baignent ces idées qui ne sont quelquefois que des sentiments, il manque toute une portion, intraduisible en langue abstraite, de leur profondeur, de leurs horizons, de leur lumière ou de leur crépuscule, en un mot de leur vie. Sachons donc consentir à voir dans M. Ballanche un philosophe non didactique, qui nous introduit à travers des enceintes compliquées et par des détours gracieux ou obscurs jusqu'à un sanctuaire profond : le poëme d'*Antigone* est comme une symphonie attrayante que nous avons entendue au parvis.

L'*Essai sur les Institutions sociales* exprimait la théorie fondamentale du langage, selon M. Ballanche. Plus tard, en 1825, il retrouva dans une malle, à Lyon, de vieux papiers oubliés où cette théorie était déjà ébauchée en entier; ce travail ancien, qui le frappa comme une découverte, se rapportait probablement à l'époque de sa jeunesse où il avait tenté une réfutation du *Contrat Social :* tant il y avait eu antériorité instinctive et prédestination, pour ainsi dire, dans les idées de M. Ballanche, tant cette théorie, capitale dans son œuvre, était née en quelque sorte avec lui! La question de l'origine de la société se ramène exactement à celle de l'origine du langage. En voyant aux prises les deux partis acharnés, les libéraux et les ultra-royalistes, chacun croyant à son droit et pouvant produire également des hommes de vertu et d'intelligence, M. Ballanche en était venu à comprendre qu'indépendamment des passions et des intérêts contraires, il y avait chez les uns et les autres une doctrine radicalement contraire aussi sur la fondation de la société, et par conséquent (qu'ils s'en rendissent compte ou non) sur l'origine du langage. Les ultra-royalistes ou illibéraux devaient croire à la société instituée divinement, au langage révélé, à l'autorité de la tradition ; et les libéraux, à la société formée par contrat, au langage inventé par l'homme, à l'émancipation graduelle et au progrès. En examinant cette double prétention si opposée et si ferme, M. Ballanche ne put croire que le droit fût exclusivement d'un côté, et au lieu de prendre parti avec MM. de Bonald et de Maistre pour l'antique tutelle, ou avec Condorcet et Saint-Simon pour l'émancipation purement humaine, il s'avança, un rameau de paix à la main, pour expliquer comment chacun avait tort et avait raison, pour accorder aux uns la vérité dans le passé, aux autres le règne dans l'avenir. Il montra avec M. de Bonald et les catholiques que la parole n'a pu être inventée primordialement, qu'elle a été nécessaire et préexistante à la pensée, qu'elle a été donnée par Dieu à l'homme naturellement social ; mais, en arrivant aux temps de la parole écrite et imprimée, il montrait avec les autres philosophes la pensée humaine s'affranchissant peu à peu du joug de cette parole devenue plus matérielle et plus pesante, brisant l'enveloppe, acquérant des ailes, et dès lors s'élançant librement à de nouvelles croyances sociales, à de nouvelles interprétations religieuses. Toutefois, M. Ballanche ne portait pas l'horizon le plus lointain de cette émancipation moderne au delà des limites du Christianisme lui-même ; il proclamait la perfection de celui-ci en tant qu'institution spirituelle et divine, et s'il croyait que les sociétés humaines dussent se gouverner désormais selon une loi de liberté, le résultat de cette action immense ne lui semblait pouvoir être autre chose que l'introduction de plus en plus profonde du Christianisme dans la sphère politique et civile. Une doctrine de conciliation si haute en des instants si irrités ne fut que peu saisie, comme bien l'on pense, et, auprès du petit nombre de ceux qui la comprirent, elle ne fut accueillie ni dans un camp ni dans un autre. Les vues très-avancées et d'une sagacité presque divinatoire que l'auteur exprimait sur l'avenir littéraire et poétique de la France, ses éloquents et ingénieux présages à ce sujet, un an avant l'apparition de M. de Lamartine, compliquaient encore la question de succès, en choquant des préjugés non moins irritables en tout temps que les passions politiques. M. Lemontey, dans *le Constitutionnel* (alors *Journal du Commerce*), lui fit la faveur, en qualité de compatriote sans doute, de parler longuement de lui, et, pour conclusion, il le définissait *le libéral à son insu, et le classique malgré lui*. M. de Maistre écrivait à l'auteur de l'*Essai*, sans le connaître personnellement, une lettre honorable, dans laquelle la vigueur de ce hautain et ironique génie éclate comme partout. On y lit ces passages : « Votre livre, monsieur, est excellent en détail : en gros, c'est autre chose. L'esprit révolutionnaire, en pénétrant un esprit très-bien fait et un cœur excellent, a produit un ouvrage *hybride* qui ne saurait contenter en général les hommes décidés d'un parti ou de l'autre. J'ai *profondément* souri en voyant votre colère contre les châteaux (1) et contre les couvents que vous voulez convertir en prisons, et contre la langue catholique (2) que vous prétendez abolir, par la jolie raison que *les Latins n'ont plus rien à nous apprendre*. C'est encore une chose excessivement curieuse que l'illusion que vous a

---

(1) Il fallait les préoccupations de M. de Maistre pour avoir vu M. Ballanche en colère contre les châteaux ; c'est au chapitre III de l'*Essai* qu'il en est question : « Ces noires tours couronnées de créneaux doi« vent tomber ; ces longs cloîtres silencieux doivent être transformés en « prisons ou en vastes ateliers pour les manufactures, etc. » M. Ballanche dénonce tristement un fait inexorable.

(2) M. Ballanche, au chapitre XI de l'*Essai*, parlait, il est vrai, d'éliminer dorénavant le latin de la première éducation, et ce qu'il avançait à ce propos est assurément contestable, dans les termes surtout dont il usait ; mais il n'entendait aucunement abolir cette *langue catholique*. La langue et les traditions latines étant pénétrées maintenant par les esprits, il demandait qu'on se portât vers les langues de l'Orient, et qu'on ouvrît de nouveaux sillons de linguistique et de nouvelles formes intellectuelles.

faite cet esprit que je nommais tout à l'heure, au point de vous faire prendre l'agonie pour une phase de la santé; car c'est ce que signifie au fond votre théorie de l'*émancipation de la pensée*, etc. Si vous trouviez quelque chose de malsonnant dans l'expression *Esprit révolutionnaire*, vous seriez dans une grande erreur; car nous en tenons tous. Il y a du plus, il y a du moins sans doute; mais il y a bien peu d'esprits que l'influence n'ait pas atteints d'une manière ou d'une autre; et moi-même qui vous prêche, je me suis souvent demandé si je n'en tenais point.... Tout ce que vous avez dit sur les langues et tout ce qui en dépend est excellent. Enfin, monsieur, je ne saurais trop vous exhorter à continuer vos études et vos travaux. Je ne crois pas, comme je vous l'ai dit franchement, que vous soyez tout à fait dans la bonne voie, mais vous y tenez un pied, et vous marcherez gauchement jusqu'à ce qu'ils y soient tous les deux. Avez-vous vu une feuille du *Courrier du Commerce* (*c'était l'article de M. Lemontey*), qui m'appelle *le vaporeux Piémontais*, qui me compare à Zuingle, M. de Bonald à Luther, et vous, monsieur, au doux Mélanchthon? Si vous voulez examiner ce beau jugement et le confronter au mien, vous y verrez la preuve évidente de ce caractère *hybride* que je vous reprochais tout à l'heure. Le sans-culotte vous attend dans son camp; moi, je vous attends dans le mien. Nous verrons qui aura deviné. Si je vis encore cinq ou six ans, je ne doute pas d'avoir le plaisir de rire avec vous de l'*émancipation de la pensée*. »

Non, si M. de Maistre avait rencontré après des années M. Ballanche, il n'aurait pas ri avec lui de cette émancipation de la pensée, ou c'est qu'alors il aurait ri de ce mauvais et diabolique sourire qu'il a lui-même tant reproché à la lèvre stridente de Voltaire. Tout invincible qu'il était, il aurait fini par comprendre qu'il y avait quelque chose de jugé sans retour et qui, d'agonie en agonie, achevait d'expirer. M. Ballanche a magnifiquement et pieusement répondu à la lettre de l'illustre contradicteur, lorsque apprenant sa mort, il ouvre la troisième partie des *Prolé-*

gomènes par cette sorte d'hymne funéraire : « L'homme des doctrines anciennes, le prophète du passé vient de mourir.... Paix à la cendre de ce grand homme de bien !... » Tout ce morceau est d'une haute vigueur de pensée et d'une belle effusion de cœur : je me figure le geste clément de Fénelon s'il avait béni le cercueil de Bossuet et proféré son oraison funèbre.

Dans l'*Essai sur les Institutions* et dans les écrits qui suivirent, dans *le Vieillard et le Jeune Homme*, publié en 1819 (1), dans *l'Homme sans nom*, publié en 1820, dans l'*Élégie*, les formes, les locutions du style monarchique et bourbonien abondent; mais elles ont toujours un sens particulier à l'auteur. Lorsque M. Ballanche parle de la légitimité dans l'*Essai*, il s'agit, non point du droit divin tel qu'on l'entend vulgairement, mais d'une légitimité historique que nul publiciste spiritualiste ne conteste aujourd'hui. Une dynastie restaurée lui paraissait un arbre sacré qu'on replante après qu'il a été déraciné par l'orage, et auquel il est accordé un temps pour reprendre racine ; passé ce temps, l'arbre, s'il n'a pas repris la sève et la vie, n'est qu'un morceau de bois mort digne d'être rejeté. La dynastie restaurée des Bourbons, arbre ainsi replanté, ne vécut jamais qu'à l'extérieur et par l'écorce, ayant dédaigné d'enfoncer ses racines dans la vraie terre. M. Ballanche le savait bien. Aussi la conviait-il incessamment, cette race antique, à s'identifier avec les destinées de la nation, afin de représenter exactement le principe social, comme c'est le propre et la condition de toute dynastie légitime. Il croyait que la Restauration pouvait et devait être l'incarnation politique et civile du Christianisme; l'instrument bourbonien lui paraissait nécessaire à son idée, bien qu'il le sentît rebelle; simple erreur de moyen et de circonstance! Dans l'effervescence de la réaction qui suivit la

---

(1) Cette expression *publié* est inexacte pour les écrits de M. Ballanche qui suivirent l'*Essai sur les Institutions ;* il faudrait dire *imprimé aux frais de l'auteur, et distribué à quelques amis et à quelques juges.* La publication véritable ne date que de ces dernières années.

mort du duc de Berry, il terminait son élégie commémorative en s'écriant : « Dynastie glorieuse, illustre maison, hâtez-vous de vous identifier avec nos destinées qui vous réclament ; hâtez-vous, car il est de la nature de nos destinées d'être immortelles ! » Après le 8 août 1829, il écrivait : « Maintenant, tournons nos regards vers le trône de Charles X, et conjurons le roi qui jura la Charte de faire enfin cesser la perturbation du 8 août. Nulle puissance ne serait en état de résoudre le problème posé ce jour-là. Il faut anéantir la pensée de ce jour néfaste ; car cette pensée n'eut ni cause, ni motif ; elle fut une pensée stérile, incapable d'arriver à l'acte. » Quand toutefois l'absurdité s'obstina et que la foudre populaire se mêla du problème, M. Ballanche était préparé et détaché. Il fut de ceux qui, sans la désirer ni la faire, comprirent et admirent la révolution de Juillet dès sa première heure. Il arriva alors à la pensée de M. Ballanche ce qu'il a dit de la pensée humaine en général ; son idée s'émancipa de cette forme de la Restauration où elle avait voulu trouver asile, et, devenue plus libre, elle plana dans des cercles indéfinis. C'est même à partir de 1830 que les doctrines de M. Ballanche ont fait le plus de chemin par le monde, et qu'elles ont remué le plus d'esprits religieux et penseurs dans la jeunesse.

Entre l'*Essai* et l'*Homme sans nom*, M. Ballanche publia, en 1819, *le Vieillard et le Jeune Homme*, enseignement philosophique plein d'autorité et de grâce. Un critique d'un bon sens spirituel, M. Saint-Marc Girardin, citait récemment les consolations de Jean Chrysostome à son jeune ami Stagyre, comme s'appliquant à bien des âmes d'aujourd'hui. Le *Jeune Homme* de M. Ballanche est atteint d'un mal tout à fait semblable ; il désespère de la société et de lui-même ; il voit des ruines en lui, autour de lui, et il les aime, et il ne veut pas s'en arracher. C'est une généreuse passion de la mort, le culte sombre des idées vaincues, une abjuration stoïque de l'avenir. Il y a beaucoup de ces nobles âmes ; mais il y en a encore plus qui pèchent et souffrent par excès d'espérances, par anticipation dévorante et immodérée, par immersion éperdue dans la grande souffrance sociale. Ce mal est si beau dans de tendres jeunesses, il tient de si près au dévouement et à l'amour des hommes, il est, pour ainsi dire, si sacré, qu'on est tenté de l'envier pour soi, bien loin d'essayer chez d'autres de le guérir. Et pourtant, comme il aboutit en d'âpres mécomptes, comme il vous use à des réalisations impossibles ici-bas, comme il vous jette à la merci des systèmes universels, qui n'ont en eux ni la vraie morale dont ils se passent, ni le bonheur délirant dont ils vous leurrent, il est bon d'y opposer l'avertissement; et ce que M. Ballanche disait à son jeune désespéré de 1819 pourrait s'adresser fructueusement à beaucoup des jeunes néophytes qui embrassent les siècles et l'univers : « Je veux essayer, mon fils, de guérir en vous une si triste maladie, état fâcheux de l'âme qui intervertit les saisons de la vie et place l'hiver dans un printemps privé de fleurs. » — La destinée de l'homme se compose, en effet, de deux destinées qu'il doit simultanément accomplir, une destinée individuelle porportionnée à son temps de passage sur cette terre, une destinée sociale par laquelle il concourt pour sa part à l'œuvre incessante de l'humanité. Ainsi, notre terre a son double mouvement, et elle tourne à la fois sur elle-même et autour du soleil. Mais faites que ce mouvement sur elle-même soit supprimé, et qu'elle regarde toujours fixement l'astre : voilà que vous avez une terre à moitié torréfiée, sans saisons, sans rosée et sans lune. Ainsi pour l'homme (à part de très-rares exceptions), quand il supprime le cours individuel de sa destinée. Le danger, dira-t-on peut-être, n'est pas là aujourd'hui, et c'est plutôt le concours au mouvement social que l'on incline à s'épargner. Oui, dans le gros de la société constituée et jouissante, cela se passe ainsi; mais l'élite de la jeunesse, par une sorte de dévouement expiatoire, tombe dans l'excès contraire, et pour elle le danger existe là où nous disons.

« Allez, croyez-moi, dit le vieillard au jeune homme

par la bouche de M. Ballanche, l'homme peut faire sa destinée ; mais il ne peut rien sur les destinées du genre humain ; Dieu, dans ses conseils éternels, saura bien se passer de vos pensées mûries avant le temps. Croyez-moi, la société a été imposée à l'homme, non comme un moyen de parvenir au bonheur, mais comme un moyen de développer ses facultés. » Nous tenons surtout à cette dernière pensée, et M. Ballanche y revient souvent dans son écrit ; il le conclut en ces termes mémorables : « Ce qui a toujours troublé la raison des fabricateurs de systèmes, c'est qu'ils ont toujours voulu faire tendre l'espèce humaine au bonheur, comme si l'homme était sans avenir, comme si tout finissait avec la vie, comme si, enfin, on pouvait être d'accord sur les appréciations du bonheur. » M. Ballanche protestait ainsi à l'avance contre les âges d'or terrestres de Saint-Simon et de Fourier, contre ces pays de Cocagne que les doctrines matérialistes de progrès font voyager devant nous à l'horizon ; il ne protestait pas moins en ces paroles contre l'absorption dernière de l'individu dans la vie confuse de l'humanité, autre excès où vont les doctrines progressives panthéistiques : lui, il était et il est distinctement spiritualiste et chrétien.

M. Ballanche est chrétien, ceci mérite pourtant quelques mots. Il est chrétien, c'est-à-dire il croit à la révélation apportée au monde une fois pour toutes par Jésus, à l'excellence divine de son précepte, à la destinée humaine qui se dirige à cette seule clarté au travers d'une vallée d'épreuve et d'exil ; il croit même au dogme *un*, à la lettre sacrée qui n'est pas à remanier. Mais il est néo-chrétien en ce qu'il croit à l'interprétation successive de ce dogme, et aux découvertes de plus en plus étendues que la pénétration humaine doit faire sous l'antique lettre par degrés transfigurée : il croit que les sept sceaux, dont il est parlé dans la prophétie, sont destinés à tomber l'un après l'autre à de certains temps révolus.

Dans l'*Homme sans nom* et dans l'*Élégie*, il règne une grande préoccupation des catastrophes du 20 mars et du 13 février ; l'immolation de Louis XVI, le retour de l'île d'Elbe, l'assassinat du duc de Berry se répondaient à distance comme un triple tonnerre ; il se fit alors en M. Ballanche un réveil du dogme de la fatalité antique. Suivant lui, le principe nouveau qui agite le monde, ou qui rôde à l'entour pour y pénétrer, s'incarne quelquefois prématurément en certains individus, les exalte, les égare et les pousse en automates à des forfaits : ainsi Louvel, ainsi l'Homme sans nom, le régicide. Il voit presque en eux, dans le dernier du moins, des OEdipes coupables sans avoir failli librement, coupables par solidarité, par surcroît d'épreuve, des espèces de victimes eux-mêmes. Cette manière de consacrer l'homme par l'idée, et de l'ériger en représentant mystérieux, va mieux, on le sent, aux personnages lointains qu'à des individus qu'on peut coudoyer. Aussi, comme l'a remarqué judicieusement M. Magnin, les symboliques réminiscences et les instinctifs pressentiments de l'auteur d'*Orphée* ont-ils un degré de vraisemblance que nous ne retrouvons pas dans l'*Homme sans nom :* « Dans ce dernier poëme, ajoute le même critique, la proximité de l'objet nous paraît déjouer l'œil profond du mystique interprète : la double vue ne s'applique bien qu'à l'invisible. »

Et pourtant, chose remarquable ! il y a un fonds effrayant de réalité dans une partie de *l'Homme sans nom*, un fonds d'autant plus extraordinaire que M. Ballanche l'ignorait tout à fait lorsqu'il bâtissait idéalement son poëme. Un conventionnel régicide, Lecointe-Puyraveau des Deux-Sèvres, aurait pu raconter la séance du vote exactement comme l'Homme sans nom la raconte. Comme celui-ci, Lecointe-Puyraveau assistait en frémissant aux votes qui précédaient le sien ; il s'agitait sur son banc avec angoisse, et à chaque suffrage de mort qu'accueillaient les applaudissements des tribunes, son voisin, de qui je tiens l'histoire, le voyait pâlir et s'indigner. Il appelait impatiemment son tour et avait hâte de dire une parole de justice. Son tour arriva ; il s'élança à la tribune, des murmures accueillirent ses premiers mots, puis des menaces; il se troubla, et par degrés ses paroles changèrent de sens, jusqu'à ce qu'enfin, comme à l'Homme sans nom, une parole inconnue, une parole qui n'était pas la sienne, vint se placer sur ses lèvres. Il s'en retourna égaré à son banc, ayant voté la mort. — Ce qui est vrai de *l'Homme sans nom* l'est aussi à quelque degré, j'en suis certain, des personnages introduits ailleurs par M. Ballanche. Jusque dans ses conceptions en apparence les plus arbitraires, il y a des divinations historiques pénétrantes.

En 1820, M. Ballanche fit une grande maladie pendant laquelle plusieurs des symptômes antérieurs, tels qu'ils sont décrits dans *Hébal*, se reproduisirent; mais, au sortir de cette nouvelle crise, son organisation fut comme un instrument plus complet et plus monté aux vastes œuvres; il mit encore davantage son âme et sa substance intime dans chacune de ses pensées. Durant un séjour qu'il fit à Rome en 1824, dans la même compagnie d'élite qu'autrefois, il eut conscience de l'antique cité latine, du droit patricien et de cette époque incertaine dont il a cherché, dans la *Formule générale*, à reconquérir le sens sur Tite-Live. Ses projets de travaux s'élargirent, se fixèrent et prirent, par leur structure imposante, quelque chose de ces grandes lignes romaines des monuments et des horizons. Le plan, dès lors arrêté, de sa *Palingénésie* consista en trois poëmes ou épopées : 1° il résolut de faire pénétrer le génie historique, tel qu'il le sentait, dans la région qui précède l'histoire. Son *Orphée* dut résumer les quinze siècles de l'humanité, qui, en dehors du cercle de nos traditions religieuses, sont placés en avant des temps historiques : *Orphée* dut être une espèce de Genèse du haut paganisme. 2° Si M. Ballanche enfermait toute l'humanité, extérieure aux Hébreux et antérieure à l'histoire, dans cette composition mythique d'*Orphée*, il songeait en même temps à enfermer l'histoire positive dans une *Formule générale :* les cinq premiers siècles de l'histoire romaine lui parurent se prêter excellemment à ce dessein, en ce qu'historiques par la gloire des noms, ils sont couverts de vapeurs transparentes et crépusculaires, et en ce que l'évolution s'y accomplit dans une gradation distincte et toute dramatique. Le plébéien romain, type, pour M. Ballanche, de l'homme qui se fait lui-même, lui représentait par les trois *sécessions* la masse de l'humanité conquérant successivement la conscience ou le sentiment de soi, la pudicité ou le mariage légal, et enfin la dignité ou l'aptitude aux magistratures dans les divers ordres. 3° Quant à l'avenir qui suit cette émancipation et à la perspective future et finale des destinées humaines sur la terre, ce devait être un des objets, un des pressentiments de *la Ville des Expiations :* M. Ballanche concevait, dès 1824, la *Vision d'Hébal* qui n'en est qu'un épisode et qu'il écrivit en 1829. — Des trois grands poëmes philosophiques, *Orphée* seul a paru au complet; mais, outre la *Vision d'Hébal*, on a des fragments et chapitres des deux autres ouvrages que les *Prolégomènes* nombreux et féconds, en entier publiés, déterminent suffisamment. Toutefois, si, malgré quelques lacunes, la pensée de ces parties inédites est déjà saisissable, on ne peut également en apprécier la forme et l'art; l'ensemble du monument est en souffrance; nous aimons à espérer que l'auteur ne tardera pas à y donner l'harmonie de son premier dessin.

Ce serait ici le lieu, si nous le voulions, d'offrir une exposition générale de la doctrine de M. Ballanche; mais assez d'autres l'ont fait plus ou moins, M. de Givré, l'un des premiers, au *Journal des Débats*, M. d'Ekstein dans *le Catholique*, M. de Chateaubriand dans la préface de son beau livre des *Études*, M. Barchou de Penhoën dans la *Revue des Deux Mondes*, M. de Lavergne à Toulouse (1). — Nous dirons quelques mots de l'*Orphée*.

L'*Orphée* n'est pas une tentative qui aille à recomposer une antique réalité; ce n'est pas une restitution poétique, et poétiquement aussi vraisemblable que possible, d'une

---

(1) Il faut ajouter la notice, composée depuis, qui fait partie de la *Galerie des Contemporains illustres par un Homme de rien* (M. de Loménie).

époque évanouie. Le poëte ne s'est inquiété que d'évoquer l'esprit général de ces temps, de le faire circuler abondamment çà et là; quant aux détails, il n'a pas cherché à les mettre en rapport exact avec les débris qui se sont conservés. Ce n'est pas en étudiant, par exemple, les fragments attribués à Orphée, qu'il s'est préparé à faire parler son personnage. De même dans les peintures qu'il nous donne de cet ancien monde, il n'a pas visé à retrouver en géologue l'aspect réel, persuadé que ce serait toujours un paysage très-aventuré. Il n'a donc tenu qu'à se faire l'organe d'un certain esprit général et intime avec lequel il se sentait en communication, et il a pris d'avance son parti sur l'invraisemblance (je parle de l'invraisemblance poétique) du langage et de beaucoup de peintures. Évandre et Thamyris discourent entre eux de cosmogonie, de patriciat et de plébéianisme, presque comme auraient pu faire Niebuhr et M. Ballanche; les vieilles expressions latines, les étymologies essentielles de Vico ont passé intégralement dans leur langage; et tout à côté de ces paroles anticipées, ce sont des chants qui appartiennent à la lyre antique, des expressions orphéennes tirées comme avec un plectre d'or.

En un mot, l'*Orphée* n'est pas un poëme qui, avec plus de profondeur, offre l'unité et l'harmonie du ton, comme le *Télémaque* ou l'*Antigone;* l'invraisemblance n'y est pas généralement étendue et adoucie de manière à se faire peu sentir. Mais l'anachronisme entre la forme et le fond éclate et crie en maint endroit, le poëte ayant désespéré de jamais rapprocher assez à son gré cette forme du fond. *Orphée* est un singulier poëme où le chant, émané d'une muse antique, a été commenté avec science par un néoplatonicien ou un éclectique alexandrin; mais le copiste, par mégarde, a fait confusion; le commentaire est entré dans le texte, Servius a passé dans Virgile et l'interrompt çà et là; les bordures du cadre sont bigarrées et blasonnées de triangles, de chiffres, de racines en toutes langues, bien que le milieu du tableau se maintienne aimable et pur autant que profond (1).

(1) Cet anachronisme et cette discordance, qui n'appartiennent pas

C'est ce milieu du tableau que j'aime et que j'admire dans l'*Orphée*; c'est là que circule le sentiment des temps incertains, cette musique du passé dont M. Ballanche est la harpe éolienne, et dont il sait nous renvoyer un sympathique et merveilleux écho. L'heureux séjour d'Orphée en Samothrace, son chaste hymen avec Eurydice, ses entretiens avec la Sibylle mourante, son intervention au milieu des farouches combats, son refus de l'amour d'Érigone, ses bienfaits partout présents, sa personne toujours lointaine ou passagère, suffiraient à justifier les naïves paroles dans lesquelles le poëte se rend témoignage à luimême : « Qu'il me soit permis d'affirmer que l'inspiration à laquelle j'obéis est plus près que celle de Virgile des inspirations primitives.... Oui, j'ai plus que Virgile, incomparablement plus, le sentiment de ces choses que j'oserai appeler divines. » — N'y a-t-il pas une voix dans les choses? s'écrie dans l'*Orphée* notre poëte théosophe ; or, cette voix, M. Ballanche l'a fréquemment entendue (1). Dans les mêmes morceaux d'*Orphée* que j'admire pour le sens antique et primitif qu'ils respirent, je n'aime pas moins à retrouver les sources secrètes des affections, des anciennes larmes et du génie de M. Ballanche, cette pensée éternelle d'un hymen à la fois accordé et impossible, cette initiation

à la manière des *Fragments* et d'*Antigone*, et que nous signalons en grand dans l'*Orphée*, ont pénétré quelquefois jusque dans la diction, d'ordinaire si pure, de M. Ballanche. Ainsi Hébal, décrivant en deux traits la guerre du Péloponèse, montre Sparte essayant de *stéréotyper* la civilisation héroïque. Il y a aussi trop d'*intussusceptions*, d'*assimilations*.

(1) Il semble véritablement à de certaines heures qu'il soit de la race de ceux dont Homère a parlé dans l'*Hymne à Cérès*, de la race de ces Triptolème, Polyxène et Dioclès, auxquels Cérès, avant de remonter au ciel, enseigna les choses sacrées, les chastes orgies et les mystères :

Σεμνὰ, τά τ' οὔπως ἔστι παρεξίμεν, οὔτε πυθέσθαι,
Οὔτε χανεῖν . . . . ;

ces choses augustes qu'il fut si longtemps interdit d'enfreindre, d'interroger et de proférer.

au vrai et au bien par la chasteté et par la douleur : « La douleur, dit Orphée, sera le second génie qui m'expliquera les destinées humaines. » Chaque page nous offre des pensées de tous les temps, dans la magnificence de leur expression : « Souvenez-vous que les Dieux immortels couvrent de leurs regards l'homme voyageur, comme le ciel inonde la nature de sa bienfaisante lumière. » Et encore : « Toutes les pensées d'avenir se tiennent; pour croire à la vie qui doit suivre celle-ci, il faut commencer par croire à cette vie elle-même, à cette vie passagère. » Enfin, les approches de la mort d'Orphée, les troubles et l'agonie orageuse de cette grande âme qui, comme toutes les âmes divines au terme, se croit un moment délaissée, ont une sublimité égale aux plus belles scènes des épopées modernes. Et voilà pourquoi M. Ballanche a bien fait de rester poëte.

L'influence des écrits de M. Ballanche a été lente, mais réelle, croissante, et très-active même dans une certaine classe d'esprits distingués. Pour n'en citer que le plus remarquable exemple, la lecture de ses *Prolégomènes*, vers 1828, contribua fortement à inspirer le souffle religieux à l'école, encore matérialiste alors, de Saint-Simon. Témoin de l'effet produit par cette lecture sur quelques-uns des plus vigoureux esprits de l'école, je puis affirmer combien cela fut direct et prompt. L'influence, du reste, n'alla pas au delà de cette espèce d'insufflation religieuse. Historiquement, l'école saint-simonienne partit toujours de ce que M. Ballanche appelle l'erreur du dix-huitième siècle, erreur admise par Benjamin Constant lui-même; elle persista à voir le commencement de la société dans le sauvagisme, comme lui, Benjamin Constant, commençait la religion par le fétichisme.

M. Ballanche est peut-être l'homme de ce temps-ci qui a eu à la fois le plus d'unité et de spontanéité dans son développement. Sans varier jamais autrement que pour s'élargir autour du même centre, il a touché de côté beaucoup de systèmes contemporains et, pour ainsi dire, collatéraux du sien; il en a été informé plutôt qu'affecté, il a continué de tirer tout de lui-même. La doctrine de Saint-Martin semble assurément très-voisine de lui, et pourtant, au lieu d'en être aussi imbu qu'on pourrait croire, il ne l'a que peu goûtée et connue. Je remarque seulement dans les *Prolégomènes* le *magisme de la parole*, le *magisme de l'homme sur la nature*, expressions qui doivent être empruntées au mystérieux théosophe. Il a emprunté davantage à Charles Bonnet, à savoir le nom même et l'idée de la *palingénésie*, de cette interminable et ascendante échelle des existences progressives; mais il s'en est approprié la vue en la transportant dans l'histoire, tandis que l'illustre Genevois ne l'avait que pour l'ordre purement naturel. M. Ballanche connut de bonne heure à Lyon Fourier, auteur des *Quatre Mouvements;* mais il entra peu dans les théories et les promesses de ce singulier ouvrage, publié en 1808; aujourd'hui il se contente d'accorder à l'auteur une grande importance critique en économie industrielle, et de penser avec lui en des termes généraux que l'homme a pour mission terrestre d'*achever* le globe. Il lut *les Neuf Livres* de Coëssin dès 1809, et dans un voyage qu'il fit à Paris, il visita ce prophète d'une époque pontificale; mais l'esprit envahissant du sectaire le mit d'abord sur ses gardes: M. Ballanche voulait avant tout rester lui-même. Il vit une fois Hoëné Wronski, lequel, dans son *Prodrome*, revendique l'honneur d'avoir le premier émis en 1818 une vue politique que l'*Essai sur les Institutions* exprimait en même temps que lui. M. Ballanche vit plus d'une fois, bien que rarement, Fabre d'Olivet dont les idées l'attiraient assez, s'il ne les avait senties toujours retranchées derrière une science peu vérifiable et gardées par une morgue qui ne livre jamais son dernier mot. Il a profité pourtant des écrits originaux de ce philosophe qui aurait pu se passer d'être charlatan; l'idée d'Adam, l'homme universel, et d'Ève qui est la faculté volitive d'Adam, lui a probablement été suggérée par Fabre. Les hommes qui ont le plus agi sur M. Ballanche, mais par contradiction surtout, sont MM. de Bonald, de Maistre et de La Mennais. Ce dernier, ainsi que l'abbé Gerbet, est devenu son ami, et la contradiction première a cessé bientôt dans une conciliation que le Christianisme qui leur est commun rend solide et naturelle.

Pour nous qui n'approchons qu'avec respect de tous ces noms, et qui ne les quittons qu'à regret, il faut nous arrêter pourtant. Heureux si, à défaut d'une exposition complète de système, cette étude de biographie psychologique a insinué à quelques-uns la connaissance, ou du moins l'avant-goût, d'un homme dont la noble ingénuité égale la profondeur, et si cette explication intérieure et continue que nous avons cherché à démêler en lui peut servir de prolégomènes en quelque sorte à ses prolégomènes! Préparer à la lecture de notre auteur, c'est là en général dans les essais que nous esquissons, et ce serait dans celui-ci en particulier, notre plus entière récompense.

Septembre 1834.

(M. Ballanche est mort le 12 juin 1847.)

M. DE VIGNY.

1835.

(Servitude et Grandeur militaires.)

Autrefois dans les temps antiques, ou même en tout temps, à un certain état de société commençante, la poésie, loin d'être une espèce de rêverie singulière et de noble maladie, comme on le voit dans les sociétés avancées, a été une faculté humaine, générale, populaire, aussi peu individuelle que possible, une œuvre sentie par tous, chantée par tous, inventée par quelques-uns sans doute, mais inspirée d'abord et bien vite possédée et remaniée par la masse de la tribu, de la nation. A mesure que la civilisation gagne, que la société s'organise et se raffine, la poésie, primitivement éparse, se concentre sur quelques têtes et s'individualise de plus en plus. Il y a un admirable moment où l'élite, sinon l'ensemble d'une société, demeurant capable de participer encore à l'œuvre de poésie, mais seulement par l'intérêt commun qu'elle y apporte, cette œuvre tout accomplie, tout élaborée, lui est offerte par d'illustres individus privilégiés qui seuls ont acquis et mûri l'art de charmer avec profondeur, d'enseigner avec enchantement. Passé ces glorieuses époques qu'enfante un concours de circonstances, ménagées souvent durant des siècles, l'intérêt général et social se dissémine, se retire de plus en plus des œuvres distinguées de poésie, que multiplient pourtant l'éducation, l'exemple, le caprice des imaginations précoces et surexcitées. Les hasards de la vogue, la mobilité des systèmes et des goûts, remplacent les droites et sûres consécrations de la gloire. L'artiste souffre; il arrive dès l'abord, sous le poids des siècles qui ont précédé, mais aussi sous leur aiguillon, dans un monde où les premiers rôles de la poésie et de l'art sont pris et en quelque sorte usurpés par les ancêtres. Cette difficulté, comme c'est l'ordinaire des natures généreuses, ne fait que l'enhardir; il s'ingénie, il repousse, il détrône pour se faire jour; par moments il tâche d'ignorer, ou de restaurer à d'autres moments. Il demande au ciel et à la terre des espaces non explorés encore, un coin où mettre sa statue comme dans un cimetière encombré. Il sonde les souterrains, il tente les nuages. Chaque génération de jeunesse prodigue ainsi sa fleur la plus délicate à ces entreprises anxieuses, contradictoires, toujours interrompues et renouvelées. Le nombre des poëtes, des artistes *in petto*, malgré la société et à son insu, augmente dans une progression effrayante, en même temps que les larges routes et les issues possibles semblent diminuer. Dans la première forme de société, chez les Klephtes, chez les montagnards des Asturies, par exemple, chacun plus ou moins était poëte, chacun exhalait au ciel sa romance ou sa chanson, et n'en vivait que mieux et plus allègrement, de toutes les saines et énergiques facultés de l'âme et du corps. Ici, à cette autre phase extrême de la société, il se crée une situation inverse. La faculté poétique qui, aux époques intermédiaires, s'était successivement amortie et calmée dans beaucoup d'organisations occupées ailleurs, et s'était tenue en quelques hautes organisations couronnées, cette faculté revient avec une sorte de recrudescence, et se remue, se loge dans un nombre croissant de jeunes âmes. Elle y revient, non plus comme faculté heureuse et naturelle, mais comme une maladie pénétrante, subtile, une affliction plutôt qu'un don, une rosée amère à des temps douloureuses. La finesse naïve de ces âmes sensibles, passionnées, saintement ambitieuses, en opposition avec l'atmosphère inclémente où elles vivent, s'altère bientôt et contracte presque immanquablement une irritation, une âcreté cachée qui passe dans l'art, et que la sérénité des belles œuvres précédentes ne connaissait pas. Les œuvres nouvelles qui sortent de ces luttes infinies, de ces mondes intérieurs de souffrances, d'analyses, de pointillements, peuvent être belles encore, belles comme des filles engendrées et portées dans les angoisses, belles de la blancheur des marbres, de complexion bleuâtre, veinées, perlées et nacrées, mais sans une certaine vie primitive et saine.

Si les œuvres de la poésie primitive, non encore arrivées à une culture régulière, peuvent se comparer à des fruits sauvages, assez âpres ou quelquefois fort doux, produits par des arbres francs et détachés au hasard sous la brise; si, au milieu de cette nature agreste, quelques grands poëmes divins, formés on ne sait d'où, semblent tomber des jardins fabuleux des Hespérides; si les œuvres de la poésie régulièrement cultivée sont comme ces magnifiques fruits savoureux, mûris et récoltés dans les vergers des nations puissantes et des rois, on peut prétendre que les œuvres de cette poésie des époques encombrées et déjà grêlées ne sont pas des *fruits*, à vrai dire; ce sont des produits rares, précieux peut-être, mais non pas nourrissants. Il y a dans les fleurs des couleurs brillantes et des beautés qui sont de véritables dégénérations déguisées. La perle, si chère aux poëtes, n'est rien autre chose, dit-on, qu'une production maladive d'un habitant des coquilles sous-marines, qui répare, comme il peut, son enveloppe entamée. L'encens, non moins cher à la poésie, et qui par son parfum rappelle si bien celui de quelques œuvres mystiquement exquises dont nous aurons à parler, l'encens lui-même n'est guère qu'une aberration de la vraie séve, un trésor lent sorti d'une blessure, et douloureux sans doute au tronc qui le distille. Si l'art, la poésie, se doivent jamais appeler le produit précieux d'un mal caché, ce n'est pas de l'art, de la poésie d'Homère et de Sophocle, ni de celle de Dante, ni de celle de Shakspeare, de Molière et de Racine, qu'on peut dire cela : ces sortes de poésies, quelque travaillées qu'elles semblent, demeurent toujours le riche et heureux couronnement de la nature, *ramis felicibus arbos;* mais c'est bien de la poésie de Jean-Jacques, de Cowper, de Chatterton, du Tasse déjà, de Gilbert, de Werther, d'Hoffmann, et de son musicien Kreisler, et de son peintre Berthold de *l'Église des Jésuites*, et de son peintre Traugott de *la Cour d'Arthus;* c'est de toutes ces poésies, et c'est aussi de celle de Stello, qu'on peut à bon droit le dire.

M. de Vigny n'a pas été seulement, dans *Stello* et dans *Chatterton*, le plus fin, le plus délié, le plus émouvant monographe et peintre de cette incurable maladie de l'artiste aux époques comme la nôtre, il a été et il est poëte; il a commencé par être poëte pur, enthousiaste, confiant, poëte d'une poésie blonde et ingénue. Ce scalpel qu'il tient si bien, qu'il dirige si sûrement le long des moindres nervures du cœur ou du front, il l'a pris tard, après l'épée, après la harpe; il a tenté d'être, entre tous ceux de son âge, poëte antique, barde biblique, chevalier-trouvère. Quelle blessure profonde l'a donc fait se détourner? Comment l'affection, le mal sacré de l'art, la science successive de la vie, ont-elles par degrés amené en lui cette transformation ou du moins cette alliance du poëte au savant, de celui qui chante à celui qui analyse? Quel réseau d'intimes et inexplicables douleurs a d'abord longuement dessiné en lui toutes ces fibres ramifiées et déliées du poëte souffrant qu'il devait plus tard mettre à nu? Pour nous, qui l'admirons sous ces deux formes et qui espérons que l'une n'a pas irrévocablement remplacé l'autre, nous essayerons de le suivre dans sa belle vie de poëte recouverte et compliquée, de le conduire du point de départ jusqu'à son œuvre nouvelle d'aujourd'hui.

Le comte Alfred de Vigny est né à Loches en Touraine, le 27 mars 1799, d'un père ancien officier de cavalerie, qui avait fait la guerre de Sept Ans, et avait même rapporté dans ses blessures une balle opiniâtrément logée qui pliait sa taille, spirituel d'ailleurs et ami des lettres, en un mot *Alfred gai*, comme me disait quelqu'un qui l'a connu. Sa mère, mademoiselle de Baraudin, fille d'un amiral de ce nom, est aussi de Touraine; son père était de Beauce : des deux côtés, comme on voit, notre poëte a racine en plein au meilleur terroir de la France. Il commença ses études à Paris dans l'institution de M. Hix, et fut ensuite sous un précepteur. A la première restauration, âgé d'environ seize ans, on le fit entrer dans une des compagnies rouges de la maison du roi; et lors de la suppression de ces compagnies, en 1816, il passa dans la garde royale à pied. Le goût de la guerre et celui des lettres se disputaient et se mariaient en lui; les unes gagnèrent constamment du terrain à défaut de l'autre. Une des connaissances intimes de son père était l'aimable et spirituel M. Deschamps, père des deux poëtes de ce nom, et lui-même un des derniers liens de la société littéraire de son temps. Les jeunes Émile et Alfred s'étaient connus de bonne heure, avec quelque inégalité d'âge, l'un tout jeune homme, l'autre enfant; ils se retrouvèrent après un intervalle, en 1814 ou 1815, dans un bal. Quelques mots rapides, communicatifs, les remirent vite au fait de leurs goûts, de leurs rêves et de leurs essais durant l'absence, et le lendemain ils eurent rendez-vous, dans la matinée, pour se confier leurs vers. Ceux du poëte qui nous occupe n'étaient et ne pouvaient être encore qu'un tâtonnement; quelques vers gracieux, mélancoliques, très-roses ou très-sombres, une ébauche de tragédie des *Maures de Grenade;* mais déjà des idées d'art inquiètes, lointaines et hors du commun. L'*Ode au Malheur* (1) était faite; la pièce du *Bal*, qui indique toute une nouvelle manière, allait venir bientôt. Des morceaux d'André Chénier, publiés par M. de Cha-

---

(1). Supprimée à tort dans le volume des *Poëmes*. Voir l'édition de 1822. Je regrette aussi que des changements importants aient été faits à certaines pièces, *à la Femme adultère*, dans l'édition de 1829.

teaubriand dans le *Génie du Christianisme*, et par Millevoye à la suite de ses poésies, donnaient déjà beaucoup à réfléchir à cet esprit avide de l'antique, qui cherchait une forme, et que le faire de Delille n'amorçait pas. Myrto *la jeune Tarentine*, et la blanche Néere, faisaient éclore à leur souffle cette autre vierge enfantine, la Lesbienne *Symétha*. Une société choisie et lettrée se rassemblait chez M. Deschamps; écoutons l'auteur des *Dernières Paroles* nous la peindre au complet dans une de ses pièces les plus touchantes :

> C'était là mon bon temps, c'était mon âge d'or,
> Où, pour se faire aimer, Pichald vivait encor,
> Cygne du paradis, qui traversa le monde
> Sans s'abattre un moment sur cette fange immonde.
> Soumet, Alfred, Victor, Parseval, vous enfin
> Qui dans ces jours heureux vous teniez par la main,
> Rappelez-vous comment au fauteuil de mon père
> Vous veniez le matin, sur les pas de mon frère,
> Du feu de poésie échauffer ses vieux ans,
> Et sous les fleurs de mai cacher ses cheveux blancs.
> Les plus jeunes vantaient Byron et Lamartine,
> Et frémissaient d'amour à leur muse divine;
> Les autres, avant eux amis de la maison,
> Calmaient cette chaleur par leur froide raison,
> Et savaient, chaque jour, tirer de leur mémoire,
> Sur Voltaire et Lekain, quelque nouvelle histoire.

Pichald, MM. Soumet, Guiraud, Jules Le Fèvre, faisaient donc partie de ce premier *cénacle* qui a devancé l'autre de presque dix ans, et qui s'est prolongé en expirant jusque dans *la Muse française*. M. de Vigny, alors officier dans la garde, tantôt à Courbevoie, tantôt à Vincennes, mais toujours à portée de Paris et le plus souvent à la ville, essayait et caressait dans ce cercle ami ses prédilections poétiques. J'insiste sur ce point, parce qu'un très-spirituel article, inséré dans la *Revue des Deux Mondes* (1), et aussi recommandable par les jugements que peu exact quant

---

(1) 1er août 1832. C'est un article de M. Planche.

aux faits, a représenté M. de Vigny comme entièrement isolé et soustrait aux relations littéraires d'alors, grâce à sa vie de camp et de garnison jusqu'en 1828. M. de Vigny ne quitta véritablement Paris et ne dut interrompre ses habitudes du faubourg Saint-Honoré, sa seconde patrie depuis son enfance, que lorsqu'il passa dans l'infanterie de ligne; sa plus forte absence, entrecoupée de retours, fut de 1823 à 1826. A cette époque il se maria, et désespérant de voir une guerre, n'ayant pu même assister à l'expédition d'Espagne que du haut des Pyrénées qu'il ne franchit pas, capitaine d'infanterie, comme Vauvenargues, et aussi étranger que lui à toute faveur, il se retira du service actif; un an après, il donnait définitivement sa démission. Le pouvoir qu'il avait servi avec dévouement, auquel il tenait par ses opinions de famille et par ses affections, négligea toujours de le distinguer en rien, et M. de Vigny ne fit jamais rien de son côté pour se rappeler aux hommes de ce pouvoir. *Héléna* et d'autres poëmes recueillis en 1822, *Éloa* en 1824, avaient paru; le roman de *Cinq-Mars* paraissait en 1826 et faisait éclat. La nouvelle carrière de M. de Vigny était donc toute tracée et par lui seul; il s'y voua sans partage, avec toute la fierté d'une haute indépendance, enveloppée sous les formes parfaites de l'élégance et de l'urbanité.

Quand j'ai insisté, pour rectifier une erreur, sur les premières relations littéraires et les accointances poétiques de M. de Vigny, ce n'est pas du moins que je prétende diminuer aucunement son caractère d'originalité et l'idée qu'on se doit faire de la puissance solitaire et méditative empreinte dans ses poëmes. Entre tous ceux de son âge, et comme le dit le vieil Étienne Pasquier à propos de la pléiade du règne d'Henri II, entre ceux de sa *volée*, il n'en est aucun qui semble plus imprévu, plus étrange même, provenu d'une source mieux recélée, d'une filiation moins commode à saisir. Contemporain par ses débuts de MM. de Lamartine et Victor Hugo, sa manière entièrement distincte de la leur, comme poëte, est notoire. Eux, du moins, par quelque côté, par certaines analogies, on peut les rattacher à la poésie française antérieure. La méditation de M. de Lamartine, intitulée *la Retraite*, ressemble assez bien à quelque belle épître de Voltaire; Millevoye plus fort aurait écrit quelques-unes des plus légères pièces de ce premier recueil; Fontanes aurait pu faire pressentir quelques tons de ces accords. Les premières odes de M. Hugo ont le dessin singulièrement correct et classique; il n'y a pas rupture tout d'abord entre lui et les devanciers lyriques qu'il doit surpasser. Chez M. de Vigny, à part les imitations évidentes d'André Chénier, qui sont une étude en dehors, on cherche vainement union et parenté avec ce qui précède en poésie française. D'où sont sortis en effet *Moïse, Éloa, Dolorida?* Forme de composition, forme de style, d'où cela est-il inspiré ? Si les poëtes de la pléiade de la restauration ont pu sembler à quelques-uns être nés d'eux-mêmes, sans tradition prochaine dans le passé littéraire, déconcertant les habitudes du goût et la routine, c'est bien sur M. de Vigny que tombe en plein la remarque. Ces poëtes, à en juger par lui, étaient, en effet, des âmes orphelines, sans parents directs en littérature française. Hormis M. de Chateaubriand, qui encore ne les reconnaissait pas bien authentiquement, je n'en vois guère de qui ils se seraient réclamés. Oui, dans cette muse si neuve qui m'occupe, je crois voir, à la restauration, un orphelin de bonne famille qui a des oncles et des grands-oncles à l'étranger (Dante, Shakspeare, Klopstock, Byron). L'orphelin, rentré dans sa patrie, parle avec un très-bon accent, avec une exquise élégance, mais non sans quelque embarras et lenteur, la plus noble langue française qui se puisse imaginer. Quelque chose d'inaccoutumé, d'étrange souvent, arrête, soit dans la nature des conceptions qu'il déploie, soit dans les pensées choisies qu'il exprime. Les sources extérieures du talent poétique de M. de Vigny, si on les recherche bien, furent la Bible, Homère, du moins Homère vu par le miroir d'André Chénier, Dante peut-être, Milton, Klopstock, Ossian, Moore lui-même, mais tout cela plus ou moins lointain et croisé, tout cela surtout fondu et absorbé goutte à goutte dans une organisation concentrée, fine et puissante.

Les trois plus beaux poëmes de M. de Vigny, au jugement de M. Magnin (1) et au nôtre, *Dolorida*, *Moïse*, *Éloa*, assignent à sa noble muse des traits qui, dussent-ils ne plus se renouveler et se varier, sont ceux d'une immortelle. Son talent réfléchi et très-intérieur n'est pas de ceux qui épanchent directement par la poésie leurs larmes, leurs impressions, leurs pensées. Il n'est pas de ceux non plus chez qui des formes nombreuses, faciles, vivantes, sortent à tout instant et créent un monde au sein duquel eux-mêmes disparaissent. Mais il part de sa sensation profonde, et lentement, douloureusement, à force d'incubation nocturne sous la lampe bleuâtre, et durant *le calme adoré des heures noires*, il arrive à la revêtir d'une forme dramatique, transparente pourtant, intime encore. Dans le poëme d'*Éloa*, cette *vierge-archange* est née d'une larme que Jésus a versée sur Lazare mort, larme recueillie par l'urne de diamant des séraphins et portée aux pieds de l'Éternel, dont un regard y fait éclore la forme blanche et grandissante. Or, suivant nous, toute poésie de M. de Vigny est engendrée par un procédé assez semblable, par un mode de transfiguration aussi merveilleuse, bien que plus douloureuse. Il ne donne jamais dans ses vers ses larmes à l'état de larmes; il les métamorphose, il en fait éclore des êtres comme Dolorida, Symétha, Éloa. S'il veut exhaler les angoisses du génie et le veuvage de cœur du poëte, il ne s'en décharge pas directement par une effusion toute lyrique, comme le ferait M. de Lamartine, mais il prend un détour épique, il crée *Moïse*. *Éloa* elle-même peut ne sembler autre chose, en y levant un voile, qu'une adorable et plaintive élégie d'une séduction d'amour divinisée. Pour arriver à ce vêtement complet et chaste et transparent, que de veilles, on le conçoit! que de tissus essayés! que de bro-

---

(1) *Globe*, octobre 1829.

deries quittées et reprises! Oh! non, jamais le vieillard que Térence appelle *Celui qui se tourmente lui-même* ne se rongeait d'autant de soucis et de pâleur que, dans ses efforts silencieux vers le beau, cette pudique et jalouse muse. En maint endroit, la poésie de M. de Vigny a quelque chose de grand, de large, de calme, de lent; le vers est comme une onde immense, au bord d'une nappe, et avançant sur toute sa longueur sans se briser. Le mouvement est souvent comme celui d'une eau, non pas d'une eau qui coule et descend, mais d'une eau qui s'élève et s'amoncelle avec murmure, comme l'eau du déluge, comme Moïse qui monte. Quelquefois c'est comme un cygne immobile qui plane, ailes étendues :

Dans un fluide d'or il nage puissamment,

ou comme une large pluie de lis qui abonde avec lenteur. Au milieu de ce calme général, solennel, il se passe en un clin-d'œil des mouvements prodigieux qui mesurent deux fois l'infini, comme dans ce vers sur l'aigle blessé :

Monte aussi vite au ciel que l'éclair en descend.

Presque toutes les belles comparaisons, qui à chaque pas émaillent le poëme d'*Éloa*, pourraient se détourner sans effort et s'appliquer à la muse de M. de Vigny elle-même, et la villageoise qui se mire au puits de la montagne et s'y voit couronnée d'étoiles, et la forme ossianesque sous laquelle apparaît vaguement d'abord l'archange ténébreux, et la vierge voltigeante qui n'ose redescendre, comme une perdrix en peine sur les blés où l'œil du chien d'arrêt flamboie, et la nageuse surprise, fuyant à reculons dans les roseaux. Mais surtout rien ne peindrait mieux cette muse dans ce qu'elle a de joli, de coquet, comme dans ce qu'elle a de grand, que l'image du colibri étincelant et fin au milieu des lianes gigantesques ou dans les vastes savanes sous l'azur illimité. M. Brizeux, dans un article du *Mercure* (1) à propos d'*Éloa*, rapprochait du nom du poëte

(1) Mai 1829.

ceux de Westall et du Primatice. Ce rapport, juste et délicat, se trouvera plus vrai encore pour Kitty Bell, pour mademoiselle de Coigny et madame de Saint-Aignan, ces sœurs humaines d'Éloa, à mesure que nous avancerons dans les dédales d'ivoire que le père de *Stello* aime à construire et où il dispose ses blanches figures. On pourrait naturellement rappeler aussi, à côté d'*Éloa*, l'*Endymion* de Girodet, de ce peintre ami de notre poëte, et comme lui de la race de ceux qui se tourmentent eux-mêmes.

Le point de départ de M. de Vigny en poésie a été le contraire du convenu, du commun, au prix quelquefois d'un certain naturel et d'une certaine simplicité, au prix de la verve de *prime-saut* et *droicturière*, comme dirait Montaigne. Il commence une de ses plus jolies pièces par ce vers compliqué, obscur, gracieux pourtant sans qu'on sache trop pourquoi, et qui ne s'explique qu'ensuite :

> Ils sont petits et seuls ces deux pieds dans la neige.

Le début de cette pièce me représente à merveille le début de sa muse ; elle fit ses premiers pas aussi péniblement que la belle Emma, portant son amant sur la neige. Mais, dans la pièce, Charlemagne regarde et pardonne ; et le public, qui n'est pas un Charlemagne, comprit peu, regarda peu, et ne se soucia guère ni de pardonner ni d'autre chose. Les poëmes recueillis en 1822, *Éloa* publiée en 1824, eurent peu de succès, et, sans la prose de *Cinq-Mars*, en 1826, le nom de l'auteur restait longtemps encore inconnu. Ce fut une première et forte blessure pour le poëte, blessure fièrement cachée, mais profondément ressentie. M. de Vigny semblait peu fait d'abord pour écrire en prose ; il avait déjà écrit *Éloa* et *Dolorida*, c'est-à-dire des chefs-d'œuvre, qu'il savait à peine construire une phrase de prose pour les articles de critique ou de complaisance qu'il insérait dans *la Muse française*. On peut y voir un article sur M. de Sorsum, et quelques autres pages d'une inexpérience et d'une gaucherie évidente. Il répara vite ce désaccord, j'oserai dire cette belle ignorance, plus regrettable, à mon sens, qu'on ne croit. En écrivant *Cinq-Mars*, un peu au hasard d'abord, il s'accoutuma vite à cette autre forme de développement qui, à partir de *Stello*, est devenue pour lui un art, un rhythme, un tissu mi-parti d'analyse et de poésie, mais dans lequel beaucoup trop de cette précédente et pure poésie a passé. Un de nos habiles prosateurs, M. Planche, parlant de *Stello*, a loué ingénieusement *bien des pensées qui s'enchatonnent à merveille dans le triple récit, bien des rêveries qui se trouvent serties entre les épisodes de la narration comme un rubis entre les plis d'une feuille d'argent.* C'est qu'en effet il y a toujours du métier, de l'orfévrerie dans la plus belle prose; il n'y en avait pas dans *Éloa*. *Cinq-Mars*, par son intérêt dramatique, par la grandeur ou la grâce des personnages, par ses vives et curieuses couleurs, eut un beau succès, contre lequel les critiques minutieuses ne purent rien. Nous avons à nous reprocher nous-même d'avoir, dans le *Globe* d'alors (1), relevé soigneusement les taches de ce roman, plutôt que d'en avoir fait valoir les beautés supérieures. Mais le public, les femmes surtout, lisaient, étaient émues, pleuraient. « Oh! faites-nous des *Cinq-Mars*, disait-on de toutes parts à l'auteur, c'est là votre genre. » Succès injurieux! enthousiasme des salons, qui ne sait pas approcher du poëte ni l'effleurer! et le chantre d'*Éloa*, de *Moïse*, inclinant son vaste front moite et douloureux, souriait à l'éloge avec une gracieuse amertume; sa lèvre polie contractait dès lors cette raillerie indélébile qui dit que le fond du breuvage a passé.

Le mouvement poétique, qui redoubla de concert et de retentissement à partir de 1828, vint pourtant classer M. de Vigny à son rang dans les jeunes admirations; une auréole mystique et secrète l'entoura peu à peu au seuil de sa soli-

---

(1) Juillet 1826. — Parlons tout à fait franchement : quoique nous nous reprochions un peu cela, nous ne nous en repentons pas positivement; et, pour mettre en lumière tous les côtés de notre opinion, nous reproduisons dans l'appendice du présent volume l'article du *Globe* dont il s'agit.

tude. Après les épanchements lyriques et les confidences qui avaient resserré l'union des poëtes, après les feux des *Orientales*, entremêlés du trépas de *Madame de Soubise* et des jeux de *la Frégate la Sérieuse*, les plus forts songèrent au théâtre, à cette arène où la poésie peut arriver au public face à face, en le prenant par ses sensations, en le domptant. M. de Vigny crut toutefois qu'un détour était encore nécessaire, et il s'adressa à l'*Othello* de Shakspeare pour une première initiation du public, tandis que M. Hugo abordait à nu la question par *Hernani*. Sans nous constituer juge ici entre les idées dramatiques des deux amis devenus rivaux, notons que c'est à dater de ce jour que M. de Vigny, de nouveau refoulé, dessina de plus en plus distinctement sa position, et entra dans cette seconde phase de son talent qui aboutit à *Stello*, à *Chatterton*, et qui le rapproche de Sterne et d'Hoffmann, comme la première l'avait rapproché de Klopstock. Le poëte méconnu, étouffé, ulcéré, que les gouvernements haïssent ou dédaignent, et que la foule ne couronne pas, devint pour M. de Vigny un héros favori, dont il revendiqua les douleurs et dont il vengea l'angoisse. Le succès de sa *Maréchale d'Ancre* (1831), lent, modéré, et de plus d'estime que de retentissement, confirma en lui sa pensée de représailles. Son plus beau triomphe dans cette voie fut la soirée de *Chatterton*, où, après quatre ans d'efforts silencieux et pénibles, il força la foule assemblée, les salons, les critiques eux-mêmes à applaudir et à frémir au spectacle déchirant d'une douleur que la plupart méconnaissent ou enveniment. D'autres circonstances préliminaires, bonnes à relever, ont influé encore sur cette dernière phase du talent de l'auteur. Des liaisons philosophiques très-empressées, qui essayèrent de se nouer autour de M. de Vigny vers 1829, et qui se rattachaient au remarquable mouvement d'idées représenté par M. Buchez, contribuèrent à l'éclairer et à le désabuser sur l'esprit envahissant des systèmes, et sur la prétention des philosophes et savants qui voudraient faire de l'art un serviteur. Plaçant donc tour à tour l'art, la poésie, en présence des gouvernements, en présence du public et des salons, en présence des critiques et des gens de lettres, enfin en présence des philosophes, il la vit de toutes parts entourée ou d'indifférents, ou d'ennemis et d'oppresseurs; il s'attacha d'autant plus étroitement à la noble idée en détresse; il y reporta tout son dévouement. Ses autres convictions et croyances illusoires s'étaient usées une à une, comme il arrive trop souvent aux âmes même des plus poëtes. Il avait chanté (bien rarement, il est vrai, une seule fois dans *le Trappiste*) la légitimité, et il se demandait pourquoi. Il avait, en chantant, adopté les croyances catholiques; mais son cœur n'était que peu gagné à leur onction tendre, et leur côté sombre, dans de Maistre, le rebutait, lui faisait presque horreur. Il les appréciait un peu (moins la raillerie) en gentilhomme issu du xviii° siècle; il se reprochait devant sa conscience, comme Chatterton, d'avoir menti en affichant la foi dans ses vers. Il en était venu aussi à croire médiocrement à tant de grands hommes, qui sont l'idole de la foule moutonnière et la pâture des imaginations inassouvies; l'injustice l'avait de bonne heure aguerri sur la gloire. En un mot, il était bien des rêves ardents, prolongés, que son sourire ne permettait plus à son front. De tous ces éléments négatifs, hélas! de ces observations fines et âcres, et d'un reste immortel de fraîcheur naïve et de passion adorable, naquit *Stello*.

Le défaut le plus capital de *Stello*, qu'on retrouve également dans *Cinq-Mars* et dans tous les ouvrages en prose de M. de Vigny, c'est un certain manque de réalité, une certaine apparence de poétique chimère, qui tient moins encore à l'arrangement et à la symétrie qu'à un jour mystique, glissant on ne sait d'où, au milieu même des plus vrais et des plus étudiés tableaux. La scène a beau être disposée historiquement avec toute la science et l'application dont le poëte est capable; ce jour fantastique et prestigieux, qui tombe d'en haut comme dans un souterrain, nous avertit toujours que nous avons affaire à l'idéal amant des régions supérieures. C'est l'impression que cause, par exemple, dans *le Capitaine Renaud*, la belle scène du pape et de l'empereur ; on n'ose s'y confier comme à la vérité même, malgré l'émotion qu'on en reçoit. Shakspeare et Scott ne sont pas ainsi dans les scènes historiques qu'ils nous offrent, et rien n'avertit chez eux que le magicien est là. M. Mérimée, parmi nous, dans ses cadres restreints, s'est montré irréprochable sur ce point de la réalité : sa peinture serrée et fidèle, toute confinée à l'objet qu'elle exprime, laisserait percer plutôt une aversion, une méfiance trop contraires à ce qui est un faible chez M. de Vigny. Puisque Stello, au milieu de ses émotions les plus pénétrantes, sait fort bien s'arrêter à d'ingénieuses vétilles, remarquer au plus fort de ses douleurs que le nom de *Raphaël* signifie un *ange*, et que *Rubens* veut dire *rougissant* ; puisque, le *sentiment* allant son train avec Stello, le *raisonnement* avec le docteur noir peut l'accompagner de ses hargneuses chicanes, je demande qu'on me pardonne si, dans l'admirable histoire du capitaine Renaud, qui faisait naître mes larmes, j'ai noté, chemin faisant, de petits désaccords, pour me rendre compte de ce manque de complète vraisemblance chez M. de Vigny. Eh bien ! le capitaine Renaud nous dit, par exemple, qu'il n'a pas mangé depuis vingt-quatre heures et que cela éclaircit les idées pour un récit, ce qui est difficile à admettre. Une obscurité absolue règne, nous dit-on, dans les rues, sur les boulevards, et tout d'un coup, à un moment où, dans l'intérêt du récit, on a besoin de lire une lettre, il se trouve qu'un café est éclairé à propos et que cette lettre peut se lire : le capitaine Renaud aurait bien pu, ce me semble, prendre dans ce café quelque chose. A un endroit, nous le voyons entrer, par abnégation, dans cette obscure infanterie de ligne, où les rangs se pressent et aussi se fauchent comme les épis de Beauce en été : exacte et saisissante image ! Avant la fin du paragraphe, il se trouve être lieutenant, non pas dans la ligne, mais dans la garde, et par conséquent très-sujet à être vu et reconnu de Napoléon. A un autre endroit, il cite Grotius, ce qui sent fortement son érudit ; passe encore quand il ne citait qu'Ossian ! Mais le vieil adjudant-sous-officier, dans *la Veillée de Vincennes*, ne décrivait-il pas lui-même bien mignonnement la dame rose du parc de Montreuil ? Encore une fois, pardon de noter de semblables bagatelles ! c'est que le principe d'où partent ces inadvertances légères s'étend insensiblement à tout le récit et lui ôte un air de réalité, au milieu de beautés philosophiques et pathétiques du premier ordre. Quelques petites exagérations de couleur vont jusqu'à affecter la simple et probe figure de Collingwood. Qu'y faire ? Supposez le portrait d'un Washington par un Lawrence, et vous aurez des défauts approchants. Dans *Stello*, l'histoire d'André Chénier serait parfaite à mon sens et de poésie et de vérité, sans la scène arrangée chez Robespierre, où mille petites invraisemblances accumulées composent une impossibilité énorme. Mais ce qui est beau sans mélange, c'est la prison, le réfectoire, c'est cette galanterie refleurissant à Saint-Lazare, comme une île de verdure sur un marais croupissant ; c'est le noble André, brusque et tendre, mademoiselle de Coigny et sa coquetterie boudeuse, madame de Saint-Aignan et sa passion décente, ensevelie, et la destinée mélancolique du portrait. Pour emprunter des paroles à l'auteur lui-même, je dirai aussi : *Tout cela est très-bien, très-pur, très-délicat ; d'un vrai idéal, et à ravir* (1). On a trop présent le grave et sublime caractère du capitaine Renaud et tout ce qu'il y a sous

---

(1) Cette histoire d'André Chénier, par le mélange fantastique que le poëte y a introduit, a provoqué une réfutation énergique et rude de M. Gabriel de Chénier dans une brochure qui avait pour objet de rétablir *la Vérité sur Marie-Joseph*. La prison de Saint-Lazare, telle que M. de Vigny nous l'a peinte et idéalisée, a également provoqué, à ma connaissance, une autre rectification (inédite) de la part d'un des témoins et des prisonniers qui y furent alors détenus. Ce qui frappe, ce qui irrite presque les personnes qui ont vu ce que M. de Vigny raconte, c'est, selon elles, la manière non-seulement fictive, mais *impossible* dont il *romance* tout cela. Les éloges qu'il mérite pour ses teintes délicates se trouvent par là un peu balancés. Il ne faut pas que l'idéal fasse jamais l'effet de la chimère. Or il se glisse du chimérique dans l'idéal de M. de Vigny.

cette mâle infortune de philosophie humaine, d'abnégation stoïque attendrissante, de sagesse contristée et néanmoins incorruptible, pour que je fasse autre chose que d'y renvoyer. Chez M. de Vigny, les grands sentiments de la pitié, de l'amour, de l'honneur, de l'indépendance, se trouvent comme une liqueur généreuse enfermée dans des vases et des aiguières élégamment ciselées, avec des tubes, avec des longueurs de cou qui serpentent et qui ne la laissent arriver que goutte à goutte à notre lèvre; une source courante, à laquelle on puiserait dans le creux de la main, aurait son avantage; mais la liqueur aussi a gagné en éclat et en saveur à ces retards ménagés, à ces filtrations successives.

L'espèce de lenteur difficultueuse, qu'on peut remarquer dans l'auteur, tient plutôt même à ce procédé scrupuleux et à la qualité de l'exécution qu'à l'enfantement de l'idée; car chez lui la conception est de longtemps préexistante; la composition, l'ordonnance se dessine d'abord, et il réserve en portefeuille bien des plans tout tracés d'ouvrages et de poëmes, pour le détail desquels le temps avare devra souvent manquer.

Le succès de *Chatterton*, dans lequel il a été si merveilleusement aidé par une Kitty digne du pinceau de Westall, a conféré à M. de Vigny un rôle plus extérieur et plus actif qu'il ne semblait appelé à l'exercer sur la jeunesse poétique, lui, artiste avant tout distingué et superfin, enveloppé de mystère. Un écrivain qui accroît chaque jour sa place dans notre littérature par des études consciencieuses, savantes, et qui cherche à réhabiliter *l'homme de lettres* dans l'antique acception du mot, M. Nisard a dit récemment, en parlant d'Érasme : « Dans ce temps-là, on ne connaissait pas le *poëte*, cet être tombé du ciel et qui meurt sans enfants, et pour qui le monde contemporain n'est qu'un piédestal d'où il s'élance, et où il vient replier de temps en temps ses ailes fatiguées. » Or, c'est précisément ce *poëte*, contesté par *l'homme de lettres* et par le mondain, que M. de Vigny a voulu, non pas justifier dans des actes de frénésie (1), mais plaindre, expliquer et venger aussi d'une oppression que peut-être la défense exagère. La spirituelle préface qu'il a ajoutée à sa pièce a nettement défini la catégorie des *poëtes*, à part des écrivains plus ou moins *philosophes* ou *gens de lettres*, qui sont deux classes différentes et inférieures. Le poëte des époques encombrées, tel que nous l'avons décrit en commençant, n'a jamais eu plus pathétique avocat, apologiste plus fervent et mieux engagé dans la cause (2). Aussi, tandis que M. de Lamartine, avec sa noble négligence, demeure, en public et sous le soleil, le prince aisé des poëtes, l'auteur de *Chatterton*, dans son cercle à part et du fond de ce sanctuaire à demi voilé, en est devenu le patron réel, le discret consolateur par son élégante et riche parole, attentif qu'on l'a vu, et dévoué et compatissant à toute poésie. Et si cela donnait idée de

(1) On lit dans l'*Histoire de l'Académie des Inscriptions* que Boivin l'aîné, savant original, disputeur et processif, avait dans sa jeunesse la fureur des vers français ; il en montra un jour à Chapelain, qui, de meilleur goût dans ses jugements que dans ses œuvres, lui conseilla de les *mettre au cabinet*. Ce fut pour Boivin un coup de foudre, il faillit en mourir. Il écrivit, en rentrant chez lui, le détail de ses impressions et une espèce de *psychologie* personnelle comme on dirait aujourd'hui. Cette pièce singulière, intitulée *Flux de mélancolie*, commence de la sorte : « Dans l'état où je suis, il n'y a que Dieu qui puisse me consoler... je suis si ennuyé du monde que, si ce chagrin me continue, j'espère au moins qu'il m'en tirera bientôt. Il me semble que j'écris mon testament, etc. » Ce sont les premiers indices au dix-septième siècle de la maladie des Gilbert et des Chatterton. Cela n'allait pas encore au suicide ; on ne se tuait pas, on priait Dieu qu'il vous fît mourir.

(2) Dans une lettre écrite au lendemain de la première représentation de *Chatterton*, je lis ce jugement familier qui, sans y viser, touche assez à fond : « De Vigny a eu un vrai succès, son drame de *Chatterton* est touchant, dramatique même, vers la fin ; mais au lieu de peindre la nature humaine en plein, il a décrit une maladie littéraire, un vice littéraire, celui de tant de poëtes ambitieux, froissés et plus ou moins impuissants. *Chatterton* est un ouvrage émouvant, mais pointilleux, vaniteux, douloureux ; de la souffrance au lieu de passion ; cela sent des pieds jusqu'à la tête le *rhumatisme littéraire*... » J'ai aussi entendu nommer très-spirituellement cette maladie d'espèce nouvelle dont sont atteints de jeunes talents, la *chlorose littéraire*.

comparer aujourd'hui les deux poëtes dans leur forme actuelle de talent, on trouverait, ce me semble, que quand l'un, comme aux approches de l'embouchure, prolonge à nappes de plus en plus débordées une onde vaste, épanouie, inondante parfois, l'autre au contraire distille de près une eau à qualités rares, chargée de sels précieux, et aussitôt cristallisée dans la fraîcheur de la grotte en aiguilles multiples, bigarrées, ingénieuses, étincelantes. Quant aux différences de situation ou de talent qui séparent présentement M. de Vigny de M. Hugo, elles sont assez marquées d'après ce qui précède, pour que je croie inutile de les particulariser.

Dans son récent volume, qui est un retour de souvenir vers le passé, M. de Vigny a laissé le poëte pour s'occuper du soldat, cet autre paria, dit-il, des sociétés modernes. Trois histoires successives, *Laurette, la Veillée de Vincennes* et *le Capitaine Renaud*, nous amènent, à travers un savant labyrinthe concentrique et par de délicieux méandres, à un but philosophique et social élevé. L'auteur énonce, sur l'état arriéré des armées, sur leur transformation nécessaire, des idées miséricordieuses et équitables, les vues d'un philosophe militaire qui a profité de toutes les lumières de son temps et qui s'est souvenu de Catinat. Ce qu'il dit de la reponsabilité, de l'abnégation, est d'une belle et sombre profondeur; il a touché, en sceptique respectueux, en artiste pathétique, à des mystères de morale qui ont par moments troublé sans doute bien des cœurs guerriers. Ses conclusions sur l'honneur, seule vertu humaine encore debout, seule religion, dit-il, sans symbole et sans image au milieu de tant de croyances tombées; les espérances qu'il fonde sur ce seul appui fixe de l'homme intérieur, sur cette *île escarpée* (disait Boileau), solide encore, selon M. de Vigny, dans la mer de scepticisme où nous nageons; cet acte de foi en désespoir de cause sied à notre poëte. Il s'est peint en personne plus qu'il n'imagine dans cette invocation à un culte qu'on garde inviolable, même sans savoir d'où il vient ni où il va, même sans l'idée d'un regard céleste et d'une palme future. Mais ce débris d'une antique vertu chevaleresque, auquel le poëte-chevalier se rattache dans la perte de ses premières étoiles, est-ce donc, comme il le veut croire, une planche de salut pour une société tout entière? Est-ce autre chose qu'un rocher nu, à pic, bon pour quelques-uns, mais stérile et de peu de refuge dans la submersion universelle? Pour moi, sans généraliser autant que M. de Vigny mes espérances, je me contente de dire : Jamais une société ne sera si désespérée pour la morale, si ingrate pour l'art, que cela ne vaille encore la peine d'y vivre, d'y souffrir, d'y tenter ou d'y mépriser la gloire, quand on peut rencontrer en dédommagement sur sa route des hommes d'exception comme le capitaine Renaud, des poëtes d'élite comme celui qui nous l'a retracé.

Octobre 1835.

(Nous n'avons rien à ajouter au précédent portrait; le poëte s'est tenu depuis lors dans un silence à peine interrompu par de rares productions. On peut remarquer qu'avec les années les traits indiqués ici ont été plutôt en s'exagérant, c'est-à-dire en se raffinant. Je ne sais quelle ironie s'est infiltrée de plus en plus, comme une goutte d'acide, dans ce talent pur. C'est toujours de l'albâtre, disait quelqu'un, mais c'est de l'albâtre légèrement *chagriné*. — On peut dire encore de la manière et du ton du poëte ce que Reynolds a écrit de certain peintre : « J'ai rencontré une fois N... depuis votre départ; j'ai bien reconnu cette conversation que vous m'indiquiez, toute fine et pointillée; tout parle en lui quand il vous décrit quelque objet, son geste, son ongle élégant, sa paupière soyeuse qui se plisse, sa lèvre discrète qui sourit en s'amincissant. Chaque mot est un trait qui s'ajoute au précédent, et cela ne cesse pas jusqu'à ce qu'il ait fini. Ainsi de ses œuvres. Ce sont, vous le dites bien, des miniatures, — des miniatures par un grand peintre, et qui pourtant ne fera peut-être jamais que des miniatures. D'où vient cela? Comment ce qui en lui est orage et spectacle grandiose va-t-il ainsi s'adoucissant, s'estompant, se glaçant à l'extérieur? Pourquoi l'éclair même a-t-il un vernis?.... »)

Mme DESBORDES-VALMORE.

1833.

(Les Pleurs, poésies nouvelles. — Une Raillerie
de l'Amour, roman.)

C'est une chose bien remarquable, comme en avançant dans la vie et en se laissant faire avec simplicité, on apprécie à mesure davantage un plus grand nombre d'êtres et d'objets, d'individus et d'œuvres, qui nous avaient semblé d'abord manquer à certaines conditions, proclamées par nous indispensables, dans la ferveur des premiers systèmes. Les ressources de la création, que ce soit Dieu qui crée dans la nature ou l'homme qui crée dans l'art, sont si complexes et si mystérieuses, que toujours, en cherchant bien, quelque composé nouveau vient déjouer nos formules et troubler nos méthodiques arrangements. C'est une fleur, une plante qui ne rentre pas dans les familles décrites ; c'est un poëte que nos poétiques n'admettaient pas. Le jour où l'on comprend enfin ce poëte, cette fleur de plus, où elle existe pour nous dans le monde environnant, où l'on saisit sa convenance, son harmonie avec les choses, sa beauté que l'inattention légère ou je ne sais quelle prévention nous avait voilée jusque-là, ce jour est doux et fructueux ; ce n'est pas un jour perdu entre nos jours ; ce qui s'étend ainsi de notre part en estime mieux distribuée n'est pas nécessairement ravi pour cela à ce que les admirations anciennes ont de supérieur et d'inaccessible. Les statues qu'on adorait ne sont pas moins hautes, parce que des rosiers qui embaument, et des touffes épanouies dont l'odeur fait rêver, nous en déroberont la base.

« Depuis trois années le champ de la poésie est libre d'écoles ; celles qui s'étaient formées plus ou moins naturellement sous la restauration ayant pris fin, il ne s'en est pas reformé d'autres, et l'on ne voit pas que, dans ces trois ans, le champ soit devenu moins fertile, ni qu'au milieu de tant de distractions puissantes les belles et douces œuvres aient moins sûrement cheminé vers leur public choisi, bien qu'avec moins d'éclat peut-être et de bruit alentour. Aussi, nous qui regrettons personnellement, et regretterons jusqu'au bout, comme y ayant le plus gagné à cet âge de notre meilleure jeunesse, les commencements lyriques où un groupe uni de poëtes se fit jour dans le siècle étonné, — pour nous, qui de l'illusion exagérée de ces orages littéraires, à défaut d'orages plus dévorants, emportions alors au fond du cœur quelque impression presque grandiose et solennelle, comme le jeune Riouffe de sa nuit passée avec les Girondins (car les sentiments réels que l'âme recueille sont moins en raison des choses elles-mêmes qu'en proportion de l'enthousiasme qu'elle y a semé); nous donc, qui avons eu surtout à souffrir de l'isolement qui s'est fait en poésie, nous reconnaissons volontiers combien l'entière diffusion d'aujourd'hui est plus favorable au développement ultérieur de chacun, et combien, à certains égards, cette sorte d'anarchie assez pacifique, qui a succédé au groupe militant, exprime avec plus de vérité l'état poétique de l'époque. Dans cette jeune école, en effet, au sein de laquelle fut un moment le centre actif de la poésie d'alors, il y avait des exclusions et des absences qui devaient embarrasser. En fait de hauts talents, Lamartine n'en était que parce qu'on l'y introduisait religieusement en effigie ; Béranger n'en était pas. En fait de charmantes muses, on n'y rattachait qu'à peine madame Tastu, on y oubliait trop madame Valmore. M. Mérimée serait toujours demeuré à côté; M. Alexandre Dumas avait pris rang plus au large. D'autres encore allaient surgir. Enfin, parmi ceux qui étaient jusque-là du groupe, les plus forts n'en auraient bientôt plus été, par le progrès même de la marche; ils s'y sentaient à la gêne en avançant; plus d'un méditait déjà son évasion de cette nef trop étroite, son éruption de ce cheval de Troie. Le flot politique vint donc très à propos pour couvrir l'instant de séparation et délier ce qui déjà s'écartait. On a demandé quelquefois si ce qu'on appelait *romantisme* en 1828 avait finalement triomphé, ou si, la tempête de Juillet survenant, il n'y avait eu de victoire littéraire pour personne? Voici comment on peut se figurer l'événement, selon moi. Au moment où ce navire Argo qui portait les poëtes, après maint effort, maint combat durant la traversée contre les prames et pataches classiques qui encombraient les mers et en gardaient le monopole, — au moment où ce beau navire fut en vue de terre, l'équipage avait cessé d'être parfaitement d'accord; l'expédition semblait sur le point de réussir, mais on n'apercevait guère en face de lieu de débarquement; les principaux ouvraient des avis différents, ou couvaient des arrière-pensées contraires. La vieille flotte classique, radoubée de son mieux, prolongeait à grand'peine des harcèlements inutiles. On en était là, quand le brusque ouragan de Juillet bouleversa tout. Ce qu'il y a de très-certain, c'est que le peu de classiques qui tenaient encore la mer y périrent corps et biens; les récits qu'on a faits depuis de MM. .... et tels autres, qu'on prétend avoir rencontrés et ouïs, ne se rapportent qu'à leurs ombres inhonorées qui se démènent sur le rivage. Quant au navire Argo, tout divin qu'il semblait être, il ne tint pas, mais l'équipage fut sauvé. Je crois bien que deux ou trois des moindres héros se noyèrent avant d'atteindre le rivage; mais le reste, les plus vaillants, y arrivèrent sans trop d'efforts, la plupart à la nage, et l'un même sans presque avoir besoin de nager. Or, depuis ce moment, l'expédition collective fut manquée ou accomplie, selon qu'on veut l'entendre, et chaque chef, poussant individuellement de son côté, poursuit à travers le siècle, par des voies plus ou moins larges, sa destinée, ses projets, la conquête de la glorieuse Toison.

    Les deux sentiments les plus opposés qui se développèrent au sein de la fraternité première, peuvent se rapporter au lyrique d'une part et au dramatique de l'autre. La pensée lyrique, et surtout la portion la plus molle, la plus délicate de celle-ci, la pensée élégiaque, intime, craignait un peu le moment de la victoire à cause du bruit et de l'invasion des profanes ; elle insistait avec une sorte de timidité superstitieuse sur cette interdiction quasi-pythagoricienne : *Odi profanum vulgus et arceo.* Elle se serait trouvée satisfaite de fonder en quelque golfe abrité, sur la côte la moins populeuse, une petite colonie brillante et cultivée ; pour elle la conquête de la Toison d'or était là : c'était manquer de foi en soi-même et d'audace. La pensée dramatique au contraire, qui, en passant par le lyrique, n'y voyait qu'un début et un prélude, ne se sentait pas satisfaite à si peu de frais ; elle croyait, elle, énergiquement à la *poétisation* possible du siècle ; et, plus vaste en désirs, moins effarouchée du bruit des profanes, elle insistait plutôt sur l'autre devise confiante et conquérante : *L'avenir est à nous !* La portion la plus ardente et la plus ferme de cette pensée dramatique ne se préoccupait même pas d'une initiation graduelle et indirecte de la foule à l'œuvre moderne, moyennant d'habiles reproductions d'œuvres antérieures ; elle était pour une application immédiate et franche, pour une mêlée décisive, pour une descente et un assaut au cœur du siècle. Surtout elle ne prenait pas, comme la pensée élégiaque, les langueurs de la traversée pour le but de ses espérances. C'était accepter la question tout entière comme on l'avait posée, c'était ne l'éluder en rien et la soutenir dans sa complète importance, dans la hardiesse du premier défi. Du moment en effet qu'il s'agissait de fonder, non pas une poésie dans le dix-neuvième siècle, mais la poésie du dix-neuvième siècle lui-même ; du moment qu'on s'était mis en marche, non pour jeter quelque part une colonie furtive, mais pour faire une révolution réelle dans l'art, la pensée dramatique avait toute raison de prévaloir; l'épreuve décisive était et elle est encore dans cette arène; quiconque ne l'y met pas désespère plus ou moins de cette aimantation poétique du siècle en masse, qui a été le rêve des avant-dernières années. Celui à qui est dû l'honneur d'avoir le moins désespéré assurément, et qui persévère, sans indice de fatigue ni de mollesse, dans sa ligne d'alors, est M. Victor Hugo. La pensée dramatique à laquelle nous faisions allusion plus haut, et qui est la sienne, préexistait déjà à sa pensée lyrique; elle a traversé celle-ci sans s'y attiédir, et en est sortie impétueuse, inflexible, comme d'un lac où, à sa source, elle était tombée.

Mais la pensée intime, élégiaque, mélancolique, que fera-t-elle? Séparée de l'autre qui fut sa sœur, privée désormais du mouvement qu'elle reçut d'elle au temps de leur union, où cherchera-t-elle à s'enfuir et à s'écouler? Y a-t-il lieu, en ces temps plus graves, de songer à reconstituer quelque école artificiellement paisible et rêveuse, de tenter encore à l'horizon cette petite colonie qui nous apparut dans un mirage du matin? Ces naïves chimères ne sont séduisantes qu'une fois. Il y a mieux à faire. Vivre, puisqu'il le faut, de la vie de tous, subir les hasards, les nécessités du grand chemin, y recueillir les enseignements qui s'offrent, y fournir au besoin sa tâche de pionnier; puis se dédoubler soi-même, et dans une part plus secrète réserver ce qui ne doit pas tarir; l'employer, l'entretenir s'il se peut, à l'amour, à la religion, à la poésie; cultiver surtout sa faculté de concevoir, de sentir et d'admirer : n'est-ce pas là une manière d'aller décemment ici-bas, après même que le but grandiose a disparu, et de supporter la défaite de sa première espérance?

En lisant madame Valmore, ces pensées nous revenaient. Elle est un poëte si instinctif, si tendre, si éploré, si prompt à toutes les larmes et à tous les transports, si brisé et battu par les vents, si inspiré par l'âme seule, si étranger aux écoles et à l'art, qu'il est impossible près d'elle de ne pas considérer la poésie comme indépendante de tout but, comme un simple don de pleurer, de s'écrier, de se plaindre, d'envelopper de mélodie sa souffrance. C'est dans la vie réelle, à travers les passions et les épreuves, que ce cœur de femme, sans autre maître que la voix secrète et la douleur, a dès l'abord modulé ses sanglots. Il y a deux sortes de poëtes : ceux qui sont capables d'invention, d'art à proprement parler, doués d'imagination, de conception en sus de leur sensibilité; qui possèdent cet organe applicable à divers sujets, qu'on nomme le *talent*. Et il y a ceux en qui ce talent n'est nullement distinct de la sensibilité personnelle, et qui, par une confusion un peu débile mais touchante, ne sont poëtes qu'en tant qu'amants et présentement affectés. M. Ulric Guttinguer, dans une épître adressée à M. Hugo, a dit avec bonheur :

. . . . . . Il est une race bénie,
Qui cherche dans le monde un mot mystérieux,
Un secret que du ciel arrache le génie,
Mais qu'aux yeux d'une amante ont demandé mes yeux.

Madame Desbordes-Valmore aussi est toute poëte par l'amour. Son talent est lié à sa passion comme l'écho à la vague du rivage, comme la vague au lac désolé. Si ce talent n'a pas cessé de gémir et de grandir, c'est que l'âme elle-même, après tant de flots versés, s'est trouvée inépuisable :

Car je suis une faible femme,
Je n'ai su qu'aimer et souffrir ;
Ma pauvre lyre, c'est mon âme....

Tout enfant, aux environs de Douai où elle est née, sur les rives de cette Scarpe, accoutumée, ce semble, à moins de rêverie, la jeune Hélène aimait déjà (1). Comme elle nous

(1) A cette biographie un peu fabuleuse, tracée par conjecture, d'après les seules poésies, nous joignons la lettre suivante, où madame Valmore a bien voulu répondre elle-même à des questions plus précises :

« Mon père m'a mise au monde à Douai son pays natal (*vers* 1787).
« J'ai été son dernier, et son seul enfant blond. — J'ai été reçue et

le dit en vrai fille de La Fontaine, *à quelque chère idole en tout temps asservie,* elle aimait une fleur, elle adorait quelque arbrisseau ; elle lui parlait à genoux, lui confiait ses peines, jouissait des mêmes printemps ou souffrait des mêmes vents d'hiver. Jugez quand ce fut *lui,* quand l'idéal un moment fut trouvé ; alors les orageuses amours com-

« baptisée en triomphe, à cause de la couleur de mes cheveux, qu'on
« adorait dans ma mère. Elle était belle comme une vierge, on espé-
« rait que je lui ressemblerais tout à fait, mais je ne lui ai ressemblé
« qu'un peu. Et si l'on m'a aimée, c'était pour autre chose qu'une
« grande beauté.
   « Mon père était peintre en armoiries ; il peignait des équipages,
« des ornements d'église. — Sa maison tenait au cimetière de l'humble
« paroisse Notre-Dame, à Douai. Je la croyais grande, cette chère
« maison, l'ayant quittée à sept ans. Depuis je l'ai revue, et c'est une
« des plus pauvres de la ville. C'est pourtant ce que j'aime le plus au
« monde, au fond de ce beau temps pleuré. — Je n'ai vu la paix et le
« bonheur que là. — Puis une grande et profonde misère, quand mon
« père n'eut plus à peindre d'équipages ni d'armoiries.
   « J'avais quatre ans à l'époque de ce grand trouble en France. —
« Les grands-oncles de mon père, exilés autrefois en Hollande à la révo-
« cation de l'Édit de Nantes, offrirent à ma famille leur immense suc-
« cession, si l'on voulait nous rendre à la religion protestante. Ces
« deux oncles étaient centenaires ; ils vivaient dans le célibat à Am-
« sterdam, où ils avaient transporté et fondé une librairie. — J'ai des
« livres imprimés par eux.
   « On fit une assemblée dans la maison. — Ma mère pleura beaucoup.
« Mon père était indécis et nous embrassait. — Enfin on refusa la
« succession dans la peur de vendre notre âme, et nous restâmes
« dans une misère qui s'accrut de mois en mois, jusqu'à causer un
« déchirement d'intérieur où j'ai puisé toutes les tristesses de mon
« caractère.
   « Ma mère, imprudente et courageuse, se laissa envahir par l'es-
« pérance de rétablir sa maison, en allant en Amérique trouver une
« parente qui était devenue riche. De ses quatre enfants qui trem-
« blaient de ce voyage, elle n'emmena que moi. — Je l'avais bien
« voulu, mais je n'eus plus de gaieté après ce sacrifice. J'adorais mon
« père comme le bon Dieu même. — Les rues, les villes, les ports
« de mer, où il n'était pas, me causaient de l'épouvante ; et je me
« serrais contre les vêtements de ma mère comme dans mon seul
« asile.
   « Arrivées en Amérique, elle trouva sa cousine veuve, chassée par
« les Nègres de son habitation ; — la colonie révoltée, la fièvre jaune

mencèrent, la vie devint errante. Elle pleura son amie d'enfance, Albertine, qui mourait ; elle eut Délie qui fut une autre amie pour elle ; mère, elle aima, elle pleura sur un berceau et fit de charmants récits et des prières. Mais ce fut *lui* surtout, *lui* fidèle ou infidèle, digne ou indigne, qu'elle aima sans cesse, qu'elle suivit, qu'elle évita : Rouen,

« dans toute son horreur. Elle ne porta pas ce coup. — Son réveil,
« ce fut de mourir à quarante et un ans ! Moi j'expirais auprès d'elle,
« on m'emmena en deuil hors de cette île dépeuplée à demi par la
« mort, et, de vaisseau en vaisseau, je fus rapportée au milieu de
« mes parents devenus tout à fait pauvres.

« C'est alors que le théâtre offrit, pour eux et pour moi, une sorte
« de refuge ; — on m'apprit à chanter, — je tâchai de devenir gaie,
« — mais j'étais mieux dans les rôles de mélancolie et de passion. —
« C'est tout à peu près de mon sort.

« Je vivais souvent seule par goût. — On m'appela au théâtre Feydeau. Tout m'y promettait un avenir brillant ; à seize ans j'étais
« sociétaire, sans l'avoir demandé ni espéré. Mais ma faible part se
« réduisait alors à quatre-vingts francs par mois, et je luttais contre
« une indigence qui n'est pas à décrire.

« Je fus forcée de sacrifier l'avenir au présent, et, dans l'intérêt de
« mon père, je retournai en province.

« A vingt ans, des peines profondes m'obligèrent de renoncer au
« chant, parce que ma voix me faisait pleurer : mais la musique rou-
« lait dans ma tête malade, et une mesure toujours égale arrangeait
« mes idées, à l'insu de ma réflexion.

« Je fus forcée de les écrire pour me délivrer de ce frappement fiévreux, et l'on me dit que c'était une élégie (*le Pressentiment*).

« M. Alibert, qui soignait ma santé devenue fort frêle, me conseilla
« d'écrire, comme un moyen de guérison, n'en connaissant pas
« d'autre. — J'ai essayé sans avoir rien lu, ni rien appris, ce qui me
« causait une fatigue pénible, pour trouver des mots à mes pensées.
« — Voilà sans doute la cause de l'embarras et de l'obscurité qu'on me
« reproche, mais que je ne pourrais pas corriger moi-même. — Je
« déferais sans pouvoir réparer, et je n'ai jamais eu la force de m'ar-
« rêter longtemps sur ces espèces de notes des impressions que je
« voulais oublier, — j'en ai tant d'autres à subir ! Je suis, comme tout
« le monde, à la vie pour souffrir ; — c'est plutôt apprendre à penser
« qu'à parler. Le bien-parler me jette dans le ravissement quand j'é-
« coute ; mais je n'entretiens guère en moi qu'une délicieuse rêve-
« rie, et je n'en suis pas plus savante pour connaître mes fautes,
« etc., etc. »

La lettre est signée *Marceline*, et non pas *Hélène*.

Bordeaux, Lyon, vous pûtes montrer à la trace sa fuite saignante; elle ne voulut pas guérir. Sous son masque de *Thalie*, pour parler ici comme elle ce mythologique langage, elle ne sécha pas une seule de ses larmes. Son existence heureuse n'avait duré qu'un éclair, alors, dit-elle avec souffle,

> Alors que dans l'orgueil des amantes aimées
> Je confiais mon âme aux cordes animées.

Mais à partir du jour où le charme se brisa, ce ne fut plus sur cette figure mélancolique et frappée, sous ces longs cheveux cendrés, éplorés, qui pendent, ce ne fut plus qu'une pâleur mortelle. Malgré les diversions inévitables, les sourires donnés à la foule et reçus, le monde devint comme une plage solitaire de Leucate à cette Sapho désespérée; et sa plainte éternellement déchirante répète à travers tout :

> Malheur à moi ! je ne sais plus lui plaire,
> Je ne suis plus le charme de ses yeux ;
> Ma voix n'a plus l'accent qui vient des cieux,
> Pour attendrir sa jalouse colère ;
> Il ne vient plus, saisi d'un vague effroi,
> Me demander des serments ou des larmes :
> Il veille en paix, il s'endort sans alarmes,
>   Malheur à moi !

ou encore, un souvenir obstiné lui crie :

> Quand il pâlit un soir, et que sa voix tremblante
> S'éteignit tout à coup dans un mot commencé ;
> Quand ses yeux, soulevant leur paupière brûlante,
> Me blessèrent d'un mal dont je le crus blessé ;
> Quand ses traits plus touchants, éclairés d'une flamme
>   Qui ne s'éteint jamais,
> S'imprimèrent vivants dans le fond de mon âme,
>   Il n'aimait pas, j'aimais !

Quiconque, à une heure triste, recueille, en passant sur la grève, ces accents éperdus, ces notes errantes et plaintives, se surprend bien des fois, longtemps après, à les répéter involontairement, à l'infini, sans suite ni sens, comme ces mots mystérieux que redisait la folie d'Ophélia.

Les poésies de madame Desbordes-Valmore qui, nées ainsi du cœur, n'ont aucun souci d'art ni d'imitation convenue, réfléchissent pourtant, surtout à leur source, la teinte particulière de l'époque où elles ont commencé, et rappellent un certain ensemble d'inspirations environnantes. Dans ces *Idylles* en vers libres, pleines de moutons à la Deshoulières, d'*agneaux volages* ou *gémissants* qu'enchaînent des rubans fleuris, dans ces premières élégies où voltige l'Amour en bandeau et où il est tant question de *tendres feux*, de *doux messages* et de *fers imposteurs*, on est, en souriant, reporté à cette génération sentimentale nourrie de madame Cottin, de madame de Montolieu, que *Misanthropie et Repentir* attendrissait sans réserve, que *Vingt-quatre heures d'une Femme sensible* n'exagérait pas, et qui, lors du grand divorce de 1810, s'apitoya avec une exaltation romanesque sur la pauvre châtelaine de la Malmaison. Cette veine lactée s'est prolongée dans la poésie jusque vers 1820, où nous l'avons vue finir; nous tous, en nous en souvenant bien, nous avons eu, adolescents, notre période de Florian et de Gessner; nous réciterions avec charme encore *la Pauvre Fille* de Soumet. Pour tout ce qui est paysage, couleur, accompagnement, les premières pièces de madame Valmore rappellent cette littérature; Parny et madame Dufrenoy s'y joignirent sans doute, mais elle a plus d'abandon, d'abondance et de mollesse, que ces deux élégiaques un peu brefs et concis. Ses paysages, à elle, ont de l'étendue; un certain goût anglais s'y fait sentir; c'est quelquefois comme dans Westall, quand il nous peint sous l'orage l'idéale figure de son berger; ce sont ainsi des formes assez disproportionnées, des bergères, des femmes à longue taille comme dans les tableaux de la Malmaison, des tombeaux au fond, des statues mythologiques dans la verdure, des bois peuplés d'urnes et de tourterelles roucoulantes, et d'essaims de grosses abeilles et d'âmes de tout petits enfants sur les rameaux; un ton vaporeux, pas de couleur précise, pas de dessin; un nuage sentimental, souvent confus et insaisissable, mais par endroits sillonné de vives flammes et avec l'éclair de la passion. Des personnifications allégoriques, l'Espérance, le Malheur, la Mort, apparaissent au sein de ces bocages. Ainsi dans *le Berceau d'Hélène* :

> Mais au fond du tableau, cherchant des yeux sa proie,
> J'ai vu.... je vois encor s'avancer le Malheur :
> Il errait comme une ombre, il attristait ma joie
>   Sous les traits d'un vieil oiseleur.

Nous n'insistons sur ces alentours que pour les caractériser, et sans idée de blâme. Qu'importe, après tout, le costume, le convenu inévitable qu'on revêt à son insu? il en faut un toujours. Nous qui avons succédé à ce goût, qui en avons d'abord senti les défauts et avons réagi contre, nous commençons à discerner les nôtres; à force de prétention au vrai et au réel, un certain factice aussi nous a gagné; quel effet produiront bientôt nos couleurs, nos rimes, nos images, nos étoffes habituelles? Beaucoup de ce qui nous frappe dans le cadre et le vêtement ne sera pardonné que pour le génie qui rayonnera, pour l'âme qui palpitera derrière. Les épithètes métaphysiques de madame Valmore m'ont remis en idée ce que j'ai eu le tort de trancher autrefois. Non, l'épithète propre et pittoresque ne remplace pas toujours la première avec avantage; non, toutes les nuances du prisme, en les supposant exprimables par des paroles, ne suppléent pas, ne satisfont pas aux nuances infinies du sentiment; non le *ciel en courroux* n'est pas nécessairement détrôné par le *ciel noir et brumeux;* les *doigts délicats* ne le cèdent pas à jamais aux *doigts blancs et longs.* Lamartine a dit admirablement :

> Assis aux bords déserts des lacs mélancoliques....

Il n'y a pas de *lac bleu* qui équivaille à cela. Les métaphores elles-mêmes, les images prolongées qui ne sont en jeu que pour traduire une pensée ou une émotion, n'ont pas toujours besoin d'une rigueur, d'une analogie continue, qui, en les rendant plus irréprochables aux yeux, les roidit, les matérialise trop, les dépayse de l'esprit où elles sont nées et auquel, en définitive, elles s'adressent ; l'esprit souvent se complaît mieux à les entendre à demi-mot, à les combler dans leurs négligences ; il y met du sien, il les achève. Je ne prétends, au reste, conclure de ce qui précède qu'à une simple correction, et pas du tout à une réaction : les réactions ont toujours un côté polémique étranger et contraire à l'art. Mais c'était le cas de rectifier ce point à propos de madame Valmore, comme c'eût été le cas à propos de Lamartine (1).

Elle et lui, Lamartine et madame Valmore, ont de grands rapports d'instinct et de génie naturel ; ce n'est point par simple rencontre, par pure et vague bienveillance, que l'illustre élégiaque a fait les premiers pas au-devant de la pauvre plaintive ; toute proportion gardée de force et de sexe, ils sont l'un et l'autre de la même famille de poëtes. Comme Lamartine, madame Valmore n'eut de maître que le cœur et l'amour ; comme lui, elle ignore l'art, la composition, le plan ; mais elle est femme, elle est faible, elle n'a rien de l'ampleur ni de la volée du grand cygne ; elle s'écrie de sa branche comme la fauvette veuve (*miserabile carmen !*), elle pousse nuit et jour des chants aigus et saccadés comme la cigale sur l'épi. A ses heures riantes, ce qui est rare, quand elle oublie un moment sa peine et qu'elle se met à décrire et à conter, il lui arrive le défaut tout contraire à la diffusion éthérée de Lamartine ; elle tombe dans le petit, dans l'imperceptible, dans la vignette scintillante :

> Un tout petit enfant s'en allait à l'école....
> O mouche, que ton être occupa mon enfance !
> Petite philosophe, on a médit de toi ;

(1) J'y suis en effet revenu dans l'article sur *Jocelyn* (voir précédemment, page 234 de ce volume).

J'en veux à la fourmi qui t'a cherché querelle....
Quoi? vous voulez courir, pauvres petits mouillés....
Cher petit fanfaron.... etc., etc.
Cher petit oreiller.... etc., etc.

Toutes ces gentilles petitesses, ce joli grasseyement enfantin, ces amours de l'éphémère et du liseron, qui font le charme de quelques-uns, ne me sont guère appréciables, je l'avoue; et je me fatigue à tâcher de les aimer. En ce genre, l'idylle intitulée *le Soir d'Été* est la seule pièce dont l'adorable simplicité m'enchante. Mais comme élégies passionnées, comme éclats de cœur et élancements d'amante, les premiers volumes de madame Valmore ne nous laissent que l'embarras de choisir et de citer. Toutes les pièces *à Délie* respirent la grâce, l'esprit uni au sentiment; la dernière, *le Retour chez Délie*, déroule l'âme d'Hélène dès l'enfance, et les orages du passé; la première, encore souriante,

Du goût des vers pourquoi me faire un crime?

ressemble à quelque épître amicale et tendre de Voltaire. Dans *le Retour à Bordeaux*, les souvenirs de Montaigne et de *son amour pour l'amitié*, ceux de madame Cottin et de ses héroïnes touchantes, sont ramenés avec une aimable effusion. Il n'est pas jusqu'à Montesquieu lui-même sur qui ne s'épanche cette tendresse crédule; lui qui ne savait pas de chagrin dont une demi-heure de lecture ne le consolât, elle se figure qu'il a gémi. Mais surtout, mais à tout moment, soit dans le courant d'une pièce, soit au début, la pensée part subitement du sein de madame Valmore comme un essaim effaré; on ne peut rendre l'essor de ces échappées violentes; ceux qui ont entendu madame Dorval, en quelques-uns de ses cris sublimes, ont éprouvé une impression également irrésistible. Ainsi, dans la pièce *Peut-être un jour*, etc., etc., le mot final: *Dieu! s'il ne venait pas!* Ainsi, dans *l'Indiscret*, lorsqu'un de ces colporteurs désœuvrés et gauches, qui remuent sans s'en douter les secrets les plus chers, jase devant elle au hasard des infidélités de son amant, elle écoute d'abord avec patience, elle se contient et se dévore; puis tout d'un coup :

>Ah ! j'aurais dû crier : C'est moi.... je l'aime.... arrête!

Ainsi, dans *l'Attente*, cette ouverture glorieuse et triomphale comme un lever de soleil :

>Il m'aima. C'est alors que sa voix adorée
>M'éveilla tout entière et m'annonça l'amour, etc., etc.

Je recommande encore la pièce *A mes Enfants*, *le Présage*, et tant de romances rêveuses ou délirantes, qui reviennent, aux heures de mélancolie, comme des chansons *de saule*. Je suis, en lisant ces épars chefs-d'œuvre, de l'avis de madame Tastu, de *celle*, comme la désigne madame Valmore, *dont le cœur s'enferme et bat si vite :* « Qu'importe, « a-t-on dit du chanteur Garat, que ce ne soit pas un mu- « sicien, si c'est la musique elle-même ? qu'importe aussi « que madame Valmore ne soit pas un poëte selon l'art, si « elle est la poésie et l'âme ? » Lamartine a merveilleusement exprimé comment, de tous ces fragments brisés d'une vie si douloureuse, il résultait une plus touchante harmonie; ce tendre et bienfaisant consolateur, que nul désormais ne consolera, a dit en s'adressant à madame Valmore :

>Du poëte c'est le mystère :
>Le luthier qui crée une voix
>Jette son instrument à terre,
>Foule aux pieds, brise comme un verre
>L'œuvre chantante de ses doigts;
>
>Puis d'une main que l'art inspire,
>Rajustant ces fragments meurtris,
>Réveille le son et l'admire,
>Et trouve une voix à sa lyre
>Plus sonore dans ses débris !...
>
>Ainsi le cœur n'a de murmures
>Que brisé sous les pieds du sort !... etc., etc.

Cette image du violon brisé, puis rajusté et trouvé plus sonore, cette particularité technique, si difficile, ce semble, à rencontrer et à exprimer, et qui prouve que les poëtes savent toujours ce dont ils ont besoin, s'applique en toute exactitude à madame Desbordes-Valmore, sauf que le rajustement mystérieux est demeuré inachevé en quelques points; imperfection, d'ailleurs, qui nuit peu à l'ensemble et qui est une grâce (1).

Les Pleurs, qui viennent de paraître, avec plus de rhythme et de couleur que les précédents volumes, offrent aussi, l'avouerai-je? plus d'obscurité par moments et de *manière*. Le paysage, quand il y a un paysage, est beaucoup plus vif et distinct que celui que nous avons vu dans les idylles; tous les objets s'y dessinent et quelquefois y reluisent trop. Le rhythme serré a remplacé les vers libres, dont l'usage était familier à madame Valmore; enchâssées là-dedans, parsemées de paillettes étrangères et d'un bril-

(1) Dans une série d'articles insérés au *Publiciste* (pluviôse an XII), mademoiselle de Meulan (depuis madame Guizot), examinant le discours prononcé par Garat à l'Institut lors de la réception de Parny, a recherché ingénieusement les causes qui, en favorisant l'Élégie à Rome, l'avaient fait négliger chez nous. Elle attribue beaucoup, pour l'inspiration élégiaque des Latins, aux obstacles que rencontrait l'amant dans la situation sociale de la femme, obstacles qui ne pouvaient être écartés que par elle; elle ajoutait en finissant: « S'il se trouvait « donc un individu dont le sort, en aimant, dépendît absolument de la « volonté, des désirs, des penchants d'un autre, sans qu'il lui fût « permis de rien faire pour se le rendre favorable; dont tous les sen- « timents éternellement réprimés se consumassent en souhaits inutiles, « n'aurait-il pas un grand avantage pour la peinture des agitations du « cœur? Telle est parmi nous la situation des femmes, et, malgré « l'exception qu'a formée le nouveau récipiendaire de l'Académie, je « crois que, généralement parlant, il est vrai de dire que, pour attein- « dre maintenant au degré d'intérêt dont elle est susceptible, l'Élégie « doit parler par la bouche des femmes, ou du moins en leur nom; « elles seules, dit-on, savent donner de la grâce aux passions malheu- « reuses : en vérité, on peut leur laisser cet avantage-là. » Nulle femme ne se trouva plus que madame Valmore dans la situation supposée par madame Guizot, et aucun poëte élégiaque n'a tiré en effet de son cœur des accents plus plaintifs et plus déchirants.

lant minutieux, les ellipses de la pensée échappent, se dérobent davantage, et de là cette obscurité de sens au milieu et à cause du plus de couleur. Il y a une ou plusieurs épigraphes à chaque pièce : en lisant les poëtes dont les écrits ont eu la vogue dans ces dernières années, madame Valmore s'en est affectée et teinte peut-être à son insu ; la blonde et grise fauvette a été prise au miroir, et les fleurs du nid, comme elle le dit quelque part, *ont lustré son plumage ardé par le soleil*. Le vocabulaire habituel de son chant ne lui a plus suffi, et elle a trouvé plaisir et fraîcheur aux vieux mots rajeunis ou aux nouveaux hasardés :

> Une ceinture noire *endeuille* un jeune enfant.

Les petits enfants, qu'elle aime à peindre, ont été plus précoces et ont parlé un langage plus impossible que jamais. Ils se sont détachés, frêles et angéliques, parmi les étoiles, les rossignols, les fleurs humides de rosée, et comme sur un fond imité des feuillages chatoyants de Lawrence. Moi, j'aurais mieux aimé madame Valmore fidèle à sa précédente manière, non pas précisément à celle des idylles, mais à celle des dernières élégies, avec l'absence du rhythme, comme un ruisseau qui court sans trop savoir, avec l'insouciance et le hasard des teintes, un sentiment borné à peu d'images, et sous le gris-de-lin de sa parure. Ce n'est pas à dire pourtant que *les Pleurs* ne renferment pas des trésors ; la passion jeune et presque virginale y reparaît dans une auréole nouvelle ; l'amour malheureux y a des transes, des agonies et d'éternels retours, dont madame Valmore est seule capable entre nos poëtes. Le cri *Malheur à moi !* se trouve dans *les Pleurs*. *La Jalouse*, qui débute comme une folle gaieté, finit en délire amer. L'idée de l'ancienne élégie de *l'Indiscret* est reprise dans *Réveil*, et le premier mouvement a toute la secousse d'un effroi ressenti :

> C'est qu'ils parlaient de toi, quand, loin du cercle assise,
> Mon livre trop pesant tomba sur mes genoux ;

C'est qu'ils me regardaient, quand mon âme indécise
Osa braver ton nom qui passait entre nous.

Je ne fais qu'indiquer *Tristesse, Abnégation, l'Impossible, Lucrétia Davidson.* Dans les morceaux intitulés *Pardon* et *la Crainte,* l'idée religieuse se mêle tendrement au poids de la faute, à l'amertume du calice : madame Valmore n'a jamais proféré en poésie de plus hautes paroles. Répondant avec une belle effusion aux vers de Lamartine, elle a dit, toute noyée, comme Ruth, dans ses pleurs reconnaissants :

> Je suis l'indigente glaneuse
> Qui d'un peu d'épis oubliés
> A paré sa gerbe épineuse,
> Quand ta charité lumineuse
> Verse du blé pur à mes pieds.

Il n'y a qu'un mot à dire du roman qui a pour titre *Une Raillerie de l'Amour,* et que madame Valmore vient de publier ; c'est une heure et demie de lecture légère et gracieuse, qui reporte avec charme au plus beau temps de l'empire, à cette société éblouie et pleine de fêtes, après Wagram. Les amours étourdis, élégants, et là-dessous profonds peut-être, les jeunes et belles veuves, les pensionnaires à peine écloses d'Écouen et de Saint-Denis, les valeureux colonels de vingt-neuf ans, tout cela y est agréablement touché ; l'exaltation romanesque pour Joséphine, à propos du grand divorce, ajoute un trait et fixe une date à ces bouderies jaseuses. Tout ce petit volume de madame Valmore est une nuance, et une nuance bien saisie. « A « vingt ans, dit-elle en un endroit, la souffrance est une « grâce, quand elle n'a pas trop appuyé, et que ses ailes « n'ont fait qu'effleurer une belle femme. » Madame Valmore a fait partout comme elle dit là si bien ; elle n'a nulle part trop appuyé.

Mais madame Valmore poëte, celle qui perce et qui déchire, c'est à elle qu'on reviendra ; qui l'a lue une fois, la relira souvent. Il ne nous appartient pas de lui assigner une place parmi les talents de cet âge ; on aime mieux d'ailleurs la goûter en elle-même que la comparer. Son rôle dans la création lui a été donné cruel et simple, toujours souffrir, chanter toujours ! Elle n'y a pas manqué jusqu'ici ; et si, contre l'usage, ses paroles harmonieuses n'ont pas été guérissantes pour elle, elles n'ont pas du moins été inutiles à d'autres ; elles ont aidé dans l'ombre bien des cœurs de femme à pleurer. L'avenir, nous le croyons, ne l'oubliera pas ; tout d'elle ne sera pas sauvé sans doute ; mais, dans le recueil définitif des *Poetæ minores* de ce temps-ci, un charmant volume devra contenir sous son nom quelques idylles, quelques romances, beaucoup d'élégies ; toute une gloire modeste et tendre. Ce devra être, même plus tard, dans ce monde éternellement renaissant de la passion, une lecture à jamais vive et pleine de larmes. A part quelques grands poëtes qui soutiendront de l'ensemble de leur œuvre l'assaut du temps, qui de nous oserait en désirer pour lui, en espérer davantage ? En lisant madame Valmore, on se fait à cette idée que la vie, l'amour, la poésie et la gloire ne s'échappent qu'en débris.

Août 1833.

Mme DESBORDES-VALMORE.

1839.

(Pauvres Fleurs, poésies.)

Il y a quelques années, à propos du volume intitulé *les Pleurs*, on a essayé de caractériser le genre de sensibilité et de talent particulier à madame Valmore. Elle n'est pas de ces âmes pour qui la poésie n'a qu'un âge, et qui, en avançant dans cette lande de plus en plus dépouillée qu'on appelle la vie, s'enferment, se dérobent désormais, se taisent. Elle est née une lyre harmonieuse, mais une lyre brisée : qu'est-ce donc qui la pourrait briser davantage? Pour elle chaque souffrance est un chant : c'est dire que, depuis ces cinq années, dans les vicissitudes de sa vie errante, elle n'a pas cessé de chanter. Chaque plainte qui lui venait, chaque sourire passager, chaque tendresse de mère, chaque essai de mélodie heureuse et bientôt interrompue, chaque amer regard vers un passé que les flammes mal éteintes éclairent encore, tout cela jeté successivement, à la hâte, dans un pêle-mêle troublé, tout cela cueilli, amassé, noué à peine, compose ce qu'elle nomme *Pauvres Fleurs :* c'est là la corbeille de glaneuse, bien riche, bien froissée, bien remuée, plus que pleine de couleurs et de parfums, que l'humble poëte, comme par lassitude, vient encore moins d'offrir que de laisser tomber à nos pieds. Relevons-en vite tant de fleurs charmantes ou gravement sombres.

Il y a des souvenirs d'enfance, *la Maison de ma Mère :*

> Et je ne savais rien à dix ans qu'être heureuse ;
> Rien que jeter au ciel ma voix d'oiseau, mes fleurs ;
> Rien, durant ma croissance aiguë et douloureuse,
> Que plonger dans ses bras mon sommeil ou mes pleurs ;
> Je n'avais rien appris, rien lu que ma prière,
> Quand mon sein se gonfla de chants mystérieux ;
> J'écoutais *Notre-Dame* et j'épelais les cieux,
> Et la vague harmonie inondait ma paupière :
> Les mots seuls y manquaient ; mais je croyais qu'un jour
> On m'entendrait aimer pour me répondre : Amour !
>
> Et ma mère disait : « C'est une maladie ;
> Un mélange de jeux, de pleurs, de mélodie ;
> C'est le cœur de mon cœur ! Oui, ma fille, plus tard
> Vous trouverez l'amour et la vie.... autre part. »

Dans une autre pièce qui a pour titre : *Avant toi !* le tendre poëte nous remet sur la mort de sa mère, sur ce legs de sensibilité douloureuse qui lui vient d'elle, et qui, d'abord obscur, puis trop tôt révélé, n'a cessé de posséder son cœur :

> Comme le rossignol, qui meurt de mélodie,
> Souffle sur son enfant sa tendre maladie,
> Morte d'aimer, ma mère, à son regard d'adieu,
> Me raconta son âme et me souffla son Dieu :
> Triste de me quitter, cette mère charmante,
> Me léguant à regret la flamme qui tourmente,
> Jeune, à son jeune enfant tendit longtemps sa main,
> Comme pour le sauver par le même chemin.
> Et je restai longtemps, longtemps sans la comprendre,
> Et longtemps à pleurer son secret sans l'apprendre ;
> A pleurer de sa mort le mystère inconnu,
> Le portant tout scellé dans mon cœur ingénu....

Et ce cœur, d'avance voué en proie à l'amour, *où pas un chant mortel n'éveillait une joie*, voilà comme elle nous le peint en son heure d'innocente et muette angoisse :

> On eût dit, à sentir ses faibles battements,
> Une montre cachée où s'arrêtait le temps ;

> On eût dit qu'à plaisir il se retînt de vivre ;
> Comme un enfant dormeur qui n'ouvre pas son livre,
> Je ne voulais rien lire à mon sort ; j'attendais,
> Et tous les jours levés sur moi, je les perdais.
> Par ma ceinture noire à la terre arrêtée,
> Ma mère était partie et tout m'avait quittée :
> Le monde était trop grand, trop défait, trop désert ;
> Une voix seule éteinte en changeait le concert !

En lisant de tels vers, on pardonne les défauts qui les achètent. En effet, le tourment de l'âme a passé souvent dans l'accent de la muse. La couleur miroite. Un rayon de soleil, tombant dans une larme, empêche parfois de voir et fait tout scintiller. Plus d'un sens reste inarticulé dans l'habitude du sanglot (1).

Tout un roman de cœur traverse ce volume, une passion çà et là voilée, mais bientôt plus forte et ne se contenant pas. Dans sa pièce à madame Tastu, noble sœur qu'elle envie, notre élégiaque éplorée a pu dire :

> Vous dont la lampe est haute et calme sous l'autan ;
> . . . .
> Que ne tourmentent pas deux ailes affaiblies
> Pour égarer l'essor de vos mélancolies ;
> . . . .
> Si votre livre au temps porte une confidence,
> Vous n'en redoutez pas l'amère pénitence ;
> Votre vers pur n'a pas comme un tocsin tremblant ;
> Votre muse est sans tache et votre voile est blanc !
> Et vous avez au faible une douceur charmante !

---

(1) Quelques obscurités pourtant sont dues uniquement à des inadvertances typographiques, qui deviennent si communes dans les publications le plus en vogue, et dont les éditeurs font trop bon marché, au détriment des lecteurs et de l'auteur. Ainsi, page 281, dans la pièce intitulée *les Deux Chiens*, au lieu de : *laissez-leur ce bazar*, il faudrait : *laissez-leur ce hasard*; et page 321, dans *l'Ame en peine*, au lieu de : *je ne peux m'étendre*, il faudrait : *je ne peux m'éteindre*. — Nous avons bien assez de nos métaphores, nous autres poëtes modernes, sans que nos neveux nous comptent encore celles-là.

Tout à coup, dans un de ces élans qui ne sont qu'à elle entre les femmes-poëtes de nos jours, elle s'écrie :

J'ai dit ce que jamais femme ne dit qu'à Dieu.

Sapho devait avoir de ces cris-là : ou plutôt on sent que cette enfant de Douai, cette fille de la Flandre y a puisé en naissant des étincelles de la flamme espagnole, en même temps qu'elle ne cesse de croire à la madone comme la Religieuse portugaise.

Je voudrais qu'un jour on tirât de ce volume, qu'on dégageât cette suite d'*élégies-romances* dont la forme est si assortie à la manière de madame Valmore, et dans lesquelles son sentiment soutenu se produit quelquefois jusqu'au bout avec un parfait bonheur, sans les tourments plus ordinaires à l'alexandrin : *Croyance*, *la Femme aimée*, *Aveu d'une Femme*, *Ne fuis pas encore*, *la Double Image*, *Fleur d'Enfance*. Je citerai, comme échantillon, celle-ci :

RÊVE D'UNE FEMME.

Veux-tu recommencer la vie?
Femme, dont le front va pâlir,
Veux-tu l'enfance, encor suivie
D'anges enfants pour l'embellir?
Veux-tu les baisers de ta mère,
Échauffant tes jours au berceau?
— « Quoi! mon doux Éden éphémère?
Oh! oui, mon Dieu! c'était si beau! »

Sous la paternelle puissance,
Veux-tu reprendre un calme essor,
Et dans des parfums d'innocence
Laisser épanouir ton sort?
Veux-tu remonter le bel âge,
L'aile au vent comme un jeune oiseau?
— « Pourvu qu'il dure davantage.
Oh! oui, mon Dieu! c'était si beau! »

Veux-tu rapprendre l'ignorance,
Dans un livre à peine entr'ouvert?

> Veux-tu la plus vierge espérance,
> Oublieuse aussi de l'hiver ?
> Tes frais chemins et tes colombes,
> Les veux-tu jeunes comme toi ?
> — « Si mes chemins n'ont plus de tombes,
> Oh ! oui, mon Dieu ! rendez-les-moi ! »
>
> Reprends donc de ta destinée
> L'encens, la musique, les fleurs ;
> Et reviens, d'année en année,
> Au jour où tout éclate en pleurs !
> Va retrouver l'amour, le même !
> Lampe orageuse, allume-toi !
> — « Retourner au monde où l'on aime...
> O mon Sauveur, éteignez-moi ! »

Voilà bien la forme charmante, mélange de la chanson et de l'élégie, pétrie de Béranger et de Boïeldieu, la poétique romance, le cri à la fois harmonieux et impétueux :

> Lampe orageuse, allume-toi !

Voilà le cadre à la fois composé et vrai, où, depuis qu'elle a laissé sa première manière d'élégie libre, pour se soucier de plus d'art, madame Valmore nous semble réussir le mieux.

On pourrait multiplier avec bonheur les citations dans cette nuance ; mais il est des tons plus graves à indiquer. Témoin des troubles civils de Lyon en 1834, madame Valmore a pris part à tous ces malheurs avec le dévouement d'un poëte et d'une femme :

> Je me laisse entraîner où l'on entend des chaînes ;
> Je juge avec mes pleurs, j'absous avec mes peines ;
> J'élève mon cœur veuf au Dieu des malheureux ;
> C'est mon seul droit au ciel, et j'y frappe pour eux !

Elle frappa à d'autres portes encore ; et son humble voix, enhardie dès qu'il le fallut, rencontra des cœurs dignes de l'entendre quand elle parla d'amnistie. Qu'on lise la pièce qui porte ce titre, et celle encore qu'elle a adressée, après la guerre civile, à *Adolphe Nourrit à Lyon*, à ce généreux talent dont la voix, née du cœur aussi, répond si bien à la sienne : cela s'élève tout à fait au-dessus des inspirations personnelles de l'élégie.

Madame Valmore (ce recueil l'attesterait, quand l'amitié d'ailleurs ne le saurait pas) a elle-même connu une sorte d'exil, trop peu volontaire, hélas! sous le ciel d'Italie. Sa petite pièce, intitulée *Milan*, nous la montre plus sensible encore aux maux de la grande famille humaine qu'aux beautés de l'éblouissante nature. Mais rien ne nous a plus touché, comme grandeur, élévation et bénédiction au sein de l'amertume, que l'hymne que voici :

AU SOLEIL.

ITALIE.

Ami de la pâle indigence,
Sourire éternel au malheur ;
D'une intarissable indulgence
Aimante et visible chaleur :
Ta flamme, d'orage trempée,
Ne s'éteint jamais sans espoir ;
Toi, tu ne m'as jamais trompée
Lorsque tu m'as dit : Au revoir !

Tu nourris le jeune platane
Sous ma fenêtre sans rideau,
Et de sa tête diaphane
A mes pleurs tu fais un bandeau :
Par toute la grande Italie,
Où je passe le front baissé,
De toi seul, lorsque tout m'oublie,
Notre abandon est embrassé !

Donne-nous le baiser sublime
Dardé du ciel dans tes rayons,
Phare entre l'abîme et l'abîme,
Qui fait qu'aveugles nous voyons !
A travers les monts et les nues

Où l'exil se traîne à genoux,
Dans nos épreuves inconnues,
Ame de feu, plane sur nous !

Oh ! lève-toi pur sur la France
Où m'attendent de chers absents ;
A mon fils, ma jeune espérance,
Rappelle mes yeux caressants !
De son âge éclaire les charmes ;
Et s'il me pleure devant toi,
Astre aimé, recueille ses larmes,
Pour les faire tomber sur moi !

Je voudrais insister sur cette belle pièce, et près de l'auteur lui-même, parce qu'à la profondeur du sentiment elle unit la largeur et la pureté de l'expression. Ici aucun tourment. Il n'y a d'image un peu hasardée que celle de ce jeune platane qui, de sa *tête diaphane*, fait un *bandeau* à des *pleurs ;* et encore on passe cela et on le comprend à la faveur de la *fenêtre sans rideau* qui vous a saisi. Les autres métaphores, si hardies qu'elles soient, y sont vraies, sensibles à la pensée, subsistantes à la réflexion. Oh ! que le poëte, dût-il beaucoup souffrir, fasse souvent ainsi ! quand l'Italie et son soleil n'auraient valu à la chère famille errante que cette fleur sombre au parfum profond, tant de douleur ne serait pas perdue !

1ᵉʳ janvier 1839.

MME DESBORDES-VALMORE [1].

1842.

C'est un de nos vœux qui s'accomplit aujourd'hui : nous avions désiré toujours qu'un volume contînt et rassemblât la fleur, le parfum de cette poésie si passionnée, si tendre, et véritablement unique en notre temps. Madame Valmore s'est fait une place à part entre tous nos poëtes lyriques, et sans y songer. Si quelqu'un a été soi dès le début, c'est bien elle : elle a chanté comme l'oiseau chante, comme la tourterelle gémit, sans autre science que l'émotion du cœur, sans autre moyen que la note naturelle. De là, dans les premiers chants surtout, qui lui sont échappés avant aucune lecture, quelque chose de particulier et d'imprévu, d'une simplicité un peu étrange, élégamment naïve, d'une passion ardente et ingénue, et quelques-uns de ces accents inimitables qui vivent et qui s'attachent pour toujours, dans les mémoires aimantes, à l'expression de certains sentiments, de certaines douleurs.

Marceline Desbordes est née à Douai vers 1787, deux ans avant cette révolution qui, par contre-coup, allait ruiner son humble famille. Son père, peintre et doreur en

---

[1] Ce morceau a été écrit pour servir d'introduction aux *Poésies choisies* de madame Valmore, publiées dans la Bibliothèque-Charpentier.

blason et en ornements d'église, fut doublement atteint, comme on le peut croire, par la double suppression qui décolorait l'autel et le trône. La jeune Marceline reçut de ces circonstances premières de naissance et d'enfance toutes sortes d'empreintes et de signes qui décidèrent de sa sensibilité et donnèrent la nuance profonde à son talent. Au-dessus de la porte étroite de la chère maison que ses poésies nous ont tant de fois rouverte, se voyait une petite madone dans une niche. La jeune enfant est née et a vécu sous cette perpétuelle invocation.

La maison touchait au cimetière de la paroisse de Notre-Dame, et prenait de ce voisinage un caractère religieux, austère; un grand calvaire à côté dominait les humbles croix et les gazons. L'enfant passa ses jeunes années à jouer sous le calvaire et sur les tombes.

Ce furent ses *Feuillantines* à elles; elle y puisa toutes les crédules et pieuses terreurs, toutes les poétiques superstitions (1). Il est à remarquer qu'elle et Victor Hugo entrèrent sous l'aile de la muse avec je ne sais quelle secrète influence espagnole, l'un né à Besançon, l'autre à Douai, deux cités françaises très-marquées de ce caractère étranger; mais elle, son talent ne portait au cœur comme au front que le caractère espagnol attendri.

C'était une Portugaise plutôt, aux yeux bleus, aux cheveux d'or ou de lin. Ses sœurs et frères étaient bruns et de traits fortement accentués. Elle naquit la dernière, et toute blonde : la famille en eut une grande joie, car on retrouvait en elle la couleur de sa mère. Le romancier grec a dit que Persina, reine d'Éthiopie, avait mis au monde Chariclée, enfant tout blanc, à cause d'un tableau de Persée et d'Andromède nue qu'elle avait beaucoup considéré. Le Tasse a dit quelque chose de pareil de Clorinde. Dans *Paul et Virginie*, Marguerite, à force de regarder durant sa grossesse le portrait de l'ermite Paul qu'elle

---

(1) Il faut lire, dans le roman de *l'Atelier d'un Peintre,* le chapitre intitulé *le Nid d'Hirondelles.*

porte à son cou, communique un peu de sa ressemblance à l'enfant, qu'elle baptise pour cela du nom de Paul. Ici rien de si merveilleux tout à fait, puisque la mère elle-même était blonde; pourtant, puisqu'elle n'eut que cette enfant de sa couleur, c'est, on le crut, qu'elle songea davantage à la Vierge, à la blonde patrone du logis, en la portant.

Mais voici une étrange et pourtant véridique histoire. Lors de la révocation de l'Édit de Nantes, une partie de la famille Desbordes, qui tenait à la religion réformée, avait quitté la France pour la Hollande. Antoine et Jacques Desbordes devinrent libraires à Amsterdam, libraires très-riches, très-considérés; ce sont eux qui ont donné ces éditions bien connues de Voltaire (1733-1738). Ces deux mêmes Desbordes, Jacques et Antoine, enfants lors de la révocation de l'Édit de Nantes, vivaient encore; ils ont vécu, l'un cent vingt-quatre et l'autre cent vingt-cinq ans. Se sentant pourtant près de mourir, centenaires, millionnaires et célibataires, voilà qu'un vif regret de la patrie les reprend tout d'un coup après plus d'un siècle, et ils ont l'idée de rappeler quelque arrière-petit-neveu ou arrière-petite-nièce pour rentrer dans la religion réformée et dans l'héritage.

Ils écrivent à Douai. La grande lettre en gros caractères à la Louis XIV, et signée du grand-oncle Antoine, est déployée : il y est mis pour condition expresse que les enfants seront rendus à la religion des aïeux pour reprendre droit dans la succession immense. Ceci se passait vers 91; l'humble famille de Douai avait vu tarir, depuis deux ou trois ans déjà, ses modiques ressources, et l'avenir se présentait de plus en plus sombre. Une assemblée solennelle de tous les membres eut lieu dans la petite maison, sous la madone.

On lit tout haut la lettre : la mère s'évanouit, le père regarde ses enfants et sort dans une horrible anxiété. Il rentre après quelques pas dans le cimetière, et l'on décide qu'on répondra *non*.

La jeune Marceline avait pour lors quatre ans et demi

environ, et les impressions de cette grande scène domestique lui sont demeurées présentes. C'était, je l'ai dit, le moment de la ruine complète. On aima mieux rester pauvre, à la garde de Dieu et de Notre-Dame.

Notre-Dame ne passe point pour ingrate. On sait, du moyen-âge, plus d'un récit pieux dans lequel la Vierge, saluée et honorée, s'attache désormais, comme protectrice, au destin de l'âme qui, à elle du moins, s'est montrée fidèle. L'âme dévote à Notre-Dame peut avoir ses erreurs dans le long pèlerinage; elle peut faiblir et faillir : la Vierge est là, qui, à une heure donnée, la rappelle et la sauve. Cette touchante religion du moyen-âge, et qui est restée entière dans les mœurs méridionales, cette religion que la momerie de Louis XI n'a pu flétrir et qui sied dans son indulgence au sexe aimant, se retrouve tout à fait celle encore de l'âme poétique que nous tâchons d'exprimer. Ses poésies, à chaque page, attestent ce doux culte refleurissant, et dans des stances d'hier, adressées à une amie gracieuse qu'elle appelle la comtesse *Marie*, nous en ressaisissons un nouvel écho :

> L'Ange nu du berceau, qui l'appela *Marie*,
> Dit : « Tu vivras d'amère et divine douleur ;
> « Puis, tu nous reviendras toute pure et guérie,
> « Si la grâce à genoux désarme le malheur.
>
> « Tu n'entendras longtemps que mes ailes craintives
> « S'ébruiter sur ton sort. . . . .
> . . . .
> « Je ne m'éloigne pas ; je me tiens à distance,
> « Épiant, ô ma sœur, tes pieds blancs et mortels :
> « Quand tu m'appelleras de ta plus vive instance,
> « Je t'aiderai, Marie, au retour des autels ! »

Le bon ange est ici faisant fonction pour la Vierge elle-même.

Un cousin pourtant était passé à la Guadeloupe et y avait fait fortune. La mère, voyant la gêne des siens qui se prolongeait sans espoir, conçut un grand dessein et s'embarqua pour l'Amérique avec sa dernière fille, avec Marceline, âgée d'environ treize ans. En mettant le pied sur ce rivage de son espérance, elle trouva la colonie en révolte, le cousin massacré, sa veuve en fuite dans les hautes terres, et l'incendie partout dans les plantations. La fièvre jaune la prit, et sa fille, en un instant orpheline, n'eut plus qu'à retraverser l'Océan. Ce fut une scène déchirante, lorsqu'il fallut l'emporter seule, sans sa mère, l'embarquer de force, le soir, dans une pirogue qui allait rejoindre le vaisseau. Il y eut là comme une épreuve, en un sens, de la scène finale de Virginie.

Elle accomplit ce lent et cruel retour, que les duretés du capitaine aggravèrent, toute noyée de larmes, de mélancolie, et abîmée de silence : elle avait atteint quatorze ans. Désormais que lui faut-il ? que lui manque-t-il ? Sa poésie, ce semble, n'a plus qu'à éclore ; elle est toute formée en elle par le malheur ; elle a reçu tour à tour le soleil et les larmes. L'horizon de l'humble cimetière de Douai s'est assez agrandi ; quand la jeune fille ressaisit enfin le sol natal après tant de souffrances, on pouvait dire d'elle avec le poëte, qu'elle portait

    Un cœur jà mûr en un sein verdelet.

Une considération me frappe : c'est combien, vers la fin du xviii° siècle, il se fit chez nos littérateurs et nos poëtes comme un complément d'éducation par les contrées lointaines, par les voyages. Il semblait que l'inspiration et la couleur françaises ne dussent se rajeunir qu'à ce prix. André Chénier est né à Byzance. Chateaubriand visite les savanes. S'il peut se saluer le père de l'école moderne ; le rôdeur Jean-Jacques en est à certains égards le grand-père, et Bernardin de Saint-Pierre l'oncle, et un oncle revenu de l'Inde exprès pour cela. Bertin et Parny se souviennent trop peu, dans leurs vers, de l'île et de la nature où ils sont nés ; ils en ont pourtant gardé quelque flamme. Le poëte Léonard est né à cette Guadeloupe où la jeune Marceline va tenter la destinée. Je l'ai appelée une Espagnole blonde, une Portugaise : les Antilles même, pour compléter, n'y manquent pas. En grand comme en petit, il y eut là un souffle des tropiques, un arome des savanes.

Revenue au nid, et encore toute brisée de l'orage, elle trouva la famille plus pauvre. Son excellent père cependant était devenu inspecteur des prisons à Douai, et elle aimait à lui être une auxiliaire bienfaisante, dans l'exercice de ses fonctions. De là, dit-elle, son goût à elle, de tout temps, pour les prisons et les pauvres prisonniers.

Il fallait vivre et pourvoir à l'avenir, elle chanta. Nous n'avons plus qu'à suivre ses vers (1). Ce furent d'abord quelques romances, quelques idylles, assez dans le goût de Léonard et de Berquin, mais plus neuves et plus senties. Au reste, lorsqu'elle s'échappa à faire des vers, elle n'avait rien lu, rien. Elle avait lu d'aventure *Tom Jones* en français, et peut-être *Gusman d'Alfarache;* elle avait commencé *Paul et Virginie*, sans oser le finir. Son harmonie, sa mélodie poétique, ne vinrent d'abord que d'elle, et furent tout instinct.

Comme elle apprenait à lire, étant enfant, par les soins de sa sœur aînée, dans Florian, dans *Estelle et Némorin*, on lui faisait épeler surtout le paragraphe où il est dit (c'est le vieux Raimond qui s'adresse à Némorin) : *Cependant vous aimez ma fille;* et là-dessus elle se sauvait dans le cimetière pour n'en pas lire davantage, et en répétant ce mot-là durant de longues heures.

Elle était en Belgique, à Bruxelles, quand deux ou trois romances d'elle coururent (2). Elle venait de se marier; son beau-père, homme de goût, fut surpris de ces essais, et lui demanda si elle en avait encore : elle avait fait, répondit-elle, *quelques autres petites choses, sans savoir.* On s'en chargea pour elle, et on les envoya à Paris, où le

---

(1) On a vu dans les articles qui précèdent quelques autres détails biographiques suffisants.

(2) Je trouve déjà de ses premiers vers insérés dans le *Chansonnier des Grâces*, années 1815 et 1816, lorsqu'elle n'était encore que mademoiselle Desbordes.

libraire Louis les imprima en 1818. Comme il n'y avait pas assez de pièces pour former un volume, on y ajouta la petite nouvelle en prose de *Marie*, qui se retrouva depuis imprimée dans *les Veillées des Antilles* (1821). Madame Valmore poëte parut donc au jour vers le même temps que Casimir Delavigne, que Lamartine, qu'André Chénier ressuscité, et un peu, je crois, avant eux tous : elle fut comme la première hirondelle, toujours empressée, quoique craintive.

Dans une très-belle édition de 1820, plus complète que celle de 1818, et où il n'y a que des vers (1), j'aime à considérer la première et pure forme de son talent, sans complication aucune. Il semble qu'il y ait plus de facilité pour le coup-d'œil, plus de sûreté pour le jugement, dans ces premières éditions originales, dans ces sortes de gravures avant la lettre. Il m'est bien clair, quand je tiens ce volume-là, de cette date, qu'elle n'avait pu lire encore Lamartine, dont les *Méditations* ne paraissaient qu'au moment même. Eh bien! voilà un génie charmant, léger, plaintif, rêveur, désolé, le génie de l'élégie et de la romance, qui se fait entendre sur ces tons pour la première fois : il ne doit rien qu'à son propre cœur. Que pourriez-vous lui comparer dans nos poëtes, et surtout dans nos poëtes-femmes d'auparavant? Plus tard ces lignes simples se chargeront un peu. Sans imiter les autres, on se répétera soi-même; on retombera dans les situations déjà exprimées, dans les sentiments d'abord produits : c'est inévitable. Si Malherbe a pu dire de la vie des mortels :

> Tout le plaisir des jours est en leurs matinées ;
> La nuit est déjà proche à qui passe midi,

cela semble surtout vrai de la vie poétique et tendre, de l'inspiration élégiaque et romanesque. Madame Valmore, en avançant, aura, par accès peut-être, des cris plus déchirants, des éclairs plus perçants et plus aigus, comme

---

(1) In-8°, chez François Louis également.

aux approches de l'ombre. Mais ici ce sont de doux éclairs du matin, de jolis rayons d'avril, les lilas aimés, le réséda dans sa senteur, et déjà s'exhalent pourtant, à travers des gémissements tout mélodieux, ces beaux élans de passion désolée qui la mettent tant au-dessus et à part des autres femmes, de celles même qui ont osé chanter le mystère. C'est l'*André Chénier femme*, a-t-on dit. Avec moins d'art incomparablement, elle a la source de sensibilité plus intime, plus profonde.

Comme madame Ricccoboni, notre tendre auteur d'élégies semble avoir été de bonne heure poursuivi par l'idée fatale de l'infidélité dont un cœur aimant est victime. Si l'une exprime cette idée fixe par *Fanny Butler*, par *le marquis de Cressy*, par tous ses romans, l'autre la déplore par toutes ses poésies. Elle s'écrierait comme Sapho dans l'ode célèbre : « Immortelle Aphrodite au trône d'or, fille
« avisée du roi des dieux, je t'invoque, épargne-moi, ne
« me dompte point par trop d'amères douleurs, ô déesse
« vénérée ! Autrefois, dès que tu entendais ma plainte
« d'amante (et tu l'entendais fréquemment), tu venais à
« moi, quittant aussitôt le beau palais de ton père. Tu
« attelais à ton char, pour coursiers, tes moineaux rapi-
« des, et ils descendaient en agitant coup sur coup leurs
« ailes noires à travers l'air immense. Et déjà tu étais
« auprès de moi. Alors, ô déesse bienheureuse ! tu me
« souriais de ton sourire immortel, et tu me demandais
« ce que j'avais, ce que je souffrais, et l'objet de ma douce
« fureur ; tu me disais : Qui donc t'a fait du mal, ô ma
« Sapho ? Va, ne crains rien : s'il t'a fuie jusqu'ici, bien-
« tôt il te poursuivra ; s'il a refusé tes dons, il va lui-même
« t'en offrir ; l'ingrat, s'il ne t'aime pas, il va t'aimer à
« son tour, fusses-tu pour lui cruelle ! — Voilà ce que tu
« me disais, ô déesse ! Oh ! maintenant reviens et des-
« cends encore. »

Volontiers aussi notre tendre élégiaque, les mains levées au ciel, se fût écriée en sa naïve démence, avec une autre âme aimante, une autre muse voilée, sœur de la sienne, et dont l'écho seul m'a, par hasard, apporté la voix :

> Secrets du cœur, vaste et profond abîme,
> Qui n'a pitié ne connaît rien de vous !
> Juste est la peine au front de la victime,
> Sage est le sage, et le vainqueur sublime :
> Que reste-t-il à qui pleure à genoux ?

La Religieuse portugaise, si elle avait chanté, aurait de ces accents-là.

Moins poignantes que certaines élégies, les jolies romances de madame Valmore coururent, volèrent du premier jour sur toutes les lèvres de quinze ans, grâce aussi à la musique des plus grands ou des plus aimables compositeurs d'alors : Garat, Paër, en notèrent quelques-unes ; mais surtout madame Pauline Duchambge, née tout exprès, y trouva ses airs les plus agréables, les plus chers au cœur et les mieux assortis. Au reste, comme pour tous les succès un peu populaires en ce genre, les choses ont vécu plus que les noms. Ces délicieuses romances *Douce chimère*, et *Vous souvient-il de cette jeune amie?* qui réveillent, pour la génération d'alors, les plus frais parfums de jeunesse et font naître une larme en ressouvenir des printemps, sont encore sues de bien des mémoires fidèles ; on a oublié qu'on les doit à madame Valmore.

Depuis un certain moment, cette âme, ce talent de tendre poëte a eu peine évidemment à se faire aux saisons décroissantes d'une vie qui va flétrissant, chaque jour, ses premières promesses. Habituée qu'elle était à donner à ses sentiments une forme unique, elle s'est senti plus d'une fois le cœur *aveuvé;* elle s'est demandé, elle a demandé aux objets muets si c'était bien la loi fatale et dernière; ainsi, hier encore, en regardant *une horloge arrêtée:*

> Horloge, d'où s'élançait l'heure,
> Vibrante en passant dans l'or pur,
> Comme un oiseau qui chante ou pleure
> Dans un arbre où son nid est sûr,
> Ton haleine égale et sonore

> Sous le froid cadran ne bat plus :
> Tout s'éteint-il comme l'aurore
> Des beaux jours qu'à ton front j'ai lus?

Son champ d'inspirations s'est étendu, et son aile palpitante a tâché d'y suffire. L'avenir du monde, la souffrance de ses semblables, les grandeurs de la nature, l'ont préoccupée. Dans un de ses essors vers l'infini de l'horizon, elle est allée jusqu'à s'écrier :

> . . . .
> Charme des blés mouvants! fleurs des grandes prairies!
> Tumulte harmonieux élevé des champs verts!
> Bruits des nids! flots courants! chantantes rêveries!
> N'êtes-vous qu'une voix parcourant l'univers?...

Ne pressez pas trop le sens : ce sont là de ces vers d'elle, pénétrants et vagues, qui vous poursuivent d'une longue rêverie. Jeune, à vingt ans, les cheveux au vent, le front au ciel, le bâton d'Oberman ou d'Ahasvérus à la main, on ferait le tour du monde en les récitant.

Mais elle est mère, mère heureuse : de là surtout des sources consolantes et renouvelées. Ses derniers vers nous arrivent toujours remplis d'accents de sollicitude et d'espérance pour sa jeune couvée. Déjà même, du bord de ce doux nid, gloire et douceur maternelle, une jeune voix bien sonore lui répond. Je voudrais dire, mais je ne me crois pas le droit d'en indiquer davantage. Je rappellerai seulement, en l'altérant un peu, la jolie épigramme antique : « La vierge Érinne était assise, et, tout en remuant « le fil de soie et la broderie légère, elle distillait avec mur- « mure quelques gouttes du miel de l'abeille d'Hybla. » Puisse l'avenir tenir du moins les récentes promesses envers celle qui les a payées assez chèrement! Puisse-t-elle, suivant l'expression d'un poëte aimable, *se racquitter* en bonheur pour tout le passé!

12 juin 1842.

MADAME TASTU.

1835.

(Poésies nouvelles.)

Le talent de poésie tel qu'on aime à se le figurer, de poésie lyrique principalement, semble n'être départi à quelques êtres privilégiés que pour rendre avec harmonie les sentiments dont leur âme est émue, l'expression ne faisant que suivre en modération ou en énergie le soupir intérieur, comme la gaze suit les battements du sein, comme la voile se prête au vent. Mais, à observer la réalité, il n'en va pas ainsi. Le talent qui, dans le premier et bel hyménée de la jeunesse, ne fait qu'un d'ordinaire avec les sentiments dont une âme est possédée, s'il est fort, abondant, de trempe durable, s'en sépare bientôt, et devient jusqu'à un certain point distinct du fond même de l'âme. La sensibilité et le talent suivent, chose remarquable, une marche presque inverse : la sensibilité s'émousse, s'attiédit, se désabuse; elle en vient parfois à se concentrer en des buts fort restreints; le talent s'affermit, s'assouplit, se généralise. S'il n'y a pas contradiction entre la sensibilité et le talent, il y a au moins surcroît du talent sur la sensibilité. Tout ce que celle-ci a dans le cœur et veut exhaler, l'autre l'exprime; mais quand elle n'a plus rien à lui inspirer, quand elle sommeille, l'autre veut exprimer quelque chose encore; il se propose, il provoque autour de lui des sujets de sentiment, il grossit à son gré ses émotions légères;

c'est un organe à part qui réclame son exercice et sa pâture. Quelques génies heureux, parmi les lyriques, semblent, au contraire, conserver jusqu'au bout un accord égal, facile, entre la sensibilité et son expression. Un équilibre naturel, aux larges ondes, règne à souhait entre la source intérieure et l'expansion du dehors. A chaque flot nouveau de sentiment qui gonfle la surface, le talent, comme une nef soulevée, obéit. Aucun son ne meurt en ces âmes sans avoir son écho harmonieux, aucune vague sans avoir son écume argentée. Mais, pour ces natures mêmes, il est vrai de dire qu'il y a du talent, du génie *en plus*, disponible encore après l'expression des choses senties. Même quand le flot de leur sensibilité est calme, la belle nef du talent a souvent impatience de voyager. Pour n'aller jamais que jusqu'où l'on sent, pour ne dire jamais que juste, et non pas au delà, il n'y a qu'un moyen, c'est de ne pouvoir tout dire. Ces talents inférieurs à leur sensibilité, d'une expression bien souvent en deçà de l'émotion, ces talents qui ne parviennent à rendre ce qu'ils veulent que rarement, et une fois dans leur vie peut-être, ont un charme particulier à côté des autres plus grands; ils sont très sincères. Combien de germes étouffés en eux au moment de naître! Combien de vraies larmes retombées dans la voix qu'elles éteignent, dans le cœur qu'elles noient! Si quelque chant difficile, modéré, profond pourtant, s'en élève, écoutez-le! voyez la réalité qui de près l'inspire. L'art ne fait pas ici jouer les larmes sous toutes les couleurs du prisme; l'harmonie ne multiplie point les sanglots.

Madame Tastu appartient à cette classe de talents dont elle est comme un grave et doux modèle. Elle s'y est rangée elle-même, lorsque, dans son premier recueil, elle adressait à M. Victor Hugo les vers suivants :

> Heureux qui, dans l'essor d'une verve facile,
> Soumet à ses pensers un langage docile ;
> Qui ne sent point sa voix expirer dans son sein,
> Ni la lyre impuissante échapper à sa main ;

Et, cherchant cet accord où l'âme se révèle,
Jamais n'a dû maudire une note rebelle!...
Hélas! ce n'est pas moi!... D'un cri de liberté
Jamais, comme mon cœur, mon vers n'a palpité ;
Jamais le rhythme heureux, la cadence constante,
N'ont traduit ma pensée au gré de mon attente ;
Jamais les pleurs réels à mes yeux arrachés
N'ont pu mouiller ces chants de ma veine épanchés !

Dans son recueil nouveau, elle parle encore de ce talent, qui n'est, dit-elle, qu'*une lutte intime d'ardents pensers et de frêles accords.* Mais, quoi qu'elle en dise, et malgré l'effort douloureux pour elle, l'accord nous arrive en mainte rencontre bien vibrant et bien pénétrant, et comme il n'est donné qu'à un vrai poëte de le produire. Madame Tastu, par cela même que son talent porte sur une sensibilité toute réelle, doit être prise dès le début de sa vie, et nous la suivrons d'abord pas à pas. Elle est née à Metz de M. Voïart, administrateur général des vivres, et de mademoiselle Bouchotte, sœur du ministre de la guerre sous la république ; c'est déjà dire que la lignée de notre poëte est en plein dans cette bourgeoisie illustrée par la révolution, et les sentiments patriotiques, que les invasions de 1814 et de 1815 développèrent si fort chez elle, représentent bien ceux de cette vaillante cité, sentinelle de la frontière. Est-il convenable de noter que son père faisait avec une grande facilité ce qu'on appelait des vers de société, bouts-rimés, couplets, etc., bagatelle fort à la mode de son temps, et dans laquelle le beau-frère de Bouchotte égalait peut-être le célèbre ingénieur Carnot? Mais la mère de madame Tastu, à une faculté poétique naturelle et remarquablement élevée, unissait beaucoup de mérite sérieux et un caractère qui semble avoir eu de l'analogie avec celui de madame Roland. C'est en elle sans doute que sa fille a puisé, nonobstant ses tendresses de femme-poëte, ce sens judicieux, ferme, suivi, un peu mâle, ce bon esprit instruit, appliqué, ces lignes sûres et correctes, et ce quelque chose d'étranger et même de contraire à toute vapeur aristocratique. Dès l'âge de quatre ans, la jeune Amable faisait preuve d'une grande intelligence et d'une surprenante mémoire; elle avait pour la lecture une véritable passion, et il lui fallait cacher les livres qu'elle dévorait. Elle sentit de bonne heure la mesure du vers, et, si quelqu'un faisait un vers faux en lisant, son oreille était blessée. A sept ans et demi, elle perdit sa mère, qui avait voulu aller mourir à Metz au milieu de sa famille; car, atteinte d'une maladie de poitrine incurable, cette femme de vertu ne s'abusa pas un moment sur son état, et se disposa à la mort avec calme, comme pour un voyage. Cette mort jeta une ombre sur tout le reste d'une enfance si sensible. De retour à Paris avec son père, plus de jeux, un redoublement de lecture, ou, par intervalles, une sorte de rêverie nonchalante qui faisait demeurer l'enfant assise, les bras croisés, avec ce grand œil fixe (de Minerve), sans presque aucun mouvement de paupière. L'imagination s'éveillait déjà en elle, une espèce d'imagination qui s'isole en le voulant, pleine de suite en son rêve, compatible avec les qualités de la vie positive, et qui ne fait jamais confusion avec la réalité; elle-même l'a décrite à merveille dans son conte en prose du *Bracelet maure*. Elle lut et relut l'Homère de Bitaubé à neuf ans; dès cet âge, elle se plaisait à composer des couplets sur des airs qui mesuraient naturellement ses rimes. La vue fréquente des collections de gravures dans le cabinet de son père l'habituait aux lignes précises du dessin. Pourtant, cette vie de rêverie et de lecture altéra sa santé, et vers onze ans elle fit une maladie, dont la guérit le docteur Alibert, mais qui la laissa quelques années chétive. Que d'efforts et quel douloureux acheminement, ô Nature, pour arriver à la puberté du talent! Une année de pension, le second mariage de son père, qui épousa une jeune personne, douée elle-même du goût et du talent d'écrire (1), apportèrent quelque variété dans l'existence concentrée et casanière de notre poëte. La jeune fille de treize ans s'essaya, non plus à des couplets, mais à

---

(1) Madame Voïart, connue par plusieurs agréables ouvrages.

de vraies pièces de vers, à des idylles sur les diverses fleurs; il y avait grand emploi, comme on peut croire, du langage mythologique. La première de ces pièces, *le Réséda*, fut présentée à l'impératrice Joséphine en 1809, et valut à la muse précoce de vifs éloges, que sa modestie sut dès lors réduire. Un des traits du caractère et du talent de madame Tastu, et qui la distingue entre les femmes-poëtes d'aujourd'hui, c'est cette justesse de sens, une vue constamment nette et non troublée. Elle n'y arriva pas sans effort et dut souvent se vaincre. Enfant, sous son air calme, elle était passionnée, peu flexible, violente même; elle perdit un jour, à onze ans, son prix de sagesse, pour un soufflet donné. Mais sa volonté plus forte prit l'empire.

Jusqu'à quel point cette discipline morale, régulière, contractée de bonne heure, et toujours observée dans la suite, favorise-t-elle ce qu'on appelle talent poétique, et ce qu'admire le monde sous ce nom? Je ne veux pas le discuter ici. Mais en suivant la destinée poétique de madame Tastu, en la voyant cheminer si pure, si attentive et discrète, si comprimée parfois dans sa ligne tracée; en lui entendant opposer d'autres talents de femmes, plus brûlants, plus passionnés en apparence, et non pas soutenus d'âmes plus profondes, je me suis dit que bien des bonnes et essentielles qualités interdisent souvent à des qualités plus spécieuses ou à de brillants défauts de se produire avec avantage. La plus célèbre des femmes de ce temps, parlant quelque part du caractère d'un de ses héros (1), le compare à une chaîne d'airain; mais il y avait dans cette chaîne, dit-elle, un anneau d'or qui, à l'occasion, rompait toujours; cet anneau d'or, c'était une bonne qualité, mêlée à d'autres plus énergiques que morales. Les bonnes qualités, chez la femme-poëte surtout, sont comme des mères tendres et prévoyantes qui retiennent à temps l'enfant prodigue près de s'échapper, et cet enfant prodigue s'en irait sans cela par le monde, accroissant son renom et gagnant

---

(1) George Sand, dans *André*.

la gloire. Ne perdons point ceci de vue, en appréciant un talent à demi voilé, qui n'est allé qu'à une gloire décente sous le contrôle du devoir.

A seize ans, la lecture de Gessner, d'Ossian, de Bernardin de Saint-Pierre, de M. de Chateaubriand surtout, la connaissance particulière qu'elle fit de madame Dufrenoy, et jusqu'aux conseils qu'elle reçut de Mollevaut, contribuèrent à fixer la vocation poétique de madame Tastu. Une de ses idylles, *le Narcisse*, composée à dix-sept ans, et insérée à son insu dans *le Mercure*, amena son mariage en 1816. Elle quitta aussitôt après Paris pour Perpignan, et ce doux fruit du nord s'en alla, durant plus de quatre ans, achever de mûrir et de se colorer sous le soleil du Roussillon. Plusieurs prix, remportés aux Jeux Floraux, commencèrent dans le midi la réputation de la jeune femme; mais ce qui la fit d'abord remarquer des juges littéraires de Paris, ce fut sa pièce, publiée en 1825, à l'occasion du Sacre. Entre tant de poëmes de circonstance, où le faste des mots et des ornements cachait mal la disette de l'inspiration, *les Oiseaux du Sacre* se distinguaient par leur originalité naïve, touchante, convenable à une délicatesse de femme, d'une femme qui savait aussi faire entendre des accents de liberté. C'était une muse timide et pudique qui s'annonçait dans les rangs libéraux, honorés alors par Casimir Delavigne et Béranger. *Le Globe* salua cette pièce de ses éloges, et quand le premier recueil de madame Tastu parut l'année suivante (1826), M. Dubois, en citant *l'Ange Gardien*, caractérisa, par quelques lignes bien senties, ce genre nouveau d'élégie domestique. Dans la vie de mérite et de dignité que l'auteur s'est faite, *l'Ange Gardien* a été et a dû rester son chef-d'œuvre. Il y a un moment unique où toutes les pensées, tous les rêves chastes et poétiques à la fois, se rencontrent dans l'âme de la jeune fille, de la jeune femme; c'est à la veille ou au lendemain du jour qu'embaume pour elle la fleur d'oranger. Cet instant passé, si elle est pure, si elle est sévère, si son cœur, même dans les ennuis et les traverses, s'interdit toutes insinuations décevantes, elle n'a plus qu'à regarder parfois en arrière, à regretter, à se soumettre, à ne vivre que dans le bonheur des siens, à espérer au delà de cette vie dans les malheurs. Mais, même heureuse, même comblée ici-bas comme épouse et comme mère, son roman est clos, son poëme s'en est allé; le voilà hors de son atteinte, suspendu au plus obscur de l'alcôve nuptiale, avec la couronne d'oranger près du crucifix. Madame Tastu, dans une belle pièce de son dernier recueil (*le Temps*), montre les mortels partagés en trois classes : les uns, ne vivant qu'au jour le jour, dans le présent; les autres tout entiers à l'avenir et dans l'ambition des espérances; les autres, enfin, tout à l'amour du passé et à la mélancolie du souvenir. Il faut la ranger parmi ces derniers; c'est vers le passé volontiers, vers le moment évanoui, qu'elle se retourne, dès que sa tâche lui en laisse le loisir. Les regrets, que la résignation tempère, sont désormais, et depuis *l'Ange Gardien*, l'inspiration naturelle de son chant. À côté de cette délicieuse composition de *l'Ange*, le premier recueil offrait de gracieux accompagnements, comme *le Dernier Jour de l'Année* et ces *Feuilles de Saule*, où tant de vague tristesse se module sur un rhythme si délicat. Sans entrer dans les questions polémiques, alors commençantes, madame Tastu se rattachait à l'école nouvelle par un grand sentiment de l'art dans l'exécution. Cette pensée rêveuse et tendre aime à revêtir le rhythme le plus exact, à la façon de Béranger, que par cet endroit elle imite un peu.

Au sortir du succès brillant de son premier recueil, madame Tastu tenta d'agrandir le domaine de son inspiration, et d'entrer dans la poésie d'action, épique et dramatique. Une remarquable étude en vers sur Shakspeare l'avait préparée à cette excursion hardie, bien digne d'ailleurs d'un esprit aussi grave. Les *Chroniques de France*, publiées en 1829, furent pourtant jugées, en général, comme une erreur honorable d'un talent élégiaque et intime, trop docile cette fois aux conseils de quelque ami, savant historien. On n'y releva pas assez les belles émotions lyriques du *Prologue*, la fervente et sérieuse *Introduction* aux *Temps modernes*, et la fin du chant de *Waterloo*. Il est bien vrai qu'en somme le poids de l'armure avait trahi l'effort de la courageuse Herminie.

Le moindre succès des *Chroniques* se perdit bientôt pour madame Tastu dans des adversités obscures et poignantes qui vinrent assujettir à des emplois obligés ce talent si sobre et si choisi. Elle n'hésita pas, mais elle souffrit. Elle pencha vers la prose son front de muse, elle détacha de ses mains l'étoile et le bandeau (1). L'inspiration, profondément découragée, qui remplit son récent volume, date de ce moment; c'est à l'une de ces heures de veille et d'agonie où les poëtes comme Lamartine écrivent les *Novissima Verba*, où les poëtes comme Victor Hugo redisent *Ce qu'on entend sur la Montagne*, qu'elle, interrompant un peu sa tâche, elle s'écriait dans une plainte étouffée :

> O Monde ! ô Vie ! ô Temps ! fantômes, ombres vaines,
> Qui lassez à la fin mes pas irrésolus,
> Quand reviendront ces jours où vos mains étaient pleines,
> Vos regards caressants, vos promesses certaines ?
>   Jamais, ô jamais plus !
>
> L'éclat du jour s'éteint aux pleurs où je me noie,
> Les charmes de la nuit passent inaperçus ;
> Nuit, jour, printemps, hiver, est-il rien que je voie ?
> Mon cœur peut battre encor de peine, mais de joie
>   Jamais ! ô jamais plus !

---

(1) Madame Émile de Girardin, exprimant ce même passage pénible de la poésie à la prose, a dit :

> Et la Muse brisa sa lyre par raison.

Ces deux dames, madame Émile de Girardin et madame Tastu, depuis leur application au réel, ont essayé quelquefois de mettre la poésie à la portée de l'enfance et de lui faire parler le langage de la morale ou de la prière. L'âme noble, la raison saine, le goût juste de madame Tastu y ont naturellement réussi : on peut voir les petites pièces de vers qu'elle a semées dans ses excellents ouvrages d'éducation (librairie de Didier).

Lorsqu'on subit à ce degré le poids de la douleur présente, monotone, effective, on sent trop fort pour pouvoir beaucoup chanter. Un gémissement si vrai n'a rien de l'élan des âmes tourmentées à plaisir et remuées, qui s'enfoncent elles-mêmes l'aiguillon (1). M. de Lamartine le pensait aussi, lorsqu'à la lecture de ce dernier volume et sous l'émotion de cet amer sanglot, il écrivait à madame Tastu les vers suivants, lui, le consolateur affligé, qui en avait déjà adressé de si pénétrants à madame Desbordes-Valmore :

>   Dans le clocher de mon village
>   Il est un sonore instrument,
>   Que j'écoutais dans mon jeune âge
>   Comme une voix du firmament.
>
>   Quand, après une longue absence,
>   Je revenais au toit natal,
>   J'épiais dans l'air, à distance,
>   Les doux sons du pieux métal.
>
>   Dans sa voix je croyais entendre
>   La voix joyeuse du vallon,
>   La voix d'une sœur douce et tendre,
>   D'une mère émue à mon nom.
>
>   Maintenant, quand j'entends encore
>   Ses sourds tintements sur les flots,
>   Chaque coup du battant sonore
>   Me semble jeter des sanglots.
>
>   Pourquoi ? Dans la tour isolée
>   C'est le même timbre argentin,

---

(1) Nous devons dire pourtant, de peur de rien exagérer, que ce cri de douleur se trouve imité ou même traduit de la pièce de Shelley, intitulée *A Lament*, qui commence par ces mots :

>   Oh, world ! oh, life ! oh, time !...

Mais madame Tastu a rendu si supérieurement les accents de l'original, qu'on sent qu'elle les a retrouvés dans son âme.

Le même hymne sur la vallée,
Le même salut au matin.

Ah! c'est que, depuis le baptême,
Le mélancolique instrument
A tant sonné pour ceux que j'aime
L'agonie et l'enterrement!

C'est qu'au lieu des jeunes prières,
Ou du *Te Deum* triomphant,
Il fait vibrer les froides pierres
De ma mère et de mon enfant!...

Ainsi quand ta voix si connue
Revint hier me visiter,
Je crus que du haut de la nue
L'ancienne joie allait chanter.

Mais, hélas! du divin volume
Où tes doux chants m'étaient ouverts,
Je ne sais quel flot d'amertume
Coulait en moi dans chaque vers.

C'est toujours le même génie,
La même âme, instrument humain!
Mais, avec la même harmonie,
Comme tout pleure sous ta main!

Ah! pauvre mère! ah! pauvre femme!
On ne trompe pas le malheur;
Les vers sont le timbre de l'âme;
La voix se brise avec le cœur!

Toujours au sort le chant s'accorde;
Tu veux sourire en vain, je vois
Une larme sur chaque corde,
Et des frissons sur tous tes doigts!

A ces vains jeux de l'harmonie
Disons ensemble un long adieu:

Pour sécher les pleurs du génie,
Que peut la lyre ?... Il faut un Dieu !

En publiant, il y a trois ans (1833), la cinquième édition de ses premières poésies, madame Tastu y ajoutait une préface en vers qui est une de ses meilleures pièces. Elle semble y douter pour ses premiers-nés de l'accueil qui les a favorisés jusque-là ; cette révolution qui a renouvelé et surtout dispersé tant de choses, qui a dissous les groupes poétiques et littéraires, lui paraît avoir de beaucoup vieilli ses vers si heureux à leur naissance :

Hélas ! combien sont morts de ceux qui m'ont aimée !
Combien d'autres pour moi le temps aura changés !
Je n'en murmure pas ; j'ai tant changé moi-même !
. . . .
. . . . Il est des sympathies
Qui, muettes un jour, cessent d'être senties ;
Et tel, par qui jadis ces chants étaient fêtés,
A peine s'avouera qu'il les ait écoutés !

Il a été fait à cette préface craintive une réponse en vers que nous donnons ici, malgré tout ce qu'il y a de périlleux à rien produire sur un sujet touché par M. de Lamartine ; mais il sera le premier à nous pardonner en faveur du sentiment commun qui nous attire vers la même noble douleur. Voici donc cette réponse :

Non, tous n'ont pas changé, tous n'ont pas, dans leur route,
Vu fuir ton frais buisson au nid mélodieux ;
Tous ne sont pas si loin ; j'en sais un qui t'écoute
  Et qui te suit des yeux.

Va ! plusieurs sont ainsi, plusieurs, je le veux croire,
De ceux qu'autour de toi charmaient tes anciens vers,
De ceux qui, dans la course en commun à la gloire,
  T'offraient leurs rangs ouverts.

Mais plusieurs de ceux-là, mais presque tous, je pense,
Vois-tu ? belle Ame en deuil, depuis ce jour flatteur,

Victimes comme toi, sous une autre apparence,
    Ont souffert dans leur cœur.

L'un, dès les premiers tons de sa lyre animée,
A senti sa voix frêle et son chant rejeté,
Comme une vierge en fleur qui voulait être aimée
    Et qui perd sa beauté.

L'autre, en poussant trop haut jusqu'au char du tonnerre,
S'est dans l'âme allumé quelque rêve étouffant.
L'un s'est creusé, lui seul, son mal imaginaire;...
    L'autre n'a plus d'enfant!

Chacun vite a trouvé son écart ou son piége;
Chacun a sa blessure et son secret ennui,
Et l'Ange a replié la bannière de neige
    Qui dans l'aube avait lui.

Et maintenant, un soir, si le hasard rassemble
Quelques amis encor du groupe dispersé,
Qui donc reconnaîtrait ce que de loin il semble,
    Sur la foi du passé?

Plus de concerts en chœur, d'expansive espérance,
Plus d'enivrants regards! la main glace la main.
Est-ce oubli l'un de l'autre et froide indifférence,
    Envie, orgueil humain?

Oh! c'est surtout fatigue et ride intérieure,
Et sentiment d'un joug difficile à tirer.
Chacun s'en revient seul, rouvre son mal et pleure,
    Heureux s'il peut pleurer!

Ils cachent tous ainsi leurs blessures au foie,
Trop sensibles mortels, éclos des mêmes feux!
Plus jeune, on se disait les chagrins et la joie;
    Plus tard, on se tait mieux.

On se tait même auprès du souvenir qui charme;
On doit paraître ingrat, car on le fuit souvent.
Contre l'émotion qui réveille une larme
    A tort on se défend.

Ainsi l'on fait de toi, chaste Muse plaintive,
Qui de trop doux parfums entouras l'oranger ;
Ces bosquets que j'aimais de notre ancienne rive,
  Je n'ose y resonger.

Puis, à toi, ta blessure est si simple et si belle,
Si belle de motif, et pour un soin si pur,
Toi, chaque jour, brûlant quelque part de ton aile
  Au foyer trop obscur,

Que c'est pour nous, souffrant de nos fautes sans nombre,
De vaines passions, d'ambitieux essor,
Que c'est honte pour nous de t'écouter dans l'ombre,
  Et de nous plaindre encor.

Plus d'un, crois-le pourtant, a sa tâche qui l'use,
Et sa roue à tourner et son crible à remplir,
Et ce labeur pesant, meurtrier de la Muse
  Qu'il doit ensevelir.

Sacrifice pénible et méritoire à l'âme,
Non pas sur le haut mont, sous le ciel étoilé,
D'un Isaac chéri, sans autel et sans flamme
  Chaque jour immolé !

L'âme du moins y gagne en douleurs infinies ;
Du trésor invisible elle sent mieux le poids.
N'envions point leur gloire aux fortunés génies,
  Que tout orne à la fois !

Sans plus chercher au bout la pelouse rêvée,
Acceptons ce chemin qui se brise au milieu ;
Sans murmurer, aidons à l'humaine corvée,
  Car le maître, c'est Dieu !

A analyser rigoureusement le dernier recueil de madame Tastu, on y peut faire plusieurs remarques critiques qu'un esprit aussi judicieux que le sien appréciera. La plus longue pièce du volume est le poëme de *Peau-d'Ane*, et *Peau-d'Ane*, dans l'intention du poëte, tout en conservant bien des charmantes naïvetés premières, relevées dans un rhythme svelte et élégant, *Peau-d'Ane* est devenu un *mythe*. Comme les amours de Psyché expriment une métamorphose de l'âme, les destinées de *Peau-d'Ane* représentent, selon le poëte, les destinées du siècle, de ce *Siècle-Midas*, de ce *Siècle-prose*, lequel, sous son enveloppe matérielle, cache un germe à demi clos de foi, de poésie et de beauté. *Peau-d'Ane*, en un mot, est un mythe social, dont la pensée se produit dans les chants qui terminent chaque journée. Il y a des moments aussi où l'on sent sous l'emblème la personne même de l'auteur, et la plainte naturelle de cette muse forcée trop souvent de quitter la robe d'azur de la poésie pour le rude vêtement de la prose. Tout cela est plein de combinaison, plein d'un art ingénieux sans doute; mais on a quelque peine à saisir l'idée, à la dégager de l'entourage qui l'enchâsse. La précision même des détails nuit peut-être à une plus libre intelligence; l'auteur suit trop pas à pas son chemin; on s'aperçoit bien qu'on n'a point avec lui affaire à une pure fantaisie, mais on ne sait trop où il en veut venir. Puis, quand arrive par places l'idée du mythe, elle tranche nettement avec tout le détail enjoué de narration qui a précédé : on n'était pas suffisamment averti, rien n'avait transpiré; cet ensemble ne s'annonçait pas environné d'assez de vapeur. Je préfère, en fait de morceau de quelque étendue, l'*Étude de Dante*, à bon droit dédiée à M. Fauriel. L'application sérieuse qui s'y découvre sied bien à la dignité du sujet. L'imprécation sur Florence, que le poëte traduit et développe en la détournant à notre patrie, a conservé sa mâle beauté et atteste combien les espérances patriotiques de ce noble cœur ont essuyé d'amertumes aussi et de désabusements. Ces désabusements, avouons-le, lui sont venus surtout de l'excès des impatiences et des appels menaçants à la force; dans la pièce de *La Fayette*, son vœu et sa prière s'adressent à cette trop vive jeunesse que, dans son inquiétude de mère, elle prend à tâche de modérer. Un côté si sage, mais nécessairement si raisonneur, introduit dans le talent, semble par endroits le ralentir. Cette muse, autrefois sortie du même camp libéral que Béranger, n'est pourtant pas tout entière aujourd'hui aux craintifs présages. Son espérance, blessée mais patiente, s'est réfugiée aux perspectives d'un avenir social, terre promise que tant de voix de poëtes aiment à saluer.

Ce qui touche le plus dans le récent volume, ce sont les pièces où, sans détour, sans déguisement de drame ou de mythe, l'âme du poëte a éclaté, ces pièces modestes intitulées *Plainte*, *Invocation*, *Découragement*, *le Temps*, la *Commémoration* funèbre sur la mort de madame Guizot, *la Passion*. Elles sont courtes, parce que la douleur trop vraie n'a qu'un cri, parce qu'une aile saignante, à peine élancée, retombe, parce qu'il a fallu les quitter vite pour les pages monotones et laborieuses, un moment disparues sous une larme. Elles sont nées du profond de la réalité, sans la décorer, sans l'interrompre, en présence et en continuité des instants d'angoisse ou d'ennui, sans oubli aucun et sous l'effort des choses existantes. Après *l'Ange Gardien*, dont la rayonnante image continuera de planer, aux heures de rêverie, sur les destinées de toute jeune fille chrétienne et de toute épouse fidèle, ce volume nouveau, mélange de souffrance, d'étude et de maturité sensée, a son charme également béni. Bien qu'il nous reporte vers un passé plus brillant, bien qu'il s'élève moins haut que la poétique apparition de la jeunesse, il vient dignement après, et honore le talent en même temps que la vie de celle qui peut si fermement se résigner et si délicatement se plaindre.

Février 1835.

(Mon désir d'être exact me fait ajouter un seul mot : ce portrait, jugé par des personnes qui voient de près l'auteur, leur a paru présenter l'idée d'une personne plus agitée ou plus résignée que ne l'est, que n'a besoin de l'être une âme si calme, si réglée, si bien établie dans les affections douces et dans les études solides. Nous avons pu surprendre le poëte en un moment de plainte; mais il ne faut rien exagérer, et il n'est pas nécessaire pour l'intérêt du portrait de trop prolonger ce court moment dans toute l'habitude d'une vie.)

M. ALFRED DE MUSSET.

1833.

Au moment où l'Angleterre et l'Allemagne semblent avoir épuisé le magnifique essor poétique qui les emportait depuis plus de quarante ans, et dans ce double silence qui se fait autour de nous du côté des tombes de Byron et de Goëthe, il est bon de voir le mouvement de la France grandir et s'étendre par des productions multipliées de poëtes, et, au lieu de symptômes de lassitude, d'y découvrir une émulation croissante et d'actives promesses. Il y a bien quelque quarante ans aussi que la rénovation poétique, qui est en pleine vogue à cette heure, a débuté chez nous dans les vers d'André Chénier, et a fait route latéralement dans la prose des *Études*, des *Harmonies de la Nature*, dans celle de Corinne, René, Oberman et des romans de Nodier, tous ces fils des *Rêveries*, toute cette postérité de Jean-Jacques. Mais ce n'est que depuis moins de quinze ans, c'est-à-dire depuis la mise au jour d'André Chénier et l'apparition des premières *Méditations poétiques*, ces deux portes d'ivoire de l'enceinte nouvelle, que notre poésie, à proprement parler, a trouvé sa langue, sa couleur et sa mélodie, telles que les réclamait l'âge présent, et qu'elle a pu exprimer ses sentiments les plus divers sur son véritable organe. Jusque-là, cette poésie, en ce qu'elle avait de particulier, et j'oserai dire d'essentiel, semblait décidément subalterne, inférieure à la prose, incapable dans ses vieilles entraves d'atteindre à tout un ordre d'idées modernes et d'inspirations, qui s'élargissait de jour en jour. Jean-Jacques, M. de Chateaubriand, Benjamin Constant et madame de Staël, essayant de s'exprimer en vers, m'ont toujours fait l'effet de Minerve, qui, voulant jouer de la flûte au bord d'une fontaine, s'y regarde et se voit si laide, qu'elle jette de dépit la flûte au fond des eaux. J'en demande pardon à ces admirables prosateurs qui, révérant l'art des vers dans Corneille, Racine et La Fontaine, comme une rareté ensevelie, désespéraient de le faire renaître. Ils avaient cent autres dons excellents; un seul, mais qui n'était pas le moindre, leur a manqué. M. de Musset a cavalièrement raison contre eux tous dans la stance suivante :

> J'aime surtout les vers, cette langue immortelle.
> C'est peut-être un blasphème et je le dis tout bas;
> Mais je l'aime à la rage. Elle a cela pour elle,
> Que les sots d'aucun temps (1) n'en ont pu faire cas,
> Qu'elle nous vient de Dieu, — qu'elle est limpide et belle,
> Que le monde l'entend et ne la parle pas.

Or, depuis 1819, ce qu'on pourrait appeler l'école poétique française n'a pas cessé de marcher et de produire : son développement non interrompu se partage assez bien en trois moments distincts; on y compte déjà trois générations et comme trois rangées de poëtes. De 1819 à 1824, sous la double influence directe d'André Chénier et des *Méditations*, sous le retentissement des chefs-d'œuvre de Byron et de Scott, au bruit des cris de la Grèce, au fort des illusions religieuses et monarchiques de la restauration, il se forma un ensemble de préludes, où dominaient une mélancolie vague, idéale, l'accent chevaleresque, et une grâce de détails curieuse et souvent exquise.

---

(1) Le poëte oublie un peu trop que, parmi les dépréciateurs de la rime et des vers, sont Pascal, Malebranche, La Motte, et l'abbé Prévost (voir *le Pour et Contre*, nombres 78, 79, 122, 146 et 147).

MM. Soumet et Guiraud appartiennent purement à cette phase de notre poésie, et en représentent, dans une espèce de mesure moyenne, les mérites passagers et les inconvénients. Deux autres talents plus fermes, qui s'y rapportent également, quoique issus du libéralisme, MM. Lebrun et de Latouche, l'un dans ses poëmes, l'autre dans ses trop rares élégies, réfléchissent aussi, avec une fidélité diverse, l'émotion et la teinte poétique de ce moment d'initiation, auquel M. Delavigne demeura, lui, complétement insensible. Béranger restait aussi tout à fait en dehors; mais il le pouvait, grâce à la maturité originale de son génie, au caractère expressément politique de sa mission, à la spécialité unique de son genre. Les secondes *Méditations*, *la Mort de Socrate*, les premières odes de M. Hugo, divers poëmes de M. de Vigny, datent et illustrent la période dont il s'agit; mais, à part M. de Lamartine qui l'avait ouverte, ces autres poëtes, plus jeunes, n'étaient pas arrivés à leur expansion définitive : ce ne fut guère que de 1824 à 1829, dans la seconde phase du mouvement que nous décrivons, qu'ils montèrent à leur rang, groupant autour d'eux et suscitant une génération fervente. Les principaux traits de cet autre moment si bien rempli furent la suprématie, le culte de l'Art considéré en lui-même et d'une façon plus détachée, un grand déploiement d'imagination, la science des peintures, l'histoire entamée dramatiquement, évoquée avec souffle, comme dans le *Cinq-Mars* et le *Cromwell*, la reproduction expressive du moyen-âge mieux envisagé, de Dante et de Shakspeare compris à fond; on perfectionna, on exerça le style; on trempa le rhythme; la strophe eut des ailes; on se rapprochait en même temps de la vérité franche et réelle dans les tableaux familiers de la vie. Vers la fin, comme cela a été récemment indiqué à propos de M. Antony Deschamps (1), on essayait d'infuser dans cette poésie pittoresque une philosophie platonicienne, dantesque, un peu

---

(1) Par M. Brizeux, *Revue des Deux Mondes*, janvier 1833.

alexandrine. Les tentatives passionnées du théâtre faisaient seules diversion à ces études intimes et délicieuses du moderne Musée.

Ces tentatives toutefois, en redoublant, commençaient à donner une direction assez divergente à plusieurs talents jusqu'alors unis, et l'école poétique était en plein train de se transformer par la force des choses, quand la révolution de Juillet, en éclatant brusquement, abrégea l'intervalle de transition, et lança par contre-coup tout ce qui avait haleine, dans une troisième marche dont nous pouvons déjà noter quelques pas. Jusqu'ici, depuis deux ans passés, il ne paraît plus qu'il existe aucun centre poétique auquel se rattachent particulièrement les essais nouveaux d'une certaine valeur. La dispersion est entière; chacun s'introduit et chemine pour son propre compte, fort chatouilleux avant tout sur l'indépendance. Les poëtes renommés, cependant, ont continué de produire. M. de Lamartine, en moisson dans l'Orient, a chanté de beaux chants de départ; Béranger va nous donner ses adieux. *Les Feuilles d'Automne* ont révélé des richesses d'âme imprévues, là où il semblait que l'imagination eût tout tari de ses splendeurs. La prose de *Stello* si savante, si déliée, a fait acte de poésie, autant par les trois épisodes qu'elle décore, que par cette analyse pénétrante de souffrances délicates et presque inexprimables qu'il n'est donné qu'à une sensibilité d'artiste de subir à ce point et de consacrer. Mais indépendamment de ces talents établis qui poursuivent leur œuvre, en la modifiant la plupart, et avec raison, selon une pensée sociale, voilà qu'il s'élève et se dresse une troisième génération de poëtes, dont on peut déjà saisir la physionomie distincte et payer l'effort généreux. C'est au premier abord quelque chose de plus varié, de plus épars qu'auparavant, de plus dégagé des questions d'école, de plus préoccupé de soi et de l'état de la société tout ensemble. L'art, ou plutôt les vétilles de l'art, la bordure traînante du manteau, qui, chez quelques disciples de la précédente manière, était relevée et troussée en chemin avec un soin superstitieux, fait souvent place ici à un désordre, à une profusion négligente, qui n'est ni sans charme ni sans affectation. L'auteur de *Marie* pourtant a gardé chaste et noué le long vêtement de la Muse; espèce de Bion chrétien, de Synésius artiste, en nos jours troublés; jeune poëte alexandrin qui a maintenant rêvé sous les fresques de Raphaël, et qui mêle sur son front aux plus douces fleurs des landes natales une feuille cueillie au tombeau de Virgile. La philosophie discrète et sereine, qui transpire dans sa poésie, continue peut-être trop celle du moment antérieur; elle est douée toutefois d'un sentiment exquis du présent. Qu'il ose donc, sous de beaux symboles, à l'exemple du chantre de Pollion, toucher quelques points de la transformation profonde qui s'opère (1)! Son ami,

---

(1) Voici ce qu'on lisait dans la *Revue des Deux Mondes* (décembre 1831) lors de la première édition de *Marie* : « *Marie*, roman, est simplement un recueil d'élégies, parmi lesquelles il s'en trouve huit intitulées *Marie*, qui, sans se suivre du tout, reviennent par intervalles, et, au milieu des distractions de l'amant et des caprices du poëte, renouent le fil de lin flottant de cette première liaison villageoise et printanière. Cet amour fidèle pour la jeune paysanne bas-bretonne Marie est comme le son fondamental que divisent d'autres sons harmoniques, mais qui reparaît d'espace en espace à certains nœuds..... En lisant ce petit livre tout virginal et filial, le *decor*, le *venustus*, le *simplex munditiis* des Latins, reviennent à la pensée pour exprimer le sentiment qu'il inspire dans sa décence continue. Les plus vrais tableaux, les plus vives réalités qu'il nous offre ont encore un parfum antique qui trahit une instinctive familiarité avec les maîtres de l'âge d'élégance, avec les poëtes du Musée et de l'Anthologie. Quelque chose de ce qu'on éprouve devant l'*OEdipe* d'Ingres, ou à la lecture de l'*Antigone* de Ballanche, se retrouve ici, moins grave, moins direct, et ménagé sous un adorable artifice. L'élégie du pont Kerlo me reporte involontairement à Moschus, à Bion. L'*hymne* à la Pitié pourrait être un écho plaintif de Synésius. C'est le propre des poésies extrêmement civilisées de revenir avec une curiosité expresse à la nature la plus détaillée, à la simplicité la plus attentive. Théocrite n'a-t-il pas fait *les Syracusaines*, et le rhéteur Longus la pastorale de *Daphnis et Chloé?* » En donnant depuis une seconde édition de *Marie* qu'il a enrichie de pièces nouvelles et dont il a perfectionné plusieurs détails, le poëte a légèrement atteint la physionomie première et en a surchargé peut-être sur quelques points la simplicité. M. Fauriel, dans l'ingénieuse préface qu'il a mise à *la Parthénéide* de Baggesen,

l'auteur des *Iambes*, et aujourd'hui du *Pianto*, a osé beaucoup : proférant des paroles ardentes, et d'une main qui n'a pas craint quelque souillure, il a fouillé du premier coup dans les plaies immondes, il les a fait saigner et crier. Son *Iambe*, non pas personnel et vengeur comme celui d'Archiloque ou de Chénier, ressemblait plutôt à l'hyperbole des stoïciens Perse et Juvénal. Chez M. Barbier, artiste, sinon stoïcien, sectateur de Dante et de Michel-Ange, sinon de Chrysippe et de Crantor, il y avait un idéal de beauté et d'élévation qu'il confrontait violemment avec la cohue de vices qu'un brusque orage avait soulevés. Cet idéal, qu'attestait déjà *la Tentation*, ressort désormais et se compose en plein sous une harmonieuse tristesse dans *le Pianto*, dont l'éclat est trop voisin de nos pages (1) pour que nous puissions l'y juger. On saisira toute la portée de l'idée dont l'Italie n'est, à vrai dire, que la plus auguste figure. La religion sans âme, la beauté vénale et souillée, ce n'est pas seulement Rome ou Venise ; le peuple méprisé et fort, c'est partout *la Terre de labour;* Juliette assoupie et non pas morte, Juliette au tombeau, appelant le fiancé, c'est la Vierge palingénésique de Ballanche, la noble Vierge qui, des ombres du caveau, s'en va nous apparaître sur la plate-forme de la tour ; c'est l'avenir du siècle et du monde.

On ne devra pas demander de pensée de ce genre à un *Spectacle dans un Fauteuil*, que M. de Musset vient de publier, bien que ce livre classe définitivement son auteur

---

remarque quelque chose de pareil pour les perfectionnements apportés par Voss à une seconde édition de sa *Louise*, de cette *Louise* qui n'est pas sans rapport d'aimable parenté avec *Marie*. L'auteur ici a rétabli les noms celtiques dans leur pure orthographe, il les a multipliés : au lieu de chanter désormais sa Bretagne du point de vue adouci du *Cénacle* et du *Musée*, il semble vouloir la venger au point de vue de sa nationalité propre. Celui que nous appelions Bion est devenu plus sauvage, il désire presque d'être pâtre comme l'était en Écosse *le Berger d'Ettrick*. Mais il a beau vouloir ; l'art grec s'attache à lui, et se trahit en parfum sous cette âpreté.

(1) Le poëme du *Pianto* paraissait dans le même numéro de la *Revue des Deux Mondes* qui contenait l'article sur M. de Musset.

parmi les plus vigoureux artistes de ce temps. Mais l'esprit de l'époque, en ce qu'elle a de brisé et de blasé, de chaud et de puissant en pure perte, d'inégal, de contradictoire et de désespérant, s'y produit avec un jet et un jeu de verve admirables en toute rencontre, et qui effrayent de la part d'un si jeune poëte. M. Alfred de Musset n'a guère plus de vingt-trois ans, si encore il les a : il a commencé à versifier dès dix-huit. Lié d'abord avec les poëtes de la seconde période, avec ce groupe qu'on a désigné un peu mystiquement sous le nom de *Cénacle*, il lançait au sein de ce cercle favorable ses premières études de poésie, quelques pastiches d'André Chénier, des chansons espagnoles d'une heureuse turbulence de page, mais visiblement chauffées au large soleil couchant des *Orientales.* La forme dramatique et les petites compositions à la Mérimée le tentèrent vite. Un Mathurin Regnier, qui lui tomba sous la main, lui ouvrit une copieuse veine de style franc et nourrissant qu'il versa sans tarder sur la scène du corps-de-garde et du cabaret borgne dans *Don Paëz*. Puis Shakspeare et Byron le saisirent, et ce dernier ne le lâcha pas. Entre ces deux divins maîtres, Crébillon fils se glissa en marquis par ses jolies fantaisies libertines, *Ah! quel conte!* et *la Nuit et le Moment*; Clarisse Harlowe elle-même, plus révérencieuse, eut son tour. Que dirai-je? de réaction en réaction, ce jeune homme en vint, chose monstrueuse en 1829, à admirer et à préconiser les vers de Voltaire. En un mot, M. de Musset, dans toute la crudité de l'adolescence (*proterva ætas*), se comporta comme un bachelier impétueux qui brise, chaque matin, ses adorations de la veille, et talonne, un peu injurieusement peut-être, en le quittant, le degré où il s'accoudait tout à l'heure. Il faut ajouter que, pour sa peine, il fut quelque temps à débarrasser le seuil de son talent de ce pêle-mêle de statues, et des débris qu'il en avait fait (1).

(1) C'est ce qui a fait dire à quelqu'un de plus sévère que nous: « Musset a un merveilleux talent de pastiche : tout jeune, il faisait des vers comme Casimir Delavigne, des élégies à l'André Chénier, des ballades à la Victor Hugo; ensuite il est passé au Crébillon fils. Plus

Les *Contes d'Espagne et d'Italie*, publiés en janvier 1830, annonçaient hautement un poëte. Les bonnes gens n'y virent que la *Ballade à la Lune*, et n'entendirent pas raillerie sur ce *point* d'invention nouvelle : ce fut un haro de gros rires. Tous ceux qui avaient un cœur capable de passion relurent *Portia* et palpitèrent. Le noble Farcy en raffolait. Ce tableau d'alcôve au retour du bal, la blancheur de l'aube qui fait pâlir le croissant et l'ombre, tandis qu'une femme lasse, couchée et à demi sommeillante, livre aux yeux un bras nu qui pend ; le parfum qu'elle exhale, comme une fleur sous la brise des nuits, ce chant incertain accompagné de guitare au pied du balcon, toute cette scène mystérieuse qui aboutit au soupçon dans le cœur de l'époux, forme une ouverture d'un calme inquiétant, assez approchante, pour l'effet, du début de *Parisina*. Après cette suavité première, succède aussitôt la grandeur : l'entrée du jeune inconnu dans l'église, sans respect et aussi sans mépris, son attente agitée, ses pas distraits sous les voûtes sonores, contrastent avec le génie des solitudes de Dieu. Sa fuite empressée, le soir, quand son coursier l'emporte au rendez-vous, provoque la bénédiction imprévue et presque tendre que le poëte envoie à l'amant. Puis, tout à côté, jaillit l'apostrophe outrageante et impie aux vieillards, dérision dure qui les traîne devant nous par les cheveux, afin qu'ils nous récitent, un pied dans la tombe, leurs joies de vingt ans, comme s'il n'y avait de sacré au monde que la jeunesse, la beauté et l'amour. Ainsi, d'élans en élans, d'émotion en impiété, tout nous mène à la volupté enivrante de la nuit, au meurtre de l'époux, à la volupté encore, sur cette mer de Venise, où reparaissent voguant, pleins d'oubli, le meurtrier aimé et la belle adultère :

> Peut-être que le seuil du vieux palais Luigi
> Du pur sang de son maître était encor rougi ;

tard, il s'est acquis quelque chose de très-semblable à la fantaisie shakspearienne, il y a joint des poussées d'essor lyrique à la Byron, il a surtout refait du Don Juan avec une pointe de Voltaire. Tout cela

> Que tous les serviteurs sur les draps funéraires
> N'avaient pas achevé leurs dernières prières;
> Peut-être qu'à l'entour des sinistres apprêts,
> Les prieurs, s'agitant comme de noirs cyprès,
> Et mêlant leurs soupirs aux cantiques des vierges,
> N'avaient pas sur la tombe encore éteint les cierges;
> Peut-être de la veille avait-on retrouvé
> Le cadavre perdu, le front sous un pavé;
> Son chien pleurait sans doute et le cherchait encore.
> Mais, quand Dalti parla, Portia prit sa mandore,
> Mêlant sa douce voix, que la brise écartait,
> Au murmure moqueur du flot qui l'emportait....

Les deux autres drames de ce volume, *Don Paez* et *la Camargo*, renfermaient des beautés du même ordre, mais moins soutenues, moins enchaînées, et dans un style trop bigarré d'enjambements, de trivialités et d'archaïsmes. En somme, il y avait dans ce jeune talent une connaissance prématurée de la passion humaine, une joute furieuse avec elle, comme d'un nerveux écuyer cramponné, à force de jarret et d'ongles, au dos d'une cavale fumante. Le *durus Amor*, l'*Amour, fléau du monde, exécrable folie*, n'avait jamais été étreint plus au vif, et, pour ainsi dire, plus au sang. Le poëte de dix-neuf ans remuait l'âme dans ses abîmes, il en arrachait la vase impure à une étrange profondeur; il culbutait du pied le couvercle de la tombe; à lui les femmes en cette vie, et le néant après! La vieillesse était apostrophée, foulée en maint endroit, secouée par le menton, comme décrépite. Sous le masque de son Mardoche, irrécusable bâtard de Cunégonde et de Don Juan dans leur vieillesse, il ricanait quelque part, à voix intelligible, *de ce bon peuple Hellène,*

> Dont les flots ont rougi la mer Hellespontienne
> Et taché de leur sang tes marbres, ô Paros!!

constitue bien une espèce d'originalité; *e pure*..... On dirait de ses jolies petites pièces que c'est traduit on ne sait d'où, mais cela fait l'effet d'être traduit. »

Quel était donc ce cœur de poëte qui avait tant de pitié de la blancheur des marbres? comment fallait-il l'entendre? était-il sérieux et sincère? car, pour poëte, il l'était manifestement, même au fort de sa débauche. Dans ses plus mauvais chemins, la vérité rayonnante, l'image inespérée, l'éclat facile et prompt, jaillissait de la poussière de ses pas. Ce que ne donnent ni l'effort, ni l'étude, ni la logique d'un goût attentif et perfectible, il l'atteignait au passage; il avait dans le style cette vertu d'ascension merveilleuse qui transporte en un clin-d'œil là où nul n'arrive en gravissant. Ce n'étaient pas des couleurs combinées, surajoutées par un procédé successif, mais bien le réel se dorant çà et là comme un atome à un rayon du matin, et s'envolant tout d'un coup au regard dans une transfiguration divinisée. J'en veux indiquer deux ou trois exemples frappants pour ceux qui savent comprendre :

> Ulric, nul œil des mers n'a mesuré l'abîme,
> Ni les hérons plongeurs ni les vieux matelots;
> Le soleil vient briser ses rayons sur leur cime,
> Comme un guerrier vaincu brise ses javelots!

Dans les vers déjà cités plus haut :

> . . . à l'entour des sinistres apprêts,
> Les prieurs, s'agitant comme de noirs cyprès...

Ailleurs, dans *Mardoche :*

> Heureux un amoureux! — il ne *s'enquête* pas
> Si c'est pluie ou gravier dont s'attarde son pas.
> On en rit; c'est hasard s'il n'a heurté personne;
> Mais sa folie au front lui met une couronne,
> A l'épaule une pourpre, et devant son chemin
> La flûte et les flambeaux, comme au jeune Romain!

Dans *Don Paez* enfin, en parlant de Juana :

> Comme elle est belle au soir! aux rayons de la lune,
> Peignant sur son col blanc sa chevelure brune!
> Sous la tresse d'ébène on dirait, à la voir,
> Une jeune guerrière avec un casque noir!

Ce sont là, à mon sens, des vers d'une telle qualité poétique, que bien des gens de mérite qui sont arrivés à l'Académie par les leurs (M. Delavigne lui-même, si l'on veut), n'en ont peut-être jamais fait un seul dans ce ton. Ces sortes d'images se trouvent et ne s'élaborent pas. Je donne la moindre en cent à tous faiseurs, copistes, éplucheurs, gens de goût, etc.

Les *Contes d'Espagne et d'Italie*, en mettant hors de ligne la puissance poétique de M. de Musset, posaient donc en même temps une sorte d'énigme sur la nature, les limites et la destinée de ce talent. Quelques fragments imprimés depuis dans *la Revue de Paris*, et un petit drame en prose, représenté sans succès et lu avec plaisir, n'avaient pas contribué à éclaircir l'énigme : aujourd'hui *Un Spectacle dans un Fauteuil* l'a-t-il résolue ?

Ce volume nouveau contient une dédicace à M. Alfred T..., très-décousue, mais étincelante, un grand drame sérieux en cinq actes, intitulé *la Coupe et les Lèvres*, une charmante petite comédie en deux actes, *A quoi rêvent les Jeunes Filles ?* et enfin un soi-disant conte oriental, *Namouna*, dont le sujet n'est qu'un prétexte de divagation sinueuse, et dans lequel se trouvent, après vingt folles échappées, les deux cents plus beaux vers qu'ait jamais écrits M. de Musset, toute sa poésie en résumé et tout son amour. — Le personnage principal de *la Coupe et les Lèvres*, Charles Frank n'est pas d'une autre famille que *Manfred*, *Conrad*, *le Giaour*, quoiqu'il nous offre une individualité bien retrempée, et que sa médaille soit sortie d'un seul jet. Lui aussi, le plus intrépide et le plus adroit des chasseurs tyroliens, l'orgueil l'égare; l'envie de toute supériorité l'ulcère; il repousse ses joyeux compagnons et la vie simple; il incendie en un jour de frénésie sa chaumière natale, rencontre un palatin avec sa maîtresse en croupe, dans une gorge étroite, se prend de querelle, tue l'un et emmène l'autre, délaissant sa douce fiancée d'enfance, la pure Déidamia. En proie au jeu, à la débauche, à l'épuisement aux bras de l'impure Belcolore, il s'en arrache pour les aventures de la guerre. Victorieux capitaine de hussards, il fait le mort un jour, et simule son enterrement pour assister lui-même à sa renommée. Las de toutes choses, l'image de sa fraîche Déidamia le poursuit cependant; un bouquet d'églantine, qu'elle lui a jeté au départ, ne l'a jamais quitté; il la revoit, il veut redevenir bon, simple, frapper sur l'épaule à tous voisins, et reprendre la vie de gai chasseur. Un baiser, le premier qu'il ait donné à sa *Mamette*, comme il appelle Déidamia, va lui être rendu. Mais Belcolore, l'impure acharnée, cette Sirène au beau corps, *à l'épaule charnue*,

> A la gorge superbe et toujours demi-nue,
> Sous ses cheveux plaqués le front stupide et fier,
> Avec ses deux grands yeux qui sont d'un noir d'enfer,

Belcolore, le brutal génie des sens, la volupté meurtrière, a suivi Frank; elle s'est glissée sur le seuil nuptial, et entre le chaste baiser donné, et pas encore rendu (1), elle trouve place pour un poignard au cœur innocent de Déidamia :

> Ah! malheur à celui qui laisse la débauche
> Planter le premier clou sous sa mamelle gauche.
> Le cœur d'un homme vierge est un vase profond :
> Lorsque la première eau qu'on y verse est impure,
> La mer y passerait sans laver la souillure,
> Car l'abîme est immense, et la tache est au fond (2)!

---

(1) C'est de là que vient ce titre *la Coupe et les Lèvres;* il y avait chez les Grecs un vers devenu proverbe :

> Πολλὰ μεταξὺ πέλει κύλικος καὶ χείλεος ἄκρου.
> Multa cadunt inter calicem supremaque labra :

ce que nos bons aïeux traduisaient bourgeoisement : « *Entre la bouche et la cuiller* il arrive souvent du détourbier. » Et le vieux Caton en son temps disait de même : « *Inter os et offam*, » entre la bouche et le morceau.

(2) Ce trait en rappelle un assez pareil de Shakspeare, lorsque Macbeth après son crime entend du bruit, et s'effraye, et s'écrie : « Quelles mains j'ai là! Ah! elles me font sortir les yeux de la tête. Est-ce que

Est-ce là la moralité, la fatalité de ce drame? Je le crois; il le faut; elle ressort presque forcément, quoique le poëte ne l'ait pas ramenée vers la fin, et qu'il semble abandonner le dénoûment à un caprice cruel du hasard. Il est fâcheux toutefois que la conception morale ne soit pas embrassée en entier ni poussée à bout; que le chœur qui débute si magnifiquement se taise bientôt, et nous laisse retomber dans l'incertitude inextricable des apparences. Pourtant, dès l'origine, quand Frank s'était égaré jusqu'à s'écrier :

> Tout nous vient de l'orgueil, même la patience :
> L'orgueil, c'est la pudeur des femmes, la constance
> Du soldat dans le rang, du martyr sur la croix.
> L'orgueil, c'est la vertu, l'honneur et le génie ;
> C'est ce qui reste encor d'un peu beau dans la vie,
> La probité du pauvre et la grandeur des rois ;

quand Frank avait dit cela, le chœur avait su divinement répondre :

> Franck, une ambition terrible te dévore.
> Ta pauvreté superbe elle-même s'abhorre ;
> Tu te hais, vagabond, dans ton orgueil de roi,
> Et tu hais ton voisin d'être semblable à toi. —
> Parle, aimes-tu ton père? aimes-tu ta patrie?
> Au souffle du matin sens-tu ton cœur frémir,
> Et t'agenouilles-tu, lorsque tu vas dormir ?
> De quel sang es-tu fait, pour marcher dans la vie
> Comme un homme de bronze, et pour que l'amitié,
> L'amour, la confiance et la douce pitié,
> Viennent toujours glisser sur ton être insensible,
> Comme des gouttes d'eau sur un marbre poli ?
> Ah! celui-là vit mal qui ne vit que pour lui.

---

tout l'océan du grand Neptune pourra lever ce sang de ma main? Non; cette main que voilà serait plutôt capable de rougir l'infinité des mers, changeant leur couleur verte en sang. » (Acte II, scène II). — Et encore (acte V, scène 1re), lorsque lady Macbeth se parle dans son délire, en frottant la tache à sa main : « Il y a ici une odeur de sang toujours; tous les parfums de l'Arabie ne sauraient purifier cette petite main. »

> L'âme, rayon du ciel, prisonnière invisible,
> Souffre dans son cachot de sanglantes douleurs ;
> Du fond de son exil elle cherche ses sœurs ;
> Et les pleurs et les chants sont les voix éternelles
> De ces filles de Dieu qui s'appellent entre elles.

Pourquoi donc cette sublime et triomphante réponse ne revient-elle nulle part au delà? Pourquoi ces deux voix mystérieuses, qui ont parlé à Frank endormi, n'ont-elles plus à retentir à son oreille? Pourquoi, quand la lumière a percé, redonner champ libre au chaos, et livrer le lecteur sans réplique à ce monologue incohérent qui couronne la mystification du cercueil, à ce conflit de beautés aveuglantes et de pensées qui se heurtent,

> Telles par l'ouragan les neiges flagellées?

Poëte si jeune d'ans et qui pourriez être si mûr, pourquoi ne pas accomplir un dessein ?

M. de Musset ne paraît pas s'être inquiété jusqu'ici d'établir en son talent une force concentrique et régnante : il embrasse beaucoup, il s'élance très-haut et très-avant en tous sens; mais il brise, il bouleverse à plaisir; il se plaît à aller, puis soudain à rebrousser; il accouple exprès les contraires. Bien des talents d'une moindre étendue sont plus sphériques en quelque sorte, et, suivant moi, plus parfaits que le sien. Il suffirait qu'on le louât de préférer et de pratiquer une chose, pour qu'il s'applaudît à l'instant d'aimer également toutes les autres. Sa préface exprime très-vivement ce goût, oserai-je dire cette manie de diversité? qui se retrouve à la fin dans *Hassan*, que *Beppo* avait déjà eue, je crois. L'adorable drôlerie, *A quoi rêvent les Jeunes Filles*, imbroglio malicieux et tendre qu'on peut lire entre *le Songe d'une Nuit d'Été* ou *Comme il vous plaira* et le cinquième acte de *Figaro*, n'est que le gracieux persiflage de cette idée de chaos où il se joue, de même que Frank m'en paraît la personnification sombre, fatiguée et luttante. Le plus beau passage du volume, ces stances du milieu de *Namouna*, que nul ne se chantera sans larmes, ce Don Juan vraiment nouveau, réalisé d'après Mozart, qu'est-ce encore, je le demande, sinon l'amas de tous les dons et de tous les fléaux, de tous les vices et de toutes les grâces; l'éternelle profusion de l'impossible; terres et palais, naissance et beauté; trois mille noms de femmes dans un seul cœur; le paradis de l'enfer, l'amour dans le mal et pour le mal, un amour pieux, attendri, infini, comme celui du *vieux Blondel pour son pauvre roi?* Si j'ai dit que l'œuvre manquait d'unité, je me rétracte : l'insaisissable unité se rassemble ici comme dans un éclair, et tombe magiquement sur ce visage : voilà l'objet d'idolâtrie.

A travers tout le premier drame qui se passe au Tyrol, un air vif des montagnes circule; on entend l'*Hallali* des chasseurs qui fait bondir; on croit boire à pleine main la saveur glacée des neiges dont la franche âcreté répare un sang affadi. Mais, dans les jardins du duc Laërte, sous le double bosquet où les deux sœurs soupirent, ce sont de tièdes et languissants parfums, mille Zéphyres moqueurs et la mélodie lutine des fées.

Le style du *Spectacle dans un Fauteuil* n'a plus rien du système ni du pastiche, comme certains endroits des *Contes d'Espagne et d'Italie.* Mais, en revanche, les incorrections et les négligences n'y sont pas ménagées : *la plupart meurt,* etc., etc. Il y a force obscurités par manque de liaison; ainsi, je n'ai pas compris le duc Laërte disant, page 168 :

Nous voulons la beauté pour avoir la tristesse.

Belcolore dit quelque part à Frank :

Prétends-tu me prouver que j'aie un cœur de pierre ?

Frank lui répond :

Et ce que je te dis ne te le lève pas !

Les rimes sont partout réduites à leur minimum, *griser* et *lévrier* par exemple, *Danaé* et *tombé;* le poëte en cela a trouvé moyen de renchérir sur Voltaire. De plus, grâce à l'emploi des rimes entrecroisées comme dans *Tancrède*, on croirait de temps à autre lire des vers blancs ; on peut trouver en effet quatre vers de suite qui forment un sens complet sans rimer. Il s'en est même glissé un tout à fait blanc, page 55, et, dans l'absence générale de rhythme, j'ai eu quelque peine à l'apercevoir (1).

Bien qu'un poëte ne soit pas nécessairement un critique, que mille éléments suspects animent les jugements littéraires qu'il laisse tomber d'un ton d'oracle, et qu'on ne doive pas lui en demander un compte trop scrupuleux, pourtant la préface en vers de M. de Musset renferme, entre autres opinions contestables, un rapprochement entre Mérimée et Calderon, qui m'a semblé dépasser toutes les bornes de la licence poétique en pareille matière :

> L'un, comme Calderon et comme Mérimée,
> Incruste un plomb brûlant sur la réalité, etc.

Nous avons peu pratiqué Calderon ; mais nous en avons assez entrevu pour ne jamais rapprocher ce grand dramatiste catholique, presque canonisé par les Schlegel, du talent fort médiocrement spiritualiste de notre énergique et sobre contemporain. Les comédies de cape et d'épée, par lesquelles il peut coudoyer un moment Mérimée, ne sont qu'une portion secondaire de son œuvre. L'image du *plomb incrusté dans la réalité*, de l'*effigie d'airain emportée d'un coup de ciseau*, cette image si juste quand elle s'applique au père de *Mateo Falcone*, de *Tamango* et,

---

(1) « Musset, a dit l'un de nos amis déjà cité, a l'affectation et la prétention de la négligence. Il a voulu rompre avec l'école dite de la *forme*, et, en rimant mal exprès, il a cru donner une ruade au Cénacle. Sa ballade *andalouse* était mieux rimée dans le premier jet, il l'a *derimée* après coup, comme s'il avait craint de montrer le bout de la cocarde. Un aimable esprit qui donnait dans un autre abus, Émile Deschamps, pendant ce temps-là, n'avait pas de cesse qu'il n'eût remis sur de meilleures rimes les ballades de Moncrif. *Sua quemque...* On touche en ces deux exemples les deux excès opposés, et l'un des deux explique l'autre. »

de *Catalina*, jure énormément avec la nature tout ailée du génie à qui l'on doit *Psyché*, *le Lys du Carmel*, et ces *Actes* sans nombre d'où les chants séraphiques s'exhalent comme des bouffées de chauds aromes ou les nuées d'encens dans les sanctuaires (1).

(1) A l'appui de ce jugement sur M. Mérimée, et pour mieux distinguer un talent contemporain qu'on n'a pas eu encore l'occasion d'analyser avec plus de détail, on citera ici un passage du *Globe* (janvier 1831); il y faut faire la part de la phraséologie légèrement saint-simonienne : « En relisant le théâtre de Clara Gazul, toutes les autres productions de l'auteur me sont revenues à l'esprit, et je me suis confirmé dans l'idée que c'était l'un des artistes les plus originaux et les plus caractéristiques de cette époque souverainement individuelle. Né, j'imagine, avec une sensibilité profonde, il s'est bientôt aperçu qu'il y aurait duperie à l'épandre au milieu de l'égoïsme et de l'ironie du siècle; il a donc pris soin de la contenir au dedans de lui, de la concentrer le plus possible et, en quelque sorte, sous le moindre volume; de ne la produire dans l'art qu'à l'état de passion âcre, violente, héroïque, et non pas en son propre nom ni par voie lyrique, mais en drame, en récit, et au moyen de personnages responsables. Ces personnages même, l'artiste les a poussés d'ordinaire au profil le plus vigoureux et le plus simple, au langage le plus bref et le plus fort; dans sa peur de l'épanchement et de ce qui y ressemble, il a mieux aimé s'en tenir à ce qu'il y a de plus certain, de plus saisissable dans le réel; sa sensibilité, grâce à ce détour, s'est produite d'autant plus énergique et fière qu'elle était nativement peut-être plus timide, plus tendre, plus rentrée en elle-même; elle a fait bonne contenance, elle s'est aguerrie et a pris à son tour sa revanche d'ironie sur le siècle; de là une manière à part, à laquelle toutes les autres qualités de l'auteur ont merveilleusement concouru. — Esprit positif, observateur, curieux et studieux des détails, des faits, et de tout ce qui peut se montrer et se préciser, l'auteur s'est de bonne heure affranchi de la métaphysique vague de notre époque critique, en religion, en philosophie, en art, en histoire, et il ne s'est guère soucié d'y rien substituer. Éclectiques, romantiques, doctrinaires, républicains ou monarchistes; systématiques de tout bord et de toute conviction, il les a laissés dire; il n'en a repoussé ni épousé aucun, se taisant, n'écoutant pas toujours, s'abstenant d'avoir là-dessus le moindre avis; mais il relisait de temps à autre *le Prince* de Machiavel, qui lui semblait une œuvre solide à méditer; il relisait l'*Art poétique* d'Horace, pour y retrouver quelques détails sur les procédés scéniques des anciens, ou les *Confessions* de saint Augustin, pour y voir comment un jour le saint prit goût, malgré lui, aux jeux du cirque. Il s'attachait

Mais c'est épiloguer bien longtemps : quoi qu'il en soit des détails, un poëte nouveau, par cette éclatante récidive, nous est dûment acquis et constaté. Ainsi les rangs se pressent; le ciel poétique de la France se peuple. A chaque heure, de plus jeunes étoiles lèvent le front ; d'autres, qui n'étaient que pâles et douteuses encore, grossissent, se dégagent ; et, à mesure que l'importance de chacun diminue, la gloire et l'ornement du pays s'augmentent.

Pour nous, critique, chargé d'enregistrer à temps ces

---

aux faits, interrogeait les voyageurs, s'enquérait des coutumes sauvages comme des anecdotes les plus civilisées ; s'intéressait à la forme d'une dague ou d'une liane, à la couleur d'un fruit, aux ingrédients d'un breuvage ; il rétrogradait sans répugnance et avec une nerveuse souplesse d'imagination aux mœurs antérieures, se faisait à volonté Espagnol, Corse, Illyrien, Africain, et de nos jours choisissait de préférence les curiosités rares, les singularités de passions, les cas étranges, débris de ces mœurs premières et qui ressortent avec le plus de saillie du milieu de notre époque blasée et nivelée ; des adultères, des duels, des coups de poignard, de bons scandales à notre morale d'étiquette. En s'appliquant à ces faits, pour leur imprimer le cachet de son génie, pour les tailler en diamants et les enchâsser dans un art très-ferme et très-serré, l'auteur n'a jamais songé, ce semble, à les rapporter aux conceptions générales, soit religieuses, soit politiques, dont ils n'étaient que des fragments ou des vestiges ; la vue d'ensemble ne lui sied pas ; il est trop positif pour y croire ; il croit au fait bien défini, bien-circonstancié, poursuivi jusqu'au bout dans sa spécialité de passion et dans son expression matérielle ; le reste lui paraît fumée et nuage. Sans croyance aux doctrines générales du passé, sans confiance aux vagues pressentiments d'avenir ni aux inductions d'une critique conjecturale, s'il abordait des actes et des passions tenant par leur milieu à une époque *organique*, il les verrait mal et les peindrait incomplétement. S'il s'attaquait au vrai moyen-âge, aux siècles de Hildebrand et de Bernard, il n'accorderait pas assez à l'influence universelle, à la splendeur du soleil catholique ; les exceptions et les points obscurs le distrairaient de la vérité d'ensemble. De nos jours, quand il a abordé certaines parties du règne de Napoléon, ç'a été la critique et l'ironie qui ont prévalu ; il nous a peint des lieutenants de la vieille armée espions, de jeunes fils de famille bonapartistes grossiers ; et sa sublime *Prise d'une Redoute* n'est que le côté lugubre de la gloire militaire. Il n'a pas embrassé, dans les peintures détachées qu'il en a données, l'harmonie de ce grand règne. Aussi M. Mérimée, dans le choix de ses sujets, se prend-il de préférence à

choses nouvelles, nous tâcherons de n'y jamais manquer, et nous gardant, s'il se peut, de la précipitation enthousiaste qui prophétise inconsidérément des splendeurs par trop nébuleuses, nous ne serons pas des derniers à signaler les vraies apparitions dignes du regard. Nous ferons l'office de la vigie, et notre cri de découverte sera toujours mêlé d'émotion et de joie. Quand on a soi-même des portions de l'artiste, qu'on l'a été un moment, ou du moins qu'on a désiré de le devenir à quelque degré, la vigilance

des époques où les particularités ne sont pas trop commandées par un ordre dominant, ou à des races qui sont demeurées dans leur sauvagerie primitive. Le seizième siècle lui va à merveille, parce que le moyen-âge, en s'y brisant, le remplit d'éclats, et qu'en crimes et en vertus l'énergie individuelle, poussée à son comble, y hérite directement de tout ce qu'avait amassé, durant des siècles, l'organisation féodale et catholique. Son talent d'observation et son génie de peintre y triomphent dans le choc violent des événements et l'originalité des caractères. De nos jours les histoires de bandits corses, de peuplades slaves, les aventures de négriers, lui conviennent encore; il s'y complaît et y excelle. Ou bien c'est ce que notre civilisation raffinée a de plus piquant et de plus relevé dans son insipidité habituelle : des comédiennes héroïques, des prêtres amoureux, des retours subtils de jalousie ou de remords. Le procédé d'exécution répond tout à fait à ce qu'on peut attendre : une simplicité parfaite, une force continue; point de *pomposo* ni de bavardage; point de réflexions ni de digressions; quelque chose de droit qui va au but, qui ne se détourne ni d'un côté ni de l'autre, et pousse devant, en marquant chaque pas, comme un bélier sombre; point de vapeurs à l'horizon ni de demi-teintes; mais des lignes nettes, des couleurs fortes dans leur sobriété, des *ciels* un peu crus, des tons graves et bruns; chaque circonstance essentielle décrite, chaque réalité serrée de près et rendue avec une exactitude sévère; chaque personnage conséquent à lui-même de tout point; vrai de geste, de costume, de visage; concentré et viril dans sa passion, même les femmes; et derrière ces personnages et ces scènes, l'auteur qui s'efface, qu'on n'entend ni ne voit, dont la sympathie ni l'amour n'éclatent jamais dans le cours du récit par quelque cri irrésistible, et qui n'intervient au plus que tout à la fin, sous un faux air d'insouciance et avec un demi-sourire d'ironie. Tel nous semble M. Mérimée. C'est assurément l'artiste le moins chrétien d'aujourd'hui, celui dont le caractère individuel est le plus purgé de toutes réminiscences doctrinales et sentimentales du passé. » — M. Vinet a défini M. Mérimée un *esprit à la fois exquis et dur*.

sur les créations naissantes est extrême ; le clin-d'œil est rapide et peu trompeur ; on reconnaît avec un instinct vif, presque jaloux, ces lumières qui pointent à l'horizon et vont à mesure éteindre les anciennes. Il y a quelque chose qui nous parvient vite dans tout ce qui hâte l'oubli qu'on fera de nous, dans tout ce qui rappelle les honneurs et les palmes exclusives auxquelles on avait songé. Qu'y faire? Il faut se répéter chaque matin, quand on ne vit pas dans un âge de barbarie, quand les rivaux abondent et que les rangs se pressent, ce que disait à Dante le peintre Oderic, puni d'orgueil au purgatoire : « Après moi, disait cette âme en rou« gissant, après moi, Francesco de Bologne qui déjà m'ef« face; après Cimabué, le Giotto; après le premier Guido, « le second! chacun a le cri à son tour. » Tieck, dans une *Vie de Poëte*, a bien fidèlement décrit ce mouvement de tristesse jalouse, quand Marlow se voit d'abord en présence du drame levant de Shakspeare. Mais Marlow se décide à admirer ; c'est par là qu'il se sauve de la souffrance; cette première émotion, qui pouvait rentrer en envie, déborde en louange. Rotrou fit de même devant Corneille.—A plus forte raison la critique le doit-elle faire à l'égard des œuvres de prix qui se succèdent. Quand elle a quelque fonds d'artiste en elle, disions-nous, elle est promptement avertie par un tact chatouilleux de ce qui se remue de poétique alentour; qu'elle se réjouisse donc d'avoir à le dire; qu'elle mette sa gloire à saluer la première : sa consolation comme son devoir est de ne se lasser jamais.

Janvier 1833.

M. ALFRED DE MUSSET.

1836.

(La Confession d'un Enfant du Siècle.

De tous les jeunes poëtes qui sont en train de croître, de s'améliorer avec éclat, de se débarrasser avec franchise de l'accoutrement quelque peu bizarre ou scandaleux des débuts, il n'en est aucun de qui on ait droit de plus attendre que de M. Alfred de Musset. Depuis trois ans qu'il nous a donné la première partie de son *Spectacle dans un Fauteuil*, de nombreux et vifs témoignages nous l'ont montré toujours en progrès, toujours en action sur lui-même. Son joli essai de fantaisie dramatique, *A quoi rêvent les Jeunes Filles*, s'est continué et diversifié heureusement dans *les Caprices de Marianne*, dans *On ne badine pas avec l'Amour*, dans *la Quenouille de Barberine*, et tout récemment dans *le Chandelier*. Le *Comme il vous plaira* de Shakspeare, cueilli au tronc de ce grand chêne, est devenu, aux mains de M. de Musset, la tige gracieuse et féconde de tout un petit genre de proverbes dramatiques, mêlés d'observation et de folie, de mélancolie et de sourire, d'imagination et d'*humeur ;* nous avons eu par lui un aimable essaim de jeunes sœurs françaises de Rosalinde. Dans les tentatives plus fortes qu'il a faites, comme *André del Sarto* et *Lorenzaccio*, M. de Musset a moins réussi que dans ces courtes et spirituelles esquisses, si brillantes, si vivement enlevées, dont les hasards et le décousu même conviennent de prime-abord aux caprices et, en quelque sorte, aux brisures de son talent. Mais, jusque dans ces ouvrages de moindre réussite, on pouvait admirer la séve, bien des jets d'une superbe vigueur, de riches promesses, et dire enfin comme, dans son *Lorenzaccio*, Valori dit à Tebaldeo le jeune peintre : « Sans compliment, cela est beau; non pas du premier « mérite, il est vrai : pourquoi flatterais-je un homme qui ne « se flatte pas lui-même? Mais votre barbe n'est pas pous- « sée, jeune homme. » M. de Musset avait aussi le mérite de ne pas trop se flatter ; le ton sincèrement modeste de ses dernières préfaces contrastait d'une manière frappante avec la façon cavalière et presque arrogante de ses débuts, et cette modestie si rare, qui accueillait la critique, s'accordait bien avec le dégagement de moins en moins contestable de son talent. Quelques *lettres* éloquentes *d'un Voyageur*, lettres signées d'un nom qui a le pouvoir déjà de répandre de la célébrité sur tout ce qui s'y associe, avaient ajouté à l'intérêt qui s'attache naturellement aux productions de M. de Musset. De beaux vers, *la Nuit de Mai*, où la plainte est comme étouffée, *la Nuit de Décembre*, où elle éclate, et de laquelle je ne voudrais retrancher que le dernier paragraphe (*Ami, je suis la Solitude*), avaient entretenu cet intérêt à la fois littéraire et romanesque, que *la Confession d'un Enfant du Siècle*, fort vivement attendue, semble devoir combler.

Le sujet de cette confession est celui-ci : Un jeune homme qui a dix-neuf ans au commencement du récit et vingt et un ans à la fin, Octave, né vers 1810, de cette génération venue trop tard pour l'Empire, trop tard (malgré sa précocité) pour la Restauration, et qui achève, en ce moment, son apprentissage dans le conflit de toutes les idées et sur les débris de toutes les croyances, Octave est amoureux; il l'est avec naïveté, confiance, adoration, et, jusque-là, il ressemble aux amoureux de tous les temps; mais au plus beau de son rêve, un soir à souper, étant en face de sa maîtresse, sa fourchette tombe par hasard, il se baisse pour la ramasser, et voit.... quoi ? le pied de sa maîtresse qui s'appuie sur le pied de son ami intime. Le réveil est affreux et soudain : Octave prend à l'instant même la maladie du siècle, comme on prenait autrefois la petite-vérole après un brusque saisissement. Il quitte sa maîtresse, se bat avec son ami et est blessé ; guéri, il se jette dans la débauche, dans l'orgie, jusqu'à ce que la mort de son père l'en tire. Confiné alors aux champs, il y voit une personne simple, douce, plus âgée que lui, mais belle encore, un peu dévote, assez mystérieuse, madame Pierson ; il en vient à l'aimer, à être aimé d'elle ; ici mille détails simples, enchanteurs, des promenades dans les bois, avec chasteté, puis avec ivresse. On le croirait guéri, heureux, fixé. Mais la vieille plaie du libertin se rouvre, elle saigne au sein de ce bonheur et le corrompt. La manière bizarre, capricieuse, cruelle, dont il défait à plaisir son illusion et la félicité de son amie, est admirablement décrite ; cela sent son amère réalité. Après bien des scènes pénibles, lorsqu'une réconciliation semble à jamais scellée, lorsque Brigitte Pierson consent à tout oublier, à tout fuir du passé, à voyager bien loin et pour longtemps avec lui, survient un tiers jusque-là inaperçu, l'honnête Smith qui aime involontairement Brigitte et se fait aimer d'elle. Octave s'en aperçoit, les interroge, découvre la souffrance de Brigitte, reconnaît que tant de coups qu'il lui a portés ont tué en elle cet amour où elle ne voit plus qu'un devoir. Il hésite, il est près de la frapper d'un poignard ; mais le bon sentiment triomphe. Il se retire, il s'efface avec abnégation, il se rabat à une amitié sacrée. Smith et Brigitte partent ensemble en chaise de poste pour l'Italie. Cette conclusion, on le voit, nous ramène à une situation dont les *Lettres d'un Voyageur* nous avaient déjà donné l'idée.

Y a-t-il dans ce livre un dessin, une composition ? y a-t-il une intention morale et un but ? On ne peut méconnaître, dès le premier chapitre, que l'auteur n'ait voulu faire sortir de sa confession une moralité utile et sévère : il a voulu, ce semble, montrer la plaie hideuse, profonde, longtemps incurable, que laissent au fond du cœur, et sous l'apparence de guérison, la débauche et la connaissance affreuse qu'elle donne de toute chose, et les instincts insatiables et dépravés qu'elle inocule. D'autres ont essayé de peindre tous les maux affaiblissants et le relâchement de la volonté, produits par un abandon tortueux et secret : lui, il s'est attaché à peindre le mal orgueilleux, ambitieux, d'une curiosité insatiable, impie, le mal du Don Juan renouvelé : « Il y a, dit-il, de l'assassinat dans le coin des bornes et « dans l'attente de la nuit, au lieu que dans le coureur des « orgies bruyantes on croirait presque à un guerrier : c'est « quelque chose qui sent le combat, une apparence de lutte « superbe : « Tout le monde le fait, et s'en cache ; fais-le, « et ne t'en cache pas. » Ainsi parle l'orgueil, et, une fois « cette cuirasse endossée, voilà le soleil qui y reluit. » Trois endroits, sans parler de celui auquel cette citation appartient, expriment et ramènent à merveille le sujet, le but du livre, qui disparaît et s'évanouit presque dans une trop grande partie du récit : ce sont, le discours nocturne de Desgenais à son ami, la réponse éloquente d'Octave à quelques mois de là, et, au second volume, certaines pages sur la curiosité furieuse, dépravée, de certains hommes pour ces hideuses vérités qui ressemblent à des noyés livides. Ces trois endroits, d'une effrayante vigueur, accusent dans l'écrivain de vingt-cinq ans (1) une observation désespérément profonde ; malgré la crudité de l'exposition, les aveux y sont si réels et si sérieux que je n'y blâmerai pas le cynisme, comme en d'autres passages où l'auteur ne l'a pas évité. Il y est tombé tout d'abord, ce me semble, dans le premier chapitre, où le technique des expressions chirurgicales repousse et trompe même le lecteur : le reste de l'ouvrage, en effet, ne répond pas exactement à cette préface. Si l'auteur avait écrit ce premier chapitre (comme il convient aux préfaces) en dernier lieu et après son livre achevé, nul doute qu'il ne l'eût écrit tout différemment. L'auteur, en avançant dans son récit, a fait maintes fois autre chose

---

(1) M. de Musset est de décembre 1810.

que ce qu'il avait projeté d'abord ; la débauche y tient moins de place que dans le projet primitif, j'imagine. Le second volume, particulièrement, en est tout à fait purgé. Mais ceci tient à un défaut de composition et à quelque chose de *successif* dans la manière de faire de M. de Musset, sur quoi je reviendrai.

Pour en finir avec mon premier reproche, je regrette de trouver en un certain nombre d'endroits, surtout du premier volume, les noms de Providence, de Dieu, d'ange, etc., inconsidérément mêlés à des images que le panthéisme de l'antique et monstrueux Orient y a seul osé associer. A la page 152 du premier volume, pourquoi cette phrase qui doit choquer même l'incrédule, au moins comme une grave inconvenance ? D'où vient cette soif dévorante de métaphores qui ne s'arrête pas au calice sacré ? M. de Musset a l'imagination si naturellement riche et pleine de fleurs, qu'il est plus impardonnable qu'un autre dans ces excès.

Là où M. de Musset excelle, et là où nous le retrouvons avec tout son charme et son avantage, c'est dans le récit légèrement dramatique, coupé avec art, svelte d'allure, brillant de couleurs et animé de passion. La troisième partie de *la Confession*, qui contient les amours naissantes et les premiers épanchements d'Octave et de madame Pierson, est d'une fraîcheur d'adolescence, d'une grâce délicate et amoureuse, qui montre à nu toutes les ressources du jeune talent de M. de Musset, et combien il lui sied d'ensevelir une certaine expérience corrompue. Ce quart de *la Confession*, qui commence à l'arrivée d'Octave à la campagne, aussitôt après la mort de son père, et qui se termine dans un hymne de volupté et d'amour, à l'instant de la possession, compose un épisode distinct qui, si on l'imprimait séparément, si on l'isolait des autres parties bien profondes parfois, mais souvent gâtées, aurait son rang à côté des idylles amoureuses les plus choisies, de celles même dont *Daphnis et Chloé* nous offre l'antique modèle. Ici, rien ne choque ; tout ce qui sortait du domaine de l'art littéraire, pour entrer, à proprement parler, dans le domaine de l'art médical, a disparu; nulle altération organique maladive, nulle odeur impure : « Bientôt, dit Octave, je fus connu des « pauvres; le dirai-je? oui, je le dirai hardiment : là où le « cœur est bon, la douleur est saine. » Un jour, s'il vient à parler trop gravement à madame Pierson de son expérience prématurée, elle l'interrompt, et, comme ils étaient au sommet d'une petite colline qui descend dans la vallée, cette femme aimable l'entraîne; ils se mettent à courir jusqu'au bas de la pente, sans se quitter le bras : « Voyez, « dit-elle alors, j'étais fatiguée tout à l'heure, maintenant « je ne le suis plus. Et voulez-vous m'en croire? ajouta-t-elle « d'un ton charmant, traitez un peu votre expérience comme « je traite ma fatigue; nous avons fait une bonne course, « et nous souperons de meilleur appétit. » M. de Musset se donne ici à lui-même les indications attrayantes et sensées suivant lesquelles il aurait pu, selon moi, mener à bien son livre et guérir véritablement son héros.

Madame Pierson, durant toute cette première situation attachante, est une personne à part, à la fois campagnarde et dame, qui a été rosière et qui sait le piano, un peu sœur de charité et dévote, un peu sensible et tendre autant que mademoiselle de Liron ou que Caliste : « Elle était allée « l'hiver à Paris; de temps en temps elle effleurait le « monde; ce qu'elle en voyait servait de thème, et le reste « était deviné. » Ou encore : « Je ne sais quoi vous disait « que la douce sérénité de son front n'était pas venue de « ce monde, mais qu'elle l'avait reçue de Dieu et qu'elle la « lui rapporterait fidèlement, malgré les hommes, sans en « rien perdre; et il y avait des moments où l'on se rappelait « la ménagère qui, lorsque le vent souffle, met la main de-« vant son flambeau (1). »

Pour bien apprécier et connaître cette charmante ma-

---

(1)   Comme une lampe d'or dont une vierge sainte
          Protége avec la main, en traversant l'enceinte,
             La tremblante clarté.   LAMARTINE.

C'est la différence, dans une même image, de la poésie lyrique au roman réel.

dame Pierson, il faudrait, après avoir lu la veille les deux premières parties de *la Confession*, s'arrêter là exactement, et le lendemain matin, au réveil, commencer à la troisième partie, et s'y arrêter juste sans entamer la quatrième. On aurait ainsi une image bien nuancée et distincte dans sa fraîche légèreté. Plus tard, il y a un moment où tout d'un coup, à propos d'une grande promenade nocturne, nous découvrons que madame Pierson, pour ces longues courses, prend une blouse bleue et des habits d'homme. Le trait est jeté au passage, comme négligemment; mais l'œil délicat le relève, et toute illusion a disparu. Car l'auteur a beau dissimuler et ne faire semblant de rien; la nouvelle madame Pierson, fort charmante à son tour, n'est plus la même que la première; celle qui a la blouse bleue n'est plus celle qui, un peu dévote et très-charitable, parcourait à toute heure, en voile blanc, ces campagnes qui l'avaient vu couronner rosière. Il y a eu là une substitution subtile, qui rentre dans le défaut de continuité dont j'ai parlé; le cœur ému du lecteur ne s'y prête pas.

La résistance de madame Pierson, la tristesse résignée d'Octave, les sons de la voix aimée qui n'éveillent plus en lui ces transports de joie pareils à *des sanglots pleins d'espérance*, sa pâleur, qui réveille au contraire en elle cet instinct compatissant de sœur de charité; puis, au premier baiser, l'évanouissement, suivi d'un si bel effroi, cette *chère maîtresse* éplorée, les mains irritées et tremblantes, les joues couvertes de rougeur et toutes brillantes de pourpre et de perles; ce sont là des traits de naturelle peinture qui permettraient sans doute de trouver en cet épisode la matière d'une comparaison, souvent heureuse, avec *Manon Lescaut* ou *Adolphe*, si une idée simple et un goût harmonieux avaient ici ménagé l'ensemble, comme dans ces deux chefs-d'œuvre. L'avant-dernier chapitre de cette troisième partie, *Si j'étais joaillier*, etc., est d'une exquise et irréprochable volupté; le dernier a quelques mots mystiques que je voudrais retrancher; on peut le comparer à un chapitre d'*Adolphe*, qui est aussi tout en exclamations passionnées, et à d'enivrantes pages d'*Oberman*. Cette fin replonge et retrempe l'âme dans les plus fraîches émotions de la jeunesse; vous avez senti par une tiède brise de mai la première bouffée de lilas.

Je me figure que si le livre de M. de Musset s'arrêtait à cet endroit, si sa *Confession* expirait, en quelque sorte, en s'exhalant dans cet hymne triomphal et tendre, il aurait bien plus fait pour le but qu'il semble s'être proposé que par tout ce qu'il a mis ensuite. Que peut-il vouloir en effet? faire toucher du doigt à d'autres jeunes gens la plaie du libertinage, leur en indiquer aussi la guérison. Or, à vingt et un ans, l'austérité d'une fin purement religieuse étant écartée, il n'y a de guérison à ce vice que dans l'amour. Si l'amour appelé vertueux, l'amour dans l'ordre et le mariage, lui paraissait peu favorable à son cadre de roman, s'il voulait l'amour libre et sans engagements consacrés, eh bien, c'était une conclusion encore satisfaisante et noble, encore digne d'être proposée de nos jours, non-seulement sans scandale, mais même avec fruit, au commun de la jeunesse ; du moins l'art, qui n'est pas si scrupuleux que la morale exacte, y trouvait un but idéal, une terminaison harmonieuse. Qu'a-t-il fait au contraire? il nous a montré, à partir de là, son héros défaisant à plaisir cet amour par des jalousies, des soupçons, de bizarres inquiétudes, des procédés violents; il a dit : Voilà ce que c'est que d'avoir été débauché; celui qui a été débauché gâte, souille par ses souvenirs, même l'amour pur. La manière dont Octave effeuille dans l'âme de Brigitte et dans la sienne cette fleur tout à l'heure si belle, son art cruel d'en offenser chaque tendre racine, est à merveille exprimé. Mais si la façon particulière appartient à Octave, cette défaite successive de l'amour, après le triomphe enivrant, n'est-elle pas à peu près l'histoire de tous les cœurs ? *Adolphe* n'a-t-il pas été écrit pour représenter en détail cette pénible situation ? Faut-il avoir été libertin pour se lasser après avoir aimé, après avoir possédé ? Et n'y a-t-il pas, au contraire, des exemples de jeunes cœurs, qui, après une première corruption non invétérée, se sont sauvés et rachetés par l'amour? L'exemple d'Octave me semble donc un cas particulier qui ne fait pas loi, et ce qu'il a de plus général dans la dernière partie ne se rattache pas à ce qu'Octave a été libertin, mais à ce qu'il est homme, impatient, excessif, se lassant vite, triste et ennuyé dans le plaisir, habile à exprimer l'amertume du sein des délices : or, cela était vrai du temps de Lucrèce, du temps d'Hippocrate (1), comme du temps d'*Adolphe* et du nôtre.

Dans les dernières scènes entre Octave et Brigitte, après l'arrivée à Paris ; dans ce conflit pénible, fatigué, tantôt sourd et tantôt convulsif, d'une jalousie fantasque et d'un amour épuisé, j'ai été frappé d'un inconvénient. Ces pages sont vraies en ce sens qu'elles rendent des scènes qui ont pu se passer entre deux personnages pareils, et qu'elles trahissent la confusion des pensées qui ont pu s'agiter dans leur cerveau. Mais l'art qui choisit, qui dispose, qui cherche un sommet et un fondement à ce qu'il retrace, avait-il affaire de s'engager dans cette région variable d'accidents et de caprices, où rien n'aboutit? Avec des êtres arrivés à un certain degré d'expérience, de versatilité, de sophisme à la fois et d'imagination dans la passion, on est sur les sables mouvants. Il n'y a pas de raison pour qu'un résultat sorte plutôt que l'autre, pas de base où asseoir un intérêt moral, une conclusion à l'usage de tous. Pourquoi Octave ne poignarde-t-il pas Brigitte? Pourquoi le petit crucifix d'ébène aperçu l'arrête-t-il au moment de frapper? Accident, pur accident! Le vent souffle d'un côté ou de l'autre ; le tourbillon de sable mouvant se met à courir dans ce sens, il aurait couru tout aussi aisément dans le sens contraire. Je le répète, on est dans la région des phénomènes, où l'art, cet ennemi de tout chaos, ne doit pas rester. On n'est pas en face d'une peinture, mais d'un mirage. Qu'a

---

(1) Ils ont remarqué chacun à leur manière cet ennui né du plaisir.

donc de commun le développement, l'analyse morale d'une passion, d'une situation, avec ce quelque chose de fatigué et d'exalté, de factice et de physique? « Tu ne t'entends « pas trop mal, se dit Octave à lui-même en se rendant « justice, à exalter une pauvre tête, et tu pérores assez « chaudement dans tes délires amoureux. » Le dernier chapitre, ce dîner en tête à tête de Brigitte et d'Octave *aux Frères Provençaux*, a du charme. La résolution d'Octave part d'un noble cœur, il s'immole, il renonce à Brigitte, il l'accorde à Smith, et, malgré l'étrangeté du procédé, on n'y sent pas le manque de délicatesse. Mais pour qu'on pût jouir un peu de cette situation nouvelle et plus reposée, pour qu'on y crût et qu'elle fût définitive aux yeux du lecteur, il faudrait des garanties dans ce qui précède. C'est le lendemain même des fantaisies d'Octave que ce charmant dîner a eu lieu, et que le départ de Smith et de Brigitte pour l'Italie se décide. Qui nous répond que, l'autre lendemain, tout ne sera pas bouleversé encore, qu'Octave ne prendra pas des chevaux pour courir après les deux amants fiancés par lui, que Brigitte elle-même ne raccourra pas à Octave? Il est clair qu'on ne laisse aucun des personnages ayant pied sur un sol stable; on n'a, en fermant le livre, la clef finale de la destinée d'aucun. C'est un défaut essentiel dans toute œuvre d'art. J'insiste sur cet article de la contexture, parce que les trois quarts des gens jugent un livre d'après une page, sur une beauté ou un défaut, sur une impression isolée, et non par une idée recueillie de l'ensemble. Les très-jeunes gens surtout n'y regardent pas si longtemps, et sans marchander sur leurs impressions, comme les taureaux ardents qui n'aperçoivent que le voile de pourpre, ils s'y précipitent. Or, voir une chose en se souvenant d'une autre, soutenir, au sein de sa pensée, des rapports multiples et presque contraires en les dominant, c'est l'opposé du taureau ardent, c'est le propre du jugement humain par excellence; et, dans l'exécution des œuvres, c'est la gloire de l'art. M. de Musset, qui a tant de couleur et de fraîcheur dans l'imagination, tant de nerf dans le trait, tant de mordantes observations amassées, doit désormais viser à la composition d'un ensemble. *La Confession* montre qu'il aurait l'haleine ; mais il ne s'y est pas assez donné le temps de la confection.

Si j'ai dit et redit de tant de manières le défaut qui me semble fondamental, j'ai trop peu loué le charme fréquent, la grâce, le pittoresque ou la profondeur des détails. M. de Musset est, de nos jeunes auteurs modernes, celui duquel on tirerait peut-être le plus grand nombre de vives et saillantes épigraphes, c'est-à-dire de pensées concises, colorées et comme inscrites sur un caillou blanc. A ne prendre que les observations et maximes morales qui abondent dans ce livre, on ferait un petit recueil de pensées isolées, sans transition, un chapitre à la façon de La Rochefoucauld, qui classerait ce romancier de vingt-cinq ans parmi les moralistes les plus scrutateurs.

Le style de M. de Musset, dans *la Confession*, est, comme en général, vif, net, court, transparent ; le tour aisé et concis, surtout dans les récits du second volume, se ressent de la prédilection que l'auteur affiche pour *Candide* et *Manon Lescaut*. Bien des paillettes pourtant, placées çà et là, annoncent le cousinage de Crébillon fils, de même que des métaphores un peu franches, qui se dressent tout à coup, attestent le culte enflammé du grand Shakspeare. L'auteur, dont la plume devient plus sûre de jour en jour, a quelque chose à faire pour l'entière harmonie de tous ces éléments divers, et volontiers disparates. S'il n'a nulle part atteint à une élévation plus soutenue et plus énergique que dans le discours de Desgenais, il n'a nulle part non plus faussé sa manière plus évidemment que dans le chapitre II de la première partie, où l'histoire et la métaphysique se déguisent sous un incroyable abus de métaphores. L'auteur en commençant, et n'étant pas encore sûr de son effet, a voulu faire, on le sent, un déploiement inaccoutumé ; plus tard, à mesure qu'il avançait, sentant que les vraies beautés ne lui manquaient pas, il a osé être simple. J'ai noté, dans ce chapitre II, page 8, une phrase sur Napoléon, sur son arc, sur la fibre humaine qui en est la corde, et sur les flèches que lance ce Nemrod, et qui vont tomber je ne sais où ; une pareille phrase, si on la lisait dans la traduction du *Titan* de Jean-Paul, ferait dire : « Cela doit être beau « dans l'original, » et ce demi-éloge de la pensée serait, à mes yeux, la plus sensible critique du style et de l'expression.

Avant de laisser le brillant et nouveau témoignage de force et de talent donné par M. de Musset, aux limites et presque en dehors de la critique littéraire sur laquelle nous avons trop insisté peut-être, que l'auteur, que l'ami nous permette un vœu encore. La confession de l'enfant est faite; l'endroit malade est retranché, Octave l'a dit, je le crois ; il le faut. L'auteur de l'épisode de madame Pierson (je m'obstine à isoler et à appeler ainsi la troisième partie), est guéri enfin. Quand il parlera donc de son mal désormais, que ce soit de loin, sans les crudités qui sentent leur objet; que ce soit en homme tout à fait guéri. Laissons au fond des eaux ou du moins n'étalons pas le noyé livide ; la nature épure et blanchit les ossements. Une expérience secrète qu'on ménage, qu'on dissimule parfois, est plus profonde et plus vraie encore : quand elle s'échappe à distance, par moments, elle impose davantage, et elle se fait croire. A cet âge de séve restante et de jeunesse retrouvée, ce serait puissance et génie de la savoir à propos ensevelir, et d'imiter, Poëte, la nature tant aimée, qui recommence ses printemps sur des ruines et qui revêt chaque année les tombeaux.

Février 1836.

M. ALFRED DE MUSSET.

1840.

La bibliothèque de tous les jeunes gens et de bien des jeunes femmes va s'enrichir de trois charmants volumes qui offrent, réunies, toutes les œuvres de M. Alfred de Musset : 1° la *Confession d'un Enfant du Siècle*, revue et corrigée avec le goût que l'auteur apporte désormais à tout ce qu'il écrit ; 2° les *Comédies et Proverbes* en prose ; 3° les *Poésies complètes*. Ce dernier volume surtout, par ce qu'il reproduit de si agréablement connu, et par ce qu'il ajoute d'inédit, est un vrai cadeau pour le public. De tous les poëtes qui se rattachent au mouvement littéraire de 1828, M. Alfred de Musset fut le plus jeune, le plus hardi et le plus fringant dès l'abord ; il entra dans le sanctuaire lyrique tout éperonné, et par la fenêtre, je le crois bien. Il chantait, comme Chérubin, quelque espiègle chanson, son *Andalouse* ou sa *Marquise ;* il avait fait enrager le guet avec sa lune *comme un point sur un i*. Le lyrisme de cette époque était un peu solennel, volontiers religieux, pompeux comme un *Te Deum*, ou sentimental. M. de Musset lui fit d'emblée quelque déchirure : il osa avoir de l'esprit, même avec un brin de scandale. Depuis Voltaire, on a trop oublié l'esprit en poésie ; M. de Musset lui refit une large part ; avec cela, il eut encore ce qu'ont si peu nos poëtes modernes, la passion. De la passion et de l'esprit, voilà donc son double lot dans ses charmants contes, dans ses petits drames pétillants et colorés. Il est sûr de vivre par là entre tous les poëtes ses contemporains ou quelque peu ses aînés. Sa *Nuit de Mai* restera un des plus touchants et des plus sublimes cris d'un jeune cœur qui déborde, un des plus beaux témoignages de la moderne Muse. *Le Lac, Moïse, Ce qu'on entend sur la montagne, la Nuit de Mai,* voilà comme de loin, j'imagine, la Postérité, ce grand pasteur au regard sommaire, et qui ne voit que les cimes, énumérera les princes des poëtes de ce temps. Après ce qu'il a fait, M. de Musset est resté modeste, à le juger du moins sur ses paroles; il ne s'exagère point la grandeur de son œuvre, il s'en dissimule trop peut-être le côté délicieux et captivant; peu soucieux de l'avenir, il dit pour toute préface *au lecteur :*

> Ce livre est toute ma jeunesse;
> Je l'ai fait sans presque y songer.
> Il y paraît, je le confesse,
> Et j'aurais pu le corriger.
>
> Mais quand l'homme change sans cesse,
> Au passé pourquoi rien changer?
> Va-t'en, pauvre oiseau passager :
> Que Dieu te mène à ton adresse!
>
> Qui que tu sois, qui me liras,
> Lis-en le plus que tu pourras,
> Et ne me condamne qu'en somme.
>
> Mes premiers vers sont d'un enfant,
> Les seconds d'un adolescent,
> Les derniers à peine d'un homme.

Ce naturel-là, qui est un charme, ne doit pas aller pourtant jusqu'au découragement intérieur et à la négligence de si beaux dons. Au moment où les fruits sont le plus parfaits et le plus savoureux, il ne faut pas que l'arbre se dégoûte d'en produire. L'idéal suprême, à l'instant où on le découvre, fait tomber le ciseau des mains de l'artiste; mais il le reprend bientôt, et poursuit plus lent et plus sûr, ne perdant plus de l'œil la grande beauté. M. de Musset fera ainsi, nous voulons le croire; les trésors d'observation et de larmes, qui se sont amassés dans cette âme jeune encore, en sortiront. Voici, en attendant, et comme signe de bien gracieuse espérance, deux pièces inédites que nous empruntons au dernier recueil, l'une plus tendre, l'autre plus légère, et toutes deux sensibles.

(Et nous citions la pièce inspirée d'Ossian :

Pâle étoile du soir, messagère lointaine, etc. ;

et la chanson :

J'ai dit à mon cœur, à mon faible cœur, etc.)

Juillet 1840.

On voit qu'après les réserves et les critiques nous n'avons pas hésité à faire très-large part à M. de Musset. Seulement, dans ce qui précède, il n'a peut-être pas été assez parlé de sa prose : elle est décidément charmante. Après son *Merle blanc* il n'y a plus qu'à rendre les armes : « C'est, dit madame de ..., qui s'y connaît, de la meilleure plaisanterie d'Hamilton. »

M. DE BALZAC.

1834.

(La Recherche de l'Absolu.)

Il est temps d'en venir, dans cette galerie qui sans cela resterait trop incomplète, au plus fécond, au plus en vogue des romanciers contemporains, au romancier du moment par excellence, à celui qui réunit en si grand nombre les qualités ou les défauts de vitesse, d'abondance, d'intérêt, de hasard et de prestige, que ce titre de conteur et de romancier suppose. M. de Balzac n'est ainsi devenu célèbre que depuis quatre années. Son *Dernier Chouan*, en 1829, l'avait fait remarquer pour la première fois, mais sans le tirer encore de la foule; sa *Physiologie du Mariage* lui avait acquis la réputation d'un homme d'esprit, observateur sans scrupules, un peu graveleusement expert sur une matière plus scabreuse que celle dont avait traité Brillat-Savarin. Mais c'est à partir de la *Peau de Chagrin* seulement que M. de Balzac est entré à pleine verve dans le public, et qu'il l'a, sinon conquis tout entier, du moins remué, sillonné en tout sens, étonné, émerveillé, choqué ou chatouillé en mille manières. Et il faut reconnaître que dans ce rapide succès, à part les coups de trompette du commencement aux environs de la mise en vente de *Peau de Chagrin*, la presse parisienne n'a été que médiocrement l'auxiliaire de M. de Balzac; qu'il s'est bien créé seul sa vogue et sa faveur auprès de beaucoup, à force d'activité, d'invention, et chaque nouvel ouvrage servant, pour ainsi dire, d'annonce et de renfort au précédent. M. de Balzac a surtout dès l'abord mis dans ses intérêts une moitié du public très-essentielle à gagner, et il se l'est rendue complice en flattant avec art des fibres secrètement connues. « La femme est à M. de Balzac, a dit quelque part M. Ja« nin, elle est à lui dans ses atours, dans son négligé, « dans le plus menu de son intérieur; il l'habille, la dés« habille (1). » M. de Balzac, mettant en œuvre comme romancier et conteur la science de sa *Physiologie du Mariage*, s'est introduit auprès du sexe sur le pied d'un confident consolateur, d'un confesseur un peu médecin; il sait beaucoup de choses des femmes, leurs secrets sensibles ou sensuels; il leur pose en ses récits des questions hardies, familières, équivalentes à des privautés. C'est comme un docteur encore jeune qui a une entrée dans la ruelle et dans l'alcôve; il a pris le droit de parler à demi-mot des mystérieux détails privés qui charment confusément les plus pudiques (2). Il a heureusement rencontré, pour s'insinuer avec ses contes et ses romans auprès de la femme, le moment où l'imagination de celle-ci était le plus éveillée, après l'émancipation de Juillet, par les peintures et les promesses saint-simoniennes. Il y a eu évidemment, sous le coup de juillet 1830, quelque chose, en fait d'étiquette,

---

(1) En partant de la même idée, on a dit encore : « Balzac en ses romans, c'est une marchande de modes, ou mieux c'est une marchande à la toilette. » Et en effet que de belles étoffes chez lui! mais elles ont été portées ; il y a des taches d'huile et de graisse presque toujours.

(2) Cette pensée, pour devenir tout à fait vraie, ne doit pas craindre de s'énoncer avec plus d'énergie, et je risque ici la variante qu'un ami plus sévère que moi (j'ai toujours cet ami-là à mes côtés) me souffle à l'oreille : « Balzac romancier est un médecin (quelque peu suborneur) de maladies cutanées ou sous-cutanées, de maladies lymphatiques secrètes, — quelque chose entre Alibert et Cullerier. — Il a des arts secrets, de certains tours de main, comme en a l'accoucheur, le magnétiseur. Bien des femmes, même honnêtes, y sont prises. On l'eût traduit en jugement autrefois pour maléfice. »

qui s'est brisé et a disparu dans la condition de la femme. Rien n'a changé au fond sur ce point, mais l'attention y a été portée, et l'on a parlé plus crûment. Le saint-simonisme, M. de Balzac pour sa part, l'illustre écrivain qui s'intitule George Sand pour la sienne, ont été instruments et organes de ce changement survenu, non pas dans les mœurs, mais dans l'expression des mœurs. En province surtout où les existences de quelques femmes sont plus souffrantes, plus étouffées et étiolées que dans le monde parisien, où le désaccord au sein du mariage est plus comprimant et moins aisé à éluder, M. de Balzac a trouvé de vifs et tendres enthousiasmes; le nombre y est grand des femmes de vingt-huit à trente-cinq ans, à qui il a dit leur secret, qui font profession d'aimer Balzac, qui dissertent de son génie et s'essayent, plume en main, à broder et à varier à leur tour le thème inépuisable de ces charmantes nouvelles, *la Femme de trente ans*, *la Femme malheureuse*, *la Femme abandonnée;* c'est là un public à lui, délicieux public malgré ses légers ridicules, et que tout le monde lui envierait assurément. Crébillon fils en son temps eut aussi une telle prise sur l'imagination de certaines femmes, qu'une jeune dame anglaise, dit-on, s'affolant de lui après une lecture de je ne sais quel roman, accourut tout exprès pour l'épouser. Faut-il qu'on puisse raconter de Crébillon fils la même flatteuse aventure qu'on raconte, bien que par erreur, du plus chaste et du plus divin de nos poëtes (1)! Quant à M. de Balzac, il lui arriverait immanquablement quelque bonheur pareil,

---

(1) Le dramaturge Mercier, qui, pour l'exubérance, les inégalités et les hasards de talent (bien qu'avec moins de finesse), n'est pas sans rapport avec M. de Balzac, eut en son temps une vogue presque semblable. Après la première représentation du *Déserteur*, il reçut des suppliques de toutes les belles dames sensibles de Paris, qui réclamaient la grâce de l'intéressant malheureux : « J'en suis bien fâché, répondait-il de son ton d'oracle, je suis et je serai inflexible ; il faut qu'on lui casse la tête. » Ce dénoûment était en effet nécessaire à la moralité qu'il voulait qu'on en tirât.

si les femmes qu'il émeut n'étaient mariées déjà, malheureuses et désabusées dans le mariage. Une des raisons qui expliquent encore la vogue rapide de M. de Balzac par toute la France, c'est son habileté dans le choix successif des lieux où il établit la scène de ses récits. On montre au voyageur, dans une des rues de Saumur, la maison d'Eugénie Grandet; à Douai probablement, on désigne déjà la maison Claës. De quel doux orgueil a dû sourire, tout indolent Tourangeau qu'il est, le possesseur de La Grenadière? Cette flatterie adressée à chaque ville où l'auteur pose ses personnages, lui en vaut la conquête; l'espérance qu'ont les villes encore obscures d'être bientôt décrites dans quelque roman nouveau prédispose pour lui tous les cœurs littéraires de l'endroit : « Il n'est pas fier au moins, celui-là ! il « n'est pas exclusivement Parisien et de sa Chaussée d'An- « tin ! il ne dédaigne pas nos rues et nos métairies ! » De la sorte, en trois années au plus, le vaste drapeau inscrit au nom de M. de Balzac s'est trouvé arboré de clocher en clocher, au midi et au nord, en deçà et au delà de cette Loire maternelle, de cette Touraine qui est son centre d'excursion et son lieu de retour favori. Dans Paris, au contraire, le succès a été moindre, bien que fort vif encore; mais on a contesté plusieurs mérites à l'auteur. Comme poëte, comme artiste, comme écrivain, on a souvent rabaissé sa qualité de sentiment, sa manière de faire; il a eu peine à se pousser, à se classer plus haut que la vogue, et malgré son talent redoublé, malgré ses merveilleuses délicatesses d'observation, à monter dans l'estime de plusieurs jusqu'à un certain rang sérieux. De longs antécédents littéraires, malheureux et obscurs, ont été relevés comme une objection péremptoire à la réalité de ses perfectionnements récents. Bien des femmes aussi ont été plus difficiles de goût qu'en province, et ne lui ont point passé ses familiarités d'intérieur ou ses invraisemblances, par intérêt pour les principales situations. A ces reproches plus ou moins fondés, à ces dégoûts ou à ces dédains, trop souvent justifiables, M. de Balzac n'a répondu que par une confiance croissante en son imagination et une exubérance d'œuvres dont quelques-unes ont trouvé grâce aux yeux de tous, et ont mérité de triompher. L'auteur de *Louis Lambert* et d'*Eugénie Grandet* n'est plus un talent qu'il soit possible de rejeter et de méconnaître. Nous tâcherons de l'analyser avec quelque détail, et, même dans nos plus grandes sévérités de jugement, de marquer l'attention qu'on doit à un écrivain actif, infatigable, toujours en effort et en rêve de progrès, qui nous a charmé mainte fois, et dont nous saluons volontiers en bien des points la supériorité naturelle.

M. *Honoré Balzac*, à le prendre au complet, dans sa vie inégale et diverse, dans ses habitudes et ses accidents d'humeur, dans ses conversations non moins que dans ses écrits, nous présente une des physionomies littéraires les plus animées, les plus irrégulières de ce temps, et telle qu'avec ses nombreuses originalités et ses contrastes, elle ne pourrait être vivement exprimée que par quelque curieux collecteur d'anecdotes et d'historiettes, par quelque Tallemant des Réaux, amateur de tout dire. Et certes, si en parlant du lyrique Malherbe et surtout de l'autre Balzac, solennel pourtant, et si savant en beaux mots, le bon Tallemant a trouvé moyen d'amasser tant de traits piquants de caractère, d'enregistrer tant d'indiscrétions de langage, tant de superstitions fastueuses d'auteur et de jactances naïves, que n'aurait-il pas à moissonner d'abondant autour de chacun des nôtres ? Mais nous n'aborderons M. de Balzac que par les côtés qui touchent le plus immédiatement ses écrits que nous jugeons. Il est né à Tours, le 20 mai 1799. A le lire, à l'entendre, on le croirait davantage du midi, plus voisin d'Angoulême et des contrées de son célèbre homonyme. Mais dans un de ses jolis contes, après avoir peint délicieusement sa Touraine voluptueuse et molle, cette abbaye de Thélème, comme il l'appelle, cette Turquie de la France, il a pris soin d'observer que le Tourangeau transplanté développe souvent les qualités les plus actives, et il cite à l'appui Rabelais et Descartes,

Béroalde de Verville et Paul-Louis Courier. M. de Balzac fut donc transplanté de bonne heure; ce ne fut pourtant qu'après avoir fait ses premières études au collége de Vendôme probablement, car j'aime à croire que son récit de *Louis Lambert* n'est en rien une fiction, et qu'il a été lui-même cet ami inséparable du pauvre et sublime enfant extatique. En ce cas, l'enfance et la première jeunesse de M. de Balzac au collége se rapportent bien à ce qu'on pourrait conjecturer : une imagination active, spirituelle; de l'ébullition, du désordre et de la paresse ; des lectures avides, incohérentes, à contre-temps ; l'amour du merveilleux ; les études mal suivies ; un mauvais écolier sans discipline, *semper aliud agens*, que ses maîtres chargent de *pensums* et que ses camarades appellent du sobriquet de *poëte*.

En parlant des facultés extraordinaires de son jeune ami Lambert, M. de Balzac a dit : « J'ai longtemps ignoré la poésie et toutes les richesses cachées dans le cœur et sous le front de mon camarade. Il a fallu que j'arrivasse à trente ans, que mes observations se soient mûries et condensées, qu'un jet de lumière les ait même encore éclairées, pour que je pusse comprendre toute la portée des phénomènes dont j'ai été le témoin ignorant. » Il fallut peut-être à M. de Balzac, pour éveiller et ressusciter cet ancien Lambert enseveli en lui, qu'un éclair lui vînt, tombé du front d'Hébal, ce noble frère de la même famille. Quoi qu'il en soit, ce que M. de Balzac confesse à l'article du souvenir de Lambert est vrai en général de tous les heureux souvenirs dont se nourrit et s'empare son imagination d'aujourd'hui. Il lui fallut arriver à plus de trente ans pour découvrir, pour exploiter la mine fertile que son esprit enfermait à son insu, ses impressions d'enfance en Touraine, ses originaux de province, ses chanoines célibataires, son malin teinturier de Vouvray dans *Gaudissart;* tout cela dormait je ne sais où auparavant. Lambert enfant s'était écrié un jour devant lui, en se frappant le front : « Je serai célèbre! — Et toi aussi, avait-il ajouté vivement ; nous serons les alchimistes de la pensée ! » Ce mot de Lambert est comme la clef de M. de Balzac. Il me semble exactement en effet un magnétiseur, un alchimiste de la pensée, d'une science occulte, équivoque encore malgré ses preuves, d'un talent souvent prestigieux et séducteur, non moins souvent contestable ou illusoire. Comme les alchimistes, il a passé des années entières en tâtonnements, à travers la fumée et la cendre, les sédiments et les scories, avant d'arriver à la transmutation tant désirée : aussi, quelle joie bien légitime et quelle ivresse étourdissante le jour où il vit dans le creuset son mercure se fixer en or !

De 1821 à 1829, époque où M. de Balzac commença de se faire remarquer par la publication du *Dernier Chouan*, qu'a-t-il tenté ? qu'a-t-il publié ? quels furent ses débuts littéraires, et les tâtonnements multipliés et infructueux dont ses anciens amis nous parlent tant depuis qu'il est devenu célèbre ? M. de Balzac, dit-on, a chez lui une collection complète de tous ses premiers romans qui ne forment pas moins d'une trentaine de volumes ; il les conserve magnifiquement reliés, comme le berger-ministre conservait dans un coffre précieux son hoqueton et sa houlette, et il les appelle ses *études*. Études ou non, défroque plus ou moins pastorale, il aurait tort d'en trop rougir, puisque c'est pour lui un subsistant témoignage de ce que peuvent la constance, le travail et une opiniâtre confiance aux ressources de sa propre imagination. Dans le temps d'ailleurs qu'il publiait ces productions de troisième ordre, productions peu authentiques, où il ne trempait souvent que comme collaborateur et auxquelles il n'attacha jamais son nom, M. de Balzac ne s'en exagérait pas la valeur, et trouvant un jour un de ses récents volumes aux mains d'un ami qui le lisait : « Ne lisez pas cela, lui dit-il ; j'ai bien dans la tête des romans que je crois bons, mais je ne sais quand ils pourront sortir. » Nous avons eu la curiosité de retrouver et de feuilleter la plupart de ces romans oubliés, espérant y saisir quelque trace du brillant écrivain d'aujourd'hui. Ce n'a pas été sans adresse que nous avons dû remonter à travers ce dédale croisé de pseudonymes, le long de ces sources assez peu limpides qui se perdaient ou changeaient de nom à chaque pas. La *Bibliographie romancière* en main, nous étions ballotté de M. Horace de Saint-Aubin, bachelier-ès-lettres, à M. de Viellerglé, de M. de Viellerglé de Saint-Alme à lord R'Hoone. Enfin nous avons eu la satisfaction de dresser une filiation aussi complète qu'il nous a été possible, bien que nous y sentions encore beaucoup de lacunes : *les Deux Hector, le Centenaire*, 1821 ; *le Vicaire des Ardennes*, 1822, et, durant cette même année, *Charles Pointel, l'Héritière de Birague, Jean-Louis, le Tartare ou le Retour de l'Exilé, Clotilde de Lusignan;* en 1823, *la Dernière Fée, Michel et Christine, l'Anonyme;* en 1824, *Annette et le Criminel;* en 1825, *Wann-Chlore;* en 1827, *le Corrupteur;* cela ne nous mène pas loin du *Dernier des Chouans* et de 1829, moment où la vie littéraire de M. de Balzac se produit au grand jour. Nous avons été peu payé, avouons-le, de notre indiscrète recherche, en parcourant ces volumes de M. de Viellerglé, que *le Miroir* du temps rapprochait, quant au choix des sujets, des romans de Pigault et de Rétif, et que le libraire Pigoreau classait parmi les *romans gais* en opposition aux *romans noirs*, aux histoires de brigands et de fantômes. C'est tout ce qu'on en peut dire de mieux (1). J'ai été frappé dans la préface du *Vicaire des Ardennes* de ce que l'auteur annonce délibérément au public qu'ils ont longtemps à se voir et à se connaître l'un l'autre, ayant, dit-il, trente ouvrages consécutifs à faire paraître. Un trait du caractère de M. de Balzac, c'est, aussitôt qu'il écrit la première page d'un livre, d'avoir tout de suite

---

(1) Un homme d'esprit à qui je citais, comme singulier, ce rapprochement qu'on avait fait des premiers écrits de M. de Balzac avec Pigault, n'en parut pas étonné : « Mais encore maintenant, me dit-il, voyez! n'est-il pas vraiment, à beaucoup d'égards, un Pigault-Lebrun de salon, le Pigault-Lebrun des duchesses ? »

trente autres volumes en idée devant lui, et de rêver ainsi des séries indéterminées qui doivent, en se rejoignant, former une œuvre immense (1). Au reste, malgré les trente ouvrages promis et donnés par l'auteur du *Vicaire*, aucune œuvre suivie n'entrait alors dans sa pensée ; il écrivait au hasard, à foison, sans but ni souci littéraire. *Wann-Chlore*, il est vrai, se distingue des précédents ouvrages par un ton plus soutenu et des mœurs plus relevées, pour ne pas dire moins basses ; mais qu'est-ce encore ? *Le Dernier des Chouans* offre seul pour la première fois du pittoresque, de l'entente dramatique, des caractères vrais, un dialogue heureux ; par malheur, l'imitation de Walter Scott et de Cooper est évidente. L'auteur a jugé ce roman digne d'être revu et reconnu, et il ouvre sa carrière ostensible à dater de là. J'ai lu aussi vers 1829, dans les *Annales romantiques* du temps, des vers signés du nom de Balzac, harmonieux et bien rhythmés, et qui se rapprochent du faire de M. de Latouche. M. de Balzac à cette époque ne se contentait plus d'écrire ; son esprit d'entreprise l'avait poussé à des opérations de librairie et d'imprimerie ; les *Annales romantiques* où il insérait les vers dont je parle, étaient, je crois, imprimées par lui, et il publiait une édition de La Fontaine à laquelle il ajoutait une notice. Pourtant le non-succès de sa tentative industrielle le rendit vite à la seule littérature, mais sur un tout autre pied que devant. « L'imprimerie, dit-il, m'a pris tant de capital, il faut qu'elle me le rende ; » et redoublant d'activité, révélant enfin son talent, il a tenu son dire. Pour résumer notre idée sur la première période presque clandestine d'une existence littéraire désormais si en évidence, voici ce qui nous semble : M. de Balzac, jeune, au sortir des bancs, *bachelier ès-*

---

(1) Cette prétention l'a finalement conduit à une idée des plus fausses et, selon moi, des plus contraires à l'intérêt, je veux dire à faire reparaître sans cesse d'un roman à l'autre les mêmes personnages, comme des comparses déjà connus. Rien ne nuit plus à la curiosité qui naît du nouveau et à ce charme de l'imprévu qui fait l'attrait du roman. On se retrouve à tout bout de champ en face des mêmes visages.

lettres, mena, comme il en convient dans *Lambert*, une vie passionnée et aventureuse. Par nécessité et par pente, il se livra, de moitié avec de joyeux compagnons, à cette facilité d'imaginer et d'écrire que la littérature inférieure d'alors réclamait à si peu de frais, et il dépensa de la sorte une portion de l'effervescence fiévreuse dont sa jeunesse dut être plus secouée qu'une autre. Un homme de vif esprit qui l'a beaucoup connu et qui lui a servi quelquefois de conseil, M. de Latouche, pourrait seul, s'il le voulait sans trop d'ironie, raconter en détail et éclairer ces origines contemporaines qui déjà se dérobent; il pourrait animer d'anecdotes caractéristiques toute l'arrière-scène obscure de l'atelier littéraire de ce temps-là. Pour nous, qui n'avons plus qu'à passer l'éponge sur ces produits inconnus, incertains, désavoués, nous en venons à M. de Balzac qui se réveille un matin, sachant beaucoup du monde et des femmes, saisissant les tendresses, les ridicules, et débrouillant à la hâte au dedans de lui-même tout ce qu'il n'y avait point soupçonné jusqu'alors.

La *Physiologie du Mariage* est une macédoine de saveur mordante et graveleuse, dans le goût drôlatique, et qui annonce un compatriote bien appris de Rabelais, ou du moins de Béroalde de Verville. L'auteur y rajeunit à la moderne un sujet usé; il n'échappe pourtant pas toujours à des plaisanteries devenues vulgaires. La morale scrupuleuse en est exclue dès le titre, et il n'en faut pas parler. Certains côtés délicats et sensibles auraient pu être touchés avec art; mais l'écrivain, pur épicurien, n'y est pas arrivé encore. Ainsi, plus tard dans le conte du *Rendez-vous*, M. de Balzac nous peindra Julie d'Aiglemont au retour de cette soirée brillante où elle a reconquis à force de coquetterie et de triomphe la fantaisie passagère de son mari; il nous la peindra cédant une dernière fois par bonté et par calcul à l'égoïste faveur dont M. d'Aiglemont l'honore; puis tout aussitôt, dès qu'elle se retrouve à elle, nous la voyons sombre, sur son séant, dans le lit conjugal, près du mari endormi, rougissant et pleurant comme d'un crime de cette espèce de profanation calculée à laquelle elle s'est soumise : il y a là une page admirable de vérité et de douleur. Au lieu de ces peintures vivantes, nous avons dans la *Physiologie du Mariage* la *théorie du lit*, des *deux lits jumeaux* ou des *chambres séparées*, tout un étalage que rien n'ennoblit et ne rachète. *La Peau de Chagrin*, publiée en 1831, ouvre la nouvelle et la véritable série des romans de M. de Balzac. Le commencement en est vif, naturel, attachant ; mais l'intérêt se perd bientôt dans le fantasque et l'orgiaque. L'auteur s'est évidemment préoccupé d'Hoffmann qui faisait alors son apparition parmi nous. Le caractère de Fédora, de cette *Femme sans cœur*, indique pourtant le peintre déjà initié à demi. C'est dans ses *Contes de la Vie privée* qu'il devait tout entier se produire.

M. de Balzac a un sentiment de la vie privée très-profond, très-fin, et qui va souvent jusqu'à la minutie du détail et à la superstition ; il sait vous émouvoir et vous faire palpiter dès l'abord, rien qu'à vous décrire une allée, une salle à manger, un ameublement. Il devine les mystères de la vie de province, il les invente parfois ; il méconnaît le plus souvent et viole ce que ce genre de vie, avec la poésie qu'elle recèle, a de discret avant tout, de pudique et de voilé. Les parties moins délicates au moral lui reviennent mieux. Il a une multitude de remarques rapides sur les vieilles filles, les vieilles femmes, les filles disgraciées ou contrefaites, les jeunes femmes étiolées et malades, les amantes sacrifiées et dévouées, les célibataires, les avares : on se demande où il a pu, avec son train d'imagination pétulante, discerner, amasser tout cela. Il est vrai que M. de Balzac ne procède pas à coup sûr, et que dans ses productions nombreuses, dont quelques-unes nous semblent presque admirables, touchantes du moins et délicieuses, ou piquantes et d'un fin comique d'observation, il y a un pêle-mêle effrayant. Otez de ses contes *la Femme de trente ans*, *la Femme abandonnée*, *le Réquisitionnaire*, *la Grenadière*, *les Célibataires* ; ôtez de ses romans l'*Histoire de Louis Lambert*, et *Eugénie Grandet*, son chef-d'œuvre, quelle foule de volumes, quelle nuée de contes, de romans de toutes sortes, drôlatiques, philosophiques, économiques, magnétiques et théosophiques, il reste encore! Je n'ose me flatter d'avoir tout lu. Il y a quelque chose à goûter dans chacun sans doute; mais combien de pertes et de prolixités! Dans l'invention d'un sujet, comme dans le détail du style, M. de Balzac a la plume courante, inégale, scabreuse; il va, il part doucement au pas, il galope à merveille, et voilà tout d'un coup qu'il s'abat, sauf à se relever pour retomber encore. La plupart de ses commencements sont à ravir; mais ses fins d'histoire (1) dégénèrent ou deviennent excessives. Il y a un moment, un point où, malgré lui, il s'emporte. Son sang-froid d'observateur lui échappe; une détente lui

---

(1) On raconte à ce sujet une historiette assez piquante dont on prête le récit à M. de Latouche : je la donne ici sans la garantir, et uniquement à titre d'*apologue*. — Latouche donc disait un jour de Balzac. « En vérité je dois avoir bien de la reconnaissance pour Balzac, je serais un ingrat si j'oubliais jamais ce que je lui dois. Je lui avais rendu autrefois quelques petits services littéraires, des conseils pour ses romans, pour son style, que sais-je? il n'était pas encore le grand homme que nous savons; il vint un matin chez moi et me dit : Mon cher ami, il faut que vous me fassiez le plaisir d'accepter de moi quelque chose.... Je m'excusais, il insista. — A la bonne heure, lui dis-je.... — Il faut, ajouta-t-il, que vous acceptiez mon cheval arabe....— Un cheval arabe! mais y pensez-vous? c'est impossible; je n'ai pas d'écurie d'ailleurs; et puis un cheval de tel prix! — Il le faut, ou nous nous brouillerons. Comment! vous n'accepteriez pas d'un ami comme moi ce gage d'affection! Je ne vous reverrai de ma vie si vous ne consentez. — Vaincu à la fin de ces paroles et de bien d'autres, j'acceptai, continue Latouche. Vous voyez donc que je dois à Balzac une grande reconnaissance. Il est bien vrai que, cette scène une fois passée, je n'ai oncques vu paraître de cheval, arabe ni autre; mais enfin son intention était si bonne, si sincère, son insistance si vive, que je serais un grand ingrat si je ne lui demeurais très-obligé. » — Or (et voici ma conclusion), nous tous lecteurs, nous sommes un peu avec M. de Balzac dans le cas de M. de Latouche. Il commence si bien chaque récit, il nous circonvient si vivement, qu'il n'y a pas moyen de résister et de dire *non* à ses promesses; il nous prend les mains, il nous introduit de gré ou de force dans chaque aventure. Il est vrai que le *cheval arabe* n'arrive jamais; gare le dénoûment! mais, grâce à l'entrain et à l'obligeance des débuts, on ne lui doit pas moins une assez grande reconnaissance.

part, pour ainsi dire, au dedans du cerveau et enlève à cent lieues les conclusions : ainsi dans sa *Recherche de l'Absolu*, dont nous aurons tout à l'heure à parler; ainsi dans ces excellents *Célibataires*, où son chanoine Troubert se grossit et s'exagère vers la fin au point de nous être donné comme un petit Richelieu. Le hasard et l'accident sont pour beaucoup jusque dans les meilleures productions de M. de Balzac. Il a sa manière, mais vacillante, inquiète, cherchant souvent à se retrouver elle-même. On sent l'homme qui a écrit trente volumes avant d'acquérir une manière; quand on a été si long à la trouver, on n'est pas bien certain de la garder toujours. Aujourd'hui il enluminera un conte rabelaisien, et demain il nous déduira son *Médecin de Campagne*. Pour en revenir à ma comparaison de M. de Balzac avec un alchimiste, je dirai que, même après la transmutation trouvée, cet alchimiste, qui n'a pas eu pleine connaissance de son procédé heureux, rétrograde parfois et revient à ses anciens tâtonnements; qu'il retombe dans les scories et les dépenses infructueuses; qu'il fait en beaucoup d'opérations de l'or très-mêlé ou faux. On doit au reste en prendre son parti avec M. de Balzac, et l'accepter selon sa nature et son habitude. Il ne faut pas lui conseiller de se choisir, de se réprimer, mais d'aller et de poursuivre toujours : on se rachète avec lui sur la quantité. Il est un peu comme ces généraux qui n'emportent la moindre position qu'en prodiguant le sang des troupes (c'est l'encre seulement qu'il prodigue) et qu'en perdant énormément de monde. Mais, bien que l'économie des moyens doive compter, l'essentiel après tout, c'est d'arriver à un résultat, et M. de Balzac en mainte occasion est et demeure victorieux.

Il l'a été principalement dans *Eugénie Grandet*, et il s'en faut de bien peu que cette charmante histoire ne soit un chef-d'œuvre, — oui, un chef-d'œuvre qui se classerait à côté de tout ce qu'il y a de mieux et de plus délicat parmi les romans en un volume. Il ne faudrait pour cela que des suppressions en lieu opportun, quelques allégements de descriptions, diminuer un peu vers la fin l'or du père Grandet, et les millions qu'il déplace et remue dans la liquidation des affaires de son frère : quand ce désastre de famille l'appauvrirait un peu, la vraisemblance générale ne ferait qu'y gagner. La conclusion et la solution fréquente des embarras romanesques où M. de Balzac place ses personnages, c'est cette mine d'or dont il a la faculté de les enrichir : ainsi dans l'*Absolu*, ainsi dans *Eugénie Grandet*, ainsi dans le conte du *Bal de Sceaux* où l'or de M. de Longueville est le ressort magique, le *Deus ex machiná*. A voir les monceaux d'or dont M. de Balzac dispose en ses romans, on serait tenté de dire de lui comme les Vénitiens de Marco-Paolo à son retour de Chine : *Messer Miglione*. Il faudrait encore dans *Eugénie Grandet* amoindrir l'inutile atrocité d'égoïsme du jeune Charles à son arrivée d'Amérique ; il est à la fois trop ignoble de la sorte envers sa cousine, et trop naïf aussi de n'avoir pas deviné la grande fortune de son oncle ; le résultat mieux ménagé pourrait être d'ailleurs absolument le même, et l'admirable Eugénie, au milieu des Des Grassins et des Cruchotins, près de sa fidèle Nanon, ne perdrait rien ni en pâleur mortifiée, ni en sensibilité profonde et rétrécie, ni en perpétuel sacrifice. Apaisez en ce tableau quelques couleurs criardes ; arrivez, en éteignant, en retranchant çà et là, à une harmonie plus égale de ton, et vous aurez la plus touchante peinture domestique.

Je veux même entrer ici dans quelques détails de style et de diction, parce que M. de Balzac, tout abondant et inégal qu'il est, ne néglige pas ces soins, et bien au contraire s'en préoccupe beaucoup. M. de Balzac n'a pas le dessin de la phrase pur, simple, net et définitif ; il revient sur ses contours, il surcharge ; il a un vocabulaire incohérent, exubérant, où les mots bouillonnent et sortent comme au hasard, une phraséologie physiologique, des termes de science, et toutes les chances de bigarrures. Je lis, dès la première page d'*Eugénie Grandet*, cette phrase : « S'il y a de la poésie dans l'atmosphère de Paris où tourbillonne un *simoun* qui enlève les cœurs, n'y en a-t-il donc pas aussi dans la lente action du *sirocco* de l'atmosphère provinciale, qui détend les plus fiers courages, relâche les fibres et désarme les passions de leur *acutesse?* » Ailleurs, dans *Louis Lambert*, non loin des brûlantes et simples lettres du jeune homme, ce sont des expressions de *mnémotechnie pécuniaire*, un *enfant dont je partageais l'idiosyncrase;* dans les *Célibataires* je trouve une *raison coefficiente des événements*, des *phrases jetées en avant par les tuyaux capillaires du grand conciliabule femelle*, etc., etc. Souvent la phraséologie flexible, où il se joue, entraîne M. de Balzac, et il nous file de ces longues phrases sans virgules à perdre haleine, comme on peut en reprocher parfois à la plume savamment amusée de Charles Nodier. La phrase suivante fait tache à mes yeux dans la première lettre de Louis Lambert à mademoiselle de Villenoix : « J'ai dû comprimer bien des pensées pour vous aimer malgré votre fortune, *et pour vous écrire en redoutant ce mépris si souvent exprimé par une femme pour un amour dont elle écoute l'aveu comme une flatterie de plus parmi toutes celles qu'elle reçoit ou qu'elle pense.* » M. de Balzac a fréquemment, et à son insu peut-être, l'image lascive, le coup de pinceau vagabond et sensuel. Il comparera tout d'abord la voix du chaste enfant Louis Lambert à *une voix qui prononce un mot d'amour, au matin, dans un lit voluptueux;* il abusera, en peignant madame Claës, des *projections fluides dans les regards*. Volontiers, du milieu de ses beaux salons, il nous reporte sans goût à des objets, à des termes tout à fait répugnants, désobligeants; il lui revient, et il nous revient à nous, en ces moments, comme une forte odeur de sa première manière : Crébillon fils se ressouvient de Rétif (1). Enfin, il y a en grammaire une faute insoutenable qu'il pratique constamment et par sys-

---

(1) C'est ce qui fait dire au sévère ami que je cite quelquefois : « C'est drôle ! quand j'ai lu ces choses-là (certaines descriptions sales et minutieusement ignobles de Balzac), il me semble toujours que j'ai besoin de me laver les mains et de brosser mon habit. »

tème : au rebours des écrivains d'aujourd'hui qui ont mis le *son*, *sa*, *ses* partout, qui disent à propos d'un fait et d'une observation *lui* et *elle*, M. de Balzac ne connaît que le *en* : ainsi, dans *les Célibataires*, toutes les fois que l'abbé Birotteau était entré chez le chanoine Chapeloud, il *en* avait admiré l'appartement et les meubles. Dans *la Grenadière*, le jeune Louis ne se contente pas des assurances de bonne santé que lui donne sa mère, il *en* étudie le visage, etc. En un mot, cet *en* est partout employé à faux par M. de Balzac; il y trouve je ne sais quelle particulière douceur, et l'introduit jusque dans certaines locutions qui n'en ont que faire. Au lieu de dire, par exemple : il y va de la vie, de la fortune, il ne manque pas de dire : *il s'y en va de la vie*. Nous adressons ces chicanes de détail à M. de Balzac, parce que nous savons qu'elles ne sont pas perdues avec lui, et que, malgré toutes les incorrections par nous signalées, il soigne son style, corrige et remanie sans cesse, demande jusqu'à sept et huit épreuves aux imprimeurs, retouche et refond ses secondes et troisièmes éditions, et se sent possédé du louable besoin d'une perfection presque chimérique. Il a même, selon nous, à se garder dans ces remaniements successifs d'altérer quelquefois une première rédaction plus franche et plus simple. Ses efforts pourtant sont heureux en mainte circonstance. Il y avait dans la première édition de *la Femme abandonnée*, publiée par la *Revue de Paris*, une charmante page qui, à l'aide de quelques retouches habiles, est devenue tout à fait belle dans une édition suivante. Je la citerai ici pour montrer à M. de Balzac un excellent modèle en certaines parties de lui-même, et pour dédommager le lecteur de ces querelles de langue par une plus gracieuse image. Il s'agit de la première visite du jeune M. de Neuil à madame de Beauséant, et du trouble incertain qu'il en rapporte : « A l'âge de vingt-trois ans, dit M. de Balzac, l'homme est presque toujours dominé par un sentiment de modestie. Les timidités, les troubles de la jeune fille l'agitent. Il a peur de mal exprimer son amour; il ne voit que des difficultés et s'en effraye; il tremble de ne pas plaire ; il serait hardi s'il n'aimait pas tant. Plus il sent le prix du bonheur, moins il croit que sa maîtresse puisse le lui facilement accorder ; d'ailleurs, peut-être se livre-t-il trop entièrement à son plaisir, et craint-il de n'en point donner. Lorsque par malheur son idole est imposante, il l'adore en secret et de loin : s'il n'est pas deviné, son amour expire. Souvent cette jeune passion, morte dans un jeune cœur, y reste brillante d'illusions. Quel homme n'a pas plusieurs de ces vierges souvenirs qui, plus tard, se réveillent, toujours plus gracieux, apportant l'image d'un bonheur parfait ; souvenirs semblables à ces enfants perdus à la fleur de l'âge, et dont les parents n'ont connu que les sourires ? »

La Recherche de l'Absolu, dernière publication de M. de Balzac, n'est pas un de ses meilleurs romans ; mais, à travers des circonstances fabuleuses et injustifiables, cette histoire a beaucoup de mouvement, de l'intérêt, et c'est une de celles où l'on peut le plus étudier à nu la manière de l'auteur, sa pente et ses défauts. M. Balthazar Claës, qui unit les richesses de l'antique Flandre à la plus haute noblesse espagnole, habite à Douai une maison où se sont accumulées toutes les merveilles héréditaires de ces ménages opulents. Jeune, il est venu à Paris, vers l'an 1783 ; il s'est fait présenter dans les meilleures sociétés, chez madame d'Egmont, chez Helvétius, qui pourtant était mort depuis plusieurs années ; mais peu importe l'anachronisme. Il a même étudié la chimie sous Lavoisier, et ne s'est retiré du tourbillon mondain que pour épouser mademoiselle de Temninck, avec laquelle il vit dans un long et fidèle bonheur. Mais, à partir de 1809, les manières de Balthazar s'altèrent graduellement ; une passion secrète le saisit et l'arrache bientôt à tout, à la société, aux tulipes, même aux joies domestiques dont il se repaissait avec candeur. Il redevient chimiste : ses premiers travaux chez Lavoisier renouvellent tout leur attrait et le sollicitent à poursuivre ; un officier polonais, qui passe à cette époque par Douai et qui cause avec Balthazar, provoque en lui cette subite révolution. M. de Balzac semble croire qu'il n'y a qu'un pas entre le goût de l'alchimie et les leçons de Lavoisier, tandis qu'il y a un abîme ; c'est comme si l'on devenait astrologue après avoir été disciple de Laplace. Quoi qu'il en soit, Claës se livre, à partir de ce moment, à la recherche de l'*absolu*, ce qui veut dire pour lui la transmutation des métaux et le secret de faire de l'or ; il s'y oublie, il s'y acharne ; il tue de chagrin sa femme ; il s'y ruine, ou du moins il s'y ruinerait, si l'imagination du romancier ne venait sans relâche au secours de cette fortune qui se fond dans le creuset, et si la fille aînée de Claës ne réparait à temps chaque désastre, comme une fée qui étend coup sur coup sa baguette d'or. Cette *maison Claës* est d'ailleurs une véritable *Casauba*, et l'auteur y a, dès l'abord, enfoui toutes les ressources qu'il n'a fait que disperser çà et là en échantillons dans ses autres romans. Si, dans *le Bal de Sceaux*, les héritages à flots ne lui coûtent rien ; si, dans *les Célibataires*, les meubles de Boulle, les *Vierges* de Valentin et les *Christs* de Lebrun se trouvent tout à propos mêlés au mobilier du chanoine Chapeloud pour faire péripétie vers la fin et révéler trop tard leur valeur au pauvre Birotteau dépossédé, ce ne sont là que des bagatelles et des pauvretés au prix de ce palais des *Mille et une Nuits*, de cette maison Claës et de ce qu'elle enferme. Ici les tableaux des maîtres, les tulipes introuvables, les meubles d'ébène et les boiseries dignes de Salomon sont dès l'avance disposés. Les solives et les poutres elles-mêmes recèlent de l'or : l'or *ruisselle et pétille* dans les parloirs, suivant l'expression du romancier enivré, de même que la dentelle *bouillonne* autour de la longue pèlerine de madame Claës. Au milieu de toutes ces merveilles qu'il gaspille, de ces trésors qu'il dissipe en fumée, Balthazar Claës, qui croit se mettre au courant de la science moderne en poursuivant le but mystérieux de Nicolas Flamel et des Arnauld de Villeneuve, est proclamé à tout instant homme de génie, et ses actes déréglés ou même cruels envers sa famille nous sont donnés comme la conséquence inévitable d'une intelligence supérieure en désaccord avec ce qui l'entoure. M. de Balzac, en effet, prodigue volontiers à ses personnages les termes de génie, comme il leur prodigue les trésors ; il ne laisse pas d'alternative entre le génie et tous les défauts. On rencontre fréquemment chez lui des sentences du genre de celle-ci, dans *les Célibataires* : « Il n'y a qu'un homme de génie ou un intrigant qui se disent : J'ai eu tort. » Et dans *la Recherche de l'Absolu*, dès les premiers chapitres, à propos de Claës : « Les gens d'esprit sont variables autant que des baromètres, le génie seul est essentiellement bon. » Mais il est temps de le dire, à travers toutes ces chimères de l'alchimiste et du romancier qui semblent ne faire qu'un, ce qui ressort à merveille, c'est l'insatiable espoir de l'adepte ; ce qui règne et palpite, c'est sa fièvre ardente, incurable, une fièvre d'avide crédulité. On s'impatiente de l'entendre louer pour son génie ; on le traite de fou délirant ; on accuse la faiblesse de ses proches qui ne l'ont pas fait enfermer déjà ; on tremble quand on voit sa fille aînée lui obtenir, pour l'arracher à son laboratoire, une caisse de recette générale au fond de la Bretagne ; on froisse la page sous sa main, mais on y revient ; on est ému enfin, entraîné, on se penche malgré soi vers ce gouffre inassouvi. Quel mélange singulier et contradictoire dans le romancier que nous voudrions juger ici, sans faire notre parole plus sévère que notre pensée, — quel mélange d'observation souvent maligne, de réalité prise sur le fait comme par un clin-d'œil de malin Tourangeau, de gaieté de bon aloi et digne de Chinon, — quel mélange de tout cela, et encore de situations domestiques si fréquemment attendrissantes, avec tant d'écarts divagants et d'incroyables fantaisies ! Madame Claës est une de ces femmes comme le romancier les affectionne, une laide presque contrefaite et pourtant séduisante, une femme de quarante ans de plus en plus adorable et rajeunissant. Combien de lectrices, en lisant ce portrait, se sentent tout bas flattées et comme magnétisées par l'auleur (1) ! Cette figure de madame Claës, où *les hésitations magnétiques* et *les projections fluides des regards* sont prodiguées, de même que le sont dans le portrait de Balthazar *les idées dévorantes distillées par un front chauve*, m'a bien fait concevoir le genre de portraits de Vanloo et des autres peintres chez qui des détails charmants et pleins de finesse s'allient à une *flamboyante* et détestable manière, à une manière sans précision, sans fermeté, sans chasteté. « Les personnes contrefaites qui ont de l'esprit ou une belle âme, dit M. de Balzac à propos de son héroïne peu régulière, apportent à leur toilette un goût exquis. Ou elles se mettent simplement, en comprenant que leur charme est tout moral ; ou elles savent faire oublier la disgrâce de leurs proportions par une sorte d'élégance dans les détails qui divertit le regard et occupe l'esprit. » Il est impossible de plus délicatement observer et de mieux dire. Madame Claës nous touche encore quand, voyant dans les premiers temps son mari qui lui échappe, sans en comprendre la cause, « elle attend un retour d'affection et se dit chaque soir : — Ce sera demain ! en traitant son bonheur comme un absent. » Mais ce qui choque bientôt et ce qui revient indiscrètement à plusieurs reprises, ce sont les allusions directes aux secrets de l'alcôve, et à des situations conjugales, aisément déplaisantes, qui rappellent trop le théoricien de la *Physiologie du Mariage*.

Le dernier roman de M. de Balzac nous a fourni l'occasion de lire une brochure dont le sujet est le même, mais qui contient une histoire vraie et bien récente. Nul doute que si M. de Balzac avait connu ce petit écrit, il n'eût

---

(1) Je sais une femme qui a pour mari un homme de génie ou qu'elle croit tel (ce qui revient au même), et dont elle craint de n'être pas assez aimée ; cette femme a été séduite à Balzac par madame Claës. Aussi mon sévère ami, que ce sujet met volontiers en humeur, disait : « Henri IV a conquis son royaume ville à ville : M. de Balzac a conquis son public maladif infirmités par infirmités. Aujourd'hui les femmes de trente ans, demain celles de cinquante ; après-demain les chlorotiques, dans *Claës*, les contrefaites. Nulle part il n'est question de dents, etc. »

donné à son livre le cachet de réalité qui y manque, et ne se fût garanti de beaucoup d'*à-peu-près* qui sont faux. Un alchimiste de nos jours (car, de nos jours, il y a çà et là répandus et cachés un assez grand nombre d'alchimistes encore) a fait imprimer en 1832, chez Félix Locquin, rue Notre-Dame-des-Victoires, le récit de ses tribulations et de sa découverte, sous le titre d'*Hermès dévoilé*. L'auteur de ce récit, qui ne se nomme pas, est évidemment un homme vertueux, d'une parfaite bonne foi, sensible de cœur et pénétré de la vérité de ce qu'il raconte. Nous citerons le début : « Le Ciel m'ayant permis de réussir à faire la pierre philosophale, après avoir passé trente-sept ans à sa recherche, veillé au moins quinze cents nuits, éprouvé des malheurs sans nombre et des pertes irréparables, j'ai cru devoir offrir à la jeunesse, l'espérance de son pays, le tableau déchirant de ma vie, afin de lui servir de leçon, et en même temps de la détourner d'un art, etc. » En effet, l'honnête alchimiste, bien qu'il ait trouvé le secret de la transmutation, conserve jusque dans son triomphe un sentiment si profond de son infortune passée, qu'il voudrait détourner les jeunes gens des périls de cette science hermétique, au moment même où il la leur dévoile obscurément. Ses épreuves, pauvre homme! furent grandement amères; Bernard de Palissy n'en eut pas en son temps de si lamentables. Marié jeune, devenu père d'une nombreuse famille, l'alchimiste, qui ne se désigne lui-même que comme l'infortuné Ci..., dissipe la dot de sa femme, voit mourir de misère et de chagrin tous ses enfants; mais il prend à toutes ces douleurs qui l'entourent une part de sympathie bien autrement active et humaine que Claës; ce sentiment de bienveillance pour les hommes et de compassion pour les siens, qui se mêle à une si opiniâtre recherche, est un trait naturel que le romancier n'a pas assez deviné ni ménagé. Chaque ligne de ce petit écrit annonce un travailleur longtemps séquestré du monde, ignorant naïvement le train des choses, et en parlant avec une sorte d'enfance. Mais le plus touchant et le plus inimitable endroit est celui où il raconte sa découverte, et les sensations inouïes qui l'agitèrent sitôt que le mercure brilla fixé en or sous ses yeux : « Que ma joie fut vive et grande ! j'étais hors de moi-même, je fis comme Pygmalion, je me mis à genoux pour contempler mon ouvrage et en remercier l'Éternel. Je me mis à verser un torrent de larmes ; qu'elles étaient douces ! que mon cœur était soulagé ! Il me serait difficile de peindre ici tout ce que je ressentais, et la position où je me trouvais. Maintes idées s'offraient à la fois : la première me portait à diriger mes pas près du roi-citoyen et à lui faire l'aveu de ma découverte ; l'autre, à faire un jour assez d'or pour former divers établissements dans la ville qui me vit naître ; une autre idée me portait à marier le même jour autant de filles qu'il y a de sections à Paris, en les dotant ; une autre idée me portait à me procurer l'adresse des pauvres honteux, et à aller moi-même leur distribuer des secours à domicile. Enfin je commençai à craindre que ma joie ne me fît perdre la raison. Je sentis la nécessité de me faire violence et de prendre beaucoup d'exercice en me promenant à la campagne, ce que je fis pendant huit jours consécutifs. Il ne se passait pas quelques heures sans que j'ôtasse mon chapeau, et, levant les yeux au Ciel, je le remerciais de m'avoir accordé un pareil bienfait, et je versais d'*abondantes pleurs* (1). Enfin je parvins à me calmer, et à sentir combien je m'exposerais en faisant de pareilles démarches. Après avoir réfléchi mûrement, je pris la résolution de vivre au sein de l'obscurité sans éclat, et de borner mon ambition à faire des heureux en secret, sans me faire connaître. » C'est le jeudi-saint 1831, à 10 heures 7 minutes du matin, que l'alchimiste avait opéré seul la transmutation ; il a noté le jour et l'heure comme Dante et Pétrarque ont fait pour le jour et l'instant béni où ils virent leurs divinités, et la page que je viens de citer du bon alchimiste me semble presque rappeler en

---

(1) Le bon alchimiste oublie dans son transport que *pleurs* n'est pas du même genre que *larmes*.

naïve allégresse certains passages de la *Vita Nuova.* L'alchimiste remit d'opérer la transmutation devant sa femme au lundi de Pâques ; il fit emplette d'une branche de laurier et d'une tige d'immortelle, pour lui annoncer dignement cette nouvelle heureuse ; toute cette conclusion domestique est pleine de simplicité, d'attendrissement et de sagesse : la réalité ici fait envie au roman. L'alchimiste, possesseur du merveilleux secret, vit de peu, répand les bienfaits sans bruit et se souvient de ses malheurs. Belle leçon à nous tous poëtes, romanciers et hommes ! Heureux qui, dans sa vie laborieuse et du fond mélangé de ses œuvres, sait réaliser un peu d'or pur ! qu'il se tienne satisfait de son sort et remercie les Dieux !

Novembre 1834.

(Cet article qui, maintenant que je le relis, me semble encore modéré et même respectueux, excita, au moment où il parut, la colère de M. de Balzac, qui, depuis ce jour, me poursuivit plus d'une fois à outrance, soit dans sa critique, soit même dans certains de ses romans. Je le lui ai peut-être moi-même rendu à l'occasion. Quoi qu'il en soit, c'est un besoin pour moi d'indiquer que, vers l'époque de sa mort, j'ai parlé de lui (*Constitutionnel* du 2 septembre 1852) sous un point de vue plus général et en embrassant de mon mieux l'ensemble de son œuvre, que je ne suis point cependant arrivé à admirer autant que je le voudrais. On peut voir cet article au tome II des *Causeries du Lundi.*)

M. VILLEMAIN.

1836.

Un sentiment qui semble naturel à la plupart des écrivains, critiques ou poëtes, après le premier moment où l'on s'élançait avec union et enthousiasme dans la carrière, c'est la crainte d'être gêné dans sa libre expansion, d'être frustré dans sa part de louange par les hommes supérieurs qui continuent de nous primer, ou par les hommes distingués qui s'élèvent à côté de nous et nous pressent. Ce sentiment, qui paraît être excité surtout aux époques de grande concurrence et de plénitude, au second ou au troisième âge des littératures très-cultivées, sentiment utile et bon, à vrai dire, en tant qu'il n'est qu'avertissement et aiguillon, devient faux s'il renferme une crainte sérieuse et une tristesse jalouse. A moins de venir à quelque époque encore brute, inégale et demi-barbare, à moins d'être un de ces hommes quasi fabuleux (Homère, Dante.... Shakspeare en est le dernier), qui obscurcissent, éteignent leurs contemporains, les engloutissent tous et les confisquent, pour ainsi dire, en une seule gloire ; à moins d'être cela, ce qui, j'en conviens, est incomparable, il y a avantage encore, même au point de vue de la gloire, à naître à une époque peuplée de noms et de chaque coin éclairée. Voyez en effet : le nombre, le rapprochement, ont-ils jamais nui aux brillants champions de la pensée, de la poésie, ou de l'éloquence? tout au contraire; et, si l'on regarde dans le passé, combien, sans remonter plus haut que le règne de Louis XIV, cette rencontre inouïe, cette émulation en tous genres de grands esprits, de talents contemporains, ne contribue-t-elle pas à la lumière distincte dont chaque front de loin nous luit? Au siècle suivant de même. Et si, à un horizon beaucoup plus rapproché, et dans des limites moindres, nous regardons derrière nous, a-t-il donc nui aux hommes qui président à cette ouverture de l'époque de la Restauration, à cette espèce de petite Renaissance, et qui composent le groupe de l'histoire, de la philosophie, de la critique et de l'éloquence littéraire, à cette génération qui nous précède immédiatement et dans laquelle nous saluons nos maîtres, leur a-t-il nui d'être plusieurs, d'être au nombre de trois, rivaux et divers dans ces chaires retentissantes, dont le souvenir forme encore la meilleure partie de leur gloire? Et ailleurs, dans la critique courante, dans la poésie, combien n'a-t-il pas servi aux esprits d'être en nombre, en groupes opposés! et comme cela aide plutôt à la figure qu'à cette courte distance ils font déjà! On est, en effet, tous contemporains, amis ou rivaux, dans son époque, comme un équipage à bord d'un navire, à bord d'une aventureuse *Argo*. Plus l'équipage est nombreux, brillant dans son ensemble, composé de héros qu'on peut nommer, plus aussi la gloire de chacun y gagne, et plus il est avantageux d'en faire partie. Ce qui, de près, est souvent une lutte et une souffrance entre vivants, est de loin, pour la postérité, un concert. Les uns étaient à la poupe, les autres à la proue : voilà pour elle toute la différence. Si cela est vrai, comme nous le disons, des hautes époques et des *Siècles de Louis XIV*, cela ne l'est pas moins des époques plus difficiles où la grande gloire est plus rare, et qui ont surtout à se défendre contre les comparaisons onéreuses du passé et le flot grossissant de l'avenir, par la réunion des nobles efforts, par la masse, le redoublement des connaissances étendues et choisies, et, dans la diminution inévitable de ce qu'on peut appeler proprement *génies créateurs*, par le nombre des talents distingués, ingénieux, intelligents, instruits et nourris en toute matière d'art, d'étude et de pensée, séduisants à lire, éloquents à entendre, conservateurs avec goût, novateurs avec décence.

Entre les hommes de notre temps, celui dont le nom attire à lui et nous peint, nous réfléchit le mieux toutes ces louanges, est sans contredit M. Villemain. Par l'ordre de sa date, par le rang éminent où il s'est placé d'abord, par la vive influence qu'il a longuement exercée, par le progrès et l'accroissement où il n'a pas cessé de se tenir, en même temps qu'il reste pour nous du très-petit nombre des maîtres illustres, il est de ceux dont l'autorité continue de vivre, et qu'on est certain, en avançant, de toujours et de plus en plus retrouver.

M. Abel Villemain, né à Paris vers la fin de 91 ou au commencement de 92, d'une mère que tous ceux qui ont l'honneur de la connaître savent d'humeur si spirituelle et si marquée, fit de ces bonnes et excellentes études classiques, qu'il eût, en tout cas, réparées avec sa rare promptitude si elles avaient été insuffisantes, mais dont l'heureuse et précoce facilité eut une grande part dans sa tournure littéraire. Sans être trop assujetti à une discipline régulière et rigoureuse qui alors n'existait pas (car il y avait quelque chose de très-libre et de paternel dans les études renaissantes), il se trouva en pension chez un maître bien connu, qui savait parfaitement le grec, M. Planche ; et le jeune Villemain dut au secours qu'il rencontra, d'acquérir d'abord et sans peine ce fonds exquis, si favorable ensuite à toute culture. Vers l'âge de douze ans, il jouait la tragédie en grec à sa pension, dans les exercices de la fin de l'année ; il sait encore et récite aujourd'hui à nos oreilles un peu déconcertées tout son rôle d'Ulysse, de la tragédie de *Philoctète*. Geoffroy avait été invité à l'une de ces représentations qui ne rappelaient pas mal, dans l'Université renaissante, les thèses en grec de MM. Rollin et Boivin le cadet, si fameuses dans l'ancienne Université, ou mieux encore les exercices de MM. Le Peletier fils et du jeune abbé de Louvois. Émerveillé de ce qu'il venait d'entendre, il fit, au sortir de là, un article intitulé *le Théâtre d'Athènes.* Ces libres mais fortes études prédisposaient avec bonheur l'esprit de l'enfant à ce qu'il devait être dans la suite, en lui ouvrant facilement et pour toujours les grandes et limpides sources primitives. M. Villemain, dans ses appréciations des écrivains et des poëtes, remarque souvent, et il en a le droit plus que personne, l'importance durable de ces jeunes et antiques études, de ces études qu'avaient, en se jouant, Racine et Fénelon, qui eussent si bien contenu et affermi le beau génie de Lamartine, que M. de Chateaubriand se donna à force de vouloir, mais que si peu ont le courage ou la ressource de réparer, et que doivent regretter avec larmes ceux qui en chérissent le sentiment et à qui elles ont fait faute. Racine, dans la prairie de Port-Royal, lisait et savait par cœur *Théagène* en grec, comme nous écoliers, aux heures printanières, nous lisions *Estelle* et *Numa;* mais, le livre jeté ou confisqué, il lui restait de plus le grec qu'il savait à toujours, l'accès direct et perpétuel d'Euripide et de Pindare.

Le jeune Villemain, indépendamment de ses exercices à la pension de M. Planche, suivait les cours du Lycée impérial (Louis-le-Grand) : il y rencontra, pour professeur de rhétorique latine, M. Castel, et de rhétorique française, Luce de Lancival, deux universitaires qui passaient pour poëtes, deux maîtres du moins assez fleuris et assez mondains, dégagés de la vieille rouille. Lui-même, son cours d'études étant terminé avec éclat, sans prix d'honneur pourtant (en quoi ses camarades disaient qu'on l'avait triché), il donna des leçons au Lycée impérial, tandis que d'ailleurs il entamait le Droit avec zèle et facilité, comme toutes choses. La connaissance qu'il en prit dès lors ne lui fut pas inutile plus tard dans les discussions de lois et d'affaires auxquelles il fut mêlé. Mais l'Université et la littérature l'attirèrent bien vite et se l'approprièrent. Ayant eu occasion de voir chez M. Luce M. Desrenaudes, et par suite de connaître M. Roger et M. de Fontanes, ce dernier lui donna une chaire de rhétorique à Charlemagne. Un petit discours, prononcé sur la tombe de Luce, fit admirer chez le naissant orateur le talent de bien dire, dont alors les moindres témoignages, dans le silence de la presse et de la tribune, étaient si curieusement relevés et sentis. Comme écrivain, il allait s'annoncer à tous. L'*Éloge de Montaigne*, écrit en huit jours par ce jeune homme de vingt ans (1812) et couronné par l'Académie dans un concours auquel prenait part le redoutable Victorin Fabre, en possession jusque-là assurée du triomphe, fut un événement littéraire très-vif. Parmi les vaincus, outre Victorin Fabre, qui obtint dans le rapport une mention singulière, on remarque plus d'un nom connu : Droz, Biot, etc. L'ouvrage, qui ravit avec tant d'aisance un prix si disputé, est demeuré un morceau précieux et charmant, sans trace aucune de hasard ni d'inexpérience. Toutes les grâces naturelles et vives du talent de M. Villemain s'y sont du premier coup rassemblées.

J'ai nommé Victorin Fabre, et cet écrivain honorable, qui s'annonçait avec tant de promesses, que tant de bons juges désignaient sans hésiter à la gloire, et qui s'est éteint tout entier oublié, mérite bien un mot de moi. Né dans le Midi, venu à Paris dans les premières années du siècle, et disciple studieux, ardent, de l'école républicaine et philosophique, de Garat, Ginguené, Chénier, il présente avec le jeune et facile rival qui, pour coup d'essai, le détrôna, des contrastes frappants, et dont tous n'étaient pas à son désavantage. Victorin Fabre est exactement sorti du dix-huitième siècle ; il en a les convictions (en tant que déisme), l'inspiration politique, les habitudes d'analyse, les procédés d'écrire laborieux, fermes et raisonnés. Il a décomposé la phrase de Rousseau et de Buffon, il en a mesuré les nombres ; il remonte par eux à Bossuet ; il remonte à travers Condillac à Fénelon. Pareillement pour les anciens; comme Marie-Joseph Chénier, son maître, c'est à travers l'antiquité latine qu'il atteint la Grèce. Tacite et Sénèque sont plus voisins de lui que le chœur des *Troyennes*. Il s'applique, il analyse ; rien de vague, d'effleuré d'abord, rien dont il ne veuille scrupuleusement se rendre compte. L'*Éloge de Corneille*, par lequel il débuta en 1808 aussi brillamment que M. Villemain en 1812 par celui de Montaigne, présente ce genre de qualités et de formes, à un moindre degré pourtant que ses *Éloges de La Bruyère* et *de Montaigne*, morceaux approfondis et d'un grave caractère. Victorin Fabre subit, par malheur, tous les inconvénients de l'école à laquelle il se voua et de la manière qu'il ne sut pas renouveler. Vaincu dans le concours de *Montaigne*, il ne tarda pas à quitter Paris et l'arène, comme fait le taureau noblement jaloux, qui cède le champ au jeune vainqueur. Retiré dans sa province méridionale où l'enchaînaient d'honorables devoirs fortement compris, où le refoulaient des douleurs patriotiques et républicaines qu'il est beau à lui d'avoir exagérées, il perdit assez vite le sentiment vrai des choses, il fit fausse voie dans sa destinée. Des entreprises de grands ouvrages le tentèrent ; à force de creuser, il tomba dans l'abstrus, il s'y obéra. Il y a, je me le suis dit souvent, un jour décisif et fatal après la première jeunesse, après les premiers triomphes ; il s'agit de réaliser les espérances, de pousser sa conquête, d'asseoir sa seconde et définitive destinée. Cela est plus difficile et on y réussit souvent bien moins qu'aux premiers abords déjà si difficiles à surmonter. Au sortir donc des gorges et des rampes étroites où nous avons gravi longtemps, où nous avons fini par triompher et nous acquérir quelque nom, nous nous trouvons, grâce à notre succès même, portés sur le plateau, dans la plaine ; il s'agit de faire bonne figure au soleil et devant tous dans cette nouvelle position, et de tenir décemment la campagne. Ce qui semblait tout à l'heure un gros de troupes à notre suite, n'est souvent plus alors qu'une poignée. Combien de talents pleins de promesses ont succombé à l'épreuve ! combien peu ont su gagner leur bataille ! C'est ce jour-là qu'on distingue celui qui n'était qu'un hardi et brillant partisan, de l'homme qui va être, sinon un conquérant de génie, du moins un esprit d'étendue, d'habileté et de ressources. Victorin Fabre se trompa ; les convictions enracinées, le besoin d'approfondir, toutes ces choses honorables lui devinrent funestes. Quand il revit Paris dix années après son départ, le monde avait changé, et, en se rencontrant l'un l'autre, ils ne se reconnurent plus. Je l'ai visité, je l'ai entendu quelquefois alors ; la science et la bienveillance respiraient en lui ; mais la blessure était grande. Dans l'illusion de ses regrets, il parlait de 1811 et des concours glorieux comme d'hier. Il avait presque dîné la veille avec le cardinal Maury, et il ne faisait que quitter M. Suard. Son jeune rival, qui depuis ce temps avait beaucoup vu et entendu, et qui s'était renouvelé sur bien des points, me fait, par rapport à lui retardataire et laissé sur le chemin, le même effet que le glorieux René dépassant de mille stades Oberman immobile et oublié. J'admire, je salue la gloire, et les génies, les talents qui la justifient et la remplissent ; mais je plains et j'aime aussi ces hommes dont le vœu et souvent la force étaient plus larges que la gêne du sort (1).

M. Villemain, à la différence de Victorin Fabre, se rattachait au dix-huitième siècle littéraire et philosophique aussi peu qu'il était possible à un jeune homme de son temps.

(1) Quelques observations nous ont été adressées au sujet et à l'encontre de ce jugement sur Victorin Fabre. On nous a rappelé qu'il avait été absent de Paris six ans consécutifs et non pas dix ; qu'après un voyage dans le Midi en 1811, il était revenu à Paris en 1812, avait publié dans le courant de cette année son *Éloge de Montaigne*, et n'était reparti pour son long séjour en province qu'en 1815. Au sujet de cet *Éloge de Montaigne*, on nous a fait valoir le jugement de Ginguené dans *le Mercure* et les concessions de Dussault même dans *les Débats*. Garat, de plus, avait promis à M. Jay des articles pour le *Journal de Paris* : ces articles, à mesure qu'il les écrivait, devinrent peu à peu, sous sa plume fertile, tout un volume, comme cela lui arriva aussi pour Suard ; mais le volume sur Montaigne est, par malheur, resté dans ses papiers. Quant à l'ouvrage considérable entrepris par Victorin Fabre et qui traite de la société politique et civile, il n'est pas, nous a-t-on dit, aussi inachevé que nous l'avions craint, et pourra même quelque jour être publié. (Note de 1836.) — Les œuvres de Victorin Fabre ont depuis été publiées en effet, et j'ai écrit à cette occasion deux articles qui résument toute ma pensée à son égard (*Revue de Paris*, 11 juin 1844 et 8 février 1845).

Nourri des Grecs, des anciens, préférant en style parmi les modernes Pascal et Fénelon, il était frappé et choqué surtout, dans les écrivains sérieux, déjà nommés, que nous avait légués le dix-huitième siècle, de certaines phrases lourdes, chargées, abstraites, et trop dénuées de l'analogie rapide et naturelle. Il ne se sentait attiré avec charme que vers cette première fleur du beau siècle de l'éloquence. La tradition des principes philosophiques et de l'enthousiasme politique, par où débutèrent tant de jeunes esprits d'alors, ne lui arriva point. Bien des anecdotes piquantes de Suard et de Fontanes lui offrirent, avant tout, des coins d'arrière-scène et quelque dessous de cartes, plus qu'elles ne lui inspirèrent le culte de certains hommes et de certaines idées. Ce qu'il connut bien vite, ce qu'il goûta et saisit aisément du dix-huitième siècle, ce fut le côté mondain, la façon spirituelle, sceptique, convenable toujours, l'aperçu vif, court, net, délibéré, léger quelquefois, sensé en courant, moqueur avec grâce; en un mot, M. Villemain de bonne heure entendit causer et causa. Sur ce point, une part de l'héritage de Delille est en lui. Le comte Louis de Narbonne l'avait pris en grande amitié; chez lui, chez la princesse de Vaudemont, dans ce monde, le jeune *écolier* qu'on savait si docte, qu'on trouvait de propos si étourdi et si piquant, était fort goûté et n'avait qu'à recueillir des succès dus tout entiers à l'esprit. Lorsqu'il fut devenu aide-de-camp de l'Empereur, M. de Narbonne voulut lui être un protecteur actif. Il alla un jour l'entendre à une des conférences de l'École normale. En 1813 l'éloge de Duroc fut commandé à M. Villemain, comme celui de Bessières à Fabre : « Puisqu'il ne veut rien, avait dit l'Empereur de ce dernier, au moins il ne me refusera pas cela. » M. Villemain, qui cédait de meilleure grâce à la faveur, ne gardait pas moins sa liberté de saillie et sa capricieuse allure. Un jour M. de Narbonne lui parlait de quelques mots jetés à l'Empereur sur l'éducation du Roi de Rome; une autre fois il lui touchait une idée qu'avait l'Empereur de réformer les auteurs classiques, semés de maximes et

de principes qu'il faudrait élaguer avec art : « Dites-lui
« donc, répliquait le jeune homme de goût, que César ne
« s'avisa jamais de donner d'édition abrégée de Cicéron. »
Et il ne fut plus reparlé de cela. A M. de Fontanes attristé
en 1813 et prédisant déjà le retour de l'anarchie au bout
du désastre de l'empire : « Eh bien! non, répondait-il ;
nous aurons la liberté anglaise. » Il aimait dès lors et pressentait le genre d'éloquence anglaise, parlementaire, par
instinct d'orateur et par besoin d'une honnête liberté dans
la parole. Fontanes reprenait : « Mais que reste-t-il de vos
« orateurs anglais? pas une page. » Et, lui, répondait :
« Il reste l'Amérique. » Il est vrai que l'Amérique n'était
pas et n'est pas encore une page bien littéraire, ce qu'appréciait le plus Fontanes.

Bref, il y a deux manières principales de débuter dans
la jeunesse : par la croyance, par la passion, par l'excès ;
par l'assaut livré aux choses, comme les amants, les poëtes,
les enthousiastes et systématiques en tous genres ; ainsi,
à côté de M. Villemain, débutait si puissamment M. Cousin
en philosophie ; ainsi, d'un âge un peu moindre, toute
cette partie stoïque et puritaine de l'école normale, les
Jouffroy, Dubois, etc...; ainsi plus jeune nous-même, à la
suite de nos amis, avons-nous fait en notre temps. Puis
cela tombe; on s'atténue, on se réduit; trop souvent, si
l'on ne s'entête pas, on se rabat trop. Et il y a l'autre manière de débuter, gaie, vive, insouciante de l'impossible,
d'ailleurs éveillée à tout, tournant court à temps, capricieuse sans passion, curieuse avec intelligence, un peu timide d'abord, un peu superficielle sur bien des points, mais
qui, au lieu de s'atténuer, s'accroît, se fortifie chaque jour,
profite des fautes mêmes et des pertes des autres, et est
moins sujette ensuite au désabusement des revers. Ainsi
nous avons vu, à plusieurs égards, Bayle, sauf une petite
fausse pointe de quelques mois (1); ainsi M. Villemain au

---

(1) C'est ce qu'on a pu lire au tome Ier des *Portraits littéraires*, dans
l'article sur Bayle.

milieu des chaleureux et systématiques de son âge ; ainsi eût été parmi ses contemporains plus ardents M. Saint-Marc Girardin, s'il consentait à être davantage et tout à fait ce qu'il est surtout, un homme de lettres.

J'expose et mets en regard ces deux manières sans avoir la prétention de les juger, ni d'assigner la préférence à l'une ou à l'autre. Ce sont les individus qui, dans le degré et la mesure où ils en jouissent, les font plus ou moins préférables et supérieures. Si dans le dernier cas, devant cette raison mobile, trempée de moquerie, chatouilleuse de bon sens et de sens malin, détachée du fond, aisément fuyante si on la presse, quelques efforts méritants, quelques nouveautés qui avaient leur prix s'émoussent, et quelques vérités non essayées se découragent, combien aussi de fausses vues opiniâtres viennent échouer ! Et quand une nouveauté valable trouve grâce auprès de ce bon sens aiguisé qui la dépouille et la châtie, quand une idée véritablement neuve fait son avénement dans un esprit éminent de cette famille, oh ! alors, s'il la saisit de son propos *clair et débarrassé*, *élégant et court* (comme disait Vaugelas, comme faisait Voltaire) ; s'il l'arme de finesse, s'il la revêt de plus d'une flatteuse imagination et d'éclairs lumineux (*lumina orationis*) ; si surtout il la colore d'une sorte de passion sentie et la fait renaître à chaque instant avec originalité ; oh ! alors l'idée, incontestable en même tems qu'attrayante, a perdu tout aspect outré, tout jargon d'école et de système ; elle se multiplie, se féconde, s'illustre d'exemples en tous sens, s'étaye de comparaisons et de rapports ; elle a percé enfin, elle se sécularise.

Le jeune panégyriste de Montaigne, disions-nous, débuta sans témoigner de passion dominante ; je me trompe, il avait celle de la belle littérature, le culte de l'imagination, l'amour des grands écrivains et de leurs formes immortelles. Dans ses trois morceaux académiques couronnés, l'*Éloge de Montaigne*, le *Discours sur la Critique*, l'*Éloge de Montesquieu*, ce sentiment domine. Toutes les parties, même philosophique et politique, sont traitées convenablement; l'appréciation littéraire est déjà consommée et supérieure. Ces discours, par leur façon nette, leste, piquante, et leur tour d'imagination dans la louange, rappelleraient assez le genre de Chamfort, n'était ce sentiment exquis d'admiration littéraire que le dix-huitième siècle n'eut jamais. La Harpe était d'un ton plus uni, moins relevé en saveur que cela.

A propos du style de Montaigne qui, parlant avec image des abeilles et de leur miel composé de mille fleurs, ajoute : « Ce n'est plus ni thym ni marjolaine; » le panégyriste s'écrie : « Voilà tout Montaigne ; » c'est que lui-même il est de ces esprits doués comme l'abeille; il va tout d'abord au point odorant, il extrait d'emblée la chose flatteuse. Ce n'est pas sa manière naturelle, à lui, d'entrer dans les choses par les épines; il lui faut, pour y venir, être averti, poussé du dehors. Sa pente serait plutôt celle du poli brillant, celle des routes *gazonnées et doux fleurantes*. Mais ne vous hâtez pas de juger : il se fortifie avec son siècle; il a vaincu, réparé cette disposition première contre laquelle il est en garde; il ne lui est resté que l'agrément. Cet agrément consiste, au milieu de tant d'autres qualités sérieuses, à ne pouvoir toucher la science, traverser l'érudition, la grammaire, aucun coin aride de la critique, sans l'égayer à l'instant d'un reflet animé. Si dans Ticho-Brahé qu'il effleure, dans Leibniz, dans Gibbon, n'importe où, à côté de lui, il y a un mot, un détail qui prête à l'imagination, à l'émotion du critique, soyez sûr qu'il ne le manque pas; il le dégage comme le point à faire saillir et à éclairer. Avec lui jamais d'ennui ni de pesanteur.

Le Discours sur la Critique montre à quel degré le jeune écrivain en avait déjà le génie pour toute la partie du style et des convenances. Il y loue, il y distingue Marmontel et La Harpe, en homme qui au début les égale en ne leur ressemblant pas, et qui doit les faire oublier. Shakspeare y est nommé avec des restrictions, mais avec une bienveillance précoce ; c'est un germe déposé que plus tard, la saison aidant, il développera. Delille, qui vient de mourir, y reçoit de fines critiques s'exhalant dans des hommages, et cet habile et inexprimable mélange dénotait bien celui qui saurait, sans refuser l'admiration, maintenir la dignité et la malice délicate de la critique devant les poëtes. M. Villemain, qui avait lu deux ans auparavant quelque chose de son Éloge de Montaigne à une séance de l'Académie, en présence de Delille, lut, en 1814, un morceau de son Discours sur la Critique, dans une séance à laquelle assistaient les souverains alliés. Il se ressouvint honorablement, en 1824, de cette circonstance, le jour où dans sa chaire il éleva la voix pour son éloquent collègue, alors prisonnier de la Prusse. Ainsi chez M. Villemain, même dans l'ordre des sentiments publics et nationaux, gradation par nuances avec les années, acquisition croissante sans rupture, modification en mieux sans disparate et sans oubli.

L'enthousiasme littéraire, le seul que nous remarquons d'abord en lui, cette espèce de religion du beau, qui de plus en plus, en avançant, se fondera sur l'histoire, sur la comparaison des littératures, sur l'expérience des hommes et de la politique, ce premier enthousiasme eut quelques inconvénients, quelques superstitions, comme tous les cultes. Je me hâte, comme on voit, d'entasser sur cette première période de M. Villemain toutes les critiques possibles, parce qu'en effet plus tard, bientôt, sa manière parfaite et achevée va échapper au jugement pour ne laisser que le charme. Un de ces inconvénients, c'est, en écrivant sur les auteurs ou en touchant certaines idées religieuses, sociales, d'être trop tenté de prendre les hommes ou les choses par leur surface embellie, par l'expression convenable et consacrée selon laquelle elles se produisent. On peut dire à certains égards qu'il y a deux littératures, comme dans les antiques écoles il y avait deux doctrines : une littérature officielle, écrite, conventionnelle, professée, cicéronienne, admirative; l'autre orale en causeries du coin du feu, anecdotique, moqueuse, irrévérente, corrigeant et souvent défaisant la première, mourant quelquefois presque en entier avec les contemporains. M. Villemain, plus que personne en ce temps, possède les deux. Dans sa première manière, il s'est gardé soigneusement de faire rien passer de l'une dans l'autre. Bayle et Voltaire n'en agissaient pas si discrètement. Bayle, il est vrai, qui, suivant la remarque de M. Villemain, exerçait sa critique sur l'érudition et sur la philosophie plus que sur le goût, n'y regardait pas de bien près en délicatesse, et Voltaire, par passion, se permettait souvent d'étranges familiarités. Toutefois, dans sa première manière, M. Villemain poussait trop loin le scrupule. L'habitude des discours académiques, qui consiste à revêtir, selon le précepte de Buffon, les choses particulières de termes généraux, se retrouve, à l'absence de certains détails, jusque dans le grand morceau sur Pascal des premiers *Mélanges*. L'anecdote de la conversation de Pascal avec M. de Saci, et celle de la roulette résolue pendant un violent mal de dents, sont indiquées par allusion et noblement, au lieu d'être expressément racontées ; ce qui pourtant mordrait bien mieux sur l'esprit du lecteur. Plus tard, dans d'admirables biographies, telles que celle de Fénelon déjà et celle de Byron enfin, dans ses cours animés d'intéressantes et nombreuses figures, dans ses deux leçons, par exemple, sur Bernardin de Saint-Pierre, M. Villemain n'a pas craint la propriété et le relief du détail ; il a semblé tout concilier. Après cela, un reste de convenance traditionnelle l'emporte encore par instants et continue de masquer certains endroits. Il s'est ressouvenu ainsi plus d'une fois qu'il parlait *en Sorbonne* (comme il disait), et il s'est détourné spirituellement là où son tact pouvait tout oser. Dans sa belle et récente biographie de Byron, il a évité de sonder chez le poëte la corruption du cœur et s'est rejeté vite sur la licence d'imagination, quand cette corruption trop certaine, plus approfondie, eût mieux donné à connaître, ce semble, l'abîme mystérieux du génie et les alliances contradictoires de la nature humaine. Peut-être a-t-il bien fait, et son goût supérieur l'a-t-il mieux guidé, après tout, que ne l'eût fait un amour insatiable de la réalité, lequel a aussi ses illusions et ses subtilités, plus trompeuses que des explications simples. Peut-être encore est-ce devoir de ne pas tout dire sur les grands écrivains, de voiler un côté faible, petit, inutile, humain, contraire à la statue. Certes l'admiration, cette âme vivifiante de la critique et qu'il importe grandement de transmettre, y gagne; la religion du génie n'est pas violée. Souvenons-nous que c'est dans un recueil dont la moitié appartient à la corruption et aux divulgations honteuses, que l'épigramme antique a pu dire : *Hominem pagina nostra sapit.*

La première partie de la carrière littéraire de M. Villemain s'étend assez naturellement jusque vers 1823 ou 1824, époque où il reprit son cours à la Faculté des lettres après diverses interruptions. En 1814, il avait quelque temps été suppléant de M. Guizot pour l'histoire moderne et avait professé sur le quinzième siècle. En 1816, il eut la chaire de littérature française et d'éloquence. Le titre de sa chaire fut tout d'abord justifié par lui; il introduisit dans la critique la vivacité, l'imagination, la biographie, l'histoire; plus ses études s'élargirent et ses idées se fortifièrent, plus son élégante et vive parole, toujours passionnée du culte de l'esprit, grandit véritablement à l'éloquence. On n'a rien conservé des leçons de ces années. Le premier discours d'ouverture imprimé est une revue du seizième et du dix-septième siècle, de 1822. Engagé dans la politique avec M. Decazes, chargé en 1819 de la division des lettres au ministère de l'intérieur, et maître des requêtes, M. Villemain sortit des affaires avec son patron et donna des preuves alors de cette honorable fidélité à des amitiés politiques, qui est devenue bientôt de la fidélité à des principes. Il ne perdit pourtant sa position de maître des requêtes qu'en 1826, destitué pour cause de manifestation au sein de l'Académie touchant la loi de la presse. Nommé conseiller d'État après la chute du ministère Villèle, il donna sa démission au 8 août. Il dut à cet apprentissage précoce des affaires sous M. Decazes ce que le grand usage du monde avait commencé de lui donner, cette merveilleuse faculté de garder, au milieu des distractions et des emplois divers, et à travers mille occupations graves ou épineuses, un esprit vif, alerte, détaché, toujours présent, jamais obscurci, tout au plus capricieux par moments et fugitif; c'est à lui sa seule manière d'être préoccupé et appesanti. Ainsi rompu à tous les exercices d'intelligence et se jouant sous des contentions de divers genres, on le voit aujourd'hui à la Chambre des Pairs, au Conseil d'État, au Conseil de l'Université, dans l'administration du personnel qui lui est confié, à l'Académie enfin, être actif et suffire à tout, sans perdre une pointe de son agrément ni la moindre fraîcheur de sa littérature. Pour peu qu'on y pense, cette fleur gardée intacte n'est pas moins prodigieuse que la fermeté d'esprit d'un Cuvier écrivant de la science et de l'anatomie entre deux affaires. Chez les anciens, Cicéron, Sénèque et Pline le Jeune nous offrent seuls des exemples comparables d'une littérature à la fois si abondante et si délicate dans de pareils empêchements, *frigidis negotiis*, disait Pline, *quæ simul et avocant animum et comminuunt*. Mais Pline disait cela avec regret, avec doléance; M. Villemain ne s'en plaint qu'à la légère, et sa littérature sans effort se joue de l'obstacle bien autrement que celle de Pline.

M. Villemain avait publié *Cromwell* en 1820; il fut reçu en 1821 à l'Académie, y remplaçant, à vingt-neuf ans, M. de Fontanes. Mais c'est au pied de sa chaire que nous avons hâte de venir. Il y avait été suppléé dans ses absences par M. Pierrot qui professait le seizième siècle avec sérieux et succès, et dont les leçons analysées ont été dans le temps recueillies. Une fois rentré dans ses fonctions d'enseignement, M. Villemain y demeura jusqu'en 1830. Des trois premières années, on n'a qu'un discours d'ouverture de 1824 imprimé, vers 1826-1827 d'ingénieuses et transparentes analyses dans *le Globe* par M. Patin, et des souvenirs. On a gardé celui des brillantes excursions du professeur dans la littérature italienne, dans les jardins du Tasse, et, entre autres leçons, d'un dialogue supposé entre deux Italiens, dont l'un était académicien de la Crusca. M. Berryer assistait à cette plaidoirie d'un nouveau genre, et applaudissait à ces rôles singulièrement animés, à ces répliques piquantes et subtiles que se donnait tour à tour la même éloquence.

Vers 1827, par le silence à peu près absolu des autres chaires et la disette de toute parole publique dont on était affamé, par la gravité des circonstances qui allaient jusqu'à menacer l'expression de la pensée littéraire, et par les développements croissants du professeur, le cours de M. Villemain avait pris une influence immense ; chacune de ses leçons était un événement et une fête. C'est peu après qu'on se mit à les recueillir par la sténographie. On en a cinq volumes, deux sur le moyen âge, trois sur le xviiie siècle ; un sixième volume, qui complète ce siècle et en retrace le commencement, va paraître, refait de souvenir par l'auteur (1). Chacun, dans cette lecture, peut apprécier la marche du critique, le procédé savant des tableaux, la nouveauté expressive des figures, cette théorie éparse, dissimulée, qui est à la fois nulle part et partout, se retrouvant de préférence dans des faits vivants, dans des rapprochements inattendus, et comme en action ; cette lumière enfin distribuée par une multitude d'aperçus et pénétrant tout ce qu'elle touche. Mais, malgré la révision de l'auteur, combien de qualités mobiles, de composés pour ainsi dire instantanés, ont disparu, ou du moins se sont modifiés en se fixant, et dont ceux qui ont assidûment entendu le maître peuvent seuls rendre aujourd'hui témoignage ! Il y a l'accent qui insinuait, le geste qui achevait, la saillie qui osait, qui se reprenait et s'apaisait aussitôt, qui, comme une vague échappée et prête à faire écume, rentrait tout à coup au sein du discours avec grâce, et la nuance de plaisir et de pensée, et l'impression née de cet ensemble ; il y a l'orateur, la merveille elle-même, comme disait moins poliment le rival vaincu du grand Athénien.

L'originalité de M. Villemain dans sa critique professée, ce qui lui constitue une grande place inconnue avant lui et

---

(1) Au lieu d'un seul volume, l'auteur en a donné deux (1838), et il en a fait son chef-d'œuvre.

impossible depuis à tout autre, c'est de n'avoir pas été un
critique de détail, d'application textuelle de quatre ou cinq
principes de goût à l'examen des chefs-d'œuvre, un simple
praticien éclairé, comme La Harpe l'a été à merveille dans
les belles parties de son Cours ; c'est de n'avoir pas été
non plus un *historien* littéraire à proprement parler, et
dans ce vaste pays mal défriché, dont on ne connaissait
bien alors que quelques grandes capitales et leurs alentours, de ne s'être pas choisi un sujet circonscrit, tel ou
tel siècle antérieur, y suivant pied à pied ses lignes d'investigation, y élargissant laborieusement son chemin, y
instituant une littérature historique, scientifique en quelque sorte, ne reculant pas devant l'appareil de la dissertation, comme fait M. Fauriel pour prendre un excellent
exemple, comme doivent faire et font les jeunes et savants
professeurs qui, succédant dans la carrière à M. Villemain,
veulent être originaux et utiles après lui. Son procédé est
autre et tout complexe. M. Dubois dans *le Globe* (1) l'avait
déjà très-bien démêlé. M. Villemain, nourri de l'histoire,
de l'antiquité et des littératures modernes, de plus en plus
attentif à n'asseoir son jugement des œuvres que dans une
étude approfondie de l'époque et de la vie de l'auteur, et
en cela si différent des critiques précédents qui s'en tiennent à un portrait général au plus, et à des jugements de
goût et de diction, ne diffère pas moins des autres appli-
qués et ingénieux savants ; sa manière est libre en effet,
littéraire, oratoire, non asservie à l'investigation minutieuse et à la série des faits, plus à la merci de l'émotion
et de l'éloquence. L'histoire, chez lui, prête sa lumière à
l'imagination, le précepte se fond dans la peinture. Cette
admirable position, qu'il a tenue pendant six années inin-
terrompues, était singulièrement appropriée au cadre même
de la Restauration, à ces générations mixtes, brillantes,
excitées en tous sens, à cette jeune croisade empressée d'é-
rudition hâtive et renaissante, d'imagination pleine d'es-

---

(1) 7 mai 1828 et ailleurs.

poir, et de générosité trop tôt satisfaite ou déçue. M. Villemain, dans le domaine infini de la connaissance littéraire, mena à sa suite et à côté de lui cette rapide jeunesse, ouvrant pour elle dans la belle forêt trois ou quatre longues perspectives, là même où les routes royales des grands siècles manquaient ; mais ces perspectives, si heureusement ouvertes par lui et qui suffisent à marquer son glorieux passage, se refermeraient derrière, si de nouveaux-venus ne travaillaient à les tenir libres, à les limiter et à les paver pour ainsi dire : c'est l'heure maintenant de ne plus traverser la forêt, comme Élisabeth à Windsor, comme François Ier en chasse brillante dans celle de Fontainebleau, mais de s'y établir en ingénieurs, hélas ! et presque en géomètres, d'en mesurer les côtés et toutes les lignes.

Quel art chez M. Villemain construisait à chaque moment, soutenait et rendait vivante cette composition d'enseignement toujours libre et renouvelée ? comment cet assemblage indéfinissable de tant d'éléments divers et fugitifs ne faisait-il jamais faute, et, pareil aux divins trépieds, s'animait-il de lui-même ? comment se recréait-il sans cesse avec nouveauté et fraîcheur, après la sixième année comme au premier jour, aux regards émerveillés ? C'est là l'incomparable talent, le génie propre de M. Villemain, son *art* et son *œuvre* dans un sens aussi vrai qu'on le peut dire des poëtes.

M. Villemain, quand il écrit, gagne sans doute en perfection, en poli, en pensée plus nourrie et mieux ménagée, mais il y a quelque chose qu'il n'a plus ; quand il est lui écrivain, il n'est pas lui orateur. Le dirai-je ? il songe peut-être à trop de personnes en écrivant ; en voulant tout concilier, il se tient lui-même en échec, il s'émousse à dessein quelquefois. Le vif et le mordant de ce rare esprit, sa liberté tout entière ne se déploie ou que dans le tête-à-tête ou que devant tous. Devant tous l'instinct l'emporte, la verve s'en mêle, le mot jaillit. Dans cette chaire où il monte avec une négligence qui, pour être extrême, n'est pas disgracieuse, dans cette chaire où il se courbe, sur laquelle il frappe, avec un manque apparent de gravité qui donne le démenti aux préceptes de Cicéron, et qui brave le *deformitas agendi* interdit à l'orateur, écoutez-le! sa voix sonore et chantante avec agrément, mélodieuse et sachant les nombres, a dès l'abord tout racheté. Il se penche, il s'avance des lèvres vers l'auditoire. Si le premier banc, légèrement reconnu, ne le préoccupe pas trop, ne le gêne point par quelques figures peu compatibles et contradictoires, sa parole se lance. Il s'inquiète encore de son auditoire sans doute, mais c'est de tous alors, et non de quelques-uns. Son esprit alerte et souple donne sur tous les points à la fois de cette demi-circonférence qui ondule et frémit d'une rumeur flatteuse autour de lui. Il ne se tient pas serré au centre, ferme et *ramassé* en soi comme Bossuet l'a dit quelque part de l'abbé de Rancé; — non; — il ne ramène pas à lui impérieusement son auditoire sur un point principal, autour de la monade *moi*, comme faisait dans sa manière différemment admirable M. Cousin. Mais penché au dehors, rayonnant vers tous, cherchant, demandant alentour le point d'appui et l'aiguillon, questionnant et, pour ainsi dire, agaçant à la fois toutes les intelligences, allant, venant, voltigeant sur les flancs et comme aux deux ailes de sa pensée; quel spectacle amusant et actif, quelle étude délicieuse que de l'entendre! Quelle révélation, pour qui sait les saisir, sur les secrets de naissance de la pensée littéraire! Et là où il faut se souvenir, sa mémoire vaste, distincte, actuelle, et qui a un certain tour d'invention, devient un nouvel étonnement. De même que son érudition classique est sans calepin, sa mémoire d'orateur porte tout avec elle; elle égale, je le parierais, celle d'Hortensius; elle n'a pas l'air, je vous assure, de se rattacher du tout aux compartiments du plafond, comme Quintilien le raconte de Métrodore. Si le passage de l'auteur à citer ne se trouve pas assez tôt sous la main, elle le sait tout entier et le récite; elle est inexorable aussi pour les mauvaises phrases et les citations moqueuses;

dans l'entraînement de la parole, à force de présence d'esprit, elle lui a joué plus d'une malice. Car son irrésistible naturel s'échappe alors; il a ce que les anciens appelaient les jeux de l'orateur (*dicta*, *sales*), l'anecdote aiguisée, la sortie imprévue que son masque expressif et spirituel accompagne; et si la saillie est trop forte, trop hardie (jamais pour le goût!), si elle a trop porté, il la ressaisit au vol, il la retire, et elle échappe encore ; et c'est alors une lutte engagée de la vivacité et de la prudence, un miracle de flexibilité et de contours, et de saillies lancées, reprises, rétractées, expliquées, toujours au triomphe du sens et de la grâce (1).

M. Dubois, caractérisant dans *le Globe* cette sorte d'éblouissement causé par la parole de M. Villemain, ajoutait avec sa vivacité pittoresque de critique : « Mais lorsqu'on est aguerri au feu, si j'ose ainsi parler, c'est alors qu'on est frappé de la fécondité, de la sagacité, de l'étendue et de la justesse des vues du professeur. » Benjamin Constant, dans un charmant portrait de femme, a parlé de ces traits d'esprit, qui sont comme des coups de fusil tirés sur les idées, et qui mettent la conversation en déroute. S'il fallait s'aguerrir au feu spirituel et éblouissant de M. Villemain afin de bien saisir ce qui était derrière, l'idée et le sens du discours n'en souffraient jamais. Pour le prendre au complet et embrasser à fond toute l'étendue de ses ressources dans ce genre de composition oratoire si mobile et si mélangé, notons quatre points principaux, et comme quatre grands camps de réserve qu'il avait su asseoir à distances convenables et où il puisait sans cesse. Déjà maître de l'antiquité et des sources grecques si mal fréquentées en général, ayant derrière lui pour

---

(1) M. Villemain me paraît assez exactement appartenir à cette classe d'orateurs que Cicéron caractérise, à divers endroits de ses œuvres de rhétorique, par ces expressions : « *Tenues, acuti, omnia docentes et dilucidiora facientes, subtili quadam et pressa oratione limati,... faceti, florentes etiam et leviter ornati,... in narrando venusti.* » Il a l'*acumen* plutôt que le *lenitas* ou le *vis*, ce qui, suivant Cicéron, rend surtout propre à enseigner.

fond de scène ces cimes sacrées, il s'était fait dans l'étude des Pères un autre fonds d'antiquité plus rapproché, et d'une comparaison plus neuve. Introduit pour la première fois à cette lecture à l'occasion d'un *Essai sur l'Oraison funèbre*, qui complète l'*Essai sur les Éloges* de Thomas, il était tout d'abord allé, selon la nature de son esprit d'abeille, au miel contenu dans le tronc de ces vieux chênes. Il nous en a donné un extrait précieux dans d'éloquentes pages sur les Pères du Christianisme; mais en ne cessant de les relire et de les étudier, il y découvrait chaque jour davantage, et peut-être une histoire *des premières sociétés chrétiennes* en pourra plus tard sortir. Voilà déjà deux belles et puissantes positions occupées par M. Villemain, l'antiquité classique et l'antiquité chrétienne; la troisième fut l'Angleterre, Milton, Shakspeare et les orateurs anglais. Ce nouveau choix est habile. L'Allemagne convenait peu à M. Villemain, il n'a pas mal fait de l'ignorer ou du moins de ne la savoir que par ouï-dire; les questions sur ce terrain mouvant sont peu commodes à aborder; on se perd dans des restes de Forêt-Noire. L'esprit net et concis du grand professeur y répugnait et avec raison. En transportant le débat en Angleterre, sur un sol circonscrit et autour de monuments irréguliers quelquefois, mais mesurables et visibles par tous les points, il pourvoyait à sa supériorité de critique, à sa sécurité de juge. Eh! quel plus beau rendez-vous de discussion, quelle plus dominante vue sur les tournois littéraires du jour que les balcons de Shakspeare! s'il n'y avait eu alors les Auger, Arnault et quelques autres, je pourrais ajouter : quelle plus inviolable tour pour assister de haut et pour ne se mêler qu'à son heure au combat! Enfin, comme quatrième et essentielle position, M. Villemain se porta au cœur du moyen âge par ses études sur Grégoire VII. La gloire historique, qui, d'après l'exemple d'Augustin Thierry, le tente noblement, et qui est en effet le seul vœu d'agrandissement légitime qu'il ait à former, lui suggéra ce sujet et ces travaux, d'où il retira incidemment tant de profit pour sa critique littéraire. On conçoit donc qu'avec ces quatre réserves ainsi ménagées sur une base étendue, M. Villemain, critique et professeur, put se procurer à tout instant, de quoi qu'il s'agît, le secours de maintes comparaisons, de maints rapports piquants ou lumineux : sa célérité volait d'un camp à l'autre; il s'y repliait sans peine au besoin, et, pour dire un mot qui n'est guère de sa langue choisie, il s'y ravitaillait toujours. Chez beaucoup de critiques de coup-d'œil ferme d'ailleurs et pénétrant, les spécialités trop isolées ou trop ramassées ne donnent pas autant de champ et d'horizon. Si sur quelques-uns de ces points isolés, d'art principalement, M. Villemain ne nous semble ni assez prompt, ni assez formel, c'est que le parfait critique, comme Cicéron l'a dit de l'orateur, est impossible à trouver.

Dans le plein du succès de M. Villemain, un jour d'été de 1827, vers la fin du ministère Villèle, un auditeur s'était glissé dans la foule, quelques instants avant l'entrée du maître ; mais il s'était mal dérobé aux regards, en s'asseyant bien vite sous la statue de Fénelon. M. de Chateaubriand entendit M. Villemain parler de Milton, de ce *Paradis Perdu* qu'il traduit aujourd'hui, et qu'on attend. Une ou deux allusions bien naturelles et inévitables jaillirent du front du grand aveugle biblique sur celui du chantre des chrétiennes amours. Des applaudissements inextinguibles solennisèrent ce moment, où tant de jeunes yeux brillaient d'étincelles et de larmes ; c'était aussi un serment de liberté et d'avenir. La salle entière se leva, la statue de Fénelon dénonçait l'idole. Fontanes, de quelque endroit du plafond, regardait ses deux amis, et jouissait, mais s'étonnait de tant d'audace.

M. Villemain n'est pas poëte ; il a probablement fait autrefois de jolis vers latins. Je ne sais de lui que deux vers français, et encore, comme c'est un début en vers croisés, ils ne riment pas. Mais, comme tous les grands critiques, il a son poëte, et ce poëte c'est M. de Chateaubriand. Après l'antiquité grecque ou chrétienne, après son moyen âge et Shakspeare, il est un lieu où M. Villemain, professeur, a

toujours aimé toucher vers la fin du discours, comme on arrivait avec joie près du temple de Delphes, sur ce terrain sacré où cessaient les guerres. Tout ce culte de l'imagination, qui est la vertu, la foi, l'éloquence du critique, il le transporte, parmi les contemporains, sur M. de Chateaubriand. M. de Lamartine seul a partagé quelquefois les honneurs de ces citations toujours certaines et applaudies. M. Villemain aime donc M. de Chateaubriand, et c'est un trait de son talent de critique. On est heureux, dit-il, de le connaître, de vivre de son temps. On comparait je ne sais plus quel style de nos jours à celui-là : « Oh ! ne tou-
« chez pas, s'écria-t-il, aux armes de Roland. » Après quelque intervalle, quelque refroidissement peut-être, dû à la politique, à la première rencontre, en entendant de nouveau des accents de cette *prose cadencée* dont parla si bien Fontanes, tout est oublié, tout se ravive ; l'admiration refleurit plus jeune. Il dirait volontiers, comme Pline :
« Mais ne serait-ce pas une indignité, qu'on ne pût admi-
« rer à son aise et tout haut un homme digne d'admira-
« tion, parce qu'il nous arrive de le voir, de le connaître
« et de le posséder? »

Je ne crois pas inutile de noter quel fut le rapport exact de M. Villemain avec les jeunes écoles dites *romantiques*, qu'il côtoya sans trop les coudoyer jamais, et en les accostant quelquefois. *Le Globe*, par M. Dubois et quelques autres, épousait tout à fait M. Villemain, et paraissait s'entendre avec lui sur la mesure des renouvellements et le maintien de l'art. Mais M. Villemain se détachait nettement de ceux du *Globe* qui parlaient avec peu de révérence de la langue *courtisanesque* de Louis XIV, qui traitaient cavalièrement le grand style de Bossuet, et faisaient bon marché de l'originalité française. Il les a réfutés plus d'une fois indirectement, et, dans ses belles leçons sur le XVIIe siècle, il fut constamment préoccupé de parer à la familiarité de leurs paradoxes. Sa méthode en ces occasions était merveilleuse d'habileté et de goût : il avançait toujours en paraissant n'être que sur la défensive. Ses bons alliés les classiques n'ont jamais fait tant de chemin en un jour que quand il tient pour eux. Mais ses adversaires n'y gagnaient pas. Sa critique avisée et flexible s'emparait, se prévalait avec tant de célérité de ce qu'il y avait d'incontestable alentour, qu'elle semblait l'avoir pensé en même temps. Sa concession se dérobait derrière une objection presque toujours évidente et qui portait coup. J'ai remarqué cela ailleurs encore, dans sa causerie, à propos surtout des discussions du romantisme poétique. Quand il vous combat, magicien habile qu'il est, par un aimant secret et invisible, il attire à lui tout l'or de votre armure; il ne vous reste, si vous n'y prenez garde, que l'étain et le cuivre. Toute la part de bonnes raisons que vous aviez a passé chez lui, tant il est prompt à entendre, à devancer, et vous êtes réduit à l'assertion absurde. Cette école du romantisme poétique ne fut d'ailleurs qu'à peine touchée dans son Cours ; il l'éluda dans sa charmante et judicieuse leçon sur André Chénier. Il l'a éludée depuis dans son article sur M. Nisard, où la question revenait se poser. Il fut d'ordinaire, à l'égard de cette tentative, non répulsif, attentif plutôt, bienveillant, légèrement douteur, ou même moqueur avec grâce. S'il lui arrivait de s'écrier comme Pline dont j'aime à citer le nom près de lui : « *Magnum proventum poetarum annus hic attulit,* Cette année a fourni une ample moisson de poëtes, » ce serait avec un sourire d'aimable raillerie, et non en homme qui se pique de faire et de réciter à son tour des hendécasyllabes. La suite n'a pas donné tort à sa justesse prudente : mais n'aurait-il pu cependant se prononcer un peu plus sans mécompte? Au reste, ce rôle de critique actuel, de *journaliste* contemporain, siérait mal à un maître illustre; il a mieux à faire qu'à s'employer à ces fatigues d'éclaireur, à ces hasards d'avant-garde. Quand il a écrit dans les journaux, soit en littérature, soit en politique, il y a moins réussi qu'en tout autre genre. Il improvise en parole, mais il n'improvise pas au courant et à la pointe de la plume. Bien que la facilité d'exécution soit un des caractères de ses pages les plus achevées, la négligence forcée, et l'audace agressive, et le diagnostic décisif et souvent scabreux de la polémique politique ou de la critique littéraire courante, ne sont pas son fait. A lui la richesse qui ne trompe pas. Son inspiration, sa gloire, c'est d'étudier, de ranimer et d'éclairer les monuments accomplis des âges.

Je lui reprocherai pourtant, dans les belles routes où il marche, et sur un exemple récent, cette inclination partiale à guider son cortége vers les génies les plus fréquentés, et son faible de consulter d'avance, et de ne jamais étonner ni redresser, dans ses jugements sur les poëtes, les sentences de la faveur populaire. En son bel article sur Byron, déjà cité, il offense, il évince presque en deux mots du rang des vrais poëtes le tendre et profond Cowper, le sublime Wordsworth; il les rejette négligemment parmi les esprits *singuliers et maladifs*, êtres sans puissance sur l'imagination des autres hommes. Pour nous, aux yeux de qui Byron, si nettement saisi par M. Villemain, ne semble pas moins singulier qu'eux et moins bizarre, nous souffrons d'une dispensation si inégale de la part du critique fait pour donner la loi à ces ombres flottantes du public des poëtes, encore plus que pour la suivre. Non, l'auteur de *Michaël* ou du *Vieux Mendiant du Cumberland* (pour prendre au hasard de cours et enchanteurs poëmes) n'est pas inférieur à Byron en génie simple, en peinture naturelle et profonde, comme il l'est en gloire. Non, dans les arts, dans la poésie, non plus qu'en diverses matières humaines, le succès n'est pas la bonne mesure, et l'applaudissement soudain, décerné à bon droit à quelques-uns, ne prouve pas contre la lutte ou l'isolement prolongé de quelques autres. Les beaux-arts et la poésie, dans toute une partie essentielle, sont et doivent être des industries singulières et par un coin secrètes, des initiations, à certains égards, d'esprits merveilleux, des *savoir-faire* dédaliens, où n'atteint pas le grand nombre, mais à quoi il finit par croire, sur la foi de son impression sans doute, mais de son impression dirigée et quelquefois créée par les critiques et connaisseurs. A cela M. Villemain, entre autres raisons plausibles, aura à répondre que de telles distinctions, en les supposant quelque peu vraies, sont du cabinet et de l'atelier bien plus que de la large scène de l'enseignement, et qu'elles s'adaptent mal au point de vue de la critique distribuable à tous et de l'amphithéâtre.

J'en finis avec ces chicanes qui ne portent, on le voit, que sur des détails très-secondaires dans le développement et l'œuvre si riche de M. Villemain. A qui conviendrait-il mieux d'en reconnaître l'influence et le profit, qu'à nous en particulier, qui de plus, dans notre faible rôle, l'avons rencontré toujours si ami, si indulgent? Combien de fois, au temps même de ces cours nourrissants où nous nous rafraîchissions avec toute la jeunesse, vers 1829, encore émus de sa parole que nous venions de quitter si éloquente, ne l'avons-nous pas retrouvé, esprit tout divers et inépuisable de grâce dans des causeries nouvelles? J'ai souvenir de quelques promenades d'alors et de bien des discours sensés, fleuris, mélancoliques un peu, car il était triste, par ses yeux souffrants encore, par les désirs contrariés d'un bonheur qu'il a depuis trouvé dans le mariage, par les circonstances publiques enfin. Ce n'était ni verve ni saillie éblouissante, mais quelque chose de plus doux ; une pensée perpétuelle sans effort, de l'animation sans fumée ni flamme, la proportion juste des idées, chaque objet saisi à son point et avec détachement, tout le nonchaloir des loisirs. Des souvenirs bien assortis, des citations piquantes ornaient le sérieux sans le rompre. Rencontrait-on en passant des roses odorantes, il lui échappait quelque distique de Martial sur les roses (1), et l'entretien reprenait, assez

---

(1) C'était peut-être ce passage-ci : *Ut rosa delectat, metitur quæ pollice primo;* ou cet autre : *Sutilibus sertis omne rubebat iter;* ou peut-être enfin :

Rara juvant; primis sic major gratia pomis :
Hibernæ pretium sic meruere rosæ;

à moins que ce ne fût quelque chose, non de Martial, mais des *Roses* d'Ausone.

pareil, je me figure, si on avait su y donner la réplique, à ces belles formes de conversations morales, entremêlées aussi de vers, qu'affectionne Cicéron, pendant les intervalles du Forum, pendant les heures tristes de la patrie.

M. Villemain n'a pas fondé d'école, à proprement parler. Ce mélange, cette construction élégante et savante d'idées, de faits nombreux, d'aperçus et de rapprochements, n'avait d'unité qu'en lui, et s'est comme dispersée au moment où il s'est tu. Mais tous ceux qui en étaient dignes y ont participé par quelque endroit précieux, et quiconque l'a entendu est son élève. Parmi les hommes qui, presque contemporains de M. Villemain, semblent briller d'une nuance radoucie de son talent, je ne veux pourtant pas oublier ici un maître bien goûté de ceux qui l'approchent, et qui soutient une partie du difficile héritage, M. Patin, qui analysait le cours de M. Villemain dans *le Globe*, qui débuta après lui par des couronnes académiques, a porté dans la poésie latine qu'il professe un sel délicat et rare, une urbanité élégante et simple, une aménité de parole où l'art disparaît, pour ainsi dire, dans une décence naturelle. On peut apprécier par lui certaines qualités fines de M. Villemain, qui se trouvent là comme séparées. Pour se dire combien M. Villemain tranche par sa critique avec la manière et le fond de l'école philosophique du xviiie siècle, qu'on essaye de comparer un moment M. Patin, dans sa fleur de Grèce et de Fénelon, avec les procédés et les inspirations de Victorin Fabre, dernier élève sérieux de l'autre école (1).

Le discours que M. Villemain a mis en tête du Diction-

---

(1) Le dernier maître de l'école du dix-huitième siècle, et certes le plus sagace, le plus docte de tous en diction, M. Daunou a quelquefois examiné les ouvrages de M. Villemain ; un tel jugement n'est pas sans intérêt à consulter. Voir dans *la Tribune*, fondée par MM. Fabre vers 1828, des articles non signés sur le cours de M. Villemain, et dans le *Journal des Savants* (1823) l'examen de la traduction de *la République*. J'indiquerai aussi, pour qu'on puisse compléter ces jugements l'un par l'autre, un article approfondi du critique allemand Neumann. (Écrits de Neumann ; Berlin, 1834, dans le premier volume.)

naire de l'Académie touche à une infinité de questions, les pose et les retourne sans avoir la prétention de les vider : ce n'est pas à dire pour cela qu'il les éclaire moins. Ce discours devra donc fournir matière à plus d'une discussion approfondie dont nous ne nous sentons pas ici le goût ni la force. Les uns trouveront que l'auteur a trop peu accordé aux conjonctures politiques dans la fixation d'une langue, et trop à un certain sens intérieur, à une âme formatrice, non définie. Les autres lui contesteront la préférence décidée qu'il décerne à la prose du dix-septième siècle sur celle du dix-huitième, et en général au premier grand siècle des littératures sur le second. Il y en a qui lui reprocheront d'avoir trop médit du fond actuel de la langue, de s'être trop méfié de ses ressources, d'avoir fait trop facile part à une dure nécessité de décadence. On pourra trouver encore qu'il s'est complu à élever un péristyle bien svelte et bien gracieux, en tête d'un dictionnaire qui, par sa nature, est plutôt un produit et un meuble volumineux d'utilité qu'un monument. Ce qui demeure pour nous certain, c'est que si M. Villemain n'a pas fait une dissertation, mais un composé, comme l'est en général sa critique, de vues, de traits choisis, d'anecdotes significatives, d'inductions arrêtées à temps, il n'a jamais réussi mieux, et n'a nulle part plus ingénieusement combiné les connaissances de tous genres, les ménagements intelligents et les prévisions insinuantes. Il y a dans ce petit chef-d'œuvre quelque chose du secret des artistes, l'arrangement qui échappe à toute décomposition, cet enchâssement créateur que les anciens comparaient volontiers au bouclier de Minerve. L'impression que je tire de cette lecture, c'est que, quand le fond de la langue est chaque jour remué, grossi, déplacé, quand la synonymie inutile y abonde, quand les disparates de tous genres et mille affluents peu limpides s'y dégorgent, qu'importe? l'exception est toujours possible, et il y a raison de plus aux esprits qui ont le sentiment éveillé, de se garantir près des sources, et de combattre, non en prêchant, mais en pratiquant. Dix justes sauvaient une ville. Un pareil nombre de bons, et, s'il se peut, d'excellents écrivains, ne suffirait-il pas à sauver une époque? Travaillons donc, selon notre mesure, à approcher de ceux-là; travaillons à en être, à garder l'art, le style, le bien-dire. C'est une belle tâche à remplir encore, sentant sur soi, comme on fait, le poids du passé, autour de soi la confusion et la cohue du présent, puis hors de là, en avant, au loin, les incertitudes d'un avenir également inquiétant et redoutable, soit qu'il aille en cela à un déclin qui saura mal discerner, soit qu'il doive ressaisir une gloire nouvelle qui éteindra son aurore.

Janvier 1836.

DE LA
LITTÉRATURE INDUSTRIELLE⁽¹⁾.

1839.

De loin la littérature d'une époque se dessine aux yeux en masse comme une chose simple ; de près elle se déroule successivement en toutes sortes de diversités et de différences. Elle est en marche : rien n'est encore accompli. Elle a ses progrès, ses écarts, ses moments d'hésitation ou d'entraînement. Il y a lieu de les noter à l'instant, de signaler les fausses routes, les pentes ruineuses; ce n'est pas toujours en vain. On fait partie d'ailleurs du gros de la caravane, on s'y intéresse forcément, on en cause autour de soi en toute liberté : il est bon quelquefois d'écrire comme on cause et comme on pense.

C'est un fait que la détresse et le désastre de la librairie en France depuis quelques années ; depuis quelques mois le mal a encore empiré : on y peut voir surtout un grave symptôme. La chose littéraire (à comprendre particulièrement sous ce nom l'ensemble des productions d'imagination et d'art) semble de plus en plus compromise, et par sa faute. Si l'on compte çà et là des exceptions, elles vont comme s'éloignant, s'évanouissant dans un vaste naufrage : *rari nantes*. La physionomie de l'ensemble domine, le niveau

---

(1) On n'a pas hésité à glisser dans l'intervalle de ces portraits quelques articles de pure critique et même de polémique, tels que celui-ci, qui furent écrits dans la *Revue des Deux Mondes*, pour répondre à des besoins ou parer à des dangers du moment.

du mauvais gagne et monte. On ne rencontre que de bons esprits qui en sont préoccupés comme d'un débordement. Il semble qu'on n'ait pas affaire à un fâcheux accident, au simple coup de grêle d'une saison moins heureuse, mais à un résultat général tenant à des causes profondes et qui doit plutôt s'augmenter.

Lorsqu'il y a tout à l'heure dix ans, une brusque révolution vint rompre la série d'études et d'idées qui étaient en plein développement, une première et longue anarchie s'ensuivit; dans cette confusion inévitable, du moins de nouveaux talents se produisirent ; les anciens n'avaient pas péri ; on pouvait espérer dans un ordre renaissant une marche littéraire satisfaisante au cœur et glorieuse. Mais voilà qu'en littérature, comme en politique, à mesure que les causes extérieures de perturbation ont cessé, les symptômes intérieurs et de désorganisation profonde se sont mieux laissé voir. Je m'en tiendrai ici à la littérature.

Sous la Restauration on écrivait sans doute beaucoup et de toute manière. A côté de quelques vrais monuments, on produisait une foule d'ouvrages plus ou moins secondaires, surtout politiques, historiques. L'imagination n'était guère encore en éveil que chez les talents d'élite. A cette quantité d'autres écrits de circonstance et de combat, une idée morale, une apparence de patriotisme, un drapeau donnait une sorte de noblesse et recouvrait aux yeux du public, aux yeux des auteurs et compilateurs eux-mêmes, le mobile plus secret. Depuis la Restauration et au moment où elle a croulé, ces idées morales et politiques se sont, chez la plupart, subitement abattues ; le drapeau a cessé de flotter sur toute une cargaison d'ouvrages qu'il honorait et dont il couvrait, comme on dit, la marchandise. La grande masse de la littérature, tout ce fonds libre et flottant qu'on désigne un peu vaguement sous ce nom, n'a plus senti au dedans et n'a plus accusé au dehors que les mobiles réels, à savoir une émulation effrénée des amours-propres, et un besoin pressant de vivre : la littérature industrielle s'est de plus en plus démasquée.

Pour ne pas s'effrayer du mot, pour mieux combattre la chose, il s'agit d'abord de ne se rien exagérer. De tout temps la littérature industrielle a existé. Depuis qu'on imprime surtout, on a écrit pour vivre, et la majeure partie des livres imprimés est due sans doute à ce mobile si respectable. Combinée avec les passions et les croyances d'un chacun, avec le talent naturel, la pauvreté a engendré sa part, même des plus nobles œuvres, et de celles qui ont l'air le plus désintéressé. *Paupertas impulit audax*, nous dit Horace, et Le Sage écrivait *Gil Blas* pour le libraire. En général pourtant, surtout en France, dans le cours du xviie et du xviiie siècle, des idées de libéralité et de désintéressement s'étaient à bon droit attachées aux belles œuvres:

> Je sais qu'un noble esprit peut, sans honte et sans crime,
> Tirer de son travail un tribut légitime,

disait Boileau en faveur de Racine, et c'était une manière de concession. Lui-même, Boileau, faisait cadeau de ses vers à Barbin et ne les vendait pas. Dans tous ces monuments majestueux et diversement continus des Bossuet, des Fénelon, des La Bruyère, dans ceux de Montesquieu ou de Buffon, on n'aperçoit pas de porte qui mène à l'arrière-boutique du libraire. Voltaire s'enrichissait plutôt encore à l'aide de spéculations étrangères que par ses livres, qu'il ne négligeait pourtant pas. Diderot, nécessiteux, donnait son travail plus volontiers qu'il ne le vendait. Bernardin de Saint-Pierre offrit l'un des premiers le triste spectacle d'un talent élevé, idéal et poétique, en chicane avec les libraires. Beaumarchais, le grand corrupteur, commença à spéculer avec génie sur les éditions et à combiner du Law dans l'écrivain. Mais, en général, la dignité des lettres subsistait, recouvrait toute cette partie matérielle secondaire, et maintenait le préjugé honorable dans lequel on nous secoue si violemment aujourd'hui. Sous l'Empire, relativement, on écrivit peu; sous la Restauration, en écrivant beaucoup, on garda, je l'ai dit, de nobles enseignes.

Il est donc arrivé qu'au sortir de nos habitudes généreuses ou spécieuses de la Restauration, et avec notre fonds de préjugés un peu délicats en cette matière, aujourd'hui que la littérature purement industrielle s'affiche crûment, la chose nous semble beaucoup plus nouvelle qu'elle ne l'est en effet : il est vrai que le manifeste des prétentions et la menace d'envahissement n'ont jamais été plus au comble.

Ce qui la caractérise en ce moment cette littérature, et la rend un phénomène tout à fait propre à ce temps-ci, c'est la naïveté et souvent l'audace de sa requête, d'être nécessiteuse et de passer en demande toutes les bornes du nécessaire, de se mêler avec une passion effrénée de la gloire ou plutôt de la célébrité, de s'amalgamer intimement avec l'orgueil littéraire, de se donner à lui pour mesure et de le prendre pour mesure lui-même dans l'émulation de leurs exigences accumulées ; c'est de se rencontrer là où on la supposerait et où on l'excuse le moins, dans les branches les plus fleuries de l'imagination, dans celles qui sembleraient tenir aux parties les plus délicates et les plus fines du talent.

Chaque époque a sa folie et son ridicule ; en littérature nous avons déjà assisté (et trop aidé peut-être) à bien des manies ; le démon de l'élégie, du désespoir, a eu son temps ; l'art pur a eu son culte, sa mysticité ; mais voici que le masque change ; l'industrie pénètre dans le rêve et le fait à son image, tout en se faisant fantastique comme lui ; *le démon de la propriété littéraire* monte les têtes, et paraît constituer chez quelques-uns une vraie maladie pindarique, une *danse de saint Guy* curieuse à décrire. Chacun s'exagérant son importance se met à évaluer son propre génie en sommes rondes ; le jet de chaque orgueil retombe en pluie d'or. Cela va aisément à des millions, l'on ne rougit pas de les étaler et de les mendier. Avec plus d'un illustre, le discours ne sort plus de là : c'est un cri de misère en style de haute banque et avec accompagnement d'espèces sonnantes. Marot, tendant la main *au*

Roy pour avoir cent escus dans quelque joli dizain, y mettait moins de façon et plus de grâce (1).

Sur ce point comme sur presque tous les autres qui touchent à la littérature, il ne s'élève pourtant aucun blâme, aucun rire haut et franc : la police extérieure ne se fait

---

(1)
    Plaise au Roy ne refuser point
    Ou donner, lequel qu'il voudra,
    A Marot cent escus apoinct,
    Et il promet qu'en son pourpoint
    Pour les garder ne les coudra...

Je conseille de relire les dizains charmants *au Roy de Navarre :*

    Mon second Roy, j'ay une haquenée, etc.;

et *à la Royne de Navarre :*

    Mes créanciers, qui de dizains n'ont cure, etc.

Dans l'épître *au Roy pour avoir esté desrobé*, il épuise tous les tours et toutes les gentillesses de la requête; il ne ressemble pas à tant de gens insatiables, dit-il, il ne veut plus rien demander :

    Mais je commence à devenir honteux,
    Et ne veux plus à vos dons m'arrester ;
    Je ne dy pas, si voulez rien prester,
    Que ne le prenne. . . . .
    Et savez-vous, Sire, comment je paye?
    . . . .
    Je vous ferai une belle cedule
    A vous payer (sans usure s'entend)
    Quand on verra tout le monde content ;
    Ou si voulez, à payer ce sera
    Quand votre loz et renom cessera.
    . . . .
    Advisez donc si vous avez desir
    De rien prester : vous me ferez plaisir ;
    Car puis un peu, j'ai basti à Clement
    Là où j'ay fait un grand desboursement,
    Et à Marot qui est un peu plus loing :
    Tout tombera, qui n'en aura le soing.

Gasconnade pour gasconnade, cette dernière, par l'espièglerie, n'en vaut-elle pas bien d'autres? Quant au fond de la requête, il est le même chez nous; mais que le ton a changé! « Certes, si la France « exerce une prépondérance si incontestable et si transcendante en « Europe, elle le doit à dix ou douze hommes éminents, hommes d'art, « d'intelligence, de poésie et de cœur,... parmi lesquels je suis. » Voilà le début nouveau de toute complainte : c'est à son de trompe qu'on entonne désormais sa pétition; j'aimais mieux le flageolet de Marot.

plus. La littérature industrielle est arrivée à supprimer la critique et à occuper la place à peu près sans contradiction et comme si elle existait seule. Sans doute pour qui considère les productions de l'époque d'un coup-d'œil complet, il y a d'autres littératures coexistantes et qui ne cessent de pousser de sérieux et honorables travaux : par exemple la littérature qu'on peut appeler d'Académie des Inscriptions, et qui reste fidèle à sa mission de critique et de recherche en y portant un redoublement d'activité et en y introduisant quelque jeunesse; il y a encore la littérature qu'on peut appeler d'Université, confinant à l'autre, et qui par des enseignements, par des thèses qui deviennent des ouvrages, est dès longtemps sortie de la routine sans perdre la tradition. Mais, il faut le dire, avec toute l'estime qu'inspirent de semblables travaux, l'entière gloire littéraire d'une nation n'est pas là; une certaine vie même, libre et hardie, chercha toujours aventure hors de ces enceintes : c'est dans le grand champ du dehors que l'imagination a toutes chances de se déployer. Or, ce champ libre qui a formé jusqu'ici le principal honneur de la France, qu'en a-t-on fait? Sa condition d'être commun et ouvert à tous l'a sans doute, à chaque époque, laissé en proie à tous les hasards des esprits. Les différentes formes du mauvais goût, les modes bigarrées, les bruyantes écoles y ont passé; les fausses couleurs y ont fait torrent. Ce champ, en un mot, a été de tout temps infesté par des bandes; mais jamais il ne lui arriva d'être envahi, exploité, réclamé à titre de juste possession, par une bande si nombreuse, si disparate et presque organisée comme nous le voyons aujourd'hui, et avec cette seule devise inscrite au drapeau : *Vivre en écrivant!* Dédain ou intimidation, on se tait et cela gagne; des esprits sérieux et qui honorent l'époque, renfermés dans leurs vocations spéciales, gardent le silence sur des excès qu'ils ne sauraient comment qualifier. Cependant de grands et hauts talents, obsédés ou aveuglés, cèdent au torrent et y poussent, imitent et encouragent les déportements dont ils croient pouvoir toujours se tirer eux-mêmes sans déshonneur. Quelques plumes sages protestent çà et là, à la sourdine; mais la digue n'est nulle part. La connivence éteint tout cri d'alarme. On en est réduit (le croirait-on?) sur certaines questions courantes et vives, à n'avoir plus pour sentinelle hardie que l'esprit et le caprice de M. Janin, qui dit ce matin-là, avec un bon sens sonore, ce que chacun pense. Jamais on n'a mieux senti, au sein de la littérature usuelle et de la critique active, le manque de tant d'écrivains spirituels, instruits, consciencieux, qui avaient pris un si beau rôle dans les dernières années de la Restauration, et qui, au moment de la révolution de Juillet, en passant brusquement à la politique, ont fait véritablement défection à la littérature. Quelque hauts services que puissent penser avoir rendus à leur cause les anciens écrivains du *Globe* devenus députés, conseillers d'État et ministres, je suis persuadé qu'en y réfléchissant, quelques-uns au moins d'entre eux se représentent dans un regret tacite les autres services croissants qu'ils auraient pu rendre, avec non moins d'éclat, à une cause qui est celle de la société aussi : il leur suffisait d'oser durer sous leur première forme, de maintenir leur tribune philosophique et littéraire, en continuant, par quelques-unes de leurs plumes, d'y pratiquer leur mission de critique élevée et vigilante; aux temps de calme, l'autorité se serait retrouvée. Leur brusque retraite a fait lacune, et, par cet entier déplacement de forces, il y a eu, on peut l'affirmer, solution de continuité en littérature plus qu'en politique entre le régime d'après juillet et le régime d'auparavant. Les talents nouveaux et les jeunes espoirs n'ont plus trouvé de groupe déjà formé et expérimenté auquel ils se pussent rallier; chacun a cherché fortune et a frayé sa voie au hasard; plusieurs ont dérivé vers des systèmes tout à fait excentriques, les seuls pourtant qui offrissent quelque corps tant soit peu imposant de doctrine. Beaucoup, en restant dans le milieu commun, exposés à cette atmosphère cholérique et embrasée, sur ce sol peu sûr, en proie à toutes les causes d'excitation et de corruption, ont été plus ou moins gâtés, et n'ont plus su ce que c'était que de l'être. De là, une littérature à physionomie jusqu'à présent inouïe dans son ensemble, active, effervescente, ambitieuse, osant tout, menant les passions les plus raffinées de la civilisation avec le sans-façon effréné de l'état de nature; perdant un premier enjeu de générosité et de talent dans des gouffres d'égoïsme et de cupidité qui s'élargissent en s'enorgueillissant; et, au milieu de ses prétentions, de ses animosités intestines, n'ayant pu trouver jusqu'ici d'apparence d'unité que dans des ligues momentanées d'intérêts et d'amours-propres, dans de pures coalitions qui violent le premier mot de toute morale harmonie.

Je n'exagère pas. En province, à Paris même, si l'on n'y est pas plus ou moins mêlé, on ignore ce que c'est au fond que la presse, ce bruyant rendez-vous, ce poudreux boulevard de la littérature du jour, mais qui a, dans chaque allée, ses passages secrets. En parlant de la presse, je sais quelles exceptions il convient de faire; politiquement j'en pourrais surtout noter; mais littérairement, il y en a très-peu à reconnaître. La moindre importance qu'on attache probablement à une branche réputée accessoire a fait que sur ce point on a laissé aller les choses. Il en est résulté dans la plupart des journaux, chez quelques-uns même de ceux qui passeraient volontiers pour puritains, un ensemble d'abus et une organisation purement mercantile qui fomente la plaie littéraire d'alentour et qui en dépend.

Une première restriction est pourtant à poser dans le blâme. Il faut bien se résigner aux habitudes nouvelles, à l'invasion de la démocratie littéraire comme à l'avénement de toutes les autres démocraties. Peu importe que cela semble plus criant en littérature. Ce sera de moins en moins un trait distinctif que d'écrire et de faire imprimer. Avec nos mœurs électorales, industrielles, tout le monde, une fois au moins dans sa vie, aura eu sa page, son discours, son prospectus, son *toast*, sera *auteur*. De là à faire un feuilleton, il n'y a qu'un pas. Pourquoi pas moi aussi? se dit chacun.

Des aiguillons respectables s'en mêlent. On a une famille, on s'est marié par amour, la femme sous un pseudonyme écrira aussi. Quoi de plus honorable, de plus digne d'intérêt que le travail assidu (fût-il un peu hâtif et lâché) d'un écrivain pauvre, vivant par là et soutenant les siens? Ces situations sont fréquentes : il y aurait scrupule à les déprécier.

De nos jours, d'ailleurs, qui donc peut se dire qu'il n'écrit pas un peu pour vivre (*pro victu*), depuis les plus illustres? Ce mobile va de pair même avec la plus légitime gloire. Pascal, Montaigne, parlant des philosophes qui écrivent contre la gloire, les montrent en contradiction avec eux-mêmes et la désirant. Et moi qui écris ceci, ajoute Pascal.... Et moi-même qui écris ceci, doit-on se dire lorsqu'on écrit sur ceux qui écrivent un peu pour vivre.

Mais, ces avertissements donnés, ces précautions prises, et profitant de cette audace qu'appuie la nécessité même, et de cette inspiration âpre et libre d'une vie de plus en plus dégagée, on est en position et en droit de dire le vrai comme on l'entend sur un ensemble dont l'impression n'est pas douteuse, dont le résultat révolte et crie de plus en plus. L'état actuel de la presse quotidienne, en ce qui concerne la littérature, est, pour trancher le mot, désastreux. Aucune idée morale n'étant en balance, il est arrivé qu'une suite de circonstances matérielles a graduellement altéré la pensée et en a dénaturé l'expression. Et, par exemple, M. de Martignac a légué, sans s'en douter, un germe de mort aux journaux par sa loi de juillet 1828, loi plus libérale, mais qui, en rendant à certains égards les publications quotidiennes ou périodiques plus accessibles à tous, les greva de certaines conditions pécuniaires comme contrepoids, et qui, en les allégeant à l'endroit de la police et de la politique, accrut en leur sein la charge industrielle. Pour subvenir aux frais nouveaux, que ferons-nous? disaient les journaux. — Eh bien! vous ferez des annonces, leur répondait-on. Les journaux s'élargirent; l'annonce naquit, modeste encore pendant quelque temps; mais ce fut l'enfance de Gargantua, et elle passa vite aux prodiges. Les conséquences de l'annonce furent rapides et infinies. On eut beau vouloir séparer dans le journal ce qui restait consciencieux et libre, de ce qui devenait public et vénal : la limite du *filet* fut bientôt franchie. La *réclame* (1) servit de pont. Comment condamner à deux doigts de distance, qualifier détestable et funeste ce qui se proclamait et s'affichait deux doigts plus bas comme la merveille de l'époque? L'attraction des majuscules croissantes de l'annonce l'emporta : ce fut une montagne d'aimant qui fit mentir la boussole. Afin d'avoir en caisse le profit de l'annonce, on eut de la complaisance pour les livres annoncés; la critique y perdit son crédit. Qu'importe! l'annonce n'était-elle pas la partie la plus productive et la plus nette de l'entreprise? Des journaux parurent, uniquement fondés sur le produit présumé de l'annonce : alors surtout la complaisance fut forcée; toute indépendance et toute réserve cessèrent.

Cette malheureuse annonce n'a pas eu une influence moins fatale sur la librairie; pour sa bonne part, elle a contribué à la tuer. Comment? L'annonce constitue, après l'impression, un redoublement de frais qu'il faut prélever sur la première vente, avant d'atteindre aucun profit; mille francs d'annonces pour un ouvrage nouveau; aussi, à partir de là, les libraires ont-ils impitoyablement exigé des auteurs deux volumes au lieu d'un, et des volumes in-8° au lieu d'un format moindre; car cela ne coûte pas plus à annoncer, et, les frais d'annonce restant les mêmes, la vente du moins est double et répare. De cascades en cascades, je n'aurais pas de sitôt fini sur l'*annonce*, qui demanderait toute une histoire : Swift, d'une encre amère, l'aurait tracée.

La situation des journaux a notablement empiré depuis

---

(1) Pour ceux qui l'ignorent, nous dirons que la *réclame* est la petite note glissée vers la fin, à l'*intérieur* du journal, d'ordinaire payée par le libraire, insérée le même jour que l'annonce ou le lendemain, et donnant en deux mots un petit jugement flatteur qui prépare et préjuge celui de l'article.

l'introduction de la presse dite à quarante francs : je ne m'attache à juger que du contre-coup moral. Le personnage trop célèbre et d'une capacité aussi incontestable que malheureusement dirigée, qui a eu cette idée hardie, prétendait tuer ce qu'on appelait le monopole de quelques grands journaux; mais il n'a fait que mettre tout le monde et lui-même dans des conditions plus ou moins illusoires, et où il devient de plus en plus difficile, à ne parler même que de la littérature, de se tirer d'affaire avec vérité, avec franchise. Les journaux, par cette baisse de prix, par cet élargissement de format, sont devenus de plus en plus tributaires de l'annonce; elle a perdu son reste de pudeur, si elle en avait. Maintenant, quand on lit dans un grand journal l'éloge d'un livre, et quand le nom du critique n'offre pas une garantie absolue, on n'est jamais très-sûr que le libraire ou même l'auteur (si par grand hasard l'auteur est riche) n'y trempent pas un peu. Il est très-fâcheux qu'à l'origine de cette espèce d'invasion de la presse dite à quarante francs, les conséquences morales et littéraires n'en aient pas été présentées avec vigueur et netteté par quelqu'une des plumes alors en crédit. Une voix pourtant, celle de Carrel, avait commencé à s'élever, quand elle s'est tue. Les autres journaux étaient trop intéressés sans doute dans la question, et le *Vous êtes orfévre* eût diminué l'autorité de leur résistance. Malgré cette défaveur de position, certains faits auraient pu ressortir avec évidence et certitude. Je crois, par exemple, que ç'a été une faute au *Journal des Débats*, resté après tout à la tête de la littérature quotidienne, d'obéir en cette crise à son système de prudence, et de ne pas protester tout haut. Mais comment alors, dans le gouvernement, des hommes d'État sérieux et vertueux ont-ils pu prêter appui à la légère, et dans des vues toutes momentanées, à des opérations qui n'ont jamais présenté aucune chance de succès légitime et qui entraînaient visiblement à une corruption immédiate? Ce qui est certain (et en réduisant toujours notre point de vue), c'est que la moralité littéraire de la presse en général a baissé depuis lors d'un cran. Si l'on peignait au complet le détail de ces mœurs, on ne le croirait pas. M. de Balzac a rassemblé, dernièrement, beaucoup de ces vilenies dans un roman qui a pour titre *Un Grand Homme de Province*, mais en les enveloppant de son fantastique ordinaire : comme dernier trait qu'il a omis, toutes ces révélations curieuses ne l'ont pas brouillé avec les gens en question, dès que leurs intérêts sont redevenus communs.

Au théâtre, les mêmes plaies se retrouveraient ; les mœurs ouvertement industrielles y tiennent une place plus évidente encore. Il en fut ainsi de tout temps : mais, dans une histoire du théâtre depuis dix ans, on suivrait le contre-coup croissant et désordonné de ce mauvais régime littéraire. L'exigence des auteurs en vogue augmente et souvent ne ressemble pas mal à de la voracité. Pour se les attacher on a, par exemple, l'appât des *primes :* aussitôt une pièce de l'un d'eux lue et reçue, une somme est donnée, cinq mille francs, je crois, si la pièce a cinq actes. Quand la pièce réussit, quand les engagements se tiennent avec quelque fidélité, tout va au mieux, mais l'ordinaire n'est pas là. Les théâtres s'en tirent parfois pourtant mieux que le reste. Leur plaie réelle a toujours été dans la rareté des bonnes pièces et dans celle des bons sujets, des bons acteurs. Une seule bonne fortune en ce genre répare bien des pertes. Passons.

C'est à la littérature imprimée, à celle d'imagination particulièrement, aux livres auparavant susceptibles de vogue, et de degrés en degrés à presque tous les ouvrages nouveaux, que le mal, dans la forme que nous dénonçons, s'est profondément attaqué. Depuis deux ans surtout, on ne vend plus : la librairie se meurt. On a tant abusé du public, tant mis de papier blanc sous des volumes enflés et surfaits, tant réimprimé du vieux pour du neuf, tant vanté sur tous les tons l'insipide et le plat, que le public est devenu à la lettre comme un cadavre. Les cabinets de lecture achètent à peine. On a vu dernièrement un auteur réclamer tout haut contre l'usage de quelques-uns de ces cabinets qui, pour ne pas se ruiner en doubles achats, découpent dans les journaux et font relier les romans qui paraissent en feuilletons; l'auteur dénonçait avec indignation cette mesure économique : c'est heureux qu'il n'en ait pas déféré au procureur du roi. Mais qu'attendre aussi d'un livre quand il ne fait que ramasser des pages écrites pour fournir le plus de colonnes avec le moins d'idées? Les journaux s'élargissant, les feuilletons se distendant indéfiniment, l'élasticité des phrases a dû prêter, et l'on a redoublé de vains mots, de descriptions oiseuses, d'épithètes redondantes : le style s'est *étiré* dans tous ses fils comme les étoffes trop tendues. Il y a des auteurs qui n'écrivent plus leurs romans de feuilletons qu'en dialogue, parce qu'à chaque phrase, et quelquefois à chaque mot, il y a du blanc, et que l'on gagne une ligne. Or, savez-vous ce que c'est qu'une ligne? Une ligne de moins en idée, quand cela revient souvent, c'est une notable épargne de cerveau; une ligne de plus en compte, c'est une somme parfois fort honnête. Il y a tel écrivain de renom qui exigera (quand il condescend aux journaux) qu'on lui paye *deux francs* la ligne ou le vers, et qui ajoutera peut-être encore que ce n'est pas autant payé qu'à lord Byron. Voilà qui est savoir au juste la dignité et le prix de la pensée. Il se rencontre des entrepreneurs charlatans qui consentent à ces excès de prétention pour avoir au moins un article et se parer d'un nom : cela se regagne sur l'actionnaire. Des hommes ignorants des lettres, envahissant la librairie et y rêvant des gains chimériques, ont fait taire les calculs sensés et ont favorisé les rêves cupides. Ainsi chacun est allé tout droit dans son égoïsme, coupant l'arbre par la racine. Chacun, en y passant, a effondré le terrain sous ses pas : qu'importent les survenants? après nous le déluge! L'écrivain ayant mis son cerveau en coupe réglée, il y a eu des mécomptes, bon an et mal an comme on dit : les livres vendus et payés d'avance n'ont pu toujours être faits. De scandaleux procès ont trop souvent éclairé ces misères. Quoi donc d'étonnant que la librairie, ainsi placée entre toutes les causes de ruine, entre son propre charlatanisme, les exigences des auteurs, les exactions des journaux, et enfin la contrefaçon étrangère, ait succombé? Car il n'y a plus de librairie en ce moment que celle d'université, de droit, de médecine, de religion, précisément parce qu'en ces branches spéciales elle est restée à peu près soustraite aux diverses atteintes.

J'ai nommé la contrefaçon étrangère, et je l'ai nommée la dernière parce qu'en effet elle ne vient qu'en dernier lieu dans ma pensée, et qu'il y a bien d'autres causes mortelles avant celle-là. Tel ne paraît pas l'avis de beaucoup d'intéressés, et c'est à la contrefaçon étrangère presque uniquement qu'auteurs et éditeurs s'en sont pris dans la dernière crise. Je crois pourtant qu'eux-mêmes les premiers ont fait beau jeu à la contrefaçon belge, qui se fonde avant tout sur le débit de volumes gros de matière et à bon marché (1). Mais sans prétendre diminuer l'idée du tort immense qu'apporte la contrefaçon extérieure, on n'y peut rien directement : il faudrait là une intervention du gouvernement, une négociation internationale. On fait bien d'appeler et de provoquer l'attention du pouvoir sur ce point; le pouvoir a fait semblant de s'en occuper, comme il fera toujours désormais de ce qui lui sera déféré avec bruit et grand concert d'intérêts en souffrance : mais tout s'est borné à des démonstrations. Qu'on le pousse toutefois, qu'on le prêche et qu'on l'édifie là-dessus, s'il y a moyen : rien de mieux, et, avec de la constance et quelque cinquante ans de lutte, nos Wilberforce, qui ont comparé la contrefaçon étrangère à la traite des nègres, pourront l'emporter. Mais, encore un coup, il n'y a rien là sur quoi l'on ait prise immédiate, et cela est si vrai que la société récemment fondée à l'occasion même du débat, la *Société des Gens de Lettres*, après avoir posé le principe général, a dû appliquer son activité vers des détails plus intérieurs.

(1) Le succès des diverses petites *Bibliothèques* publiées en format dit anglais prouve que de bons livres remplis et peu chers garderaient toutes chances : et encore n'a-t-on pas toujours été scrupuleux dans les choix.

L'idée première de cette société est due à un écrivain d'esprit, M. Desnoyers, qui a su conserver dans la mêlée la plus active des intentions droites et des habitudes élevées de caractère. Dans ce que je me permettrai de dire de l'association naissante, je m'enquerrai moins de son objet positif et financier que des conséquences littéraires probables et de certains abus (il s'en glisse partout, et surtout dans les corps) qui pourraient s'entrevoir déjà. Rien de plus légitime assurément que des gens de lettres s'associant pour s'entendre de leurs intérêts matériels et s'y éclairer. A défaut de la contrefaçon étrangère qu'on ne peut atteindre, il y a des manières de contrefaçon à l'intérieur, sinon pour les livres, du moins pour les feuilletons : il y a des journaux voleurs qui vous citent et vous copient. Quelques auteurs entichés pourraient s'en trouver purement et simplement flattés; de plus aguerris et de plus stricts useraient du droit de répression, requérant en justice dommages et intérêts ; le plus sûr et le plus fructueux est d'amener par transaction ces journaux à payer tribut pour leur reproduction, et à s'abonner, en quelque sorte, à vous. Régulariser en un mot ce genre de contrefaçon à l'intérieur, voilà un résultat. Comme l'homme de lettres isolé a peu de force, de loisir, et souvent peu d'entente de ces chicanes, un agent spécial, un comité permanent veilleront pour lui et plaideront son intérêt. Rien de mieux jusque-là. Il y a toujours à prendre garde cependant de trop aliéner les droits de l'individu dans le pouvoir du comité. Si en traitant, par exemple, avec chaque membre de la société, un éditeur se trouvait avoir affaire à une société plus réellement propriétaire de ses œuvres à quelques égards que lui-même, ce serait un inconvénient, une entrave, une vraie servitude. Si une Revue (pour préciser encore mieux), qui paye un article à un auteur, se trouvait presque aussitôt dépossédée de cet article par quelque journal payant tribut régulier de reproduction à cet auteur, ce serait une piquante façon d'être leurré : on serait contrefait à bout portant, à l'aide de ce qui aurait été fondé précisément contre la contrefaçon. Mais je laisse là ces questions, qui appartiennent au plus subtil du Code de commerce; je ne sais jusqu'où la légalité s'en accommodera; les tribunaux, mis en demeure de prononcer dans quelques cas, paraissent jusqu'ici peu y condescendre, et les vieux juges, ouvrant de grands yeux, n'y entendent rien du tout. On conçoit cependant, je le répète, une société de gens de lettres s'entendant de leur mieux pour s'assurer le plus grand salaire possible de leurs veilles, si leur force unie se contient dans des termes d'équité et ne va jamais jusqu'à la coaction envers les éditeurs : car il ne faudrait pas tomber ici dans rien qui rappelât les coalitions d'ouvriers; on a bien crié contre la *camaraderie*, ceci est déjà du *compagnonnage*.

Premier résultat moral pourtant. Quelle que soit la légitimité stricte du fond, n'est-il pas triste pour les lettres en général que leur condition matérielle et leur préoccupation besogneuse en viennent à ce degré d'organisation et de publicité? Je m'étais figuré toujours, pour ce qu'on appelle la propriété littéraire, quelque chose de plus simple. On écrit, on achève un livre; on traite de la vente avec un libraire; on remplit ses conditions et lui les siennes; après quoi l'on rentre dans sa propriété. Si l'on est contrefait en Belgique dans l'intervalle, malheur et honneur! Le libraire n'est pas d'ailleurs tout à fait sans l'avoir prévu. Au lieu d'un livre, est-ce de simples articles qu'on écrit? on traite avec un journal, on remplit mutuellement ses conditions. Si l'on est contrefait, copié par une feuille voleuse, c'est l'affaire du journal de défendre son bien, et de poursuivre, s'il lui plaît. L'auteur reste dans l'ignorance de ce détail et se lave les mains du procès. C'est là sans doute une économie politique bien élémentaire et bien mesquine en fait de propriété littéraire : elle doit faire pitié à bien des illustres; il y a particulièrement de quoi faire hausser les épaules à plus d'un de nos *douze maréchaux de France*, comme les appelle le président actuel de la *Société des Gens de Lettres* dans une lettre récemment publiée (1); car un maréchal de

---

(1) M. de Balzac. Voir *la Presse* et *le Siècle* des 18 et 19 août (1839).

France en littérature, c'est un de ces hommes, sachez-le bien, qui *offrent à l'exploitation une certaine surface commerciale.* Notre chétive et frugale théorie de propriété littéraire n'a qu'un avantage : tant qu'elle a régné dans les lettres, on n'y jetait pas un éclat de financier aux yeux des passants, on ne les attroupait pas non plus autour de ses misères.

Mais la *Société des Gens de Lettres* nous paraît recéler d'autres inconvénients littéraires, si elle n'y prend garde. Dans de telles associations, la majorité décide; et qu'est-ce que la majorité en littérature? La société s'engage (c'est tout simple) à aider ses membres, à procurer le placement de leurs travaux, à aplanir aux jeunes gens qui en font partie l'entrée dans la carrière. Mais où sont les conditions littéraires et les garanties de l'admission? Tout le monde peut se dire *homme de lettres :* c'est le titre de qui n'en a point. Les plus empressés à se donner pour tels ne sont pas les plus dignes. La société songera-t-elle au mérite réel dans l'admission? peut-elle y songer? où sera l'expertise? Dans les compagnonnages des divers métiers, on ne reçoit que des ouvriers faits et sur preuves; mais, en matière littéraire, qui décidera? Voilà donc une société qui recevra tous ceux qui s'offriront pour gens de lettres, et qui les aidera, et qui les organisera en force compacte; et dans toutes les questions, les moindres, les moins éclairés, les moins intéressés à ce qui touche vraiment les lettres, crieront le plus haut, soyez-en sûr. Les bons esprits que renferme l'association ont dû y réfléchir déjà, et par expérience. Que serait-ce qu'une société qui, comprenant la presque totalité des littérateurs du jour à tous les degrés de l'échelle, deviendrait pour eux une espèce d'assurance mutuelle contre la critique et pour la louange? Je signale un écueil lointain, mais non pas toutefois sans qu'il y ait des signes avant-coureurs. Ne voit-on pas des journaux, coalisés sur ce point, s'entendre à merveille au milieu des injures qu'ils se lancent par d'autres endroits? *Le Siècle* répétait l'autre jour la lettre du président de la société, et l'empruntait courtoisement à *la Presse*, en ajoutant, sans rire, que cette lettre *soulevait de graves questions*. Je crains que le spirituel *Charivari* n'ait aussi, cette fois, oublié de rire. Les journaux politiquement s'attaquent, s'injurient, se font avanie et guerre : les feuilletons fraternisent. On correspond d'une place à l'autre par le bas, par le rez-de-chaussée, par les caves.

Mais que fais-je en ce moment? Et n'est-ce pas courir de grands risques que de parler ainsi ? Car un des inconvénients d'une telle société, si encore elle n'y prend garde, ce serait l'intimidation. Quand on se croit la force en main, on en abuse aisément. L'autre jour, il est arrivé à une personne de notre connaissance, à l'ancien gérant de cette *Revue*, d'être accusé d'un mot inouï : il se serait plaint, en plaisantant, d'avoir affaire à deux sortes de gens les plus indisciplinables du monde, les comédiens et les gens de lettres. Le propos eût été leste, et je ne puis croire que M. Buloz l'ait tenu. Quoi qu'il en soit, une note se trouva insérée dans deux ou trois journaux, dans ceux-là même qui s'attaquent tous les matins en politique, mais qui s'entendent si cordialement en littérature ; note qui avait une tournure vraiment officielle, et qui relatait qu'à la nouvelle du propos scandaleux, le Comité de l'association s'était transporté chez le mauvais plaisant pour recevoir son désaveu *formel*. On a inséré tout cela sans rire. Il n'est donc peut-être plus permis de dire que les gens de lettres sont, non pas indisciplinables, mais trop disciplinés, et que la coalition en ce sens aurait d'étranges conséquences. Il y a peut-être, à l'heure qu'il est, des personnes qui se croient les représentants uniques et jurés de la littérature française, prêts à vous demander compte des bons ou méchants mots, et à vous citer par-devant eux pour la plus grande dignité de l'Ordre. Ce serait une liberté de plus que nous aurions conquise, et semblable à beaucoup d'autres, en ce siècle de liberté : Boileau le satirique et le portraitiste La Bruyère auraient eu meilleure condition en leur temps. Au reste, nous parlons d'autant plus à l'aise de cette *Société des Gens de Lettres*, que, le grand nombre nous en étant parfaitement inconnu, une portion suffisante du moins nous semble offrir, par les noms, toute sorte de garanties. Nous sommes persuadé qu'une quantité de membres sont de notre avis au fond, et qu'ils sauront, au besoin, résister aux tentatives d'envahissement immodéré. S'il faut quelque audace pour cela, ils l'auront. Comment n'en serions-nous pas persuadé, quand, pour citer un illustre exemple, nous trouvons que le membre qui a le premier présidé la société est M. Villemain? Je ne puis m'ôter de la pensée que le spirituel académicien n'avait accepté cette charge que pour avoir occasion, avec ce bon goût qui ne l'abandonne jamais et avec ce courage d'esprit dont il a donné tant de preuves dans toutes les circonstances décisives, de rappeler et de maintenir devant cette démocratie littéraire les vrais principes de l'indépendance et du goût. Il est dommage que d'autres fonctions suprêmes l'aient enlevé avant qu'il ait pu exprimer ce qui dans sa bouche aurait eu une autorité charmante. Mais tant que cette espèce de courage ne manquera pas aux hommes de talent haut placés, il y aura de la ressource contre le mal.

M. de Balzac, qui a été nommé président à l'unanimité en remplacement de M. Villemain, aidera peut-être au même résultat par des moyens contraires. Homme d'imagination et de fantaisie, il la porte trop aisément en des sujets qui en sont peu susceptibles, et il pousse, sans y songer, à des conséquences fabuleuses dont chaque œil peut redresser de lui-même l'illusion. Sa lettre sur la propriété littéraire, que nous avons déjà indiquée, est faite par ce genre d'excès pour remettre les choses au vrai point de vue : elle ne tend à rien moins qu'à proposer au gouvernement d'acheter les œuvres des *dix ou douze maréchaux de France*, à commencer par celles de l'auteur lui-même qui s'évalue à *deux millions,* si j'ai bien compris. Vous imaginez-vous le gouvernement désintéressant l'auteur de la *Physiologie du Mariage* afin de la mieux répandre, et débitant les *Contes drôlatiques* comme on vend du papier timbré ? Des conséquences si drôlatiques sont très-propres à faire rentrer en lui-même le démon de la propriété littéraire, dont M. de Balzac n'a peut-être voulu, après tout, que se moquer agréablement.

Non ; quel que soit à chaque crise son redoublement d'espérance et d'audace, la littérature industrielle ne triomphera pas ; elle n'organisera rien de grand ni de fécond pour les lettres, parce que l'inspiration n'est pas là. Déjà en deux ou trois circonstances notables, depuis plusieurs années, elle a échoué fastueusement. Elle avait rallié des noms, des plumes célèbres, sans lien vrai ; elles les a compromises, décréditées plutôt en détail, sans en rien tirer de collectif ni de puissant. Déjà on l'a vue à l'œuvre dans cette entreprise gigantesque qui s'intitulait *l'Europe littéraire*, une autre fois dans *la Chronique de Paris* renouvelée, une autre fois et plus récemment dans la presse à quarante francs. Au théâtre, elle a eu à sa dévotion la scène de *la Renaissance :* qu'en a-t-elle fait ? Grâce aux promptes rivalités, aux défections, aux exigences, cet instrument dérouté se réfugie dans la musique et se sauve, comme il peut, par des traductions d'opéras italiens. Le drame industriel a eu, à d'autres moments, d'autres théâtres encore, la Porte-Saint-Martin, l'Odéon, les *Français* même, qui, pour n'en pas subir les conditions ruineuses, ont dû bientôt l'éloigner ou ne s'y ouvrir qu'avec précaution. Cette littérature en un mot, qu'on est fâché d'avoir tant de fois à nommer industrielle quand on sait quels noms s'y trouvent mêlés, a eu le vouloir et les instruments d'innovation, les capitaux et les talents, elle a toujours tout gaspillé : l'idée morale était absente, même la moindre ; la cupidité égoïste d'un chacun portait bientôt ruine à l'ensemble.

Pourtant, à chaque reprise de tentative, c'est pour tous ceux qui aiment encore profondément les lettres le moment de veiller. De nos jours le bas-fond remonte sans cesse, et devient vite le niveau commun, le reste s'écoulant ou s'abaissant. Le mal sans doute ne date pas d'aujourd'hui ; mais tout est dans la mesure, et aujourd'hui on la comble.

Les ressources sont grandes, mais elles tournent aisément en sens contraire si on ne les rallie. Entrez dans les bibliothèques : quelle émulation ardente! que de jeunes gens étudient, et dans une bonne direction, ce semble! Mais qu'il faut peu de chose à travers ces nobles efforts pour les faire dévier et avorter! Il est donc urgent que tous les hommes honnêtes se tiennent, chacun d'abord dans sa propre dignité (on le peut toujours), et entre eux, autant qu'il se pourra et quel que soit le point de départ, par des convenances fidèles et une intelligence sympathique. C'est le cas surtout de retrouver le courage d'esprit et de savoir braver. Que cette littérature industrielle existe, mais qu'elle rentre dans son lit et ne le creuse qu'avec lenteur : il ne tend que trop naturellement à s'agrandir. Pour conclure : deux littératures coexistent dans une proportion bien inégale et coexisteront de plus en plus, mêlées entre elles comme le bien et le mal en ce monde, confondues jusqu'au jour du jugement : tâchons d'avancer et de mûrir ce jugement en dégageant la bonne et en limitant l'autre avec fermeté.

1er septembre 1839.

DIX ANS APRÈS
EN LITTÉRATURE [1].

1840.

> Et comme notre poil, blanchissent nos desirs.
>
> REGNIER.

Il y a des temps décisifs dans la vie des individus, où leur constitution physique ou morale subit de graves changements et se fonde comme derechef, où l'on refait bail, pour ainsi dire, sur un certain pied et à de certaines conditions avec ses idées, avec ses moyens; il y a, enfin, des années critiques, *climatériques*, comme disaient les anciens médecins, *palingénésiques*, comme disent de modernes philosophes. Cela semble aussi se reproduire assez fidèlement dans la vie d'une époque. Il y a des moments où le cours général des choses amène de certains aspects naturels, et où il se dispose de certains retours, de certaines inclinaisons, vagues sans doute, mais que l'activité humaine bien dirigée et agissant avec quelque concert peut saisir, déterminer et achever. Ne sommes-nous pas, sous l'aspect littéraire et moral, à l'un de ces moments dont il y

---

[1] Cet article, qui avait pour but de rallier à la *Revue des Deux Mondes* un groupe d'écrivains et de critiques, présente sur la plupart des personnages littéraires une suite d'aperçus qui tiennent au courant et qui sont comme des *appoints* aux précédents portraits.

aurait à tirer parti ? On dirait que le tempérament littéraire de l'époque sommeille, attend, se refait sourdement, qu'il passe par l'un de ces lents efforts de recomposition intérieure dans lequel il y a lieu d'agir, et plus lieu assurément qu'à aucun des instants qui ont couru durant ces dix dernières années.

Il semble qu'après dix ans les dispositions littéraires se rejoignent plus qu'elles n'avaient fait dans l'intervalle, qu'elles se rapprochent du moins ; on ne revient pas au point de départ sans doute, et le cercle ne se ferme pas ; mais il y a une sorte de correspondance, comme d'un cercle à l'autre dans la spirale. On revient, après dix ans, en vue des mêmes idées, non plus pour y aborder, mais pour les juger ; si on y revient ensemble, il y a de quoi se consoler peut-être. On a l'ardeur et la rapidité de moins, on a l'expérience de plus.

Le mouvement littéraire de la Restauration était au plus plein de son développement et au plus brillant de son zèle, quand il fut brisé et comme licencié par le coup d'État de juillet, et par les journées qui s'ensuivirent. Un grand nombre des plus éminents et des plus actifs champions de cette croisade si animée passèrent immédiatement à la politique pratique, et parurent cesser d'être gens de lettres. Ceux qui n'étaient ni aussi à portée des choses ni aussi mûrs, qui n'avaient pas épuisé leurs vingt-cinq ans ni leur chimère, ne s'abattirent pas et essayèrent de continuer. De cette persévérance sortit plus d'une œuvre imprévue. Il se manifesta chez la plupart de ceux qui tinrent la campagne une seconde phase (et pas toujours progressive) de leur talent : il y eut bien des coups de vent dans les bannières. Cependant un petit nombre de nouveaux-venus prirent rang avec éclat ; mais, depuis dix ans, ces nouveaux-venus eux-mêmes ont eu le temps d'en venir à leurs phases secondes. La politique, à son tour, ayant graduellement épuisé ses ardeurs, a rendu quelque loisir, au moins de coup-d'œil, à ceux qui s'y étaient d'abord absorbés. Plusieurs même, et des plus éminents, se remettent à écrire, avec lenteur et discrétion sans doute, mais enfin ils s'y remettent. On se rencontre, on se retrouve sur un terrain un peu neutre; mais c'est quelque chose de se retrouver. Et ceux qui étaient encore en feu il y a dix ans, et ceux qui se sont produits et déjà fatigués depuis, et ceux qui ressaisissent aujourd'hui de bons éclairs d'une ferveur littéraire longtemps ailleurs détournée, tous ne sont pas si loin de s'entendre pour de certaines vues justes, de certains résultats de goût, de sens rassis et de tolérance. Si l'on excepte quelques illustres incurables, auxquels les années n'ont guère rien appris, la plupart, d'un côté ou d'un autre, sont arrivés à un fonds commun; ce que j'appelle les secondes phases du talent a tourné chez presque tous à l'expérience. Bref (puisqu'il faut articuler le mot fatal), le jeune Siècle, ou du moins ce qui se nommait le jeune Siècle encore il y a dix ans, a aujourd'hui, l'un portant l'autre, quarante ans à peu près : grand âge climatérique pour les tempéraments littéraires comme pour les autres. Cela rend possibles bien des accords.

Cela les rend urgents aussi. C'est l'âge ou jamais, on en conviendra, pour l'ensemble des générations suffisamment contemporaines qui se sont longtemps laissé intituler le jeune Siècle, de prendre un dernier parti. La figure qu'on fera devant ces autres générations survenantes, et toujours assez peu bien disposées, l'idée générale qu'on laissera de soi, et la considération définitive qu'on ménagera à ses vieux jours littéraires, dépendent beaucoup de la façon dont on va se comporter et se poser en ces années où tant de féconds emplois sont possibles encore. Les laissera-t-on échapper et se dissiper, ce qui est en train de se faire? N'aura-t-on eu décidément que de beaux commencements, un entrain rapide et bientôt à jamais intercepté, cette verve courageuse d'esprit que donne la jeunesse? N'aura-t-on à livrer à l'œil du jaloux avenir que des phénomènes individuels, plus ou moins brillants, mais sans force d'union, sans but, même secondaire, sans accord, même spécieux et décent? Ne sera-t-on en masse, et à le prendre au mieux, qu'une belle déroute, un *sauve qui peut* de talents enfin? Ou bien, méritera-t-on de compter parmi les siècles qui ont eu quelque consistance, qui ne se sont pas hâtés eux-mêmes de se dissoudre, qui ont lutté avec honneur sur les pentes dernières de la littérature, de la langue et du goût? Aura-t-on à présenter, sous les phénomènes excentriques éclatants qui illustrent et compromettent aussi une époque, et dans l'entre-deux de ces hasards de génie aussi souvent insensés que glorieux, un fonds plus sage, un corps de réserve et d'élite encore, rebelle à entamer, sensé, judicieux, fin, mesurant applaudissement ou sentence sur ce qui joue et brille ou s'égare devant lui? La question est posée; chacun peut la retourner à son gré, en étendre ou en resserrer les termes. Le moment me semble extrêmement favorable pour la laisser envisager dans toute sa clarté : si bien qu'il dépend peut-être de dix ou douze hommes dont les noms se pourraient dire, et qui au talent qu'ils ont joindraient un peu du zèle qu'ils ont eu, de la résoudre favorablement aujourd'hui.

Nous qui avons prêché autrefois plus d'une croisade, et pas toujours des plus orthodoxes assurément, qui avons poussé, je le crains, à de trop vives aventures, au rapt d'Hélène et à l'imprudent assaut, nous venons donc (dût-on nous accuser de prêcher à tout propos et un peu par manie), nous venons conseiller comme urgent, opportun et pas trop difficile, cet acte de seconde union, cette espèce de mariage de raison pour tout dire, entre les talents mûris. Chacun aurait ses réserves pour de certains apanages propres et auxquels on tient chèrement tout bas; mais on entrerait en communauté et en concert sur bien des points de critique positive et de travaux qui s'appuieraient.

Cet accord s'essaye et subsiste plus ou moins déjà; c'est la pensée et le vœu de cette *Revue* même, et c'est parce que la chose est en train de se faire, qu'elle devient possible, et qu'il y a lieu d'insister, d'achever et de s'exhorter. — Un coup-d'œil sur l'ensemble de la littérature et sur les phases de ses principaux personnages depuis dix ans éclairera encore mieux notre idée et la modération de notre désir.

M. de Chateaubriand, qu'il faut toujours nommer d'abord (*ab Jove principium*), non-seulement comme le premier en date et en rang, mais aussi comme le plus durable, comme l'aïeul debout qui a vu naître, passer et choir bien des fils et petits-fils devant lui ; M. de Chateaubriand, après s'être dégagé avec honneur de la politique et s'être voué uniquement à sa grande composition finale, aux vastes bas-reliefs de son monument, a eu cela de remarquable et de progressif de s'établir dans une existence plus calme, plus sereine et véritablement bienséante à tant de gloire. Son rare bon sens, qui, dans ses éloquents écrits, se revêt si souvent et s'arme ou se voile d'éblouissants éclairs, n'a jamais paru plus élevé, plus net, mieux discernant, aux yeux de tous ceux qui ont l'honneur de l'approcher. Si une conciliation entre toutes les parties généreuses et saines peut sembler possible au sein de la littérature moderne, c'est surtout en contemplant celle qui s'est faite avec les années dans ce haut esprit de plus en plus étendu, attentif et accueillant.

Les organes les plus en vue, les chefs de file tout à fait considérables du mouvement historique, philosophique et littéraire, aux dernières années de la Restauration, MM. Guizot, Cousin et Villemain, ont dû cesser un peu brusquement cette activité de rôle. Ils n'ont pourtant pas renoncé à assister aux suites, à y présider même par leur esprit ; ils ont donné de leur présence constante des témoignages trop rares sans doute pour ceux qui les admirent et auraient voulu les suivre encore, mais des témoignages suffisants pour maintenir leur influence supérieure et leur nom. M. Guizot a donné *Washington*, M. Cousin *Abélard*, et M. Villemain deux volumes d'une littérature exquise et consommée. De leur côté enfin, il y a plutôt quelque chose qui favorise et rien qui gêne ; ils ont gardé chacun leur rang, et la place est laissée à d'autres qui tous ne sont pas venus.

C'est ce qu'on peut dire aussi de plusieurs éminents historiens ou philosophes, M. Augustin Thierry, M. Thiers, M. Jouffroy. La fatigue d'une organisation délicate chez l'un, le torrent des affaires chez l'autre, et pour le premier des infirmités, hélas! qui n'ont pas du moins entamé l'ardeur, ont paru ralentir les productions; mais rien n'est tari, mais la ligne n'est pas brisée, mais les suites se retrouvent encore. M. Thiers a repris la plume : ne va-t-il pas la quitter de nouveau (1)? M. Thierry ne l'a jamais laissée oisive à la main fidèle qui retrace sa pensée. Il doit nous en donner sous peu de jours des preuves rassurantes. Là donc encore il y a lieu de s'appuyer à des frontières connues et d'espérer même des alliés dans les maîtres.

L'imprévu, l'extraordinaire, depuis dix ans, a surgi à d'autres endroits et a jailli par d'autres noms. C'est à M. de La Mennais, à M. de Lamartine, à ces talents tout ouverts, l'un si impétueux et l'autre si fécond, qu'il faut demander surtout cette surprise de déploiement et cet éclat d'aventure. Ils ont, en un sens, passé toutes les espérances et aussi laissé derrière eux toutes les craintes; tous les hasards d'idées déchaînées dans les hautes régions ont soufflé en eux à pleines voiles, et les ont fait vibrer sur toutes les cordes selon leur mode particulier de véhémence ou d'harmonie. Certes, s'il ne s'agit que d'apprécier les ressources et la portée du génie individuel, l'étendue de ressort qu'on lui pouvait supposer, les applications plus ou moins larges qui s'en pouvaient faire, nous dirons que M. de La Mennais dans son ordre, et M. de Lamartine dans le sien, ont témoigné une flexibilité, une vigueur ou une grâce, une amplitude en divers sens, que leurs premières œuvres ne démontraient pas. *Jocelyn* d'une part, de l'autre les *Paroles d'un Croyant* et les *Affaires de Rome*, sont, à ne voir que l'écrivain même, d'admirables et riches preuves de puissance et de fertilité. Mais, contradiction singulière, et qui est un des caractères de ce temps!

---

(1) Il était à la veille de rentrer au ministère.

avec plus de produit dans le talent et avec un dégagement
à tout prix, le résultat de l'œuvre a été moins beau que
d'abord : la loi de l'ensemble, l'unité, a été violée ; le
fonds entier s'est vu compromis. Il y a eu étonnement, bouleversement en définitive et ravage dans les impressions
résultantes. Ces grands exemples n'ont pu être utiles qu'en
tant qu'ils ont quelque peu effrayé et ont fait rentrer en soi
par leur excès. On y chercherait en vain à quoi se rallier
directement, mais ils ont prêté beaucoup à qui sait considérer et s'instruire.

Si la noble, accueillante et expansive nature de M. de
Lamartine, et qui semblait tellement faite pour être de
celles qui concilient, a manqué jusqu'ici à ce rôle par une
trop grande facilité d'ouverture et d'abandon, une autre
nature bien haute de talent s'y est refusée par une roideur
singulière que rien n'a fléchie. En ces dix ans qui s'achèvent, M. Hugo a donné à la fois les plus belles marques de son génie lyrique dans *les Feuilles d'Automne*, et
de son talent de prosateur dans sa *Notre-Dame de Paris*;
Marion Delorme aussi (une œuvre dramatique véritable)
n'a paru à la scène que depuis 1830. Mais on est tenté
d'oublier ces portions magnifiques quand on songe à tant
d'autres récidives simplement opiniâtres, à cette absence
totale de modification et de nuance dans des théories individuelles que l'épreuve publique a déjà coup sur coup jugées, à ce refus d'admettre, non point en les louant au
besoin (ce qui est trop facile), mais en daignant les connaître et en y prenant un intérêt sérieux, les travaux qui
s'accomplissent, les idées qui s'élaborent, les jugements
qui se rassoient, et auxquels un art qui s'humanise devrait
se proportionner. On peut dire que le genre de déviation
propre à M. Hugo depuis dix ans, c'est sa persistance.
Est-il disposé à le sentir aujourd'hui? Ces sortes de natures si entières se corrigent-elles jamais, et ne mettent-elles
pas leur point d'honneur à être ou à paraître jusqu'au bout
invincibles? Quoi qu'il en soit, ce n'est pas la faute de cette
Revue en particulier, si M. Hugo est resté isolé d'elle, et si

cet isolement s'est traduit bientôt en lignes si tranchées, et a entraîné des conséquences sévères. Mais la première condition de toute communauté littéraire, c'est l'égalité morale, toute part faite à la supériorité des talents. Dans ce mouvement de retour, dans cette combinaison modérée que nous invoquons, M. Hugo, jusqu'à présent inaccessible, demeure naturellement en dehors; il reste un des grands exemples qu'on admire en partie, qui éclairent par réflexion, à distance, et qui hâtent la maturité de ceux qui en sont capables.

Ceux-ci, par bonheur, sont assez nombreux; ils subissent humblement la loi intime de changement : qu'ils y joignent le travail, l'effort régulier, et cela pourra s'appeler progrès. Mais avant de compter avec eux, avant d'essayer de leur persuader ce que nous concevrions de leur concours, il est bon de voir ce qui ne saurait s'en séparer, ce qui s'est produit de tout à fait nouveau en littérature depuis juillet 1830, et de postérieur aux talents éclos déjà sous la Restauration.

Il s'en est produit très-peu de nouveaux et d'entièrement nets au soleil : dans l'ordre de l'imagination, M. de Balzac, George Sand; dans l'ordre politique, M. de Tocqueville. En fait de grosse idée, il y a eu le saint-simonisme, et ce genre de doctrines plus ou moins avoisinantes, desquelles est sortie l'*Encyclopédie* de MM. Leroux et Reynaud. On aurait à citer encore quelques noms de poëtes, de romanciers, de critiques; mais ce serait entrer dans le détail, et un coup-d'œil d'ensemble (ce qui est singulier à dire) ne fournit guère rien que cela. Je ne parle toujours que de ce qui n'était pas déjà en train de luire sous la Restauration.

M. de Balzac est né depuis, en effet, malgré les cinquante romans qu'il avait publiés d'abord ; *nous voudrions ne pas ajouter qu'il a déjà eu le temps de mourir*, malgré les cinquante autres qu'il s'apprête à publier encore. Il a tout l'air d'être occupé à finir comme il a commencé, par cent volumes que personne ne lira. On n'aura vu de sa renommée que son milieu, comme le dos de certains gros poissons en mer. Il a eu pourtant son éclair bien flatteur, bien chatoyant, son moment de sirène :

> Subdola quum ridet placidi pellacia ponti.

Ce moment-là ne pouvait venir qu'entre deux vagues, dans un intervalle de mélange et de confusion. Il a saisi à nu la société dans un quart d'heure de déshabillé galant et de surprise; les troubles de la rue avaient fait entr'ouvrir l'alcôve, il s'y est glissé; mais si de pareils hasards sont précieux, il ne faut pas en abuser, on le sent, ni les prolonger outre mesure, sous peine de faire céder le charme au dégoût. Or, depuis ce temps-là, cette malheureuse alcôve est restée entr'ouverte, que dis-je? ouverte à deux battants; on y entre, on en sort, on y décrit tout; ce n'est plus le poëte dérobant les fins mystères, c'est le docteur indiscret des secrètes maladies. — A défaut de M. de Balzac, qui ne semble pas en mesure de modifier la verve croissante de ses entraînements, et en se garant surtout du ruisseau impur des imitateurs, c'est à tels ou tels de ses disciples rivaux et de ses héritiers vraiment distingués qu'on voudrait demander parfois l'œuvre agréable dans laquelle le choix de l'expression, le soin du détail, quelque art littéraire enfin, se joindraient à toutes les veines délicates qu'ils ont.

La plus manifeste, la plus originale et la plus glorieuse apparition individuelle qui se soit dessinée depuis dix ans, est assurément George Sand, et tout ce qui se rattache à ce nom. Ici l'on n'a qu'à se féciliter. Avec bon nombre de ces qualités qui peuvent à bon droit sembler souveraines, il ne s'est rien rencontré (exception bien rare!) d'exclusif contre ce qui entoure, rien de littérairement chatouilleux sur soi-même ni sur les autres; mais, au contraire, une sorte d'insouciance généreuse et de courage d'esprit qui ne demande qu'à toujours aller. Des phases nombreuses se sont déjà succédé ou plutôt croisées dans ce talent d'écrivain de plus en plus élargi. Aux purs chefs-d'œuvre du roman, auxquels, lorsqu'on y réussit à ce point, nul genre (il est bon de le maintenir) ne saurait être dit supérieur; il s'est mêlé des essais plus ambitieux dans des sphères moins définies, de ces recherches qu'une pensée ardente et immortelle n'a pas le droit non plus ni le pouvoir de s'interdire. Qu'il aille donc ce talent à la plume si sûre, qu'il épuise çà et là ses fougues d'essor, mais que surtout il revienne encore souvent au naturel et charmant récit. Dans ces hautes influences philosophiques qu'il ne se refuse pas, il est, par rapport à tous, une simple précaution à garder : c'est de songer parfois à ceux qui sondent à d'autres points la sphère infinie, ou qui même, lassés, ne la sondent plus, et de se rappeler aussi que l'actuel espoir, l'impétueux désir des fortes âmes n'est pas le but trouvé.

Si quelque regret tempère la satisfaction et le respect qu'inspirent les doctes et courageux travaux de l'école encyclopédique de MM. Leroux et Reynaud, c'est à cause de l'aspect parfois exclusif et répulsif que se donne dans l'expression une doctrine si vaste, si patiente au fond, si faite en définitive pour comprendre et tolérer. Qu'elle consente à se relâcher un peu de l'absolu de la forme et de la rigueur affirmative, à s'interdire envers les adversaires une chaleur de réfutation trop facile, et qui déplace toujours les questions; qu'elle permette autour d'elle à bien des faits de détail de courir plus librement sous le contrôle naturel d'un empirisme éclairé, et elle aura permis qu'on s'appuie souvent avec avantage sur elle sans s'y ranger nécessairement; elle aura fourni un contingent utile à une œuvre pratique d'intelligence et d'indépendance qu'elle est digne d'apprécier; car chez elle aussi, si je ne me trompe, et derrière ces grands développements de croyances, la maturité personnelle et l'expérience secrète sont dès longtemps venues (1).

Un des plus clairs résultats des doctrines vagues qui se rattachent au mot de saint-simonisme a été négatif, comme cela arrive souvent : elles ont eu pour effet de neutraliser,

---

(1) Cet éloge s'adressait surtout dans notre pensée à M. Reynaud.

de couper chez beaucoup de jeunes esprits la fièvre flagrante du libéralisme, et de les placer dans une habitude plus calme, plus pacifique, plus ouverte aux idées et aux combinaisons véritablement sociales. Si le sentiment moral s'est parfois trouvé affaibli sous le coup de cette transformation profonde, c'est là un mal à combattre, à réparer; mais il y a eu, à d'autres égards, de l'avantage : il s'est répandu dans toute l'atmosphère des esprits un certain mélange dont l'intelligence et la tolérance ont profité. Il s'agirait d'y rendre aujourd'hui, sous l'empire d'un sentiment moral tout pratique, le mouvement, le concert et l'action.

Une quantité de talents déjà nés sous la Restauration, mais qui ont développé depuis lors des secondes phases complètes, semblent merveilleusement s'y prêter pour le fond; il leur manque seulement que l'impulsion leur en vienne de quelque part; ils sont exactement disponibles : quel souffle donc les pourrait remuer, et, si peu que ce fût, rassembler?

Qui n'a vu dans une de ces soirées encombrées, dans un de ces *raouts* où se figure si bien notre époque, tous les talents, tous les noms divers dont une littérature de loin s'honore, et qui, si on les lorgne de Vienne ou de Saint-Pétersbourg, ont l'air d'être groupés, grâce à la distance, et qui ne le sont pas? qui ne les a vus se presser, se heurter, se croiser? On se rencontre, on se salue de l'œil ou du geste, ou mieux on se serre la main, et l'on passe, et tout est dit. La vie d'une littérature est-elle là?

Un symptôme pourtant se prononce, et il appartient à chacun de l'aider. Nul groupe sans doute n'existe, nulle école imposante, nul centre doctrinal comme on dit, et à quelques égards je ne m'en plains pas : variété et liberté, c'est quelque chose. Mais, ainsi que je l'ai posé en commençant, depuis trois ou quatre années, les choses politiques s'étant graduellement apaisées ou affaissées dans ce qu'elles avaient d'habituellement imminent et absorbant, on a le loisir, on se regarde; rien ne s'est recomposé littérairement et avec le feu des premières œuvres; du moins les individus se retrouvent, s'essayent; il y a une sorte de retour des uns à leurs anciens travaux, il y a persistance et perfectionnement chez d'autres, un peu de désabusement chez tous, mais en somme une disposition assez favorable et qui s'intéresse avec assez de sincérité. Le ralentissement de ceux-ci, l'échouement de ceux-là, la difficulté des vents pour les heureux même, les ont à peu près tous jetés en vue des mêmes rivages : ce n'est plus certes le navire Argo qui peut voguer d'une proue magique à la conquête de la toison d'or ; mais de toutes ces nefs restantes, de tous ces débris d'espérances littéraires et de naufrages, n'y aurait-il donc pas à refaire encore une noble escadre, un grand radeau ?

La critique surtout (hélas! c'est le radeau après le navire), la critique, par épuration graduelle et contradiction commune des erreurs, tend à se reformer et à fournir un lieu naturel de rendez-vous. La critique est la seconde face et le second temps nécessaire de la plupart des esprits. Dans la jeunesse, elle se recèle sous l'art, sous la poésie; ou, si elle veut aller seule, la poésie, l'exaltation s'y mêle trop souvent et la trouble. Ce n'est que lorsque la poésie s'est un peu dissipée et éclaircie, que le second plan se démasque véritablement, et que la critique se glisse, s'infiltre de toutes parts et sous toutes les formes dans le talent. Elle se borne à le tremper quelquefois ; plus souvent elle le transforme et le fait autre. N'en médisons pas trop, même quand elle brise l'art : on peut dire de ce dernier, même lorsqu'il est brisé en critique, que les morceaux en sont bons. Fontenelle nous est un grand exemple : il n'avait été qu'un bel-esprit contestable en poésie, un fade novateur évincé; il devint, sous sa seconde forme, le plus consommé des critiques et un patriarche de son siècle. Il y a ainsi, au fond de la plupart des talents, un pis-aller honorable, s'ils savent n'en pas faire fi et comprendre que c'est un progrès. Il faut tôt ou tard, bon gré mal gré, y consentir : la critique hérite finalement en nous de nos autres qualités plus superbes ou plus naïves, de nos erreurs, de nos succès caressés, de nos échecs mieux compris. Tout y pousse et contribue à la hâter de nos jours. L'instituer largement et avec ensemble en littérature, l'appuyer à des exemples historiques positifs qui la fassent vivre et la fertilisent, la mêler, sans dogmatisme, à une morale saine, immédiate, décente, ce serait, dans ce débordement trop général d'impureté et d'improbité, rendre un service public et, j'ose dire, social.

Je croirais presque qu'il en est ici de la littérature comme de la politique. Si j'avais l'honneur d'être conservateur à quelque degré et de tenir à la société par quelque coin essentiel (et qui donc n'y tient pas un peu en avançant?), je penserais que c'est le moment ou jamais, pour tous les hommes qui ont cette conservation à cœur et qui ne sont pas disposés à se confier immédiatement aux ressources de l'inconnu, — que c'est le moment pour eux de s'unir, de comprendre que la chose publique s'en va dans un morcellement misérable d'intrigues, dans une diminution sans terme de tous les pouvoirs et de toutes les fonctions. Il me semblerait, en leur place, que la distance de quelques points de départ divers devrait s'évanouir et se confondre dans un but désormais commun de recomposition et de salut. Parmi les écoles conservatrices et non pourtant ennemies du progrès, celle qui a le plus de confiance en elle-même, et qui n'est pas encore guérie de croire à l'efficacité absolue de certaines formes et de certaines distinctions plus théoriques que vraies, a dû, ce me semble, se guérir au moins de tout dédain envers ceux qui n'ont à apporter au concours des choses publiques qu'un empirisme équitable, modéré, et qui a sa philosophie aussi dans l'histoire. Et qui donc, dans de certains rangs où l'expérience a soufflé, en pourrait être aux exclusions et aux dédains aujourd'hui? Il les faut laisser à l'orgueil des générations survenantes, qui ont encore à parcourir en leur propre nom tout le cercle des erreurs. Voilà ce que je me hasarderais à penser de la politique de conservation, en idée du salut du pays, si toutefois je m'étais accoutumé d'assez longue main à concevoir le salut et l'honneur du pays sous ces sortes d'aspects.

Eh bien! cette tolérance, cette union conservatrice, cette ligue de bon vouloir et de bon sens, si regrettable et si loin de nous en politique, il est plus facile de provisoirement l'établir en littérature; et si les symptômes ne nous trompent, et pour peu que quelque activité y aide, on serait à même, à l'heure qu'il est, de l'accomplir. Il ne faut qu'un léger effort et comme un clin-d'œil de correspondance pour cela. Le départ du mauvais s'est fait de lui-même : les excès se sont tirés sur chaque ligne et jusqu'à leurs dernières et révoltantes conséquences : l'industrialisme, la cupidité, l'orgueil, ont atteint d'extravagantes limites qui font un camp à part et bien large à tous les esprits modérés, revenus des aventures, amis des justes et bienfaisantes lumières. On est plus qu'un groupe, on est près de devenir une cité par le fait même de ces débordements et brigandages qui ont rendu le reste du pays littéraire inhabitable, qui ont refoulé et rapproché les honnêtes esprits.

Une critique nouvelle, et sans prétention de l'être, faisant digue au mal, refaisant appui aux monuments, peut naître de là; elle est toute née par la force des choses; elle existe déjà de formation naturelle plutôt que de propos délibéré; c'est la meilleure : on en voit déjà les caractères.

J'en signale seulement l'esprit général et la tendance; je ne m'aviserai pas d'en aller préciser d'avance les points, d'en dresser les formules et le programme. Le premier caractère de cette critique serait précisément d'être revenue des programmes. Ce n'est que dans une collaboration un peu étroite et continue qu'un beau jour ce programme, s'il prenait envie de le déduire, se pourrait à toute force préciser : et qu'aurait-il besoin de se tant préciser jamais, puisqu'il se pratiquerait avant tout et qu'il vivrait?

Décidément, la littérature qui a suivi l'ordre de choses du 8 août ne paraît pas, non plus que la politique, devoir se marquer par quelques grandes influences centrales, glorieuses, qui dominent le reste, et autour desquelles tout se subordonne avec plus ou moins d'harmonie en monument. Il est des noms éclatants qui font pointe à part et qui s'échappent le plus qu'ils peuvent hors de l'orbite; mais ils n'entraînent et ne rangent rien autour d'eux. S'il est vrai que les rois s'en vont, il ne l'est pas moins que le règne des demi-dieux littéraires, du moins pour le quart d'heure, est passé. Que reste-t-il donc? une multiplicité de chefs de partis, mais surtout des individus notables, distingués, des talents réels et variés, qui, à divers titres, peuvent se croire égaux. Qu'ils suivent chacun leur ligne pour les œuvres individuelles, et consentent à coexister dans de certains rapports de communauté et de confins dans les jugements; qu'on pratique ainsi la vraie égalité et indépendance, l'estime mutuelle du fond avec les réserves permises : voilà des mœurs littéraires de juste et saine démocratie, ce semble, et qui seraient d'un utile exemple à offrir aux jeunes hommes survenants, lesquels ne trouvent rien où se rattacher, que l'ambition illimitée égare ou déprave, dont quelques uns tombent du second jour aux vices littéraires, les plus bas de tous, et dont on voit quelques autres plus généreux rôder dans la société comme de jeunes Sicambres, des Sicambres plume en main et sans emploi.

Les générations prennent, à mesure qu'elles avancent, des teintes plus uniformes, de certaines couches générales de lumière qui les différencient en masse d'avec celles qui suivent, et en font ressembler davantage entre eux les individus. C'est là une indication extérieure, et comme un avertissement de s'unir effectivement au dedans. Je ne craindrai pas d'éclaircir ma pensée avec trois noms : vers 1829, M. de Carné était au *Correspondant*, journal catholique, M. Saint-Marc Girardin aux *Débats*, M. de Rémusat au *Globe*. Des différences tranchées séparaient les points de départ, les origines de ces esprits distingués ; l'un n'aurait pu écrire indifféremment là où écrivait l'autre ; il y avait barrière. Dix ans se sont écoulés, et ces mêmes esprits développés, rapprochés, peuvent, quand on les lit, sembler unis en une large nuance commune, qui ne laisse guère subsister d'essentiellement différent que ce qui tient au talent propre, à la manière, à la finesse.

Dans l'art, c'est moins apparent, c'est pourtant un peu ainsi. Les talents qui en sont à leurs secondes phases, et qui les ont eues meilleures que les premières, se trouvent rapprochés par une certaine harmonie plus proportionnée des œuvres. En somme, chacun, sur ce terrain commun que nous tâchons bien plutôt d'indiquer et de fixer que de définir, y gagnerait précisément de ne pas négliger, de reconnaître au contraire et de suivre les parties de son emploi les moins contestables et les mieux agréées. Qu'Alfred de Musset laisse courir ces charmantes comédies qui ont déridé même les classiques sévères, que Quinet écrive sur Strauss avec une imagination tempérée par les faits, tout le monde applaudit.

Mais une grande part du présent appel (pourquoi ne pas le déclarer?) s'adresse encore plus particulièrement dans notre pensée à ces anciens amis qui, longtemps groupés au *Globe*, ne se sont plus retrouvés depuis en littérature, ou ne s'y sont rencontrés qu'un peu au hasard et pour se montrer la brèche déserte, pour regretter les lacunes des absents. Ils sont là tous encore, pourtant, debout, dans la maturité vigoureuse de l'esprit. Qu'attendent-ils? la politique, dont c'est plus que jamais le cas de déplorer les soubresauts déconcertants et les perpétuelles coupures, ne les absorbe pas tellement aujourd'hui, qu'il n'y ait de leur part bien des idées qui se perdent en chemin vers les nôtres. Pourquoi ne pas les rejoindre? Que M. Dubois, qui fut l'éloquent journaliste par excellence, ressaisisse donc encore, comme par secousses, sa vive plume acérée; qu'au sortir de ces contentions dont la vivacité surpasse trop le résultat, M. Duvergier de Hauranne, si net et si fin en littérature, nous parle, comme autrefois, de l'Irlande; que M. Vitet nous parle encore des beaux-arts avec cet enthousiasme que son érudition nourrit et justifie. Mêlés aux nouveaux, ils rejoindraient et exciteraient ceux d'autrefois qui n'ont pas quitté. Un retour, ne fût-il qu'assez rare de la part d'un chacun, s'il est réel et suivi, peut suffire à renouer le lien et à maintenir les lignes.

Sans doute il y aura des différences, des dissidences qui subsisteront ; mais, en avançant, et par un triste bienfait des années, tant de portions âpres sont dépouillées déjà : ne serait-il pas temps de se rabattre vers les vues semblables, d'insister sur les endroits de la trame qui se fortifient en se croisant? C'est par là surtout qu'on peut valoir encore. Des séries de travaux littéraires sur des sujets positifs, ces travaux animés d'un reflet d'expérience morale, et plus ou moins attristés de regrets chez les uns ou colorés d'espérances chez les autres, offriraient, rouvriraient à tous un champ sûr, agréable, fructueux.

Des existences ainsi ne se dissiperont pas, d'autres se régleront; de nobles esprits retrouveront de ces emplois dont l'effet durable, après des années, se revoit aux moments de réflexion avec le plaisir du sage. Tout serait gagné s'il venait à y renaître un certain souffle de désintéressement qui ne se peut espérer que dans les travaux en commun. Et certes, un sentiment moral et patriotique, ami des lettres, ami du pays qui a été si offensé dans cette chère portion de lui-même, est bien fait aussi pour devenir une inspiration à l'égal de quelque conviction plus jeune et plus absolue. Est-ce donc se montrer naïf que de s'y adresser tout haut et d'y croire?

Le fait est que c'est l'heure pour les générations qui ont commencé à briller ou qui étaient déjà en pleine fleur il y a dix ans, de se bien pénétrer, comme en un rappel solennel, qu'il y a à s'entendre, à se resserrer une dernière fois, à se remettre en marche, sinon par quelque coup de collier trop vaillant, du moins avec quelque harmonie, et, avant de se trouver hors de cause, à fournir quelque étape encore dans ces champs d'études qui ont toujours eu jusqu'ici gloire et douceurs.

1er mars 1840.

APPENDICE.

M. DE VIGNY, page 337.

Voici l'article sur *Cinq-Mars* tiré du *Globe*, 8 juillet 1826.

Pendant que Richelieu, vainqueur des grands et des calvinistes au dedans du royaume, et de la maison d'Autriche au dehors, poursuivait tout ensemble, dans cette triple voie de l'organisation intérieure, de la religion et de la politique, les plans tour à tour conçus et ébauchés par Louis XI contre la féodalité, par François Ier contre la réforme, et par Henri IV contre la postérité de Charles-Quint; Louis XIII, indolent et mélancolique, renfermé dans ses maisons de plaisance, cherchait à tromper son ennui par des jeux puérils; son goût le plus prononcé était d'élever et de dresser des oiseaux. Comme toutes les âmes faibles et tristes, il avait le continuel besoin d'un confident. Isolé par Richelieu des objets les plus légitimes de son affection, privé de sa mère, qui errait dans l'exil, et de son épouse, avec laquelle il fut brouillé toute sa vie, il contait mystérieusement ses peines à quelque favori en titre qu'il ne conservait pourtant que sous le bon plaisir du cardinal. On l'avait vu quelquefois, malgré sa timidité un peu gauche, accorder sa confiance à des dames de la cour, telles que mesdemoiselles de Hautefort et de La Fayette; ces intimités n'étonnaient pas dans un prince chaste et dévot, car on savait que *la sagesse du roi égalait quasi celle des dames les plus modestes;* et ces intrigues, non moins innocentes que frivoles, ne ressemblaient pas mal aux platoniques tendresses des romans de Scudery, ou, si l'on aime mieux, à des chuchotages entre les novices d'un couvent. Pourtant la franchise courageuse de mademoiselle de La Fayette donna à Richelieu quelque crainte d'un rapprochement entre le roi et la reine; et, après la retraite de cette noble fille, il résolut, pour plus de sûreté, de remplir la place vacante par une créature de son choix. Il jeta donc les yeux sur le jeune d'Effiat Cinq-Mars, plein de grâces et d'éclat, fait pour toucher l'oisiveté du monarque. Cinq-Mars manqua à sa mission; favori officiel, il voulut bientôt l'être pour son propre compte. Déjà grand-écuyer, il aspirait à devenir connétable, duc et pair, et Richelieu s'y refusa. Le favori dès lors se rapprocha de la reine, de Monsieur et des ennemis du cardinal. Le roi se prêta à tout; mais, ne se fiant pas entièrement à cette haute amitié, si souvent impuissante, Cinq-Mars, pour perdre le ministre, se laissa persuader par le duc de Bouillon de traiter avec l'Espagne, qui lui fournirait au besoin une armée. Richelieu était à Tarascon et le roi à Narbonne, tous deux malades de la maladie dont bientôt après ils moururent. Au moment d'agir, Cinq-Mars fut arrêté; une copie du traité, livrée au cardinal et montrée par celui-ci au roi, avait arraché l'ordre : convaincu d'avoir conspiré contre son premier ministre, Louis XIII n'avait pu mieux témoigner sa repentance qu'en livrant ses complices. Monsieur dut son pardon à sa lâcheté et à sa naissance; Bouillon paya Sedan pour sa rançon. De Thou, fils de l'historien, ami de Cinq-Mars, fut saisi avec lui pour n'avoir pas révélé le traité, que d'ailleurs il avait désapprouvé. Richelieu mourant remonta le Rhône, traînant les deux prisonniers dans un bateau remorqué par le sien, et les fit exécuter à Lyon, en passant. La France entière regretta Cinq-Mars; sa jeunesse, sa bonne mine, son ambition si naturelle à cet âge et dans cette position, l'amour caché qu'on lui supposait pour une grande princesse (Marie de Gonzague), et qui conviait son cœur à de vastes desseins, tout répandait sur lui un charme que relevait encore l'atrocité du vieux prêtre moribond. Quant au roi, il tira sa montre vers l'heure de l'exécution, et dit nonchalamment à ses courtisans : « Je crois que *cher ami* fait à présent une vilaine mine. »

Certes, il y a bien là matière à un roman historique; ou plutôt il est tout fait dans les Mémoires de ce temps-là, et il ne s'agit que de l'en extraire. La plupart des époques ne présentent pas la vie réelle aussi artistement arrangée que dans cette cour romanesque et intrigante ; elles ont toujours quelque chose de vulgaire et de trivial auquel on est forcé de suppléer ; et, pour les traduire en roman, il est besoin d'un fonds de fiction qui les anime et les soutienne. Ici, les frais de l'intrigue sont faits par l'histoire ; le romancier n'a qu'à les recueillir. Voyez madame de Genlis ; grâce à cette bonne fortune, et en s'y laissant aller, elle a presque réussi une fois dans le genre de Scott ; elle a fait *Mademoiselle de La Fayette*. M. de Vigny aurait pu réussir de même sans doute ; le choix de l'événement est heureux ; les documents sont nombreux, faciles, et il montre assez qu'il les connaît parfaitement ; enfin son talent n'est pas vulgaire : qu'a-t-il donc fait pour gâter tant d'avantages ?

Tous les personnages qu'il emploie sont historiques ; c'était une loi, une nécessité, et même on pourrait croire un bonheur de son sujet. Quoi qu'il en soit, il fallait être sobre au milieu de tant d'abondance, n'user qu'avec circonspection de ces hommes empruntés et non inventés, et ne pas surcharger leur conduite ni leur caractère au gré de son imagination. Quand Scott, duquel M. de Vigny était évidemment préoccupé, s'amuse à faire grimacer ses figures, il ne prend guère cette liberté qu'avec des êtres fantastiques. Quoique le Père Joseph et le juge Laubardemont ne soient pas fort à respecter, encore n'est-il pas permis, ce nous semble, d'en agir avec eux aussi lestement que fait notre auteur. Le Père Joseph, qui écoute toujours caché derrière les portes, les tapisseries, et jusque dans le confessionnal, joue ici en sandales le rôle des petits nains du romancier écossais. Laubardemont, qui revient partout, et qui semble poursuivre Cinq-Mars, depuis que celui-ci l'a frappé au front d'un crucifix ardent dans l'affaire de Loudun, est un héros ignoble de mélodrame ; son fils devenu brigand et contrebandier, sa nièce religieuse devenue folle, cette scène entre tous les rois, la nuit, au milieu des Pyrénées, tout ce luxe de conceptions bizarres fait tort à la vérité. Que de tels hommes soient des monstres, à la bonne heure, mais qu'ils ne soient pas des caricatures. Il n'est pas jusqu'à l'abbé de Gondi qui ne quitte trop souvent sa soutane pour se battre en duel, aller à la brèche, au bal, ou se déguiser en menuisier ; et l'on souffre en voyant le sensé De Thou si enfoncé dans l'étude qu'au moment de la conspiration il ignore tout ce qui s'est passé en politique depuis trois mois, et qui pourtant se pique d'être au fait par amour-propre : ce ridicule est digne du *Dominus* de *Guy-Mannering*.

Mais ces défauts relèvent d'un autre plus général : M. de Vigny est resté au point de vue actuel, et n'a écrit qu'avec des souvenirs. Rien d'étonnant donc qu'il ait mis ainsi un masque par trop enluminé à ses personnages, puisqu'il ne les a vus qu'à distance. Il se complaît à nous rappeler cette fausse position, comme si elle n'éclatait pas assez d'ailleurs. S'il nous peint les rives de la Loire, ce sont bien les rives d'aujourd'hui, telles que les verrait un milord voyageur. A-t-il occasion d'observer que beaucoup de choses se passent en deux années, il cite en preuve la première Restauration, les Cent-Jours et la seconde Restauration. Anne d'Autriche salue-t-elle, du Louvre, le peuple mutiné, il voit déjà Marie-Antoinette au balcon. Le vieux Bassompierre et Bouillon prédisent, par sa bouche, la révolution, parce qu'on abat la féodalité. Enfin, si Corneille et Milton (qui passa par Paris vers ce temps-là) se rencontrent, par hasard, sur la place Dauphine, ils ne se quitteront pas sans avoir deviné, Corneille le monument de Desaix, et Milton l'élévation de Cromwell encore inconnu. M. de Vigny a fait essentiellement une œuvre de mémoire qu'il a revêtue de formes dramatiques à l'aide de son imagination. Comme il n'a regardé que de loin, il n'a aperçu que les points saillants, qui se sont pour lui rapprochés et confondus ; il rattache, par exemple, l'affaire de Loudun à celle de Cinq-Mars. Les personnages aussi lui ont paru plus voisins qu'ils ne l'ont réellement été, et, par de légers anachronismes, il est venu à bout de les grouper sans vraisemblance. Son roman entier est calculé comme une partie d'échecs : je n'en veux pour échantillon que cette soirée littéraire chez Marion Delorme, où, par une combinaison plus laborieuse encore qu'ingénieuse, il fait jouter ensemble Milton, Corneille, Descartes, Molière et les Académiciens du temps. Milton y débite en anglais des morceaux du *Paradis Perdu* ; seulement on a eu la précaution de mettre sur la table une traduction à l'usage des Académiciens. Quant aux individus, l'auteur les construit comme il construit ses scènes, avec d'autres souvenirs qu'il rapproche non sans efforts. Loin que ces hommes-là soient fondus d'un seul et même jet comme dans la vie, ils se composent d'une suite de paroles qu'ils ont dites, d'actions qu'ils ont faites, auxquelles se joignent les intercalations trop peu graduées de l'auteur : ils ne sont guère, en un mot, que des pièces de marqueterie historique.

En jugeant M. de Vigny avec cette franchise sévère que nous paraît mériter son talent, nous ne prétendons pas méconnaître la profusion d'esprit qu'il a répandue dans son ouvrage : plus d'une fois sans doute il a réussi, quand l'esprit avec la mémoire suffisait. La scène de réception chez Richelieu, celle dans laquelle le roi, voulant se passer du cardinal, reçoit lui-même ses courriers et ne comprend rien à leurs messages, sont à la fois piquantes d'industrie et de vérité : ce sont là des scènes *à tiroir* qui ont du prix, quoique encore l'arrangement y perce un peu trop. M. de Vigny a une imagination de poëte, et c'est une arrangeuse systématique à sa manière que l'imagination ; elle symétrise en se jouant, et, de la vie, elle a bientôt fait un drame. Le romancier n'est rien, au contraire, qu'un praticien consommé dans la science de la vie, s'accommodant à tout ce qu'elle offre d'irrégulier, et d'ordinaire s'y tenant. Sachons gré pourtant à M. de Vigny, même de ce dont nous l'accusons ; plusieurs fois il a été véritablement poëte, quoique peut-être hors de propos, et ce défaut-là n'est pas si commun aujourd'hui qu'il faille tant s'en irriter. Je voudrais pouvoir citer le début du vingt-troisième chapitre, qui est d'un charme infini. Par malheur, le langage résiste souvent à la pensée et se plie avec peine à l'inspiration : de là quelque chose de prétentieux, ou, comme d'autres disent, de *romantique*, surtout dans les préambules où l'auteur parle en son nom, plusieurs fois même dans le dialogue ; lorsque Cinq-Mars et Marie de Gonzague s'entretiennent, on s'aperçoit trop que M. de Vigny est en tiers avec eux.

FIN DU PREMIER VOLUME.

TABLE DES MATIÈRES

DU PREMIER VOLUME.

	Pages.
Avertissement	1
M. de Chateaubriand	7
Béranger	60
M. de Sénancour	101
M. de La Mennais	133
M. de Lamartine	190
M. Victor Hugo	267
M. Ballanche	292
M. de Vigny	326
Madame Desbordes-Valmore	346
Madame Tastu	381
M. Alfred de Musset	397
M. de Balzac	432
M. Villemain	455
De la littérature industrielle	484
Dix ans après en littérature	505
Appendice sur M. de Vigny	523

FIN DE LA TABLE.

Ch. Lahure, imprimeur du Sénat et de la Cour de Cassation
(ancienne maison Crapelet), rue de Vaugirard, 9.

―― PUBLICATIONS DE LA LIBRAIRIE DIDIER ――

OUVRAGES DE M. VILLEMAIN

ŒUVRES DE M. VILLEMAIN (1re série). Nouvelle édition, revue et augmentée. 10 vol. in-8, papier vélin satiné. . . . . 50 »
—LE MÊME OUVRAGE. 10 forts vol. in-12 dit format anglais. 35 »

Chaque ouvrage se vend séparément.

TABLEAU DE L'ELOQUENCE CHRÉTIENNE au IVe siècle. 1 fort vol. in-8. . . . . 6 »
—LE MÊME OUVRAGE. 1 fort vol. in-12. . . . . 3 50
DISCOURS ET MÉLANGES LITTÉRAIRES. 1 vol. in-8. . 6 »
—LE MÊME OUVRAGE. 1 vol. in-12. . . . . 3 50
ÉTUDES DE LITTÉRATURE ancienne et étrangère. 1 volume in-8. . . . . 6 »
—LE MÊME OUVRAGE. 1 vol. in-12. . . . . 3 50
ÉTUDES D'HISTOIRE MODERNE. 1 vol. in-8. . . . . . 6 »
—LE MÊME OUVRAGE. 1 vol. in-12. . . . . 3 50
COURS DE LITTÉRATURE FRANÇAISE, comprenant : *le Tableau de la Littérature au XVIIIe siècle* et le *Tableau de la Littérature du moyen-âge,* nouv. édit. 6 vol. in-8. . . . . . 36 »
—LE MÊME OUVRAGE. 6 vol. in-12. 21
TABLEAU DE LA LITTÉRATURE au XVIIIe siècle. 4 vol. in-8. 24 »
—LE MÊME OUVRAGE. 4 vol. in-12. . . . . 14 »
TABLEAU DE LA LITTÉRATURE DU MOYEN-AGE, en France, en Italie, en Espagne et en Angleterre, 2 vol. in-8. . . 12 »
—LE MÊME OUVRAGE. 2 vol. in-12. . . . . 7 »
Nouv. Série **SOUVENIRS CONTEMPORAINS,** etc. 2 vol. in-8.

RÉMUSAT (CH. DE)

SAINT ANSELME DE CANTORBÉRY. Tableau de la vie des couvents et de la lutte du pouvoir spirituel avec le pouvoir temporel au onzième siècle. 1 fort vol. in-8. 1853. . . . . 7 50
ABÉLARD : Sa vie, sa philosophie et sa théologie. 2 vol. in-8. 15 »

F. G. EICHHOFF

TABLEAU DE LA LITTÉRATURE DU NORD, *au moyen-âge,* en Allemagne, en Angleterre, en Scandinavie et en Slavonie; par M. EICHHOFF, prof. de littér. à la fac. de Lyon. 1 vol. in-8. 6 50

ÉMILE DE BONNECHOSE

LES QUATRE CONQUÊTES DE L'ANGLETERRE, par les Romains, les Anglo-Saxons, les Danois et les Normands; depuis Jules-César jusqu'à la mort de Guillaume le Conquérant (couronné par l'Acad. franç.; 1er prix Montyon). 2 vol. in-8. 12 »

Paris.—Imprimé chez Bonaventure et Ducessois, 55, quai des Grands-Augustins.

www.ingramcontent.com/pod-product-compliance
Lightning Source LLC
Chambersburg PA
CBHW071937240426
43669CB00048B/1773